사도신경

전능하사 천지를 만드신 하나님 아버지를 내가 믿사오며,
그 외아들 우리 주 예수 그리스도를 믿사오니,
이는 성령으로 잉태하사 동정녀 마리아에게 나시고
본디오 빌라도에게 고난을 받으사,
십자가에 못박혀 죽으시고,
장사한 지 사흘 만에 죽은 자 가운데서 다시 살아나시며,
하늘에 오르사, 전능하신 하나님 우편에 앉아 계시다가,
저리로서 산 자와 죽은 자를 심판하러 오시리라.
성령을 믿사오며, 거룩한 공회와, 성도가 서로 교통하는 것과,
죄를 사하여 주시는 것과, 몸이 다시 사는 것과
영원히 사는 것을 믿사옵나이다. 아멘.

I believe in God the Father Almighty,
Maker of heaven and earth,
and in Jesus Christ, His only Son our Lord,
who was conceived by the Holy Ghost,
born of the Virgin Mary,
suffered under Pontius Pilate, was crucified,
dead, and buried, He descended into hell,
The third day he rose again from the dead;
He ascended into heaven, and sitteth on the right hand of God the Father
Almighty, from thence
He shall come quick to judge the live and the dead.
I believe in the Holy Ghost, The Holy Catholic Church,
The Communion of Saints, The forgiveness of sins,
The resurrection of the body, And the life everlasting.
Amen.

SBI 구문분석에 의한

문맥성경

Syntactic-Semantic Analysis Bible

로마서-요한계시록

개발 및 감수 : 김상훈 박사
편 찬 책 임 : 배동한 목사
편 찬 위 원 : 박승철 목사

그리심 도서출판

Syntactic-Semantic Analysis Bible

by Seoul Bible Institute(SBI)

New American Standard Bible

Projected by
Seoul Bible Institute

Published by
Grisim Publishing Company,
Seoul, Korea

2008

간 행 사

전혀 새로운 방식의 책이라 말해도 좋을 것입니다. 본 연구원 등을 통해서 구문연구방식의 성경연구를 접해 보지 않던 독자들은 이 책을 펼쳐 보며 다소 의아스럽다는 생각을 하셨을 것입니다. 이게 어떤 책인가 하고 말입니다. 이 문맥성경은 한글로 된 말씀(개역성경)을 보다 정확하고 깊게 묵상하고, 해석하고, 연구하도록 돕는 책입니다. 이 책은 다음과 같은 특징을 가지고 있습니다.

1. 새로운 귀납적 성경연구 방법론의 제안입니다.

기존 귀납적 연구방법들이 주로 문법적, 문학적 방식의 연구틀을 가지고 본문을 보게 하는 것입니다. 반면에, 문맥성경은 연구자로 하여금 본문의 핵심적인 의미와 이와 연계된 의미들을 좀더 정확하고 신속하게 파악하도록 이끄는, 새로운 언어학적 접근방법을 계발하여 채택하고 있습니다. 기존의 다른 방법으로 본문을 연구하는 분들도 문맥성경을 병행해서 활용하면 더 효과적인 성경연구를 하실 수 있을 것이라 생각합니다.

2. 현대 언어학의 새로운 연구결과가 반영되었습니다.

구문분석(또는 구조분석) 방식은 지난 80년대 월터 카이저, 더글라스 스튜어트, 고든 피 등에 의해 영어권에서 먼저 계발된 바 있습니다. 카이저의 [새로운 주경신학연구] (김의원 박사 역, 엠마오), 스튜어트와 피의 [성경해석 방법론] (김의원 박사 역, 기독교문서선교회)을 참고하기 바랍니다.

그 방식은 노암 촘스키 이후의 현대 언어학, 특히 구문론과 의미론의 발전적 성과를 성경해석학에 적용한 것이라 할 수 있습니다. 한글은 구문적인 특수성이 다른 언어(영어, 헬라어 등)와 다소 다릅니다. 그래서 한국어 특성에 맞게, 앞서 연구된 영어권의 업적을 참고한 후, 현대 언어학의 변형생성문법 이론(촘스키)에 다시 비춰, 재구성된 구문분석 방법론을 계발해야 했습니다. 영어권의 방법론에서 보다는, 한글의 주어와 서술어 부분을 더욱 강조하고, 그 외의 부분들은 수식 영역으로 세분화해서 배열한다든지, 수식 부분들을 설명할 때 육하원칙의 개념을 활용한다든지 하는 등의 방법들이 필요했습니다.

선행된 영어권의 것이나 후발된 본 연구원의 방법론은 모두 현대언어학의 구문론-의미론의 연구성과에 근거한, 새로운 형태의 귀납적 성경연구방법론이라 할 수 있습니다. 구문연구방식의 가장 큰 강점은 연구자로 하여금 본문과 저자의 언어 논리와 흐름에 철저히 집중하도록 하는 것입니다.

3. 해석학의 담론 분석학(Discourse Analysis)의 발전에 기여할 것입니다.

성경해석학 가운데, 담론 분석학은 현재 미국의 나이다, 남아공의 로우, 영국의 포터, 스칸디나비아의 요한슨 등을 중심으로 전세계적으로 네 개 지역에서 주로 연구되고 있는 해석학의 한 분야입니다. 이 분석학의 목적은 현대 언어학의 연구를 성경해석학의 영역에 적용하고 활용해서, 보다 진전된 본문 해석의 연구결과를 얻어내는 것입니다.

현대 언어학의 연구성과에 근거한 문맥성경의 연구방법론은, 담론 분석학 이론과 방법론적 적용의 집적물이라 할 수 있습니다. 본 문맥성경에서 보는 구문-의미 배열은 그 자체가 해석입니다. 배열에 해석적 노력이 배여 있습니다. 비록 현대 언어학의 한 부분의 연구(구문론-의미론)에 주로 힘입고 있긴 하지만, 방법론 그 자체로 본문 해석을 위한 분석틀로서 유용하게 사용될 수 있다고 생각합니다. 특히 미시적인 본문 분석 연구의 효과적인 도구로 활용될 것입니다.

4. 세계 교회를 위한 동역의 역할, 일부분을 감당하게 되길 소망합니다.

한국 교회는 신구약 성경을 하나님의 말씀으로 온전히 믿고 따르는 신실한 교회입니다. 예전 사경회를 통한 말씀연구에서 시작하여, 70, 80년대 이후 본격화된 성경연구의 열기에서 보듯, 말씀에 대한 사랑이 참으로 강한 교회라 생각합니다. 귀납적 성경연구를 하는 층도 많이 두터워졌습니다.

한국 교회의 성경연구방법론과 해석학적 이론들이 세계 교회를 위해 쓰임 받아야 할 때가 되었다고 생각합니다. 본 연구원의 문맥성경의 방법론도 다른 지역과 다른 언어에 적용되어 현지에서 활용될 것을 기대합니다. 전 세계에 흩어져 있는 하나님 나라의 부흥과 말씀을 통한 갱신을 위해, 다른 교회들과 함께 동역하고 있는, 한국 교회의 사역에 한 부분을 감당하는 일이 되길 원합니다. 중국어 성경연구를 위해 이미 일부에서 시험적으로 사용 중에 있고, 베트남어와 일본어 등에서의 연구도 진행될 예정입니다. 그 어떤 언어로도 활용할 수 있는 본문분석틀이라고 보고 있습니다.

그 외에도 많은 특징이 있습니다. 예컨대, 강해 설교자는 본문 자체에서 나오는, 메시지의 핵심 포인트를 쉽고 또 정확하게 파악해서 설교개요로 삼을 수 있을 것입니다. 또 교회나 단체에서 본문 중심의 귀납적 성경공부 교재를 만드는 일 등에도 용이하게 사용될 수 있습니다.

지난 80년대 말, 90년대 초, 성경연구방법론을 강의하면서, 연구원 강의 시간에 수강하시던 회원 분들에게 드렸던 말씀이 생각이 납니다. 그 때 이 구문분석의 방법론이 10년 안에 귀납적 본문연구에 있어 가장 중요한 도구로 쓰일 것이라 언급한 바 있습니다. 10년이 지났습니다. 이제 연구원 대표인 배동한 목사와 연구원 간사팀의 연구 노력에 의해 신약의 후반부인 로마서에서 요한계시록까지 출간될 수 있었습니다. 이어 신약 전권을 분석 배열한 문맥성경이 곧 출간될 예정입니다. 얼마 지나지 않아, 신구약 전권의 문맥성경이 나올 것입니다. 준비 중에 있습니다.

본문의 분석 배열 내용에 문제가 있거나 보완될 부분이 있으면 언제든지 조언해 주시면 감사하겠습니다. 더 나은 내용의 책으로 보완해 나갈 것입니다.

이 책이 한국 교회에 말씀연구에 대한 열정을 되살리는 계기로 사용되길 원합니다. 본 연구원이 '성경한국'이라는 모토를 가지고 이제까지 나아오도록 하신 우리 하나님을 영화롭게 하는 일이 되기 때문입니다.

신학박사 김 상 훈

문맥성경이 나오기까지

문맥성경은 **서울성경연구원**(Seoul Bible Institute / 이하 SBI)이 1989년부터 공식적으로 사용하기 시작하여 현재의 형태로 발전시킨 구문분석의 성경연구 방식을 채택하고 있습니다. SBI(원장 김의원 박사)는 1988년 8월에 김의원 박사, 김세윤 박사, 손석태 박사, 황창기 박사, 김상훈 박사가 설립한 목회자를 위한 전문 성경연구 기관입니다. SBI는 설립 당시부터 한국의 일선 목회자와 설교자들이 성경 본문을 귀납적인 방법으로 보다 쉽고 정확하게 연구할 수 있는 본문연구방법론을 계발하고 실용화 하는 일에 주력해 왔습니다. 그 결과 원전성경과 한글개역성경에 근거한, 언어학적 해석방식인 구문분석방법을 주요 연구방법론으로 하는 연구원의 귀납법적 성경연구(Inductive Bible Study)방법론과 문맥성경을 계발했습니다.

구문분석 방식의 귀납법적 성경연구는 본래 월터 카이저와 더글라스 스튜어트, 그리고 고든 피 등에 의해 80년대 영어권에서 사용되기 시작한 연구방법론입니다. 이 구문분석 방법론은 현대 언어학의 연구 결과를 반영하는 새로운 해석적 방법론으로 신학계에 제시되었습니다. 이 분들의 책은 김의원 교수에 의해 80년대 중후반에 번역되어 한국에 소개된 바 있습니다. 이 방법론과 현대 구문론 이론들을 참고한 후, 원전성경과 한글개역성경을 고려해서 한국적 상황에 맞춰 계발한 것이 SBI의 구문분석 방식의 성경연구 방법론이라 할 수 있습니다. 80년대 말 김상훈 박사(초대 총무)와 연구원 간사팀에 의해 계발되었고 본문성경연구와 강해설교 훈련을 위해 국내에 실용화 되기 시작했습니다. 이후, 배동한 목사(3대 총무)와 연구원 간사팀에 의해 좀더 다듬어지고 고정화된 형태의 연구방법론과 문맥성경이 자리 잡게 되었습니다. 제한된 본문 연구에 그쳤던 초기의 연구에서 현재 신구약 성경 전반에 걸친 문맥성경의 작업결과로 확대되었습니다.

문맥성경의 발전 과정

초기 문맥성경(구문분석 형식의 귀납법적 성경연구)은 하나의 형식이 아니었습니다. 크게 두 가지 형식으로 나타납니다. 하나는 문장의 흐름, 어구의 순서에 따른 배열방법입니다. 이 방법은 문장을 어구 단위별로 잘라서 배열하는 형식입니다. 다른 하나는 구문적 논리 배열에 따른 작성방법입니다. 이 방법은 문장의 주어와 동사를 중심으로 하고 수식어들과 종속절은 따로 구분하여 배열하는 형식을 말합니다. SBI는 초기 사역에서 이 두 가지를 병행하여 사용하였습니다.

▶ 문장의 흐름에 따른 문맥 성경 작성 형식

[요일 1:1-4]
1 태초부터 있는 생명의 말씀에 관하여는 우리가 들은 바요 눈으로 본 바요 주목
하고 우리 손으로 만진 바라
2 이 생명이 나타내신 바 된지라 이 영원한 생명을 우리가 보았고 증거하여 너희
에게 전하노니 이는 아버지와 함께 계시다가 우리에게 나타내신 바 된 자니라
3 우리가 보고 들은 바를 너희에게도 전함은 너희로 우리와 사귐이 있게 하려 함
이니 우리의 사귐은 아버지와 그 아들 예수 그리스도와 함께 함이라
4 우리가 이것을 씀은 우리의 기쁨이 충만케 하려 함이로라

1태초부터 있는 생명의 말씀에 관하여는
우리가 들은 바요,
눈으로 본 바요,
주목하고
우리 손으로 만진 바라.

2이 생명이 나타내신 바 된지라.

\이 영원한 생명을
우리가 보았고
증거하여
너희에게 전하노니
/이는 아버지와 함께 계시다가
우리에게 나타내신 바 된 자니라.
3우리가 보고 들은 바를
너희에게도 전함은
너희로 우리와 사귐이 있게 하려 함이니,
/우리의 사귐은 아버지와 그 아들 예수 그리스도와
함께 함이라.
4우리가 이것을 씀은
우리의 기쁨이 충만케 하려 함이로라.

▶ 문장의 논리적 배열에 따른 문맥 성경 작성 형식

1 [그것이] **있는(=있다)**
/태초부터
우리가 **들은 바요**
/[그것을]
본 바요
/[그것을]
/눈으로
주목하고
/[그것을]
만진 바라
/[그것을]
/우리 손으로

/말씀에 관하여는
/생명의

2 이 생명이 **나타내신 바 된지라**

우리가 **보았고**
증거하여
전하노니
/너희에게

/이 생명을
/영원한
/이는 ── 계시다가
/아버지와 함께
└ 나타내신 바 된 자니라
/우리에게

3 우리가 **전함은**
/[우리가] ── 보고
└ 들은 바를
/너희에게도
//(목적: ἵνα, so that...may)
너희로 ── 사귐이 있게 하려 함이니
/우리와

사귐은 **함이라**
/우리의 아버지와
예수 그리스도와 함께
/그 아들

4 우리가 **씀은**
/이것을

//(목적: ἵνα, so that...may)
기쁨이 ── 충만케 하려 함이로라
/우리의

문맥성경의 표준형식

1995년 이후 SBI는 후자의 형식에 따른 문맥성경을 표준 형식으로 하고 있습니다. 즉 논리적 배열(주어, 동사, 수식부, 종속문장)에 따른 구문분석을 하고 있습니다. SBI는 이를 문맥성경이라 부릅니다. 문맥성경은 주문장을 중심으로 본문의 흐름을 파악하고 본문을 연구하는 데 유익하게 활용할 수 있습니다.

문맥성경 작성의 원리

'문맥성경'은 원어성경에 사용된 각 의미 단위(단어, 구, 절)가 본문에서 가지는 논리적, 문법적 위치를 가시적으로 드러내어 일정한 약속을 따라 표현한 성경입니다. 문맥성경은 각 의미단위의 문장 내에서의 기능과 비중뿐만 아니라, 각 절과 절 사이의 논리적인 상관관계를 일정한 약속에 따라 표현합니다. 이를 통해 문맥성경은 저자가 성경을 기록하면서 의도했던 논리적인 전개와 문맥의 흐름을 좀 더 쉽게 관찰케 하는 것을 목표로 합니다.

문맥성경을 구성하는 각 의미단위는 세 가지 구성요소로 분류됩니다. 그 각각의 명칭을 서울성경연구원(SBI)은 '주문장', '수식부', '종속문장'으로 부릅니다. 이 명칭은 국문학적 정의가 아니라 문맥성경의 사용자와 SBI와의 약속입니다.

〈문맥성경의 구성요소〉

1. 주문장

'주문장'은 문맥(성경저자의 논리전개)의 뼈대(골조)를 이루는 중요한 문장입니다. '주문장'은 주어와 동사로 구성되며 가장 기본적인 문장의 의미를 표현합니다. 그러므로 '주문장'이 없이는 문장의 내용을 결코 이해할 수 없습니다.

"예수를 죽은 자 가운데서 살리신 이의 영이 너희 안에 거하시면 그리스도 예수를 죽은 자 가운데서 **살리신 이**가 너희 안에 거하시는 그의 영으로 말미암아 너희 죽을 몸도 **살리시리라**"

위의 로마서 8장 11절 본문 중 굵게 표기된 것이 '주문장'입니다. 다른 단어들을 읽지 않고 주어와 동사만 읽어도 문장의 기본적인 뜻은 파악할 수 있습니다. 그러나 '주문장(주어와 동사)'을 뺀 다른 단어만으로는 그 의미를 파악할 수 없습니다.

"예수를 죽은 자 가운데서 살리신 이의 영이 너희 안에 거하시면 그리스도 예수를 죽은 자 가운데서 (　　　) 너희 안에 거하시는 그의 영으로 말미암아 너희 죽을 몸도 (　　　　　)."

이처럼 '주문장'은 문맥에서 기본적인 의미를 담고 있는 가장 중요한 문장입니다. '주문장'은 문맥 내에서 독립적인 비중을 가집니다. 그 스스로가 다른 의미단위(단어, 구, 절)에 구애됨 없이 '주문장'만으로 의미 전달이 가능하다는 뜻입니다. 그리고 '주문장'은 주어나 동사의 의미를 한정, 혹은 강화하는 '수식부'의 꾸밈을 받습니다. 또한 독립적이기에 '주문장'이 다른 문장을 수식하지 않습니다. '주문장'은 다른 문장을 수식하지 않는다는 면에서 다음에 설명할 '종속문장'과 구별됩니다.

문맥성경에서는 주문장을 다음과 같이 표현합니다.

살리신 이가　　**살리시리라**　(주문장의 동사임을 나타내는 필체)

주어　　동사

주문장의 주어는 왼편에 기록하고, 동사는 오른편에 기록합니다. 그리고 주문장의 동사는 견고딕으로 강조하여 주문장의 동사(이하 주동사)임을 표시합니다.

2. 수식부

'수식부'는 문장내에서 주문장(주어와 동사)를 제외한 나머지 부분 중에서 주문장의 주어 혹은 동사의 어느 한 쪽을 수식하여 그 의미를 한정, 혹은 강화하는 의미단위(단어, 구, 절)를 말합니다. 수식부는 자체적으로 하위 수식부를 가질 수 있으며, 그 전체가 주문장의 주어나 동사 어느 한 쪽을 수식합니다.

로마서 8장 11절의 경우 주문장을 제외한 모든 의미단위들은 주어인 '살리신 이'와 동사인 '살리시리라'를 각각 수식합니다.

주어측의 수식부는 다음과 같습니다.

그리스도 예수를 **살리신 이**
죽은 자 가운데서 **살리신 이**

다음은 동사측 '수식부' 입니다. 오른 쪽으로 더 밀린 것은 수식부를 꾸미는 '하위수식부' 를 말합니다. 하위 수식부는 수식하는 단어의 의미를 한정, 강화합니다.

영이 거하시면 **살리시리라**
살리신 이의 영
예수를 살리신 이
죽은 자 가운데서 살리신 이
너희 안에 거하시면
몸도 **살리시리라**
너희 몸
죽을 몸
영으로 말미암아 **살리시리라**
그의 영
거하시는 영
너희 안에 거하시는

문맥성경은 이러한 꾸밈 관계를 다음과 같이 표현합니다. 수식부는 꾸미는 말 아래에 오른쪽으로 3칸 정도 빈칸을 두고서 표시합니다. 수식부임을 나타내는 기호는 ' / ' 입니다.

살리신 이가
/그리스도 예수를
/죽은 자 가운데서

수식부임을 나타내는 기호

살리시리라
/몸도
/너희
/죽을
/영으로 말미암아
/그의
/거하시는
/너희 안에
/영이 ——— 거하시면(조건절, if)
/살리신 이의 /너희 안에
/예수를
/죽은 자 가운데서

위에서 예를 든 것처럼 '수식부'는 주문장의 주어, 혹은 동사의 의미를 강화하거나 한정합니다. 수식부는 대부분 6하원칙에 의해 꾸밈받는 말을 수식합니다.

수식부를 기록함에 있어 몇 가지 원칙과 예외가 있습니다. 원칙은 첫째, 주동사를 꾸미는 수식부는 가장 먼저 동사를 이해함에 필수적인 목적어나 그에 상응하는 의미단위를 먼저 기록합니다. 둘째, 목적어나 그에 상응하는 의미단위의 수식부를 제외하고는 원문의 기록순서를 따라 위치를 정합니다. 예외적으로 논리전개상 주문장보다 먼저 읽어야 하는 조건절, 상황절, 양보절은 수식부이지만, 주문장보다 먼저 기록합니다.

그러므로 로마서 8장 11절은 다음과 같이 구문을 기록합니다.

```
영이                          거하시면(조건절, if)   ── 조건절: 주문장 보
  /살리신 이의                  /너희 안에              다 먼저 기록한다.
    /예수를
    /죽은 자 가운데서

살리신 이가                   살리시리라             ── 주문장
  /그리스도 예수를            /몸도
  /죽은 자 가운데서             /너희
                                /죽을
                              /영으로 말미암아
                                /그의
                                /거하시는
                                  /너희 안에
```

3. 종속문장

'종속문장'은 하나 이상의 단어로 구성된 구나 주어와 동사로 구성된 절이 다른 주문장이나 주어 동사로 구성된 수식부와 논리적인 인과관계를 갖는 것을 말합니다. 여기서 논리적인 인과관계라 함은 한 문장이 다른 문장의 이유, 목적, 결과가 되는 것을 말합니다. 수식부가 주어, 혹은 동사의 단어 하나를 수식하는데 비해 종속문장은 주문장 전체, 혹은 주어와 동사로 구성된 수식부 전체를 수식하며 논리적인 관계를 갖습니다. 종속문장을 표시하는 기호는 ' // ' 입니다.

다음은 로마서 8장 1절과 2절입니다. 구문을 분석하여 논리 관계에 따라 배열하면 다

음과 같습니다.

> "그러므로 이제 그리스도 예수 안에 있는 자에게는 결코 정죄함이 없나니 이는 그리스도 예수 안에 있는 생명의 성령의 법이 죄와 사망의 법에서 너를 해방하였음이라"

그러므로
정죄함이 **결코 없나니**
/이제
/그리스도 예수 안에 있는 자에게는

//이는(이유: for)
법이 ———— 해방하였음이라
/성령의 /너를
/생명의 /법에서
/그리스도 예수 안에 있는 /죄와 사망의

종속문장 : 앞선 문장과 논리적 인과 관계를 갖는다.

간략한 구조로 볼 때, '정죄함이 결코 없는 이유는 법이 해방하였기 때문이다' 임을 알 수 있습니다. 이처럼 '종속문장' 은 앞선 문장과의 논리적 인과관계를 표현합니다. 종속문장은 주관적인 기준으로 분류하는 것이 아니라 헬라어 구문에서 keyword를 통해 구별을 합니다. 종속문장을 이끄는 헬라어 문법상의 keyword는 세 가지 종류가 있습니다.

1) 종속문장을 이끄는 '종속접속사' 입니다.

헬라어에서 종속문장을 이끄는 대표적인 접속사로는 이유와 원인의 종속문장을 이끄는 γάρ(가르)와 ὅτι(호티), 결과나 목적을 나타내는 ἵνα(히나)와 ὥστε(호스테) 등을 들 수 있습니다. 영역본에서 이런 접속사들은 'for, because', 혹은 'so that may, in order that' 등으로 번역됩니다.

2) 이유나 목적, 결과의 의미를 갖는 '전치사 구' 입니다.

헬라어에서 이유나 목적, 결과의 의미를 나타내는 '전치사 구' 가 있습니다. 대표적인 것으로 이유를 나타내는 숙어인 'διὰ + 목적격', 혹은 'διὰ + 부정사' 와 결과나 목적을 나타내는 'εἰς + 목적격' 등이 있습니다.

3) 분사가 원인의 의미로 사용되는 경우입니다.

영문법과 비슷하게 헬라어에서 분사가 이유나 원인을 말하는 경우입니다. 분사가 형용사로 사용되지 않고 부사적인 용법으로 사용되는 경우에 본동사의 원인이나 이유를 말할 수 있습니다.

'종속문장'은 반드시 주문장과 관계를 갖는 것은 아닙니다. 경우에 따라 수식부 내의 주어와 동사로 구성된 문장이 종속문장을 가질 수 있습니다. 또한 종속문장도 그 자체의 주어 동사와 인과관계를 가지는 하위 종속문장을 가질 수 있습니다. 이럴 경우 두개의 종속문장간에 논리적인 관계가 병렬인지 종속되는 하위 종속문장인지는 일반적인 문법의 상식을 적용하여 규정합니다. 다음은 로마서 8장 28-30절은 병렬관계의 종속문장 및 하위 종속관계의 종속문장 예문입니다.

28 우리가 **알거니와**
/모든 것이—합력하여 이루느니라
/선을
/사랑하는 자[에게는]
/하나님을
/곧(동격)
부르심을 입은 자들에게는
/그 뜻대로

29 //(이유: ὅτι, for)
하나님이(=그가) —— 또한 미리 정하셨으니
/미리 아신 자들로(=에게)
/본받게 하기 위하여(=본받도록)
/형상을
/그 아들의

종속문장

종속문장의 종속문장: 하나님이 미리 정하신 목적

//이는(목적: εἰς + 부정사, so that)
그로—맏아들이 되게 하려 하심이니라
/많은 형제 중에서

30 //또(이유: 계속)
[그가] —— 또한 부르시고
/미리 정하신 그들을
또한 의롭다 하시고
/부르신 그들을
또한 영화롭게 하셨느니라
/의롭다 하신 그들을

위의 예문에서 29절 상반절과 30절은 각각 '우리가 모든 것이 합력하여 선을 이루는 것을 안다' 는 주문장의 두개의 이유를 말합니다. 첫째는 하나님이 미리 정하셨기 때문이고, 둘째는 하나님이 부르시고, 의롭다하시고, 영화롭게 하셨기 때문입니다. 이것이 병렬관계의 종속문장입니다. 반면에 29절 하반절은 주문장이 아닌 '하나님이 미리 정하신' 목적을 말합니다. 그 목적은 '그로 맏아들이 되게 하려고' 입니다. 이것이 종속관계의 하위 종속문장입니다.

창세기에서부터 요한계시록까지의 성경은 크게 두가지 형태의 기록으로 나눌 수 있습니다. 그 하나는 일인칭 화자에 의해 진술된 '강화체(discourse) 본문' 과 다수의 등장인물에 의해 스토리가 전개되는 '사건기록체(narrative) 본문' 입니다. 전자는 서신서, 선지서, 시가서 등을 들 수 있고, 후자는 역사서, 복음서 등을 포함합니다. 경우에 따라서는 두 가지 본문이 한 책에서 혼재되어 있는 경우도 있습니다. 그러나 어떤 본문이건 성경의 모든 본문은 '주문장, 수식부, 종속문장' 으로 나눌 수 있습니다.

이것은 SBI 구문분석(문맥성경)의 구성요소가 특정한 언어에 국한되지 않는 언어의 일반적인 특성을 감안하여 기능별로 분류한 것이기 때문입니다. 다음은 '주문장, 수식부, 종속문장' 의 구분에 해당되지 않는 예외의 부분들입니다.

1) 호격 2) 등위접속사, 결론을 나타내는 접속사
3) 감탄사 4) 후렴구(아멘, 셀라 등)
5) 삽입절 6) 관계대명사절 중 계속적 용법

이 중 호격, 접속사, 감탄사는 주문장과 독립하여 주문장(혹은 문장)보다 먼저 기술합니다. 후렴구는 해당 구절의 동사 옆에 병기(竝起)합니다. 삽입절 역시 적당한 위치에 배치합니다. 주목해야 하는 것은 '관계대명사절 중 계속적 용법' 입니다. 이 용법은 신약에 빈번하게 등장하는 예외입니다(여기서 예외라 함은 관계대명사절의 주어 동사와 선행사와의 관계를 말하는 것이지, 그 내부적인 구성요소는 역시 수식관계에 있습니다).

관계대명사절 중 계속적 용법의 기능은 일반적인 논문의 각주(脚註)에 해당되는 것으로 볼 수 있습니다. 문장의 흐름 가운데 어떤 단어를 좀더 확장해서 설명하고 싶을 때, 그러나 그 문장 내에 기술하게 되면 문맥의 흐름이 끊어질 염려가 있을 때 우리는 각주를 사용합니다. 관계대명사절 중 계속적 용법은 바로 이런 기능을 가집니다. 관계대명사가 가리키는 선행사에 대해 좀 더 확장하여 설명하는 기능입니다. 그러나 계속적 용법의 관계대명사절은 문맥의 흐름에 다소 독립적으로 구분되어 있는 것이 대부분입니다. 그러므로 SBI는 계속적 용법의 관계대명사절을 다음과 같이 표기합니다.

(예 : 롬 1:1-2)

주문자의 동사임을 나타내는 필체

1 바울은
/종
/예수 그리스도의
/사도로(=사도인)
/부르심을 받아(=받은)
/택정함을 입었으니(=입은)
/복음을 위하여
/하나님의

(편지하노니)
/[너희에게]
/모든(자에게)
/로마에 있어(=있는)
/사랑하심을 입고
/하나님의
/부르심을 입은
/성도로

2 /이 **복음은**
하나님이(=그가) ——— 미리 약속하신 것이라(=하셨다)
/선지자들로 말미암아
/성경에
/아들에 관하여
/그의

로마서 1장 1-2절의 본문에서 2절의 '이 복음은' 은 실제로 원문에는 명사가 아니라 1절의 '복음' 을 선행사로 하는 관계대명사입니다. 문맥성경에서 이 부분은 선행사와 한 줄 간격을 두고 수식부 기호(/)를 한 후 표기합니다. 그러나 실제로는 수식부가 아니라 '복음' 을 확장해서 설명하는 각주의 기능을 합니다. 그러므로 관계대명사의 계속적 용법은 문맥의 흐름과는 별개로 이해되어야 합니다.

문맥성경에는 몇 가지 약속된 부호들이 있습니다. 다음은 각 부호에 대한 설명입니다.

견고딕 : 주문장의 동사임을 나타내는 필체
/ : 수식부
// : 종속문장
[ ] : 한글성경에는 없으나 원문에는 있는 단어
( ) :
- 1. 원문에 없으나 한글성경에 삽입된 단어
- 2. 원전의 단어를 밝힐 필요가 있을 때
- 3. 종속문장의 기능과 keyword, 영문번역 표기시

(=) : 원문에 근거하여 의미를 보강해야 하는 단어
< > : 원문에는 없지만, 문법상 생략된 단어

문맥성경의 장점

구문을 분석하여 표현한 문맥성경은 연구와 묵상시에 많은 부분에서 연구자에게 유용합니다. 많은 장점들이 있지만, 대표적으로 다음과 같은 점을 들 수 있습니다.

1. 본문의 내용을 쉽게 이해할 수 있습니다.
2. 전체적인 본문의 흐름과 각 부분의 상세한 내용을 구조적으로 한 눈에 볼 수 있습니다.
3. 짧은 시간만으로도 본문을 깊이 이해할 수 있습니다.
4. 한글 성경만으로는 오해하거나 잘 알 수 없는 원문의 정확한 의미와 논리의 구조를 확실하게 파악할 수 있습니다.
5. 그리므로 지자의 의도와 감정을 접하는 경험이 가능힙니다.
6. 본문 연구시 관찰이 쉽고, 해석시에 세밀한 부분까지 본문을 놓치지 않을 수 있습니다.
7. 간단한 원칙과 원리만 이해하면, 연구자가 자신의 목적에 맞게 자유롭게 활용, 응용할 수 있습니다.
8. 설교를 위한 본문의 주해 개요(대지 및 소지)를 쉽게 작성할 수 있습니다.
9. 성경공부 교재를 만들 때, 본문의 내용을 함축적으로 포함하는 질문과 내용들을 만들 수 있습니다.

문맥성경 제작 연혁

1988년 8월	서울성경연구원 설립(계몽문화센터)
1988년 9월	목회자를 위한 말씀학교 개강
1988년 12월	구문 분석과 칠하원칙에 의한 귀납법적 성경연구 방법론 개발 구문분석은 문장의 흐름에 따른 배열과 논리적 배열 방식을 병행
1992년 9월	논리적 배열에 의한 구문분석을 주요방식으로 채택
1994년 7월	빌립보서 구문분석 및 연구서 발간
1996년 1월	방법론 재정비 및 개발 시작 이때부터 구문분석 성경을 「문맥성경」이라 칭함
1998년 9월	BNC와 공동으로 말씀연구용 CD프로그램 "바이블2000" 개발
1998년 12월	문맥성경 개발자 김상훈 목사 박사학위 취득
1999년 12월	문맥성경 제작 및 연구 방법론 개발 완료
2000년 6월	인터넷 홈페이지 개설(sbi.or.kr)
2000년 8월	문맥성경 신약 제작을 위한 연구 시작 교회 교육 전문 인터넷 방송국 (주)온바이블 (www.onbible.com) 설립
2001년 10월	문맥성경 신약 출판
2010년 11월	중국어 문맥성경 신약 출판
2012년 1월	문맥성경 구약(모세오경) 출판
2017년 3월	문맥성경 구약(여호수아–열왕기하) 출판
2017년 9월	문맥성경 신약(수정) 재판

SBI 구문분석에 의한

문맥성경

로마서

롬

1

1 바울은 (편지하노니)[1]
/종
/예수 그리스도의
/사도로(=사도인)
/부르심을 받아(=받은)
/택정함을 입었으니(=입은)
/복음을 위하여
/하나님의

/[너희에게]
/모든(자에게)
/로마에 있어(=있는)
/사랑하심을 입고
/하나님의
/부르심을 입은
/성도로

2 /이 복음은(=을)[2]
하나님이(=그가) — 미리 약속하신 것이라(=하셨다)
/선지자들로 말미암아
/성경에
/그의 아들에 관하여

3 /(이 아들로 말하면)나셨고(=나신)
/다윗의 혈통에서
/육신으로는

4 /인정되셨으니(=인정되신)
/하나님의 아들로
/능력으로
/성결의 영으로는
/부활하여
/죽은 가운데서

/곧 (동격)
예수 그리스도시니라
/우리 주

5 /그로 말미암아[3]
우리가 — 받아
/은혜와
/사도의 직분을
/그 이름을 위하여
/순종케 하나니(=순종토록)
/믿어(=믿음의)
/모든 이방인 중에서

6 /그들 중에[4]
너희도 — 있어...자니라(=있느니라)
/부르심을 입은
/예수 그리스도의(것으로)

1) 원문과 한글 어디에도 동사는 없다. 그러나 일반적인 서신서의 형태와 같기에 문맥성경에 첨가하였다.

2) 관계대명사, 선행사는 '복음'이다. 계속적 용법

3) 전치사 + 관계대명사, 선행사는 '예수 그리스도'이다. 계속적 용법

4) 전치사 + 관계대명사, 선행사는 '이방인'이다. 계속적 용법

1:1 예수 그리스도의 종 바울은 사도로 부르심을 받아
하나님의 복음을 위하여 택정함을 입었으니 2 이 복음
은 하나님이 선지자들로 말미암아 그의 아들에 관하여 성
경에 미리 약속하신 것이라 3 이 아들로 말하면 육신으로
는 다윗의 혈통에서 나셨고 4 성결의 영으로는 죽은 가운
데서 부활하여 능력으로 하나님의 아들로 인정되셨으니 곧
우리 주 예수 그리스도시니라 5 그로 말미암아 우리가 은
혜와 사도의 직분을 받아 그 이름을 위하여 모든 이방인
중에서 믿어 순종케 하나니 6 너희도 그들 중에 있어 예수
그리스도의 것으로 부르심을 입은 자니라

1:1 Paul, a bond-servant of Christ Jesus, called as an apostle,
set apart for the gospel of God, 2 which He promised
beforehand through His prophets in the holy Scriptures,
3 concerning His Son, who was born of a descendant of
David according to the flesh, 4 who was declared the
Son of God with power by the resurrection from the
dead, according to the Spirit of holiness, Jesus Christ our
Lord, 5 through whom we have received grace and apostleship
to bring about the obedience of faith among all the
Gentiles, for His name's sake, 6 among whom you also

7 은혜와
평강이
(있기를 원하노라)
/하나님 우리 아버지와
주 예수 그리스도로 좇아

8 첫째는[5]
내가
감사함은
/내 하나님께
/예수 그리스도로 말미암아
/너희[를] 인하여
/모든(사람을)

//(이유: ὅτι, because)
믿음이 ——— 전파됨이로다
/너희 /온 세상에

9-10 //(이유: γάρ, for)
하나님이 ——— 증인이 되시거니와
/내가 — 섬기는
/내 심령으로
/복음 안에서
/그의 아들의
/나의
/[내가] — 말하며(=하는 것에)
/너희를(=너희에 대해)[6]
/항상
/내 기도에[서]
/쉬지 않고
/구하노라(=구하면서, 현재분사)
/[내가] — 좋은 길 얻기를
/너희에게로 나아갈
/어떠하든지
/이제
/[어느 때이건]
/하나님의 뜻 안에서

11 //(이유: γάρ, for)
내가 — 심히 원하는 것은
/너희 보기를

//(목적: ἵνα, that...may)
[내가] ——— 나눠 주어
/은사를
/무슨
/신령한
/너희에게

//(목적: εἰς τὸ + 부정사, that...may)

롬

5) 부사이지만, 여기서는 숫자의 의미가 아니라 분위기를 전환하는 역할을 하기 때문에 동사를 수식하지 않는다. '우선' 이라는 뉘앙스이다.

6) 소유격은 때로는 '…에 대하여' 라는 의미로 사용된다. 이를 문법적으로 '참고의 부사적 소유격' 이라고 부른다.

7 로마에 있어 하나님의 사랑하심을 입고 성도로 부르심
을 입은 모든 자에게 하나님 우리 아버지와 주 예수 그리
스도로 좇아 은혜와 평강이 있기를 원한노라 8 첫째는 내
가 예수 그리스도로 말미암아 너희 모든 사람을 인하여 내
하나님께 감사함은 너희 믿음이 온 세상에 전파됨이로다 9
내가 그의 아들의 복음 안에서 내 심령으로 섬기는 하나님
이 나의 증인이 되시거니와 항상 내 기도에 쉬지 않고 너
희를 말하며 10 어떠하든지 이제 하나님의 뜻 안에서 너
희에게로 나아갈 좋은 길 얻기를 구하노라 11 내가 너희
보기를 심히 원하는 것은 무슨 신령한 은사를 너희에게 나
눠 주어 너희를 견고케 하려 함이니

are the called of Jesus Christ; 7 to all who are beloved
of God in Rome, called as saints: Grace to you and peace
from God our Father and the Lord Jesus Christ. 8 First, I
thank my God through Jesus Christ for you all, because
your faith is being proclaimed throughout the whole world.
9 For God, whom I serve in my spirit in the preaching
of the gospel of His Son, is my witness as to how
unceasingly I make mention of you, 10 always in my
prayers making request, if perhaps now at last by the will
of God I may succeed in coming to you. 11 For I long
to see you in order that I may impart some spiritual gift
to you, that you may be established; 12 that is, that I

//(목적: εἰς τὸ + 부정사, that...may)
견고케 하려 함이니
/너희를

12 //이는 곧(동격/동급)
내가 — 안위함을 얻으려 함이라
/너희 가운데서
/믿음을 인하여
/피차
/너희와 나의

13 형제들아!
내가 **원치 아니하노니**
/너희가 모르기를
/[내가] — [의도]한 것을
/너희에게 가고자
/여러 번

//이는(목적: ἵνα, so that...may)
[내가] — 열매를 맺게 하려 함이로되
/너희 중에서도
/다른 이방인 중에서와 같이

[그러나]
[내가] **길이 막혔도다**
/지금까지

14 내가 **빚진 자라**
/헬라인이나 야만이나
/지혜 있는 자나 어리석은 자에게 다

15 그러므로(οὕτως, so)[7]
[나는] **원하노라.**
/복음 전하기를
/너희에게도
/로마에 있는
/할 수 있는대로(=나에게 있어서)[8]

16 //(이유: γάρ, for)
내가 — 부끄러워하지 아니하노니
/복음을

//(이유: γάρ, for)
이 복음은[9] — 능력이 됨이라

7) οὕτως는 형용사이지만 헬라어에서는 결론을 나타내는 접속사와 같은 구실을 할 때가 있다.

8) κατα ἐμὲ, as much as is in me(NKJV), for my part(NASB)

9) 직역하면 '이것은' 이다.

12 이는 곧 내가 너희 가운데서 너희와 나의 믿음을 인하여 피차 안위함을 얻으려 함이라 13 형제들아 내가 여러 번 너희에게 가고자 한 것을 너희가 모르기를 원치 아니하노니 이는 너희 중에서도 다른 이방인 중에서와 같이 열매를 맺게 하려 함이로되 지금까지 길이 막혔도다 14 헬라인이나 야만이나 지혜 있는 자나 어리석은 자에게 다 내가 빚진 자라 15 그러므로 나는 할 수 있는대로 로마에 있는 너희에게도 복음 전하기를 원하노라 16 내가 복음을 부끄러워하지 아니하노니 이 복음은 모든 믿는 자에게 구원을 주시는 하나님의 능력이 됨이라 첫째는 유대인에게요 또한

may be encouraged together with you while among you, each of us by the other's faith, both yours and mine. 13 And I do not want you to be unaware, brethren, that often I have planned to come to you (and have been prevented thus far) in order that I might obtain some fruit among you also, even as among the rest of the Gentiles. 14 I am under obligation both to Greeks and to barbarians, both to the wise and to the foolish. 15 Thus, for my part, I am eager to preach the gospel to you also who are in Rome. 16 For I am not ashamed of the gospel, for it is the power of God for salvation to everyone who believes, to the Jew first and also to the Greek. 17 For in it the

이 복음은[9] —— 능력이 됨이라
/하나님의
/구원을 주시는
/모든 자에게
/믿는
/첫째는 유대인에게요 또한 헬라인에게(로다)

17 //(이유: γάρ, for)
의가 —— 나타나서
/하나님의 /복음에는
/믿음으로
/믿음에 이르게(하나니)
/기록된 바 ..함과 같으니라(=같이)
/오직 의인은 믿음으로 말미암아 살리라

18 //(이유: γάρ, for)
진노가 —— 나타나나니
/하나님의 /하늘로 좇아
/경건치 않음과 불의에 대하여
/모든
/사람들의
/막는
/진리를
/불의로

19 //이는(이유: διότι, because)
알 만한 것이 —— 보임이라
/하나님을 /저희 속에

//(이유: γάρ, for)
하나님께서 —— 보이셨느니라.
/(이를)저희에게

20 //(이유: γάρ, for)
보이지 아니하는 것들[이] —— 보여,
/그의 /알게 되나니(=알게 되면서, 현재분사)
/(곧)능력과 신성이(=의) /창세로부터
/그의 영원하신 /그 만드신 만물에
/분명히

//그러므로(결과 : εἰς + 부정사, so that)
저희가 핑계치 못할찌니라

21 //(이유: διότι, for)

롬

헬라인에게로다 17 복음에는 하나님의 의가 나타나서 믿음으로 믿음에 이르게 하나니 기록된 바 오직 의인은 믿음으로 말미암아 살리라 함과 같으니라 18 하나님의 진노가 불의로 진리를 막는 사람들의 모든 경건치 않음과 불의에 대하여 하늘로 좇아 나타나나니 19 이는 하나님을 알 만한 것이 저희 속에 보임이라 하나님께서 이를 저희에게 보이셨느니라 20 창세로부터 그의 보이지 아니하는 것들 곧 그의 영원하신 능력과 신성이 그 만드신 만물에 분명히 보여 알게 되나니 그러므로 저희가 핑계치 못할지니라

righteousness of God is revealed from faith to faith; as it
is written, "But the righteous man shall live by faith." 18
¶ For the wrath of God is revealed from heaven against
all ungodliness and unrighteousness of men, who suppress
the truth in unrighteousness, 19 because that which is
known about God is evident within them; for God made
it evident to them. 20 For since the creation of the world
His invisible attributes, His eternal power and divine
nature, have been clearly seen, being understood through what
has been made, so that they are without excuse. 21 For
even though they knew God, they did not honor Him as
God, or give thanks; but they became futile in their

21 /(이유: διότι, for)
[저희가] ─ 영화롭게도 아니하며
/하나님으로
감사치도 아니하고
/하나님을 알되(=안 후에도, 과거분사)

오히려 허망하여지며
/그 생각이
어두워졌나니
/마음이
/미련한
/[그들의]

22 [그들이] 지혜있다 [주장]하나(양보, although - NIV)
우준하게 되어
23 **바꾸었느니라**
/영광을
/썩어지지 아니하는
/하나님의
/우상으로
/형상의
/썩어질
/사람과
/금(=새와)
/수와(=짐승과)
/버러지(=파충류의)

24 그러므로
하나님께서 **내어 버려두사**
/저희를
/마음의 정욕대로
/더러움에
/욕되게(하셨으니)
/저희 몸을
/서로(=그들 안에)

25 /(이는)
저희가[10] ─ 바꾸어
/하나님의 진리를
/거짓 것으로
경배하고
섬김이라
/피조물을
/조물주보다 더

/주는[11] ─ (곧)찬송할 이시로다. 아멘
/영원히

롬

10) 관계대명사, 선행사는 '그들'이다. 계속적 용법

11) 관계대명사, 선행사는 '조물주'이다. 계속적 용법

21 하나님을 알되 하나님으로 영화롭게도 아니하며 감사치도 아니하고 오히려 그 생각이 허망하여지며 미련한 마음이 어두워졌나니 **22** 스스로 지혜 있다 하나 우둔하게 되어 **23** 썩어지지 아니하는 하나님의 영광을 썩어질 사람과 금수와 버러지 형상의 우상으로 바꾸었느니라 **24** 그러므로 하나님께서 저희를 마음의 정욕대로 더러움에 내어버려 두사 저희 몸을 서로 욕되게 하셨으니 **25** 이는 저희가 하나님의 진리를 거짓 것으로 바꾸어 피조물을 조물주보다 더 경배하고 섬김이라 주는 곧 영원히 찬송할 이시로다 아멘

speculations, and their foolish heart was darkened. 22 Professing to be wise, they became fools, 23 and exchanged the glory of the incorruptible God for an image in the form of corruptible man and of birds and four-footed animals and crawling creatures. 24 ¶ Therefore God gave them over in the lusts of their hearts to impurity, that their bodies might be dishonored among them. 25 For they exchanged the truth of God for a lie, and worshiped and served the creature rather than the Creator, who is blessed forever. Amen. 26 ¶ For this reason God gave

26 이를 인하여(διὰ τοῦτο)
하나님께서 **내어 버려 두셨으니**
/저희를
/욕심에
/부끄러운

//곧(이유: γάρ, for)
여인들도 —— 바꾸어
/저희 /쓸 것을
/순리대로
/역리로(쓰며)

27 //(이유 계속)
남자들도 —— 불일듯 하매
/이와 같이
/음욕이
/서로 향하여
/버리고(과거분사)
/여인 쓰기를
/순리대로
/남자가 —— 행하여(=행하면서, 현재분사)
/부끄러운 일을
/남자로 더불어
/받았느니라(=받으면서, 현재분사)
/상당한 보응을
/저희의 그릇됨에
/그 자신에

28 또한
하나님께서 **내어 버려두사**
/저희를
/저희가 —— 싫어하매(=싫어한 대로)
/하나님 두기를
/마음에
/그 상실한 마음대로
/하게 하셨으니(=행하도록, 부정사)
/합당치 못한 일을
29 /(곧)가득한(자요)
/불의, 추악, 탐욕, 악의가
/모든
/가득한(자요)
/시기, 살인, 분쟁, 사기, 악독이
/수군수군하는 자요(=수군수군 하는 것을)
30 /비방하는 자요(=비방함을)
/하나님의 미워하시는 자요(=하나님을 미워함을)
/능욕하는 자요(=능욕을)
/교만한 자요(=교만을)

롬

26 이를 인하여 하나님께서 저희를 부끄러운 욕심에 내어
버려 두셨으니 곧 저희 여인들도 순리대로 쓸 것을 바꾸어
역리로 쓰며 27 이와 같이 남자들도 순리대로 여인 쓰기
를 버리고 서로 향하여 음욕이 불일듯 하매 남자가 남자로
더불어 부끄러운 일을 행하여 저희의 그릇됨에 상당한 보
응을 그 자신에 받았느니라 28 또한 저희가 마음에 하나
님 두기를 싫어하매 하나님께서 저희를 그 상실한 마음대
로 내어 버려 두사 합당치 못한 일을 하게 하셨으니 29 곧
모든 불의, 추악, 탐욕, 악의가 가득한 자요 시기, 살인, 분
쟁, 사기, 악독이 가득한 자요 수군수군 하는 자요 30 비
방하는 자요 하나님의 미워하시는 자요 능욕하는 자요 교
만한 자요 자랑하는 자요 악을 도모하는 자요 부모를 거역

them over to degrading passions; for their women exchanged the natural function for that which is unnatural,
27 and in the same way also the men abandoned the natural function of the woman and burned in their desire toward one another, men with men committing indecent acts and receiving in their own persons the due penalty of their error.
28 ¶ And just as they did not see fit to acknowledge God any longer, God gave them over to a depraved mind, to do those things which are not proper,
29 being filled with all unrighteousness, wickedness, greed, evil; full of envy, murder, strife, deceit, malice; they are gossips,
30 slanderers, haters of God, insolent, arrogant, boastful, inventors of

/교만한 자요(=교만을)
/자랑하는 자요(=자랑을)
/악을 도모하는 자요(=도모함을)
/부모를(=에게) 거역하는 자요(=거역함을)

31 /우매한 자요(=우매함을)
/배약하는 자요(=배약함을)
/무정한 자요(=무정함을)
/무자비한 자라(=무자비함을)

32 /저희가[12] —— 알고도(양보, 과거분사, although)
/하나님의 정하심을
/이같은 일을 행하는 자는 사형에 해당한다고(=것을)
— 행할 뿐 아니라
/자기들만
— 또한 옳다 하느니라
/그 일을 행하는 자를

2

1 그러므로(διὸ)
사람아!
/남을 판단하는
/(무론)누구든(지)
네가 **핑계치 못할 것은**

//(이유: γάρ, for)
네가 —— 정죄함이니
/너를
/판단하는 것으로
/남을

//(이유: γάρ, for)
판단하는 [자여]!
네가 —— 행함이니라
/같은 일을

2 우리가 **아노라**
/판단이 —— 진리대로 되는 줄
/하나님의 /행하는 자에게
/이런 일을

12) 관계대명사, 선행사는 앞서 언급된 수많은 악행을 행하는 자들을 말한다. 계속적 용법

하는 자요 31 우매한 자요 배약(背約)하는 자요 무정한 자요 무자비한 자라 32 저희가 이같은 일을 행하는 자는 사형에 해당하다고 하나님의 정하심을 알고도 자기들만 행할 뿐 아니라 또한 그 일을 행하는 자를 옳다 하느니라

2:1 그러므로 남을 판단하는 사람아 무론 누구든지 네가 핑계치 못할 것은 남을 판단하는 것으로 네가 너를 정죄함이니 판단하는 네가 같은 일을 행함이니라 2 이런 일을 행하는 자에게 하나님의 판단이 진리대로 되는 줄 우리가 아노라

evil, disobedient to parents, 31 without understanding, untrustworthy, unloving, unmerciful; 32 and, although they know the ordinance of God, that those who practice such things are worthy of death, they not only do the same, but also give hearty approval to those who practice them.

2:1 ¶ Therefore you are without excuse, every man of you who passes judgment, for in that you judge another, you condemn yourself; for you who judge practice the same things. 2 And we know that the judgment of God rightly falls upon those who practice such things. 3 And do you suppose this, O man, when you pass judgment

3 사람아!
/판단하고도(=판단하는)
/행하는 자를
/이런 일을
/행하는
/같은 일을
네가 **생각하느냐?**
/[이것을]
/[네가] ——— 피할 줄로
/판단을
/하나님의

4 혹
네가 **멸시하느뇨?**
/풍성함을
/인자하심과
/그의
/용납하심과
/길이 참으심의
/알지 못하여(=알지 못하면서, 현재분사)
/인자하심이 ——— 인도하여(=인도함을)
/하나님의 /너를
/회개케(하심을)

5 다만
[네가] **쌓는도다**
/네 고집과
마음을 따라
/회개치 아니한
/(임할)진노를
/네게
/그 날에
/진노의(날)
/곧 나타나는
/의로우신 판단이
/하나님의

6 /(하나님께서)[13] ——— 보응하시되(=보응하실)
/각 사람에게
/그 행한 대로

7 /영생으로(하시고)
/구하는 자에게는
/영광과 존귀와 썩지 아니함을
/참고(=인내를 따라)
/선을 행하여(=행함으로)

8 /노와 분으로(하시리라)
/오직 당을 지어(=당을 짓는 자에게는)
/진리를(좇지) 아니하고 불의를 좇는 자에게는

3 이런 일을 행하는 자를 판단하고도 같은 일을 행하는 사
람아 네가 하나님의 판단을 피할 줄로 생각하느냐 4 혹 네
가 하나님의 인자하심이 너를 인도하여 회개케 하심을 알
지 못하여 그의 인자하심과 용납하심과 길이 참으심의 풍
성함을 멸시하느뇨 5 다만 네 고집과 회개치 아니한 마음
을 따라 진노의 날 곧 하나님의 의로우신 판단이 나타나
는 그 날에 임할 진노를 네게 쌓는도다 6 하나님께서 각
사람에게 그 행한 대로 보응하시되 7 참고 선을 행하여 영
광과 존귀와 썩지 아니함을 구하는 자에게는 영생으로 하
시고 8 오직 당을 지어 진리를 좇지 아니하고 불의를 좇는

upon those who practice such things and do the same yourself,
that you will escape the judgment of God? 4 Or do you
think lightly of the riches of His kindness and forbearance
and patience, not knowing that the kindness of God leads
you to repentance? 5 But because of your stubbornness
and unrepentant heart you are storing up wrath for yourself
in the day of wrath and revelation of the righteous judgment
of God, 6 who will render to every man according to his
deeds: 7 to those who by perseverance in doing good
seek for glory and honor and immortality, eternal life; 8
but to those who are selfishly ambitious and do not obey
the truth, but obey unrighteousness, wrath and indignation.

9 환난과 ─ (있으리니)
곤고가 ─ /영에게
/각 사람의
/악을 행하는
/첫째는 유대인에게요 또한 헬라인(에게며)

10 영광과 ─ (있으리니)
존귀와 ─ /각 사람에게(는)
평강이 ─ /선을 행하는
/첫째는 유대인에게요 또한 헬라인에게라

11 //이는(이유: γάρ, for)
외모로 사람을 취하지(=함이) ─ 아니하심이니라(=없음이라)
/하나님께서(=께는)

12 //(이유: γάρ, for)
무릇 범죄한 자는 ─ 또한 망하고
/율법 없이 /율법 없이
무릇 범죄한 자는 ─ 심판을 받으리라
/율법이 있고 /율법으로 말미암아

13 //(이유: γάρ, for)
듣는 자가 ─ 의인이 아니요
/율법을 /하나님 앞에서는
//(이유: 계속)
행하는 자라야 ─ 오직 의롭다 하심을 얻으리니
/율법을

14 //(이유: γάρ, for)
이방인이 ─ 행할 때는(상황절, when)
/율법 없는 /율법의 일을
/본성으로
이 사람은 ─ 율법이 되나니
/자기가 자기에게
/율법이 없어도(현재분사)

15 //(이유: 연속)
이런 이들은 ─ 나타내느니라
/율법의 행위를
/그 마음에 새긴
/증거가 되어(=증거가 되면서, 현재분사)
/그 양심이
/그 생각들이
/서로
/혹은 송사하며(=송사하면서, 현재분사)
/혹은 변명하여(=변명하면서, 현재분사)

16 /그 날이라(=그날에)

롬

자에게는 노와 분으로 하시리라 9 악을 행하는 각 사람의
영에게 환난과 곤고가 있으리니 첫째는 유대인에게요 또한
헬라인에게며 10 선을 행하는 각 사람에게는 영광과 존귀
와 평강이 있으리니 첫째는 유대인에게요 또한 헬라인에게
라 11 이는 하나님께서 외모로 사람을 취하지 아니하심이
니라 12 무릇 율법 없이 범죄한 자는 또한 율법 없이 망하
고 무릇 율법이 있고 범죄한 자는 율법으로 말미암아 심판
을 받으리라 13 하나님 앞에서는 율법을 듣는 자가 의인
이 아니요 오직 율법을 행하는 자라야 의롭다 하심을 얻으
리니 14 (율법 없는 이방인이 본성으로 율법의 일을 행할
때는 이 사람은 율법이 없어도 자기가 자기에게 율법이 되
나니 15 이런 이들은 그 양심이 증거가 되어 그 생각들이
서로 혹은 송사하며 혹은 변명하여 그 마음에 새긴 율법의
행위를 나타내느니라)

9 There will be tribulation and distress for every soul of
man who does evil, of the Jew first and also of the Greek,
10 but glory and honor and peace to every man who does
good, to the Jew first and also to the Greek. 11 For there
is no partiality with God. 12 For all who have sinned
without the Law will also perish without the Law; and
all who have sinned under the Law will be judged by the
Law; 13 for not the hearers of the Law are just before
God, but the doers of the Law will be justified. 14 For
when Gentiles who do not have the Law do instinctively

16 /그 날이라(=그날에)
/하나님이 — 심판하시는
/은밀한 것을
/사람들의
/(곧)내 복음에 이른 바와 같이
/예수 그리스도로 말미암아

17 [만약, εἰ]
네가 칭하는(=불린다면)
/유대인이라
의지하며
/율법을
자랑하며
/하나님을
18 알고
/(하나님의)뜻을
좋게 여기며(=여긴다면, 조건절, if)
/지극히 선한 것을
/교훈을 받아(현재분사)
/율법의

19-20
네가 믿으니(=믿는다면, 조건절, if)
/스스로
/길을 인도하는 자요
/소경의
/빛이요
/어두움에 있는 자의
/훈도요
/어리석은 자의
/선생이라고
/어린아이의
/가진 자로서(현재분사)
/규모를
/지식과 진리의
/율법에 있는

21 그러면(οὖν)
가르치는 네가 — **가르치지 아니하느냐?**
/다른 사람을 /네 자신을
반포하는 네가 — **도적질 하느냐?**
/도적질 말라

22 말하는 네가 — **간음하느냐?**
/간음하지 말라
가증히 여기는 네가 — **신사 물건을 도적질하느냐?**
/우상을

롬

16 곧 내 복음에 이른 바와 같이 하나님이 예수 그리스도
로 말미암아 사람들의 은밀한 것을 심판하시는 그 날이라
17 유대인이라 칭하는 네가 율법을 의지하며 하나님을 자
랑하며 18 율법의 교훈을 받아 하나님의 뜻을 알고 지극
히 선한 것을 좋게 여기며 19 네가 율법에 있는 지식과 진
리의 규모를 가진 자로서 소경의 길을 인도하는 자요 어두
움에 있는 자의 빛이요 20 어리석은 자의 훈도요 어린 아
이의 선생이라고 스스로 믿으니 21 그러면 다른 사람을
가르치는 네가 네 자신을 가르치지 아니하느냐 도적질 말
라 반포하는 네가 도적질하느냐 22 간음하지 말라 말하는
네가 간음하느냐 우상을 가증히 여기는 네가 신사 물건을
도적질하느냐

the things of the Law, these, not having the Law, are a
law to themselves, 15 in that they show the work of the
Law written in their hearts, their conscience bearing
witness, and their thoughts alternately accusing or else
defending them, 16 on the day when, according to my
gospel, God will judge the secrets of men through Christ Jesus.
17 But if you bear the name "Jew," and rely upon the
Law, and boast in God, 18 and know His will, and approve
the things that are essential, being instructed out of the
Law, 19 and are confident that you yourself are a guide
to the blind, a light to those who are in darkness, 20 a corrector
of the foolish, a teacher of the immature, having in the

23 자랑하는 네가 **욕되게 하느냐?**
/율법을 /하나님을
/율법을 범함으로

24 //(이유: γάρ, for)
이름이 ——— 모독을 받는도다
/하나님의 /너희로 인하여
/이방인 중에서
/기록된 바와 같이

25 //(이유: γάρ, for)
[만약, ἐὰν]
네가 ——— 율법을 행한즉(조건절, if)
할례가 ——— 유익하나

//(이유: 계속)
만일(ἐὰν)
[네가] ——— 율법을 범한즉(조건절, if)
할례가 ——— 무할례가 되었느니라
/네

26 그런즉(οὖν)
[만약, ἐάν]
무할례자가 ——— 지키면(조건절, if)
/율법의 제도를

무할례를(=가) ——— **여길 것이 아니냐?(=여겨질 것이 아니냐?)**
/그[의] /할례와 같이(=할례로)

27 또한
무할례자가 ——— 온전히 지키면(조건절, 현재분사, if)
/본래 /율법을
판단치 아니하겠느냐?
/너를
/율법을 범하는
/의문과 할례를 가지고

28 //대저(이유: γάρ, for)
표면적(유대인)이 ——— 유대인이 아니요
표면적 할례가 ——— 할례가 아니라
/육신의

29 //(이유: 계속)
이면적(유대인)이 ——— 오직 유대인이며
/[그에게][14]

14) 관계대명사, 선행사는 '이면적 인 유대인'이다. 계속적 용법

23 율법을 자랑하는 네가 율법을 범함으로 하나님을 욕되
게 하느냐 24 기록된 바와 같이 하나님의 이름이 너희로
인하여 이방인 중에서 모독을 받는도다 25 네가 율법을
행한즉 할례가 유익하나 만일 율법을 범한즉 네 할례가 무
할례가 되었느니라 26 그런즉 무할례자가 율법의 제도를
지키면 그 무할례를 할례와 같이 여길 것이 아니냐 27 또
한 본래 무할례자가 율법을 온전히 지키면 의문과 할례를
가지고 율법을 범하는 너를 판단치 아니하겠느냐 28 대저
표면적 유대인이 유대인이 아니요 표면적 육신의 할례가
할례가 아니라 29 오직 이면적 유대인이 유대인이며 할

Law the embodiment of knowledge and of the truth, 21
you, therefore, who teach another, do you not teach
yourself? You who preach that one should not steal, do
you steal? 22 You who say that one should not commit
adultery, do you commit adultery? You who abhor idols,
do you rob temples? 23 You who boast in the Law,
through your breaking the Law, do you dishonor God?
24 For "the name of God is blasphemed among the Gentiles
because of you, "just as it is written. 25 For indeed
circumcision is of value, if you practice the Law; but if
you are a transgressor of the Law, your circumcision has
become uncircumcision. 26 If therefore the uncircumcised
man keeps the requirements of the Law, will not his
uncircumcision be regarded as circumcision? 27 And will
not he who is physically uncircumcised, if he keeps the

/[그에게][14)]
칭찬이 ─ 사람에게서가 아니요
다만 하나님에게서니라

//(이유: 계속)
할례는 ─ 신령에 있고
/마음에(할지니)
의문에 있지 아니한 것이라

3

1 그런즉(οὖν)
나음이 **무엇이며?**
/유대인의
유익이 **무엇이뇨?**
/할례의

2 많으니(=많은 것이) **〈있으니〉**
/범사에

//(이유: γάρ, because-NKJV)
저희가 ─ 맡았음이니라
/하나님의 말씀을
/첫째는

3 **어찌하리요?**

[만약, εἰ]
어떤 자들이 믿지 아니하였으면(조건절, if)
믿지 아니함이 **폐하겠느뇨?**
/그[들의] /하나님의 미쁘심을

4 [그것이] **그럴 수 없느니라**
사람은 **거짓되되**
/다(=모든)

오직(δὲ)
하나님은 **참되시다 할지어다(=참되소서)**
/기록된 바...함과 같으니라(=같이)
/주께서(=당신은) ─ 의롭다 함을 얻으시고
/주의(=당신의) 말씀에
─ 이기려 하심이라(=이기실 것이다)
/판단받으실 때에
/[당신을]

14) 관계대명사, 선행사는 '이면적인 유대인'이다. 계속적 용법

롬

례는 마음에 할찌니 신령에 있고 의문에 있지 아니한 것이라 그 칭찬이 사람에게서가 아니요 다만 하나님에게서니라

3:1 그런즉 유대인의 나음이 무엇이며 할례의 유익이 무엇이뇨 2 범사에 많으니 첫째는 저희가 하나님의 말씀을 맡았음이니라 3 어떤 자들이 믿지 아니하였으면 어찌하리요 그 믿지 아니함이 하나님의 미쁘심을 폐하겠느뇨
4 그럴 수 없느니라 사람은 다 거짓되되 오직 하나님은 참되시다 할지어다 기록된 바 주께서 주의 말씀에 의롭다 함을 얻으시고 판단 받으실 때에 이기려 하심이라 함과 같으니라

Law, will he not judge you who though having the letter of the Law and circumcision are a transgressor of the Law? 28 For he is not a Jew who is one outwardly; neither is circumcision that which is outward in the flesh. 29 But he is a Jew who is one inwardly; and circumcision is that which is of the heart, by the Spirit, not by the letter; and his praise is not from men, but from God.

3:1 Then what advantage has the Jew? Or what is the benefit of circumcision? 2 Great in every respect. First of all, that they were entrusted with the oracles of God. 3 What then? If some did not believe, their unbelief will not nullify the faithfulness of God, will it? 4 May it never be! Rather, let God be found true, though every man be found a liar, as it is written, "That Thou mightest be justified in Thy words,

롬

5 그러나
[만약, εἰ]
불의가 드러나게 하면(조건절, if)
/우리 /의를
/하나님의
[우리가] **무슨 말 하리요?**
하나님이 **불의하시냐?**
/내리시는
/진노를

내가 **말하노니**
/사람의 말하는대로(=사람을 따라)

6 [그것이] **결코 그렇지 아니하니라**

//만일 그러하면(이유: ἐπεὶ, for otherwise)
하나님께서 ——— 어찌 심판하시리요?
/세상을

7 그러나
[만약, εἰ]
참되심이 더 풍성하여(=풍성해진다면, 조건절, if)
/하나님의 /나의 거짓말로
/그의 영광이 되었으면(=되도록)
나도 **어찌 심판을 받으리요?**
/죄인처럼

8 또는(그러면)
[우리가] **행하자 하지 않겠느냐?**
/악을
/선을 이루기 위하여[15)]

/이렇게 [우리가] 비방하여(=비방받는 것 같이)
/어떤 이들이 ——— 하니(=말하는 것 같이)
/우리가 —— 말을 한다고
/(이런)[16)]

/정죄받는 것이 —— 옳으니라
/저희가[17)]

9 그러면(οὖν)
어떠하뇨?
우리는 **나으뇨?**
[그것이] **결코 아니라**

//(이유: γάρ, for)

15) 원래는 종속문장이지만, 문맥상 이해를 위해 수식부로 표기했다. 주문장 전체가 o¢ti로 인도되는 인용절의 형태이다

16) 주문장의 내용이 이중으로 사용되었다. 사람들의 비난의 내용을 바울이 주문장으로 사용했다.

17) 관계대명사. 선행사는 바울을 왜곡하는 '어떤이들' 이다. 계속적 용법

5 그러나 우리 불의가 하나님의 의를 드러나게 하면 무슨 말 하리요 내가 사람의 말하는 대로 말하노니 진노를 내리시는 하나님이 불의하시냐 6 결코 그렇지 아니하니라 만일 그러하면 하나님께서 어찌 세상을 심판하시리요 7 그러나 나의 거짓말로 하나님의 참되심이 더 풍성하여 그의 영광이 되었으면 어찌 나도 죄인처럼 심판을 받으리요 8 또는 그러면 선을 이루기 위하여 악을 행하자 하지 않겠느냐(어떤 이들이 이렇게 비방하여 우리가 이런 말을 한다고 하니) 저희가 정죄 받는 것이 옳으니라 9 그러면 어떠하뇨 우리는 나으뇨 결코 아니라

And mightest prevail when Thou art judged." 5 But if our unrighteousness demonstrates the righteousness of God, what shall we say? The God who inflicts wrath is not unrighteous, is He? (I am speaking in human terms.) 6 May it never be! For otherwise how will God judge the world? 7 But if through my lie the truth of God abounded to His glory, why am I also still being judged as a sinner? 8 And why not say (as we are slanderously reported and as some affirm that we say), "Let us do evil that good may come"? Their condemnation is just. 9 What then? Are we better than they? Not at all; for we have already charged that both Jews and Greeks are all under

//(이유: γάρ, for)
우리가 ── 이미 선언하였느니라
/유대인이나 헬라인이나 ── 죄 아래 있다고
/다(=모든)
/기록한 바...함과 같으니라(=같이)
10 /의인은 ── 없나니
/하나도 없으며(=없이)
11 /깨닫는 자도 ── 없고
찾는 자도 ── 없고
/하나님을
12 /다(=모두) ── 치우쳐
무익하게 되고
/한가지로(=함께)
/행하는 자는 ── 없나니
/선을 ── 하나도 없도다
13 /목구멍은 ── 무덤이요
/저희 /열린
/[그들은] ── 속임을 베풀며
/그[들의] 혀로는
/독이 ── 있고
/독사의 /입술에는
/그[들의]
14 /그[들의][18)]
입에는 ── 가득하고
/저주와 악독이
15 /발은 ── 빠른지라
/그 /흘리는 데
/피
16 /파멸과 고생이 ── (있어)
/그[들의] 길에
17 /[그들이] ── 알지 못하였고
/길을
/평강의
18 /두려워함이 ── 없느니라
/하나님을 /저희 눈 앞에

19 우리가 **알거니와**
/무릇 율법이 말하는 바는 ── 말하는 것이니
/율법 아래 있는 자들에게

//이는(목적: ἵνα, so that may)
입을(=이) ── 막고(=막히고)
/모든
세상으로 ── 심판 아래 있게 하려 함이니라
/온 /하나님의

20 //그러므로(이유: διότι, because)

18) 관계대명사. 선행사는 '그들'이다. 계속적 용법

롬

유대인이나 헬라인이나 다 죄 아래 있다고 우리가 이미 선
언하였느니라 10 기록한 바 의인은 없나니 하나도 없으며
11 깨닫는 자도 없고 하나님을 찾는 자도 없고 12 다 치
우쳐 한가지로 무익하게 되고 선을 행하는 자는 없나니 하
나도 없도다 13 저희 목구멍은 열린 무덤이요 그 혀로는
속임을 베풀며 그 입술에는 독사의 독이 있고 14 그 입에
는 저주와 악독이 가득하고 15 그 발은 피 흘리는 데 빠른
지라 16 파멸과 고생이 그 길에 있어 17 평강의 길을 알
지 못하였고 18 저희 눈 앞에 하나님을 두려워함이 없느
니라 함과 같으니라 19 우리가 알거니와 무릇 율법이 말

sin; 10 as it is written, "There is none righteous, not even
one; 11 There is none who understands, There is none
who seeks for God; 12 All have turned aside, together
they have become useless; There is none who does good,
There is not even one." 13 "Their throat is an open grave,
With their tongues they keep deceiving," "The poison of
asps is under their lips"; 14 "Whose mouth is full of
cursing and bitterness"; 15 "Their feet are swift to shed blood,
16 Destruction and misery are in their paths, 17 And the
path of peace have they not known." 18 "There is no
fear of God before their eyes." 19 Now we know that whatever
the Law says, it speaks to those who are under the Law,

20 //그러므로(이유: διότι, because)
육체가 ──의롭다 하심을 얻을.. 없나니(=의롭게 되지 못한다)
/행위로
/율법의
/그의 앞에

//(이유: γάρ, for)
깨달음이니라[19)]
/율법으로는
/죄를

21 이제는[20)]
(한)의가 **나타났으니**
/하나님의
/율법 외에
/증거를 받은 것이라(=받으면서, 현재분사)
/율법과 선지자들에게

22 곧
의니(=의가) **〈나타났다〉**
/하나님의
/믿음으로 말미암아
/예수 그리스도를
/믿는 자에게(미치는)
/모든

//(이유: γάρ, for)
차별이 ──── 없느니라

23 //(이유: γάρ, for)
모든 사람이 ┬ 죄를 범하였으매
└ 이르지 못하더니
/영광에
/하나님의

24 [그들이] **의롭다 하심을 얻은 자 되었느니라**[21)]
/값없이
/은혜로
/하나님의
/구속으로 말미암아
/그리스도 예수 안에 있는

25 /이 예수를[22)]
하나님이 ──세우셨으니
/화목제물로
/믿음으로 말미암는(=말미암아)
/그의 피로 인하여
/이는 나타내려 하심이니(=나타내려고)
/자기의 의로우심을

19) be동사 생략형. 굳이 표현한다면 '깨달음이 있다' 이다.

20) 부사이지만, 주의를 환기하는 접속사와 같은 기능을 갖는다.

21) 의미구조이다. NRSV와 NIV의 입장을 따랐다.

22) 관계대명사, 선행사는 '예수' 이다. 계속적 용법

하는 바는 율법 아래 있는 자들에게 말하는 것이니 이는
모든 입을 막고 온 세상으로 하나님의 심판 아래 있게 하
려 함이니라 20 그러므로 율법의 행위로 그의 앞에 의롭
다 하심을 얻을 육체가 없나니 율법으로는 죄를 깨달음이
니라 21 이제는 율법 외에 하나님의 한 의가 나타났으니
율법과 선지자들에게 증거를 받은 것이라 22 곧 예수 그
리스도를 믿음으로 말미암아 모든 믿는 자에게 미치는 하
나님의 의니 차별이 없느니라 23 모든 사람이 죄를 범하
였으매 하나님의 영광에 이르지 못하더니 24 그리스도 예
수 안에 있는 구속으로 말미암아 하나님의 은혜로 값없이
의롭다 하심을 얻은 자 되었느니라 25 이 예수를 하나님
이 그의 피로 인하여 믿음으로 말미암는 화목 제물로 세우

that every mouth may be closed, and all the world may become
accountable to God; 20 because by the works of the
Law no flesh will be justified in His sight; for through
the Law comes the knowledge of sin. 21 ¶ But now apart
from the Law the righteousness of God has been manifested,
being witnessed by the Law and the Prophets, 22 even
the righteousness of God through faith in Jesus Christ for
all those who believe; for there is no distinction; 23 for
all have sinned and fall short of the glory of God, 24
being justified as a gift by His grace through the redemption
which is in Christ Jesus; 25 whom God displayed publicly
as a propitiation in His blood through faith. This was to

//(이유: διὰ+목적격, because)
간과하심으로
/죄를
/전에 지은
/길이 참으시는 중에
/하나님께서

26 //곧(목적: πρὸς, for)
나타내사
/자기의 의로우심을
/이 때에

//(목적: εἰς+ 부정사, so that)
의로우시며
/자기도
또한 의롭다 하려 하심이니라
/예수 믿는 자를

롬

27 그런즉
자랑할 데가 **어디뇨?**
[그것이] **있을 수가 없느니라**

무슨 법으로냐?
행위로냐?

아니라
오직 **법으로니라**
/믿음의

28 //그러므로(이유: γάρ, for)
우리가 ── 인정하노라
/사람이 ── 의롭다 하심을 얻는 것은(=을)
/믿음으로(되는 줄)
/행위에 있지 않고
/율법의

29 하나님은 **유대인의 하나님뿐이시뇨?**
/홀로
또 **이방인의 하나님은 아니시뇨?**
이방인의 하나님도 되시느니라
/진실로

30 하나님은 **한 분이시니라**
/의롭다 하실
/할례자도
/믿음으로 말미암아
/또는 무할례자도
/믿음으로 말미암아

셨으니 이는 하나님께서 길이 참으시는 중에 전에 지은 죄
를 간과하심으로 자기의 의로우심을 나타내려 하심이니
26 곧 이 때에 자기의 의로우심을 나타내사 자기도 의로
우시며 또한 예수 믿는 자를 의롭다 하려 하심이니라 27
그런즉 자랑할 데가 어디뇨 있을 수가 없느니라 무슨 법으
로냐 행위로냐 아니라 오직 믿음의 법으로니라 28 그러므
로 사람이 의롭다 하심을 얻는 것은 율법의 행위에 있지
않고 믿음으로 되는 줄 우리가 인정하노라 29 하나님은
홀로 유대인의 하나님뿐이시뇨 또 이방인의 하나님은 아니
시뇨 진실로 이방인의 하나님도 되시느니라 30 할례자도
믿음으로 말미암아 또는 무할례자도 믿음으로 말미암아 의
롭다 하실 하나님은 한 분이시니라

demonstrate His righteousness, because in the forbearance
of God He passed over the sins previously committed;
26 for the demonstration, I say, of His righteousness at
the present time, that He might be just and the justifier
of the one who has faith in Jesus. 27 Where then is
boasting? It is excluded. By what kind of law? Of works?
No, but by a law of faith. 28 For we maintain that a man
is justified by faith apart from works of the Law. 29 Or
is God the God of Jews only? Is He not the God of
Gentiles also? Yes, of Gentiles also, 30 since indeed God
who will justify the circumcised by faith and the uncircumcised
through faith is one. 31 ¶ Do we then nullify the Law

31 그런즉(οὖν)
우리가 **폐하느뇨?**
/율법을
/믿음으로 말미암아

[그것은] **그럴 수 없느니라**
[우리가] **도리어 굳게 세우느니라**
/율법을

4

1 그런즉(οὖν)
[우리가] **무엇을 [말]하리요**
/아브라함이 — 얻었다(=얻은것을)
/조상 된
/우리
/육신으로

2 //(이유: γάρ, for)
만일(εἰ)
아브라함이 — 의롭다 하심을 얻었으면(조건절, if)
/행위로써
— 있으려니와
/자랑할 것이
— 없느니라
/하나님 앞에서는

3 //(이유: γάρ, for)
성경이 — 무엇을 말하느뇨?
/"아브라함이 — 믿으매
/하나님을
/이것이 — 의로 여기신 바 되었느니라"
/저에게

4 그 삯을 **여기지 아니하고**
/일하는 자에게는
/은혜로
(여기거니와)
/빚으로

5 믿음을(=이) **여기시나니**
/그의
/의로
/일을 아니할지라도
믿는 자에게는
/의롭다 하시는 이를
/경건치 아니한 자를

6 /다윗의 — 말한 바...함과 같으니라(=말한 것 같이)

31 그런즉 우리가 믿음으로 말미암아 율법을 폐하느뇨 그
럴 수 없느니라 도리어 율법을 굳게 세우느니라

4:1 그런즉 육신으로 우리 조상된 아브라함이 무엇을
얻었다 하리요 2 만일 아브라함이 행위로써 의롭다 하
심을 얻었으면 자랑할 것이 있으려니와 하나님 앞에서는
없느니라 3 성경이 무엇을 말하느뇨 아브라함이 하나님을
믿으매 이것이 저에게 의로 여기신바 되었느니라 4 일하
는 자에게는 그 삯을 은혜로 여기지 아니하고 빚으로 여기
거니와 5 일을 아니할지라도 경건치 아니한 자를 의롭다

through faith? May it never be! On the contrary, we establish the Law.

4:1 What then shall we say that Abraham, our forefather
according to the flesh, has found? 2 For if Abraham
was justified by works, he has something to boast about;
but not before God. 3 For what does the Scripture say?
"And Abraham believed God, and it was reckoned to him
as righteousness." 4 Now to the one who works, his wage
is not reckoned as a favor, but as what is due. 5 But to
the one who does not work, but believes in Him who
justifies the ungodly, his faith is reckoned as righteousness,

6 /다윗의 —— 말한 바...함과 같으니라(=말한 것 같이)
/행복에 대하여
/사람의
/하나님께(=이) — 의로 여기심을 받는(=여기는)
/일한 것이 없이
7 /사하심을 받고 —— 복이 있고
/그 불법을
가리우심을 받는 자는
/그 죄를
8 사람은 —— 복이 있도다
/주께서 인정치 아니하실
/그 죄를

9 그런즉(οὖν)
행복이 —— **할례자에게뇨**
/이 —— 혹 **무할례자에게도뇨?**

//대저(이유: γάρ, for)
우리가 —— 말하기를...하노라
/ "아브라함에게는 그 믿음을 의로 여기셨다"

10 그런즉(οὖν)
[그것이] **어떻게 여기셨느뇨?**
/(이를)
할례 시냐?
무할례 시냐?

할례 시가 아니라
무할례 시니라

11 저가 **받은 것은(=받았다)**
/표를
/할례의
/인친 것이니(=인을)
/의를(=의의)
/믿음으로 된
/무할례 시에

//이는(목적: εἰς + 부정사, so that...might)
[그가] —— 조상이 되어
/모든 자의
/믿는
/무할례자로서

//(목적: εἰς+ 부정사, that...might)

롬

하시는 이를 믿는 자에게는 그의 믿음을 의로 여기시나니
6 일한 것이 없이 하나님께 의로 여기심을 받는 사람의 행
복에 대하여 다윗의 말한 바 7 그 불법을 사하심을 받고
그 죄를 가리우심을 받는 자는 복이 있고 8 주께서 그 죄
를 인정치 아니하실 사람은 복이 있도다 함과 같으니라 9
그런즉 이 행복이 할례자에게뇨 혹 무할례자에게도뇨 대저
우리가 말하기를 아브라함에게는 그 믿음을 의로 여기셨다
하노라 10 그런즉 이를 어떻게 여기셨느뇨 할례시냐 무할
례시냐 할례시가 아니라 무할례시니라 11 저가 할례의 표
를 받은 것은 무할례시에 믿음으로 된 의를 인친 것이니

6 just as David also speaks of the blessing upon the man
to whom God reckons righteousness apart from works: 7
"Blessed are those whose lawless deeds have been forgiven,
And whose sins have been covered. 8 "Blessed is the
man whose sin the Lord will not take into account." 9 Is
this blessing then upon the circumcised, or upon the
uncircumcised also? For we say, "Faith was reckoned to
Abraham as righteousness." 10 How then was it reckoned?
While he was circumcised, or uncircumcised? Not while
circumcised, but while uncircumcised; 11 and he received
the sign of circumcision, a seal of the righteousness of
the faith which he had while uncircumcised, that he might

롬

//(목적: εἰς+ 부정사, that...might)
의로(=가) —— 여기심을 얻게 하려 하심이라
/저희로

12 또한 조상이 되었나니
/할례자의
/(곧)할례받을 자에게 뿐 아니라
좇는 자들에게도(니라)
/자취를
/믿음의
/우리 조상 아브라함의
/무할례 시에(가졌던)

13 //(이유: γάρ, for)
언약은 —— 율법으로 말미암은 것이 아니요
/후사가 되리라고 하신 /아브라함이나 그 후손에게
/세상의 —— 오직 의로 말미암은 것이니라
/믿음의

14 //(이유: γάρ, for)
만일(εἰ)
율법에 속한 자들이 —— 후사이면(조건절, if)
믿음은 —— 헛것이 되고
약속은 —— 폐하여졌느니라

15 //(이유: γάρ, for)
율법은 —— 이루게 하나니
/진노를
범함도 —— 없느니라
/율법이 없는 곳에는

16 그러므로
(후사가 되는 이것이) **믿음으로 되나니**

//(목적: ἵνα, in order that)
은혜에 속하기 위하여

//이는(목적: εἰς+ 부정사, so that)
굳게 하려 하심이라
/그 약속을
/그 후손에게
/모든
/율법에 속한 자에게 뿐 아니라
/믿음에 속한 자에게도(니)

이는 무할례자로서 믿는 모든 자의 조상이 되어 저희로 의로 여기심을 얻게 하려 하심이라 12 또한 할례자의 조상이 되었나니 곧 할례 받을 자에게뿐 아니라 우리 조상 아브라함의 무할례시에 가졌던 믿음의 자취를 좇는 자들에게도니라 13 아브라함이나 그 후손에게 세상의 후사가 되리라고 하신 언약은 율법으로 말미암은 것이 아니요 오직 믿음의 의로 말미암은 것이니라 14 만일 율법에 속한 자들이 후사이면 믿음은 헛것이 되고 약속은 폐하여졌느니라 15 율법은 진노를 이루게 하나니 율법이 없는 곳에는 범함도 없느니라 16 그러므로 후사가 되는 이것이 은혜에 속하기 위하여 믿음으로 되나니 이는 그 약속을 그 모든 후손에게 굳게 하려 하심이라 율법에 속한 자에게뿐 아니라 아브라함의 믿음에 속한 자에게도니 아브라함은 하나님 앞에서 우리 모든 사람의 조상이라

be the father of all who believe without being circumcised, that righteousness might be reckoned to them, 12 and the father of circumcision to those who not only are of the circumcision, but who also follow in the steps of the faith of our father Abraham which he had while uncircumcised. 13 For the promise to Abraham or to his descendants that he would be heir of the world was not through the Law, but through the righteousness of faith. 14 For if those who are of the Law are heirs, faith is made void and the promise is nullified; 15 for the Law brings about wrath, but where there is no law, neither is there violation. 16 For this reason it is by faith, that it might be in accordance with grace, in order that the promise may be certain to all the descendants, not only to those who are of the Law,

/믿음에 속한 자에게도(니)
/아브라함의

/아브라함은[23] 조상이라
/우리
/모든 사람의
17 /기록된 바 ...하심과 같으니(=같이)
/"내가 너를 많은 민족의 조상으로 세웠다"

/하나님 앞에서[24]
그의(=가) 믿은 바(=믿었다)
/하나님은(=을)
/살리시며(=는)
/죽은 자를
/부르시는 이시니라
/없는 것을
/있는 것같이

18 /아브라함이[25] 믿었으니
/조상이 되게 하려 하심을
/민족의
/많은
/바랄 수 없는 중에
/바라고
/말씀대로(...인함이라)
/(이는)네 후손이 이 같으리라 하신
19 /약하여지지 아니하고(과거분사)
/믿음이
/알고도[26]
/죽은 것 같음과
/자기 몸의
/그가 백 세나 되어
/죽은 것 같음을
/태의
/사라의

20 [그가] **의심치 않고**
/약속을
/하나님의
/믿음이 없어(=믿음에서)
견고하여져서
/믿음에[서]
/돌리며(과거분사)
/영광을
/하나님께
21 /확신하였으니(=확신하고서, 과거분사)
/약속하신 그것을 또한 능히 이루실 줄을

23) 관계대명사, 선행사는 '아브라함'이다. 계속적 용법

24) 전치사 + 관계대명사. 역본들이 일치되게 관계대명사를 '하나님'으로 번역했다. 그러나 선행사가 앞이 아닌 뒤에 나온다.

25) 관계대명사, 선행사는 16절의 '아브라함'이다. 계속적 용법

26) NRSV를 참고하라

롬

17 기록된바 내가 너를 많은 민족의 조상으로 세웠다 하
심과 같으니 그의 믿은 바 하나님은 죽은 자를 살리시며
없는 것을 있는 것같이 부르시는 이시니라 18 아브라함이
바랄 수 없는 중에 바라고 믿었으니 이는 네 후손이 이같
으리라 하신 말씀대로 많은 민족의 조상이 되게 하려 하심
을 인함이라 19 그가 백 세나 되어 자기 몸의 죽은 것 같
음과 사라의 태의 죽은 것 같음을 알고도 믿음이 약하여지
지 아니하고 20 믿음이 없어 하나님의 약속을 의심치 않
고 믿음에 견고하여져서 하나님께 영광을 돌리며

but also to those who are of the faith of Abraham, who
is the father of us all, 17 (as it is written, "A father of
many nations have I made you") in the sight of Him
whom he believed, even God, who gives life to the dead
and calls into being that which does not exist. 18 In hope
against hope he believed, in order that he might become
a father of many nations, according to that which had
been spoken, "So shall your descendants be." 19 And
without becoming weak in faith he contemplated his own
body, now as good as dead since he was about a hundred
years old, and the deadness of Sarah's womb; 20 yet,
with respect to the promise of God, he did not waver in

22 그러므로
이것을(=이) 여기셨느니라(=여겨졌느니라)
/의로
/저에게

23 의로 여기셨다(=음이) 기록된 것은(=기록되었다)
/저에게
/아브라함만 위한 것이 아니요
24 /우리도 위함이니
/의로 여기심을 받을
/(곧)믿는(자니라)
/살리신 이를
/죽은 자 가운데서
/예수 우리 주를

25 /예수는[27] — 내어 줌이 되고
/우리 범죄함을 위하여
— 또한 살아나셨느니라
/우리를 의롭다 하심을 위하여

롬

5

1 그러므로(οὖν)
우리가 누리자
/화평을
/하나님으로 더불어
/우리 주 예수 그리스도로 말미암아

//(이유 : 분사, since-NRSV)
의롭다 하심을 얻었은즉
/믿음으로

2 /또한
그로 말미암아[28]
우리가 — 얻었으며
/들어감을
/이 은혜에[이르게]
/[그 가운데][29]
[우리가] 서 있는
/믿음으로(=믿음에서)
— 즐거워하느니라
/바라고(=소망 위에서)
/영광을(=의)
/하나님의

27) 관계대명사, 선행사는 '예수'이다. 계속적 용법

28) 전치사 + 관계대명사, 선행사는 '예수 그리스도'이다. 계속적 용법

29) 전치사 + 관계대명사, 선행사는 '은혜'이다. 한정적 용법

21 약속하신 그것을 또한 능히 이루실 줄을 확신하였으니
22 그러므로 이것을 저에게 의로 여기셨느니라 23 저에게
의로 여기셨다 기록된 것은 아브라함만 위한 것이 아니요
24 의로 여기심을 받을 우리도 위함이니 곧 예수 우리 주
를 죽은 자 가운데서 살리신 이를 믿는 자니라 25 예수는
우리 범죄함을 위하여 내어줌이 되고 또한 우리를 의롭다
하심을 위하여 살아나셨느니라

5:1 그러므로 우리가 믿음으로 의롭다 하심을 얻었은즉
우리 주 예수 그리스도로 말미암아 하나님으로 더불어
화평을 누리자 2 또한 그로 말미암아 우리가 믿음으로 서
있는 이 은혜에 들어감을 얻었으며 하나님의 영광을 바라
고 즐거워하느니라

unbelief, but grew strong in faith, giving glory to God,
21 and being fully assured that what He had promised,
He was able also to perform. 22 Therefore also it was reckoned
to him as righteousness. 23 Now not for his sake only
was it written, that it was reckoned to him, 24 but for
our sake also, to whom it will be reckoned, as those who
believe in Him who raised Jesus our Lord from the dead,
25 He who was delivered up because of our transgressions,
and was raised because of our justification.

5:1 ¶ Therefore having been justified by faith, we have peace
with God through our Lord Jesus Christ, 2 through

3 다만(δὲ)
이뿐 아니라
[오히려]
우리가 **즐거워하나니**
/환난 중에도

//이는(이유: 분사, because-NIV)
앎이로다
/환난은 ——— 이루는 줄
/인내를
4 인내는 ——— <이루는 줄>
/연단을
연단은 ——— <이루는 줄>
/소망을

5 소망이 **부끄럽게 아니함은**

//(이유: ὅτι, because)
사랑이 ——— 부은 바 됨이니(=부어진 바 됨이니)
/하나님의 /우리 마음에
/성령으로 말미암아
/우리에게 주신

6 //(이유: γάρ, for)
우리가 ——— 연약할 때에(상황절, while)
/아직
그리스도께서 ——— 죽으셨도다
/기약대로
/경건치 않은 자를 위하여

7 //(이유: γάρ, for)
[누가] ——— 죽는 자가 쉽지 않고(=죽기가 쉽지않고)
/의인을 위하여
//혹[자는] ——— 용감히..있거니와(=두려워 않거니와)
/죽는 자가(=죽는 것을)
/선인을 위하여

8 하나님께서 **확증하셨느니라**
/사랑을
/자기의
/우리에게 대한
/(동격)[30]
우리가 ——— 죄인 되었을 때에(상황절, 분사)
/아직
그리스도께서 — 죽으심으로
/우리를 위하여

30) 하나님이 사랑을 확증하셨다는 것이 무엇인지를 설명하는 동격이다.

롬

3 다만 이뿐 아니라 우리가 환난중에도 즐거워하나니 이
는 환난은 인내를, 4 인내는 연단을, 연단은 소망을 이루
는 줄 앎이로다 5 소망이 부끄럽게 아니함은 우리에게 주
신 성령으로 말미암아 하나님의 사랑이 우리 마음에 부은
바 됨이니 6 우리가 아직 연약할 때에 기약대로 그리스도
께서 경건치 않은 자를 위하여 죽으셨도다 7 의인을 위하
여 죽는 자가 쉽지 않고 선인을 위하여 용감히 죽는 자가
혹 있거니와 8 우리가 아직 죄인 되었을 때에 그리스도께
서 우리를 위하여 죽으심으로 하나님께서 우리에게 대한
자기의 사랑을 확증하셨느니라

whom also we have obtained our introduction by faith
into this grace in which we stand; and we exult in hope
of the glory of God. 3 And not only this, but we also
exult in our tribulations, knowing that tribulation brings
about perseverance; 4 and perseverance, proven character;
and proven character, hope; 5 and hope does not disappoint,
because the love of God has been poured out within our
hearts through the Holy Spirit who was given to us. 6
For while we were still helpless, at the right time Christ
died for the ungodly. 7 For one will hardly die for a
righteous man; though perhaps for the good man someone
would dare even to die. 8 But God demonstrates His own
love toward us, in that while we were yet sinners, Christ
died for us. 9 Much more then, having now been justified

9 그러면(οὖν)
우리가 **구원을 얻을 것이니**
/더욱
/그로 말미암아
/진노하심에서

//(이유: 과거분사, since-NIV)
의롭다 하심을 얻었은즉
/이제
/그 피를 인하여

10 //곧(이유: γάρ, for)
[만약, εἰ]
우리가 —— 원수 되었을 때에(상황절, while)
화목되었은즉(=화목되었다면, 조건절, if)
/하나님으로 더불어
/죽으심으로 말미암아
/그 아들의
구원을 얻을 것이니라
/더욱
/그의 살으심을 인하여
/화목된 자로서는(=화목되고서, 과거분사)
11 /이뿐 아니라 또한 즐거워하느니라(=즐거워하면서, 현재분사)
/하나님 안에서
/우리 주 예수 그리스도로 말미암아
/[그를 통해][31]
우리로(=가) —— 얻게 하신(=가지는)
/화목을
/이제

12 이러므로(διὰ τοῦτο)
사망이 **이르렀느니라**
/모든 사람에게
/이와 같이
/죄가 —— 들어오고
/세상에
/한 사람으로 말미암아
사망이 —— 왔나니(=온 것 같이)
/죄로 말미암아

//(이유: ἐπι, because)
모든 사람이 —— 죄를 지었으므로(=지은 것 때문에)[32]

13 //(이유: γάρ, for)
죄가 —— 있었으나
/율법 있기 전에도
/세상에

31) 전치사 + 관계대명사, 선행사는 '예수 그리스도'이다.

32) 본문의 관계대명사는 선행사가 없이 다음의 오는 절을 명사절로 만드는 관사의 역할을 한다.

9 그러면 이제 우리가 그 피를 인하여 의롭다 하심을 얻었
은즉 더욱 그로 말미암아 진노하심에서 구원을 얻을 것이
니 10 곧 우리가 원수 되었을 때에 그 아들의 죽으심으로
말미암아 하나님으로 더불어 화목되었은즉 화목된 자로서
는 더욱 그의 살으심을 인하여 구원을 얻을 것이니라 11
이뿐 아니라 이제 우리로 화목을 얻게 하신 우리 주 예수
그리스도로 말미암아 하나님 안에서 또한 즐거워하느니라
12 이러므로 한 사람으로 말미암아 죄가 세상에 들어오고
죄로 말미암아 사망이 왔나니 이와 같이 모든 사람이 죄를
지었으므로 사망이 모든 사람에게 이르렀느니라 13 죄가
율법 있기 전에도 세상에 있었으나 율법이 없을 때에는 죄
를 죄로 여기지 아니하느니라

by His blood, we shall be saved from the wrath of God through
Him. 10 For if while we were enemies, we were reconciled
to God through the death of His Son, much more, having
been reconciled, we shall be saved by His life. 11 And
not only this, but we also exult in God through our Lord
Jesus Christ, through whom we have now received the
reconciliation. 12 Therefore, just as through one man sin
entered into the world, and death through sin, and so death
spread to all men, because all sinned—13 for until the
Law sin was in the world; but sin is not imputed when
there is no law. 14 Nevertheless death reigned from Adam
until Moses, even over those who had not sinned in the likeness

율법이 없을 때에는(상황절, when)
죄를(가) **(죄로) 여기지 아니하느니라**

14 그러나
사망이 **왕 노릇 하였나니**
/아담으로부터 모세까지
/죄를 짓지 아니한 자들 위에도
/범죄와 같은
/아담의
/(아담은)[33)]
표상이라(=표상인)
/오실 자의

15 그러나
이 은사는 **그 범죄와 같지 아니하니**

//곧(이유: γάρ, for)
[만약, εἰ]
많은 사람이 —— 죽었은즉(=죽었다면, 조건절, if)
/한 사람의 범죄를 인하여
은혜와 —— 넘쳤으리라
/하나님의 /더욱
또는 선물이 —— /많은 사람에게
/은혜로 말미암은
/한 사람 예수 그리스도의

16 또
이 선물은 **한 사람으로 말미암은 것과 같지 아니하니**
/범죄한

//(이유: γάρ, for)
심판은 —— 정죄에 이르렀으나
/한 사람을 인하여
은사는 —— 의롭다 하심에 이름이니라
/범죄를 인하여
/많은

17 //(이유: γάρ, for)
[만약, εἰ]
사망이 —— 왕 노릇 하였은즉(=하였다면, 조건절, if)
/범죄를 인하여
/한 사람의
/그 한 사람으로 말미암아
받는 자들이 —— 왕 노릇 하리로다
/넘치게(=풍성함을) /더욱
/은혜와 /생명 안에서
/선물을 /한 분 예수 그리스도로 말미암아
/의의

33) 관계대명사, 선행사는 '아담'이다. 한정적 용법

롬

14 그러나 아담으로부터 모세까지 아담의 범죄와 같은 죄
를 짓지 아니한 자들 위에도 사망이 왕 노릇하였나니 아담
은 오실 자의 표상이라 15 그러나 이 은사는 그 범죄와 같
지 아니하니 곧 한 사람의 범죄를 인하여 많은 사람이 죽
었은즉 더욱 하나님의 은혜와 또는 한 사람 예수 그리스도
의 은혜로 말미암은 선물이 많은 사람에게 넘쳤으리라 16
또 이 선물은 범죄한 한 사람으로 말미암은 것과 같지 아
니하니 심판은 한 사람을 인하여 정죄에 이르렀으나 은사
는 많은 범죄를 인하여 의롭다 하심에 이름이니라 17 한
사람의 범죄를 인하여 사망이 그 한 사람으로 말미암아 왕
노릇 하였은즉 더욱 은혜와 의의 선물을 넘치게 받는 자들
이 한 분 예수 그리스도로 말미암아 생명 안에서 왕 노릇

of the offense of Adam, who is a type of Him who was
to come. 15 But the free gift is not like the transgression.
For if by the transgression of the one the many died,
much more did the grace of God and the gift by the grace
of the one Man, Jesus Christ, abound to the many. 16
And the gift is not like that which came through the one
who sinned; for on the one hand the judgment arose from
one transgression resulting in condemnation, but on the
other hand the free gift arose from many transgressions
resulting in justification. 17 For if by the transgression of
the one, death reigned through the one, much more those
who receive the abundance of grace and of the gift of
righteousness will reign in life through the One, Jesus
Christ. 18 So then as through one transgression there

18 그런즉(οὖν)
많은 사람이 **의롭다 하심을 받아...이르렀느니라(=의롭다함을 받았느니라)[34]**
/생명에(=의)
/의의 한 행동으로 말미암아
/많은 사람이 ——— 정죄에 이른 것같이
/한 범죄로

19 //(이유: γάρ, for)
많은 사람이 ——— 의인이 되리라
/순종하심으로
/한 사람의
/많은 사람이 죄인 된 것같이
/순종치 아니함으로
/한 사람의

20 율법이 **가입한 것은**

//(목적: ἵνα, so that)
범죄를 ——— 더하게 하려 함이라

그러나
은혜가 **더욱 넘쳤나니**
/죄가 더한 곳에

21 //이는(목적: ἵνα, so that)
은혜도 ——— 왕 노릇 하여
/또한(=이같이)
/의로 말미암아
/영생에 이르게(하려 함이니라)
/우리 주 예수 그리스도로 말미암아
/죄가 ——— 왕 노릇 한 것같이
/사망 안에서

6

1 그런즉(οὖν)
우리가 **무슨 말 하리요?**
죄에 거하겠느뇨?

//(목적: ἵνα, so that...may)
은혜를 ——— 더하게 하려고

2 [그것은] **그럴 수 없느니라**
우리가 **어찌 살리요?**
/죽은 /더
/죄에 대하여 /그 가운데

34) 주어, 동사가 없는 문장이다. 한글 개역의 뉘앙스를 살렸다.

하리로다 18 그런즉 한 범죄로 많은 사람이 정죄에 이른 것 같이 의의 한 행동으로 말미암아 많은 사람이 의롭다 하심을 받아 생명에 이르렀느니라 19 한 사람의 순종치 아니함으로 많은 사람이 죄인 된 것같이 한 사람의 순종하심으로 많은 사람이 의인이 되리라 20 율법이 가입한 것은 범죄를 더하게 하려 함이라 그러나 죄가 더한 곳에 은혜가 넘쳤나니 21 이는 죄가 사망 안에서 왕 노릇 한 것같이 은혜도 또한 의로 말미암아 왕노릇하여 우리 주 예수 그리스도로 말미암아 영생에 이르게 하려 함이니라

6:1 그런즉 우리가 무슨 말 하리요 은혜를 더하게 하려고 죄에 거하겠느뇨 2 그럴 수 없느니라 죄에 대하여 죽은 우리가 어찌 그 가운데 더 살리요

resulted condemnation to all men, even so through one act of righteousness there resulted justification of life to all men. 19 For as through the one man's disobedience the many were made sinners, even so through the obedience of the One the many will be made righteous. 20 And the Law came in that the transgression might increase; but where sin increased, grace abounded all the more, 21 that, as sin reigned in death, even so grace might reign through righteousness to eternal life through Jesus Christ our Lord.

6:1 ¶ What shall we say then? Are we to continue in sin that grace might increase? the Spirit and not in oldness of the letter. 2 May it never be! How shall we who died to sin still live in it?

3 무릇(=혹은)
[너희는] **알지 못하느뇨?**
/우리는 —— 세례받은 줄을
/세례를 받은 /그의 죽으심과 합하여
/그리스도 예수와 합하여

4 그러므로(οὖν)
우리가 **함께 장사되었나니**
/그와
/세례를 받음으로
/(그의)죽으심과 합하여

//이는(목적: ἵνα, so that)
우리로 — 또한 행하게 하려 함이니라
/새[로움] 가운데서
/생명[의]
/그리스도를(=가) — 살리심과 같이(=일으켜진 것 같이)
/죽은 자 가운데서
/영광으로 말미암아
/아버지의

5 //(이유: γάρ, for)
만일(εἰ)
우리가 — 연합한 자가 되었으면(조건절, if)
/본받아
/그의 죽으심을
또한 〈연합한 자가 되리라〉
/<본받아>
/그의 부활을

6 //(이유: 현재분사, for- NIV)
우리가 — 알거니와
/사람이 — 함께 십자가에 못 박힌 것은
/우리 /(예수와)
/옛

//(목적: ἵνα, in order that)
몸이 — 멸하여(=멸해지기 위함이다)
/죄의

//(목적: 부정사, so that)
우리가 — 다시는 종 노릇 하지 아니하려 함이니
/죄에게

7 //이는(이유: γάρ, for)
죽은 자가 — 의롭다 하심을 얻었음이니라
/죄에서 벗어나

롬

3 무릇 그리스도 예수와 합하여 세례를 받은 우리는 그의
죽으심과 합하여 세례 받은 줄을 알지 못하느뇨 4 그러므
로 우리가 그의 죽으심과 합하여 세례를 받음으로 그와 함
께 장사되었나니 이는 아버지의 영광으로 말미암아 그리스
도를 죽은 자 가운데서 살리심과 같이 우리로 또한 새 생
명 가운데서 행하게 하려 함이니라 5 만일 우리가 그의 죽
으심을 본받아 연합한 자가 되었으면 또한 그의 부활을 본
받아 연합한 자가 되리라 6 우리가 알거니와 우리 옛 사람
이 예수와 함께 십자가에 못박힌 것은 죄의 몸이 멸하여
다시는 우리가 죄에게 종노릇하지 아니하려 함이니 7 이
는 죽은 자가 죄에서 벗어나 의롭다 하심을 얻었음이니라

3 Or do you not know that all of us who have been
baptized into Christ Jesus have been baptized into His
death? 4 Therefore we have been buried with Him through
baptism into death, in order that as Christ was raised from
the dead through the glory of the Father, so we too might
walk in newness of life. 5 For if we have become united
with Him in the likeness of His death, certainly we shall
be also in the likeness of His resurrection, 6 knowing
this, that our old self was crucified with Him, that our
body of sin might be done away with, that we should no longer
be slaves to sin; 7 for he who has died is freed from sin.
8 Now if we have died with Christ, we believe that we

8 만일(εἰ)
우리가 죽었으면(조건절, if)
/그리스도와 함께
또한 **믿노니**
/[우리가] —— 함께 살 줄을
/그와

9 //이는(이유: 완료분사, for- NIV)
[우리가] —— 앎이로라
/그리스도께서 — 다시 죽지 아니하시고
사망이 —— 다시 그를 주장하지 못할 줄을

//(이유: 과거분사, since-NIV)
[그가] ——사셨으매
/죽은 자 가운데서

10 //(이유: γάρ, for)
그의 죽으심은 ——죽으심이요
/죄에 대하여
/단번에
//그의 살으심은 —— 살으심이니
/하나님께 대하여

11 너희도 **여길지어다**
/너희 자신을
/이와 같이
/죽은 자요
/죄에 대하여는
/산 자로
/하나님을 대하여는
/그리스도 예수 안에서

12 그러므로(οὖν)
죄로(=가) **(너희는)왕 노릇 하지 못하게 하여**
/몸에
/너희
/죽을

//(목적: εἰς + 부정사, so that)
몸의 사욕을 ——순종치 말고

13 또한
[너희는] —— **드리지 말고**
/너희 지체를
/불의의 병기로
/죄에게
—— **오직 드리며**
/너희 자신을
/의의 병기로
/하나님께

8 만일 우리가 그리스도와 함께 죽었으면 또한 그와 함께
살 줄을 믿노니 9 이는 그리스도께서 죽은 자 가운데서 사
셨으매 다시 죽지 아니하시고 사망이 다시 그를 주장하지
못할 줄을 앎이로라 10 그의 죽으심은 죄에 대하여 단번
에 죽으심이요 그의 살으심은 하나님께 대하여 살으심이니
11 이와 같이 너희도 너희 자신을 죄에 대하여는 죽은 자
요 그리스도 예수 안에서 하나님을 대하여는 산 자로 여길
지어다 12 그러므로 너희는 죄로 너희 죽을 몸에 왕 노릇
하지 못하게 하여 몸의 사욕을 순종치 말고 13 또한 너희
지체를 불의의 병기로 죄에게 드리지 말고 오직 너희 자신

shall also live with Him, 9 knowing that Christ, having
been raised from the dead, is never to die again; death
no longer is master over Him. 10 For the death that He
died, He died to sin, once for all; but the life that He
lives, He lives to God. 11 Even so consider yourselves
to be dead to sin, but alive to God in Christ Jesus. 12 Therefore
do not let sin reign in your mortal body that you should
obey its lusts, 13 and do not go on presenting the members
of your body to sin as instruments of unrighteousness;
but present yourselves to God as those alive from the

(드리라)
/너희 지체를
/다시 산 자같이
/죽은 자 가운데서
/하나님께

14 //(이유: γάρ, for)
죄가 ——— 주관치 못하리니
/너희를

//이는(이유: γάρ, for)
너희가 ─┬─ 법 아래 있지 아니하고
└─ 은혜 아래 있음이니라

15 그런즉(οὖν)
어찌하리요?
우리가 **죄를 지으리요?**

//(이유: ὅτι, because)
[우리가] ─┬─ 법 아래 있지 아니하고
└─ 은혜 아래 있으니

[그것은] **그럴 수 없느니라**

16 너희가 **알지 못하느냐?**
/드려(=드리는 것이) ——— 종이 되는 줄을
/종으로
/너희 자신을
/(누구에게)
/순종하든지(=토록)
/그 순종함을 받는 자의
/혹은 죄의 종으로
/사망에 이르고(=이르는)
/혹은 순종의 종으로
/의에 이르느니라(=이르는)

17 **감사하리로다**[35)]
/하나님께
/너희가 ─┬─ 종이더니
/(본래)죄의
순종하여
/마음으로
/본을
/너희에게 전하여 준 바(=너희가 전해들은 것을)
/교훈의
└─ 18 종이 되었느니라(=된 것을)
/의에게
/해방되어(과거분사)
/죄에게서

35) 주어 없이 사용된 관용적인 용법이다.

롬

을 죽은 자 가운데서 다시 산 자같이 하나님께 드리며 너
의 지체를 의의 병기로 하나님께 드리라 **14** 죄가 너희를
주관치 못하리니 이는 너희가 법 아래 있지 아니하고 은혜
아래 있음이니라 **15** 그런즉 어찌하리요 우리가 법 아래
있지 아니하고 은혜 아래 있으니 죄를 지으리요 그럴 수
없느니라 **16** 너희 자신을 종으로 드려 누구에게 순종하든
지 그 순종함을 받는 자의 종이 되는 줄을 너희가 알지 못
하느냐 혹은 죄의 종으로 사망에 이르고 순종의 종으로 의
에 이르느니라 **17** 하나님께 감사하리로다 너희가 본래 죄
의 종이더니 너희에게 전하여 준 바 교훈의 본을 마음으로
순종하여 **18** 죄에게서 해방되어 의에게 종이 되었느니라

dead, and your members as instruments of righteousness
to God. 14 For sin shall not be master over you, for you
are not under law, but under grace. 15 ¶ What then? Shall
we sin because we are not under law but under grace?
May it never be! 16 Do you not know that when you
present yourselves to someone as slaves for obedience,
you are slaves of the one whom you obey, either of sin resulting
in death, or of obedience resulting in righteousness? 17
But thanks be to God that though you were slaves of sin,
you became obedient from the heart to that form of teaching
to which you were committed, 18 and having been freed
from sin, you became slaves of righteousness. 19 I am speaking

19 내가 **말하노니**
/사람의 예대로

//(이유: δια + 목적격, because of)
연약하므로
/너희 육신이

[너희가] **드려(=드리라)**
/너희 지체를
/종으로
/의에게
/이제는
/거룩함에 이르라(=이르도록)
/너희가 — 전에 드려...것같이(=드린 것 같이)
/너희 지체를
/부정과 불법에
/불법에 이른(=이르도록)

롬

20 //(이유: γάρ, for)
너희가 — 종이 되었을 때에는(상황절, when)
/죄의
— 자유하였느니라
/의에 대하여

21 너희가 **무슨...얻었느뇨?**(=**무엇을 얻었느뇨?**)
/열매를
/그 때에

/그 일을[36)]
너희가 — 부끄러워하나니
/이제는

//이는(이유: γάρ, for)
그 마지막이 사망임이니라

22 그러나
너희가 **해방되고**
/죄에게서
/이제는
/종이 되어(과거분사)
/하나님께
얻었으니
/열매를
/[너희의]
/거룩함에 이르는(=이르도록)
/(이)마지막은 영생이라(=을)

23 //(이유: γάρ, for)

36) 전치사 + 관계대명사, 선행사는 의미상 죄의 종으로 있을 때에 행하던 행동들이다. 계속적 용법

19 너희 육신이 연약하므로 내가 사람의 예대로 말하노니
전에 너희가 너희 지체를 부정과 불법에 드려 불법에 이른
것같이 이제는 너희 지체를 의에게 종으로 드려 거룩함에
이르라 20 너희가 죄의 종이 되었을 때에는 의에 대하여
자유하였느니라 21 너희가 그 때에 무슨 열매를 얻었느뇨
이제는 너희가 그 일을 부끄러워하나니 이는 그 마지막이
사망임이니라 22 그러나 이제는 너희가 죄에게서 해방되
고 하나님께 종이 되어 거룩함에 이르는 열매를 얻었으니
이 마지막은 영생이라

in human terms because of the weakness of your flesh. For just as you presented your members as slaves to impurity and to lawlessness, resulting in further lawlessness, so now present your members as slaves to righteousness, resulting in sanctification. 20 For when you were slaves of sin, you were free in regard to righteousness. 21 Therefore what benefit were you then deriving from the things of which you are now ashamed? For the outcome of those things is death. 22 But now having been freed from sin and enslaved to God, you derive your benefit, resulting in sanctification, and the outcome, eternal life. 23 For the wages of sin is death, but the free gift of God is eternal

23 //(이유: γάρ, for)
삯은 — 사망이요
/죄의
은사는 — 영생이니라
/하나님의 /그리스도 예수 우리 주 안에 있는

7

1 형제들아!
너희는 **알지 못하느냐?**
/율법이 — 주관하는 줄
/사람의(=사람을)
/그의(=가) 살 동안만

//(이유: γάρ, for)
내가 — 말하노니
/아는 자들에게
/법

2 //(이유: γάρ, for)
여인이 — 매인 바 되나
/남편 있는 /그 남편(그)에게
/생전에는(=살아있는)
/법으로
만일(ἐάν)
그 남편이 — 죽으면(조건절, if)
[그녀는] — 벗어났느니라
/남편의 법에서

3 그러므로(ἄρα οὖν)
만일(ἐάν)
[그녀가] 다른 남자에게 가면(조건절, if)
그 남편 생전에(상황절, while)
[그녀는] **이르되(=불리되)**
/음부라

[만일, ἐάν]
남편이 죽으면(조건절, if)
[그녀는] **자유케 되나니**
/그 법에서

//(결과: 부정사, so that)
[그녀가] — 갈지라도(양보, 과거분사, though)
/다른 남자에게
음부가 되지 아니하느니라

롬

23 죄의 삯은 사망이요 하나님의 은사는 그리스도 예수 우리 주 안에 있는 영생이니라

7:1 형제들아 내가 법 아는 자들에게 말하노니 너희는 율법이 사람의 살 동안만 그를 주관하는 줄 알지 못하느냐 2 남편 있는 여인이 그 남편 생전에는 법으로 그에게 매인 바 되나 만일 그 남편이 죽으면 남편의 법에서 벗어났느니라 3 그러므로 만일 그 남편 생전에 다른 남자에게 가면 음부라 이르되 남편이 죽으면 그 법에서 자유케 되나니 다른 남자에게 갈지라도 음부가 되지 아니하느니라

life in Christ Jesus our Lord.

Rom. 7:1 ¶ Or do you not know, brethren (for I am speaking to those who know the law), that the law has jurisdiction over a person as long as he lives? 2 For the married woman is bound by law to her husband while he is living; but if her husband dies, she is released from the law concerning the husband. 3 So then if, while her husband is living, she is joined to another man, she shall be called an adulteress; but if her husband dies, she is free from the law, so that she is not an adulteress, though she is joined to another man. 4 Therefore, my brethren, you also were made

4 그러므로(ὥστε)
내 형제들아!
너희도 **죽임을 당하였으니**
/율법에 대하여
/몸으로 말미암아
/그리스도의

//이는(목적: εἰς + 부정사, so that...might)
[너희가] —— 가서
/다른 이[에게]
/곧(동격)
살아나신 이에게
/죽은 자 가운데서

//(목적:ἵνα, in order that...might)
우리로(=가) —— 열매를 맺히게 하려 함이니라
/하나님을 위하여

5 //(이유: γάρ, for)
우리가 —— 육신에 있을 때에는(상황절, while)
정욕이 —— 역사하여
/죄의 /우리 지체 중에
/율법으로 말미암는

//(결과: εἰς + 부정사, so that - NIV)
(우리로) 열매를 맺게 하였더니
/사망을 위하여

6 우리가 **벗어났으니**
/율법에서
/이제는
/죽었으므로(=죽음으로, 과거분사)
/얽매였던 것에 대하여

//이러므로(결과: ὥστε, so that)
우리가 —— 섬길 것이요
/새로운 것으로
/영의
—— 아니할지니라
/묵은 것으로
/의문의

7 그런즉(οὖν)
우리가 **무슨 말 하리요?**
율법이 **죄냐?**
[그것은] **그럴 수 없느니라**

4 그러므로 내 형제들아 너희도 그리스도의 몸으로 말미암아 율법에 대하여 죽임을 당하였으니 이는 다른 이 곧 죽은 자 가운데서 살아나신 이에게 가서 우리로 하나님을 위하여 열매를 맺히게 하려 함이니라 5 우리가 육신에 있을 때에는 율법으로 말미암는 죄의 정욕이 우리 지체 중에 역사하여 우리로 사망을 위하여 열매를 맺게 하였더니 6 이제는 우리가 얽매였던 것에 대하여 죽었으므로 율법에서 벗어났으니 이러므로 우리가 영의 새로운 것으로 섬길 것이요 의문의 묵은 것으로 아니할지니라 7 그런즉 우리가 무슨 말 하리요 율법이 죄냐 그럴 수 없느니라 율법으로

to die to the Law through the body of Christ, that you might be joined to another, to Him who was raised from the dead, that we might bear fruit for God. 5 For while we were in the flesh, the sinful passions, which were aroused by the Law, were at work in the members of our body to bear fruit for death. 6 But now we have been released from the Law, having died to that by which we were bound, so that we serve in newness of the Spirit and not in oldness of the letter. 7 What shall we say then? Is the Law sin? May it never be! On the contrary, I would

내가 **알지 못하였으니**
/죄를
/율법으로 말미암지 않고는

//곧(이유: γάρ, for)
[만약, εἰ]
율법이 ——— 하지 아니하였더면(조건절, if)
/탐내지 말라
내가 ——— 알지 못하였으리라
/탐심을

8 그러나
죄가 **이루었나니**
/탐심을
/각양
/타서(과거분사)
/기회를
/계명으로 말미암아
/내 속에서

//이는(이유: γάρ, for)
죄가 ——— 죽은 것임이니라
/법이 없으면

9 내가 **살았더니**
/전에
/법을 깨닫지 못할 때에는(=없이)

계명이 이르매(상황절, when)
죄는 **살아나고**
나는 **죽었도다**

10 그 계명이 **되었도다**
/생명에 이르게 할 /도리어 사망에 이르게 하는 것이
/내게 대하여

11 //(이유: γάρ, for)
죄가 ——— 속이고
/나를
/타서(과거분사)
/기회를
/계명으로 말미암아
——— 죽였는지라
/나를
/그것으로

말미암지 않고는 내가 죄를 알지 못하였니 곧 율법이 탐내
지 말라 하지 아니하였더면 내가 탐심을 알지 못하였으리
라 8 그러나 죄가 기회를 타서 계명으로 말미암아 내 속에
서 각양 탐심을 이루었나니 이는 법이 없으면 죄가 죽은
것임이니라 9 전에 법을 깨닫지 못할 때에는 내가 살았더
니 계명이 이르매 죄는 살아나고 나는 죽었도다 10 생명
에 이르게 할 그 계명이 내게 대하여 도리어 사망에 이르
게 하는 것이 되었도다 11 죄가 기회를 타서 계명으로 말
미암아 나를 속이고 그것으로 나를 죽였는지라

not have come to know sin except through the Law; for I would not have known about coveting if the Law had not said, "You shall not covet."
8 But sin, taking opportunity through the commandment, produced in me coveting of every kind; for apart from the Law sin is dead.
9 And I was once alive apart from the Law; but when the commandment came, sin became alive, and I died;
10 and this commandment, which was to result in life, proved to result in death for me;
11 for sin, taking opportunity through the commandment, deceived me, and through it killed me.
12 So then, the Law is holy, and the commandment is holy and righteous and good.
13

12 이로 보건대(ὥστε)
율법도 거룩하며
계명도 거룩하며
의로우며
선하도다

13 그런즉(οὖν)
선한 것이 **사망이 되었느뇨?**
/내게
[그것은] **그럴 수 없느니라**

죄가 **오직 만들었으니**[37)]
/나를 죽게
/선한 그것으로 말미암아

//(목적: ἵνα, in order that)
[그것이] —— 드러나기 위하여
/죄로

//이는(목적: ἵνα, so that)
죄로(=가) —— 죄 되게 하려 함이니라
/심히
/계명으로 말미암아

14 //(이유: γάρ, for)
우리가 —— 알거니와
/율법은 신령한 줄

나는 —— 육신에 속하여
/팔렸도다(=팔려, 완료분사)
/죄 아래

15 //(이유: γάρ, for)
내가 —— 알지 못하노니
/나의 행하는 것을

//곧(이유: γάρ, for)
[내가] —— 행하지 아니하고
/이 원하는 것은

도리어 함이라
/그 미워하는 것을

16 만일(εἰ)
내가 [행]하면(조건절, if)
/그 원치 아니하는 것을

37) 분사가 동사의 역할을 한다.

12 이로 보건대 율법도 거룩하며 계명도 거룩하며 의로우
며 선하도다 13 그런즉 선한 것이 내게 사망이 되었느뇨
그럴 수 없느니라 오직 죄가 죄로 드러나기 위하여 선한
그것으로 말미암아 나를 죽게 만들었으니 이는 계명으로
말미암아 죄로 심히 죄되게 하려 함이니라 14 우리가 율
법은 신령한 줄 알거니와 나는 육신에 속하여 죄 아래 팔
렸도다 15 나의 행하는 것을 내가 알지 못하노니 곧 원하
는 이것은 행하지 아니하고 도리어 미워하는 그것을 함이
라 16 만일 내가 원치 아니하는 그것을 하면 내가 이로 율
법의 선한 것을 시인하노니

Therefore did that which is good become a cause of death for me? May it never be! Rather it was sin, in order that it might be shown to be sin by effecting my death through that which is good, that through the commandment sin might become utterly sinful. 14 For we know that the Law is spiritual; but I am of flesh, sold into bondage to sin. 15 For that which I am doing, I do not understand; for I am not practicing what I would like to do, but I am doing the very thing I hate. 16 But if I do the very thing I do not wish to do, I agree with the Law, confessing

내가 **시인하노니**
/율법의 선한 것을
/(이로)

17 내가 **행하는 자가 아니요**(=**더이상 행하는 것이 아니요**)
/이것을
/이제는
죄[가] **〈행하는 것이〉니라**
/거하는
/내 속에

18 //(이유: γάρ, for)
[내가] —— 아노니
/선한 것이 — 거하지 아니하는 줄을
/내 속
/(동격)곧 내 육신에

//(이유: γάρ, for)
원함은 —— 내게 있으나
행하는 것은 — 없노라
/선을

19 //(이유: γάρ, for)
내가 —— [행]하지 아니하고
/원하는 바[를]
/선은(=선한)
—— 도리어 행하는도다
/원치 아니하는 바[를]
/악은(=악한)

20 만일(εἰ)
내가 [행]하면(조건절, if)
/그것을
/원치 아니하는
내가 **행하는 자가 아니요**(=**행하는** 것**이 아니요**)
/이를
죄[가] **〈행하는 것이〉니라**
/거하는
/내 속에

21 그러므로(ἄρα)
내가 **깨달았노니**
/한 법을
/(곧)악이 —— 함께 있는 것이로다
/나에게
/원하는
/행하기
/선을

22 //(이유: γάρ, for)

롬

17 이제는 이것을 행하는 자가 내가 아니요 내 속에 거하
는 죄니라 18 내 속 곧 내 육신에 선한 것이 거하지 아니
하는 줄을 아노니 원함은 내게 있으나 선을 행하는 것은
없노라 19 내가 원하는 바 선은 하지 아니하고 도리어 원
치 아니하는 바 악은 행하는도다 20 만일 내가 원치 아니
하는 그것을 하면 이를 행하는 자가 내가 아니요 내 속에
거하는 죄니라 21 그러므로 내가 한 법을 깨달았노니 곧
선을 행하기 원하는 나에게 악이 함께 있는 것이로다 22

that it is good. 17 So now, no longer am I the one doing
it, but sin which indwells me. 18 For I know that nothing
good dwells in me, that is, in my flesh; for the wishing
is present in me, but the doing of the good is not. 19 For
the good that I wish, I do not do; but I practice the very
evil that I do not wish. 20 But if I am doing the very
thing I do not wish, I am no longer the one doing it, but
sin which dwells in me. 21 I find then the principle that
evil is present in me, the one who wishes to do good. 22
For I joyfully concur with the law of God in the inner

22 //(이유: γάρ, for)
[내가] 즐거워하되
/법을
/하나님의
/내 속 사람으로는
23 보는도다
/내 지체 속에서
/한 법이(=을)
/다른
/싸워(=싸우는)
/법과
/내 마음의
/사로잡아 오는(것을)
/나를
/법 아래로
/죄의
/내 지체 속에 있는

24 (오호라)
나는 **곤고한 사람이로다**
누가 **건져내랴?**
/나를
/몸에서
/이
/사망의

25 **감사하리로다**[38)]
/하나님께
/우리 주 예수 그리스도로 말미암아

그런즉(ἄρα οὖν)
내 자신이 **섬기노라**
/법을
/하나님의
/마음으로는
/법을
/죄의
/육신으로는

8

1 그러므로(ἄρα)
정죄함이 **결코 없나니**
/이제
/그리스도 예수 안에 있는 자에게는

2 //이는(이유: γάρ, for)

38) 주어 없이 사용된 관용적인 용법이다.

내 속 사람으로는 하나님의 법을 즐거워하되 23 내 지체
속에서 한 다른 법이 내 마음의 법과 싸워 내 지체 속에
있는 죄의 법 아래로 나를 사로잡아 오는 것을 보는도다
24 오호라 나는 곤고한 사람이로다 이 사망의 몸에서 누
가 나를 건져내랴 25 우리 주 예수 그리스도로 말미암아
하나님께 감사하리로다 그런즉 내 자신이 마음으로는 하나
님의 법을 육신으로는 죄의 법을 섬기노라

8:1 그러므로 이제 그리스도 예수 안에 있는 자에게는
결코 정죄함이 없나니

man, 23 but I see a different law in the members of my
body, waging war against the law of my mind, and making
me a prisoner of the law of sin which is in my members.
24 Wretched man that I am! Who will set me free from
the body of this death? 25 Thanks be to God through
Jesus Christ our Lord! So then, on the one hand I myself
with my mind am serving the law of God, but on the
other, with my flesh the law of sin.

8:1 There is therefore now no condemnation for those
who are in Christ Jesus. 2 For the law of the Spirit

2 //이는(이유: γάρ, for)
법이 —— 해방하였음이라
/성령의 /너를
/생명의 /법에서
/그리스도 예수 안에 있는 /죄와 사망의

3 //(이유: γάρ, for)
하나님은 —— (하시나니)
/할 수 없는(그)것을
/율법이(=의)
/연약하여
/육신으로 말미암아
—— 정하사
/죄를
/육신에
/(곧)보내어(과거분사)
/자기 아들을
/모양으로
/죄 있는 육신의
/죄를 인하여

4 //(목적: ἵνα, so that)
요구를(=가) —— 이루어지게 하려 하심이니라
/율법의 /우리에게
/행하는
/육신을 좇지 않고
/그 영을 좇아

5 //(이유: γάρ, for)
육신을 좇는 자는 —— 생각하나니
/육신의 일을
영을 좇는 자는 —— 〈생각하나니〉
/영의 일을

6 //(이유: γάρ, for)
생각은 —— 사망이요
/육신의
생각은 —— 생명과 평안이니라
/영의

7 //(이유: διότι, because)
생각은 —— 원수가 되나니
/육신의 /하나님과

//이는(이유: γάρ, for)

롬

2 이는 그리스도 예수 안에 있는 생명의 성령의 법이 죄와
사망의 법에서 너를 해방하였음이라 3 율법이 육신으로
말미암아 연약하여 할 수 없는 그것을 하나님은 하시나니
곧 죄를 인하여 자기 아들을 죄 있는 육신의 모양으로 보
내어 육신에 죄를 정하사 4 육신을 좇지 않고 그 영을 좇
아 행하는 우리에게 율법의 요구를 이루어지게 하려 하심
이니라 5 육신을 좇는 자는 육신의 일을, 영을 좇는 자는
영의 일을 생각하나니 6 육신의 생각은 사망이요 영의 생
각은 생명과 평안이니라 7 육신의 생각은 하나님과 원수
가 되나니 이는 하나님의 법에 굴복치 아니할 뿐 아니라

of life in Christ Jesus has set you free from the law of
sin and of death. 3 For what the Law could not do, weak
as it was through the flesh, God did sending His own
Son in the likeness of sinful flesh and as an offering for
sin, He condemned sin in the flesh, 4 in order that the
requirement of the Law might be fulfilled in us, who do
not walk according to the flesh, but according to the Spirit.
5 For those who are according to the flesh set their minds
on the things of the flesh, but those who are according to
the Spirit, the things of the Spirit. 6 For the mind set on
the flesh is death, but the mind set on the Spirit is life
and peace, 7 because the mind set on the flesh is hostile toward
God; for it does not subject itself to the law of God, for
it is not even able to do so; 8 and those who are in the

//이는(이유: γάρ, for)
[그것이] ── 굴복치 아니할 뿐 아니라
/하나님의 법에
└ 할 수도 없음이라

8 육신에 있는 자들은 **기쁘시게 할 수 없느니라**
/하나님을

9 만일(εἴπερ)
영이 거하시면(조건절, if)
/하나님의 /너희 속에
너희가 **있지 아니하고**
/육신에
(있나니)
/영에

[만일, εἰ]
누구든지 없으면(조건절, if)
/영이
/그리스도의
[이는] **그리스도의 사람이 아니라**

10 또
[만일, εἰ]
그리스도께서 계시면(조건절, if)
/너희 안에
몸은 **죽은 것이나**
/죄로 인하여
영은 **산 것이니라**
/의를 인하여

11 [만일, εἰ]
영이 거하시면(조건절, if)
/살리신 이의 /너희 안에
/예수를
/죽은 자 가운데서
살리신 이가 **살리시리라**
/그리스도 예수를 /몸도
/죽은 자 가운데서 /너희
/죽을
/영으로 말미암아
/그의
/거하시는
/너희 안에

12 그러므로(ἄρα οὖν)
형제들아!

할수도 없음이라 8 육신에 있는 자들은 하나님을 기쁘시
게 할 수 없느니라 9 만일 너희 속에 하나님의 영이 거하
시면 너희가 육신에 있지 아니하고 영에 있나니 누구든지
그리스도의 영이 없으면 그리스도의 사람이 아니라 10 또
그리스도께서 너희 안에 계시면 몸은 죄로 인하여 죽은 것
이나 영은 의를 인하여 산 것이니라 11 예수를 죽은 자 가
운데서 살리신 이의 영이 너희 안에 거하시면 그리스도 예
수를 죽은 자 가운데서 살리신 이가 너희 안에 거하시는
그의 영으로 말미암아 너희 죽을 몸도 살리시리라

flesh cannot please God. 9 However, you are not in the
flesh but in the Spirit, if indeed the Spirit of God dwells
in you. But if anyone does not have the Spirit of Christ,
he does not belong to Him. 10 And if Christ is in you,
though the body is dead because of sin, yet the spirit is
alive because of righteousness. 11 But if the Spirit of
Him who raised Jesus from the dead dwells in you, He
who raised Christ Jesus from the dead will also give life
to your mortal bodies through His Spirit who indwells
you. 12 So then, brethren, we are under obligation, not

우리가 **빚진 자로되(=빚진 자이다)**
/살 것이 아니니라(=살지 않는)
/육신에게 져서
/육신대로

13 //(이유: γάρ, for)
[만약, εἰ]
너희가 ── 살면(조건절, if)
/육신대로
── 반드시 죽을 것이로되

//[만약, εἰ]
[너희가] ── 죽이면(=조건절, if)
/행실을
/몸의
/영으로써
── 살리니

14 //(이유: γάρ, for)
그들은 ── 곧 아들이라
/무릇 인도함을 받는
/영으로
/하나님의
/하나님의

15 //(이유: γάρ, for)
너희는 ── 받지 아니하였고
/영을
/종의
/다시
/무서워하는(=무섭도록)
── 받았으므로
/영을
/양자의

/[그 안에서][39)]
[우리가] ── 부르짖느니라
/아바 아버지라

16 성령이 **더불어 증거하시나니**
/친히
/우리 영으로
/우리가 ── 자녀인 것을
/하나님의

17 [만일, εἰ]

자녀이면(조건절, if)
또한 **후사[이니]**

롬

39) 전치사 + 관계대명사, 선행사는 '영' 이다. 계속적 용법

12 그러므로 형제들아 우리가 빚진 자로되 육신에게 져서
육신대로 살 것이 아니니라 13 너희가 육신대로 살면 반
드시 죽을 것이로되 영으로써 몸의 행실을 죽이면 살리니
14 무릇 하나님의 영으로 인도함을 받는 그들은 곧 하나
님의 아들이라 15 너희는 다시 무서워하는 종의 영을 받
지 아니하였고 양자의 영을 받았으므로 아바 아버지라 부
르짖느니라 16 성령이 친히 우리 영으로 더불어 우리가
하나님의 자녀인 것을 증거하시나니 17 자녀이면 또한 후
사 곧 하나님의 후사요 그리스도와 함께 한 후사니 우리가
그와 함께 영광을 받기 위하여 고난도 함께 받아야 될 것

to the flesh, to live according to the flesh — 13 for if
you are living according to the flesh, you must die; but
if by the Spirit you are putting to death the deeds of the
body, you will live. 14 For all who are being led by the
Spirit of God, these are sons of God. 15 For you have
not received a spirit of slavery leading to fear again, but
you have received a spirit of adoption as sons by which
we cry out, "Abba! Father!" 16 The Spirit Himself bears
witness with our spirit that we are children of God, 17
and if children, heirs also, heirs of God and fellow heirs
with Christ, if indeed we suffer with Him in order that
we may also be glorified with Him. 18 ¶ For I consider

곧 **후사요**
/하나님의
함께 한 후사니
/그리스도와
우리가 **고난도 함께 받아야 될 것이니라**

//(목적: ἵνα, so that...may)
[우리가] ——— (그와)함께 영광을 받기 위하여

18 //(이유: γάρ, for)
[내가] ——— 생각건대
/고난은 ——— 족히 비교할 수 없도다
/현재의 /영광과
/장차 나타날
/우리에게

19 //(이유: γάρ, for)
고대하는 바는 ——— [기다림]이니
/피조물의 /나타나는 것[을]
/아들들의
하나님의

20 //(이유: γάρ, for)
피조물이 ——— 굴복하는 것은
/허무한 데

//(이유: διά + 목적격, because of)
자기 뜻이 아니요
오직 굴복케 하시는 이로 말미암음이라
/그 바라는 것은(=소망 가운데)
21 /피조물도 ——— 해방되어(=해방됨의)
/[그 자체] /종 노릇 한 데서
/썩어짐의
/자유에 이르는 것이니라(=이르도록)
/영광의
/자녀들의
/하나님의

22 //(이유: γάρ, for)
우리가 ——— 아나니
/피조물이 —┬— 함께 탄식하며
/다 └— 함께 고통하는 것을
/이제까지

23 //(이유: 계속)

이니라 18 생각건대 현재의 고난은 장차 우리에게 나타날
영광과 족히 비교할 수 없도다 19 피조물의 고대하는 바
는 하나님의 아들들의 나타나는 것이니 20 피조물이 허무
한데 굴복하는 것은 자기 뜻이 아니요 오직 굴복케 하시는
이로 말미암음이라 21 그 바라는 것은 피조물도 썩어짐의
종 노릇 한 데서 해방되어 하나님의 자녀들의 영광의 자유
에 이르는 것이니라 22 피조물이 다 이제까지 함께 탄식
하며 함께 고통하는 것을 우리가 아나니 23 이뿐 아니라
또한 우리 곧 성령의 처음 익은 열매를 받은 우리까지도
속으로 탄식하여 양자 될 것 곧 우리 몸의 구속을 기다리

that the sufferings of this present time are not worthy to
be compared with the glory that is to be revealed to us.
19 For the anxious longing of the creation waits eagerly
for the revealing of the sons of God. 20 For the creation
was subjected to futility, not of its own will, but because
of Him who subjected it, in hope 21 that the creation
itself also will be set free from its slavery to corruption
into the freedom of the glory of the children of God. 22
For we know that the whole creation groans and suffers
the pains of childbirth together until now. 23 And not
only this, but also we ourselves, having the first fruits of
the Spirit, even we ourselves groan within ourselves,

23 //이뿐 아니라 (이유: 계속)
우리 곧 우리 까지도 —— 또한 탄식하여
/받은 /속으로
/처음 익은 열매를 /기다리느니라(=기다리면서, 현재분사)
/성령의 /양자될 것
/(곧)우리 몸의 구속을

24 //(이유: γάρ, for)
우리가 —— 구원을 얻었으매
/소망으로

소망이 **소망이 아니니**
/보이는

//(이유: γάρ, for)
누가 —— 바라리요
/보는 것을

25 만일(εἰ)
우리가 바라면(조건절, if)
/보지 못하는 것을
기다릴지니라
/참음으로

26 성령도 **도우시나니**
/이와 같이
/우리 연약함을

//(이유: γάρ, for)
우리가 —— 알지 못하나
/마땅히 빌 바를
성령이 —— 오직 간구하시느니라
/친히 /탄식으로
/말할 수 없는
/(우리를 위하여)

27 감찰하시는 이가 **아시나니**
/마음을 /생각을(=생각이 무엇인지)
/성령의

//이는(이유: ὅτι, because)
성령이(=그가) —— 간구하심이니라
/하나님의 뜻대로
/성도를 위하여

느니라 24 우리가 소망으로 구원을 얻었으매 보이는 소망
이 소망이 아니니 보는 것을 누가 바라리요 25 만일 우리
가 보지 못하는 것을 바라면 참음으로 기다릴지니라 26
이와 같이 성령도 우리 연약함을 도우시나니 우리가 마땅
히 빌 바를 알지 못하나 오직 성령이 말할 수 없는 탄식으
로 우리를 위하여 친히 간구하시느니라 27 마음을 감찰하
시는 이가 성령의 생각을 아시나니 이는 성령이 하나님의
뜻대로 성도를 위하여 간구하심이니라

waiting eagerly for our adoption as sons, the redemption
of our body. 24 For in hope we have been saved, but
hope that is seen is not hope; for why does one also hope
for what he sees? 25 But if we hope for what we do not
see, with perseverance we wait eagerly for it. 26 ¶ And
in the same way the Spirit also helps our weakness; for
we do not know how to pray as we should, but the Spirit
Himself intercedes for us with groanings too deep for
words; 27 and He who searches the hearts knows what
the mind of the Spirit is, because He intercedes for the
saints according to the will of God. 28 And we know
that God causes all things to work together for good to

28 우리가 **알거니와**
/모든 것이 — 합력하여 이루느니라
/선을
/사랑하는 자[에게는]
/하나님을
/곧(동격)
부르심을 입은 자들에게는
/그 뜻대로

29 //(이유: ὅτι, for)
하나님이(=그가) — 또한 미리 정하셨으니
/미리 아신 자들로(=에게)
/본받게 하기 위하여(=본받도록)
/형상을
/그 아들의

//이는(목적: εἰς + 부정사, so that)
그로 — 맏아들이 되게 하려 하심이니라
/많은 형제 중에서

30 //또(이유: 계속)
[그가] — 또한 부르시고
/미리 정하신 그들을
또한 의롭다 하시고
/부르신 그들을
또한 영화롭게 하셨느니라
/의롭다 하신 그들을

31 그런즉(οὖν)
우리가 **무슨 말 하리요?**
/이 일에 대하여

만일(εἰ)
하나님이 우리를 위하시면(조건절, if)
누가 **우리를 대적하리요?**

32 아끼지 아니하시고 — **어찌 은사로 주지 아니하시겠느뇨?**
/자기 아들을
내어 주신 이가 —
/[그를]
/우리[를] 위하여
/모든(사람을)
/모든 것을
/우리에게
/그 아들과 함께

33 누가 **능히 송사하리요?**
/택하신 자들을
/하나님의

28 우리가 알거니와 하나님을 사랑하는 자 곧 그 뜻대로
부르심을 입은 자들에게는 모든 것이 합력하여 선을 이루
느니라 29 하나님이 미리 아신 자들로 또한 그 아들의 형
상을 본받게 하기 위하여 미리 정하셨으니 이는 그로 많은
형제 중에서 맏아들이 되게 하려 하심이니라 30 또 미리
정하신 그들을 또한 부르시고 부르신 그들을 또한 의롭다
하시고 의롭다 하신 그들을 또한 영화롭게 하셨느니라 31
그런즉 이 일에 대하여 우리가 무슨 말 하리요 만일 하나
님이 우리를 위하시면 누가 우리를 대적하리요 32 자기
아들을 아끼지 아니하시고 우리 모든 사람을 위하여 내어
주신 이가 어찌 그 아들과 함께 모든 것을 우리에게 은사
로 주지 아니하시겠느뇨 33 누가 능히 하나님의 택하신

those who love God, to those who are called according
to His purpose. 29 For whom He foreknew, He also
predestined to become conformed to the image of His
Son, that He might be the first-born among many brethren;
30 and whom He predestined, these He also called; and whom
He called, these He also justified; and whom He justified,
these He also glorified. 31 ¶ What then shall we say to
these things? If God is for us, who is against us? 32 He
who did not spare His own Son, but delivered Him up
for us all, how will He not also with Him freely give us
all things? 33 Who will bring a charge against God's
elect? God is the one who justifies; 34 who is the one

의롭다 하신 이는 **하나님이시니**[40]

34 누가 **정죄하리요?**

죽으실 뿐 아니라 ─┐
다시 살아나신 이는 ─┘ **그리스도 예수시니**

/그는[41] ─┬─ 우편에 계신 자요
　　　　│　/하나님
　　　　└─ 간구하시는 자시니라
　　　　　　/우리를 위하여

35 누가 **끊으리요?**
/우리를
/그리스도의 사랑에서

환난이나 ─┐
곤고나 ─┤
핍박이나 ─┤
기근이나 ─┤
적신이나 ─┤
위험이나 ─┤
칼이 ─┘ **〈끊으〉랴?**

36 /기록된 바...함과 같으니라(=같이)
/우리가 ─┬─ 죽임을 당케 되며
　　　　│　/종일
　　　　│　/주를 위하여
　　　　└─ 여김을 받았나이다
　　　　　　/양같이
　　　　　　　/도살할

37 그러나
우리가 **넉넉히 이기느니라**
/이 일에
/모든
/사랑하시는 이로 말미암아
/우리를

38 //(이유: γάρ, for)
내가 ── 확신하노니
/사망이나 ─┐
생명이나 ─┤
천사들이나 ─┤
권세자들이나 ─┤
현재 일이나 ─┤
장래 일이나 ─┤
능력이나 ─┤
39 높음이나 ─┤
깊음이나 ─┤
피조물이라도 ─┘ 끊을 수 없으리라
/다른　　　　　/우리를
/아무(=어떤)　　/사랑에서
　　　　　　　　　/하나님의
　　　　　　　　　/우리 주 그리스도 예수 안에 있는

40) 원문에서 주어는 '하나님'이다.

41) 관계대명사, 선행사는 '그리스도 예수'이다. 계속적 용법

자들을 송사하리요 의롭다 하신 이는 하나님이시니 34 누
가 정죄하리요 죽으실 뿐 아니라 다시 살아나신 이는 그리
스도 예수시니 그는 하나님 우편에 계신 자요 우리를 위하
여 간구하시는 자시니라 35 누가 우리를 그리스도의 사랑
에서 끊으리요 환난이나 곤고나 핍박이나 기근이나 적신이
나 위협이나 칼이랴 36 기록된바 우리가 종일 주를 위하
여 죽임을 당케 되며 도살할 양같이 여김을 받았나이다 함
과 같으니라 37 그러나 이 모든 일에 우리를 사랑하시는
이로 말미암아 우리가 넉넉히 이기느니라 38 내가 확신하
노니 사망이나 생명이나 천사들이나 권세자들이나 현재 일
이나 장래 일이나 능력이나 39 높음이나 깊음이나 다른
아무 피조물이라도 우리를 우리 주 그리스도 예수 안에 있
는 하나님의 사랑에서 끊을 수 없으리라

who condemns? Christ Jesus is He who died, yes, rather
who was raised, who is at the right hand of God, who
also intercedes for us. 35 Who shall separate us from the
love of Christ? Shall tribulation, or distress, or persecution,
or famine, or nakedness, or peril, or sword? 36 Just as it
is written, "For Thy sake we are being put to death all
day long; We were considered as sheep to be slaughtered."
37 But in all these things we overwhelmingly conquer through
Him who loved us. 38 For I am convinced that neither
death, nor life, nor angels, nor principalities, nor things present,
nor things to come, nor powers, 39 nor height, nor depth,
nor any other created thing, shall be able to separate us
from the love of God, which is in Christ Jesus our Lord.

9 1-2 내가

말을 하고
/참(=진실을)
/그리스도 안에서
거짓말을 아니하노라
/내 양심이 — 더불어 증거하노니(=증거하면서, 현재분사)
/나로
/성령 안에서

/근심이 — 있는 것과
/큰 /내게
고통이 — 있는 것을
/그치지 않는 /마음에

3 //(이유: γάρ, for)
[내가] — 원하는 바로라
/내[가] — 저주를 받아(=받는 것을)
/자신이(=바로) /그리스도에게서 끊어질지라도
/형제[를] 위하여
/나의
/곧 친척을(=친척인)
/골육의

4 /저희는[42] — 이스라엘 사람이라

/저희에게는[43]
양자 됨과 — 있고
영광과
언약들과
율법을 세우신 것과
예배와
약속들이

5 /저희 것이요(=저희의)[44]
조상들도 — [있고]

/저희에게서[45]
그리스도가 — 나셨으니
/육신으로 하면
/(저는)[46]
하나님이시니라(=이신). 아멘
/만물 위에 계셔(=계신)
/찬양을 받으실
/세세에

41) 관계대명사, 선행사는 '그리스도 예수'이다. 계속적 용법
42) 관계대명사, 선행사는 '친척' 혹은 '형제'이다. 계속적 용법
43) 관계대명사, 선행사는 '형제'이다. 계속적 용법
44) 관계대명사, 선행사는 '형제'이다. 계속적 용법. be 동사가 생략된 형태이다.
45) 전치사 + 관계대명사, 선행사는 '형제'이다.
46) 역본들은 관계대명사처럼 번역했지만 관사이다. 그러나 윗점으로 수식하는 단어와 구분되었기 때문에 역본들은 관계대명사처럼 번역하였다. 역본들의 입장을 따랐다.

9:1-2 내가 그리스도 안에서 참말을 하고 거짓말을 아니하노라 내게 큰 근심이 있는 것과 마음에 그치지 않는 고통이 있는 것을 내 양심이 성령 안에서 나로 더불어 증거하노니 3 나의 형제 곧 골육의 친척을 위하여 내 자신이 저주를 받아 그리스도에게서 끊어질지라도 원하는 바로라 4 저희는 이스라엘 사람이라 저희에게는 양자 됨과 영광과 언약들과 율법을 세우신 것과 예배와 약속들이 있고 5 조상들도 저희 것이요 육신으로 하면 그리스도가 저희에게서 나셨으니 저는 만물 위에 계셔 세세에 찬양을 받으실 하나님이시니라 아멘 6 또한 하나님의 말씀이 폐하여

9:1 ¶ I am telling the truth in Christ, I am not lying, my conscience bearing me witness in the Holy Spirit, Rom. 9:2 that I have great sorrow and unceasing grief in my heart. 3 For I could wish that I myself were accursed, separated from Christ for the sake of my brethren, my kinsmen according to the flesh, 4 who are Israelites, to whom belongs the adoption as sons and the glory and the covenants and the giving of the Law and the temple service and the promises, 5 whose are the fathers, and from whom is the Christ according to the flesh, who is over all, God blessed forever. Amen. 6 ¶ But it is not as though the word of God has failed. For they are not all Israel who are descended from

6 또한
말씀이 폐하여진 것 같지 않도다[47]
/하나님의

//(이유: γάρ, for)
그들이 —— 이스라엘이 아니요
/다(=모든)
/이스라엘에게서 난

7 //또한(이유: ὅτι, for)
씨가 —— 그 자녀가 아니라
/아브라함의 /다

씨라 —— 오직 칭하리라(하셨으니)[48]
/네 /이삭으로부터 난 자라

8 자녀가 **자녀가 아니라**
/곧 육신의 /하나님의
자녀가 **오직 여기심을 받느니라**
/약속의 /씨로

9 //(이유: γάρ, for)[49]
말씀은 —— 이것이라
/약속의 /내가 —— 이르리니
/명년 이 때에
아들이 — 있으리라(하시니라)
/사라에게

10 13//이뿐 아니라 또한 (이유: γάρ, for)
리브가가 —— 잉태하였는데(=잉태하였을 때, 조건절, when)
/이삭으로 말미암아
/한 사람
/우리 조상
—— 그 자식들이 아직 나지도 아니하고
—— 행하지 아니한 때에(=아니했음에도 불구하고, 양보절, though)
/무슨 선이나 악을
[그가] —— 이르시되(...하셨나니)
/리브가에게
(=그녀에게)
/큰 자가 —— 섬기리라
/어린 자를
/기록된 바...하심과 같으니라(=같이)

47) 역본들이 공통되게 주문장으로 번역하였다. 역본들의 입장을 따랐다.

48) 구약성경의 인용이다.

49) γάρ가 윗점 이후에 나온다.

진 것 같지 않도다 이스라엘에게서 난 그들이 다 이스라엘
이 아니요 7 또한 아브라함의 씨가 다 그 자녀가 아니라
오직 이삭으로부터 난 자라야 네 씨라 칭하리라 하셨으니
8 곧 육신의 자녀가 하나님의 자녀가 아니라 오직 약속의
자녀가 씨로 여기심을 받느니라 9 약속의 말씀은 이것이
라 명년 이 때에 내가 이르리니 사라에게 아들이 있으리라
하시니라 10 이뿐 아니라 또한 리브가가 우리 조상 이삭
한 사람으로 말미암아 잉태하였는데 11 그 자식들이 아직
나지도 아니하고 무슨 선이나 악을 행하지 아니한 때에 택
하심을 따라 되는 하나님의 뜻이 행위로 말미암지 않고 오
직 부르시는 이에게로 말미암아 서게 하려 하사 12 리브
가에게 이르시되 큰 자가 어린 자를 섬기리라 하셨나니 13

Israel; 7 neither are they all children because they are
Abraham's descendants, but: "through Isaac your descendants
will be named." 8 That is, it is not the children of the
flesh who are children of God, but the children of the
promise are regarded as descendants. 9 For this is a word
of promise: "At this time I will come, and Sarah shall
have a son." 10 And not only this, but there was Rebekah
also, when she had conceived twins by one man, our
father Isaac; 11 for though the twins were not yet born,
and had not done anything good or bad, in order that
God's purpose according to His choice might stand, not
because of works, but because of Him who calls, 12 it
was said to her, "The older will serve the younger." 13
Just as it is written, "Jacob I loved, but Esau I hated."

/기록된 바...하심과 같으니라(=같이)
/내가 ── 사랑하고
/야곱은
미워하였다
/에서는

//(목적: ἵνα, so that)
뜻이 ── 서게 하려 하사
/하나님의 /택하심을 따라(되는)
/행위로 말미암지 않고
/오직 부르시는 이에게로 말미암아

14 그런즉(οὖν)
우리가 **무슨 말 하리요?**
하나님께 **불의가 있느뇨?**
[그것은] **그럴 수 없느니라**

15 //(이유: γάρ, for)
[그가] ── 이르시되(..하셨으니)
/모세에게
/내가 ── 긍휼히 여기고
/긍휼히 여길 자를
불쌍히 여기리라
/불쌍히 여길 자를

16 그런즉(ἄρα οὖν)
원하는 자로 **(말미암음도)아니요**
달음박질하는 자로 **(말미암음도)아니요**
하나님으로 오직 **(말미암음이니라)**
/긍휼히 여기시는

17 //(이유: γάρ, for)
성경이 ── 바로에게 이르시되(...하셨으니)
/내가 ── 너를 세웠으니
/이 일을 위하여

//곧(목적: ὅπως, that...may- NKJV)
[내가] ── 내 능력을 보이고
/너로 말미암아

//(목적: 계속)
이름이 ── 전파되게 하려 함이로라
/내 /온 땅에

기록된 바 내가 야곱은 사랑하고 에서는 미워하였다 하심
과 같으니라 14 그런즉 우리가 무슨 말 하리요 하나님께
불의가 있느뇨 그럴 수 없느니라 15 모세에게 이르시되
내가 긍휼히 여길 자를 긍휼히 여기고 불쌍히 여길 자를
불쌍히 여기리라 하셨으니 16 그런즉 원하는 자로 말미암
음도 아니요 달음박질하는 자로 말미암음도 아니요 오직
긍휼히 여기시는 하나님으로 말미암음이니라 17 성경이
바로에게 이르시되 내가 이 일을 위하여 너를 세웠으니 곧
너로 말미암아 내 능력을 보이고 내 이름이 온 땅에 전파
되게 하려 함이로라 하셨으니

14 ¶ What shall we say then? There is no injustice with
God, is there? May it never be! 15 For He says to Moses,
"I will have mercy on whom I have mercy, and I will
have compassion on whom I have compassion." 16 So
then it does not depend on the man who wills or the man
who runs, but on God who has mercy. 17 For the Scripture
says to Pharaoh, "For this very purpose I raised you up,
to demonstrate My power in you, and that My name might
be proclaimed throughout the whole earth." 18 So then
He has mercy on whom He desires, and He hardens whom

18 그런즉(ἄρα οὖν)
하나님께서(=그가) **긍휼히 여기시고**
/[그가] 하고자 하시는 자를
강퍅케 하시느니라
/[그가] 하고자 하시는 자를

19 혹(οὖν)
네가 **말하기를**(...하리니)
/내게
/그러면(οὖν)
하나님이 —— 어찌하여 허물하시느뇨?
/[여전히]

//(이유: γάρ, for)
누가 —— 대적하느뇨?
/그 뜻을

20 이 사람아!
감히[50]
네가 **뉘기에(=누구냐?)**
/힐문하느뇨(=는)
/하나님을
지음을 받은 물건이 **말하겠느뇨?**
/지은 자에게
/[네가] —— 어찌 만들었느냐?
/나를
/이같이

21 토기장이가 **없느냐?**
/권이
/진흙[에 대한]
/만드는
/(하나는)귀히 쓸 그릇을,
/(하나는)천히 쓸 그릇을
/한 덩이로[로부터]

22 만일(εἰ)
하나님이 보이시고
/그 진노를
알게 하고자 하사(=하셨음에도 불구하고, 현재분사, 양보)
/그[의] 능력을
관용하시고... 무슨 말 하리요?(=관용하셨다면?)[51]
/그릇을
/진노의
/준비된
/멸하기로
/오래 참으심으로
/[많은]

23 //또한(목적: ἵνα, that...might-NKJV)

롬

50) 불변사를 번역한 것이다.

51) 조건절이지만, 물음표를 통해 조건절 자체가 의문문이 되었다. 그래서 주문장이아다..

18 그런즉 하나님께서 하고자 하시는 자를 긍휼히 여기시
고 하고자 하시는 자를 강퍅케 하시느니라 19 혹 네가 내
게 말하기를 그러면 하나님이 어찌하여 허물하시느뇨 누가
그 뜻을 대적하느뇨 하리니 20 이 사람아 네가 뉘기에 감
히 하나님을 힐문하느뇨 지음을 받은 물건이 지은 자에게
어찌 나를 이같이 만들었느냐 말하겠느뇨 21 토기장이가
진흙 한 덩이로 하나는 귀히 쓸 그릇을, 하나는 천히 쓸
그릇을 만드는 권이 없느냐 22 만일 하나님이 그 진노를
보이시고 그 능력을 알게 하고자 하사 멸하기로 준비된 진
노의 그릇을 오래 참으심으로 관용하시고 23 또한 영광

He desires. 19 ¶ You will say to me then, "Why does
He still find fault? For who resists His will?" 20 On the
contrary, who are you, O man, who answers back to God?
The thing molded will not say to the molder, "Why did
you make me like this," will it? 21 Or does not the potter
have a right over the clay, to make from the same lump
one vessel for honorable use, and another for common
use? 22 What if God, although willing to demonstrate
His wrath and to make His power known, endured with
much patience vessels of wrath prepared for destruction?
23 And He did so in order that He might make known
the riches of His glory upon vessels of mercy, which He

23 //또한(목적: ἵνα, that...might-NKJV)
[그가] ——— 알게 하고자(하셨을지라도)
/부요함을
/그[의] 영광의
/그릇에 대하여
/긍휼의
/[그가] 예비하신 바
/영광받기로
/이 그릇은(=을)[52]
24 /[그가] 부르신 자니라(=부르셨느니라)
/우리니(=우리를)
/(곧)유대인 중에서 뿐 아니라
이방인 중에서도
25 /[그가] —이르기를..함과 같으니라(=이르심 같이)
/호세아 글에도
/내가— 부르리라
/내 백성 아닌 자를
내 백성이라
/사랑치 아니한 자를
사랑한 자라
26 /저희가 – 부름을 얻으리라
/아들이라
/하나님의
/살아 계신
/[말]한 그 곳에서
/[그들에게]
/너희는 내 백성이 아니라

27 또
이사야가 **외치되**(...하셨느니라)
/이스라엘에 관하여
/비록(ἐάν)
수가 ———모래 같을지라도(양보절, though)
/(뭇)자손의 /바다의
/이스라엘
남은 자만 —— 구원을 얻으리니

28 //(이유: γάρ, for)
주께서 — 이루사(=이룰 것이다)
/그 말씀을
/땅 위에서
/필하시고(과거분사)
/끝내시리라(=끝내시고, 과거분사)

29 /이사야가 또한 미리 말한 바...함과 같으니라(=같이)

52) 관계대명사, 선행사는 '그릇'이다. 그러나 뒤에 동격인 '우리'와 성을 맞추었다. 역본들의 일치된 입장을 따랐다.

롬

받기로 예비하신 바 긍휼의 그릇에 대하여 그 영광의 부요
함을 알게 하고자 하셨을지라도 무슨 말 하리요 24 이 그
릇은 우리니 곧 유대인 중에서 뿐 아니라 이방인 중에서도
부르신 자니라 25 호세아 글에도 이르기를 내가 내 백성
아닌 자를 내 백성이라 사랑치 아니한 자를 사랑한 자라
부르리라 26 너희는 내 백성이 아니라 한 그곳에서 저희
가 살아계신 하나님의 아들이라 부름을 얻으리라 함과 같
으니라 27 또 이사야가 이스라엘에 관하여 외치되 이스라
엘 뭇 자손의 수가 비록 바다의 모래 같을지라도 남은 자
만 구원을 얻으리니 28 주께서 땅 위에서 그 말씀을 이루
사 필하시고 끝내시리라 하셨느니라

prepared beforehand for glory, 24 even us, whom He also
called, not from among Jews only, but also from among
Gentiles. 25 As He says also in Hosea, "I will call those
who were not My people, 'My people,' And her who was
not beloved, 'beloved.'" 26 "And it shall be that in the
place where it was said to them, 'you are not My people,'
There they shall be called sons of the living God." 27
And Isaiah cries out concerning Israel, "Though the number
of the sons of Israel be as the sand of the sea, it is the
remnant that will be saved; 28 for the Lord will execute
His word upon the earth, thoroughly and quickly." 29
And just as Isaiah foretold, "Except the Lord of Sabaoth

29 *이사야가 — 또한 미리 말한 바...함과 같으니라(=같이)*
/만일(εἰ)
주께서 — 남겨 두시지 아니하셨더면(조건절, if)
/만군의 /씨를
/우리에게
우리가 — 되고
/소돔과 같이
— 같았으리라
/고모라와

30 그런즉(οὖν)
우리가 **무슨 말 하리요?**
이방인들이 **얻었으니**
/의를 좇지 아니한 /의를
/곧(동격)
의요(=의를)
/믿음에서 난

31 이스라엘은 **이르지 못하였으니**
/좇아간 /법에
/법을
/의의

32 **어찌 그러하뇨?**

//이는(이유: ὅτι, because)
저희가 — 믿음에 의지하지 않고
— 행위에 의지함이라

//(이유: 생략)
[저희가] — 부딪혔느니라
/돌에
/부딪힐

33 /[그것이] — 기록된 바..함과 같으니라(=같이)
/보라!
내가 — 두노니
/돌과
/부딪히는
/반석을
/거치는
/시온에
믿는 자는 — 부끄러움을 당치 아니하리라
/저를

롬

29 또한 이사야가 미리 말한 바 만일 만군의 주께서 우리
에게 씨를 남겨 두시지 아니하셨더면 우리가 소돔과 같이
되고 고모라와 같았으리로다 함과 같으니라 30 그런즉 우
리가 무슨 말 하리요 의를 좇지 아니한 이방인들이 의를
얻었으니 곧 믿음에서 난 의요 31 의의 법을 좇아간 이스
라엘은 법에 이르지 못하였으니 32 어찌 그러하뇨 이는
저희가 믿음에 의지하지 않고 행위에 의지함이라 부딪힐
돌에 부딪혔느니라 33 기록된 바 보라 내가 부딪히는 돌
과 거치는 반석을 시온에 두노니 저를 믿는 자는 부끄러움
을 당치 아니하리라 함과 같으니라

had left to us a posterity, We would have become as
Sodom, and would have resembled Gomorrah." 30 ¶ What
shall we say then? That Gentiles, who did not pursue
righteousness, attained righteousness, even the righteousness
which is by faith; 31 but Israel, pursuing a law of righteousness,
did not arrive at that law. 32 Why? Because they did not
pursue it by faith, but as though it were by works. They
stumbled over the stumbling stone, 33 just as it is written,
"Behold, I lay in Zion a stone of stumbling and a rock
of offense, And he who believes in Him will not be
disappointed."

롬

10

1 형제들아!
원하는 바와 ── (곧 저희로)**구원을 얻게 함이라**
/내 마음에
구하는 바는
/하나님께
/이스라엘을 위함이니(=위해)

2 //(이유: γάρ, for)
내가 ── 증거하노니
/[저들에 대해]
/저희가 ── 있으나
/열심이
/하나님께
지식을 좇은 것이 아니라

3 //(이유: γάρ, for)
[저희가] ── 복종치 아니하였느니라
/의를
/하나님의
/모르고(현재분사)
/의를
/하나님의
/힘써(=힘쓰면서, 현재분사)
/세우려고
/자기 의를

4 //(이유: γάρ, for)
그리스도는 ── 마침이 되시니라
/율법의
/의를 이루기 위하여
/모든 믿는 자에게

5 //(이유: γάρ, for)
모세가 ── 기록하되(...하였거니와)
/의를
/율법으로 말미암는
/사람은 ── 살리라
/행하는 /그 의로
/[그것들을]

6 의는 **말하되**(...하니..하니)
/믿음으로 말미암는
/이같이
/[너는] ── [말]하지 말라
/누가 하늘에 올라가겠느냐?
/네 마음에

/올라가겠느냐 함은 ── 모셔 내리려는 것이요53)

10:1 형제들아 내 마음에 원하는 바와 하나님께 구하는 바는 이스라엘을 위함이니 곧 저희로 구원을 얻게 함이라 2 내가 증거하노니 저희가 하나님께 열심이 있으나 지식을 좇은 것이 아니라 3 하나님의 의를 모르고 자기 의를 세우려고 힘써 하나님의 의를 복종치 아니하였느니라 4 그리스도는 모든 믿는 자에게 의를 이루기 위하여 율법의 마침이 되시니라 5 모세가 기록하되 율법으로 말미암는 의를 행하는 사람은 그 의로 살리라 하였거니와 6 믿음으로 말미암는 의는 이같이 말하되 네 마음에 누가 하늘에 올라가겠느냐 하지 말라 하니 올라가겠느냐 함은 그리스도를 모셔 내리려는 것이요

10:1 ¶ Brethren, my heart's desire and my prayer to God for them is for their salvation. 2 For I bear them witness that they have a zeal for God, but not in accordance with knowledge. 3 For not knowing about God's righteousness, and seeking to establish their own, they did not subject themselves to the righteousness of God. 4 For Christ is the end of the law for righteousness to everyone who believes. 5 For Moses writes that the man who practices the righteousness which is based on law shall live by that righteousness. 6 But the righteousness based on faith speaks thus, "Do not say in your heart, 'Who will ascend into heaven?' (that is, to bring Christ down),

/올라가겠느냐 함은 — 모셔 내리려는 것이요[53)]
/그리스도를

혹(하지 말라)
7 /누가 음부에 내려가겠느냐?

/내려가겠느냐 함은 — 모셔 올리려는 것이라
/그리스도를
/죽은 자 가운데서

8 [이것이] 그러면 **무엇을 말하느뇨?**

말씀이 **있으며**
/네게 가까와
/네 입에
/네 마음에(있다 하였으니)

[이것이] 곧 **말씀이라**
/믿음의
/우리가 전파하는

9 //(이유: ὅτι, because)
만일(ἐάν)
네가 — 시인하며
/예수를 주로
/네 입으로
— 또 믿으면(조건절, if)
/네 마음에
/하나님께서 — 살리신 것을
/그를
/죽은 자 가운데서
— 구원을 얻으리니

10 //(이유: γάρ, for)
사람이 — 믿어
/마음으로

//(결과: εἰς + 목적격, resulting)
의에 이르고

[그가] — 시인하여
/입으로

//(결과: εἰς + 목적격, resulting)
구원에 이르느니라

11 //(이유: γάρ, for)
성경에 — 이르되(...하니)
/믿는 자는 — 부끄러움을 당하지 아니하리라
/저를
/누구든지

롬

53) 문법상으로는 주문장이지만, 의미상 구약의 인용을 해석하는 삽입절이다. 모든 역본들의 공통된 입장을 따랐다.

7 혹 누가 음부에 내려가겠느냐 하지 말라 하니 내려가겠
느냐 함은 그리스도를 죽은 자 가운데서 모셔 올리려는 것
이라 8 그러면 무엇을 말하느뇨 말씀이 네게 가까와 네 입
에 있으며 네 마음에 있다 하였으니 곧 우리가 전파하는
믿음의 말씀이라 9 네가 만일 네 입으로 예수를 주로 시인
하며 또 하나님께서 그를 죽은 자 가운데서 살리신 것을
네 마음에 믿으면 구원을 얻으리니 10 사람이 마음으로
믿어 의에 이르고 입으로 시인하여 구원에 이르느니라 11
성경에 이르되 누구든지 저를 믿는 자는 부끄러움을 당하
지 아니하리라 하니

7 or 'Who will descend into the abyss?' (that is, to bring
Christ up from the dead)." 8 But what does it say? "The
word is near you, in your mouth and in your heart" —
that is, the word of faith which we are preaching, 9 that
if you confess with your mouth Jesus as Lord, and believe
in your heart that God raised Him from the dead, you
shall be saved; 10 for with the heart man believes,
resulting in righteousness, and with the mouth he confesses,
resulting in salvation. 11 For the Scripture says, "Whoever
believes in Him will not be disappointed." 12 For there

12 //(이유: γάρ, for)
차별이 —— 없음이라
/유대인이나 헬라인이나

//(이유: γάρ, for)
한 주께서 —모든 사람의 주가 되사
/부요하시도다(=부요하시면서, 현재분사)
/모든 사람에게
/저를 부르는

13 //(이유: γάρ, for)
부르는 자는 —— 구원을 얻으리라
/이름을
/주의
/누구든지

롬

14 그런즉(οὖν)
저희가 **어찌 부르리요?**
/[저희가] 믿지 아니하는 이를
어찌 믿으리요?
/듣지도 못한 이를
어찌 들으리요?
/전파하는 자가 없이
15 **어찌 전파하리요?**
/보내심을 받지 아니하였으면
/기록된 바...함과 같으니라(=같이)
/발이(여) ———— [얼마나]아름답도다(=가!)
/전하는 자들의
/좋은 소식을

16 그러나
저희가 **순종치 아니하였도다**
/다(=모든) /복음을

//(이유: γάρ, for)
이사야가 —— 가로되(...하였으니)
/주여!
누가 ——믿었나이까
/우리의 전하는 바를

17 그러므로(ἄρα)
믿음은 **들음에서 나며**
들음은 **말씀으로 말미암았느니라**
/그리스도의

12 유대인이나 헬라인이나 차별이 없음이라 한 주께서 모
든 사람의 주가 되사 저를 부르는 모든 사람에게 부요하시
도다 13 누구든지 주의 이름을 부르는 자는 구원을 얻으
리라 14 그런즉 저희가 믿지 아니하는 이를 어찌 부르리
요 듣지도 못한 이를 어찌 믿으리요 전파하는 자가 없이
어찌 들으리요 15 보내심을 받지 아니하였으면 어찌 전파
하리요 기록된 바 아름답도다 좋은 소식을 전하는 자들의
발이여 함과 같으니라 16 그러나 저희가 다 복음을 순종
치 아니하였도다 이사야가 가로되 주여 우리의 전하는 바
를 누가 믿었나이까 하였으니 17 그러므로 믿음은 들음에
서 나며 들음은 그리스도의 말씀으로 말미암았느니라

is no distinction between Jew and Greek; for the same
Lord is Lord of all, abounding in riches for all who call
upon Him; 13 for "Whoever will call upon the name of
the Lord will be saved." 14 How then shall they call
upon Him in whom they have not believed? And how
shall they believe in Him whom they have not heard?
And how shall they hear without a preacher? 15 And
how shall they preach unless they are sent? Just as it is written,
"How beautiful are the feet of those who bring glad tidings
of good things!" 16 ¶ However, they did not all heed
the glad tidings; for Isaiah says, "Lord, who has believed
our report?" 17 So faith comes from hearing, and hearing
by the word of Christ. 18 But I say, surely they have
never heard, have they? Indeed they have; "Their voice

18 그러나(ἀλλὰ)
내가 **말하노니**(...하였느니라)[54]
저희가 **듣지 아니하였느뇨?**
그렇지 아니하다

소리가 **퍼졌고**
/그[들의] /온 땅에
말씀이 **이르렀도다**
/그[들의] /땅 끝까지

19 그러나(ἀλλα)
내가 **말하노니**
이스라엘이 **알지 못하였느뇨?**

모세가 **이르되**(...하였고)
/먼저
/내가 ── 시기나게 하며
/너희를
/백성 아닌 자로써
노엽게 하리라
/너희를
/미련한 백성으로써

20 또한
이사야가 **매우 담대하여**
이르되(...하였고)
/내가 ── 찾은 바 되고
/구하지 아니하는 자들에게
/[나를]
나타났노라
/내게 문의하지 아니하는 자들에게

21 [그가] **가라사대**(...하셨느니라)
/이스라엘을 대하여
/내가 ── 벌렸노라
/내 손을
/백성에게
/순종치 아니하고
/거스려 말하는
/종일

롬

54) 형태상 주문장이나 바울이 자신의 말을 강조하기 위해 사용하는 관용적 어구이다. 그래서 이후에 나올만한 내용을 주문장으로 처리했다.

18 그러나 내가 말하노니 저희가 듣지 아니하였느뇨 그렇지 아니하다 그 소리가 온 땅에 퍼졌고 그 말씀이 땅 끝까지 이르렀도다 하였느니라 19 그러나 내가 말하노니 이스라엘이 알지 못하였느뇨 먼저 모세가 이르되 내가 백성 아닌 자로써 너희를 시기나게 하며 미련한 백성으로써 너희를 노엽게 하리라 하였고 20 또한 이사야가 매우 담대하여 이르되 내가 구하지 아니하는 자들에게 찾은 바 되고 내게 문의하지 아니하는 자들에게 나타났노라 하였고 21 이스라엘을 대하여 가라사대 순종치 아니하고 거스려 말하는 백성에게 내가 종일 내 손을 벌렸노라 하셨느니라

has gone out into all the earth, And their words to the ends of the world." 19 But I say, surely Israel did not know, did they? At the first Moses says, "I will make you jealous by that which is not a nation, By a nation without understanding will I anger you." 20 And Isaiah is very bold and says, "I was found by those who sought Me not, I became manifest to those who did not ask for Me." 21 But as for Israel He says, "All the day long I have stretched out My hands to a disobedient and obstinate people."

11

1 그러므로(οὖν)
내가 **말하노니**
하나님이 **버리셨느뇨?**
/자기 백성을
[그것은] **그럴 수 없느니라**

//(이유: γάρ, for)
나도 ― 이스라엘인이요
― 씨에서 난 자요
/아브라함의
― 베냐민 지파라

2 하나님이 **버리지 아니하셨나니**
/백성을
/자기
/그 미리 아신

너희가 **알지 못하느냐?**
/성경이 ― 말한 것을
/엘리야를 가리켜
/저가 ― [얼마나] 송사하되(=했는지를)
/이스라엘을
/하나님께

3 /주여!
저희가 ― 죽였으며
/주의 선지자들을
― 헐어버렸고
/주의 제단들을
/나[는] ― 남았는데
/나만(=홀로)
/저희가 ― 찾나이다(하니)
/내 목숨도

4 대답이 **무엇이뇨?**
/하신
/저에게

내가 **남겨 두었다**(...하셨으니)
/나를 위하여
/칠천 사람을
/[그들은][55] ― 꿇지 아니한
/무릎을
/바알에게

55) 관계대명사, 선행사는 '사람'이다. 계속적 용법

롬

11:1 그러므로 내가 말하노니 하나님이 자기 백성을 버리셨느뇨 그럴 수 없느니라 나도 이스라엘인이요 아브라함의 씨에서 난 자요 베냐민 지파라 2 하나님이 그 미리 아신 자기 백성을 버리지 아니하셨나니 너희가 성경이 엘리야를 가리켜 말한 것을 알지 못하느냐 저가 이스라엘을 하나님께 송사하되 3 주여 저희가 주의 선지자들을 죽였으며 주의 제단들을 헐어버렸고 나만 남았는데 내 목숨도 찾나이다 하니 4 저에게 하신 대답이 무엇이뇨 내가 나를 위하여 바알에게 무릎을 꿇지 아니한 사람 칠천을 남겨 두었다 하셨으니

11:1 I say then, God has not rejected His people, has He? May it never be! For I too am an Israelite, a descendant of Abraham, of the tribe of Benjamin. Rom.
2 God has not rejected His people whom He foreknew. Or do you not know what the Scripture says in the passage about Elijah, how he pleads with God against Israel? Rom.
3 "Lord, they have killed Thy prophets, they have torn down Thine altars, and I alone am left, and they are seeking my life." 4 But what is the divine response to him? "I have kept for Myself seven thousand men who have not bowed the knee to Baal." 5 In the same way then, there has also come to be at the present time a

5 그런즉(οὖν)
남은 자가 **있느니라**
/이와 같이
/이제도
/택하심을 따라
/은혜로(=의)

6 만일(εἰ)
[그것이] 은혜로 된 것이면(조건절, if)
행위로 말미암지 않음이니

그렇지 않으면(ἐπει, otherwise)
은혜가 **은혜되지 못하느니라**

7 그런즉(οὖν)
어떠하뇨?
이스라엘이 **얻지 못하고**
/구하는 그것을

오직
택하심을 입은 자가 **얻었고**
그 남은 자들은 **완악하여졌느니라**
8 /기록된 바...함과 같으니라(=같이)
/하나님이 —— 주셨다
/심령과
/혼미한
/눈과
/보지 못할
/귀를
/듣지 못할
/저희에게
/오늘날까지

9 또
다윗이 **가로되**(...하였느니라)
/밥상이 —— 올무와
/저희 —— 덫과
—— 거치는 것과
—— 보응이 되게 하옵시고

10 /눈은 —— 흐려[지게 하소서]
/저희 /보지 못하고(=보지 못하도록)
/등은 —— 굽게 하옵소서
/저희 /항상

11 그러므로(οὖν)
내가 **말하노니**
저희가 **실족하였느뇨?**
/넘어지기까지
[그것은] **그럴 수 없느니라**

롬

5 그런즉 이와 같이 이제도 은혜로 택하심을 따라 남은 자
가 있느니라 6 만일 은혜로 된 것이면 행위로 말미암지 않
음이니 그렇지 않으면 은혜가 은혜 되지 못하느니라 7 그
런즉 어떠하뇨 이스라엘이 구하는 그것을 얻지 못하고 오
직 택하심을 입은 자가 얻었고 그 남은 자들은 완악하여졌
느니라 8 기록된 바 하나님이 오늘날까지 저희에게 혼미
한 심령과 보지 못할 눈과 듣지 못할 귀를 주셨다 함과 같
으니라 9 또 다윗이 가로되 저희 밥상이 올무와 덫과 거치
는 것과 보응이 되게 하옵시고 10 저희 눈은 흐려 보지 못
하고 저희 등은 항상 굽게 하옵소서 하였느니라 11 그러
므로 내가 말하노니 저희가 넘어지기까지 실족하였느뇨 그
럴 수 없느니라 저희의 넘어짐으로 구원이 이방인에게 이

remnant according to God's gracious choice. 6 But if it
is by grace, it is no longer on the basis of works, otherwise
grace is no longer grace. 7 What then? That which Israel
is seeking for, it has not obtained, but those who were
chosen obtained it, and the rest were hardened; 8 just as
it is written, "God gave them a spirit of stupor, Eyes to
see not and ears to hear not, Down to this very day." 9
And David says, "Let their table become a snare and a
trap, And a stumbling block and a retribution to them.
10 "Let their eyes be darkened to see not, And bend their
backs forever." 11 I say then, they did not stumble so as
to fall, did they? May it never be! But by their transgression

롬

구원이 **(이르러)**
/이방인에게
/저희의 넘어짐으로

//(목적: εἰς + 부정사, so as to-NRSV)
이스라엘로 시기나게 함이니라

12 [만약, εἰ]
넘어짐이 부요함이 되며
/저희의 /세상의
실패가 부요함이 되거든(조건절, if)
/저희의 /이방인의
충만함이(리요) **하물며(어떻겠느냐?)**
/저희의

13 내가 **말하노라**
/너희에게
/이방인인

내가 **영광스럽게 여기노니**
/내 직분을
/이방인의 사도인 만큼

14 //이는 곧(목적: εἰ, in order to - NRSV)
[내가] ── 시기케 하여
/내 골육을
/아무쪼록
── 구원하려 함이라
/얼마를
/저희 중에서

15 //(이유: γάρ, for)
[만약, εἰ]
버리는 것이 ── 화목이 되거든(조건절, if)
/저희를 /세상의
그 받아들이는 것이 ── 무엇이리요?
/사는 것이 아니면
/죽은 자 가운데서

16 [만약, εἰ]
제사하는 처음 익은 곡식 가루가 거룩한즉(조건절, if)
떡덩이도 **(그러하고)**

[만약, εἰ]
뿌리가 거룩한즉(조건절, if)
가지도 **(그러하니라)**

르러 이스라엘로 시기나게 함이니라 12 저희의 넘어짐이
세상의 부요함이 되며 저희의 실패가 이방인의 부요함이
되거든 하물며 저희의 충만함이리요 13 내가 이방인인 너
희에게 말하노라 내가 이방인의 사도인 만큼 내 직분을 영
광스럽게 여기노니 14 이는 곧 내 골육을 아무쪼록 시기
케 하여 저희 중에서 얼마를 구원하려 함이라 15 저희를
버리는 것이 세상의 화목이 되거든 그 받아들이는 것이 죽
은 자 가운데서 사는 것이 아니면 무엇이리요 16 제사하
는 처음 익은 곡식 가루가 거룩한즉 떡 덩이도 그러하고
뿌리가 거룩한즉 가지도 그러하니라

salvation has come to the Gentiles, to make them jealous.
12 Now if their transgression be riches for the world and
their failure be riches for the Gentiles, how much more
will their fulfillment be! 13 But I am speaking to you
who are Gentiles. Inasmuch then as I am an apostle of Gentiles,
I magnify my ministry, 14 if somehow I might move to
jealousy my fellow countrymen and save some of them.
15 For if their rejection be the reconciliation of the world,
what will their acceptance be but life from the dead? 16
And if the first piece of dough be holy, the lump is also;

17 또한
[만약, εἰ]
얼마가 꺾여졌는데
/가지
네가 접붙임이 되어
/돌감람나무인 /그들 중에
함께 받는 자 되었은즉(조건절, if)
/참감람나무 뿌리의 진액을
18 **자긍하지 말라**
/그 가지들을 향하여

[만약, εἰ]
[네가] 자긍할지라도(조건절, if)
네가 **보전하는 것이 아니요**
/뿌리를
뿌리가 **보전하는 것이니라**
/너를

19 그러면(οὖν)
네[가] **말이...하리니(=말할 것이다)**
/가지들이 ——— 꺾이운 것은

//(목적: ἵνα, so that... might)
나로 접붙임을 받게 하려 함이라

20 **옳도다**

저희는 **꺾이우고**
/믿지 아니하므로
너는 **섰느니라**
/믿으므로

[너는] **품지 말고**
/높은 마음을
도리어 **두려워하라**

21 //(이유: γάρ, for)
하나님이 ┬ 아끼지 아니하셨은즉
/원 가지들도
└ 아끼지 아니하시리라
/너도

22 그러므로(οὖν)
[너는] **보라**
/인자와 엄위를
/하나님의

17 또한 가지 얼마가 꺾여졌는데 돌감람나무인 네가 그들
중에 접붙임이 되어 참감람나무 뿌리의 진액을 함께 받는
자 되었은즉 18 그 가지들을 향하여 자긍하지 말라 자긍
할지라도 네가 뿌리를 보전하는 것이 아니요 뿌리가 너를
보전하는 것이니라 19 그러면 네 말이 가지들이 꺾이운
것은 나로 접붙임을 받게 하려 함이라 하리니 20 옳도다
저희는 믿지 아니하므로 꺾이우고 너는 믿으므로 섰느니라
높은 마음을 품지 말고 도리어 두려워하라 21 하나님이
원 가지들도 아끼지 아니하셨은즉 너도 아끼지 아니하시리
라 22 그러므로 하나님의 인자와 엄위를 보라 넘어지는
자들에게는 엄위가 있으니 너희가 만일 하나님의 인자에
거하면 그 인자가 너희에게 있으리라 그렇지 않으면 너도

and if the root be holy, the branches are too. 17 But if
some of the branches were broken off, and you, being a
wild olive, were grafted in among them and became
partaker with them of the rich root of the olive tree, 18
do not be arrogant toward the branches; but if you are arrogant,
remember that it is not you who supports the root, but
the root supports you. 19 You will say then, "Branches
were broken off so that I might be grafted in." 20 Quite
right, they were broken off for their unbelief, but you
stand by your faith. Do not be conceited, but fear; 21 for
if God did not spare the natural branches, neither will He
spare you. 22 Behold then the kindness and severity of
God; to those who fell, severity, but to you, God's kindness,
if you continue in His kindness; otherwise you also will

엄위가 **있으니**
/넘어지는 자들에게는

만일(ἐάν)
너희가 거하면(조건절, if)
/인자에
/하나님의
그 인자가 **있으리라**
/너희에게

그렇지 않으면(ἐπει, otherwise)
너도 **찍히는 바 되리라**

23 [만일, ἐάν]
저희도 거하지 아니하면(조건절, if)
/믿지 아니하는 데
접붙임을 얻으리니

//이는(이유: γάρ, for)
능력이 —— 있음이라
/접붙이실 /하나님께
/저희를

24 //(이유: γάρ, for)
[만약, εἰ]
네가 —— 찍힘을 받고
/돌감람나무에서
/원
접붙임을 얻었은즉
/좋은 감람나무에
/본성을 거스려
이 사람들이야 —— 얼마나 접붙이심을 얻으랴?
/원 가지인 /자기 감람나무에
/더

25-27 //(이유: γάρ, for)
형제들아!
내가 —— 원치 아니하노니
/너희가—모르기를
/이 비밀을
/(이 비밀은)
완악하게(=이) — 된 것이라(=있는 것이라)
/더러는(=부분적인) /이스라엘의(=에게)
/충만한 수가 들어오기까지
/이방인의

//그리하여(결과: οὕτως, so)

찍히는 바 되리라 23 저희도 믿지 아니하는 데 거하지 아니하면 접붙임을 얻으리니 이는 저희를 접붙이실 능력이 하나님께 있음이라 24 네가 원 돌감람나무에서 찍힘을 받고 본성을 거스려 좋은 감람나무에 접붙임을 얻었은즉 원 가지인 이 사람들이야 얼마나 더 자기 감람나무에 접붙이심을 얻으랴 25 형제들아 너희가 스스로 지혜있다 함을 면키 위하여 이 비밀을 너희가 모르기를 내가 원치 아니하노니 이 비밀은 이방인의 충만한 수가 들어오기까지 이스라엘의 더러는 완악하게 된 것이라 26 그리하여 온 이스라엘이 구원을 얻으리라 기록된 바 구원자가 시온에서 오

be cut off. 23 And they also, if they do not continue in their unbelief, will be grafted in; for God is able to graft them in again. 24 For if you were cut off from what is by nature a wild olive tree, and were grafted contrary to nature into a cultivated olive tree, how much more shall these who are the natural branches be grafted into their own olive tree? 25 For I do not want you, brethren, to be uninformed of this mystery, lest you be wise in your own estimation, that a partial hardening has happened to Israel until the fulness of the Gentiles has come in; 26 and thus all Israel will be saved; just as it is written, "The Deliverer will come from Zion, He will remove ungodliness from Jacob."

//그리하여(결과: οὕτως, so)
이스라엘이 ─구원을 얻으리라
/온
/기록된 바...함과 같으니라(=같이)
/구원자가 ── 오사
/시온에서
돌이키시겠고
/경건치 않은 것을
/야곱에게서

/내가 ── 없이 할 때에(상황절, when)
/저희 죄를
언약이── 이것이라
/내 /저희에게(이루어질)

//(목적: ἵνα, so that)
너희가 ── 지혜 있다 함을 면키 위하여
/스스로[에게]

롬

28 (저희가) **원수 된 자요**
/복음으로 하면
/너희를 인하여
사랑을 입은 자라
/택하심으로 하면
/조상들을 인하여

29 //(이유: γάρ, for)
은사와 ── 후회하심이 없느니라
부르심에는
/하나님의

30 //(이유: γάρ, for)
너희가 ── 순종치 아니하더니
/하나님께
/전에
긍휼을 입었는지라(=입은 것 처럼)
/이제
/순종치 아니함으로
/이스라엘에(=저들의)

31//이와 같이[56]
이 사람들이 ── 순종치 아니하니
긍휼을 얻게 하려 하심이니라
/저희도
/(이는)이제
/긍휼로[말미암아][57]
/너희에게 베푸시는

32 //(이유: γάρ, for)

56) 부사이지만, 30절과의 관계를 이끌기 때문에 먼저 읽는 것이 문맥이해에 편하다.

57) NASB 입장을 따랐다.

사 야곱에게서 경건치 않은 것을 돌이키시겠고 27 내가 저희 죄를 없이할 때에 저희에게 이루어질 내 언약이 이것이라 함과 같으니라 28 복음으로 하면 저희가 너희를 인하여 원수 된 자요 택하심으로 하면 조상들을 인하여 사랑을 입은 자라 29 하나님의 은사와 부르심에는 후회하심이 없느니라 30 너희가 전에 하나님께 순종치 아니하더니 이스라엘의 순종치 아니함으로 이제 긍휼을 입었는지라 31 이와 같이 이 사람들이 순종치 아니하니 이는 너희에게 베푸시는 긍휼로 이제 저희도 긍휼을 얻게 하려 하심이니라

27 "And this is My covenant with them, When I take away their sins." 28 From the standpoint of the gospel they are enemies for your sake, but from the standpoint of God's choice they are beloved for the sake of the fathers; 29 for the gifts and the calling of God are irrevocable. 30 For just as you once were disobedient to God, but now have been shown mercy because of their disobedience, 31 so these also now have been disobedient, in order that because of the mercy shown to you they also may now be shown mercy. 32 For God has shut up

32 //(이유: γάρ, for)
하나님이 ——— 가두어 두심은
/모든 사람을
/순종치 아니하는 가운데

//(목적: ἵνα, so that...may)
[그가] — 긍휼을 베풀려 하심이로다
/모든 사람에게

33 [오!]
깊도다 **부요함이여!**[58)]
/지혜와 지식의
/하나님의

판단은 **측량치 못할 것이며**
/그의
길은 **찾지 못할 것이로다!**
/그의

34 //(이유: γάρ, for)
누가 ——— 알았느뇨?
/마음을
/주의
//모사가 ——— 누가 되었느뇨?
/그의

35 //누가 ——— 먼저 드려서
/주께(=그에게)
갚으심을 받겠느뇨?
/[그에게]

36 //이는(이유: ὅτι, for)
만물이 ——— 주에게서 나오고
주로 말미암고
주에게로 돌아감이라
//영광이 ——— 그에게 있으리로다. 아멘[59)]
/세세에

58) 주어 + 동사의 구조가 아닌 감탄문이다. 그러나 편의상 문맥구조로 표현하였다.

59) 본문의 논리적 전개와는 관계없는 삽입절이다.

32 하나님이 모든 사람을 순종치 아니하는 가운데 가두어 두심은 모든 사람에게 긍휼을 베풀려 하심이로다 33 깊도다 하나님의 지혜와 지식의 부요함이여 그의 판단은 측량치 못할 것이며 그의 길은 찾지 못할 것이로다 34 누가 주의 마음을 알았느뇨 누가 그의 모사가 되었느뇨 35 누가 주께 먼저 드려서 갚으심을 받겠느뇨 36 이는 만물이 주에게서 나오고 주로 말미암고 주에게로 돌아감이라 영광이 그에게 세세에 있으리로다 아멘

all in disobedience that He might show mercy to all. 33
¶ Oh, the depth of the riches both of the wisdom and knowledge of God! How unsearchable are His judgments and unfathomable His ways! 34 For who has known the mind of the Lord, or who became His counselor? 35 Or who has first given to Him that it might be paid back to him again? 36 For from Him and through Him and to Him are all things. To Him be the glory forever. Amen. 12:1
¶ I urge you therefore, brethren, by the mercies of God, to present your bodies a living and holy sacrifice, acceptable to God, which is your spiritual service of worship.

12

1 그러므로(οὖν)
형제들아!
내가 **권하노니**
/너희를
/(모든)자비하심으로
/하나님의
/드리라(=드릴 것을)
/너희 몸을
/제사로
/산
/거룩한
/기뻐하시는(=수납하는)
/하나님이(=께서)
/이는(동격)
(드릴)예배니라
/너희의
/영적

2 너희는 **본받지 말고**
/이 세대를
오직 **변화를 받아**
/새롭게 함으로
/마음을

//(목적: εἰς + 부정사, so that...may)
[너희는] —— 분별하도록 하라
/뜻이 —— 무엇인지
/하나님의
/선하시고
/기뻐하시고
/온전하신

3 //(이유: γάρ, for)
[내가] —— 말하노니
/은혜로 말미암아
/내게 주신
/각 사람에게
/너희 중
/그 이상의 생각을 품지 말고(=말 것을)
/마땅히 생각할
/오직 생각하라(=생각할 것을)
/지혜롭게
/하나님께서 — 나눠 주신(=나눠주신 것을 따라)
/분량대로(=을)
/믿음의
/각 사람에게

4 //(이유: γάρ, for)

롬

12:1 그러므로 형제들아 내가 하나님의 모든 자비하심
으로 너희를 권하노니 너희 몸을 하나님이 기뻐하
시는 거룩한 산 제사로 드리라 이는 너희의 드릴 영적 예
배니라 2 너희는 이 세대를 본받지 말고 오직 마음을 새롭
게 함으로 변화를 받아 하나님의 선하시고 기뻐하시고 온
전하신 뜻이 무엇인지 분별하도록 하라 3 내게 주신 은혜
로 말미암아 너희 중 각 사람에게 말하노니 마땅히 생각할
그 이상의 생각을 품지 말고 오직 하나님께서 각 사람에게
나눠주신 믿음의 분량대로 지혜롭게 생각하라
4 우리가 한 몸에 많은 지체를 가졌으나 모든 지체가 같은

12:1 I urge you therefore, brethren, by the mercies of God,
to present your bodies a living and holy sacrifice,
acceptable to God, which is your spiritual service of
worship. 2 And do not be conformed to this world, but
be transformed by the renewing of your mind, that you
may prove what the will of God is, that which is good
and acceptable and perfect. 3 For through the grace given
to me I say to every man among you not to think more
highly of himself than he ought to think; but to think so
as to have sound judgment, as God has allotted to each a

4 //(이유: γάρ, for)
우리가 ─── 가졌으나
/지체를
/많은
/한 몸에
//지체가 ─── 직분을 가진 것이 아니니
/모든
/같은

5 //이와 같이
많은 사람이 ─── 한 몸이 되어
/우리
/그리스도 안에서
지체가 되었느니라
/서로

6 //(이유: 현재분사, since)[60]
[우리가] ─── 받은(=소유했기 때문이다)
/은혜대로
/주신
/우리에게
/은사가(=를)
/각각 다르니(=다른)

/혹 예언이면(=예언자를)
/분수대로
/믿음의
7 /혹 섬기는 일로(=자를)
/섬기는 일이면
/혹 가르치는 자면(=를)
/가르치는 일로
8 /혹 권위하는 자면(=를)
/권위하는 일로
/구제하는 자는(=를)
/성실함으로
/다스리는 자는(=를)
/부지런함으로
/긍휼을 베푸는 자는(=를)
/즐거움으로(할 것이니라)

9 사랑엔 **거짓이 없나니**
[너희는] **미워하고**
/악을
속하라
/선에
우애하고
/서로
/형제를 사랑하여(=형제 사랑으로)
10 **먼저 하며**
/존경하기를(=존경함으로)
/서로

60) NASB 입장을 따랐다.

직분을 가진 것이 아니니 5 이와 같이 우리 많은 사람이
그리스도 안에서 한 몸이 되어 서로 지체가 되었느니라 6
우리에게 주신 은혜대로 받은 은사가 각각 다르니 혹 예언
이면 믿음의 분수대로, 7 혹 섬기는 일이면 섬기는 일로,
혹 가르치는 자면 가르치는 일로, 8 혹 권위하는 자면 권
위하는 일로, 구제하는 자는 성실함으로, 다스리는 자는 부
지런함으로, 긍휼을 베푸는 자는 즐거움으로 할 것이니라
9 사랑엔 거짓이 없나니 악을 미워하고 선에 속하라 10
형제를 사랑하여 서로 우애하고 존경하기를 서로 먼저 하
며

measure of faith. 4 For just as we have many members
in one body and all the members do not have the same function,
5 so we, who are many, are one body in Christ, and individually
members one of another. 6 And since we have gifts that
differ according to the grace given to us, let each exercise
them accordingly: if prophecy, according to the proportion
of his faith; 7 if service, in his serving; or he who teaches,
in his teaching; 8 or he who exhorts, in his exhortation;
he who gives, with liberality; he who leads, with diligence;
he who shows mercy, with cheerfulness. 9 Let love be without

11 **게으르지 말고**
/부지런하여
열심을 품고
/[심령에]
섬기라
/주를
12 **즐거워하며**
/소망 중에
참으며
/환난 중에
항상 힘쓰며
/기도에

13 **공급하며**
/쓸 것을
/성도들의
힘쓰라
/손 대접하기를

14 **축복하라**
/핍박하는 자를
/너희를
축복하고
저주하지 말라
15 **즐거워하고**
/즐거워하는 자들로 함께
울라
/우는 자들로 함께
16 **마음을 하며(=마음을 가지며)**
/같이
/서로
마음을 두지 말고
/높은 데
도리어 처하며
/낮은 데
지혜 있는 체 말라
/스스로
17 **갚지 말고**
/악으로 악을
/아무에게도
도모하라
/선한 일을
/모든 사람 앞에서

11 부지런하여 게으르지 말고 열심을 품고 주를 섬기라
12 소망 중에 즐거워하며 환난 중에 참으며 기도에 항상
힘쓰며 13 성도들의 쓸 것을 공급하며 손 대접하기를 힘
쓰라 14 너희를 핍박하는 자를 축복하라 축복하고 저주하
지 말라 15 즐거워하는 자들로 함께 즐거워하고 우는 자
들로 함께 울라 16 서로 마음을 같이 하며 높은 데 마음을
두지 말고 도리어 낮은 데 처하며 스스로 지혜 있는 체 말
라 17 아무에게도 악으로 악을 갚지 말고 모든 사람 앞에
서 선한 일을 도모하라

hypocrisy. Abhor what is evil; cling to what is good. 10
Be devoted to one another in brotherly love; give preference
to one another in honor; 11 not lagging behind in diligence,
fervent in spirit, serving the Lord; 12 rejoicing in hope,
persevering in tribulation, devoted to prayer, 13 contributing
to the needs of the saints, practicing hospitality. 14 Bless those
who persecute you; bless and curse not. 15 Rejoice with
those who rejoice, and weep with those who weep. 16
Be of the same mind toward one another; do not be
haughty in mind, but associate with the lowly. Do not be
wise in your own estimation. 17 Never pay back evil for
evil to anyone. Respect what is right in the sight of all

18 [만약, εἰ]
[그것이] 할 수 있거든(조건절, if)
/너희로서는
[너희는] **평화하라**
/모든 사람으로 더불어

19 (내)사랑하는 자들아!
너희가 **원수를 갚지 말고**
/친히
맡기라
/[자리를]
/진노하심에

//(이유: γάρ, for)
[그것이] ——— 기록되었으되
/원수 갚는 것이 — 내게 있으니
내가 ——— 갚으리라고
//주께서 ——— 말씀하시니라

20 [만약, ἐάν]
원수가 주리거든(조건절, if)
/네
[너는] **먹이고**
/[그를]

[만약, ἐάν]
[그가] 목마르거든(조건절, if)
[너는] **마시우라**
/[그를]

//(이유: γάρ, for)
네가 ——— 쌓아 놓으리라
/숯불을
/그 머리에
/그리함으로

21 [너는] **지지 말고**
/악에게
이기라
/악을
/선으로

롬

18 할 수 있거든 너희로서는 모든 사람으로 더불어 평화
하라 19 내 사랑하는 자들아 너희가 친히 원수를 갚지 말
고 진노하심에 맡기라 기록되었으되 원수 갚는 것이 내게
있으니 내가 갚으리라고 주께서 말씀하시니라 20 네 원수
가 주리거든 먹이고 목마르거든 마시우라 그리함으로 네가
숯불을 그 머리에 쌓아 놓으리라 21 악에게 지지 말고 선
으로 악을 이기라

men. 18 If possible, so far as it depends on you, be at
peace with all men. 19 Never take your own revenge, beloved,
but leave room for the wrath of God, for it is written,
"Vengeance is Mine, I will repay," says the Lord. 20
"But if your enemy is hungry, feed him, and if he is
thirsty, give him a drink; for in so doing you will heap burning
coals upon his head." 21 Do not be overcome by evil,
but overcome evil with good.

13

1 사람은 굴복하라
/각 /권세들에게
/위에 있는

//(이유: γάρ, for)
권세는 —— 하나님께로 나지 않음이 없나니
[그것들은] —— 정하신 바라
/[존재하는] /하나님의
/(모든 권세는 다)

2 그러므로(ὥστε)
거스리는 자는 **거스림이니**
/권세를 /명을
/하나님의

거스리는 자들은 **취하리라**
/심판을
/자(=스스로)

3 //(이유: γάρ, for)
관원들은 —— 두려움이 되지 않고
/일에 대하여
/선한
(되나니)
/일에 대하여
/악한

네가 **두려워하지 아니하려느냐**
/권세를

[너는] **행하라**
/선을

//그리하면(결과)
[네가] —— 받으리라
/칭찬을
/그에게

4 //(이유: γάρ, for)
그는 —— 하나님의 사자가 되어..자니라(=됨이라)
/네게
/선을 이루는

그러나
[만약, ἐάν]
네가 행하거든(조건절, if)
/악을
두려워하라

롬

13:1 각 사람은 위에 있는 권세들에게 굴복하라 권세
는 하나님께로 나지 않음이 없나니 모든 권세는 다
하나님의 정하신 바라 2 그러므로 권세를 거스리는 자는
하나님의 명을 거스림이니 거스리는 자들은 심판을 자취하
리라 3 관원들은 선한 일에 대하여 두려움이 되지 않고 악
한 일에 대하여 되나니 네가 권세를 두려워하지 아니하려
느냐 선을 행하라 그리하면 그에게 칭찬을 받으리라 4 그
는 하나님의 사자가 되어 네게 선을 이루는 자니라 그러나
네가 악을 행하거든 두려워하라 그가 공연히 칼을 가지지
아니하였으니 곧 하나님의 사자가 되어 악을 행하는 자에

13:1 Let every person be in subjection to the governing
authorities. For there is no authority except from
God, and those which exist are established by God. 2 Therefore
he who resists authority has opposed the ordinance of
God; and they who have opposed will receive condemnation
upon themselves. 3 For rulers are not a cause of fear for
good behavior, but for evil. Do you want to have no fear
of authority? Do what is good, and you will have praise
from the same; 4 for it is a minister of God to you for
good. But if you do what is evil, be afraid; for it does
not bear the sword for nothing; for it is a minister of
God, an avenger who brings wrath upon the one who practices

//(이유: γάρ, for)
그가 ——— 공연히 가지지 아니하였으니
/칼을

//곧(이유: γάρ, for)
사자가 ——— 되어
/하나님의 /진노하심을 위하여
/보응하는(자니라) /행하는 자에게
/악을

5 그러므로(διὸ)
굴복하지(=함이) **아니할 수 없으니(=필요하다)**
/노를 인하여만 할 것이 아니요
또한 양심을 인하여(할 것이라)

6 //(이유: γάρ, for)
이를 인함이라(=인하여, διὰ τοῦτο)
너희가 ——— 바치는 것도(=바침이라)
/공세를

//(이유: γάρ, for)
저희가 —— 일꾼이 되어(=됨이라)
/하나님의
/바로 이 일에
/항상 힘쓰느니라(=항상 힘쓰면서, 현재분사)

7 [너희는] **주되**
/줄 것을
/모든 자에게
(바치고)
/공세를
/공세를 받을 자에게
(바치고)
/국세를
/국세받을 자에게
〈주고〉
/두려워하며(=두려움을)
/두려워할 자를
〈주라〉
/존경하라(=존경을)
/존경할 자를

8 [너희는] **아무 빚도 지지 말라**
/아무에게든지
/사랑의 빚 외에는(=사랑함 외에는)
/피차(=서로를)

//(이유: γάρ, for)

게 진노하심을 위하여 보응하는 자니라 5 그러므로 굴복
하지 아니할 수 없으니 노를 인하여만 할 것이 아니요 또
한 양심을 인하여 할 것이라 6 너희가 공세를 바치는 것도
이를 인함이라 저희가 하나님의 일군이 되어 바로 이 일에
항상 힘쓰느니라 7 모든 자에게 줄 것을 주되 공세를 받을
자에게 공세를 바치고 국세 받을 자에게 국세를 바치고 두
려워할 자를 두려워하며 존경할 자를 존경하라 8 피차 사
랑의 빚 외에는 아무에게든지 아무 빚도 지지 말라 남을
사랑하는 자는 율법을 다 이루었느니라

evil. 5 Wherefore it is necessary to be in subjection, not
only because of wrath, but also for conscience' sake. 6
For because of this you also pay taxes, for rulers are
servants of God, devoting themselves to this very thing.
7 Render to all what is due them: tax to whom tax is
due; custom to whom custom; fear to whom fear; honor
to whom honor. 8 ¶ Owe nothing to anyone except to
love one another; for he who loves his neighbor has

//(이유: γάρ, for)
사랑하는 자는 ——— 다 이루었느니라
/남을 /율법을

9 //(이유: γάρ, for)
간음하지 말라 ——— 다 들었느니라
살인하지 말라 /그 말씀 가운데
도적질하지 말라 /[너는] — 사랑하라(하신)
탐내지 말라 한 것과 /네 이웃을
계명이 있을지라도 /네 자신과 같이
/그 외에
/다른

10 사랑은 **행치 아니하나니**
/악을
/이웃에게

그러므로(οὖν)
사랑은 **완성이니라**
/율법의

11 또한
너희가 **알거니와**[61)]
/이 시기를
/때가 ——— (되었으니)
/[너희가] — 깰 /벌써
/자다가(=잠에서)

//이는(이유: γάρ, for)
구원이 ——— 가까왔음이니라
/우리의 /이제
/처음 믿을 때보다

12 밤이 **깊고**
낮이 **가까왔으니**

그러므로(οὖν)
우리가 **벗고**
/일을
/어두움의
입자
/갑옷을
/빛의
13 [우리가] **행하고**
/단정히
/낮에와 같이
말며
/방탕과
/술 취하지

61) 분사가 주동사로 사용되었다.

9 간음하지 말라, 살인하지 말라, 도적질하지 말라, 탐내지
말라 한 것과 그 외에 다른 계명이 있을지라도 네 이웃을
네 자신과 같이 사랑하라 하신 그 말씀 가운데 다 들었느
니라 10 사랑은 이웃에게 악을 행치 아니하나니 그러므로
사랑은 율법의 완성이니라 11 또한 너희가 이 시기를 알
거니와 자다가 깰 때가 벌써 되었으니 이는 이제 우리의
구원이 처음 믿을 때보다 가까왔음이니라 12 밤이 깊고
낮이 가까왔으니 그러므로 우리가 어두움의 일을 벗고 빛
의 갑옷을 입자 13 낮에와 같이 단정히 행하고 방탕과 술
취하지 말며 음란과 호색하지 말며 쟁투와 시기하지 말고

fulfilled the law. 9 For this, "You shall not commit
adultery, You shall not murder, You shall not steal, You
shall not covet," and if there is any other commandment,
it is summed up in this saying, "You shall love your
neighbor as yourself." 10 Love does no wrong to a
neighbor; love therefore is the fulfillment of the law. 11
And this do, knowing the time, that it is already the hour
for you to awaken from sleep; for now salvation is nearer
to us than when we believed. 12 The night is almost
gone, and the day is at hand. Let us therefore lay aside
the deeds of darkness and put on the armor of light. 13
Let us behave properly as in the day, not in carousing

말며
/음란과
/호색하지
말고
/쟁투와
/시기하지

14 [너희는] 오직 **옷 입고**
/주 예수 그리스도로(=를)
도모하지 말라
/육신의 일을
/정욕을 위하여

14

1 너희가 **받되(=받으라)**
/연약한 자를
/믿음이
/비판하지 말라(=비판 말도록)
/(그의)의심하는 바를

2 어떤 사람은 믿음이 있고 (=믿음 있는 자는) **먹을 만한(=먹으나)**
/모든 것을

연약한 자는 **먹느니라**
/채소를

3 먹는 자는 **업신여기지 말고**
/먹지 않는 자를
먹지 못하는 자는 **판단하지 말라**
/먹는 자를

//이는(이유: γάρ, for)
하나님이——— 받으셨음이니라
/저를

4 너는 **누구뇨?**
/판단하는
/하인을
/남의

그[가] **섰는 것이나(=서거나)**
넘어지는 것이(=넘어지니라)
/제 주인에게(있으매)

롬

14 오직 주 예수 그리스도로 옷 입고 정욕을 위하여 육신의 일을 도모하지 말라

14:1 믿음이 연약한 자를 너희가 받되 그의 의심하는 바를 비판하지 말라 2 어떤 사람은 모든 것을 먹을 만한 믿음이 있고 연약한 자는 채소를 먹느니라 3 먹는 자는 먹지 않는 자를 업신 여기지 말고 먹지 못하는 자는 먹는 자를 판단하지 말라 이는 하나님이 저를 받으셨음이니라 4 남의 하인을 판단하는 너는 누구뇨 그 섰는 것이나 넘어지는 것이 제 주인에게 있으매 저가 세움을 받으리니

and drunkenness, not in sexual promiscuity and sensuality, not in strife and jealousy. 14 But put on the Lord Jesus Christ, and make no provision for the flesh in regard to its lusts.

14:1 Now accept the one who is weak in faith, but not for the purpose of passing judgment on his opinions. 2 One man has faith that he may eat all things, but he who is weak eats vegetables only. 3 Let not him who eats regard with contempt him who does not eat, and let not him who does not eat judge him who eats, for God has accepted him. 4 Who are you to judge the servant of another? To his own master he stands or falls; and stand he will, for the Lord is able to make him stand.

저가 **세움을 받으리니**

//이는(이유: γάρ, for)
주께 —— 세우시는 권능이 있음이니라
/저를

5 혹은(=혹자는) **여기고**
/이 날을 저 날보다 낫게
혹은(=혹사는) **여기나니**
/모든 날을 같게
각각 **확정할지니라**
/자기 마음에

6 중히 여기는 자도 **중히 여기고**
/날을 /주를 위하여
먹는 자도 **먹으니**
/주를 위하여

//이는(이유: γάρ, since)
[그가] —— 감사함이요
/하나님께

먹지 않는 자도 **먹지 아니하며**
/주를 위하여
[그는] **감사하느니라**
/하나님께

7 //(이유: γάρ, for)
누구든지 —— 사는 자가 없고
/우리 중에 /자기를 위하여
죽는 자도 없도다
/자기를 위하여

8 //(이유: γάρ, for)
[만약, ἐάν]
우리가 —— 살아도(조건절, if)
살고
/주를 위하여
//[만약, ἐάν]
[우리가] —— 죽어도(조건절, if)
죽나니
/주를 위하여

그러므로(οὖν)
우리가 —— 사나
죽으나(양보절, whether...or)
주의 것이로라

9 //(이유: γάρ, for)

롬

이는 저를 세우시는 권능이 주께 있음이니라 5 혹은 이 날
을 저 날보다 낫게 여기고 혹은 모든 날을 같게 여기나니
각각 자기 마음에 확정할지니라 6 날을 중히 여기는 자도
주를 위하여 중히 여기고 먹는 자도 주를 위하여 먹으니
이는 하나님께 감사함이요 먹지 않는 자도 주를 위하여 먹
지 아니하며 하나님께 감사하느니라 7 우리 중에 누구든
지 자기를 위하여 사는 자가 없고 자기를 위하여 죽는 자
도 없도다 8 우리가 살아도 주를 위하여 살고 죽어도 주를
위하여 죽나니 그러므로 사나 죽으나 우리가 주의 것이로
라

5 One man regards one day above another, another regards
every day alike. Let each man be fully convinced in his
own mind. 6 He who observes the day, observes it for
the Lord, and he who eats, does so for the Lord, for he
gives thanks to God; and he who eats not, for the Lord
he does not eat, and gives thanks to God. 7 For not one
of us lives for himself, and not one dies for himself; 8
for if we live, we live for the Lord, or if we die, we die
for the Lord; therefore whether we live or die, we are the
Lords. 9 For to this end Christ died and lived again, that

9 //(이유: γάρ, for)
그리스도께서 — 죽었다가
— 다시 살으셨으니
/이를 위하여

//곧(목적:ἵνα, that...might)
[그가] — 주가 되려 하심이니라
/죽은 자와 산 자의

10 네가 **어찌하여 판단하느뇨?**
/네 형제를
어찌하여 업신여기느뇨?
/네 형제를

//(이유: γάρ, for)
우리가 — 서리라
/다(=모든) /심판대 앞에
/하나님의

11 //(이유: γάρ, for)
[그것이] —기록되었으되(...하였느니라)
/주께서— 가라사대
/내가 — 살았노니
무릎이— 꿇을 것이요
/모든 /내게
혀가 — 자백하리라
/모든 /하나님께

12 이러므로(ἄρα οὖν)
각인이 **하리라(=드리리라)**
/우리 /직고
/자기 일을
/하나님께

13 그런즉(οὖν)
우리가 **다시는 판단하지 말고**
/서로

[너희는] **도리어 주의하라**
/[이것을]
/두지 아니할 것을
/부딪힐 것이나
/거칠 것으로
/형제 앞에

14 내가 **알고**
확신하는 것은
/주 예수 안에서
/속된 것이 — 무엇이든지 없으되
/스스로
[그것이] — 다만 속되니라
/그 사람에게는
/속되게 여기는

15 //(이유: γάρ, for)

9 이를 위하여 그리스도께서 죽었다가 다시 살으셨으니
곧 죽은 자와 산 자의 주가 되려 하심이니라 10 네가 어찌
하여 네 형제를 판단하느뇨 어찌하여 네 형제를 업신여기
느뇨 우리가 다 하나님의 심판대 앞에 서리라 11 기록되
었으되 주께서 가라사대 내가 살았노니 모든 무릎이 내게
꿇을 것이요 모든 혀가 하나님께 자백하리라 하였느니라
12 이러므로 우리 각인이 자기 일을 하나님께 직고하리라
13 그런즉 우리가 다시는 서로 판단하지 말고 도리어 부
딪힐 것이나 거칠 것으로 형제 앞에 두지 아니할 것을 주
의하라 14 내가 주 예수 안에서 알고 확신하는 것은 무엇

He might be Lord both of the dead and of the living. 10
But you, why do you judge your brother? Or you again,
why do you regard your brother with contempt? For we
shall all stand before the judgment seat of God. 11 For it
is written, "As I live, says the Lord, every knee shall bow
to Me, And every tongue shall give praise to God." 12
So then each one of us shall give account of himself to
God. 13 Therefore let us not judge one another anymore,
but rather determine this — not to put an obstacle or a
stumbling block in a brother's way. 14 I know and am

15 //(이유: γάρ, for)
만일(εἰ)
형제가 —— 근심하게 되면(조건절, if)
/네 /식물을 인하여
네가 —— (이는)행치 아니함이라
/사랑으로

[너는] **망케 하지 말라**
/형제를
/그리스도께서 대신하여 죽으신
/네 식물로

16 그러므로(οὖν)
선한 것이 **비방을 받지 않게 하라**
/너희의

17 //(이유: γάρ, for)
나라는 —— 먹는 것과 마시는 것이 아니요
/하나님의 —— 오직 의와 평강과 희락이라
/성령 안에서

18 //(이유: γάρ, for)
섬기는 자는 —— 기뻐하심을 받으며
/그리스도를 /이로써
/하나님께
—— 칭찬을 받느니라
/사람에게도

19 이러므로(ἄρα οὖν)
우리가 **힘쓰나니(=힘쓰자)**
/화평의 일과
/덕을 세우는 일을
/서로

20 [너는] **무너지게 말라**
/사업을
/하나님의
/식물을 인하여

만물이 다 **정하되**
악하니라
/먹는 사람에게는
/거리낌으로

21 먹지 아니하고 —— **아름다우니라**
/고기도
마시지 아니하고 ——
/포도주도
(무엇이든지) 아니함이 ——
/네 형제로 거리끼게 하는 일을

롬

이든지 스스로 속된 것이 없으되 다만 속되게 여기는 그
사람에게는 속되니라 15 만일 식물을 인하여 네 형제가
근심하게 되면 이는 네가 사랑으로 행치 아니함이라 그리
스도께서 대신하여 죽으신 형제를 네 식물로 망케 하지 말
라 16 그러므로 너희의 선한 것이 비방을 받지 않게 하라
17 하나님의 나라는 먹는 것과 마시는 것이 아니요 오직
성령 안에서 의와 평강과 희락이라 18 이로써 그리스도를
섬기는 자는 하나님께 기뻐하심을 받으며 사람에게도 칭찬
을 받느니라 19 이러므로 우리가 화평의 일과 서로 덕을
세우는 일을 힘쓰나니 20 식물을 인하여 하나님의 사업을
무너지게 말라 만물이 다 정하되 거리낌으로 먹는 사람에
게는 악하니라 21 고기도 먹지 아니하고 포도주도 마시지

convinced in the Lord Jesus that nothing is unclean in
itself; but to him who thinks anything to be unclean, to
him it is unclean. 15 For if because of food your brother
is hurt, you are no longer walking according to love. Do
not destroy with your food him for whom Christ died.
16 Therefore do not let what is for you a good thing be spoken
of as evil; 17 for the kingdom of God is not eating and drinking,
but righteousness and peace and joy in the Holy Spirit.
18 For he who in this way serves Christ is acceptable to
God and approved by men. 19 So then let us pursue the
things which make for peace and the building up of one
another. 20 Do not tear down the work of God for the
sake of food. All things indeed are clean, but they are
evil for the man who eats and gives offense. 21 It is good

롬

22 [너는] 가지고 있으라
/믿음을
/네게 있는
/스스로
/하나님 앞에서

책하지 아니하는 자는 복이 있도다
/자기를
/자기의 옳다 하는 바로

23 의심하고(=하는)자는 정죄되었나니
/먹는(=먹으면서)[62]

//이는(이유: ὅτι, because)
믿음으로 좇아 하지 아니한 연고라
모든 것이—— 죄니라
/믿음으로 좇아 하지 아니하는

15

1 우리가 마땅히 담당하고
/강한 자
/약점을
/연약한 자의
기쁘게 하지 아니할 것이라
/자기를

2 각 사람이 기쁘게 하되
/우리
/이웃을
/선을 이루고
/덕을 세우도록(할지니라)

3 //(이유: γάρ, for)
그리스도께서 —— 기쁘게 하지 아니하셨나니
/자기를
/기록된 바...함과 같으니라(=같이)
/비방이 —— 미쳤나이다
/비방하는 자들의 /내게
/주를

4 //(이유: γάρ, for)
무엇이든지 —— 기록된 것이니
/전에 기록한 바는 /우리의 교훈을 위하여

//(목적: ἵνα, so that...might)

아니하고 무엇이든지 네 형제로 거리끼게 하는 일을 아니
함이 아름다우니라 22 네게 있는 믿음을 하나님 앞에서
스스로 가지고 있으라 자기의 옳다 하는 바로 자기를 책하
지 아니하는 자는 복이 있도다 23 의심하고 먹는 자는 정
죄되었나니 이는 믿음으로 좇아 하지 아니한 연고라 믿음
으로 좇아 하지 아니하는 모든 것이 죄니라

15:1 우리 강한 자가 마땅히 연약한 자의 약점을 담당
하고 자기를 기쁘게 하지 아니할 것이라 2 우리 각
사람이 이웃을 기쁘게 하되 선을 이루고 덕을 세우도록 할
지니라 3 그리스도께서 자기를 기쁘게 하지 아니하셨나니
기록된 바 주를 비방하는 자들의 비방이 내게 미쳤나이다
함과 같으니라 4 무엇이든지 전에 기록한 바는 우리의 교

not to eat meat or to drink wine, or to do anything by
which your brother stumbles. 22 The faith which you
have, have as your own conviction before God. Happy is
he who does not condemn himself in what he approves.
23 But he who doubts is condemned if he eats, because
his eating is not from faith; and whatever is not from
faith is sin.

15:1 ¶ Now we who are strong ought to bear the
weaknesses of those without strength and not just please
ourselves. 2 Let each of us please his neighbor for his
good, to his edification. 3 For even Christ did not please
Himself; but as it is written, "The reproaches of those
who reproached Thee fell upon Me." 4 For whatever was
written in earlier times was written for our instruction,

//(목적: ἵνα, so that...might)
우리로(하여금) — 가지게 함이니라
/소망을
/인내로
/또는 안위로
/성경의

5 이제
하나님이 주사(=허락하소서)
/인내와
/안위의
/뜻이(=뜻을)
/같게 하여(=같은)
/너희로(=너희에게)
/서로
/그리스도 예수를 본받아

6 //(목적: ἵνα, so that...may)
[너희가] — 영광을 돌리게 하려 하노라
/하나님 곧 아버지께
/우리 주 예수 그리스도의
/한 마음과
/한 입으로

7 이러므로(διὸ)
너희도 **받으라**
/서로
/그리스도께서 — 받아...같이(=받으심 같이)
/우리를
/영광을 돌리심과(=돌리도록)
/하나님께

8 //(이유: γάρ, for)
내가 — 말하노니
/그리스도께서 — 수종자가 되셨으니(=되심을)
/할례의
/진실하심을 위하여
/하나님의

//이는(목적: εἰς+ 부정사, in order that-NRSV)
견고케 하시고
/약속들을
/조상들에게 주신
9 //이방인으로 — 영광을 돌리게 하려 하심이라
/하나님께
/그 긍휼하심을 인하여
/기록된 바...함과 같으니라(=같이)
/이러므로(διὰ τοῦτο)

롬

훈을 위하여 기록된 것이니 우리로 하여금 인내로 또는 성
경의 안위로 소망을 가지게 함이니라 5 이제 인내와 안위
의 하나님이 너희로 그리스도 예수를 본받아 서로 뜻이 같
게 하여 주사 6 한 마음과 한 입으로 하나님 곧 우리 주
예수 그리스도의 아버지께 영광을 돌리게 하려 하노라 7
이러므로 그리스도께서 우리를 받아 하나님께 영광을 돌리
심과 같이 너희도 서로 받으라 8 내가 말하노니 그리스도
께서 하나님의 진실하심을 위하여 할례의 수종자가 되셨으
니 이는 조상들에게 주신 약속들을 견고케 하시고 9 이방
인으로 그 긍휼하심을 인하여 하나님께 영광을 돌리게 하
려 하심이라 기록된 바 이러므로 내가 열방 중에서 주께
감사하고 주의 이름을 찬송하리로다 함과 같으니라

that through perseverance and the encouragement of the
Scriptures we might have hope. 5 Now may the God who
gives perseverance and encouragement grant you to be of
the same mind with one another according to Christ Jesus;
6 that with one accord you may with one voice glorify
the God and Father of our Lord Jesus Christ. 7 Wherefore,
accept one another, just as Christ also accepted us to the
glory of God. 8 For I say that Christ has become a servant
to the circumcision on behalf of the truth of God to
confirm the promises given to the fathers, 9 and for the
Gentiles to glorify God for His mercy; as it is written,
"Therefore I will give praise to Thee among the Gentiles,

/이러므로(διὰ τοῦτο)
내가 ─ 감사하고
/주께(=당신께)
/열방 중에서
└ 찬송하리로다
/이름을
/주의(=당신의)

10 /또 가로되..하였으며[63)]
/열방들아!
[너희는] ─ 즐거워하라
/백성과 함께
/주의(=그의)

11 /또..하였으며
/열방들아!
/모든
[너희는] ──── 찬양하며
/주를
백성들아(=은) ── 찬송하라
/저를

12 /이사야가 또 가로되...하였느니라
/이새의 뿌리[가] ──── 있으리니
/곧 일어나시는 이가
/다스리기 위하여
/열방을
열방이 ──── 소망을 두리라
/그에게

13 하나님이
/소망의
충만케 하사. . . 원하노라(=충만케 하시기를 원하노라)
/기쁨과 평강을
/모든
/너희에게
/믿음 안에서
/넘치게 하시기를(=넘치도록)
/[너희에게]
/소망이(=소망으로)
/성령의 능력으로

14 내 형제들아!
나도
/[스스로]
확신하노라
/[너희에 대해]
/너희가 ── 가득하고.. 자임을(=가득한 자임을)
/스스로 /선함이
/차서(완료분사)
/모든 지식이
/능히 권하는(=권하면서, 현재분사)
/서로

63) 문법상 주문장이지만, 성경 인용의 계속이므로 수식부이다.

롬

10 또 가로되 열방들아 주의 백성과 함께 즐거워하라 하였으며 11 또 모든 열방들아 주를 찬양하며 모든 백성들아 저를 찬송하라 하였으며 12 또 이사야가 가로되 이새의 뿌리 곧 열방을 다스리기 위하여 일어나시는 이가 있으리니 열방이 그에게 소망을 두리라 하였느니라 13 소망의 하나님이 모든 기쁨과 평강을 믿음 안에서 너희에게 충만케 하사 성령의 능력으로 소망이 넘치게 하시기를 원하노라 14 내 형제들아 너희가 스스로 선함이 가득하고 모든 지식이 차서 능히 서로 권하는 자임을 나도 확신하노라

And I will sing to Thy name." 10 And again he says, "Rejoice, O Gentiles, with His people." 11 And again, "Praise the Lord all you Gentiles, And let all the peoples praise Him." 12 And again Isaiah says, "There shall come the root of Jesse, And He who arises to rule over the Gentiles, In Him shall the Gentiles hope." 13 Now may the God of hope fill you with all joy and peace in believing, that you may abound in hope by the power of the Holy Spirit. 14 And concerning you, my brethren, I myself also am convinced that you yourselves are full of goodness, filled with all knowledge, and able also to admonish one another. 15 But I have written very boldly to you on some points, so

15 그러나
내가 썼노니
/너희에게
/더욱 담대히
/대강
/다시 생각나게 하려고
/너희로
/은혜를 인하여
/주신
/내게
/하나님께서
16 /(이 은혜는 곧)
나로 ── 일꾼이 되어(=되도록)
/그리스도 예수의
/이방인을 위하여
/제사장 직무를 하게 하시(=하면서, 현재분사)
/하나님의 복음의
//(목적: ἵνα, so that...may)
제물로 드리는 그것이 ── 받으심직하게 하려 하심이라
/이방인을(=의) /거룩하게 되어
/성령 안에서

17 그러므로(οὖν)
내가 있거니와
/자랑하는 것이
/그리스도 예수 안에서
/하나님의 일에 대하여

18 //(이유: γάρ, for)
내가 ── 감히 말하지 아니하노라
/그리스도께서 ── 역사하신 것 외에는
/나로 말미암아
/순종케 하기 위하여
/이방인들을
/말과 일이며(=에서)
/능력이며(=안에)
/표적과 기사의
/능력으로
/성령의

19 //이 일로 인하여(목적: ὥστε, so that)
내가 ── 편만하게 전하였노라
/복음을
/그리스도의
/예루살렘으로부터 두루 행하여 일루리곤까지

롬

15 그러나 내가 너희로 다시 생각나게 하려고 하나님께서
내게 주신 은혜로 인하여 더욱 담대히 대강 너희에게 썼노
니 16 이 은혜는 곧 나로 이방인을 위하여 그리스도 예수
의 일군이 되어 하나님의 복음의 제사장 직무를 하게 하사
이방인을 제물로 드리는 그것이 성령 안에서 거룩하게 되
어 받으심직하게 하려 하심이라 17 그러므로 내가 그리스
도 예수 안에서 하나님의 일에 대하여 자랑하는 것이 있거
니와 18 그리스도께서 이방인들을 순종케 하기 위하여 나
로 말미암아 말과 일이며 표적과 기사의 능력이며 성령의
능력으로 역사하신 것 외에는 내가 감히 말하지 아니하노
라 19 이 일로 인하여 내가 예루살렘으로부터 두루 행하
여 일루리곤까지 그리스도의 복음을 편만하게 전하였노라

as to remind you again, because of the grace that was
given me from God, 16 to be a minister of Christ Jesus
to the Gentiles, ministering as a priest the gospel of God,
that my offering of the Gentiles might become acceptable,
sanctified by the Holy Spirit. 17 Therefore in Christ Jesus
I have found reason for boasting in things pertaining to
God. 18 For I will not presume to speak of anything
except what Christ has accomplished through me, resulting
in the obedience of the Gentiles by word and deed, 19 in
the power of signs and wonders, in the power of the Spirit;
so that from Jerusalem and round about as far as Illyricum
I have fully preached the gospel of Christ. 20 And thus I

20 또
내가 **힘썼노니**[64)]
/복음을 전하지 않기로
/이름을 부르는 곳에는
/그리스도의

//이는(목적: ἵνα, so that)
[내가] — 건축하지 아니하려 함이라
/터 위에
/남의

21 /기록된 바...함과 같으니라(=같이)
/[그것이] — 볼 것이요(=보여질 것이요)
/소식을 받지 못한 자들이(=에게)
/주의(=그의)
/듣지 못한 자들이 — 깨달으리라

롬

22 그러므로(διὸ)
또한
내가 **막혔더니**
/가려 하던 것이
/너희에게
/여러 번

23 [내가] **일할 곳이 없고**[65)]
/이제는
/이 지방에
[소]원이 있었으니
/가려는
/너희에게
/여러 해 전부터
/언제든지 갈 때에
/서바나로

24 //이는(이유: γάρ, for)
[내가] — 바람이라
/보고(=보는 것을)
/너희를
/지나가는 길에
/보내 줌을
/너희의
/그리로
/먼저(너희와 교제하여) 만족을 받은 후
/약간

64) 분사이다. 역본들의 일치된 견해를 따라 주동사로 보았다.

65) 분사가 주동사로 사용되었다.

20 또 내가 그리스도의 이름을 부르는 곳에는 복음을 전하지 않기로 힘썼노니 이는 남의 터 위에 건축하지 아니하려 함이라 21 기록된 바 주의 소식을 받지 못한 자들이 볼 것이요 듣지 못한 자들이 깨달으리라 함과 같으니라 22 그러므로 또한 내가 너희에게 가려 하던 것이 여러 번 막혔더니 23 이제는 이 지방에 일할 곳이 없고 여러 해 전부터 언제든지 서바나로 갈 때에 너희에게 가려는 원이 있었으니 24 이는 지나가는 길에 너희를 보고 먼저 너희와 교제하여 약간 만족을 받은 후에 너희의 그리로 보내줌을 바람이라

aspired to preach the gospel, not where Christ was already named, that I might not build upon another man's foundation;
21 but as it is written, "They who had no news of Him shall see, And they who have not heard shall understand."
22 For this reason I have often been hindered from coming to you; 23 but now, with no further place for me in these regions, and since I have had for many years a longing to come to you 24 whenever I go to Spain — for I hope to see you in passing, and to be helped on my way there by you, when I have first enjoyed your company for a while — 25 but now, I am going to Jerusalem serving the saints. 26 For Macedonia and Achaia have been pleased

25 그러나
내가 **가노니**
/예루살렘에
/이제는
/섬기는 일로
/성도를

26 //이는(이유: γάρ, for)
마게도냐와 — 기쁘게(=기뻐하였음이라)
아가야 사람들이 — /동정하였음이라(=동정함을)66)
/얼마를
/가난한 자들을 위하여
/성도 중
/예루살렘

27 저희가 **기뻐서 하였거니와**
또한 **빚진 자니**67)
/그들에게

//(이유: γάρ, for)
만일(εἰ)
이방인들이 — 나눠 가졌으면(조건절, if)
/신령한 것을
/그들의
섬기는 것이 마땅하니라
/그들을
/육신의 것으로

28 그러므로(οὖν)
내가 마치고
/이 일을
확증한 후에(상황절, when)
/이 열매를
/저희에게
가리라
/서바나로
/너희에게를 지나

29 내가 **아노라**
/[내가] — 너희에게 나갈 때에(상황절, when)
갈 줄을
/축복을 가지고
/충만한
/그리스도의

롬

66) 원문은 두개의 단어이다. 직역하면 '나눔을 행하는 것을'이다.

67) 원문에는 γάρ가 있지만, 모든 역본들이 이유로 보지 않고 강조적 용법으로 보았다. 역본들의 입장을 따랐다.

25 그러나 이제는 내가 성도를 섬기는 일로 예루살렘에
가노니 26 이는 마게도냐와 아가야 사람들이 예루살렘 성
도 중 가난한 자들을 위하여 기쁘게 얼마를 동정하였음이
라 27 저희가 기뻐서 하였거니와 또한 저희는 그들에게
빚진 자니 만일 이방인들이 그들의 신령한 것을 나눠 가졌
으면 육신의 것으로 그들을 섬기는 것이 마땅하니라 28
그러므로 내가 이 일을 마치고 이 열매를 저희에게 확증한
후에 너희에게를 지나 서바나로 가리라 29 내가 너희에게
나갈 때에 그리스도의 충만한 축복을 가지고 갈 줄을 아노
라

to make a contribution for the poor among the saints in
Jerusalem. 27 Yes, they were pleased to do so, and they
are indebted to them. For if the Gentiles have shared in
their spiritual things, they are indebted to minister to them
also in material things. 28 Therefore, when I have finished
this, and have put my seal on this fruit of theirs, I will
go on by way of you to Spain. 29 And I know that when
I come to you, I will come in the fulness of the blessing
of Christ. 30 ¶ Now I urge you, brethren, by our Lord
Jesus Christ and by the love of the Spirit, to strive together

30 형제들아!
내가 권하노니
/너희를
/주 예수 그리스도로 말미암고
/우리
/사랑으로 말미암아
/성령의
/힘을 같이하여 빌어(=함께 빌것을)
/나와
/(너희)기도에
/나를 위하여
/하나님께

31 //(목적: ἵνα, that...may)
나로 —— 구원을 받게 하고
/순종치 아니하는 자들에게서
/유대에
//또
섬기는 일을(=이) —— 받음직하게 하고
/나의 /성도들이
/예루살렘에 대한

32 //(목적: ἵνα, so that may)
나로 —편히 쉬게 하라
/너희와 함께
/나아가[서](과거분사)
/너희에게
/기쁨으로
/하나님의 뜻을 좇아

33 하나님께서 계실지어다. 아멘
/평강의
/너희[와] 함께
/모든(사람과)

16

1 내가 천거하노니(=명하노니)
/뵈뵈를
/우리 자매
/일꾼으로 있는
/교회의
/겐그레아
/너희에게

롬

30 형제들아 내가 우리 주 예수 그리스도로 말미암고 성령의 사랑으로 말미암아 너희를 권하노니 너희 기도에 나와 힘을 같이하여 나를 위하여 하나님께 빌어 31 나로 유대에 순종치 아니하는 자들에게서 구원을 받게 하고 또 예루살렘에 대한 나의 섬기는 일을 성도들이 받음 직하게 하고 32 나로 하나님의 뜻을 좇아 기쁨으로 너희에게 나아가 너희와 함께 편히 쉬게 하라 33 평강의 하나님께서 너희 모든 사람과 함께 계실지어다 아멘

16:1 내가 겐그레아 교회의 일군으로 있는 우리 자매 뵈뵈를 너희에게 천거하노니

with me in your prayers to God for me, 31 that I may be delivered from those who are disobedient in Judea, and that my service for Jerusalem may prove acceptable to the saints; 32 so that I may come to you in joy by the will of God and find refreshing rest in your company. 33 Now the God of peace be with you all. Amen.

16:1 I commend to you our sister Phoebe, who is a servant of the church which is at Cenchrea; 2 that you receive her in the Lord in a manner worthy of the saints,

2 너희가 **영접하고**[68]
/그를
/주 안에서
/합당한 예절로
/성도들의
도와 줄지니
/(무엇이든지)그에게 소용되는 바를

//이는(이유: γάρ, for)
그가 ——— 보호자가 되었음이니라
/여러 사람과 나의

3 너희가 **문안하라**
/브리스가와 아굴라에게
/동역자들인
/나의
/그리스도 예수 안에서

4 /저희는[69] ——— 내어 놓았나니
/자기의 목이라도(=을)
/내 목숨을 위하여

/나뿐 아니라 ─┬ 감사하느니라
교회도 ──────┘ /저희에게[70]
/이방인의
/모든

5 또
[너희는] **문안하라**
/저[들]의 교회에게도
/집에 있는
문안하라
/에배네도에게
/나의 사랑하는

/저는[71] ——— 처음 익은 열매니라
/아시아에서
/그리스도께

6 **문안하라**
/마리아에게

/[그녀는][72] ——— 수고한(=수고하였느니라)
/너희를 위하여
/많이

7 **문안하라**
/안드로니고와 유니아에게
/내 친척이요
/나와 함께 갇혔던

/저희는[73] —— 유명히 여김을 받고

롬

68) ἵνα+ 가정법 동사는 앞에 '말함', '권고함', '명령함'을 뜻하는 동사가 있으면 명령법으로 사용된다.

69) 관계대명사, 선행사는 '브리스가와 아굴라'이다. 비록 브리스가는 여자였지만, 대표성인 남성으로 표현되었다. 계속적 용법

70) 관계대명사, 선행사는 '브리스길라와 아굴라'이다. 계속적 용법

71) 관계대명사, 선행사는 '에베네도'이다. 계속적 용법

72) 관계대명사, 선행사는 '마리아'이다. 계속적 용법

2 너희가 주 안에서 성도들의 합당한 예절로 그를 영접하고 무엇이든지 그에게 소용되는 바를 도와줄지니 이는 그가 여러 사람과 나의 보호자가 되었음이니라 3 너희가 그리스도 예수 안에서 나의 동역자들인 브리스가와 아굴라에게 문안하라 4 저희는 내 목숨을 위하여 자기의 목이라도 내어 놓았나니 나뿐 아니라 이방인의 모든 교회도 저희에게 감사하느니라 5 또 저의 교회에게도 문안하라 나의 사랑하는 에배네도에게 문안하라 저는 아시아에서 그리스도께 처음 익은 열매니라 6 너희를 위하여 많이 수고한 마리아에게 문안하라 7 내 친척이요 나와 함께 갇혔던 안드로니고와 유니아에게 문안하라 저희는 사도에게 유명히 여김을 받고 또한 나보다 먼저 그리스도 안에 있는 자라

and that you help her in whatever matter she may have need of you; for she herself has also been a helper of many, and of myself as well. 3 Greet Prisca and Aquila, my fellow workers in Christ Jesus, 4 who for my life risked their own necks, to whom not only do I give thanks, but also all the churches of the Gentiles; 5 also greet the church that is in their house. Greet Epaenetus, my beloved, who is the first convert to Christ from Asia. 6 Greet Mary, who has worked hard for you. 7 Greet Andronicus and Junias, my kinsmen, and my fellow prisoners, who are

/저희는[73] ─ 유명히 여김을 받고
/사도에게
─ 또한 그리스도 안에 있는 자라
/나보다 먼저

8 (또)**문안하라**
/암블리아에게
/내 사랑하는
/주 안에서
9 **문안하라**
/우르바노와
/동역자인
/우리의
/그리스도 안에서
/스다구에게
/나의 사랑하는
10 **문안하라**
/아벨레에게
/인정함을 받은
/그리스도 안에서
문안하라
/권속에게
/아리스도불로의
11 **문안하라**
/헤로디온에게
/내 친척
문안하라
/주 안에 있는 자들에게
/나깃수의 권속 중
12 **문안하라**
/드루배나와 드루보사에게
/수고한
/주 안에서
문안하라
/버시에게
/사랑하는
/주 안에서 많이 수고하고(=한)
13 **문안하라**
/루포와
/택하심을 입은
/주 안에서
/어머니에게
/그[의]
/그 어머니는 곧 내 어머니니라(=곧 나의)
14 **문안하라**
/아순그리도와
/블레곤과
/허메와
/바드로바와

73) 관계대명사, 선행사는 '안드로니고와 유니아'이다. 계속적 용법

롬

8 또 주 안에서 내 사랑하는 암블리아에게 문안하라 9 그리스도 안에
서 우리의 동역자인 우르바노와 나의 사랑하는 스다구에게 문안하라
10 그리스도 안에서 인정함을 받은 아벨레에게 문안하라 아리스도불
로의 권속에게 문안하라 11 내 친척 헤로디온에게 문안하라 나깃수의
권속 중 주 안에 있는 자들에게 문안하라 12 주 안에서 수고한 드루
배나와 드루보사에게 문안하라 주 안에서 많이 수고하고 사랑하는 버
시에게 문안하라 13 주 안에서 택하심을 입은 루포와 그 어머니에게
문안하라 그 어머니는 곧 내 어머니니라 14 아순그리도와 블레곤과
허메와 바드로바와 허마와 저희와 함께 있는 형제들에게 문안하라

outstanding among the apostles, who also were in Christ before
me. 8 Greet Ampliatus, my beloved in the Lord. 9 Greet
Urbanus, our fellow worker in Christ, and Stachys my beloved.
10 Greet Apelles, the approved in Christ. Greet those
who are of the household of Aristobulus. 11 Greet Herodion,
my kinsman. Greet those of the household of Narcissus,
who are in the Lord. 12 Greet Tryphaena and Tryphosa,
workers in the Lord. Greet Persis the beloved, who has worked
hard in the Lord. 13 Greet Rufus, a choice man in the
Lord, also his mother and mine. 14 Greet Asyncritus, Phlegon,

/바드로바와
/허마와
/형제들에게
/저희와 함께 있는

15 **문안하라**
/빌롤로고와
/율리아와
/또 네레오와
/올름바와
/그 자매와
/성도에게
/저희와 함께 있는
/모든

16 너희가 **문안하라**
/서로
/입맞춤으로
/거룩하게

교회가 **문안하느니라**
/그리스도의
/모든(다)
/너희에게

17 형제들아!
내가 **권하노니**
/너희를
/살피고(=살필 것을)
/분쟁을 일으키고 거치게 하는 자들을
/교훈을 거스려
/너희[가 배운]

[너희는] **떠나라**
/저희에게서

18 //(이유: γάρ, for)
이같은 자들은 — 섬기지 아니하고
/우리 주 그리스도를
— 다만 (섬기나니)
/자기의 배만
— 미혹하느니라
/마음을
/순진한 자들의
/공교하고 아첨하는 말로

19 //(이유: γάρ, for)
순종함이 — 들리는지라
/너희
/모든 사람에게

그러므로(οὖν)
내가 **기뻐하노니**
/너희를 인하여

롬

15 빌롤로고와 율리아와 또 네레오와 그 자매와 올름바와 저희와 함께 있는 모든 성도에게 문안하라 16 너희가 거룩하게 입맞춤으로 서로 문안하라 그리스도의 모든 교회가 다 너희에게 문안하느니라 17 형제들아 내가 너희를 권하노니 너희 교훈을 거스려 분쟁을 일으키고 거치게 하는 자들을 살피고 저희에게서 떠나라 18 이같은 자들은 우리 주 그리스도를 섬기지 아니하고 다만 자기의 배만 섬기나니 공교하고 아첨하는 말로 순진한 자들의 마음을 미혹하느니라 19 너희 순종함이 모든 사람에게 들리는지라 그러므로 내가 너희를 인하여 기뻐하노니 너희가 선한데 지혜롭고 악한데 미련하기를 원하노라

Hermes, Patrobas, Hermas and the brethren with them.
15 Greet Philologus and Julia, Nereus and his sister, and
Olympas, and all the saints who are with them. 16 Greet
one another with a holy kiss. All the churches of Christ
greet you. 17 ¶ Now I urge you, brethren, keep your eye
on those who cause dissensions and hindrances contrary
to the teaching which you learned, and turn away from
them. 18 For such men are slaves, not of our Lord Christ
but of their own appetites; and by their smooth and
flattering speech they deceive the hearts of the unsuspecting.
19 For the report of your obedience has reached to all; therefore
I am rejoicing over you, but I want you to be wise in

[나는] **원하노라**
/너희가 — 지혜롭고
/선한 데
— 미련하기를
/악한 데

20 하나님께서 **상하게 하시리라**
/평강의
/사단을
/너희 발 아래서
/속히

은혜가 **(있을지어다)**
/우리 주 예수의
/너희에게

21 디모데와 — **문안하느니라**
/나의 동역자
/너희에게
누기오와
/나의 친척
야손과
소시바더가

22 나 더디오도 **문안하노라**
/대서하는
/이 편지를
/너희에게
/주 안에서

23 가이오도 **문안하고**
/식주인
/나와(=의)
/교회(=의)
/온
/너희에게

에라스도와 — **문안하느니라**
/재무
/이 성의
구아도도
/형제
/너희에게

24 (없음)

25-27
영광이 **(있을지어다)**. 아멘
/예수 그리스도로 말미암아
/세세무궁토록
/하나님께
/[홀로] 지혜로우신
/능히(=능하신)
/(이 복음으로)견고케 하실(=견고케함에)
/너희를
/복음과(=복음을 좇아)
/나의
/전파함은(=전파함을 좇아)

롬

20 평강의 하나님께서 속히 사단을 너희 발 아래서 상하게 하시리라
우리 주 예수의 은혜가 너희에게 있을지어다 21 나의 동역자 디모데
와 나의 친척 누기오와 야손과 소시바더가 너희에게 문안하느니라 22
이 편지를 대서(代書)하는 나 더디오도 주 안에서 너희에게 문안하노
라 23 나와 온 교회 식주인(食主人) 가이오도 너희에게 문안하고 이
성의 재무 에라스도와 형제 구아도도 너희에게 문안하느니라 24 (없
음) 25 나의 복음과 예수 그리스도를 전파함은 영세 전부터 감취었다
가 26 이제는 나타내신 바 되었으며 영원하신 하나님의 명을 좇아 선
지자들의 글로 말미암아 모든 민족으로 믿어 순종케 하시려고 알게하
신 바 그 비밀의 계시를 좇아 된 것이니 이 복음으로 너희를 능히 견

what is good, and innocent in what is evil. 20 ¶ And the
God of peace will soon crush Satan under your feet. The grace
of our Lord Jesus be with you. 21 ¶ Timothy my fellow worker
greets you, and so do Lucius and Jason and Sosipater,
my kinsmen. 22 I, Tertius, who write this letter, greet
you in the Lord. 23 Gaius, host to me and to the whole church,
greets you. Erastus, the city treasurer greets you, and
Quartus, the brother. 24 [The grace of our Lord Jesus
Christ be with you all. Amen.] 25 ¶ Now to Him who is
able to establish you according to my gospel and the preaching
of Jesus Christ, according to the revelation of the mystery
which has been kept secret for long ages past, 26 but

/*전파함은(=전파함을 좇아)*
/예수 그리스도를
/계시를 좇아
/(그)비밀의
/감취었다가(=감취었던)
/영세 전부터
/나타내신 바 되었으며(=나타낸 바 된)
/이제는
/알게 하신 바 된(것이니)
/글로 말미암아
/선지자들의
/명을 좇아
/하나님의
/영원하신
/순종케 하시려고
/믿어
/모든 민족으로

고케 하실 27 지혜로우신 하나님께 예수 그리스도로 말미암아 영광이
세세무궁토록 있을지어다 아멘

now is manifested, and by the Scriptures of the prophets, according to the commandment of the eternal God, has been made known to all the nations, leading to obedience
of faith; 27 to the only wise God, through Jesus Christ,
be the glory forever. Amen.

고린도전서

1

1 바울과 및 —— 2 **(편지하노니)**
/부르심을 입은
/사도로
/그리스도 예수의
/뜻을 따라
/하나님의
소스데네는
/형제

/하나님의 교회(에게)
/고린도에 있는
/(곧) 그리스도 예수 안에서 거룩하여지고
/성도라 부르심을 입은 자들과
/(또) 모든 자들에게
/부르는
/각 처에서
/이름을
/우리의 주
곧 예수 그리스도의
/저희와 우리의 주되신

3 은혜와 평강이 **(있기를 원하노라)**
/[너희에게]
/하나님 우리 아버지와
주 예수 그리스도로 좇아

4 내가 **감사하노니**
/하나님께
/너희를 위하여
/항상

//(이유: ἐπι+소유격, because of)
은혜를 인하여
/하나님의
/주신(=주어진)
/너희에게
/그리스도 예수 안에서

5 //이는(이유: ὅτι, for)
너희가 —— 풍족하므로
/그의 안에서
/모든 일
곧 모든 구변과
모든 지식에

6 //(이유: because)
증거가 —— 견고케 되어
/그리스도의 /너희 중에

7 //(결과: ὥστε, therefore)

고전

1 1 하나님의 뜻을 따라 그리스도 예수의 사도로 부르심
을 입은 바울과 및 형제 소스데네는 2 고린도에 있는
하나님의 교회 곧 그리스도 예수 안에서 거룩하여지고 성
도라 부르심을 입은 자들과 또 각처에서 우리의 주 곧 저
희와 우리의 주 되신 예수 그리스도의 이름을 부르는 모든
자들에게 3 하나님 우리 아버지와 주 예수 그리스도로 좇
아 은혜와 평강이 있기를 원하노라 4 그리스도 예수 안에
서 너희에게 주신 하나님의 은혜를 인하여 내가 너희를 위
하여 항상 하나님께 감사하노니 5 이는 너희가 그의 안에
서 모든 일 곧 모든 구변과 모든 지식에 풍족하므로 6 그
리스도의 증거가 너희 중에 견고케 되어

1 1 Paul, called as an apostle of Jesus Christ by the will
of God, and Sosthenes our brother, 2 to the church of
God which is at Corinth, to those who have been sanctified
in Christ Jesus, saints by calling, with all who in every
place call upon the name of our Lord Jesus Christ, their
Lord and ours: 3 Grace to you and peace from God our
Father and the Lord Jesus Christ. 4 I thank my God always
concerning you, for the grace of God which was given
you in Christ Jesus, 5 that in everything you were enriched
in Him, in all speech and all knowledge, 6 even as the
testimony concerning Christ was confirmed in you, 7 so
that you are not lacking in any gift, awaiting eagerly the

7 //(결과: ὥστε, therefore)
너희가 ─ 부족함이 없이(고)
/모든 은사에
─ 기다림이라
/나타나심을
/우리 주 예수 그리스도의

8 주께서 **견고케 하시리라**
/너희를
/끝까지
/책망할 것이 없는 자로
/우리 주 예수 그리스도의 날에

9 하나님은 **미쁘시도다**
/불러(=불러내신)
/너희를

/교제케 하시는(하시려고: εἰς +목적격)
/그의 아들 예수 그리스도 우리 주로 더불어

10 형제들아!
내가 **권하노니**[1)]
/너희를
/우리 주 예수 그리스도의 이름으로

/(너희는) ─ 말을 하고
/다 같은
─ 없이(하고)
/너희 가운데 분쟁이
─ 온전히 합하라
/같은 마음과 같은 뜻으로

11 //(이유: γάρ, for)

고전

---

1) 주문장의 종속절에 있는 명령문을 다음과 같이 처리할 수 있다.

10 형제들아!
내가 **권하노니**1)
/너희를
/우리 주 예수 그리스도의 이름으로

[너희는] **말을 하고**
/다 같은
없이(하고)
/너희 가운데 분쟁이
온전히 합하라
/같은 마음과 같은 뜻으로

7 너희가 모든 은사에 부족함이 없이 우리 주 예수 그리스도의 나타나심을 기다림이라 8 주께서 너희를 우리 주 예수 그리스도의 날에 책망할 것이 없는 자로 끝까지 견고케 하시리라 9 너희를 불러 그의 아들 예수 그리스도 우리 주로 더불어 교제케 하시는 하나님은 미쁘시도다 10 형제들아 내가 우리 주 예수 그리스도의 이름으로 너희를 권하노니 다 같은 말을 하고 너희 가운데 분쟁이 없이 같은 마음과 같은 뜻으로 온전히 합하라 11 내 형제들아 글로에의 집 편으로서 너희에게 대한 말이 내게 들리니 곧 너희 가운데 분쟁이 있다는 것이라 12 이는 다름아니라 너희가 각각 이르되 나는 바울에게, 나는 아볼로에게, 나는 게바에게, 나는 그리스도에게 속한 자라 하는 것이니

revelation of our Lord Jesus Christ, 8 who shall also confirm you to the end, blameless in the day of our Lord Jesus Christ. 9 God is faithful, through whom you were called into fellowship with His Son, Jesus Christ our Lord. 10 Now I exhort you, brethren, by the name of our Lord Jesus Christ, that you all agree, and there be no divisions among you, but you be made complete in the same mind and in the same judgment. 11 For I have been informed concerning you, my brethren, by Chloe's people, that there are quarrels among you. 12 Now I mean this, that each one of you is saying, "I am of Paul," and "I of Apollos," and "I of Cephas," and "I of Christ." 13 Has Christ been

11 //(이유: γάρ, for)
내 형제들아
말이 ——— 들리니
/너희에게 대한 /내게
/글로에의 집편으로서
/곧2)
너희 가운데 분쟁이 있다는 (것이니라)

12 [내가] **[말한다]**
/[이것을]
/이는 다름 아니라(동격: ὅτι, 단순접속사)
너희가 —— 이르되 (하는 것이니)
/각각
/나는 바울에게, 나는 아볼로에게,
나는 게바에게, 나는 그리스도에게
속한 자라

고전

13 그리스도(가)에게서 **어찌 나뉘었느뇨?**
바울이 **못박혔으며?,**
/십자가에
/너희를 위하여
[너희가] **세례를 받았느뇨?**
/바울의 이름으로

14 (내가) **감사하노니**
/내가 세례를 주지 아니한 것을
/그리스보와 가이오 외에는 너희 중에 아무에게도

15 //이는(목적: ἵνα, lest, so that - not NIV, NRSV)
(내가) — 말하지 못하게 하려 함이라
/아무도 나의 이름으로 세례를 받았다

16 또한
내가 **세례를 주었고**
/스데바나 집 사람에게
알지 못하노라
/그 외에는
/다른 아무에게 세례를 주었는지

17 //(이유: γάρ, for)
그리스도께서 ——— 보내심은
/나를
//(목적, 부정사)

2) 동격에 대한 정리
동격은 크게 세 가지이다. 하나는 주문장의 수식부에 속한 단어의 동격인 경우, 둘째, 주문장의 주어의 수식부 속에 있는 단어와 동격인 경우, 마지막으로 주문장 자체를 반복하는 강조적인 동격이다. 이 경우 전자 두 가지는 수식부이고, 마지막 경우는 종속문장으로 처리한다. 본절은 주문장의 주어의 수식부이다.

13 그리스도께서 어찌 나뉘었느뇨 바울이 너희를 위하여
십자가에 못박혔으며 바울의 이름으로 너희가 세례를 받았
느뇨 14 그리스보와 가이오 외에는 너희 중 아무에게도 내
가 세례를 주지 아니한 것을 감사하노니 15 이는 아무도
나의 이름으로 세례를 받았다 말하지 못하게 하려 함이라
16 내가 또한 스데바나 집 사람에게 세례를 주었고 그 외
에는 다른 아무에게 세례를 주었는지 알지 못하노라 17 그
리스도께서 나를 보내심은 세례를 주게 하려 하심이 아니

divided? Paul was not crucified for you, was he? Or were
you baptized in the name of Paul? 14 I thank God that I
baptized none of you except Crispus and Gaius, 15 that
no man should say you were baptized in my name. 16
Now I did baptize also the household of Stephanas; beyond
that, I do not know whether I baptized any other. 17 For Christ

//(목적, 부정사)
세례를 주게 하려 하심이 아니요
오직 복음을 전케하려 하심이니

//(연결된 이유 2)
[그가] ——— 하지 아니함은
/말의 지혜로

//(목적: ἵνα, lest, so that-not)
그리스도의 십자가가 헛되지 않게 하려 함이라

18 //(이유: γάρ, for)
십자가의 도가 ——— 미련한 것이요
/멸망하는 자들에게는
하나님의 능력이라
/구원을 얻는 우리에게는

19 //(이유 : γάρ, for)
기록된바
/내가 ——— 멸하고
/지혜 있는 자들의 지혜를
폐하리라 (하였으니)
/총명한 자들의 총명을

20 //지혜 있는 자가 어디 있느뇨?
선비가 어디 있느뇨?
이 세대에 변사가 어디 있느뇨?
하나님께서 이 세상의 지혜를
미련케 하신 것이 아니뇨?

21 //(이유: ἐπειδὴ γὰρ, for)
이 세상이 ——— 알지 못하는고로
/하나님을
/자기 지혜로
/하나님의 지혜에 있어서는

//(결과)
하나님께서 ——— 기뻐하셨도다
/믿는 자들을 구원하시기를
/전도의 미련한 것으로

22 //(이유: ἐπειδή, for)
유대인은 ——— 구하고
/표적을
헬라인은 ——— 찾으나
/지혜를

고전

요 오직 복음을 전케 하려 하심이니 말의 지혜로 하지 아
니함은 그리스도의 십자가가 헛되지 않게 하려 함이라 18
십자가의 도가 멸망하는 자들에게는 미련한 것이요 구원을
얻는 우리에게는 하나님의 능력이라 19 기록된 바 내가 지
혜 있는 자들의 지혜를 멸하고 총명한 자들의 총명을 폐하
리라 하였으니 20 지혜 있는 자가 어디 있느뇨 선비가 어
디 있느뇨 이 세대에 변사가 어디 있느뇨 하나님께서 이
세상의 지혜를 미련케 하신 것이 아니뇨 21 하나님의 지혜
에 있어서는 이 세상이 자기 지혜로 하나님을 알지 못하는
고로 하나님께서 전도의 미련한 것으로 믿는 자들을 구원
하시기를 기뻐하셨도다 22 유대인은 표적을 구하고 헬라
인은 지혜를 찾으나

did not send me to baptize, but to preach the gospel, not
in cleverness of speech, that the cross of Christ should
not be made void. 18 ¶ For the word of the cross is to
those who are perishing foolishness, but to us who are
being saved it is the power of God. 19 For it is written,
"I will destroy the wisdom of the wise, And the cleverness
of the clever I will set aside." 20 Where is the wise man?
Where is the scribe? Where is the debater of this age?
Has not God made foolish the wisdom of the world? 21
For since in the wisdom of God the world through its
wisdom did not come to know God, God was well-pleased
through the foolishness of the message preached to save

23 //(대등절)
우리는 ——— 전하니
/그리스도를
/십자가에 못 박힌

/유대인에게는 거리끼는 것이요
이방인에게는 미련한 것이로되

24 그리스도는 **능력이요**
/하나님의
지혜니라
/하나님의
/오직 부르심을 입은 자들에게(는)
/유대인이나 헬라인이나

25 //(이유: ὅτι, because)
미련한 것이 ——— 지혜 있고
/하나님의 /사람보다
약한 것이 ——— 강하니라
/하나님의 /사람보다

고전

26 형제들아!
[너희는] **보라**
/부르심을
/너희를

지혜 있는자가 **많지 아니하며**
/육체를 따라
능한 자가 **많지 아니하며**
문벌 좋은 자가 **많지 아니하도다**

27 그러나
하나님께서 **택하사**
/세상의 미련한 것들을

//(목적: ἵνα)
부끄럽게 하려 하시고
/지혜 있는 자들을

[하나님께서] **택하사**
/세상의 약한 것들을

//(목적: ἵνα)
부끄럽게 하려 하시며
/강한 것들을

23 우리는 십자가에 못박힌 그리스도를 전하니 유대인에
게는 거리끼는 것이요 이방인에게는 미련한 것이로되 24
오직 부르심을 입은 자들에게는 유대인이나 헬라인이나 그
리스도는 하나님의 능력이요 하나님의 지혜니라 25 하나
님의 미련한 것이 사람보다 지혜 있고 하나님의 약한 것이
사람보다 강하니라 26 형제들아 너희를 부르심을 보라 육
체를 따라 지혜 있는 자가 많지 아니하며 능한 자가 많지
아니하며 문벌 좋은 자가 많지 아니하도다 27 그러나 하나
님께서 세상의 미련한 것들을 택하사 지혜 있는 자들을 부
끄럽게 하려 하시고 세상의 약한 것들을 택하사 강한 것들

those who believe. 22 For indeed Jews ask for signs, and
Greeks search for wisdom; 23 but we preach Christ
crucified, to Jews a stumbling block, and to Gentiles
foolishness, 24 but to those who are the called, both Jews
and Greeks, Christ the power of God and the wisdom of
God. 25 Because the foolishness of God is wiser than
men, and the weakness of God is stronger than men. 26
¶ For consider your calling, brethren, that there were not many
wise according to the flesh, not many mighty, not many noble;
27 but God has chosen the foolish things of the world to
shame the wise, and God has chosen the weak things of
the world to shame the things which are strong, 28 and

28 하나님께서 **택하사**
/세상의 천한 것들과
멸시 받는 것들과
없는 것들을

//(목적: ἵνα)
폐하려 하시나니
/있는 것들을

29 //이는(목적: ὅπως)
아무 육체라도 —— 자랑하지 못하게 하려 하심이라
/하나님 앞에서

30 너희는 **있고**
/그리스도 예수 안에
/하나님께로부터 나서
예수는 **되셨으니**
/지혜와
/의로움과 거룩함과 구속함이
/하나님께로서 나와서
/우리에게

31 //(목적: ἵνα)
기록된바...함과 같게 하려 함이니라
/자랑하는 자는 주 안에서 자랑하라

2

1 형제들아!
내가 너희에게 나아가(=나아갔을 때, 상황절)
[내가] **아니하였나니**
/아름다운 것으로
/말과 지혜의
/증거를 전할 때에(전하는 동안)
/하나님의

2 //(이유: γάρ, for)
내가 ——— 작정하였음이라
/알지 아니하기로
/아무 것도
/예수 그리스도와
그의 십자가에 못 박히신 것 외에는
/너희 중에서

을 부끄럽게 하려 하시며 28 하나님께서 세상의 천한 것들
과 멸시 받는 것들과 없는 것들을 택하사 있는 것들을 폐
하려 하시나니 29 이는 아무 육체라도 하나님 앞에서 자랑
하지 못하게 하려 하심이라 30 너희는 하나님께로부터 나
서 그리스도 예수 안에 있고 예수는 하나님께로서 나와서
우리에게 지혜와 의로움과 거룩함과 구속함이되셨으니 31
기록된 바 자랑하는 자는 주 안에서 자랑하라 함과 같게
하려 함이니라

2 1 형제들아 내가 너희에게 나아가 하나님의 증거를 전
할 때에 말과 지혜의 아름다운 것으로 아니하였나니 2
내가 너희 중에서 예수 그리스도와 그의 십자가에 못박히

the base things of the world and the despised, God has chosen,
the things that are not, that He might nullify the things
that are, 29 that no man should boast before God. 30 But
by His doing you are in Christ Jesus, who became to us wisdom
from God, and righteousness and sanctification, and
redemption, 31 that, just as it is written, "Let him who
boasts, boast in the Lord."

2 1 And when I came to you, brethren, I did not come
with superiority of speech or of wisdom, proclaiming
to you the testimony of God. 2 For I determined to know

3 내가 **거할 때에(=있었다)**
/너희 가운데
/약하며
/두려워하며
/심히 떨었노라

4 내 말과
내 전도함이 —— **하지 아니하고**
/지혜의 권하는 말로
다만 하여
/성령의 나타남과 능력으로

5 //(목적: ἵνα, so that)
너희 믿음이 —— 지혜에 있지 아니하고
/사람의
다만 능력에 있게 하려 하였노라
/하나님의

고전

6 그러나
우리가 **말하노니**
/온전한 자들 중에서
/지혜를

/(=동격; 지혜)
이는 —— 지혜가 아니요
/이 세상의
또
지혜도 아니요
/관원의
/이 세상의 없어질

7 (우리가) **말하는** (것이니)
/하나님의 지혜를
/오직 비밀한 가운데 있는

/곧(=동격)
감취었던 것인데
하나님이 미리 정하신 (것이라)
/만세 전에
/우리의 영광을 위하사

8 /이 지혜(는)
/이 세대의 관원이 하나도 알지 못하였나니(=알지 못한)
만일 알았더면
[그들이] —— 십자가에 못 박지 아니하였으리라
/영광의 주를

9 기록된바 ... 함과 같으니라

신 것 외에는 아무 것도 알지 아니하기로 작정하였음이라
3 내가 너희 가운데 거할 때에 약하며 두려워하며 심히 떨
었노라 4 내 말과 내 전도함이 지혜의 권하는 말로 하지
아니하고 다만 성령의 나타남과 능력으로 하여 5 너희 믿
음이 사람의 지혜에 있지 아니하고 다만 하나님의 능력에
있게 하려 하였노라 6 그러나 우리가 온전한 자들 중에서
지혜를 말하노니 이는 이 세상의 지혜가 아니요 또 이 세
상의 없어질 관원의 지혜도 아니요 7 오직 비밀한 가운데
있는 하나님의 지혜를 말하는 것이니 곧 감취었던 것인데
하나님이 우리의 영광을 위하사 만세 전에 미리 정하신 것
이라 8 이 지혜는 이 세대의 관원이 하나도 알지 못하였나
니 만일 알았더면 영광의 주를 십자가에 못박지 아니하였

nothing among you except Jesus Christ, and Him crucified.
3 And I was with you in weakness and in fear and in
much trembling. 4 And my message and my preaching
were not in persuasive words of wisdom, but in demonstration
of the Spirit and of power, 5 that your faith should not
rest on the wisdom of men, but on the power of God. 6
¶ Yet we do speak wisdom among those who are mature;
a wisdom, however, not of this age, nor of the rulers of
this age, who are passing away; 7 but we speak God's wisdom
in a mystery, the hidden wisdom, which God predestined
before the ages to our glory; 8 the wisdom which none
of the rulers of this age has understood; for if they had
understood it, they would not have crucified the Lord of glory;
9 but just as it is written, "Things which eye has not seen

9 *기록된바 ... 함과 같으니라*
/모든 것은 — 보지 못하고
/하나님이 예비하신 /눈으로
/자기를 사랑하는 — 듣지 못하고
자들을 위하여 /귀로도
— 생각지 못하였다
/사람의 마음으로도

10 하나님이 **보이셨으니**
/오직
/이것을
/성령으로
/우리에게

//(이유: γάρ, for)
성령은 — **통달하시느니라**
/모든 것
/곧 하나님의 깊은 것이라도

11 "누가(누구든지) **알리요**"[3)]
/영 외에는 /사람의 사정을
/사람의 속에 있는
이와 같이
아무도 **알지 못하느니라**
/하나님의 영 외에는 /하나님의 사정도(을)

12 우리가 **받지 아니하고**
/세상의 영을
오직 **받았으니**
/하나님께로 온 영을

//이는(목적: ἵνα, in order that)
우리로 (하여금) — 알게 하려 하심이라
/하나님께서 — 주신 것들을
/은혜로
/우리에게

13 우리가 **말하거니와**
/이것을
/<아니하고>
/가르친 말로
/사람의 지혜의

/오직
<하니>
/가르치신 것으로
/성령의
/신령한 일은 신령한 것으로 분별하느니라(분별하면서)

3) 본절에 있는 γάρ는 단순형이다. 의문문을 동반하는 γάρ는 의문사를 강화시켜주어 '그러면', '무엇'의 의미를 가진다.

고전

으리라 9 기록된 바 하나님이 자기를 사랑하는 자들을 위
하여 예비하신 모든 것은 눈으로 보지 못하고 귀로도 듣지
못하고 사람의 마음으로도 생각지 못하였다 함과 같으니라
10 오직 하나님이 성령으로 이것을 우리에게 보이셨으니
성령은 모든 것 곧 하나님의 깊은 것이라도 통달하시느니
라 11 사람의 사정을 사람의 속에 있는 영 외에는 누가 알
리요 이와 같이 하나님의 사정도 하나님의 영 외에는 아무
도 알지 못하느니라 12 우리가 세상의 영을 받지 아니하
고 오직 하나님께로 온 영을 받았으니 이는 우리로 하여금
하나님께서 우리에게 은혜로 주신 것들을 알게 하려 하심
이라 13 우리가 이것을 말하거니와 사람의 지혜의 가르친
말로 아니하고 오직 성령의 가르치신 것으로 하니 신령한

and ear has not heard, And which have not entered the
heart of man, All that God has prepared for those who
love Him." 10 For to us God revealed them through the Spirit;
for the Spirit searches all things, even the depths of God.
11 For who among men knows the thoughts of a man
except the spirit of the man, which is in him? Even so
the thoughts of God no one knows except the Spirit of
God. 12 Now we have received, not the spirit of the
world, but the Spirit who is from God, that we might
know the things freely given to us by God, 13 which
things we also speak, not in words taught by human
wisdom, but in those taught by the Spirit, combining

14 사람은 받지 아니하나니
/육에 속한 /하나님의 성령의 일을

//(이유: γάρ, for)
저희에게는 미련하게 보임이요
또
(그는) 깨닫지도 못하나니

//(이유: ὅτι, because)
이런 일은 —— 분변함이니라
/영적으로라야

15 신령한 자는 판단하나
/모든 것을
자기는 판단을 받지 아니하느니라
/아무에게도

16 "누가 알아서
/주의 마음을
//(결과)
[그가] —— 가르치겠느냐"[4)]
/주를
그러나
우리가 가졌느니라
/그리스도의 마음을

3

1 형제들아
내가 말할 수 없어서
/너희에게
/신령한 자들을 대함과 같이
하노라(말하노라)
/육신에 속한 자
곧 그리스도 안에서 어린아이들을 대함과 같이

2 내가 먹이고
/너희를
/젖으로
아니하였노니
/밥으로

//이는(이유: γάρ)

4) 각주 3)과 같은 구조임

고전

일은 신령한 것으로 분별하느니라 14 육에 속한 사람은
하나님의 성령의 일을 받지 아니하나니 저희에게는 미련하
게 보임이요 또 깨닫지도 못하나니 이런 일은 영적으로라
야 분변함이니라 15 신령한 자는 모든 것을 판단하나 자
기는 아무에게도 판단을 받지 아니하느니라 16 누가 주의
마음을 알아서 주를 가르치겠느냐 그러나 우리가 그리스도
의 마음을 가졌느니라

3 1 형제들아 내가 신령한 자들을 대함과 같이 너희에게
말할 수 없어서 육신에 속한 자 곧 그리스도 안에서 어
린아이들을 대함과 같이 하노라 2 내가 너희를 젖으로 먹
이고 밥으로 아니하였노니 이는 너희가 감당치 못하였음이

spiritual thoughts with spiritual words. 14 But a natural
man does not accept the things of the Spirit of God; for
they are foolishness to him, and he cannot understand
them, because they are spiritually appraised. 15 But he
who is spiritual appraises all things, yet he himself is appraised
by no man. 16 For who has known the mind of the Lord,
that he should instruct Him? But we have the mind of
Christ.

3 1 And I, brethren, could not speak to you as to spiritual
men, but as to men of flesh, as to babes in Christ. 2 I
gave you milk to drink, not solid food; for you were not

//이는(이유: γάρ)
너희가 ── 감당치 못하였음이거니와
　　　　　 지금도 못하리라

3 //(이유: γάρ)
너희가 ── 아직도 육신에 속한 자로다

//(이유: γάρ)
너희 가운데 시기와 분쟁이 있으니

어찌 육신에 속하여
사람을 따라 행함이 아니리요?

4 //(이유: γάρ)
어떤 이는 ── 말하되
　　/나는 바울에게라 (하고)
//다른 이는 ── (말한다)
　　/나는 아볼로에게라 (하니)
//너희가 사람이 아니리요

5 그런즉
아볼로는 **무엇이며?**
바울은 **무엇이뇨?**
저희는 **사역자들이니라**
　/너희로 하여금 믿게 한
　/각각(모든 이에게)
　　/주께서 주신 대로

6 나는 **심었고**
아볼로는 **주었으되**
　/물을
하나님은 **자라나게 하셨나니**
　/오직

7 그런즉
심는 이나
물 주는 이는 ── **아무것도 아니로되**
오직 자라나게 하시는 ── **하나님뿐이니라**

8 심는 이와
물 주는 이가 ── **일반이나**
(그는) **받으리라**
　/자기의 상을
　/각각 자기의 일하는 대로

9 //(이유: γάρ)

고전

거니와 지금도 못하리라 3 너희가 아직도 육신에 속한 자
로다 너희 가운데 시기와 분쟁이 있으니 어찌 육신에 속하
여 사람을 따라 행함이 아니리요 4 어떤 이는 말하되 나는
바울에게라 하고 다른 이는 나는 아볼로에게라 하니 너희
가 사람이 아니리요 5 그런즉 아볼로는 무엇이며 바울은
무엇이뇨 저희는 주께서 각각 주신 대로 너희로 하여금 믿
게 한 사역자들이니라 6 나는 심었고 아볼로는 물을 주었
으되 오직 하나님은 자라나게 하셨나니 7 그런즉 심는 이
나 물 주는 이는 아무 것도 아니로되 오직 자라나게 하시
는 하나님뿐이니라 8 심는 이와 물 주는 이가 일반이나 각
각 자기의 일하는 대로 자기의 상을 받으리라

yet able to receive it. Indeed, even now you are not yet
able, 3 for you are still fleshly. For since there is jealousy
and strife among you, are you not fleshly, and are you
not walking like mere men? 4 For when one says, "I am
of Paul," and another, "I am of Apollos," are you not
mere men? 5 What then is Apollos? And what is Paul? Servants
through whom you believed, even as the Lord gave opportunity
to each one. 6 I planted, Apollos watered, but God was causing
the growth. 7 So then neither the one who plants nor the
one who waters is anything, but God who causes the
growth. 8 Now he who plants and he who waters are one;
but each will receive his own reward according to his

9 //(이유: γάρ)
우리는 —— 동역자들이요
/하나님의
너희는 —— 밭이요
/하나님의
집이니라
/하나님의

10 내가 **닦아 두매**
/터를
/내가 지혜로운 건축자와 같이
/내게 주신 하나님의 은혜를 따라

다른 이가 **세우나**
/그 위에

그러나
각각 **조심할지니라**
/어떻게 그 위에 세우기를

고전

11 //(이유: γάρ)
자가 —— 없으니
/능히 다른 터를 닦아 둘
/이 닦아 둔 것 외에
/(동격)
이 터는 곧 예수 그리스도라

12 만일
누구든지 세우면
/금이나 은이나 보석이나 나무나 풀이나 짚으로
/이 터 위에

13 공력이 **나타날 터인데**
/각각

//(이유: γάρ)
그 날이 —— 공력을 밝히리니

//이는(이유 : ὅτι)
[그것이] —— 나타내고
/불로
그 불이 —— 시험할 것임이니라
/각 사람의 공력이 어떠한 것을

9 우리는 하나님의 동역자들이요 너희는 하나님의 밭이요 하나님의 집이니라 10 내게 주신 하나님의 은혜를 따라 내가 지혜로운 건축자와 같이 터를 닦아 두매 다른 이가 그 위에 세우나 그러나 각각 어떻게 그 위에 세우기를 조심할지니라 11 이 닦아 둔 것 외에 능히 다른 터를 닦아 둘 자가 없으니 이 터는 곧 예수 그리스도라 12 만일 누구든지 금이나 은이나 보석이나 나무나 풀이나 짚으로 이 터 위에 세우면 13 각각 공력이 나타날 터인데 그 날이 공력을 밝히리니 이는 불로 나타내고 그 불이 각 사람의 공력이 어떠한 것을 시험할 것임이니라

own labor. 9 For we are God's fellow workers; you are God's field, God's building. 10 ¶ According to the grace of God which was given to me, as a wise master builder I laid a foundation, and another is building upon it. But let each man be careful how he builds upon it. 11 For no man can lay a foundation other than the one which is laid, which is Jesus Christ. 12 Now if any man builds upon the foundation with gold, silver, precious stones, wood, hay, straw, 13 each man's work will become evident; for the day will show it, because it is to be revealed with fire; and the fire itself will test the quality of each man's work. 14 If any man's work which he has built upon it remains,

14 만일
누구든지 그 위에 세운 공력이 그대로 있으면
[그는] **받고**
/상을

15 누구든지 공력이 불타면
[그는] **해를 받으리니**
그러나
자기는 **구원을 얻되**
/불 가운데서 얻은 것 같으리라(=같이)

16 (너희가) **알지 못하느뇨?**
/너희가 ─ 하나님의 성전인 것과
└ 하나님의 성령이 너희 안에 거하시는 것을

17 누구든지 하나님의 성전을 더럽히면
하나님이 **멸하시리라**
/그 사람을

//(이유: γάρ, for)
성전은 ─── 거룩하니
/하나님의
너희도 ─── 그러하니라

18 아무도 **속이지 말라**
/자기를

누구든지 생각하거든
/너희 중에 /이 세상에서 지혜 있는 줄로

미련한 자가 되어라

//그리하여야(결과)
지혜로운 자가 되리라

19 //(이유: γάρ, for)
지혜는 ─── 미련한 것이니
/이 세상 /하나님께

//(이유: γάρ, for)
기록된 바.... 하였고
/지혜 있는 자들로 하여금
자기 궤휼에 빠지게 하시는 이라

20//또

고전

14 만일 누구든지 그 위에 세운 공력이 그대로 있으면 상
을 받고 15 누구든지 공력이 불타면 해를 받으리니 그러
나 자기는 구원을 얻되 불 가운데서 얻은 것 같으리라 16
너희가 하나님의 성전인 것과 하나님의 성령이 너희 안에
거하시는 것을 알지 못하느뇨 17 누구든지 하나님의 성전
을 더럽히면 하나님이 그 사람을 멸하시리라 하나님의 성
전은 거룩하니 너희도 그러하니라 18 아무도 자기를 속이
지 말라 너희 중에 누구든지 이 세상에서 지혜 있는 줄로
생각하거든 미련한 자가 되어라 그리하여야 지혜로운 자가
되리라 19 이 세상 지혜는 하나님께 미련한 것이니 기록
된 바 지혜 있는 자들로 하여금 자기 궤휼에 빠지게 하시
는 이라 하였고 20 또 주께서 지혜 있는 자들의 생각을 헛

he shall receive a reward. 15 If any man's work is burned
up, he shall suffer loss; but he himself shall be saved,
yet so as through fire. 16 Do you not know that you are
a temple of God, and that the Spirit of God dwells in
you? 17 If any man destroys the temple of God, God
will destroy him, for the temple of God is holy, and that
is what you are. 18 Let no man deceive himself. If any
man among you thinks that he is wise in this age, let him
become foolish that he may become wise. 19 For the
wisdom of this world is foolishness before God. For it is
written, "He is the one who catches the wise in their craftiness";
20 and again, "The Lord knows the reasonings of the
wise, that they are useless." 21 So then let no one boast
in men. For all things belong to you, 22 whether Paul or

20//또
주께서 ——아신다 (하셨느니라)
/지혜 있는 자들의 생각을
/헛것으로

21 그런즉
누구든지 **자랑하지 말라**
/사람을

//(이유: γάρ, for)
만물이 다 너희 것임이라

22 //(계속되는 이유)
바울이나 아볼로나 게바나
세계나 생명이나 사망이나
지금 것이나 장래 것이나
다 너희의 것이요

23 //(계속되는 이유)
너희는 그리스도의 것이요
그리스도는 하나님의 것이니라

고전

4

1 사람이 **여길지어다**
/우리를
/그리스도의 일꾼이요
하나님의 비밀을 맡은 자로
/마땅히

2 그리고
구할 것은 **충성이니라**[6)]
/맡은 자들에게

3 판단받는 것이 **작은 일이라**
/너희에게거나 /매우
다른 사람에게거나 /내게는
나도 **판단치 아니하노니**
/나를

4 //(이유: γάρ, for)
내가 ——깨닫지 못하나
/자책할 아무것도
//그러나
[내가] ——의롭다 함을 얻지 못하노라
/이를 인하여
//다만(그러나)
나를 판단하실 이는 ——주시니라

6) 의미상 구조를 잡은 것이다. 형태적인 구조는 아래와 같다.

그것이 —— **요구된다**
충성된 사람으로…인정받는 /맡은 자들에게

것으로 아신다 하셨느니라 21 그런즉 누구든지 사람을 자
랑하지 말라 만물이 다 너희 것임이라 22 바울이나 아볼
로나 게바나 세계나 생명이나 사망이나 지금 것이나 장래
것이나 다 너희의 것이요 23 너희는 그리스도의 것이요
그리스도는 하나님의 것이니

4 1 사람이 마땅히 우리를 그리스도의 일꾼이요 하나님
의 비밀을 맡은 자로 여길지어다 2 그리고 맡은 자들
에게 구할 것은 충성이니라 3 너희에게나 다른 사람에게
나 판단 받는 것이 내게는 매우 작은 일이라 나도 나를 판
단치 아니하노니 4 내가 자책할 아무것도 깨닫지 못하나

Apollos or Cephas or the world or life or death or things
present or things to come; all things belong to you, 23
and you belong to Christ; and Christ belongs to God.

4 1 Let a man regard us in this manner, as servants of Christ,
and stewards of the mysteries of God. 2 In this case,
moreover, it is required of stewards that one be found
trustworthy. 3 But to me it is a very small thing that I
should be examined by you, or by any human court; in
fact, I do not even examine myself. 4 For I am conscious
of nothing against myself, yet I am not by this acquitted;
but the one who examines me is the Lord. 5 Therefore

5 그러므로
[너희는] 판단치 말라
/아무것도
/때가 이르기 전
곧 주께서 오시기까지
그가 드러내고
/어두움에 감추인 것들을
나타내시리니
/마음의 뜻을
그 때에
칭찬이 있으리라
/각 사람에게
/하나님께로부터
6 형제들아 !
내가 본을 보였으니
/이 일에
/너희를 위하여
/나와 아볼로를 가지고
//이는(목적: ἵνα, so that...may)
너희로 (하여금) —— 배워
/기록한 말씀 밖에 넘어가지 말라 한 것을
/우리에게서
//(결과: ἵνα, in order that...may)[7]
[너희가] ——먹지 말게하려 함이라
/교만한 마음을
/서로 대적하여
7 //(이유: γάρ, for)
누가 너를 구별하였느뇨?
네게 있는 것 중에 받지 아니한 것이 무엇이뇨?
//(만일) 네가 받았은즉(받았다면, 조건절)
어찌하여 받지 아니한 것 같이 자랑하느뇨?
8 너희가 배부르며
/이미
부요하며
/이미
왕노릇 하였도다
/우리 없이
(내가) 원하노라
/너희의 왕노릇 하기를
/참으로
//(목적: ἵνα, so that ... may)

7) 연속되는 ἵνα의 경우이다. 성경에서 문장의 구조가 γάρ A, γάρ B 혹은 ἵνα A, ἵνα B인 경우, 일반적으로 B는 A이다. 그러나 γάρ A, B인 혹은 ἵνα A,B인 경우 두 문장은 병렬로 연결된다. 야고보서 1:6-8이 좋은 예이다.

고전

그러나 이를 인하여 의롭다 함을 얻지 못하노라 다만 나를
판단하실 이는 주시니라 5 그러므로 때가 이르기 전 곧 주
께서 오시기까지 아무 것도 판단치 말라 그가 어두움에 감
추인 것들을 드러내고 마음의 뜻을 나타내시리니 그때에
각 사람에게 하나님께로부터 칭찬이 있으리라 6 형제들아
내가 너희를 위하여 이 일에 나와 아볼로를 가지고 본을
보였으니 이는 너희로 하여금 기록한 말씀 밖에 넘어가지
말라 한 것을 우리에게서 배워 서로 대적하여 교만한 마음
을 먹지 말게 하려 함이라 7 누가 너를 구별하였느뇨 네게
있는 것 중에 받지 아니한 것이 무엇이뇨 네가 받았은즉
어찌하여 받지 아니한 것같이 자랑하느뇨 8 너희가 이미
배부르며 이미 부요하며 우리 없이 왕 노릇 하였도다 우리

do not go on passing judgment before the time, but wait until the Lord comes who will both bring to light the things hidden in the darkness and disclose the motives of men's hearts; and then each man's praise will come to him from God.
6 Now these things, brethren, I have figuratively applied to myself and Apollos for your sakes, that in us you might learn not to exceed what is written, in order that no one of you might become arrogant in behalf of one against the other.
7 For who regards you as superior? And what do you have that you did not receive? But if you did receive it, why do you boast as if you had not received it?
8 You are already filled, you have already become rich, you have become kings without us; and I would indeed that you had become kings so

//(목적: ἵνα, so that ... may)
우리가 너희와 함께 왕노릇 하기 위하여

9 //(이유: γάρ, for)
내가 —— 생각건대
/하나님이 —— 두셨으매
/우리를
/사도인
/미말에
/죽이기로 작정한 자 같이

//(이유: ὅτι, for)
우리는 —— 구경거리가 되었노라
/세계 곧 천사와 사람에게

10 우리는 **미련하되**

//(이유 : διὰ +목적격, for)
그리스도의 연고로

너희는 **지혜롭고**
/그리스도 안에서

우리는 **약하되**
너희는 **강하고**

너희는 **존귀하되**
우리는 **비천하여**

11 바로 이 시간까지
우리가 **주리고**
목마르며
헐벗고
매맞으며
정처가 없고

12 또 **수고하여**
/일을 하며(일하면서, 분사)
/친히 손으로
축복하고
/후욕을 당한즉(후욕을 당하면서, 분사)
참고
/핍박을 당한즉(핍박을 당하면서, 분사)

13 **권면하니**
/비방을 당한즉(비방을 당하면서, 분사)
우리가 **되었도다**
/세상의 더러운 것과
만물의 찌끼 같이
/지금까지

고전

가 너희와 함께 왕 노릇 하기 위하여 참으로 너희의 왕 노릇 하기를 원하노라 9 내가 생각건대 하나님이 사도인 우리를 죽이기로 작정한 자같이 미말에 두셨으매 우리는 세계 곧 천사와 사람에게 구경거리가 되었노라 10 우리는 그리스도의 연고로 미련하되 너희는 그리스도 안에서 지혜롭고 우리는 약하되 너희는 강하고 너희는 존귀하되 우리는 비천하여 11 바로 이 시간까지 우리가 주리고 목마르며 헐벗고 매맞으며 정처가 없고 12 또 수고하여 친히 손으로 일을 하며 후욕을 당한즉 축복하고 핍박을 당한즉 참고 13 비방을 당한즉 권면하니 우리가 지금까지 세상의

that we also might reign with you. 9 For, I think, God has exhibited us apostles last of all, as men condemned to death; because we have become a spectacle to the world, both to angels and to men. 10 We are fools for Christ's sake, but you are prudent in Christ; we are weak, but you are strong; you are distinguished, but we are without honor. 11 To this present hour we are both hungry and thirsty, and are poorly clothed, and are roughly treated, and are homeless; 12 and we toil, working with our own hands; when we are reviled, we bless; when we are persecuted, we endure; 13 when we are slandered, we try to conciliate; we have become as the scum of the world, the dregs of all things, even until now. 14 I do not write these things to shame you, but to admonish you as my beloved children.

14 내가 **쓰는 것이 아니라**
/이것을

//(목적: to부정사)
너희를 부끄럽게 하려고

〈하는 것이라〉

//(목적: to부정사)
[내가]오직 권하려
/너희를
/내 사랑하는 자녀같이

15 //(이유: γάρ, for)
[비록; ἐὰν, if)
스승이 ——— 있으되
/일만 /그리스도 안에서

//아비는 ——— 많지 아니하니

//(이유: γάρ, for)
내가 —— 낳았음이라
/너희를
/그리스도 예수 안에서
/복음으로써

16 그러므로
내가 **권하노니**
/너희에게

너희는 **되라**
/나를 본받는 자

17 내가 너희에게 **보내었노니**
/디모데를
/내 아들
/사랑하고
/신실한
/주 안에서

//(이유: διὰ +목적격, for)
이를 인하여

/(=동격)
저가——— 생각나게 하리라
/나의 행사
곧 내가 각처 각 교회에서 가르치는 것을
/너희로 하여금(너희를)
/그리스도 예수 안에서

고전

더러운 것과 만물의 찌끼같이 되었도다 14 내가 너희를
부끄럽게 하려고 이것을 쓰는 것이 아니라 오직 너희를 내
사랑하는 자녀같이 권하려 하는 것이라 15 그리스도 안에
서 일만 스승이 있으되 아비는 많지 아니하니 그리스도 예
수 안에서 복음으로써 내가 너희를 낳았음이라 16 그러므
로 내가 너희에게 권하노니 너희는 나를 본받는 자 되라
17 이를 인하여 내가 주 안에서 내 사랑하고 신실한 아들
디모데를 너희에게 보내었노니 저가 너희로 하여금 그리스
도 예수 안에서 나의 행사 곧 내가 각처 교회에서 가르치
는 것을 생각나게 하리라 18 어떤 이들은 내가 너희에게

15 For if you were to have countless tutors in Christ, yet
you would not have many fathers; for in Christ Jesus I became
your father through the gospel. 16 I exhort you therefore,
be imitators of me. 17 For this reason I have sent to you
Timothy, who is my beloved and faithful child in the
Lord, and he will remind you of my ways which are in
Christ, just as I teach everywhere in every church. 18
Now some have become arrogant, as though I were not coming
to you. 19 But I will come to you soon, if the Lord wills,
and I shall find out, not the words of those who are

18 어떤 이들은 **스스로 교만하여졌으나**
/내가 너희에게 나아가지 아니할 것같이

19 그러나
[만일] 주께서 허락하시면
내가 **나아가서**
/너희에게
/속히

알아볼 것이[니라]
/교만한 자의 말을[말이] 아니라
(알아보겠노니)
/오직 그 능력을

20 //(이유: γάρ, for))
하나님의 나라는 ── 있지 아니하고
/말에

〈있음이라〉
/오직 능력에

21 너희가 무엇을 **원하느냐?**
내가 **나아가랴?**
/너희에게
/매를 가지고

〈나아가랴?〉
/사랑과 온유한 마음으로

5

1 [그것이] **들으니(=들리니)**
/너희 중에 심지어 음행이 있다 함을(이)

이런 음행은 **없는 것이라**
/이방인 중에라도

//(=동격)
누가 ──── 취하였다 하는도다
/그 아비의 아내를

2 그리하고도
너희가 **교만하여져서**

[너희가] (어찌하여) **통한히 여기지 아니하고**
/오히려

나아가지 아니할 것같이 스스로 교만하여졌으나 19 그러
나 주께서 허락하시면 내가 너희에게 속히 나아가서 교만
한 자의 말을 알아 볼 것이 아니라 오직 그 능력을 알아
보겠노니 20 하나님의 나라는 말에 있지 아니하고 오직
능력에 있음이라 21 너희가 무엇을 원하느냐 내가 매를
가지고 너희에게 나아가랴 사랑과 온유한 마음으로 나아가랴

5 1 너희 중에 심지어 음행이 있다 함을 들으니 이런 음
행은 이방인 중에라도 없는 것이라 누가 그 아비의 아
내를 취하였다 하는도다 2 그리하고도 너희가 오히려 교

arrogant, but their power. 20 For the kingdom of God
does not consist in words, but in power. 21 What do you
desire? Shall I come to you with a rod or with love and
a spirit of gentleness?
5 1 ¶ It is actually reported that there is immorality among
you, and immorality of such a kind as does not exist even
among the Gentiles, that someone has his father's wife.
2 And you have become arrogant, and have not mourned
instead, in order that the one who had done this deed
might be removed from your midst. 3 For I, on my part,
though absent in body but present in spirit, have already judged
him who has so committed this, as though I were present.

물리치지 아니하였느냐
/그 일 행한 자를
/너희 중에서

3 //(이유: ἵνα, for)
<비록>
내가 ——— 떠나 있으나
/실로
/몸으로는
함께 있어서
/영으로는
[내가] ——— 판단하였노라
/이 일 행한 자를
/거기 있는 것같이
/이미
4 /너희가 함께 모여서
/내 영과
/주 예수의 이름으로
/우리 주 예수의 능력으로

5 //(목적: 부정사)
내어 주었으니
/이런 자를
/사단에게

//이는(목적: ἵνα, so that ... may)
육신은 멸하고
영은 구원 얻게 하려 함이라
/주 예수의 날에

6 자랑하는 것이 **옳지 아니하도다**
/너희의
[너희는] **알지 못하느냐?**
/적은 누룩이 온 덩어리에 퍼지는 것을

7 너희는 **내어 버리라**
/묵은 누룩을
/누룩없는 자인데(자처럼)

//(목적: ἵνα, that ... may)
새 덩어리가 되기 위하여

//(이유: γάρ, for)
유월절 양 ——— 희생이 되셨느니라
/우리의
/곧 그리스도께서

만하여져서 어찌하여 통한히 여기지 아니하고 그 일 행한
자를 너희 중에서 물리치지 아니하였느냐 **3** 내가 실로 몸
으로는 떠나 있으나 영으로는 함께 있어서 거기 있는 것같
이 이 일 행한 자를 이미 판단하였노라 **4** 주 예수의 이름
으로 너희가 내 영과 함께 모여서 우리 주 예수의 능력으
로 **5** 이런 자를 사단에게 내어주었으니 이는 육신은 멸하
고 영은 주 예수의 날에 구원 얻게 하려 함이라 **6** 너희의
자랑하는 것이 옳지 아니하도다 적은 누룩이 온 덩어리에
퍼지는 것을 알지 못하느냐 **7** 너희는 누룩 없는 자인데 새
덩어리가 되기 위하여 묵은 누룩을 내어 버리라 우리의 유
월절 양 곧 그리스도께서 희생이 되셨느니라

4 In the name of our Lord Jesus, when you are assembled,
and I with you in spirit, with the power of our Lord Jesus,
5 I have decided to deliver such a one to Satan for the
destruction of his flesh, that his spirit may be saved in
the day of the Lord Jesus. 6 Your boasting is not good.
Do you not know that a little leaven leavens the whole
lump of dough? 7 Clean out the old leaven, that you may
be a new lump, just as you are in fact unleavened. For
Christ our Passover also has been sacrificed. 8 Let us therefore
celebrate the feast, not with old leaven, nor with the leaven
of malice and wickedness, but with the unleavened bread
of sincerity and truth. 9 I wrote you in my letter not to associate

고전

8 이러므로
우리가 **지키되**
/명절을

말고
/누룩도
/묵은
말고
/누룩도
/괴악하고,
/악독한
하자
/떡으로
/오직 누룩 없는
/순전함과 진실함의

9 내가 **하였거니와(썼다)**
/음행하는 자들을 사귀지 말라
/너희에게
/쓴 것에(그 편지에서)

10 이 말은 **하는 것이 아니니**
/도무지 사귀지 말라
/이 세상의 음행하는 자들이나
탐하는 자들과
토색하는 자들이나
우상 숭배하는 자들을

만일 그리하려면
[너희는] **나가야 할 것이라**
/세상 밖으로

11 이제
내가 **쓴 것은... 함이라**
/너희에게
/만일
일컫는 자가 — 음행하거나
/어떤 형제라 — 탐람하거나
— 우상 숭배를 하거나
— 후욕하거나
— 술 취하거나
— 토색하거든

[너는] — **사귀지도 말고**
— **함께 먹지도 말라**
/그런 자와는

12 //(이유: γάρ, for)

8 이러므로 우리가 명절을 지키되 묵은 누룩도 말고 괴악하고 악독한 누룩도 말고 오직 순전함과 진실함의 누룩 없는 떡으로 하자 9 내가 너희에게 쓴 것에 음행하는 자들을 사귀지 말라 하였거니와 10 이 말은 이 세상의 음행하는 자들이나 탐하는 자들과 토색하는 자들이나 우상 숭배하는 자들을 도무지 사귀지 말라 하는 것이 아니니 만일 그리하려면 세상 밖으로 나가야 할 것이라 11 이제 내가 너희에게 쓴 것은 만일 어떤 형제라 일컫는 자가 음행하거나 탐람하거나 우상 숭배를 하거나 후욕하거나 술 취하거나 토색하거든 사귀지도 말고 그런 자와는 함께 먹지도 말라 함이라

with immoral people; 10 I did not at all mean with the immoral people of this world, or with the covetous and swindlers, or with idolaters; for then you would have to go out of the world. 11 But actually, I wrote to you not to associate with any so-called brother if he should be an immoral person, or covetous, or an idolater, or a reviler, or a drunkard, or a swindler — not even to eat with such a one. 12 For what have I to do with judging outsiders? Do you not judge those who are within the church? 13 But those who are outside, God judges. Remove the wicked

12 //(이유: γάρ, for)
내게 무슨 상관이 있으리요마는
/외인들을 판단하는데
너희가 ——판단치 아니하랴?
/교중 사람들이야

13 하나님이 **판단하시려니와**
/외인들은(을)

내어쫓으라
/이 악한 사람은(을)
/너희 중에서

6

1 다른 이로 더불어 일이 있는데(상황절, 때)
누가 **구태여 송사하고**
/너희 중에 /불의한 자들 앞에서

하지 아니하느냐?
/성도 앞에서

2 너희가 **알지 못하느냐?**
/성도가 세상을 판단할 것을

세상도 판단을 받겠거든(조건절)
/너희에게
[너희는] **감당치 못하겠느냐?(=합당치 않는가?)**
/판단하기를
/지극히 작은 일

3 너희가 **알지 못하느냐?**
/우리가 천사를 판단할 것을

그러하거든
하물며 세상 일이랴?

4 그런즉
너희가 **세우느냐?**
/교회에서 경히 여김을 받는 자들을
/세상 사건이 있을 때에

고전

12 외인들을 판단하는데 내게 무슨 상관이 있으리요마는
교중 사람들이야 너희가 판단치 아니하랴 13 외인들은 하
나님이 판단 하시려니와 이 악한 사람은 너희 중에서 내어
쫓으라

6 1 너희 중에 누가 다른 이로 더불어 일이 있는데 구태
여 불의한 자들 앞에서 송사하고 성도 앞에서 하지 아
니하느냐 2 성도가 세상을 판단할 것을 너희가 알지 못하
느냐 세상도 너희에게 판단을 받겠거든 지극히 작은 일 판
단하기를 감당치 못하겠느냐 3 우리가 천사를 판단할 것
을 너희가 알지 못하느냐 그러하거든 하물며 세상 일이랴
4 그런즉 너희가 세상 사건이 있을 때에 교회에서 경히 여
김을 받는 자들을 세우느냐

man from among yourselves.

6 1 Does any one of you, when he has a case against
his neighbor, dare to go to law before the unrighteous,
and not before the saints? 2 Or do you not know that the
saints will judge the world? And if the world is judged
by you, are you not competent to constitute the smallest
law courts? 3 Do you not know that we shall judge angels?
How much more, matters of this life? 4 If then you have
law courts dealing with matters of this life, do you appoint
them as judges who are of no account in the church?

5 내가 **이 말을 하노니**
//(목적: 부정사)
너희를 부끄럽게 하려 하여

지혜 있는 자가 **하나도 없느냐?**
/판단할 만한 /너희 가운데
/그 형제간 일을

6 형제가 **송사할 뿐더러**
/형제로 더불어
하느냐?
/믿지 아니하는 자들 앞에서

7 [그러므로, οὖν]
허물이 **있나니**
/완연한 /이미
/너희 가운데

//(이유: ὅτι, because)
[너희가] —— 피차 송사함으로

차라리 불의를 당하는 것이 **낫지 아니하며,**
차라리 속는 것이 **낫지 아니하냐?**

8 [그러나, ἀλλα]
너희는 **불의를 행하고**
속이는구나

저는 **너희 형제로다**

9 [너희가] **알지 못하느냐?**
/불의한 자가 —— 유업으로 받지 못할 줄을
/하나님의 나라를

[너희는] **미혹을 받지 말라**

음란하는 자나
우상 숭배하는 자나
간음하는 자나
탐색하는 자나
남색하는 자나
10 도적이나 —— **유업으로 받지 못하리라**
/하나님의 나라를
탐람하는 자나
술 취하는 자나
후욕하는 자나
토색하는 자들은

고전

5 내가 너희를 부끄럽게 하려 하여 이 말을 하노니 너희
가운데 그 형제간 일을 판단할 만한 지혜있는 자가 이같이
하나도 없느냐 6 형제가 형제로 더불어 송사할 뿐더러 믿
지 아니하는 자들 앞에서 하느냐 7 너희가 피차 송사 함으
로 너희 가운데 이미 완연한 허물이 있나니 차라리 불의를
당하는 것이 낫지 아니하며 차라리 속는 것이 낫지 아니하
냐 8 너희는 불의를 행하고 속이는구나 저는 너희 형제로
다 9 불의한 자가 하나님의 나라를 유업으로 받지 못할 줄
을 알지 못하느냐 미혹을 받지 말라 음란하는 자나 우상
숭배하는 자나 간음하는 자나 탐색하는 자나 남색하는 자
나 10 도적이나 탐람하는 자나 술취하는 자나 후욕하는
자나 토색하는 자들은 하나님의 나라를 유업으로 받지 못

5 I say this to your shame. Is it so, that there is not
among you one wise man who will be able to decide
between his brethren, 6 but brother goes to law with
brother, and that before unbelievers? 7 Actually, then, it
is already a defeat for you, that you have lawsuits with
one another. Why not rather be wronged? Why not rather
be defrauded? 8 On the contrary, you yourselves wrong
and defraud, and that your brethren. 9 Or do you not
know that the unrighteous shall not inherit the kingdom
of God? Do not be deceived; neither fornicators, nor idolaters,
nor adulterers, nor effeminate, nor homosexuals, 10 nor
thieves, nor the covetous, nor drunkards, nor revilers, nor

11 자들이	**있더니**
/이와 같은	/(너희 중에)
[그러나, ἀλλα]	
[너희가]	**씻음(=씻었다)과**
	거룩함(=거룩하여졌다)과
[그러나, ἀλλα]	
[너희가]	**의롭다 하심을 얻었느니라**
	/주 예수 그리스도의 이름[안에서]과
	우리 하나님의 성령 안에서
12 모든 것이	**가하나**
	/내게
[그러나, ἀλλα]	
다	**유익한 것이 아니요,**
모든 것이	**가하나**
	/내게
[그러나, ἀλλα]	
내가	**제재를 받지 아니하리라**
	/아무에게든지
13 식물은	**배를 위하고**
배는	**식물을 위하나**
[그러나, δε]	
하나님이	**폐하시리라**
	/이것 저것
	/(=)다
몸은	**음란을 위하지 않고**
	주를 위하며
	/오직
주는	**몸을 위하시느니라**
14 하나님이	**살리셨고**
	/주를
	/(다시)
또한	
[그가]	**살리시리라**
	/우리를
	/그의 권능으로
	/(다시)
15 [너희는]	**알지 못하느냐?**
	/너희 몸이 그리스도의 지체인 줄을

고전

하리라 11 너희 중에 이와 같은 자들이 있더니 주 예수 그
리스도의 이름과 우리 하나님의 성령 안에서 씻음과 거룩
함과 의롭다 하심을 얻었느니라 12 모든 것이 내게 가하
나 다 유익한 것이 아니요 모든 것이 내게 가하나 내가 아
무에게든지 제재를 받지 아니하리라 13 식물은 배를 위하
고 배는 식물을 위하나 하나님이 이것 저것 다 폐하시리라
몸은 음란을 위하지 않고 오직 주를 위하며 주는 몸을 위
하시느니라 14 하나님이 주를 다시 살리셨고 또한 그의
권능으로 우리를 다시 살리시리라 15 너희 몸이 그리스도
의 지체인 줄을 알지 못하느냐 내가 그리스도의 지체를 가

swindlers, shall inherit the kingdom of God. 11 And such
were some of you; but you were washed, but you were
sanctified, but you were justified in the name of the Lord
Jesus Christ, and in the Spirit of our God. 12 ¶ All things
are lawful for me, but not all things are profitable. All
things are lawful for me, but I will not be mastered by anything.
13 Food is for the stomach, and the stomach is for food;
but God will do away with both of them. Yet the body
is not for immorality, but for the Lord; and the Lord is
for the body. 14 Now God has not only raised the Lord,
but will also raise us up through His power. 15 Do you
not know that your bodies are members of Christ? Shall

내가 **만들겠느냐?**
/창기의 지체를
/그리스도의 지체를 가지고

[그것은] **결코 그럴 수 없느니라**

16 [너희는] **알지 못하느냐?**
/창기와 합하는 자는 저와 한 몸인 줄을

//(이유: γάρ, for)
[그것이] ——일렀으되...하셨나니
/둘이 한 육체가 된다

17 합하는 자는 **한 영이니라**
/주와

18 [너희는] **피하라**
/음행을

고전

죄마다 **있거니와**
/사람이 범하는 /몸 밖에

음행하는 자는 **죄를 범하느니라**
/자기 몸에게

19 [너희는] **알지 못하느냐?**
/너희 몸은 —— 전인 줄을
/성령의
/너희가 하나님께로부터 받은 바
/너희 가운데 계신

너희는 **너희의 것이 아니라**

20 //(이유: γάρ, for)
[너희는] 값으로 산 것이 되었으니

그런즉(δε, therefore)
[너희는] **영광을 돌리라**
/하나님께
/너희 몸으로

지고 창기의 지체를 만들겠느냐 결코 그럴 수 없느니라 16
창기와 합하는 자는 저와 한 몸인 줄을 알지 못하느냐 일
렀으되 둘이 한 육체가 된다 하셨나니 17 주와 합하는 자
는 한 영이니라 18 음행을 피하라 사람이 범하는 죄마다
몸 밖에 있거니와 음행하는 자는 자기 몸에게 죄를 범하느
니라 19 너희 몸은 너희가 하나님께로부터 받은 바 너희
가운데 계신 성령의 전인 줄을 알지 못하느냐 너희는 너희
의 것이 아니라 20 값으로 산 것이 되었으니 그런즉 너희
몸으로 하나님께 영광을 돌리라

I then take away the members of Christ and make them
members of a harlot? May it never be! 16 Or do you not
know that the one who joins himself to a harlot is one
body with her? For He says, "The two will become one flesh."
17 But the one who joins himself to the Lord is one spirit
with Him. 18 Flee immorality. Every other sin that a man
commits is outside the body, but the immoral man sins against
his own body. 19 Or do you not know that your body is
a temple of the Holy Spirit who is in you, whom you
have from God, and that you are not your own? 20 For
you have been bought with a price: therefore glorify God
in your body.

7

1 너희의 쓴 말에 대하여는
[그것이] **좋으나**
/남자가 여자를 가까이 아니함이

2 남자마다 **두고**
/자기 아내를
여자마다 **두라**
/자기 남편을

//(이유: διὰ +목적격, because of)
음행의 연고로

3 남편은 **다하고**
/의무를
/그 아내에게 대한
아내도 **할지라**
/그 남편에게
/그렇게

4 아내가 **주장하지 못하고**
/자기 몸을
그 남편이 **하며**
/오직
남편도 **주장하지 못하고**
/자기 몸을
/이와 같이
그 아내가 **하나니**
/오직

5 [너희는] **분방하지 말라**
/서로
〈다만 하되〉
/합의상
/얼마 동안은

//(목적: ἵνα, in order that...may)
기도할 틈을 얻기 위하여
[너희는] **다시 합하라**

//이는(목적: ἵνα, in order that...may)
사단으로(이) —— 시험하지 못하게 하려 함이라
/너희를

//(이유: διὰ+ 목적격, because of)

고전

7 1 너희의 쓴 말에 대하여는 남자가 여자를 가까이 아니함이 좋으나 2 음행의 연고로 남자마다 자기 아내를 두고 여자마다 자기 남편을 두라 3 남편은 그 아내에게 대한 의무를 다하고 아내도 그 남편에게 그렇게 할지라 4 아내가 자기 몸을 주장하지 못하고 오직 그 남편이 하며 남편도 이와 같이 자기 몸을 주장하지 못하고 오직 그 아내가 하나니 5 서로 분방하지 말라 다만 기도할 틈을 얻기 위하여 합의상 얼마 동안은 하되 다시 합하라 이는 너희의 절제 못함을 인하여 사단으로 너희를 시험하지 못하게 하려 함이라

7 1 Now concerning the things about which you wrote, it is good for a man not to touch a woman. 2 But because of immoralities, let each man have his own wife, and let each woman have her own husband. 3 Let the husband fulfill his duty to his wife, and likewise also the wife to her husband. 4 The wife does not have authority over her own body, but the husband does; and likewise also the husband does not have authority over his own body, but the wife does. 5 Stop depriving one another, except by agreement for a time that you may devote yourselves to prayer, and come together again lest Satan tempt you because of your lack of self-control. 6 But this I say by way of

//(이유: διὰ+ 목적격, because of)
너희의 절제 못함을 인하여

6 그러나
내가 **말을 함은**
/이 [말을]
/권도요(권도를 따라)
명령은 아니라(명령을 따라서가 아니라)

7 나는 **원하노라**
/모든 사람이 나와 같기를

그러나
각각 **있으니(가지고 있다)**
/은사가(를)
/하나님께 받은
/자기의
하나는 **이러하고**
하나는 **저러하니라**

고전

8 내가 **이르노니**
/혼인하지 아니한 자들과
및 과부들에게

[그것이] **좋으니라**
/그냥 지내는 것이
/나와 같이

9 만일
절제할 수 없거든(if)
[너희는] **혼인하라**

//(이유: γάρ, for)
혼인하는 것이 나으니라
/정욕이 불같이 타는 것보다

10 내가 **명하노니**
/혼인한 자들에게
(명하는 자는 내가 아니요 주시라)

여자는 **갈리지 말고**
/남편에게서

11 (만일 갈릴지라도(if)
그냥 **지내든지**
그 남편과 **화합하든지 하라**)
/다시

6 그러나 내가 이 말을 함은 권도요 명령은 아니라 7 나는 모든 사람이 나와 같기를 원하노라 그러나 각각 하나님께 받은 자기의 은사가 있으니 하나는 이러하고 하나는 저러하니라 8 내가 혼인하지 아니한 자들과 및 과부들에게 이르노니 나와 같이 그냥 지내는 것이 좋으니라 9 만일 절제할 수 없거든 혼인하라 정욕이 불같이 타는 것보다 혼인하는 것이 나으니라 10 혼인한 자들에게 내가 명하노니(명하는 자는 내가 아니요 주시라)여자는 남편에게서 갈리지 말고 11 (만일 갈릴지라도 그냥 지내든지 다시 그 남편과 화합하든지 하라)남편도 아내를 버리지 말라

concession, not of command. 7 Yet I wish that all men were even as I myself am. However, each man has his own gift from God, one in this manner, and another in that. 8 ¶ But I say to the unmarried and to widows that it is good for them if they remain even as I. 9 But if they do not have self-control, let them marry; for it is better to marry than to burn. 10 But to the married I give instructions, not I, but the Lord, that the wife should not leave her husband 11 (but if she does leave, let her remain unmarried, or else be reconciled to her husband), and that the husband should not send his wife away. 12 But to the rest I say, not the Lord, that if any brother has a wife

남편도 **버리지 말라**
/아내를

12 내가 **말하노니**
/그 남은 사람들에게

(이는 주의 명령이 아니라)

만일
아내가 ─── 있어
/믿지 아니하는 /어떤 형제에게
좋아하거든(if)
/남편과 함께 살기를

[그는] **버리지 말며**
/저를

13 [만일]
남편이 ─── 있어
/믿지 아니하는 /어떤 여자에게
좋아하거든(if)
/아내와 함께 살기를

[그는] **버리지 말라**
/그 남편을

14 //(이유: γάρ, for)
남편이 ─── 거룩하게 되고
/믿지 아니하는 /아내로 인하여(안에서, 의하여)

아내가 ─── 거룩하게 되나니
/믿지 아니하는 /남편으로 인하여(안에서, 인하여)

그렇지 아니하면(if)
자녀도 **깨끗지 못하니라**
/너희

그러나
[그들은] **거룩하니라**
/이제

15 혹(만일)
믿지 아니하는 자가 갈리거든(if)

[그가] **갈리게 하라**

형제나
자매나 ─── **구속받을 것이 없느니라**
/이런 일에

고전

12 그 남은 사람들에게 내가 말하노니(이는 주의 명령이
아니라)만일 어떤 형제에게 믿지 아니하는 아내가 있어 남
편과 함께 살기를 좋아하거든 저를 버리지 말며 13 어떤
여자에게 믿지 아니하는 남편이 있어 아내와 함께 살기를
좋아하거든 그 남편을 버리지 말라 14 믿지 아니하는 남
편이 아내로 인하여 거룩하게 되고 믿지 아니하는 아내가
남편으로 인하여 거룩하게 되나니 그렇지 아니하면 너희
자녀도 깨끗지 못하니라 그러나 이제 거룩하니라 15 혹
믿지 아니하는 자가 갈리거든 갈리게 하라 형제나 자매나
이런 일에 구속 받을 것이 없느니라 그러나 하나님은 화평

who is an unbeliever, and she consents to live with him,
let him not send her away. 13 And a woman who has an
unbelieving husband, and he consents to live with her, let
her not send her husband away. 14 For the unbelieving husband
is sanctified through his wife, and the unbelieving wife is
sanctified through her believing husband; for otherwise
your children are unclean, but now they are holy. 15 Yet
if the unbelieving one leaves, let him leave; the brother
or the sister is not under bondage in such cases, but God
has called us to peace. 16 For how do you know, O wife,

그러나
하나님은 부르셨느니라
/너희를
/화평 중에서

16 아내된 자여!--(강조적인 γάρ)
어찌 알 수 있으며
/네가 남편을 구원할는지

남편된 자여!
어찌 알 수 있으리요
/네가 네 아내를 구원할는지

17 [그는] **행하라**
/오직
/주께서 ─── 나눠 주신 대로
/각 사람에게
/하나님이 ── 부르신 그대로
/각 사람을

내가 **명하노라**
/모든 교회에서
/이와 같이

18 부르심을 받은 자가 **있느냐?**
/할례자로
[그는] **무할례자가 되지 말며**

부르심을 받은 자가 **있느냐?**
/무할례자로
[그는] **할례를 받지 말라**

19 할례받는 것도 **아무것도 아니요**
할례받지 아니하는 것도 **아무것도 아니로되**

오직 하나님의 계명을 지킬 따름이니라

20 각 사람이 **지내라**
/그 부르심 [안에]
/부르심을 받은
/그대로

21 [너는] **부르심을 받았느냐?**
/네가 종으로 있을 때에
[그는] **염려하지 말라(말게하라)**
/너에게

고전

중에서 너희를 부르셨느니라 16 아내된 자여 네가 남편을
구원할는지 어찌 알 수 있으며 남편된 자여 네가 네 아내
를 구원할는지 어찌 알 수 있으리요 17 오직 주께서 각 사
람에게 나눠주신 대로 하나님이 각 사람을 부르신 그대로
행하라 내가 모든 교회에서 이와 같이 명하노라 18 할례
자로 부르심을 받은 자가 있느냐 무할례자가 되지 말며 무
할례자로 부르심을 받은 자가 있느냐 할례를 받지 말라 19
할례 받는 것도 아무 것도 아니요 할례 받지 아니하는 것
도 아무것도 아니로되 오직 하나님의 계명을 지킬 따름이
니라 20 각 사람이 부르심을 받은 그 부르심 그대로 지내
라 21 네가 종으로 있을 때에 부르심을 받았느냐 염려하
지 말라 그러나 자유할 수 있거든 차라리 사용하라

whether you will save your husband? Or how do you
know, O husband, whether you will save your wife? 17
¶ Only, as the Lord has assigned to each one, as God has
called each, in this manner let him walk. And thus I direct
in all the churches. 18 Was any man called already
circumcised? Let him not become uncircumcised. Has anyone
been called in uncircumcision? Let him not be circumcised.
19 Circumcision is nothing, and uncircumcision is nothing,
but what matters is the keeping of the commandments of God.
20 Let each man remain in that condition in which he
was called. 21 Were you called while a slave? Do not
worry about it; but if you are able also to become free,

그러나
[만일]
[네가] ―――――― 자유할 수 있거든(if)
[너는] ―――――― **사용하라**
/차라리

22 //(이유: γάρ, for)
종이라도(while)
부르심을 받은 자는 ―― **자유자요**
/주께 속한
/주 안에서

//또 이와 같이
부르심을 받은 자는 ―― **종이니라**
/자유자로 있을 때에 /그리스도의

23 너희는 **사신 것이니**
/값으로
종이 되지 말라
/사람들의

24 형제들아!
각각[은] **거하라**
/그대로
/부르심을 받은 [그 안에]
/하나님과 함께

25 내가 **없으되(가지고 있지 않다)**
/계명이(을)
/주께 받은
/처녀에 대하여는

[내가] **고하노니**
/의견을
/충성된 자가 되어
/주의 자비하심을 받아서

26 내[내가] **생각에는(생각한다)**
/이것이 좋으니
/사람이 그냥 지내는 것이 좋으니라

//(διὰ +목적격, because of)
곧 임박한 환난을 인하여

27 네가 아내에게 **매였느냐?**
[너는] **구하지 말며**
/놓이기를

고전

22 주 안에서 부르심을 받은 자는 종이라도 주께 속한 자
유자요 또 이와 같이 자유자로 있을 때에 부르심을 받은
자는 그리스도의 종이니라 23 너희는 값으로 사신 것이니
사람들의 종이 되지 말라 24 형제들아 각각 부르심을 받
은 그대로 하나님과 함께 거하라 25 처녀에 대하여는 내
가 주께 받은 계명이 없으되 주의 자비하심을 받아서 충성
된 자가 되어 의견을 고하노니 26 내 생각에는 이것이 좋
으니 곧 임박한 환난을 인하여 사람이 그냥 지내는 것이
좋으니라 27 네가 아내에게 매였느냐 놓이기를 구하지 말
며 아내에게서 놓였느냐 아내를 구하지 말라 28 그러나

rather do that. 22 For he who was called in the Lord
while a slave, is the Lord's freedman; likewise he who
was called while free, is Christ's slave. 23 You were
bought with a price; do not become slaves of men. 24 Brethren,
let each man remain with God in that condition in which
he was called. 25 ¶ Now concerning virgins I have no
command of the Lord, but I give an opinion as one who
by the mercy of the Lord is trustworthy. 26 I think then
that this is good in view of the present distress, that it is
good for a man to remain as he is. 27 Are you bound to
a wife? Do not seek to be released. Are you released from
a wife? Do not seek a wife. 28 But if you should marry,

아내에게서 **놓였느냐?**
[너는] **구하지 말라**
/아내를

28 그러나
장가가도(조건절, 장가 간다면)(if)
[너는] **죄 짓는 것이 아니요**

처녀가 시집가도(조건절, 시집간다면)(if)
[너는] **죄 짓는 것이 아니로되**

이들은 **있으리니**
/이런
/고난이(을)
/육신에

나는 **아끼노라**
/너희를

고전

29 형제들아!
내가 **하노니**
/이 말을
/(=동격)
때가 단축하여진 고로
//(결과: ἵνα, so that...may)
이후부터
아내 있는 자들은 없는 자같이 하며
30 //우는 자들은 울지 않는 자같이 하며
기쁜 자들은 기쁘지 않은 자같이 하며
매매하는 자들은 없는 자같이 하며
31 //세상 물건을 쓰는 자들은
다 쓰지 못하는 자같이 하라
//(이유: γάρ, for)
형적은 ―지나감이니라
/이 세상의

32 [내가] **원하노라**
/너희가 염려 없기를

자는 **염려하여...하되**
/장가가지 않은
/주의 일을
/어찌하여야 주를 기쁘시게 할꼬

33 장가간 자는 **염려하여...하여**
/세상 일을
/어찌하여야 아내를 기쁘게 할꼬

[그가] **마음이 나누이며**

장가 가도 죄 짓는 것이 아니요 처녀가 시집 가도 죄 짓는
것이 아니로되 이런 이들은 육신에 고난이 있으리니 나는
너희를 아끼노라 29 형제들아 내가 이 말을 하노니 때가
단축하여진 고로 이후부터 아내 있는 자들은 없는 자같이
하며 30 우는 자들은 울지 않는 자같이 하며 기쁜 자들은
기쁘지 않은 자같이 하며 매매하는 자들은 없는 자같이 하
며 31 세상 물건을 쓰는 자들은 다 쓰지 못하는 자같이 하
라 이 세상의 형적은 지나감이니라 32 너희가 염려 없기
를 원하노라 장가 가지 않은 자는 주의 일을 염려하여 어
찌하여야 주를 기쁘시게 할꼬 하되 33 장가 간 자는 세상
일을 염려하여 어찌하여야 아내를 기쁘게 할꼬 하여 마음
이 나누이며

you have not sinned; and if a virgin should marry, she
has not sinned. Yet such will have trouble in this life,
and I am trying to spare you. 29 But this I say, brethren,
the time has been shortened, so that from now on those
who have wives should be as though they had none; 30
and those who weep, as though they did not weep; and
those who rejoice, as though they did not rejoice; and
those who buy, as though they did not possess; 31 and
those who use the world, as though they did not make
full use of it; for the form of this world is passing away.
32 But I want you to be free from concern. One who is
unmarried is concerned about the things of the Lord, how
he may please the Lord; 33 but one who is married is concerned
about the things of the world, how he may please his

34 자와 — 염려하여
/시집가지 않은 — /주의 일을
처녀는

//(목적: ἵνα, so that...may)
몸과 영을 다 거룩하게 하려 하되

시집간 자는 — **염려하여...하느니라**
/세상 일을
/어찌하여야 남편을 기쁘게 할꼬

35 내가 — **말함은**
/이것을

//(목적: πρὸς+목적격, for)
너희의 유익을 위함이요
(ἵνα, that...may)
//너희에게 올무를 놓으려 함이 아니니
//오직 너희로 하여금 이치에 합하게 하여
분노함이 없이 주를 섬기게 하려 함이라

36 [만일]
누가 — 생각할 때에(조건절, if)
/이치에 합당치 못한 줄로
/자기의 처녀 딸에 대한 일이

[만일]
혼기도 지나고,
그같이 할 필요가 있거든 (조건절, if)

[그는] — **하라(=하게하라)**
/마음대로(=그가 원하는 것을)
이것은 — **죄 짓는 것이 아니니**
[그들이] — **혼인하게 하라**

37 그러나
[사람은] — **하는 것이니라**
/굳게 하고 — /잘
/그 마음을
/또
부득이한 일도 없고
/권리가 있어서
/자기 뜻대로 할
/작정하여도
/마음에
/머물러 두기로
/그 처녀 딸을

고전

34 시집 가지 않은 자와 처녀는 주의 일을 염려하여 몸과
영을 다 거룩하게 하려 하되 시집 간 자는 세상 일을 염려
하여 어찌하여야 남편을 기쁘게 할꼬 하느니라 35 내가
이것을 말함은 너희의 유익을 위함이요 너희에게 올무를
놓으려 함이 아니니 오직 너희로 하여금 이치에 합하게 하
여 분요(紛擾)함이 없이 주를 섬기게 하려 함이라 36 누가
자기의 처녀 딸에 대한 일이 이치에 합당치 못한 줄로 생
각할 때에 혼기도 지나고 그같이 할 필요가 있거든 마음대
로 하라 이것은 죄 짓는 것이 아니니 혼인하게 하라 37 그
러나 그 마음을 굳게 하고 또 부득이한 일도 없고 자기 뜻
대로 할 권리가 있어서 그 처녀 딸을 머물러 두기로 마음
에 작정하여도 잘하는 것이니라

wife, 34 and his interests are divided. And the woman
who is unmarried, and the virgin, is concerned about the things
of the Lord, that she may be holy both in body and spirit;
but one who is married is concerned about the things of
the world, how she may please her husband. 35 And this
I say for your own benefit; not to put a restraint upon
you, but to promote what is seemly, and to secure undistracted
devotion to the Lord. 36 But if any man thinks that he
is acting unbecomingly toward his virgin daughter, if she
should be of full age, and if it must be so, let him do
what he wishes, he does not sin; let her marry. 37 But
he who stands firm in his heart, being under no constraint,

38 그러므로
자도 **잘하거니와**
/시집보내는
/처녀 딸을
자가 **더 잘하는 것이니라**
/시집보내지 아니하는

39 아내가 **매여 있다가**
/그 남편이 살 동안에

[그러나, δε]
[만일]
남편이 죽으면(조건절, if)
[그녀는] **자유하여**
/자기 뜻대로 시집갈 것이나(=자기 뜻대로 시집가기에)
할 것이니라
/주 안에서만

40 그러나
내 뜻에는
[만일, ἐάν]
그냥 지내는 것이(조건절, if)

[그녀는] **더욱 복이 있으리로다**

또한
나도 **생각하노라**
/하나님의 영을 받은 줄로

고전

8

1 우상의 제물에 대하여는
우리가 **아나**
/있는 줄을(=우리가 가지고 있는 줄)
/다 지식이(=모든 지식을)

/(=동격설명)
지식은 ——— 교만하게 하며
사랑은 ——— 덕을 세우나니

2 만일
누구든지 생각하면(조건절)
/무엇을 아는 줄로

[그는] **알지 못하는 것이요**
/마땅히 알 것을(=마땅히 알 것 만큼을)
/아직도

38 그러므로 처녀 딸을 시집 보내는 자도 잘하거니와 시집 보내지 아니하는 자가 더 잘하는 것이니라 39 아내가 그 남편이 살 동안에 매여 있다가 남편이 죽으면 자유하여 자기 뜻대로 시집 갈 것이나 주 안에서만 할 것이니라 40 그러나 내 뜻에는 그냥 지내는 것이 더욱 복이 있으리로다 나도 또한 하나님의 영을 받은 줄로 생각하노라

8 1 우상의 제물에 대하여는 우리가 다 지식이 있는 줄을 아나 지식은 교만하게 하며 사랑은 덕을 세우나니 2 만일 누구든지 무엇을 아는 줄로 생각하면 아직도 마땅히

but has authority over his own will, and has decided this in his own heart, to keep his own virgin daughter, he will do well. 38 So then both he who gives his own virgin daughter in marriage does well, and he who does not give her in marriage will do better. 39 ¶ A wife is bound as long as her husband lives; but if her husband is dead, she is free to be married to whom she wishes, only in the Lord. 40 But in my opinion she is happier if she remains as she is; and I think that I also have the Spirit of God.

8 1 Now concerning things sacrificed to idols, we know that we all have knowledge. Knowledge makes arrogant,

3 또
[만일]
누구든지 사랑하면(조건절, if)
/하나님을
이 사람은 **아시는 바 되었느니라**
/하나님의(=의해)

4 그러므로
우상의 제물 먹는 일에 대하여는
우리가 **아노라**
/우상은 —— 아무것도 아니며
/세상에
/또한
하나님은 ——한 분밖에 없는 줄

5 //(이유: γάρ, for)
비록
칭하는 자가 ——— 있어
/신이라
/하늘에나
땅에나

신과 ——— 있으나
/많은
주가
/많은

6//그러나
//하나님 ——— [계시니]
/한 /우리에게는
곧
아버지가

//만물이 ——— 났고
/그에게서
//우리도 ——— 그를 위하며

//또한
주 ——— [계시니]
/한
예수 그리스도께서

//만물이 ——— 그로 말미암고
우리도 ——— 그로 말미암았느니라

7 그러나
이 지식은 **가지지 못하여**
/사람마다

알 것을 알지 못하는 것이요 3 또 누구든지 하나님을 사랑
하면 이 사람은 하나님의 아시는 바 되었느니라 4 그러므
로 우상의 제물 먹는 일에 대하여는 우리가 우상은 세상에
아무 것도 아니며 또한 하나님은 한 분 밖에 없는 줄 아노
라 5 비록 하늘에나 땅에나 신이라 칭하는 자가 있어 많은
신과 많은 주가 있으나 6 그러나 우리에게는 한 하나님 곧
아버지가 계시니 만물이 그에게서 났고 우리도 그를 위하
여 또한 한 주 예수 그리스도께서 계시니 만물이 그로 말
미암고 우리도 그로 말미암았느니라 7 그러나 이 지식은
사람마다 가지지 못하여 어떤 이들은 지금까지 우상에 대

but love edifies. 2 If anyone supposes that he knows anything,
he has not yet known as he ought to know; 3 but if
anyone loves God, he is known by Him. 4 Therefore
concerning the eating of things sacrificed to idols, we
know that there is no such thing as an idol in the world,
and that there is no God but one. 5 For even if there are
so-called gods whether in heaven or on earth, as indeed
there are many gods and many lords, 6 yet for us there
is but one God, the Father, from whom are all things,
and we exist for Him; and one Lord, Jesus Christ, by
whom are all things, and we exist through Him. 7 ¶
However not all men have this knowledge; but some,

어떤 이들은 습관이 있어
/우상에 대한
/지금까지

먹는 고로
/우상의 제물로 알고

//(결과)
양심이 ── 약하여지고
/그들의
── 더러워지느니라

8 식물은 세우지 못하나니
/우리를
/하나님 앞에

[비록, ἐὰν]
우리가 먹지 아니하여도
부족함이 없고

고전

[비록, ἐὰν]
[우리가] 먹어도
풍족함이 없으리라

9 그런즉
[너희는] **조심하라**
/자유함이 ── 거치는 것이 되지 않도록
/너희 /약한 자들에게

10 //(이유: γάρ, for)
[만일, ἐὰν]
누구든지 ── 보면
/네가 ── 앉아 먹는 것을
/지식 있는 /우상의 집에
양심이 ── 담력을 얻어
/그 약한 자들의
어찌 ── 먹게 되지 않겠느냐?
/우상의 제물을

11 //그러면(결과)
그 약한 자가 ── 멸망하나니
/네 지식으로
/그는 ── 형제라
/그리스도께서 위하여 죽으신

12 이같이
너희가 ── 죄를 지어
/형제에게
── 상하게 하는 것이(상황절, when)
/그 약한 양심을

한 습관이 있어 우상의 제물로 알고 먹는고로 그들의 양심
이 약하여지고 더러워지느니라 8 식물은 우리를 하나님
앞에 세우지 못하나니 우리가 먹지 아니하여도 부족함이
없고 먹어도 풍족함이 없으리라 9 그런즉 너희 자유함이
약한 자들에게 거치는 것이 되지 않도록 조심하라 10 지
식 있는 네가 우상의 집에 앉아 먹는 것을 누구든지 보면
그 약한 자들의 양심이 담력을 얻어 어찌 우상의 제물을
먹게 되지 않겠느냐 11 그러면 네 지식으로 그 약한 자가
멸망하나니 그는 그리스도께서 위하여 죽으신 형제라 12
이같이 너희가 형제에게 죄를 지어 그 약한 양심을 상하게

being accustomed to the idol until now, eat food as if it
were sacrificed to an idol; and their conscience being
weak is defiled. 8 But food will not commend us to God;
we are neither the worse if we do not eat, nor the better
if we do eat. 9 But take care lest this liberty of yours somehow
become a stumbling block to the weak. 10 For if someone
sees you, who have knowledge, dining in an idol's temple,
will not his conscience, if he is weak, be strengthened to
eat things sacrificed to idols? 11 For through your knowledge
he who is weak is ruined, the brother for whose sake
Christ died. 12 And thus, by sinning against the brethren
and wounding their conscience when it is weak, you sin against

곧
[너희가] **죄를 짓는 것이니라**
/그리스도에게

13 그러므로
만일
식물이 실족케 하면(if)
/내 형제로

나는 **먹지 아니하여**
/고기를
/영원히

//(목적: ἵνα)
내 형제를 실족치 않게 하리라

9

1 내가 **자유자가 아니냐?**
사도가 아니냐?
보지 못하였느냐?
/주를
/우리
/예수

나의 일이 **너희가 아니냐?**
/주 안에서 행한

2 [만일: εἰ, even though]
내가 사도가 아닐지라도
/다른 사람들에게는

사도니
/너희에게는

//(이유: γάρ, for)
인친 것이 —— 너희라
/나의 사도 됨을
/주 안에서

3 발명할 것이 **이것이니**
/나를 힐문하는 자들에게(...에 대한)
/[나의]

4 우리가 **없겠느냐?**
/권이
/먹고 마시는

하는 것이 곧 그리스도에게 지를 짓는 것이니라 13 그러
므로 만일 식물이 내 형제로 실족케 하면 나는 영원히 고
기를 먹지 아니하여 내 형제를 실족치 않게 하리라

9:1 내가 자유자가 아니냐 사도가 아니냐 예수 우리 주
를 보지 못하였느냐 주 안에서 행한 나의 일이 너희가
아니냐 2 다른 사람들에게는 내가 사도가 아닐지라도 너
희에게는 사도니 나의 사도 됨을 주 안에서 인친 것이 너
희라 3 나를 힐문하는 자들에게 발명할 것이 이것이니 4
우리가 먹고 마시는 권이 없겠느냐

Christ. 13 Therefore, if food causes my brother to stumble, I will never eat meat again, that I might not cause my brother to stumble.

9:1 Am I not free? Am I not an apostle? Have I not
seen Jesus our Lord? Are you not my work in the
Lord? 2 If to others I am not an apostle, at least I am to
you; for you are the seal of my apostleship in the Lord.
3 My defense to those who examine me is this: 4 Do we

5 우리가 **없겠느냐?**
/권이
/데리고 다닐
/자매 된 아내를
/다른 사도들과
주의 형제들과
게바와 같이

6 어찌
나와 바나바만 **없겠느냐?**
/권이
/일하지 아니할

7 누가 **병정을 다니겠느냐?**
/자비량하고

누가 **심고**
/포도를
먹지 않겠느냐?
/그 실과를

누가 **기르고**
/양 떼를
먹지 않겠느냐?
/그 양 떼의 젖을

8 내가 **말하느냐?**
/이것을
/사람의 예대로

율법도 **말하지 아니하느냐?**
/이것을

9 //(이유: γάρ, for)
[그것이] —— 기록하였으니
/망을 씌우지 말라 /모세 율법에
/소에게
/밟아 떠는
/곡식을

하나님께서 (어찌) **염려하심이냐?**
/소들을 위하여

10 [그가] **말씀하심이 아니냐?**
/전혀
/우리를 위하여

고전

5 우리가 다른 사도들과 주의 형제들과 게바와 같이 자매
된 아내를 데리고 다닐 권이 없겠느냐 6 어찌 나와 바나바
만 일하지 아니할 권이 없겠느냐 7 누가 자비량하고 병정
을 다니겠느냐 누가 포도를 심고 그 실과를 먹지 않겠느냐
누가 양 떼를 기르고 그 양 떼의 젖을 먹지 않겠느냐 8 내
가 사람의 예대로 이것을 말하느냐 율법도 이것을 말하지
아니하느냐 9 모세 율법에 곡식을 밟아 떠는 소에게 망을
씌우지 말라 기록하였으니 하나님께서 어찌 소들을 위하여
염려하심이냐 10 전혀 우리를 위하여 말씀하심이 아니냐
과연 우리를 위하여 기록된 것이니 밭 가는 자는 소망을

not have a right to eat and drink? 5 Do we not have a
right to take along a believing wife, even as the rest of
the apostles, and the brothers of the Lord, and Cephas? 6
Or do only Barnabas and I not have a right to refrain
from working? 7 Who at any time serves as a soldier at
his own expense? Who plants a vineyard, and does not
eat the fruit of it? Or who tends a flock and does not use
the milk of the flock? 8 I am not speaking these things
according to human judgment, am I? Or does not the Law
also say these things? 9 For it is written in the Law of
Moses, "You shall not muzzle the ox while he is threshing."
God is not concerned about oxen, is He? 10 Or is He speaking
altogether for our sake? Yes, for our sake it was written,
because the plowman ought to plow in hope, and the

[그것은] **기록된 것이니**
/과연(γάρ, 강조어)
/우리를 위하여

//(이유: ὅτι, because)
밭 가는 자는 —— 갈며
/소망을 가지고
곡식 떠는 자는 —— 떠는 것이라
/소망을 가지고
/함께 얻을

11 [만일, εἰ]
우리가 뿌렸은즉
/신령한 것을
/너희에게
[만일, εἰ]
[우리가] 거두기로
/너희 육신의 것을

과하다 하겠느냐?

12 [만일, εἰ]
다른 이들도 가졌거든
/이런 권을
/너희에게

하물며 우리일까보냐?

그러나
우리가 **쓰지 아니하고**
/이 권을

참는 것은
/범사에

//(목적: ἵνα, that...may)
아무 장애가 —— 없게 하려 함이로라
/복음에
/그리스도의

13 너희가 **알지 못하느냐?**
/성전의 일을 하는 이들은
성전에서 나는 것을 먹으며
/제단을 모시는 이들은
제단과 함께 나누는 것을 〈먹음을〉

14 주께서도 **명하셨느니라**
/이와 같이(οὕτως)
/복음 전하는 자들이
복음으로 말미암아 살리라

가지고 갈며 곡식 떠는 자는 함께 얻을 소망을 가지고 떠
는 것이라 11 우리가 너희에게 신령한 것을 뿌렸은즉 너
희 육신의 것을 거두기로 과하다 하겠느냐 12 다른 이들
도 너희에게 이런 권을 가졌거든 하물며 우리일까보냐 그
러나 우리가 이 권을 쓰지 아니하고 범사에 참는 것은 그
리스도의 복음에 아무 장애가 없게 하려 함이로다 13 성
전의 일을 하는 이들은 성전에서 나는 것을 먹으며 제단을
모시는 이들은 제단과 함께 나누는 것을 너희가 알지 못하
느냐 14 이와 같이 주께서도 복음 전하는 자들이 복음으
로 말미암아 살리라 명하셨느니라

thresher to thresh in hope of sharing the crops. 11 If we sowed
spiritual things in you, is it too much if we should reap material
things from you? 12 If others share the right over you,
do we not more? Nevertheless, we did not use this right,
but we endure all things, that we may cause no hindrance
to the gospel of Christ. 13 Do you not know that those
who perform sacred services eat the food of the temple,
and those who attend regularly to the altar have their
share with the altar? 14 So also the Lord directed those
who proclaim the gospel to get their living from the gospel.

15 그러나
내가 쓰지 아니하였고
/이것을
/하나도
또
쓰는 것은
/이 말을
//(목적: ἵνα, for)
내게 이같이 하여 달라는 것이 아니라
//(이유: γάρ, for)
내가 차라리 죽을지언정
누구든지 ——헛된 데로 돌리지 못하게 하리라
/내 자랑하는 것을
16 //(이유: γάρ, for)
[비록: ἐὰν, if]
내가 복음을 전할지라도
자랑할 것이 없음은
//(이유: γάρ, for)
[그것은] —— 할 일임이라
/내가 부득불
//(이유: γάρ, for)
만일(ἐὰν, if)
[내가] 복음을 전하지 아니하면
내게 화가 있을 것임이로라
17 //(이유: γάρ, for)[8]
[만일: εἰ, if]
내가 —— 행하면
/이것을
/임의로
[내가] —— 얻으려니와
/상을
//[만일: εἰ, if]
[내가] —— 임의로 아니한다 할지라도
나는 —— 맡았노라
/직분을
18 그런즉
내 상이 무엇이냐?
이것이로라(ἵνα, just this)
/내가 —— 복음을 전할 때에
└ 전하고
/값없이
//목적: εἰς+목적격)

8) 문장이 마침. 그리고 문맥상 자랑할 것이 없는 이유로 보는 쪽이 더 자연스러움

15 그러나 내가 이것을 하나도 쓰지 아니하였고 또 이 말
을 쓰는 것은 내게 이같이 하여 달라는 것이 아니라 내가
차라리 죽을지언정 누구든지 내 자랑하는 것을 헛된 데로
돌리지 못하게 하리라 16 내가 복음을 전할지라도 자랑할
것이 없음은 내가 부득불 할 일임이라 만일 복음을 전하지
아니하면 내게 화가 있을 것임이로라 17 내가 내 임의로
이것을 행하면 상을 얻으려니와 임의로 아니한다 할지라도
나는 직분을 맡았노라 18 그런즉 내 상이 무엇이냐 내가
복음을 전할 때에 값없이 전하고 복음으로 인하여 내게 있
는 권을 다 쓰지 아니하는 이것이로라

15 But I have used none of these things. And I am not
writing these things that it may be done so in my case;
for it would be better for me to die than have any man
make my boast an empty one. 16 For if I preach the
gospel, I have nothing to boast of, for I am under compulsion;
for woe is me if I do not preach the gospel. 17 For if I
do this voluntarily, I have a reward; but if against my
will, I have a stewardship entrusted to me. 18 What then
is my reward? That, when I preach the gospel, I may
offer the gospel without charge, so as not to make full
use of my right in the gospel. 19 ¶ For though I am free
from all men, I have made myself a slave to all, that I

//목적: εἰς+목적격)
[내가] — 다 쓰지 아니하는
/내게 있는 권을
/복음으로 인하여(=안에서)

19 (강조: γάρ, for)
[비록: though]
내가 자유하였으나
/모든 사람에게
[내가] **종이 된 것은**
/스스로
/모든 사람에게

//(목적: ἵνα, that...may)
[내가] — 얻고자 함이라
/더 많은 사람을

20 내가 **유대인과 같이 된 것은**
/유대인들에게는

//(목적: ἵνα, that...may)
[내가] — 얻고자 함이요
/유대인들을

[비록: though]
내가 율법 아래 있지 아니하나
율법 아래 있는 자같이 된 것은
/율법 아래 있는 자들에게는

//(목적: ἵνα, that...may)
[내가] — 얻고자 함이요
/율법 아래 있는 자들을

21 [비록: though]
내가 율법 없는 자가 아니요
/하나님께는
도리어 있는 자나
/그리스도의 율법 아래

[내가] **율법 없는 자와 같이 된 것은**
/율법 없는 자에게는

//(목적: ἵνα, that...may)
[내가] — 얻고자 함이라
/율법 없는 자들을

22 내가 **약한 자와 같이 된 것은**
/약한 자들에게는

//(목적: ἵνα, that...may)
[내가] — 얻고자 함이요
/약한 자들을

고전

19 내가 모든 사람에게 자유하였으나 스스로 모든 사람에
게 종이 된 것은 더 많은 사람을 얻고자 함이라 20 유대인
들에게는 내가 유대인과 같이 된 것은 유대인들을 얻고자
함이요 율법 아래 있는 자들에게는 내가 율법 아래 있지
아니하나 율법 아래 있는 자같이 된 것은 율법 아래 있는
자들을 얻고자 함이요 21 율법 없는 자에게는 내가 하나
님께는 율법 없는 자가 아니요 도리어 그리스도의 율법 아
래 있는 자나 율법 없는 자와 같이 된 것은 율법 없는 자
들을 얻고자 함이라 22 약한 자들에게는 내가 약한 자와
같이 된 것은 약한 자들을 얻고자 함이요 여러 사람에게

might win the more. 20 And to the Jews I became as a
Jew, that I might win Jews; to those who are under the
Law, as under the Law, though not being myself under
the Law, that I might win those who are under the Law;
21 to those who are without law, as without law, though
not being without the law of God but under the law of
Christ, that I might win those who are without law. 22
To the weak I became weak, that I might win the weak;
I have become all things to all men, that I may by all
means save some. 23 And I do all things for the sake of

내가 **여러 모양이 된 것은**
/여러 사람에게

//(목적: ἵνα, that...may)
[내가] ——— 구원코자 함이니
/몇몇 사람들을
/아무쪼록

23 내가 **행함은**
/모든 것을
/복음을 위하여

//(목적: ἵνα, that...may)
복음에 참여하고자 함이라

24 너희가 **알지 못하느냐?**
/달음질하는 자들이 다 달아날지라도
/운동장에서
/오직 상 얻는 자는 하나인 줄을

너희도 **달음질하라**
/이와 같이

//(목적: ἵνα, that...may)
[너희도] ——— 얻도록

25 자마다 **절제하나니**
/이기기를 다투는 /모든 일에

저희는 **하되**

//(목적: ἵνα, that...may)
썩을 면류관을 얻고자

우리는 **하노라**

//(목적: ἵva, that...may)
썩지 아니할 것을 얻고자

26 그러므로
내가 **아니하고**
/달음질하기를
/향방 없는 것같이

아니하여
/싸우기를
/허공을 치는 것같이

27 내가 **쳐**
/내 몸을
복종하게 함은

//(목적: μή πως, lest ...should)

내가 여러 모양이 된 것은 아무쪼록 몇몇 사람들을 구원코자 함이니 23 내가 복음을 위하여 모든 것을 행함은 복음에 참예하고자 함이라 24 운동장에서 달음질하는 자들이 다 달아날지라도 오직 상 얻는 자는 하나인 줄을 너희가 알지 못하느냐 너희도 얻도록 이와 같이 달음질하라 25 이기기를 다투는 자마다 모든 일에 절제하나니 저희는 썩을 면류관을 얻고자 하되 우리는 썩지 아니할 것을 얻고자 하노라 26 그러므로 내가 달음질하기를 향방 없는 것같이 아니하고 싸우기를 허공을 치는 것같이 아니하여 27 내가 내 몸을 쳐 복종하게 함은 내가 남에게 전파한 후에 자기가 도리어 버림이 될까 두려워함이로라

the gospel, that I may become a fellow partaker of it. 24 ¶ Do you not know that those who run in a race all run, but only one receives the prize? Run in such a way that you may win. 25 And everyone who competes in the games exercises self-control in all things. They then do it to receive a perishable wreath, but we an imperishable. 26 Therefore I run in such a way, as not without aim; I box in such a way, as not beating the air; 27 but I buffet my body and make it my slave, lest possibly, after I have preached to others, I myself should be disqualified.

//(목적: μή πως, lest ...should)
내가 남에게 전파한 후에
자기가 도리어 버림이 될까(=버림이 되지 않기 위해)
(두려워함이로라)

10

1 형제들아!
내가 **원치 아니하노니**
/너희가 알지 못하기를
/조상들이 — 있고
/우리 /구름 아래
/다
— 지나며
/바다 가운데로
2 /다 — 세례를 받고
/구름과 바다에서
/모세에게 속하여
3 /다 — 먹으며
/식물을
/신령한
/같은
4 /다 — 마셨으니
/음료를
/신령한
/같은

//이는(이유: γάρ, for)
[그들이] — 마셨으매
/반석으로부터
/신령한
/저희를 따르는
/그 반석은 곧 그리스도시라

5 그러나
하나님이 **기뻐하지 아니하신 고로**
/다수를
/저희의

//(이유: γάρ, for)
저희가 — 멸망을 받았느니라
/광야에서

6 그런 일은 — **우리의 거울이 되어**

//(목적: εἰς + 목적격, to부정사)

고전

10:1 형제들아 너희가 알지 못하기를 내가 원치 아니
하노니 우리 조상들이 다 구름 아래 있고 바다 가운
데로 지나며 2 모세에게 속하여 다 구름과 바다에서 세례
를 받고 3 다 같은 신령한 식물을 먹으며 4 다 같은 신령
한 음료를 마셨으니 이는 저희를 따르는 신령한 반석으로
부터 마셨으매 그 반석은 곧 그리스도시라 5 그러나 저희
의 다수를 하나님이 기뻐하지 아니하신고로 저희가 광야에
서 멸망을 받았느니라 6 그런 일은 우리의 거울이 되어 우

10:1 ¶ For I do not want you to be unaware, brethren,
that our fathers were all under the cloud, and all
passed through the sea; 2 and all were baptized into Moses
in the cloud and in the sea; 3 and all ate the same spiritual
food; 4 and all drank the same spiritual drink, for they
were drinking from a spiritual rock which followed them;
and the rock was Christ. 5 Nevertheless, with most of
them God was not well-pleased; for they were laid low
in the wilderness. 6 Now these things happened as examples
for us, that we should not crave evil things, as they also craved.

//(목적: εἰς + 목적격, to부정사)
우리로 하여금 즐겨하는 자가 되지 않게 하려 함이니
/저희가 악을 즐겨한 것같이

7 너희는 **우상 숭배하는 자가 되지 말라**
/어떤 이들과 같이(καθώς)
/저희 중에
/기록된 바...함과 같으니라
/백성이 —— 앉아서
//(목적)
먹고
마시며
일어나서
//(목적)
뛰논다

8 우리는 **간음하지 말자**
/어떤 이들이 —— 간음하다가
/저희 중에
죽었나니(죽은 것처럼, καθώς)
/이만 삼천 명이
/하루에

9 우리는 **시험하지 말자**
/어떤 이들이 —— 시험하다가
/저희 중에
/주를
멸망하였나니(...같이, καθώς)
/뱀에게

10 너희는 **원망하지 말라**
/어떤 이들이 —— 원망하다가
/저희 중에
멸망하였나니(...같이, καθώς)
/멸망시키는 자에게

11 이런 일이 **당한(=일어났다)**
/저희에게
/거울이(=거울로) (되고)
또한
[그들이] **기록하였느니라**
/경계로
/우리의
/말세를 만난

12 그런즉
생각하는 자는 **조심하라**
/선 줄로
/넘어질까(=넘어지지 않도록)

리로 하여금 저희가 악을 즐겨한 것같이 즐겨하는 자가 되
지 않게 하려 함이니 7 저희 중에 어떤 이들과 같이 너희
는 우상 숭배하는 자가 되지 말라 기록된 바 백성이 앉아
서 먹고 마시며 일어나서 뛰논다 함과 같으니라 8 저희 중
에 어떤 이들이 간음하다가 하루에 이만삼천 명이 죽었나
니 우리는 저희와 같이 간음하지 말자 9 저희 중에 어떤
이들이 주를 시험하다가 뱀에게 멸망하였나니 우리는 저희
와 같이 시험하지 말자 10 저희 중에 어떤 이들이 원망하
다가 멸망시키는 자에게 멸망하였나니 너희는 저희와 같이
원망하지 말라 11 저희에게 당한 이런 일이 거울이 되고
또한 말세를 만난 우리의 경계로 기록하였느니라 12 그런
즉 선 줄로 생각하는 자는 넘어질까 조심하라

7 And do not be idolaters, as some of them were; as it
is written, "The people sat down to eat and drink, and
stood up to play." 8 Nor let us act immorally, as some
of them did, and twenty-three thousand fell in one day. 9
Nor let us try the Lord, as some of them did, and were destroyed
by the serpents. 10 Nor grumble, as some of them did,
and were destroyed by the destroyer. 11 Now these things
happened to them as an example, and they were written
for our instruction, upon whom the ends of the ages have
come. 12 Therefore let him who thinks he stands take

13 당한 것이 **없나니**
/너희에게
/사람이 감당할 시험밖에는

오직
하나님은 **미쁘사**
허락지 아니하시고
/너희가 감당치 못할 시험당함을
또한 내사
/피할 길을
/시험당할 즈음에(=시험과 함께)

//(목적: 부정사)
너희로 능히 감당하게 하시느니라

14 그런즉
사랑하는 자들아!
/내
[너희는] **피하라**
/우상 숭배하는 일을

15 나는 **하노니(=말한다)**
/지혜 있는 자들에게 말함과 같이

너희는 **판단하라**
/말을
/내 이르는
/스스로

16 축복의 잔은 **참여함이 아니며?**
/우리가 축복하는 바 /그리스도의 피에

떡은 **참여함이 아니냐?**
/우리가 떼는 /그리스도의 몸에

17 우리가 **한 몸이니**[10)]
/많은

//(이유: ὅτι, because)
떡이 ——— 하나요

//이는(이유: γάρ, for)[11)]
우리가 ——— 참여함이라
/다 /한 떡에(=그 한 떡으로부터)

18 [너희는] **보라**
/이스라엘을
/육신을 따라 난

먹는 자들이 **참여하는 자들이 아니냐?**
/제물을 /제단에

19 그런즉
내가 무엇을 **말하느뇨**?

10) 도치된 문장으로 본다. 역본들이 일반적으로 이런 구문을 인정한다. 이유를 말하는 종속문장이 앞으로 나갔다. 주문장은 '우리가 한 몸이다'이다. 왜 한 몸인가? 첫째, 떡이 하나이기 때문이다. 둘째, 우리가 한 떡으로부터 참여하기 때문이다.

11) 종속문장이 병렬인 이유는 도치되;어 접속사가 앞으로 나갔기 때문에 의미 지배력을 상실했다. 그래서 부득불 접속사를 기록해야 했을 것이다. 특별한 경우이다. 기억해 두고 다른 예를 찾아보자.

13 사람이 감당할 시험 밖에는 너희에게 당한 것이 없나
니 오직 하나님은 미쁘사 너희가 감당치 못할 시험 당함을
허락지 아니하시고 시험 당할 즈음에 또한 피할 길을 내사
너희로 능히 감당하게 하시느니라 14 그런즉 내 사랑하는
자들아 우상 숭배하는 일을 피하라 15 나는 지혜있는 자
들에게 말함과 같이 하노니 너희는 내 이르는 말을 스스로
판단하라 16 우리가 축복하는 바 축복의 잔은 그리스도의
피에 참예함이 아니며 우리가 떼는 떡은 그리스도의 몸에
참예함이 아니냐 17 떡이 하나요 많은 우리가 한 몸이니
이는 우리가 다 한 떡에 참예함이라 18 육신을 따라 난 이

heed lest he fall. 13 No temptation has overtaken you
but such as is common to man; and God is faithful, who
will not allow you to be tempted beyond what you are
able, but with the temptation will provide the way of
escape also, that you may be able to endure it. 14 Therefore,
my beloved, flee from idolatry. 15 I speak as to wise
men; you judge what I say. 16 Is not the cup of blessing
which we bless a sharing in the blood of Christ? Is not
the bread which we break a sharing in the body of Christ?
17 Since there is one bread, we who are many are one
body; for we all partake of the one bread. 18 Look at
the nation Israel; are not those who eat the sacrifices

우상의 제물은 **무엇이며?**
우상은 **무엇이라 하느뇨?**

20 대저
제사하는 것은 **귀신에게 하는 것이요**
/이방인의
하나님께 제사하는 것이 아니니

나는 **원치 아니하노라**
/너희가 귀신과 교제하는 자 되기를

21 너희가 **마시지 못하고**
/주의 잔과 귀신의 잔을 겸하여
참여치 못하리라
/주의 상과 귀신의 상에 겸하여

22 그러면
우리가 주를 **노여워하시게 하겠느냐?**
우리가 주보다 **강한 자냐?**

고전

23 모든 것이 **가하나**
모든 것이 **유익한 것이 아니요**
모든 것이 **가하나**
모든 것이 **덕을 세우는 것이 아니니**
24 누구든지 **구치 말고**
/자기의 유익을
구하라
/남의 유익을

25 [너희는] **먹으라**
/무릇 시장에서 파는 것은(=을)
/묻지 말고
/양심을 위하여

26 //이는(이유: γάρ, for)
땅과 거기 충만한 것이 주의 것임이니라

27 [만일: εἴ]
누가 청하매
/불신자 중 /너희를

너희가 가고자 하거든(if, 조건절)

차려 놓은 것은 **먹으라**
/너희 앞에 /묻지 말고
/무엇이든지 /양심을 위하여

스라엘을 보라 제물을 먹는 자들이 제단에 참예하는 자들
이 아니냐 19 그런즉 내가 무엇을 말하느뇨 우상의 제물
은 무엇이며 우상은 무엇이라 하느뇨 20 대저 이방인의
제사하는 것은 귀신에게 하는 것이요 하나님께 제사하는
것이 아니니 나는 너희가 귀신과 교제하는 자 되기를 원치
아니하노라 21 너희가 주의 잔과 귀신의 잔을 겸하여 마
시지 못하고 주의 상과 귀신의 상에 겸하여 참예치 못하리
라 22 그러면 우리가 주를 노여워하시게 하겠느냐 우리가
주보다 강한 자냐 23 모든 것이 가하나 모든 것이 유익한
것이 아니요 모든 것이 가하나 모든 것이 덕을 세우는 것
이 아니니 24 누구든지 자기의 유익을 구치 말고 남의 유
익을 구하라 25 무릇 시장에서 파는 것은 양심을 위하여
묻지 말고 먹으라 26 이는 땅과 거기 충만한 것이 주의 것
임이니라 27 불신자 중 누가 너희를 청하매 너희가 가고

sharers in the altar? 19 What do I mean then? That a
thing sacrificed to idols is anything, or that an idol is anything?
20 No, but I say that the things which the Gentiles sacrifice,
they sacrifice to demons, and not to God; and I do not
want you to become sharers in demons. 21 You cannot
drink the cup of the Lord and the cup of demons; you
cannot partake of the table of the Lord and the table of demons.
22 Or do we provoke the Lord to jealousy? We are not stronger
than He, are we? 23 ¶ All things are lawful, but not all
things are profitable. All things are lawful, but not all
things edify. 24 Let no one seek his own good, but that
of his neighbor. 25 Eat anything that is sold in the meat market,
without asking questions for conscience' sake; 26 for the earth
is the Lords, and all it contains. 27 If one of the unbelievers

28 [만일, ἐὰν]
누가 말하거든
/이것이 제물이라
/너희에게
[너희는] **먹지 말라**
/알게 한 자와
및 양심을 위하여
29 양심은 **너희의 것이 아니요**
/내가 말한
남의 것이니
//(이유: γάρ, for)
어찌하여
내 자유가 ——— 판단을 받으리요
/남의 양심으로 말미암아
30 만일
내가 참여하면(if)
/감사함으로
어찌하여
내가 **비방을 받으리요**
/감사하다 하는 것에 대하여
31 그런즉
너희가 먹든지
마시든지
하든지(whether)
/무엇을
[너희는] **하라**
/다
//(목적: εἰς + 목적격,)
하나님의 영광을 위하여
32 거치는 자가 **되지 말고**
/유대인에게나
헬라인에게나
하나님의 교회에나
33 /나와 같이 ——기쁘게 하여[12)]
/모든 사람을
/모든 일에
/나의 유익을 구치 아니하고
많은 사람의 유익을 구하여
//(목적: ἵνα, that...may)
저희로 구원을 얻게 하라

12) 직역 : 내가 모든 일에 모든 사람을 기쁘게 한 것처럼

고전

자 하거든 너희 앞에 무엇이든지 차려 놓은 것은 양심을
위하여 묻지 말고 먹으라 28 누가 너희에게 이것이 제물
이라 말하거든 알게 한 자와 및 양심을 위하여 먹지 말라
29 내가 말한 양심은 너희의 것이 아니요 남의 것이니 어
찌하여 내 자유가 남의 양심으로 말미암아 판단을 받으리
요 30 만일 내가 감사함으로 참예하면 어찌하여 내가 감
사하다 하는 것에 대하여 비방을 받으리요 31 그런즉 너
희가 먹든지 마시든지 무엇을 하든지 다 하나님의 영광을
위하여 하라 32 유대인에게나 헬라인에게나 하나님의 교
회에나 거치는 자가 되지 말고 33 나와 같이 모든 일에 모
든 사람을 기쁘게 하여 나의 유익을 구치 아니하고 많은
사람의 유익을 구하여 저희로 구원을 얻게 하라

invites you, and you wish to go, eat anything that is set
before you, without asking questions for conscience' sake.
28 But if anyone should say to you, "This is meat
sacrificed to idols," do not eat it, for the sake of the one
who informed you, and for conscience' sake; 29 I mean
not your own conscience, but the other mans; for why is
my freedom judged by another's conscience? 30 If I
partake with thankfulness, why am I slandered concerning
that for which I give thanks? 31 Whether, then, you eat
or drink or whatever you do, do all to the glory of God.
32 Give no offense either to Jews or to Greeks or to the church
of God; 33 just as I also please all men in all things, not
seeking my own profit, but the profit of the many, that
they may be saved.

11

1 너희는 **본받는 자 되라**
/나를
/내가 그리스도를 본받는 자 된 것같이

2 [내가] **칭찬하노라**
/너희를

//(이유: ὅτι, because)
너희가 ——— 기억하고
/나를
/모든 일에

//또
너희가 ——— 지키므로
/그 유전을
/내가 너희에게 전하여 준 대로

3 그러나
나는 **원하노니**
/너희가 알기를
/머리는 ——— 그리스도요
/남자의
머리는 ——— 남자요
/여자의
머리는 ——— 하나님이시라
/그리스도의

4 무릇 남자로서 **욕되게 하는 것이요**
/기도나 /그 머리를
예언을 하는 자는
/쓰고
/머리에 무엇을

5 무릇 여자로서 **욕되게 하는 것이니**
/기도나 /그 머리를
/예언을 하는 자는
/벗고
/머리에 쓴 것을

//이는(이유: γάρ, for)
머리 민 것과 다름이 없음이니라

6 만일[13]
여자가 머리에 쓰지 않거든
깎을 것이요

만일
깎거나 미는 것이 여자에게 부끄러움이 되거든
쓸지니라

7 //(이유: γάρ, for)

13) 강조형 γάρ

11:1 내가 그리스도를 본받는 자 된 것같이 너희는 나
를 본받는 자 되라 2 너희가 모든 일에 나를 기억하
고 또 내가 너희에게 전하여 준 대로 그 유전을 너희가 지
키므로 너희를 칭찬하노라 3 그러나 나는 너희가 알기를
원하노니 각 남자의 머리는 그리스도요 여자의 머리는 남
자요 그리스도의 머리는 하나님이시라 4 무릇 남자로서
머리에 무엇을 쓰고 기도나 예언을 하는 자는 그 머리를
욕되게 하는 것이요 5 무릇 여자로서 머리에 쓴 것을 벗고
기도나 예언을 하는 자는 그 머리를 욕되게 하는 것이니
이는 머리 민 것과 다름이 없음이니라 6 만일 여자가 머리
에 쓰지 않거든 깎을 것이요 만일 깎거나 미는 것이 여자
에게 부끄러움이 되거든 쓸지니라

11:1 Be imitators of me, just as I also am of Christ. 2
Now I praise you because you remember me in everything, and hold firmly to the traditions, just as I delivered them to you. 3 But I want you to understand that Christ is the head of every man, and the man is the head of a woman, and God is the head of Christ. 4 Every man who has something on his head while praying or prophesying, disgraces his head. 5 But every woman who has her head uncovered while praying or prophesying, disgraces her head; for she is one and the same with her whose head is shaved. 6 For if a woman does not cover her head, let her also have her hair cut off; but if it is disgraceful for

7 //(이유: γάρ, for)
남자는 —— 마땅히 쓰지 않거니와
/그 머리에
형상과 영광이니
/하나님의
여자는 —— 영광이니라
/남자의

8 //(이유: γάρ, for)
남자가 —— 난 것이 아니요
/여자에게서
여자가 —— 났으며
/남자에게서

9 //또(연속되는 이유: γάρ, for)
남자가 —— 지음을 받지 아니하고
/여자를 위하여
여자가 —— 지음을 받은 것이니
/남자를 위하여

10 이러므로(διὰ τοῦτο)
여자는 **둘지니라**
/(권세 아래 있는)표를
/그 머리 위에

//(이유: διὰ + 목적격, because of)
천사들을 인하여

11 그러나
여자만 **있지 않고**
/남자 없이
/주 안에는
남자만 **있지 아니하니라**
/여자 없이

12 //(이유: γάρ, for)
남자도 —— 났으나
/여자로 말미암아
/여자가 남자에게서 난 것같이
모든 것이 —— 났느니라
/하나님에게서

13 [너희는] **판단하라**
/스스로
/너희 [안에서]
여자가 쓰지 않고 하나님께 기도하는 것이 **마땅하냐?**[14)]

14) 스스로 강조해야 할 내용으로 수식부가 될 수도 있다. 그러나 본문은 이 문장을 강조하여 드러내고 있기 때문에 강조적인 문장으로 주문장 처리했다.

고전

7 남자는 하나님의 형상과 영광이니 그 머리에 마땅히 쓰지 않거니와 여자는 남자의 영광이니라 8 남자가 여자에게서 난 것이 아니요 여자가 남자에게서 났으며 9 또 남자가 여자를 위하여 지음을 받지 아니하고 여자가 남자를 위하여 지음을 받은 것이니 10 이러므로 여자는 천사들을 인하여 권세 아래 있는 표를 그 머리 위에 둘지니라 11 그러나 주 안에는 남자 없이 여자만 있지 않고 여자 없이 남자만 있지 아니하니라 12 여자가 남자에게서 난 것같이 남자도 여자로 말미암아 났으나 모든 것이 하나님에게서 났느니라 13 너희는 스스로 판단하라 여자가 쓰지 않고 하나님께 기도하는 것이 마땅하냐

a woman to have her hair cut off or her head shaved, let her cover her head. 7 For a man ought not to have his head covered, since he is the image and glory of God; but the woman is the glory of man. 8 For man does not originate from woman, but woman from man; 9 for indeed man was not created for the woman's sake, but woman for the man's sake. 10 Therefore the woman ought to have a symbol of authority on her head, because of the angels. 11 However, in the Lord, neither is woman independent of man, nor is man independent of woman. 12 For as the woman originates from the man, so also the man has his birth through the woman; and all things originate from God. 13 Judge for yourselves: is it proper for a woman to pray to God with head uncovered? 14 Does not even

14 본성이 **가르치지 아니하느냐?**
/너희에게
/만일 남자가 긴 머리가 있으면
자기에게 욕되는 것을

15 만일
여자가 긴 머리가 있으면(if)
자기에게 **영광이 되나니?**[15)]

//(이유: γάρ, for)
긴 머리는 ——— 주신 연고니라
/쓰는 것을 대신하여

16 [만일]
변론하려는 태도를 가진 자가 있을지라도[16)]
[우리는] **없느니라**
/이런 규례가(=를)
/우리에게나
하나님의 모든 교회에는

고전

17 [내가] **칭찬하지 아니하나니**
/이 일에
/내가 명하는
/(너희를)

//이는(이유: ὅτι, because)
저희의(너희가) 모임이(=모인다)
/유익이 못되고
도리어 해로움이라

18 //(이유: γάρ, for)
첫째는
[내가] ——— 듣고
/너희가 교회에 모일 때에
너희 중에 분쟁이 있다 함을
믿노니
/대강

19 //(이유: γάρ, for)
너희 중에 편당이 있어야

//(목적: ἵνα, in order that ... may)
옳다 인정함을 받은 자들이 나타나게 되리라
/너희 중에

15) 원문은 의문문으로 되어 있다. "그것은 그녀에게 영광인가?"

16) 직역 : "만일 어떤 사람이 변론하려고 생각한다면"

14 만일 남자가 긴 머리가 있으면 자기에게 욕되는 것을
본성이 너희에게 가르치지 아니하느냐 15 만일 여자가 긴
머리가 있으면 자기에게 영광이 되나니 긴 머리는 쓰는 것
을 대신하여 주신 연고니라 16 변론하려는 태도를 가진
자가 있을지라도 우리에게나 하나님의 모든 교회에는 이런
규례가 없느니라 17 내가 명하는 이 일에 너희를 칭찬하
지 아니하나니 이는 저희의 모임이 유익이 못되고 도리어
해로움이라 18 첫째는 너희가 교회에 모일 때에 너희 중
에 분쟁이 있다 함을 듣고 대강 믿노니 19 너희 중에 편당
(遍黨)이 있어야 너희 중에 옳다 인정함을 받은 자들이 나
타나게 되리라

nature itself teach you that if a man has long hair, it is a
dishonor to him, 15 but if a woman has long hair, it is a
glory to her? For her hair is given to her for a covering.
16 But if one is inclined to be contentious, we have no
other practice, nor have the churches of God. 17 But in giving
this instruction, I do not praise you, because you come together
not for the better but for the worse. 18 For, in the first
place, when you come together as a church, I hear that divisions
exist among you; and in part, I believe it. 19 For there
must also be factions among you, in order that those who
are approved may have become evident among you. 20
Therefore when you meet together, it is not to eat the

20 그런즉
너희가 함께 모여서(상황절, when)[17]
[너희가] **먹을 수 없으니**[18)]
/주의 만찬을

21 //이는(이유:γάρ, for)
각각 ——— 먼저 갖다 먹으므로
/자기의 만찬을
/먹을 때에

//(의미상의 결과)
어떤 이는 시장하고
어떤 이는 취함이라

22 너희가 **집이 없느냐?**
/먹고 마실
너희가 **업신여기고**
/하나님의 교회를
부끄럽게 하느냐?
/빈궁한 자들을
내가 **무슨 말을 하랴?**
/너희에게
칭찬하랴?
/너희를
칭찬하지 않노라
/이것으로

23 //(이유: γάρ, for)
내가 ——— 받은 것이니
/주께
/[내가] 너희에게 전한 것은(=것을)

//곧(동격/설명)
예수께서 ——— 가지사
/주
/떡을
/[그] 밤에
/잡히시던
24 축사하시고
떼어
가라사대... 하시고
/이것은 ——— 내 몸이니
/너희를 위하는
[너희는] ——— 행하여
/이것을
/나를 기념하라[19)]

25 또한

고전

17) "너희가"는 의미상의 주어이다.

18) 직역하면 다음과 같은 구조가 나온다.
그것은 ——— **주의 만찬이 아니다**
/(너희가) 먹을

19) 직역 : 나에 대한 기념 가운데, 나를 기념하면서 (기념을 위해)

20 그런즉 너희가 함께 모여서 주의 만찬을 먹을 수 없으
니 21 이는 먹을 때에 각각 자기의 만찬을 먼저 갖다 먹으
므로 어떤 이는 시장하고 어떤 이는 취함이라 22 너희가
먹고 마실 집이 없느냐 너희가 하나님의 교회를 업신여기
고 빈궁한 자들을 부끄럽게 하느냐 내가 너희에게 무슨 말
을 하랴 너희를 칭찬하랴 이것으로 칭찬하지 않노라 23
내가 너희에게 전한 것은 주께 받은 것이니 곧 주 예수께
서 잡히시던 밤에 떡을 가지사 24 축사하시고 떼어 가라
사대 이것은 너희를 위하는 내 몸이니 이것을 행하여 나를
기념하라 하시고

Lord's Supper, 21 for in your eating each one takes his
own supper first; and one is hungry and another is drunk.
22 What! Do you not have houses in which to eat and
drink? Or do you despise the church of God, and shame
those who have nothing? What shall I say to you? Shall
I praise you? In this I will not praise you. 23 For I
received from the Lord that which I also delivered to you,
that the Lord Jesus in the night in which He was betrayed
took bread; 24 and when He had given thanks, He broke
it, and said, "This is My body, which is for you; do this
in remembrance of Me." 25 In the same way He took
the cup also, after supper, saying, "This cup is the new

25 또한
([그가] — 가지시고)[20]
/잔을
/식후에
/이와 같이
가라사대...하셨으니
/이 잔은 — 새 언약이니
/내 피로 세운
[너희는] — 행하여
/이것을
/마실 때마다
/나를 기념하라(=기념하기 위해 나의 기념을 위해)

26 //(이유: γάρ, for)
너희가 — 먹으며
/이 떡을
마실 때마다
/이 잔을
[너희는] — 전하는 것이니라
/주의 죽으심을
/오실 때까지

27 그러므로
누구든지
먹고
마시는 자는
/주의 떡이나
[주의] 잔을
/합당치 않게

죄가 있느니라
/주의 몸과 피를 범하는

28 사람이
살피고
/자기를
그 후에야
[그는]
먹고
/이 떡을
마실지니
/이 잔을

29 //(이유: γάρ, for)
먹고
마시는 자는 — 먹고
마시는 것이니라
/분변치 못하고
/주의 몸을
/죄를
/자기의

고전

20) 동사를 앞 문장과 공유한다.

25 식후에 또한 이와 같이 잔을 가지시고 가라사대 이 잔
은 내 피로 세운 새 언약이니 이것을 행하여 마실 때마다
나를 기념하라 하셨으니 26 너희가 이 떡을 먹으며 이 잔
을 마실 때마다 주의 죽으심을 오실 때까지 전하는 것이니
라 27 그러므로 누구든지 주의 떡이나 잔을 합당치 않게
먹고 마시는 자는 주의 몸과 피를 범하는 죄가 있느니라
28 사람이 자기를 살피고 그 후에야 이 떡을 먹고 이 잔을
마실지니 29 주의 몸을 분변치 못하고 먹고 마시는 자는
자기의 죄를 먹고 마시는 것이니라

covenant in My blood; do this, as often as you drink it,
in remembrance of Me." 26 For as often as you eat this
bread and drink the cup, you proclaim the Lord's death
until He comes. 27 Therefore whoever eats the bread or drinks
the cup of the Lord in an unworthy manner, shall be guilty
of the body and the blood of the Lord. 28 But let a man
examine himself, and so let him eat of the bread and drink
of the cup. 29 For he who eats and drinks, eats and drinks
judgment to himself, if he does not judge the body rightly.
30 For this reason many among you are weak and sick,

30 이러므로
약한 자와 ──┐
병든 자가 ──┴──── **많고**
/너희 중에
잠자는 자도 **적지 아니하니**

31 [만일, if]
우리가 살폈으면
/우리를
[우리가] **판단을 받지 아니하려니와**

32 우리가 판단을 받는 것은 **징계를 받는 것이니**
/주께

//이는(목적: ἵνα, so that ...may)
우리로(=가) ──── 죄 정함을 받지 않게 하려 하심이라
/세상과 함께

33 그런즉
내 형제들아!
먹으러 모일 때에
[너희는] **기다리라**
/서로

34 만일
누구든지 시장하거든
[그는] **먹을지니**
/집에서

//이는(목적: ἵνα, so that ... may)
너희의(가) ──── 모임이 되지 않게 하려 함이라
/판단받는

내가 **귀정하리라**
/그 남은 것은(=을)
/언제든지 갈 때에

고전

12

1 형제들아!
내가 **원치 아니하노니**
/너희의 알지 못하기를
/신령한 것에 대하여는

2 너희도 **알거니와**
/너희가 이방인으로 있을 때에
[너희가] ─ 끌려갔느니라[21)]
/우상에게로
/말 못하는
/끄는 그대로

21) NA27에는 분사 앞에 윗점이 있다. 그래서 이 부분을 사이로 두 문장으로 나눈다. 그래서 분사가 주동사 역할을 한다. 앞에 있는 동사는 접속사 ὡς가 이끄는 동사이다. 두개의 동사가 연속하기 때문에 뒤에 오는 동사를 분사처리 했다.

30 이러므로 너희 중에 약한 자와 병든 자가 많고 잠자는
자도 적지 아니하니 31 우리가 우리를 살폈으면 판단을
받지 아니하려니와 32 우리가 판단을 받는 것은 주께 징
계를 받는 것이니 이는 우리로 세상과 함께 죄 정함을 받
지 않게 하려 하심이라 33 그런즉 내 형제들아 먹으러 모
일 때에 서로 기다리라 34 만일 누구든지 시장하거든 집
에서 먹을지니 이는 너희의 판단 받는 모임이 되지 않게
하려 함이라 그 남은 것은 내가 언제든지 갈 때에 귀정하
리라

12:1 형제들아 신령한 것에 대하여는 내가 너희의 알
지 못하기를 원치 아니하노니 2 너희도 알거니와

and a number sleep. 31 But if we judged ourselves rightly,
we should not be judged. 32 But when we are judged,
we are disciplined by the Lord in order that we may not
be condemned along with the world. 33 So then, my
brethren, when you come together to eat, wait for one another.
34 If anyone is hungry, let him eat at home, so that you
may not come together for judgment. And the remaining
matters I shall arrange when I come.

12:1 ¶ Now concerning spiritual gifts, brethren, I do
not want you to be unaware. 2 You know that when

3 그러므로
내가 **알게 하노니**
/너희에게
/말하는 자는 —— 하지 않고(=말하지 않고)
/하나님의 영으로 /예수를(=는) 저주할 자라
/누구든지
/또 [만일, εἰ]
성령으로 아니하고는(조건절)
누구든지 —— 할 수 없느니라(=말할 수 없다)
/예수를(=는) 주시라

4 은사는 **여러 가지나**[22)]
성령은 **같고**
5 직임은 **여러 가지나**
주는 **같으며**
6 또
역사는 **여러 가지나**
하나님은 **같으니**
/역사하시는
/모든 것을
/사람 가운데서
/모든

7 나타남을(=이) **주심은(=주어짐은)**
/성령의 /각 사람에게

//(목적: πρὸς + 목적격, for)
유익하게 하려 하심이라

8 //(이유: γάρ, for)
말씀을(=이) —— 주시고(=주어지고),
/지혜의 /어떤 이에게(는)
/성령으로 말미암아
말씀을(=이) —— 주시고(=주어지고),
/지식의 /어떤 이에게(는)
/같은 성령을 따라
9 //믿음(=이) —— 주시고(=주어지고),
/다른 이에게(는)
/같은 성령으로
은사를(=이) —— 주시고(=주어지고),
/병고치는 /어떤 이에게(는)
/한 성령으로
10 //행함을 —— 주시고(=주어지고),
/능력[의] /어떤 이에게(는)

22) 직역 : 은사의 여러 가지가 있다. 개역성경의 뉘앙스로도 직역의 의미가 드러나므로 개역을 가지고 문맥을 만든다.

너희가 이방인으로 있을 때에 말 못하는 우상에게로 끄는
그대로 끌려 갔느니라 3 그러므로 내가 너희에게 알게 하
노니 하나님의 영으로 말하는 자는 누구든지 예수를 저주
할 자라 하지 않고 또 성령으로 아니하고는 누구든지 예수
를 주시라 할 수 없느니라 4 은사는 여러 가지나 성령은
같고 5 직임은 여러 가지나 주는 같으며 6 또 역사는 여러
가지나 모든 것을 모든 사람 가운데서 역사하시는 하나님
은 같으니 7 각 사람에게 성령의 나타남을 주심은 유익하
게 하려 하심이라 8 어떤 이에게는 성령으로 말미암아 지
혜의 말씀을, 어떤 이에게는 같은 성령을 따라 지식의 말
씀을, 9 다른 이에게는 같은 성령으로 믿음을, 어떤 이에
게는 한 성령으로 병 고치는 은사를, 10 어떤 이에게는 능
력 행함을, 어떤 이에게는 예언함을, 어떤 이에게는 영들
분별함을,다른 이에게는 각종 방언 말함을, 어떤 이에게는

you were pagans, you were led astray to the dumb idols,
however you were led. 3 Therefore I make known to you,
that no one speaking by the Spirit of God says, "Jesus
is accursed"; and no one can say, "Jesus is Lord," except
by the Holy Spirit. 4 Now there are varieties of gifts, but
the same Spirit. 5 And there are varieties of ministries,
and the same Lord. 6 And there are varieties of effects,
but the same God who works all things in all persons. 7
But to each one is given the manifestation of the Spirit
for the common good. 8 For to one is given the word of
wisdom through the Spirit, and to another the word of
knowledge according to the same Spirit; 9 to another faith
by the same Spirit, and to another gifts of healing by the
one Spirit, 10 and to another the effecting of miracles,

//예언함을(=이) —— 〈주시고〉(=주어지고),
/어떤 이에게(는)
//분별함을(=이) —— 〈주시고〉(=주어지고),
/영들[의] /어떤 이에게는
//말함을 —— 〈주시고〉(=주어지고),
/각종 방언의 /다른 이에게는
//통역함을 —— 〈주시나니〉(=주어진다)
/방언들[의] /어떤 이에게는

11 성령이 **행하사**
/한 /이 모든 일은(=을)
/같은
/나눠 주시느니라(=나눠주심으로)
/그 뜻대로
/각 사람에게
/[제각기]

12 몸은 **하나인데,**[23]
[그것이] **있고**(=가지고 있는 것처럼)
/많은 지체가(=지체를)

몸의 지체가 **많으나**
[그것이] **한 몸임과 같이**

그리스도도 **그러하니라**

13 //(이유: γάρ, for)
우리가 —— 세례를 받아
/다 /성령으로
/유대인이나 헬라인이나[24] /한
/종이나 자유자나
//(목적: εἰς + 목적격)
한 몸이 되었고
//또
[우리가] —— 마시게 하셨느니라(=마시게 되었다)
/다 /성령을
/한

14 몸은 **한 지체뿐 아니요**[25)]
여럿이니

15 만일(ἐὰν)
발이 이르되 ...할지라도
/나는 몸에 붙지 아니하였다
//(이유: ὅτι, because)
[나는] — 손이 아니니

23) 본절에 있는 γάρ는 강조적인 용법이다.

24) 앞 문장과 뒷 문장 모두가 공유하는 조건절이다.

25) καὶ γάρ 강조적인 용법으로 보자.

고전

방언들 통역함을 주시나니 11 이 모든 일은 같은 한 성령
이 행하사 그 뜻대로 각 사람에게 나눠 주시느니라 12 몸
은 하나인데 많은 지체가 있고 몸의 지체가 많으나 한 몸
임과 같이 그리스도도 그러하니라 13 우리가 유대인이나
헬라인이나 종이나 자유자나 다 한 성령으로 세례를 받아
한 몸이 되었고 또 다 한 성령을 마시게 하셨느니라 14 몸
은 한 지체뿐 아니요 여럿이니 15 만일 발이 이르되 나는
손이 아니니 몸에 붙지 아니하였다 할지라도 이로 인하여

and to another prophecy, and to another the distinguishing of spirits, to another various kinds of tongues, and to another the interpretation of tongues.
11 But one and the same Spirit works all these things, distributing to each one individually just as He wills.
12 For even as the body is one and yet has many members, and all the members of the body, though they are many, are one body, so also is Christ.
13 For by one Spirit we were all baptized into one body, whether Jews or Greeks, whether slaves or free, and we were all made to drink of one Spirit.
14 For the body is not one member, but many.
15 If the foot should say, "Because I am not a hand, I am not a part of the

[그것이]	**아니한 것이 아니요** /몸에 붙지 /이로 인하여[26)]
16 또 [만일: ἐὰν] 귀가	 이르되...할지라도(if) /나는 몸에 붙지 아니하였다 //(이유: ὅτι, because) [나는] — 눈이 아니니
[그것이]	**아니한 것이 아니니** /몸에 붙지 /이로 인하여
17 만일(εἰ) 온 몸이 듣는 곳은	 눈이면(if) **어디며?**
[만일, εἰ] 온 몸이 냄새 맡는 곳은	 듣는 곳이면(if) **어디뇨?**
18 그러나 이제(νυνὶ) 하나님이	 **두셨으니** /지체를 /각각 /몸에 /그 원하시는 대로
19 만일(εἰ) [그것이] 몸은	 한 지체뿐이면(if) /다 **어디뇨?**
20 이제(νυνὶ) 지체는 몸은	 **많으나** **하나라**
21 눈이	**하거나(=말할 수 없고)** /손더러 /내가 너를 쓸데없다
또한 머리가	 **하거나 하지 못하리라(=말할 수 없다)** /발더러 /내가 너를 쓸데없다

몸에 붙지 아니한 것이 아니요 16 또 귀가 이르되 나는 눈
이 아니니 몸에 붙지 아니하였다 할지라도 이로 인하여 몸
에 붙지 아니한 것이 아니니 17 만일 온 몸이 눈이면 듣는
곳은 어디며 온 몸이 듣는 곳이면 냄새 맡는 곳은 어디뇨
18 그러나 이제 하나님이 그 원하시는 대로 지체를 각각
몸에 두셨으니 19 만일 다 한 지체뿐이면 몸은 어디뇨 20
이제 지체는 많으나 몸은 하나라 21 눈이 손더러 내가 너
를 쓸데 없다 하거나 또한 머리가 발더러 내가 너를 쓸데
없다 하거나 하지 못하리라

body," it is not for this reason any the less a part of the
body. 16 And if the ear should say, "Because I am not
an eye, I am not a part of the body," it is not for this
reason any the less a part of the body. 17 If the whole
body were an eye, where would the hearing be? If the
whole were hearing, where would the sense of smell be?
18 But now God has placed the members, each one of
them, in the body, just as He desired. 19 And if they
were all one member, where would the body be? 20 But
now there are many members, but one body. 21 And the
eye cannot say to the hand, "I have no need of you"; or
again the head to the feet, "I have no need of you." 22

22 이뿐 아니라
지체가 (도리어) **요긴하고**
/몸의
/더 약하게 보이는

23 우리가 **입혀 주며**
/더욱 귀한 것들로(=을)
/그것들을(=그것들에게)
/몸의 덜 귀히 여기는

지체는 **얻고**
/아름답지 못한 /아름다운 것을
/우리의 /더욱

24 지체는 **없으니**
/우리의 /요구할 것이(=을)
/아름다운

오직(ἀλλα)
하나님이 **고르게 하여**
/몸을
/하사(분사)
/존귀를
/부족한 지체에게
/더

25 //(목적: ἵνα)
분쟁이 —— 없고
/몸 가운데서
//오직(ἀλλα)
여러 지체가 —— 돌아보게 하셨으니
/서로
/같이하여

26 만일(εἴτε)
한 지체가 고통을 받으면(if)
모든 지체도 **함께 고통을 받고**

[만일: εἴτε)
한 지체가 영광을 얻으면(if)
모든 지체도 **함께 즐거워하나니**

27 너희는 **몸이요**
/그리스도의
각 부분이라
/지체의

고전

22 이뿐 아니라 몸의 더 약하게 보이는 지체가 도리어 요
긴하고 23 우리가 몸의 덜 귀히 여기는 그것들을 더욱 귀
한 것들로 입혀 주며 우리의 아름답지 못한 지체는 더욱
아름다운 것을 얻고 24 우리의 아름다운 지체는 요구할
것이 없으니 오직 하나님이 몸을 고르게 하여 부족한 지체
에게 존귀를 더하사 25 몸 가운데서 분쟁이 없고 오직 여
러 지체가 서로 같이하여 돌아보게 하셨으니 26 만일 한
지체가 고통을 받으면 모든 지체도 함께 고통을 받고 한
지체가 영광을 얻으면 모든 지체도 함께 즐거워하나니 27
너희는 그리스도의 몸이요 지체의 각 부분이라

On the contrary, it is much truer that the members of the
body which seem to be weaker are necessary; 23 and
those members of the body, which we deem less honorable,
on these we bestow more abundant honor, and our unseemly
members come to have more abundant seemliness, 24 whereas
our seemly members have no need of it. But God has so
composed the body, giving more abundant honor to that
member which lacked, 25 that there should be no division
in the body, but that the members should have the same
care for one another. 26 And if one member suffers, all
the members suffer with it; if one member is honored, all
the members rejoice with it. 27 Now you are Christ's

고전

28 하나님이 **세우셨으니**
/교회 중에
/몇을
/첫째는 사도요
둘째는 선지자요
셋째는 교사요
그 다음은 능력이요
그 다음은 병 고치는 은사와
서로 돕는 것과
다스리는 것과
각종 방언을 하는 것이라

29 다 **사도겠느냐?**
다 **선지자겠느냐?**
다 **교사겠느냐?**
다 **능력을 행하는 자겠느냐?**

30 다 병 고치는 은사를 **가진 자겠느냐?**
다 방언을 **말하는 자겠느냐?**
다 **통역하는 자겠느냐?**

31 너희는 **사모하라**
/은사를
/더욱 큰

또한
내가 **보이리라**
/길을
/제일 좋은
/너희에게

13

1 내가 ── 할지라도(조건/가정, ἐὰν, if)
/사람의 방언과
천사의 말을
── 사랑이 없으면

[내가] **되고**
/소리나는 구리와
울리는 꽹과리가

2 내가 ── 있어(조건/가정, ἐὰν, if)
/예언하는 능이
── 알고

28 하나님이 교회 중에 몇을 세우셨으니 첫째는 사도요
둘째는 선지자요 세째는 교사요 그 다음은 능력이요 그 다
음은 병 고치는 은사와 서로 돕는 것과 다스리는 것과 각
종 방언을 하는 것이라 29 다 사도겠느냐 다 선지자겠느
냐 다 교사겠느냐 다 능력을 행하는 자겠느냐 30 다 병 고
치는 은사를 가진 자겠느냐 다 방언을 말하는 자겠느냐 다
통역하는 자겠느냐 31 너희는 더욱 큰 은사를 사모하라
내가 또한 제일 좋은 길을 너희에게 보이리라

13:1 내가 사람의 방언과 천사의 말을 할지라도 사랑
이 없으면 소리나는 구리와 울리는 꽹과리가 되고 2
내가 예언하는 능이 있어 모든 비밀과 모든 지식을 알고

body, and individually members of it. 28 And God has
appointed in the church, first apostles, second prophets,
third teachers, then miracles, then gifts of healings, helps,
administrations, various kinds of tongues. 29 All are not
apostles, are they? All are not prophets, are they? All are
not teachers, are they? All are not workers of miracles,
are they? 30 All do not have gifts of healings, do they?
All do not speak with tongues, do they? All do not interpret,
do they? 31 But earnestly desire the greater gifts. And I
show you a still more excellent way.

13: If I speak with the tongues of men and of angels,
but do not have love, I have become a noisy gong
or a clanging cymbal. 2 And if I have the gift of prophecy,
and know all mysteries and all knowledge; and if I have

또
알고
/모든 비밀과
모든 지식을
있을지라도
/모든 믿음이
/산을 옮길 만한
없으면
/사랑이

내가 **아무것도 아니요**

3 내가 구제하고(조건/가정, ἐὰν, if)
/모든 것으로
/내게 있는
또
내어 줄지라도
/내 몸을

//(목적: ἵνα, so that ... may)
불사르게

[내가] 없으면(if)
/사랑이

내게 **아무 유익이 없느니라**

4 사랑은 **오래 참고**
사랑은 **온유하며**
투기하는 자가 되지 아니하며
사랑은 **자랑하지 아니하며**
교만하지 아니하며

5 **무례히 행치 아니하며**
구치 아니하며
/자기의 유익을
성내지 아니하며
생각지 아니하며
/악한 것을
6 **기뻐하지 아니하며**
/불의를
기뻐하고
/진리와 함께
7 **참으며**
/모든 것을
믿으며
/모든 것을

고전

또 산을 옮길 만한 모든 믿음이 있을지라도 사랑이 없으면
내가 아무 것도 아니요 3 내가 내게 있는 모든 것으로 구
제하고 또 내 몸을 불사르게 내어 줄지라도 사랑이 없으면
내게 아무 유익이 없느니라 4 사랑은 오래 참고 사랑은 온
유하며 투기하는 자가 되지 아니하며 사랑은 자랑하지 아
니하며 교만하지 아니하며 5 무례히 행치 아니하며 자기
의 유익을 구치 아니하며 성내지 아니하며 악한 것을 생각
지 아니하며 6 불의를 기뻐하지 아니하며 진리와 함께 기
뻐하고 7 모든 것을 참으며 모든 것을 믿으며 모든 것을
바라며 모든 것을 견디느니라

all faith, so as to remove mountains, but do not have love,
I am nothing. 3 And if I give all my possessions to feed
the poor, and if I deliver my body to be burned, but do
not have love, it profits me nothing. 4 Love is patient,
love is kind, and is not jealous; love does not brag and
is not arrogant, 5 does not act unbecomingly; it does not
seek its own, is not provoked, does not take into account
a wrong suffered, 6 does not rejoice in unrighteousness,
but rejoices with the truth; 7 bears all things, believes all
things, hopes all things, endures all things. 8 Love never

바라며
/모든 것을
견디느니라
/모든 것을

8 사랑은 떨어지지 아니하나
/언제까지든지
예언도 폐하고
방언도 그치고
지식도 폐하리라

9 //(이유: γάρ, for)
우리가 — 알고
/부분적으로
예언하니
/부분적으로
10 //온전한 것이 올 때에는
부분적으로 하던 것이 폐하리라

고전

11 내가 어렸을 때에는(상황절, when)
[내가] 말하는 것이
/어린아이와 같고
깨닫는 것이
/어린아이와 같고
생각하는 것이
/어린아이와 같다가

장성한 사람이 되어서는(상황절, when)
[내가] 버렸노라
/어린아이의 일을

12 //(이유: γάρ, for)
우리가 — 보는 것같이(=본다)
/이제는
/거울로
/희미하나(=희미함 가운데)
볼 것이요
/그 때에는
/얼굴과 얼굴을 대하여

내가 — 아나
/이제는
/부분적으로

내가 — 알리라
/그 때에는
/온전히
/주께서 나를 아신 것같이

8 사랑은 언제까지든지 떨어지지 아니하나 예언도 폐하고
방언도 그치고 지식도 폐하리라 9 우리가 부분적으로 알
고 부분적으로 예언하니 10 온전한 것이 올 때에는 부분
적으로 하던 것이 폐하리라 11 내가 어렸을 때에는 말하
는 것이 어린아이와 같고 깨닫는 것이 어린아이와 같고 생
각하는 것이 어린아이와 같다가 장성한 사람이 되어서는
어린아이의 일을 버렸노라 12 우리가 이제는 거울로 보는
것같이 희미하나 그 때에는 얼굴과 얼굴을 대하여 볼 것이
요 이제는 내가 부분적으로 아나 그 때에는 주께서 나를
아신 것같이 내가 온전히 알리라

fails; but if there are gifts of prophecy, they will be done
away; if there are tongues, they will cease; if there is
knowledge, it will be done away. 9 For we know in part,
and we prophesy in part; 10 but when the perfect comes,
the partial will be done away. 11 When I was a child, I
used to speak as a child, think as a child, reason as a
child; when I became a man, I did away with childish
things. 12 For now we see in a mirror dimly, but then
face to face; now I know in part, but then I shall know
fully just as I also have been fully known. 13 But now

13 그런즉
믿음, 소망, 사랑 **있을 것인데**
/이 세 가지는 /항상

제일은 **사랑이라**
/그 중에

14

1 [너희는] **구하라**
/사랑을 따라
사모하되
/신령한 것을
〈하라〉
/특별히

//(목적: ἵνα, that...may)
예언을 하려고

2 //(이유: γάρ, for)
말하는 자는 ─── 하지 아니하고
/방언을 /사람에게
└ 하나니
/하나님께

//이는(이유: γάρ, for)
[아무도] ─── 알아듣는 자가 없고
[그가] ─── 말함이니라
/비밀을
/그 영으로

3 //그러나
예언하는 자는 ─── 말하여
/사람에게
/덕을 세우며(=덕을 세움으로)
권면하며(=권면함으로)
안위하는 것이요(=안위함으로)

4 말하는 자는 **세우고**
/방언을 /자기의 덕을
예언하는 자는 **세우나니**
/교회의 덕을

5 나는 **원하나**
/너희가 다 방언 말하기를

고전

13 그런즉 믿음, 소망, 사랑 이 세가지는 항상 있을 것인
데 그중에 제일은 사랑이라

14:1 사랑을 따라 구하라 신령한 것을 사모하되 특별
히 예언을 하려고 하라 2 방언을 말하는 자는 사람
에게 하지 아니하고 하나님께 하나니 이는 알아 듣는 자가
없고 그 영으로 비밀을 말함이니라 3 그러나 예언하는 자
는 사람에게 말하여 덕을 세우며 권면하며 안위하는 것이
요 4 방언을 말하는 자는 자기의 덕을 세우고 예언하는 자
는 교회의 덕을 세우나니 5 나는 너희가 다 방언 말하기를
원하나 특별히 예언하기를 원하노라 방언을 말하는 자가
만일 교회의 덕을 세우기 위하여 통역하지 아니하면 예언

abide faith, hope, love, these three; but the greatest of
these is love.

14:1 Pursue love, yet desire earnestly spiritual gifts,
but especially that you may prophesy. 2 For one
who speaks in a tongue does not speak to men, but to
God; for no one understands, but in his spirit he speaks
mysteries. 3 But one who prophesies speaks to men for
edification and exhortation and consolation. 4 One who speaks
in a tongue edifies himself; but one who prophesies edifies

고전

원하노라
/예언하기를
/특별히

만일
말하는 자가 통역하지 아니하면
/방언을

//(목적: ἵνα, so that...may)
교회의 덕을 세우기 위하여

예언하는 자만 못하니라[27)]

6 그런즉
형제들아!
내가 나아가서(조건절: ἐὰν, if)
/방언을 말하고(=말하면서)
/너희에게

말하지 아니하면
/계시나
지식이나
예언이나
가르치는 것이나

너희에게 **무엇이 유익하리요**[28)]

7 생명 없는 것이 소리를 낼 때에(상황절, when)
/혹 저나 거문고와 같이
[그것이] 내지 아니하면(조건절: ἐὰν, if)
/그 음의 분별을

[그것이] **어찌 알게 되리요?**
/저 부는 것인지
거문고 타는 것인지

8 만일
나팔이 소리를 내면(if)
/분명치 못한

누가 예비하리요?
/전쟁을

9 이와 같이
너희도 하지 아니하면(if)
/알아듣기 쉬운 말을
/혀로서

[그가] **어찌 알리요?**
/그 말하는 것을

//이는(이유: γάρ, for)

27) "방언을 말하는 자는 예언하는 자보다 더 위대하지 못하다"는 뜻이다.

28) 직역 : "[내가] 너희에게 무엇을 유익하게 하리요" 의문문이 아니다. 강조적인 문장이다.

하는 자만 못하니라 6 그런즉 형제들아 내가 너희에게 나
아가서 방언을 말하고 계시나 지식이나 예언이나 가르치는
것이나 말하지 아니하면 너희에게 무엇이 유익하리요 7
혹 저나 거문고와 같이 생명 없는 것이 소리를 낼 때에 그
음의 분별을 내지 아니하면 저 부는 것인지 거문고 타는
것인지 어찌 알게 되리요 8 만일 나팔이 분명치 못한 소리
를 내면 누가 전쟁을 예비하리요 9 이와 같이 너희도 혀로
서 알아 듣기 쉬운 말을 하지 아니하면 그 말하는 것을 어

the church. 5 Now I wish that you all spoke in tongues,
but even more that you would prophesy; and greater is
one who prophesies than one who speaks in tongues,
unless he interprets, so that the church may receive edifying.
6 But now, brethren, if I come to you speaking in tongues,
what shall I profit you, unless I speak to you either by
way of revelation or of knowledge or of prophecy or of
teaching? 7 Yet even lifeless things, either flute or harp,
in producing a sound, if they do not produce a distinction
in the tones, how will it be known what is played on the
flute or on the harp? 8 For if the bugle produces an
indistinct sound, who will prepare himself for battle? 9
So also you, unless you utter by the tongue speech that
is clear, how will it be known what is spoken? For you

//이는(이유: γάρ, for)
허공에다 말하는 것이라

10 [비록, εἰ]
소리의 종류가 많되(양보절)
/세상에
/이같이
소리는 **없나니**
/뜻 없는

11 그러므로
[만일]
내가 알지 못하면(if)
/뜻을
/그 소리의
내가 **야만이 되고**
/말하는 자에게
말하는 자도 **야만이 되리니**
/내게

12 그러면(그러므로, οὕτως)
너희는 **구하라**

//(목적: ἵνα, that...may)
풍성하기를

//(목적: πρὸς +목적격)
교회의 덕 세우기를 위하여

//(이유: ἐπει, since)
[너희가] 신령한 것을 사모하는 자인즉

13 그러므로
말하는 자는 **기도할지니**
/방언을

//(목적: ἵνα, that...may)
통역하기를

14 //(이유: γάρ for)
내가 만일 방언으로 기도하면(if)
나의 영이 ——— 기도하거니와
나의 마음은 ——— 열매를 맺히지 못하리라

15 그러면 어떻게 할꼬?
내가 **기도하고**
/영으로
또

고전

찌 알리요 이는 허공에다 말하는 것이라 10 세상에 소리
의 종류가 이같이 많되 뜻 없는 소리는 없나니 11 그러므
로 내가 그 소리의 뜻을 알지 못하면 내가 말하는 자에게
야만이 되고 말하는 자도 내게 야만이 되리니 12 그러면
너희도 신령한 것을 사모하는 자인즉 교회의 덕 세우기를
위하여 풍성하기를 구하라 13 그러므로 방언을 말하는 자
는 통역하기를 기도할지니 14 내가 만일 방언으로 기도하
면 나의 영이 기도하거니와 나의 마음은 열매를 맺히지 못
하리라 15 그러면 어떻게 할꼬 내가 영으로 기도하고 또
마음으로 기도하며 내가 영으로 찬미하고 또 마음으로 찬

will be speaking into the air. 10 There are, perhaps, a
great many kinds of languages in the world, and no kind
is without meaning. 11 If then I do not know the meaning
of the language, I shall be to the one who speaks a
barbarian, and the one who speaks will be a barbarian to
me. 12 So also you, since you are zealous of spiritual
gifts, seek to abound for the edification of the church. 13
Therefore let one who speaks in a tongue pray that he
may interpret. 14 For if I pray in a tongue, my spirit
prays, but my mind is unfruitful. 15 What is the outcome

기도하며
/마음으로

내가 찬미하고
/영으로

또 찬미하리라
/마음으로

16 그렇지 아니하면(ἐπεὶ, if not)
네가 영으로 축복할 때에(when)
있는 자가 어찌 **하리요?**
/무식한 처지에 /아멘
/네 감사에
/네가 무슨 말을 하는지 알지 못하고

17 너는 **감사를 하였으나**[29]
/잘

그러나
다른 사람은 **받지 못하리라**
/덕 세움을

18 내가 **감사하노라**
/하나님께
/너희 모든 사람보다 방언을 더 말하므로[30]

19 그러나
[내가] **나으니라**
/교회에서
/다섯 마디 말을 하는 것이
/깨달은 마음으로
/일만 마디 방언으로 말하는 것보다

//(목적: ἵνα, in order to)
(네가) 남을 가르치기 위하여

20 형제들아!
[너희는] **아이가 되지 말고**
/지혜에는
어린아이가 되라
/악에는
장성한 사람이 되라
/지혜에

21 [그것이] **기록된 바**
/율법에
/주께서 가라사대..하였으니

29) 강조적 γάρ

30) RSV,NIV는 두 번째 문장을 that절 문장으로 처리했다.

고전

미하리라 16 그렇지 아니하면 네가 영으로 축복할 때에
무식한 처지에 있는 자가 네가 무슨 말을 하는지 알지 못
하고 네 감사에 어찌 아멘 하리요 17 너는 감사를 잘하였
으나 그러나 다른 사람은 덕 세움을 받지 못하리라 18 내
가 너희 모든 사람보다 방언을 더 말하므로 하나님께 감사
하노라 19 그러나 교회에서 네가 남을 가르치기 위하여
깨달은 마음으로 다섯 마디 말을 하는 것이 일만 마디 방
언으로 말하는 것보다 나으니라 20 형제들아 지혜에는 아
이가 되지 말고 악에는 어린아이가 되라 지혜에 장성한 사
람이 되라 21 율법에 기록된 바 주께서 가라사대 내가 다

then? I shall pray with the spirit and I shall pray with
the mind also; I shall sing with the spirit and I shall sing
with the mind also. 16 Otherwise if you bless in the spirit
only, how will the one who fills the place of the ungifted
say the "Amen" at your giving of thanks, since he does
not know what you are saying? 17 For you are giving
thanks well enough, but the other man is not edified. 18
I thank God, I speak in tongues more than you all; 19 however,
in the church I desire to speak five words with my mind,
that I may instruct others also, rather than ten thousand
words in a tongue. 20 ¶ Brethren, do not be children in
your thinking; yet in evil be babes, but in your thinking

/*주께서 가라사대..하였으니*
/내가 — 말할지라도
/다른 방언하는 자와
다른 입술로
/이 백성에게
저희가 — 듣지 아니하리라
/오히려

22 그러므로
방언은 **표적이나**
/믿는 자들을 위하지 않고
/믿지 아니하는 자들을 위하는

예언은 **〈표적이다〉**
/믿지 아니하는 자들을 위하지 않고
/믿는 자들을 위함이니

23 그러므로
온 교회가 함께 모여
다 방언으로 말하면(if)
무식한 자들이나 — 들어와서(가정)
믿지 아니하는 자들이

[그들이] **하지 아니하겠느냐?**
/너희를(가) 미쳤다

24 그러나
다 예언을 하면
믿지 아니하는 자들이나 — 들어와서(가정)
무식한 자들이

[그가] **책망을 들으며**
/모든 사람에게
판단을 받고
/모든 사람에게
25 숨은 일이 **드러나게 되므로**
/그 마음의

[그가] **경배하며**
/하나님께

/엎드리어(분사)
/[그 앞에]
/전파하리라(분사)
/하나님이 — 계시다
/참으로
/너희 가운데

고전

른 방언하는 자와 다른 입술로 이 백성에게 말할지라도 저
희가 오히려 듣지 아니하리라 하였으니 22 그러므로 방언
은 믿는 자들을 위하지 않고 믿지 아니하는 자들을 위하는
표적이나 예언은 믿지 아니하는 자들을 위하지 않고 믿는
자들을 위함이니 23 그러므로 온 교회가 함께 모여 다 방
언으로 말하면 무식한 자들이나 믿지 아니하는 자들이 들
어와서 너희를 미쳤다 하지 아니하겠느냐 24 그러나 다
예언을 하면 믿지 아니하는 자들이나 무식한 자들이 들어
와서 모든 사람에게 책망을 들으며 모든 사람에게 판단을
받고 25 그 마음의 숨은 일이 드러나게 되므로 엎드리어
하나님께 경배하며 하나님이 참으로 너희 가운데 계시다
전파하리라

be mature. 21 In the Law it is written, "By men of
strange tongues and by the lips of strangers I will speak
to this people, and even so they will not listen to Me,"
says the Lord. 22 So then tongues are for a sign, not to
those who believe, but to unbelievers; but prophecy is for
a sign, not to unbelievers, but to those who believe. 23
If therefore the whole church should assemble together
and all speak in tongues, and ungifted men or unbelievers
enter, will they not say that you are mad? 24 But if all prophesy,
and an unbeliever or an ungifted man enters, he is convicted
by all, he is called to account by all; 25 the secrets of
his heart are disclosed; and so he will fall on his face

26 그런즉
형제들아!
어찌할꼬?
너희가 모일 때에(상황, when)
각각 **있으며**
/찬송시도
있으며
/가르치는 말씀도
있으며
/계시도
있으며
/방언도
있나니
/통역함도

[그는] **하라**
/모든 것을

//(목적: πρὸς +목적격)
덕을 세우기 위하여

27 만일
누가 말하거든
/방언으로

두 사람이나
세 사람이 **하고**
/다불과 /차서를 따라

한 사람이 **통역할 것이요**

28 만일
통역하는 자가 없거든
[그는] **잠잠하고**
/교회에서는
말할 것이요
/자기와 및
하나님께

29 예언하는 자는 **말하고**
/둘이나
셋이나

다른 이들은 **분변할 것이요**

30 만일
계시가 있거든
/곁에 앉은 다른 이에게

고전

26 그런즉 형제들아 어찌할꼬 너희가 모일 때에 각각 찬
송시도 있으며 가르치는 말씀도 있으며 계시도 있으며 방
언도 있으며 통역함도 있나니 모든 것을 덕을 세우기 위하
여 하라 27 만일 누가 방언으로 말하거든 두 사람이나 다
불과 세 사람이 차서를 따라 하고 한 사람이 통역할 것이
요 28 만일 통역하는 자가 없거든 교회에서는 잠잠하고
자기와 및 하나님께 말할 것이요 29 예언하는 자는 둘이
나 셋이나 말하고 다른 이들은 분변할 것이요 30 만일 곁
에 앉은 다른 이에게 계시가 있거든 먼저 하던 자는 잠잠
할지니라 31 너희는 다 모든 사람으로 배우게 하고 모든

and worship God, declaring that God is certainly among
you. 26 ¶ What is the outcome then, brethren? When you
assemble, each one has a psalm, has a teaching, has a revelation,
has a tongue, has an interpretation. Let all things be done
for edification. 27 If anyone speaks in a tongue, it should
be by two or at the most three, and each in turn, and let
one interpret; 28 but if there is no interpreter, let him
keep silent in the church; and let him speak to himself
and to God. 29 And let two or three prophets speak, and
let the others pass judgment. 30 But if a revelation is

먼저 하던 자는 **잠잠할지니라**

31 //(이유: γάρ, for)
너희는 ——— 예언할 수 있느니라
/다 /하나씩 하나씩

//(목적: ἵνα, so that ... may)
모든 사람으로 배우게 하고
모든 사람으로 권면을 받게 하기 위하여

32 //(이유: 계속)
영이 ——— 제재를 받나니
/예언하는 자들의 /예언하는 자들에게

33 //(이유: γάρ, for)
하나님은 어지러움의 하나님이 아니시요
오직 화평의 하나님이시니라

34 여자는 **잠잠하라**
/교회에서
/교회에서 함과 같이
/모든 성도의

//(이유: γάρ, for)
저희의 말하는 것을 허락함이 없나니
오직 복종할 것이요
/율법에 이른 것같이

35 만일
무엇을 배우려거든
[그는] **물을지니**
/집에서
/자기 남편에게

//(이유: γάρ, for)
여자가 교회에서 말하는 것은 부끄러운 것임이라

36 하나님의 말씀이 **난 것이냐?**
/너희에게로부터
또는
임한 것이냐?
/너희에게만

37 만일
누구든지 생각하거든(if)
/자기를
/선지자나
혹 신령한 자로
[그는] **알라**
/내가 너희에게 편지한 것이 주의 명령인 줄

사람으로 권면을 받게 하기 위하여 하나씩 하나씩 예언할
수 있느니라 32 예언하는 자들의 영이 예언하는 자들에게
제재를 받나니 33 하나님은 어지러움의 하나님이 아니시
요 오직 화평의 하나님이시니라 34 모든 성도의 교회에서
함과 같이 여자는 교회에서 잠잠하라 저희의 말하는 것을
허락함이 없나니 율법에 이른 것같이 오직 복종할 것이요
35 만일 무엇을 배우려거든 집에서 자기 남편에게 물을지
니 여자가 교회에서 말하는 것은 부끄러운 것임이라 36
하나님의 말씀이 너희에게로부터 난 것이냐 또는 너희에게
만 임한 것이냐 37 만일 누구든지 자기를 선지자나 혹 신

made to another who is seated, let the first keep silent.
31 For you can all prophesy one by one, so that all may
learn and all may be exhorted; 32 and the spirits of
prophets are subject to prophets; 33 for God is not a God
of confusion but of peace, as in all the churches of the
saints. 34 Let the women keep silent in the churches; for
they are not permitted to speak, but let them subject themselves,
just as the Law also says. 35 And if they desire to learn
anything, let them ask their own husbands at home; for it
is improper for a woman to speak in church. 36 Was it
from you that the word of God first went forth? Or has
it come to you only? 37 ¶ If anyone thinks he is a prophet

38 만일
누구든지 알지 못하면
그는 **알지 못한 자니라**

39 그런즉
내 형제들아!
[너희는] **사모하며**
/예언하기를
금하지 말라
/방언 말하기를

40 [그는] **(하고)**[31]
/적당하게
하라
/질서대로
/모든 것을

고전

15

1 형제들아!
내가 **알게 하노니**
/복음을
/너희에게 전한
/너희로

/이는[32]
너희가 받은 것이요
또 그 가운데 선 것이라

2 만일
너희가 —— 굳게 지키고
/그 말을
/나의 전한
믿지 아니하였으면(if)
/헛되이

[너희가] **구원을 얻으리라**
/이로 말미암아

3 내가 **전하였노니**
/먼저
/너희에게
/받은 것을

/이는(ὅτι: 단순 that)[33]

31) [그는] —— **하라**
/모든 것을
/적당하게
/질서대로

32) 복음을 받는 관계대명사이다. 본절은 복음을 확장 설명하는 동격 설명이다.

령한 자로 생각하거든 내가 너희에게 편지한 것이 주의 명령인 줄 알라 38 만일 누구든지 알지 못하면 그는 알지 못한 자니라 39 그런즉 내 형제들아 예언하기를 사모하며 방언 말하기를 금하지 말라 40 모든 것을 적당하게 하고 질서대로 하라

15:1 형제들아 내가 너희에게 전한 복음을 너희로 알게 하노니 이는 너희가 받은 것이요 또 그 가운데 선 것이라 2 너희가 만일 나의 전한 그 말을 굳게 지키고 헛되이 믿지 아니하였으면 이로 말미암아 구원을 얻으리라 3 내가 받은 것을 먼저 너희에게 전하였노니 이는 성경대로 그리스도께서 우리 죄를 위하여 죽으시고 4 장사 지낸

or spiritual, let him recognize that the things which I write to you are the Lord's commandment. 38 But if anyone does not recognize this, he is not recognized. 39 ¶ Therefore, my brethren, desire earnestly to prophesy, and do not forbid to speak in tongues. 40 But let all things be done properly and in an orderly manner.

15:1 ¶ Now I make known to you, brethren, the gospel which I preached to you, which also you received, in which also you stand, 2 by which also you are saved,

/이는(ὅτι: 단순 that)[33]
그리스도께서 ── 죽으시고
/우리 죄를 위하여
/성경대로
4 장사지낸 바 되었다가
다시 살아나사
/사흘 만에
/성경대로

5 보이시고
/게바에게
〈보이시고〉
/열두 제자에게와
/후에

6 보이셨나니
/일시에
/그 후에
/오백여 형제에게
/그 중에
지금까지 태반이나 살아 있고
어떤 이는 잠들었으며

7 보이셨으며
/야고보에게
/그 후에
〈보이셨으며〉
/모든 사도에게와
/그 후에

8 보이셨느니라
/내게도
/만삭되지 못하여 난 자 같은
/맨 나중에

9 나는 **지극히 작은 자라**
/사도 중에
내가[34] **감당치 못할 자로라**
/사도라 칭함을 받기에

//(이유: διότι, because)
하나님의 교회를 핍박하였으므로

10 그러나
나의 나 된 것은 **(된 것이니)**
/하나님의 은혜로
그의 은혜가 **헛되지 아니하여**
/내게 주신

고전

33) '이는'은 접속사 o¢ti를 받는다. 이 접속사는 단순 that 역할을 한다. .모든 번역본이 단순기능으로 번역했다. 그러므로 바울이 전한 내용을 말한다.

바 되었다가 성경대로 사흘 만에 다시 살아나사 5 게바에
게 보이시고 후에 열두 제자에게와 6 그 후에 오백 여 형
제에게 일시에 보이셨나니 그 중에 지금까지 태반이나 살
아 있고 어떤 이는 잠들었으며 7 그 후에 야고보에게 보이
셨으며 그 후에 모든 사도에게와 8 맨 나중에 만삭되지 못
하여 난 자 같은 내게도 보이셨느니라 9 나는 사도 중에
지극히 작은 자라 내가 하나님의 교회를 핍박하였으므로
사도라 칭함을 받기에 감당치 못할 자로라 10 그러나 나
의 나 된 것은 하나님의 은혜로 된 것이니 내게 주신 그의
은혜가 헛되지 아니하여 내가 모든 사도보다 더 많이 수고

if you hold fast the word which I preached to you, unless
you believed in vain. 3 For I delivered to you as of first
importance what I also received, that Christ died for our
sins according to the Scriptures, 4 and that He was buried,
and that He was raised on the third day according to the
Scriptures, 5 and that He appeared to Cephas, then to the
twelve. 6 After that He appeared to more than five hundred
brethren at one time, most of whom remain until now,
but some have fallen asleep; 7 then He appeared to James,
then to all the apostles; 8 and last of all, as it were to
one untimely born, He appeared to me also. 9 For I am
the least of the apostles, who am not fit to be called an

[그러나: ἀλλὰ]
내가 **수고하였으나**
/더 많이
/모든 사도보다

내가 아니요
오직
하나님의 은혜로라
/나와 함께 하신

11 그러므로
내나 저희나 **전파하매**
/이같이
너희도 **믿었느니라**
/이같이

12 그리스도께서 **전파되었거늘**
/[그가] 다시 살아나셨다
/죽은 자 가운데서
어떤 이들은 **어찌하여 하느냐?**
/너희 중에서 /죽은 자 가운데서 부활이 없다

13 만일
죽은 자의 부활이 없으면
그리스도도 **다시 살지 못하셨으리라**

14 만일
그리스도께서 다시 살지 못하셨으면(if)

전파하는 것도 **헛것이요**
/우리의
또
너희 믿음도 **헛것이며**

15 또
우리가 **발견되리니**
/하나님의 거짓 증인으로

//(이유: ὅτι, because)
우리가 ——— 증거하였음이라
/하나님이 그리스도를 다시 살리셨다고

만일
죽은 자가 다시 사는 것이 없으면(if)
하나님이 **다시 살리시지 아니하셨으리라**
/그리스도를

16 //(이유: γάρ, for)

고전

하였으나 내가 아니요 오직 나와 함께 하신 하나님의 은혜
로라 11 그러므로 내나 저희나 이같이 전파하매 너희도
이같이 믿었느니라 12 그리스도께서 죽은 자 가운데서 다
시 살아나셨다 전파되었거늘 너희 중에서 어떤 이들은 어
찌하여 죽은 자 가운데서 부활이 없다 하느냐 13 만일 죽
은 자의 부활이 없으면 그리스도도 다시 살지 못하셨으리
라 14 그리스도께서 만일 다시 살지 못하셨으면 우리의
전파하는 것도 헛것이요 또 너희 믿음도 헛것이며 15 또
우리가 하나님의 거짓 증인으로 발견되리니 우리가 하나님
이 그리스도를 다시 살리셨다고 증거하였음이라 만일 죽은
자가 다시 사는 것이 없으면 하나님이 그리스도를 다시 살
리시지 아니하셨으리라 16 만일 죽은 자가 다시 사는 것

apostle, because I persecuted the church of God. 10 But
by the grace of God I am what I am, and His grace toward
me did not prove vain; but I labored even more than all
of them, yet not I, but the grace of God with me. 11
Whether then it was I or they, so we preach and so you
believed. 12 ¶ Now if Christ is preached, that He has
been raised from the dead, how do some among you say
that there is no resurrection of the dead? 13 But if there
is no resurrection of the dead, not even Christ has been
raised; 14 and if Christ has not been raised, then our preaching
is vain, your faith also is vain. 15 Moreover we are even
found to be false witnesses of God, because we witnessed
against God that He raised Christ, whom He did not raise,
if in fact the dead are not raised. 16 For if the dead are

16 //(이유: γάρ, for)
만일
죽은 자가 —— 다시 사는 것이 없으면(if)
그리스도도 —— 다시 사신 것이 없었을 터이요

17 [만일]
그리스도께서 다시 사신 것이 없으면

믿음도 **헛되고**
/너희의
너희가 **있을 것이요**
/죄 가운데
/여전히

18 또한
잠자는 자도 **망하였으리니**
/그리스도 안에서

19 만일
바라는 것이 이생뿐이면
/우리의 /다만
/그리스도 안에서

우리가 **더욱 불쌍한 자리라**
/모든 사람 가운데

20 그러나
이제
그리스도께서 **다시 살아**
/죽은 자 가운데서
첫 열매가 되셨도다
/잠자는 자들의

21 //(이유: ἐπειδὴ γάρ, for since)
사망이 사람으로 말미암았으니
죽은 자의 부활도 사람으로 말미암는도다

22 //(이유: γάρ, for)
모든 사람이 —— 죽은 것같이(as)
/아담 안에서
모든 사람이 —— 삶을 얻으리라
/그리스도 안에서

23 그러나
각각 **(되리니)**
/자기 차례대로
먼저는 **그리스도요**
/첫 열매인

고전

이 없으면 그리스도도 다시 사신 것이 없었을 터이요 17
그리스도께서 다시 사신 것이 없으면 너희의 믿음도 헛되
고 너희가 여전히 죄 가운데 있을 것이요 18 또한 그리스
도 안에서 잠자는 자도 망하였으리니 19 만일 그리스도
안에서 우리의 바라는 것이 다만 이생 뿐이면 모든 사람
가운데 우리가 더욱 불쌍한 자리라 20 그러나 이제 그리
스도께서 죽은 자 가운데서 다시 살아 잠자는 자들의 첫
열매가 되셨도다 21 사망이 사람으로 말미암았으니 죽은
자의 부활도 사람으로 말미암는도다 22 아담 안에서 모든
사람이 죽은 것같이 그리스도 안에서 모든 사람이 삶을 얻
으리라 23 그러나 각각 자기 차례대로 되리니 먼저는 첫
열매인 그리스도요 다음에는 그리스도 강림하실 때에 그에

not raised, not even Christ has been raised; 17 and if
Christ has not been raised, your faith is worthless; you
are still in your sins. 18 Then those also who have fallen
asleep in Christ have perished. 19 If we have hoped in
Christ in this life only, we are of all men most to be
pitied. 20 But now Christ has been raised from the dead,
the first fruits of those who are asleep. 21 For since by a
man came death, by a man also came the resurrection of
the dead. 22 For as in Adam all die, so also in Christ all
shall be made alive. 23 But each in his own order: Christ
the first fruits, after that those who are Christ's at His
coming, 24 then comes the end, when He delivers up the

다음에는 **붙은 자요**
/그에게
/그리스도 강림하실 때에

24 그 후에는 **나중이니**

//(동격)[35]
저가 —— 멸하시고
/모든 정사와
모든 권세와
능력을
—— 바칠 때라
/나라를
/아버지 하나님께

25 //(이유: γάρ, for)
저가 —— 왕 노릇 하시리니
/모든 원수를 그 발 아래 둘 때까지
/불가불

고전

26 원수는 **사망이니라**
/멸망받을
/맨 나중에

27 //(이유: γάρ, for)
[그가] —— 두셨다 하셨으니
/만물을
/저의 발 아래

[그가] 말씀하실 때에(when)
/만물을 아래 둔다

<그것이>[36] **분명하도다**
/아래 두신 이가 —— 그 중에 들지 아니한 것이
/만물을
/저의

28 [그가] 복종하게 하신 때에는(when)
/만물을
/저에게

그 때에
아들 자신도 **복종케 되리니**
/복종케 하신 이에게
/만물을
/자기에게

//이는(목적: ἵνα, that ... may)

35) 주문장이 때를 나타내는 말인데, 그 때를 다시 구체적으로 언급한다. 그래서 종속문장의 동격 기능으로 본다.

36) 생략된 형태를 복원하였다. 원문에도, 개역성경에도 생략되었다.

게 붙은 자요 24 그 후에는 나중이니 저가 모든 정사와 모
든 권세와 능력을 멸하시고 나라를 아버지 하나님께 바칠
때라 25 저가 모든 원수를 그 발 아래 둘 때까지 불가불
왕노릇 하시리니 26 맨 나중에 멸망받을 원수는 사망이니
라 27 만물을 저의 발 아래 두셨다 하셨으니 만물을 아래
둔다 말씀하실 때에 만물을 저의 아래 두신 이가 그 중에
들지 아니한 것이 분명하도다 28 만물을 저에게 복종하게
하신 때에는 아들 자신도 그 때에 만물을 자기에게 복종케
하신 이에게 복종케 되리니 이는 하나님이 만유의 주로서
만유 안에 계시려 하심이라

kingdom to the God and Father, when He has abolished
all rule and all authority and power. 25 For He must reign
until He has put all His enemies under His feet. 26 The
last enemy that will be abolished is death. 27 For He has
put all things in subjection under His feet. But when He
says, "All things are put in subjection," it is evident that
He is excepted who put all things in subjection to Him.
28 And when all things are subjected to Him, then the
Son Himself also will be subjected to the One who subjected
all things to Him, that God may be all in all. 29 Otherwise,

//이는(목적: ἵνα, that ... may)
하나님이 ——— 계시려 하심이라
/만유의 주로서
/만유 안에

29 만일
죽은 자들이 다시 살지 못하면
/도무지
세례받는 자들이 **무엇을 하겠느냐?**
/죽은 자들을 위하여
[그들은] **어찌하여 세례를 받느뇨?**
/저희를 위하여

30 또
우리가 **어찌하여 위험을 무릅쓰리요?**
/때마다

31 형제들아!
내가 **단언하노니**
/(나의) 자랑을 두고
/너희에게 대한
/[내가] —— 가진 바
/그리스도 예수 우리 주 안에서
/나는 날마다 죽노라

32 [만일]
내가 맹수로 더불어 싸웠으면(if)
/에베소에서
/범인처럼

<그것이> **무슨 유익이 있느뇨?**
/내게

[만일]
죽은 자가 다시 살지 못할 것이면(if)
<우리는 **하리라**>
/[우리가] ┬ 먹고
└ 마시자

//(이유: γάρ, for)
[우리가] ——— 죽을 터이니
/내일

33 [너희는] **속지 말라**

동무들은 **더럽히나니**
/악한 /선한 행실을

고전

29 만일 죽은 자들이 도무지 다시 살지 못하면 죽은 자들
을 위하여 세례 받는 자들이 무엇을 하겠느냐 어찌하여 저
희를 위하여 세례를 받느뇨 30 또 어찌하여 우리가 때마
다 위험을 무릅쓰리요 31 형제들아 내가 그리스도 예수
우리 주 안에서 가진 바 너희에게 대한 나의 자랑을 두고
단언하노니 나는 날마다 죽노라 32 내가 범인처럼 에베소
에서 맹수로 더불어 싸웠으면 내게 무슨 유익이 있느뇨 죽
은 자가 다시 살지 못할 것이면 내일 죽을 터이니 먹고 마
시자 하리라 33 속지 말라 악한 동무들은 선한 행실을 더
럽히나니 34 깨어 의를 행하고 죄를 짓지 말라 하나님을

what will those do who are baptized for the dead? If the
dead are not raised at all, why then are they baptized for them?
30 Why are we also in danger every hour? 31 I protest,
brethren, by the boasting in you, which I have in Christ
Jesus our Lord, I die daily. 32 If from human motives I
fought with wild beasts at Ephesus, what does it profit
me? If the dead are not raised, let us eat and drink, for tomorrow
we die. 33 Do not be deceived: "Bad company corrupts
good morals." 34 Become sober-minded as you ought,
and stop sinning; for some have no knowledge of God. I speak

34 [너희는] **깨어**
//(목적: 부정사)
의를 행하고
[너희는] **죄를 짓지 말라**
//(이유: γάρ, for)
하나님을 알지 못하는 자가 있기로[37)]
내가 **말하노라**
//(목적: πρὸς+목적격)
너희를 부끄럽게 하기 위하여

35 누가 **묻기를... 하리니**
/죽은 자들이 어떻게 다시 살며
/어떠한 몸으로 오느냐

36 어리석은 자여!
[만일]
너의 뿌리는 씨가 죽지 않으면(if)
[그것이] **살아나지 못하겠고**

37 또
뿌리는 것은 **뿌리는 것이 아니요**
/너의 /장래 형체를
다만 알갱이뿐이로되
/밀이나
다른 것의

38 하나님이 **주시되**
/형체를
/그 뜻대로
/저에게
주시느니라
/그 형체를
/각 종자에게

39 육체는 **육체가 아니니**
/다 같은
하나는 **육체요**
/사람의
하나는 **육체요**
/짐승의
하나는 **육체요**
/새의

37) 도치된 γάρ로 보자. 그런데 본잘은 세 가지의 경우로 볼 수 있다. 이 중에 두개는 어색하다. 먼저 죄를 짓지 말아야 할 이유일 경우, 하나님을 알지 못하기 때문에 죄를 짓지 말아야 한다는 말이 된다. ,둘째, 내가 "너희를 부끄럽게 하기 위하여 못한다"는 문장의 도치된 종속문장으로 볼 경우, "내가 말한다. 왜냐하면 하나님을 알지 못하는 갓이 있기 때문이다." 는 문장이 된다. 이럴 경우 이유를 강조적인 종속문장이 된다. 세 번째는 단순 γάρ로 보는 경우이다. 어느 번역본도 이렇게 생각하지 않았다. 어색하다.

알지 못하는 자가 있기로 내가 너희를 부끄럽게 하기 위하
여 말하노라 35 누가 묻기를 죽은 자들이 어떻게 다시 살
며 어떠한 몸으로 오느냐 하리니 36 어리석은 자여 너의
뿌리는 씨가 죽지 않으면 살아나지 못하겠고 37 또 너의
뿌리는 것은 장래 형체를 뿌리는 것이 아니요 다만 밀이나
다른 것의 알갱이뿐이로되 38 하나님이 그 뜻대로 저에게
형체를 주시되 각 종자에게 그 형체를 주시느니라 39 육
체는 다 같은 육체가 아니니 하나는 사람의 육체요 하나는
짐승의 육체요 하나는 새의 육체요 하나는 물고기의 육체
라

this to your shame. 35 ¶ But someone will say, "How
are the dead raised? And with what kind of body do they
come?" 36 You fool! That which you sow does not come
to life unless it dies; 37 and that which you sow, you do
not sow the body which is to be, but a bare grain, perhaps
of wheat or of something else. 38 But God gives it a
body just as He wished, and to each of the seeds a body
of its own. 39 All flesh is not the same flesh, but there
is one flesh of men, and another flesh of beasts, and
another flesh of birds, and another of fish. 40 There are

하나는	**육체라** /물고기의
40 형체도 /하늘에 속한	**〈있고〉**
형체도 /땅에 속한	**〈있으나〉**
영광이 /하늘에 속한 자의	**따로 있고**
영광이 /땅에 속한 자의	**〈따로 있으니〉**
41 영광도 /해의	**다르며**
영광도 /달의	**다르며**
영광도 /별의	**다른데**
별과 영광이 /별의	**다르도다**
42 부활도 /죽은 자의	**이와 같으니**
[그것은]	**심고** /썩을 것으로 **다시 살며** /썩지 아니할 것으로
43 [그것은]	**심고** /욕된 것으로 **다시 살며** /영광스러운 것으로 **심고** /약한 것으로 **다시 살며** /강한 것으로
44 [그것은]	**심고** /육의 몸으로 **다시 사나니** /신령한 몸으로
[만일] 육의 몸이	있은즉(if)
또 신령한 몸이	**있느니라**

40 하늘에 속한 형체도 있고 땅에 속한 형체도 있으나 하늘에 속한 자의 영광이 따로 있고 땅에 속한 자의 영광이 따로 있으니 41 해의 영광도 다르며 달의 영광도 다르며 별의 영광도 다른데 별과 별의 영광이 다르도다 42 죽은 자의 부활도 이와 같으니 썩을 것으로 심고 썩지 아니할 것으로 다시 살며 43 욕된 것으로 심고 영광스러운 것으로 다시 살며 약한 것으로 심고 강한 것으로 다시 살며 44 육의 몸으로 심고 신령한 몸으로 다시 사나니 육의 몸이 있은즉 또 신령한 몸이 있느니라

also heavenly bodies and earthly bodies, but the glory of the heavenly is one, and the glory of the earthly is another. 41 There is one glory of the sun, and another glory of the moon, and another glory of the stars; for star differs from star in glory. 42 So also is the resurrection of the dead. It is sown a perishable body, it is raised an imperishable body; 43 it is sown in dishonor, it is raised in glory; it is sown in weakness, it is raised in power; 44 it is sown a natural body, it is raised a spiritual body. If there is a natural body, there is also a spiritual body. 45 So also it

45 기록된 바 ...함과 같이[38]
/첫 사람 아담은 산 영이 되었다

아담은 **영이 되었나니**
/마지막 /살려 주는

46 그러나
먼저는 **신령한 자가 아니요**
육 있는 자요
그 다음에 **신령한 자니라**

47 첫 사람은 **땅에서 났으니**
흙에 속한 자이거니와
둘째 사람은 **하늘에서 나셨느니라**

48 무릇 흙에 속한 자는 **저 흙에 속한 자들과 같고**
무릇 하늘에 속한 자는 **저 하늘에 속한 자들과 같으니**

고전

49 우리가 형상을 입은 것같이[39]
/흙에 속한 자의

또한
[우리가] **형상을 입으리라**
/하늘에 속한 자의

50 형제들아!
내가 **말하노니**
/이것을

/(동격/동급)
혈과
육은 받을 수 없고
/하나님 나라를
/유업으로

/또한
썩은 것은 받지 못하느니라
/썩지 아니한 것을
/유업으로

51 보라!
내가 **말하노니**
/비밀을
/너희에게

우리가 **잠잘 것이 아니요**
/다

38) 독립부사절

39) 독립부사절

45 기록된 바 첫 사람 아담은 산 영이 되었다 함과 같이
마지막 아담은 살려 주는 영이 되었나니 46 그러나 먼저
는 신령한 자가 아니요 육 있는 자요 그 다음에 신령한 자
니라 47 첫 사람은 땅에서 났으니 흙에 속한 자이거니와
둘째 사람은 하늘에서 나셨느니라 48 무릇 흙에 속한 자
는 저 흙에 속한 자들과 같고 무릇 하늘에 속한 자는 저
하늘에 속한 자들과 같으니 49 우리가 흙에 속한 자의 형
상을 입은 것같이 또한 하늘에 속한 자의 형상을 입으리라
50 형제들아 내가 이것을 말하노니 혈과 육은 하나님 나
라를 유업으로 받을 수 없고 또한 썩은 것은 썩지 아니한
것을 유업으로 받지 못하느니라 51 보라 내가 너희에게
비밀을 말하노니 우리가 다 잠잘 것이 아니요 마지막 나팔

is written, "The first man, Adam, became a living soul."
The last Adam became a life-giving spirit. 46 However,
the spiritual is not first, but the natural; then the spiritual.
47 The first man is from the earth, earthy; the second
man is from heaven. 48 As is the earthy, so also are those
who are earthy; and as is the heavenly, so also are those
who are heavenly. 49 And just as we have borne the
image of the earthy, we shall also bear the image of the
heavenly. 50 ¶ Now I say this, brethren, that flesh and
blood cannot inherit the kingdom of God; nor does the
perishable inherit the imperishable. 51 Behold, I tell you
a mystery; we shall not all sleep, but we shall all be

[우리가]
/다
변화하리니
/순식간에
/홀연히
/마지막 나팔에

52 //(반복/강조)
나팔 소리가 —— 나매
죽은 자들이 —— 다시 살고
/썩지 아니할 것으로
우리도 —— 변화하리라

53 //(계속)
썩을 것이 —— 불가불 입겠고
/이
/썩지 아니할 것을
죽을 것이 —— 입으리로다
/이
/죽지 아니함을

54 썩을 것이
/이
입고
/썩지 아니함을
죽을 것이
/이
입을 때에는(상황절, when)
/죽지 아니함을

말씀이
/기록된
응하리라
/사망이 —— 삼킨 바 되리라고
/이김의

55 사망아!
이기는 것이
/너의
어디 있느냐?

사망아!
쏘는 것이
/너의
어디 있느냐?

56 쏘는 것은
/사망의
죄요
권능은
/죄의
율법이라

57 **감사하노니**
/하나님께
/주시는
/이김을
/우리에게
/우리 주 예수 그리스도로 말미암아

고전

에 순식간에 홀연히 다 변화하리니 52 나팔 소리가 나매
죽은 자들이 썩지 아니할 것으로 다시 살고 우리도 변화하
리라 53 이 썩을 것이 불가불 썩지 아니할 것을 입겠고 이
죽을 것이 죽지 아니함을 입으리로다 54 이 썩을 것이 썩
지 아니함을 입고 이 죽을 것이 죽지 아니함을 입을 때에
는 사망이 이김의 삼킨 바 되리라고 기록된 말씀이 응하리
라 55 사망아 너의 이기는 것이 어디 있느냐 사망아 너의
쏘는 것이 어디 있느냐 56 사망의 쏘는 것은 죄요 죄의 권
능은 율법이라 57 우리 주 예수 그리스도로 말미암아 우
리에게 이김을 주시는 하나님께 감사하노니

changed, 52 in a moment, in the twinkling of an eye, at
the last trumpet; for the trumpet will sound, and the dead
will be raised imperishable, and we shall be changed. 53
For this perishable must put on the imperishable, and this
mortal must put on immortality. 54 But when this perishable
will have put on the imperishable, and this mortal will
have put on immortality, then will come about the saying
that is written, "Death is swallowed up in victory. 55 "O
death, where is your victory? O death, where is your
sting?" 56 The sting of death is sin, and the power of
sin is the law; 57 but thanks be to God, who gives us
the victory through our Lord Jesus Christ. 58 Therefore,

58 그러므로
형제들아!
/내
/사랑하는

[너희는] **견고하며**
흔들리지 말며
더욱 힘쓰는 자들이 되라
/주의 일에
/항상

/(이는)
앎이니라(=알면서)[40)]
/너희 수고가 — 헛되지 않은 줄을
/주 안에서

고전

16

1 너희도 **하라**
/그렇게
/내가 갈라디아 교회들에게 명한 것같이
/연보에 대하여는
/성도를 위하는

2 매주일 첫날에
각 사람이 **두어서**
/너희
/저축하여
/이를 얻은 대로

//(목적: ἵνα, so that...)
내가 갈 때에
연보를 하지 않게 하라

3 내가 이를 때에(when)
[내가] **가게 하리니**
/사람에게
/너희의 인정한
/편지를 주어
/가지고
/너희의 은혜를
/예루살렘으로

4 만일(ἐὰν)
나도 가는 것이 합당하면
저희가 **가리라**
/나와 함께

40) 분사이다. 동시동작, 즉 상황으로 보자.

58 그러므로 내 사랑하는 형제들아 견고하며 흔들리지 말
며 항상 주의 일에 더욱 힘쓰는 자들이 되라 이는 너희 수
고가 주 안에서 헛되지 않은 줄을 앎이니라

16 1 성도를 위하는 연보에 대하여는 내가 갈라디아
교회들에게 명한 것같이 너희도 그렇게 하라 2 매
주일 첫날에 너희 각 사람이 이를 얻은 대로 저축하여 두
어서 내가 갈 때에 연보를 하지 않게 하라 3 내가 이를 때
에 너희의 인정한 사람에게 편지를 주어 너희의 은혜를 예
루살렘으로 가지고 가게 하리니 4 만일 나도 가는 것이 합
당하면 저희가 나와 함께 가리라 5 내가 마게도냐를 지날

my beloved brethren, be steadfast, immovable, always abounding in the work of the Lord, knowing that your toil is not in vain in the Lord.

16 1 Now concerning the collection for the saints, as
I directed the churches of Galatia, so do you also.
:2 On the first day of every week let each one of you
put aside and save, as he may prosper, that no collections
be made when I come. :3 And when I arrive, whomever
you may approve, I shall send them with letters to carry
your gift to Jerusalem; :4 and if it is fitting for me to go
also, they will go with me. :5 But I shall come to you
after I go through Macedonia, for I am going through
Macedonia; :6 and perhaps I shall stay with you, or even

5 [내가] 마게도냐를 지난 후에
[내가] **나아가서**
/너희에게

//(이유: γάρ, for)
내가 마게도냐를 지날 터이니

6 혹
[내가] **머물며**
/너희와 함께
과동할 듯도 하니

//이는(목적: ἵνα, so that...may)
너희가 —— 보내어 주게 하려 함이라
/나를
/나의 갈 곳으로

7 //(이유: γάρ, for)
[내가] —— 원치 하니하노니
/너희 보기를
/지나는 길에
/이제는

//이는(이유: γάρ, for)
주께서 만일 허락하시면(if)
[내가] —— 바람이라
/유하기를
/너희와 함께
/얼마 동안

8 내가 **유하려 함은**
/에베소에
/오순절까지

9 //(이유: γάρ)
문이 —— 열리고
/광대하고 /내게
/공효를 이루는

대적하는 자가 —— 많음이니라

10 [만일, ἐὰν]
디모데가 이르거든
너희는 **조심하여**
/저로 —— 있게 하라[41]
/너희 가운데
/두려움이 없이

//이는(이유: γάρ, for)[42]

41) 단순 ἵνα

고전

터이니 마게도냐를 지난 후에 너희에게 나아가서 6 혹 너
희와 함께 머물며 과동할 듯도 하니 이는 너희가 나를 나
의 갈 곳으로 보내어 주게 하려 함이라 7 이제는 지나는
길에 너희 보기를 원치 아니하노니 이는 주께서 만일 허락
하시면 얼마 동안 너희와 함께 유하기를 바람이라 8 내가
오순절까지 에베소에 유하려 함은 9 내게 광대하고 공효
를 이루는 문이 열리고 대적하는 자가 많음이니라 10 디
모데가 이르거든 너희는 조심하여 저로 두려움이 없이 너
희 가운데 있게 하라 이는 저도 나와 같이 주의 일을 힘쓰
는 자임이니라

spend the winter, that you may send me on my way
wherever I may go. :7 For I do not wish to see you now
just in passing; for I hope to remain with you for some
time, if the Lord permits. :8 But I shall remain in Ephesus
until Pentecost; :9 for a wide door for effective service
has opened to me, and there are many adversaries. :10 ¶
Now if Timothy comes, see that he is with you without
cause to be afraid; for he is doing the Lord's work, as I

//이는(이유: γάρ, for)[42]
저도 ——— 힘쓰는 자임이니라
/주의 일을
/나와 같이

11 그러므로
누구든지 **멸시하지 말고**[43]
/저를
보내어
/평안히

//(목적: ἵνα, that...may)
[그가] ——— 오게 하라
/내게로

//(이유: γάρ)
나는 ——— 기다리노라
/저가 오기를
/형제들과 함께

고전

12 형제 아볼로에 대하여는
내가 **권하되**
/저더러(=저를)
/많이
/가라고
/너희에게
/형제들과 함께

[그러나]
뜻이 **없으나**
/갈 /일절
/지금은

[그가] 기회가 있으면(when)
[그는] **가리라**

13[너희는] **깨어**
굳게 서서
/믿음에
남자답게
강건하여라

14 [그는] **행하라**[44]
/모든 일을
/너희
/사랑으로

15 형제들아!
너희가 **아는지라**
/집은 ——— 곧 첫 열매요
/스데바나의 /아가야의
또 작정한 줄을
/성도 섬기기로

42) 종속문장의 병렬/종속: 같은 성격의 접속사가 기준이다. i°na+문장A, ga¿r+문장B의 경우 접속사의 성격이 다르기 때문에 비록 접속사가 있다 해도 병렬관계를 이룬다. 11절도 마찬가지 이다.

43) mh/와 함께 사용된 가정법 동사이다. 동작의 개시조차 금지하는 강한 부정을 의미한다.즉 멸시하는 동작을 하다가 그만두는 것이 아니라, 멸시하는 동작을 시작도차 하지 말하는 것이다.

44) 3인칭 명령은 하게하라는 뜻이다.

11 그러므로 누구든지 저를 멸시하지 말고 평안히 보내어
내게로 오게 하라 나는 저가 형제들과 함께 오기를 기다리
노라 12 형제 아볼로에 대하여는 저더러 형제들과 함께
너희에게 가라고 내가 많이 권하되 지금은 갈 뜻이 일절
없으나 기회가 있으면 가리라 13 깨어 믿음에 굳게 서서
남자답게 강건하여라 14 너희 모든 일을 사랑으로 행하라
15 형제들아 스데바나의 집은 곧 아가야의 첫 열매요 또
성도 섬기기로 작정한 줄을 너희가 아는지라 내가 너희를

also am. :11 Let no one therefore despise him. But send
him on his way in peace, so that he may come to me;
for I expect him with the brethren. :12 But concerning Apollos
our brother, I encouraged him greatly to come to you
with the brethren; and it was not at all his desire to come
now, but he will come when he has opportunity. :13 Be
on the alert, stand firm in the faith, act like men, be
strong. :14 Let all that you do be done in love. :15 Now
I urge you, brethren (you know the household of Stephanas,

내가 권하노니
/너희를
16 /[너희는] —— 복종하라[45)]
/이같은 자들과
/또 모든 자에게
/함께 일하며
수고하는

17 내가 기뻐하노니
/온 것을
/스데바나와 브드나도와 아가이고의

//(이유: ὅτι, because)
저희가 —— 보충하였음이니라
/너희의 부족한 것을

18 //(이유: γάρ, for)
저희가 —— 시원케 하였으니
/나와 너희 마음을

그러므로
너희는 알아 주라
/이런 자들을

19 교회들이 —— 문안하고
/아시아의
/너희에게
아굴라와 —— 문안하고
브리스와
/주 안에서
교회가
/너희에게
/그 집에 있는
/간절히

20 형제도 문안하니
/모든
/너희에게
너희는 문안하라
/거룩하게 입맞춤으로
/서로

21 나 바울은 문안하노니
/친필로
/너희에게

22 만일
누구든지 사랑하지 아니하거든
/주를
받을지어다
/저주를
임하시느니라
/주께서

45) 명사절로 사용된 예이다. ἵνα와 함께 와서 서술적인 기능을 가진다.

고전

권하노니 16 이같은 자들과 또 함께 일하며 수고하는 모
든 자에게 복종하라 17 내가 스데바나와 브드나도와 아가
이고의 온 것을 기뻐하노니 저희가 너희의 부족한 것을 보
충하였음이니라 18 저희가 나와 너희 마음을 시원케 하였
으니 그러므로 너희는 이런 자들을 알아 주라 19 아시아
의 교회들이 너희에게 문안하고 아굴라와 브리스가와 및
그 집에 있는 교회가 주 안에서 너희에게 간절히 문안하고
20 모든 형제도 너희에게 문안하니 너희는 거룩하게 입맞
춤으로 서로 문안하라 21 나 바울은 친필로 너희에게 문
안하노니 22 만일 누구든지 주를 사랑하지 아니하거든 저

that they were the first fruits of Achaia, and that they have devoted themselves for ministry to the saints), :16
that you also be in subjection to such men and to everyone who helps in the work and labors. :17 And I rejoice over the coming of Stephanas and Fortunatus and Achaicus; because they have supplied what was lacking on your part. :18
For they have refreshed my spirit and yours. Therefore acknowledge such men. :19 The churches of Asia greet you. Aquila and Prisca greet you heartily in the Lord, with the church that is in their house. :20 All the brethren greet you. Greet one another with a holy kiss. :21 The greeting is in my own hand — Paul. :22 If anyone does not love

23 은혜가 **(하고)**
/주 예수 그리스도의 /너희와 함께

24 사랑이 **(할지어다)**
/나의 /그리스도 예수의 안에서
/너희 무리와 함께

주를 받을지어다 주께서 임하시느니라 23 주 예수 그리
스도의 은혜가 너희와 함께 하고 24 나의 사랑이 그리스
도 예수의 안에서 너희 무리와 함께 할지어다

the Lord, let him be accursed. Maranatha. 23 The grace
of the Lord Jesus be with you. :24 My love be with you
all in Christ Jesus. Amen. :23 The grace of the Lord Jesus
be with you. :24 My love be with you all in Christ Jesus.
Amen.

고린도후서

1

1 바울과 및 ——— (편지하노니)[1)]
/사도 된
/그리스도 예수의
/뜻으로 말미암아
/하나님의
디모데는
/형제

/교회와(=교회에게)
/하나님의
/고린도에 있는
/또 성도에게(=성도들과 함께 하는)
/모든
/아가야에 있는
/온

2 은혜와 평강이 (있기를 원하노라)
/[너희에게]
/하나님 우리 아버지와
주 예수 그리스도로 좇아

3 찬송하리로다 하나님이시요(=하나님 곧 아버지)[2)]
/우리 주 예수 그리스도의
/그는(동격)[3)]
아버지시요
/자비의
/(동격)하나님이시며
/위로의
/모든
4 /위로하사(=위로하시는)
/우리를
/환난 중에서
/우리의
/모든

//(목적: εἰς + 목적격, so that)
우리로(하여금) — 능히 위로하게(하시는 이시로다)[4)]
/환난 중에 있는 자들을
/모든
/위로로써
/[우리가] — 받는
/하나님께

5 //(이유: ὅτι, for)
위로도 ——— 넘치는도다
/우리의
/그리스도로 말미암아
/고난이 ——— 넘친 것같이
/그리스도의
/우리에게

1) 한글개역에 없는 표현이지만, 뒤의 기원과는 컴마로 분명하게 구분되기에 첨가하였다. 다른 서신서를 참고하라.

2) 직역하면 '찬송받을 분은 하나님 곧 아버지시다' 혹은 '찬송이 하나님 곧 아버지께 있도다'이다. 역본 및 에베소서 1:3과 비교하라.
Blessed [be] the God and Father of our Lord Jesus Christ, the Father of mercies and God of all comfort, (NASB)

3) 원문에는 없는 단어이다.

4) 조동사 역할을 하는 δυναμαι와 παρακαλεω가 각각 부정사로 합성되었다.

1:1 하나님의 뜻으로 말미암아 그리스도 예수의 사도 된
바울과 및 형제 디모데는 고린도에 있는 하나님의 교회
와 또 온 아가야에 있는 모든 성도에게 2 하나님 우리 아
버지와 주 예수 그리스도로 좇아 은혜와 평강이 있기를 원
하노라 3 찬송하리로다 그는 우리 주 예수 그리스도의 하
나님이시요 자비의 아버지시요 모든 위로의 하나님이시며
4 우리의 모든 환난 중에서 우리를 위로하사 우리로 하여
금 하나님께 받는 위로로써 모든 환난 중에 있는 자들을
능히 위로하게 하시는 이시로다 5 그리스도의 고난이 우
리에게 넘친 것같이 우리의 위로도 그리스도로 말미암아
넘치는도다

1:1 Paul, an apostle of Christ Jesus by the will of God,
and Timothy our brother, to the church of God which
is at Corinth with all the saints who are throughout Achaia:
2 Grace to you and peace from God our Father and the
Lord Jesus Christ. 3 Blessed be the God and Father of
our Lord Jesus Christ, the Father of mercies and God of
all comfort; 4 who comforts us in all our affliction so
that we may be able to comfort those who are in any
affliction with the comfort with which we ourselves are
comforted by God. 5 For just as the sufferings of Christ
are ours in abundance, so also our comfort is abundant through
Christ. 6 But if we are afflicted, it is for your comfort

6 [만약, εἴτε]
우리가 환난받는 것도(=받는다면, 조건절, if)
<그것은> **위로와 구원을 위함이요**
/너희의

혹(=만약, εἴτε)
[우리가] 위로받는 것도(=받는다면, 조건절, if)
<그것은> **위로를 위함이니**
/너희의
/(이 위로가 너희 속에) 역사하여(=역사하는)
/견디게 하느니라(=인내 가운데)
/고난을(=고난의)
/(너희도)같은
/우리가 받는(것)

7 소망이 **견고함은**
/우리의
/너희를 위한[5)]

//(이유: 완료분사, because - NKJV)
앎이라
/너희가 — 참여하는 자가 된 것같이[6)]
/고난에
— 그러할 줄을
/위로에도

8 //(이유: γάρ, for)
형제들아!
우리가 — 원치 아니하노니
/너희가 — 알지 못하기를
/환난을(=환난에 대해)
/[우리가] — 당한
/아시아에서
/[우리가] — 고생을 받아(=받은 것을)
/심한
/힘에 지나도록

//(결과: ὥστε, so that)
[우리가] — 끊어지고
/살 소망까지

9 //(결과: 계속)
[우리[가]] — 받은 줄 알았으니(=가졌다)
/선고를
/사형
/마음에

//이는(목적: ἵνα, so that)

5) 역본들의 견해를 따라 '소망'을 수식하는 수식부로 보았다.

6) 수식부이지만, 다음 문장의 동사가 생략되었기에 먼저 읽어야만 의미 전달이 되기 때문에 앞서 기록했다.

고후

6 우리가 환난 받는 것도 너희의 위로와 구원을 위함이요
혹 위로 받는 것도 너희의 위로를 위함이니 이 위로가 너
희 속에 역사하여 우리가 받는 것같은 고난을 너희도 견디
게 하느니라 7 너희를 위한 우리의 소망이 견고함은 너희
가 고난에 참예하는 자가 된 것같이 위로에도 그러할 줄을
앎이라 8 형제들아 우리가 아시아에서 당한 환난을 너희
가 알지 못하기를 원치 아니하노니 힘에 지나도록 심한 고
생을 받아 살 소망까지 끊어지고 9 우리 마음에 사형 선고
를 받은 줄 알았으니 이는 우리로 자기를 의뢰하지 말고
오직 죽은 자를 다시 살리시는 하나님만 의뢰하게 하심이

and salvation; or if we are comforted, it is for your comfort,
which is effective in the patient enduring of the same sufferings
which we also suffer;
7 and our hope for you is firmly
grounded, knowing that as you are sharers of our sufferings,
so also you are sharers of our comfort.
8 For we do not
want you to be unaware, brethren, of our affliction which
came to us in Asia, that we were burdened excessively, beyond
our strength, so that we despaired even of life;
9 indeed,
we had the sentence of death within ourselves in order
that we should not trust in ourselves, but in God who

//이는(목적: ἵνα, so that)
우리로 ─ 의뢰하지 말고
/자기를
─ 오직 의뢰하게 하심이라
/하나님만
/다시 살리시는
/죽은 자를

10 /그가[7] ─ 건지셨고
/우리를
/사망에서
/이같이 큰
─ 또 건지시리라

/그를 의지하여[8]
/●

● [우리가] ─ 또한 바라노라
/[그가] ─ 건지시기를
/이후에라도

11 /너희도 도우라[9]
/간구함으로
/우리를 위하여

//이는(목적)

//이는(목적: ἵνα, so that... may)
은사를 인하여 ─ 감사하게 하려 함이라
(=은사가) (=감사되게 하려 함이라)
/우리가 얻은 /많은 사람도
/많은 사람의 기도로 (=많은 사람으로)
(=많은 사람으로부터) /우리를 위하여

12 //(이유: γάρ, for)
자랑이라(=은) ─ 이것이[라]
/우리의 /증거하는 바니(=인)
/양심의
/우리
/우리가 ─ 행함은(=행하는 것)
/거룩함과 진실함으로써(하되)
/하나님의
/지혜로 하지 아니하고
/육체의
/은혜로
/하나님의
/세상에서
/너희에게 대하여
/특별히

13 //(이유: γάρ, for)

고후

7) 관계대명사, 선행사는 '하나님'이다.

8) 전치사 + 관계대명사, 선행사는 '하나님'이다. 계속적 용법

9) 독립분사구문이다. 독립분사구문의 분사는 주절로부터 독립적인 절을 구성한다. 본 절은 삽입절이다.

라 10 그가 이같이 큰 사망에서 우리를 건지셨고 또 건지
시리라 또한 이후에라도 건지시기를 그를 의지하여 바라노
라 11 너희도 우리를 위하여 간구함으로 도우라 이는 우
리가 많은 사람의 기도로 얻은 은사를 인하여 많은 사람도
우리를 위하여 감사하게 하려 함이라 12 우리가 세상에서
특별히 너희에게 대하여 하나님의 거룩함과 진실함으로써
하되 육체의 지혜로 하지 아니하고 하나님의 은혜로 행함
은 우리 양심의 증거하는 바니 이것이 우리의 자랑이라

raises the dead; 10 who delivered us from so great a peril
of death, and will deliver us, He on whom we have set
our hope. And He will yet deliver us, 11 you also joining
in helping us through your prayers, that thanks may be
given by many persons on our behalf for the favor bestowed
upon us through the prayers of many. 12 For our proud
confidence is this, the testimony of our conscience, that
in holiness and godly sincerity, not in fleshly wisdom but
in the grace of God, we have conducted ourselves in the world,
and especially toward you. 13 For we write nothing else

13 //(이유: γάρ, for)
우리가 ── 쓰지 아니하노니
/다른 것을
/오직 너희가 읽고 아는 것 외에
/[너희에게]

//(이유: 계속)
내가 ──바라는 것은
/너희가─알기를
/끝까지
14 /너희가─ 아는 것같이
/우리를
/대강
/우리가 - 너희의 자랑이 되는 것(이라)
/너희가 ─자랑이 되고(=되는 것 같이)
/우리의
/날에
/우리 주 예수의

15-16
내가 **경영하였으니**
/이 확신을 가지고
/이르렀다가(=이르는 것을)
/너희에게
/먼저
/너희로(=가)──얻게 하기 위하여[10)]
/은혜를
/두 번
/지나 갔다가(=지나 가는 것을)
/너희를[통해]
/마게도냐에[로]
/가서(=가는 것을)
/다시
/마게도냐에서
/너희에게
/보내 줌으로(=보냄 받는 것을)
/너희가(=너희를 통해)
/유대로(가기를)

17 어찌(=그러므로, ἄρα)
[내가] 경영할 때에(상황절, when)
/이렇게
하였으리요?
/경홀히

혹
[내가] **경영하여(=경영하였겠느냐?)**
/경영하기를
/육체를 좇아

//(목적:ἵνα, so that)

10) 원래 목적을 말하는 종속문장이지만, 논리적인 원인이 되는 문장이 부정사(명사구)이기에 수식부로 표기하였다.

13 오직 너희가 읽고 아는 것 외에 우리가 다른 것을 쓰지
아니하노니 너희가 끝까지 알기를 내가 바라는 것은 14
너희가 대강 우리를 아는 것같이 우리 주 예수의 날에 너
희가 우리의 자랑이 되고 우리가 너희의 자랑이 되는 것이
라 15 내가 이 확신을 가지고 너희로 두 번 은혜를 얻게
하기 위하여 먼저 너희에게 이르렀다가 16 너희를 지나
마게도냐에 갔다가 다시 마게도냐에서 너희에게 가서 너희
가 보내줌으로 유대로 가기를 경영하였으니 17 이렇게 경
영할 때에 어찌 경홀히 하였으리요 혹 경영하기를 육체를
좇아 경영하여 예, 예하고 아니, 아니라 하는 일이 내게 있

to you than what you read and understand, and I hope
you will understand until the end; 14 just as you also
partially did understand us, that we are your reason to be
proud as you also are ours, in the day of our Lord Jesus.
15 ¶ And in this confidence I intended at first to come
to you, that you might twice receive a blessing; 16 that
is, to pass your way into Macedonia, and again from Macedonia
to come to you, and by you to be helped on my journey
to Judea. 17 Therefore, I was not vacillating when I
intended to do this, was I? Or that which I purpose, do I

//(목적: ἵνα, so that)
예, 예 하고 ―― 있었겠느냐(=있도록)
아니, 아니라 하는 일이 ― /내게

18 말은 예 하고 아니라 함이 없노라
/우리가(=의) /하나님은 미쁘시니라(=같이)[11)]
/너희에게 한

19 //(이유: γάρ, for)
아들 예수 그리스도는 ―― 예 하고 아니라 함이 되지 아니하였으니
/하나님의
/전파된
/너희 가운데
/우리[로 말미암아]
/곧 나와 실루아노와 디모데로 말미암아
예만 ―― 되었느니라
/저에게는

20 //(이유: γάρ, for)
약속은 ―― 얼마든지 예가 되니
/하나님의 /그리스도 안에서

//그런즉(결과: διὰ, for this reason-NRSV)[12)]
아멘 하여(=으로) ―― 영광을 돌리게 되느니라
/우리가(=에 의한) /하나님께
/그로 말미암아

21 견고케 하시고 ―― 하나님이시니
/우리를
/너희와 함께
/그리스도 안에서
기름을 부으신 이는 ―
/우리에게

22 /(저가)[13)]
또한 인치시고
/우리에게
/주셨느니라(=주신)
/보증으로
/성령을
/우리 마음에

23 내가 불러 증거하시게 하노니(=부르노니)
/하나님을
/내 영혼을 두고
/[내가] ―― 다시 가지 아니한 것은(=을)
/고린도에

//(목적: 분사, in order to - NIV)

11) 영역본들의 공통된 입장을 따랐다.

12) 원래 διὰ는 결론을 나타내는 접속사이지만, 주어 동사가 없이 20절 상반절의 논리적인 결과를 나타낸다. NRSV와 NIV의 번역을 참고하라

13) 관사이다. 이하의 수식부는 NRSV의 입장을 따랐다.

고후

었겠느냐 18 하나님은 미쁘시니라 우리가 너희에게 한 말
은 예하고 아니라 함이 없노라 19 우리 곧 나와 실루아노
와 디모데로 말미암아 너희 가운데 전파된 하나님의 아들
예수 그리스도는 예하고 아니라 함이 되지 아니하였으니
저에게는 예만 되었느니라 20 하나님의 약속은 얼마든지
그리스도 안에서 예가 되니 그런즉 그로 말미암아 우리가
아멘 하여 하나님께 영광을 돌리게 되느니라 21 우리를
너희와 함께 그리스도 안에서 견고케 하시고 우리에게 기
름을 부으신 이는 하나님이시니 22 저가 또한 우리에게
인치시고 보증으로 성령을 우리 마음에 주셨느니라 23 내
가 내 영혼을 두고 하나님을 불러 증거하시게 하노니 다시
고린도에 가지 아니한 것은 너희를 아끼려 함이라 24 우

purpose according to the flesh, that with me there should
be yes, yes and no, no at the same time? 18 But as God
is faithful, our word to you is not yes and no. 19 For the
Son of God, Christ Jesus, who was preached among you
by us — by me and Silvanus and Timothy — was not
yes and no, but is yes in Him. 20 For as many as may
be the promises of God, in Him they are yes; wherefore
also by Him is our Amen to the glory of God through
us. 21 Now He who establishes us with you in Christ
and anointed us is God, 22 who also sealed us and gave

//(목적: 분사, in order to - NIV)
너희를 아끼려 함이라

24 우리가 주관하려는 것이 **아니요**
/너희 믿음을
오직
돕는 자가 되려 함 **이니(=이다)**
/너희 기쁨을

//이는(이유: γάρ, for)
너희가 —— 섰음이라
/믿음에

2

1 내가 **결단하였노니**[14)]
/나아가지 않기로
/다시
/근심으로
/너희에게
/스스로

2 //(이유: γάρ, for)
[만약, εἰ]
내가 —— 근심하[게 하]면(조건절, if)
/너희를
기쁘게 하는 자가 —— 누구냐?
/나를
/근심하게 한 자밖에
/나의

3 내가 **쓴 것은**
/이같이

//(목적: ἵνα, so that)
내가 —— 갈 때에(상황절, when)
—— 얻을까 염려함이요(=얻지 않으려 함이요)
/(도리어)근심을
/마땅히 기쁘게 할 자로부터
/나를

//또(이유: 완료분사, for-NRSV)

14) 원문에 γάρ가 있지만 역본들이 일치되게 강조적인 용법으로 보았다. 역본들의 입장을 따랐다.

리가 너희 믿음을 주관하려는 것이 아니요 오직 너희 기쁨을 돕는 자가 되려 함이니 이는 너희가 믿음에 섰음이라

2:1 내가 다시 근심으로 너희에게 나아가지 않기로 스스로 결단하였노니 2 내가 너희를 근심하게 하면 나의 근심하게한 자밖에 나를 기쁘게 하는 자가 누구냐 3 내가 이같이 쓴 것은 내가 갈 때에 마땅히 나를 기쁘게 할 자로부터 도리어 근심을 얻을까 염려함이요 또 너희 무리를 대하여 나의 기쁨이 너희 무리의 기쁨인 줄 확신함이로라

us the Spirit in our hearts as a pledge. 23 ¶ But I call God as witness to my soul, that to spare you I came no more to Corinth. 24 Not that we lord it over your faith, but are workers with you for your joy; for in your faith you are standing firm.

2:1 ¶ But I determined this for my own sake, that I would not come to you in sorrow again. 2 For if I cause you sorrow, who then makes me glad but the one whom I made sorrowful? 3 And this is the very thing I wrote you, lest, when I came, I should have sorrow from those who ought to make me rejoice; having confidence in you all, that my joy would be the joy of you all. 4 For out

//또(이유: 완료분사, for-NRSV)
[내가] — 확신함이로라
/기쁨이 — 너희의 기쁨인 줄
/나의 /무리(=모든)
/너희를 대하여
/무리(=모든)

4 //(이유: γάρ, for)
내가 — 썼노니
/너희에게
/많은 눈물로
/환난과
/큰
마음이 있어(=으로부터)
/애통한

//이는(목적: ἵνα, so that)
너희로 — 근심하게 하려 한 것이 아니요
너희로 — 오직 알게 하려 함이라
/사랑이(=사랑을)
/내가 — 있음을(=가진)
/넘치는(=넘치도록)
/너희를 향하여

5 [만약, εἰ]
[어떤이가] 근심하게 한 자가 있었을지라도(=근심케 하였을찌라도, 조건절, if)
근심하게 한 것이 아니요
/나를
(근심하게 한 것이니)
/너희를
/무리(=모든)
/어느 정도
/(어느 정도라 함은)내가 너무 심하게 하지 아니하려 함이라[15)]

6 벌받은 것이 **족하도다**[16)]
/많은 사람에게서 /이러한 사람이(=에게)

7 그런즉(w,ste)
너희는 **용서하고**[17)]
/[반대로]
/차라리
/(저를)
위로할 것이니
/저가 — 잠길까 두려워하노라(=잠기지 않도록)
/근심에
/너무 많은

16) 주어와 동사를 바꿔서 해석할 수 있다. 영역본들을 참고하라

17) 부정사이지만, ὥστε와 함께 사용되어 권고의 의미를 갖는다.

고후

4 내가 큰 환난과 애통한 마음이 있어 많은 눈물로 너희에
게 썼노니 이는 너희로 근심하게 하려 한 것이 아니요 오
직 내가 너희를 향하여 넘치는 사랑이 있음을 너희로 알게
하려 함이라 5 근심하게 한 자가 있었을지라도 나를 근심
하게 한 것이 아니요 어느 정도 너희 무리를 근심하게 한
것이니 어느 정도라 함은 내가 너무 심하게 하지 아니하려
함이라 6 이러한 사람이 많은 사람에게서 벌 받은 것이 족
하도다 7 그런즉 너희는 차라리 저를 용서하고 위로할 것
이니 저가 너무 많은 근심에 잠길까 두려워하노라

of much affliction and anguish of heart I wrote to you with many tears; not that you should be made sorrowful, but that you might know the love which I have especially
for you. 5 ¶ But if any has caused sorrow, he has caused sorrow not to me, but in some degree — in order not to
say too much — to all of you. 6 Sufficient for such a one is this punishment which was inflicted by the majority,
7 so that on the contrary you should rather forgive and comfort him, lest somehow such a one be overwhelmed by excessive sorrow.
8 Wherefore I urge you to reaffirm your love for

8 그러므로(διό)
[내가] **권하노니**
/너희를
/나타내라(=나타낼 것을)
/사랑을
/저희에게

9 //(이유: γάρ, for)
내가 ——— 썼노라
/이것을
/[내가] —알고자 하여[18)]
/그 증거를
/너희가 —순종하는지
/범사에
/너희에게

10 나도 **(그리하고)**[19)]
/너희가 —뉘게 용서하면(=용서한 이를)
/무슨 일이든지

//(이유: γάρ, for)
만일(εἰ)
내가 — 용서한 일이 있으면(조건절, if)
내가 — (한 것이니)
/용서한 그것은(=을)
/너희를 위하여
/그리스도 앞에서

11 //이는(목적: ἵνα, so that)
우리로 ——— 속지 않게 하려 함이라
/사단에게

//(이유: γάρ, for)
우리가 —알지 못하는 바가 아니로라
/그[의] 궤계를

12-13
내가 이르매(상황절, when)
/드로아에
/복음을 위하여
/그리스도의
문이 열렸으되(상황절, when)
/내게
/주 안에서

내가 **[갖지]못하여**
/편치(=편안함을)
/내 심령이(=에)

//(이유: 여격 부정사, because-NKJV)

고후

18) NRSV와 NIV의 입장을 따랐다.

19) 원문에는 수식부의 '용서하다'가 먼저 기술되어 반복 생략되었다.

8 그러므로 너희를 권하노니 사랑을 저희에게 나타내라 9
너희가 범사에 순종하는지 그 증거를 알고자 하여 내가 이
것을 너희에게 썼노라 10 너희가 무슨 일이든지 뉘게 용
서하면 나도 그리하고 내가 만일 용서한 일이 있으면 용서
한 그것은 너희를 위하여 그리스도 앞에서 한 것이니 11
이는 우리로 사단에게 속지 않게 하려 함이라 우리가 그
궤계를 알지 못하는 바가 아니로라 12 내가 그리스도의
복음을 위하여 드로아에 이르매 주 안에서 문이 내게 열렸
으되 13 내가 내 형제 디도를 만나지 못하므로 내 심령이
편치 못하여 저희를 작별하고 마게도냐로 갔노라

him. 9 For to this end also I wrote that I might put you
to the test, whether you are obedient in all things. 10 But
whom you forgive anything, I forgive also; for indeed
what I have forgiven, if I have forgiven anything, I did it
for your sakes in the presence of Christ, 11 in order that
no advantage be taken of us by Satan; for we are not
ignorant of his schemes. 12 Now when I came to Troas
for the gospel of Christ and when a door was opened for
me in the Lord, 13 I had no rest for my spirit, not finding
Titus my brother; but taking my leave of them, I went

//(이유: 여격 부정사, because-NKJV)
만나지 못하므로
/디도를
/내 형제

[내가] **갔노라**
/마게도냐로
/작별하고(과거분사)
/저희를

14 [내가] **감사하노라**
/하나님께
/이기게 하시고(=하시는)
/항상
/우리를
/그리스도 안에서
/나타내시는
/냄새를
/아는
/그리스도를
/우리로 말미암아
/각처에서

15 //(이유: ὅτι, for)
우리는 — 향기니
/그리스도의
/하나님 앞에서
/구원 얻는 자들에게나
/망하는 자들에게나
16 /이 사람에게는[20]
냄새요
/사망으로 좇아 사망에 이르는
/저 사람에게는[21]
냄새라
/생명으로 좇아 생명에 이르는

누가 **감당하리요?**
/이것을

17 //(이유: γάρ, for)
우리는 — 수다한 사람과 같이 아니하고
/혼잡하게 하지(=혼잡하게 하는)
/말씀을
/하나님의
— 곧 말하노라
/순전함으로
/하나님께 받은 것같이
/하나님 앞에서와
/그리스도 안에서

20) 관계대명사, 선행사는 '망하는 자들'이다. 계속적 용법

21) 관계대명사, 선행사는 '구원을 얻는 자들'이다. 계속적 용법

고후

14 항상 우리를 그리스도 안에서 이기게 하시고 우리로
말미암아 각처에서 그리스도를 아는 냄새를 나타내시는 하
나님께 감사하노라 15 우리는 구원 얻는 자들에게나 망하
는 자들에게나 하나님 앞에서 그리스도의 향기니 16 이
사람에게는 사망으로 좇아 사망에 이르는 냄새요 저 사람
에게는 생명으로 좇아 생명에 이르는 냄새라 누가 이것을
감당하리요 17 우리는 수다한 사람과 같이 하나님의 말씀
을 혼잡하게 하지 아니하고 곧 순전함으로 하나님께 받은
것같이 하나님 앞에서와 그리스도 안에서 말하노라

on to Macedonia. 14 But thanks be to God, who always
leads us in His triumph in Christ, and manifests through
us the sweet aroma of the knowledge of Him in every
place. 15 For we are a fragrance of Christ to God among
those who are being saved and among those who are perishing;
16 to the one an aroma from death to death, to the other
an aroma from life to life. And who is adequate for these
things? 17 For we are not like many, peddling the word
of God, but as from sincerity, but as from God, we speak
in Christ in the sight of God.

3

1 우리가 **시작하겠느냐?**
/자천하기를
/다시

우리가 **필요가 있느냐?**
/천거서를(=가)
/너희에게 부치거나
/혹 너희에게 맡거나 할
/(어찌)어떤 사람처럼

2 너희가 **편지라**
/우리의
/썼고(완료분사)
/우리 마음에
/알고(현재분사)
/읽는(바라)(현재분사)
/뭇 사람이
3 /나타난(현재분사)
/너희는 편지니(=편지임이)
/그리스도의
/[섬김받은]
/우리로 말미암아
/(이는)쓴(완료분사)
/먹으로..것이 아니요(=먹이 아닌)
오직 영으로(한 것이며)
/하나님의
/살아 계신
/또 돌비(에 쓴 것이)아니요
오직 심비에(한 것이라)
/육의

4 우리가 **있으니**
/확신이
/이같은
/그리스도로 말미암아
/하나님을 향하여

5 우리가 **생각하여... 아니니(=생각할 것이 아니다)**[22)]
/만족할 것이(=만족하여)
/무슨 일이든지
/스스로
/우리에게서 난 것같이

만족은 오직**(났느니라)**
/우리의 /하나님께로서

6 /저가 —— 또 만족케 하셨으니

22) 의미구조이다. 아래 영문번역을 참고하라.
Not that we are adequate in ourselves to consider anything as [coming] from ourselves, but our adequacy is from God,

고후

3:1 우리가 다시 자천하기를 시작하겠느냐 우리가 어찌
어떤 사람처럼 천거서를 너희에게 부치거나 혹 너희에
게 맡거나 할 필요가 있느냐 2 너희가 우리의 편지라 우리
마음에 썼고 뭇사람이 알고 읽는 바라 3 너희는 우리로 말
미암아 나타난 그리스도의 편지니 이는 먹으로 쓴 것이 아
니요 오직 살아 계신 하나님의 영으로 한 것이며 또 돌비
에 쓴 것이 아니요 오직 육의 심비에 한 것이라 4 우리가
그리스도로 말미암아 하나님을 향하여 이같은 확신이 있으
니 5 우리가 무슨 일이든지 우리에게서 난 것같이 생각하
여 스스로 만족할 것이 아니니 우리의 만족은 오직 하나님

3:1 Are we beginning to commend ourselves again? Or
do we need, as some, letters of commendation to you
or from you? 2 You are our letter, written in our hearts, known
and read by all men; 3 being manifested that you are a
letter of Christ, cared for by us, written not with ink, but
with the Spirit of the living God, not on tablets of stone,
but on tablets of human hearts. 4 And such confidence
we have through Christ toward God. 5 Not that we are adequate
in ourselves to consider anything as coming from ourselves,
but our adequacy is from God, 6 who also made us

6 /저기[23]——— 또 만족케 하셨으니
/우리로
/일꾼 되기에
/언약의
/새
/의문으로 하지 아니하고
오직 영으로(함이니)

//(이유: γάρ, for)
의문은— 죽이는 것이요
영은 ——살리는 것임이니라

7 [만약, εἰ]
직분도 영광이 있어(=영광이 있었다면, 조건절, if)
/의문의 /써서 새긴(완료분사)
/죽게 하는 /돌에

//(결과: ὥστε, so that)
자손들이 —— 주목하지 못하였거든
/이스라엘 /그 얼굴을
/모세의

//(이유: διὰ + 목적격, because of)
영광을 인하여
/얼굴의
/없어질

8 직분이 **하물며 영광이 있지 아니하겠느냐?**
/영의 /더욱

9 //(이유: γάρ, for)
[만약, εἰ]
영광이 ——있은즉(=있다면, 조건절, if)
/직분도(=직분에)
/정죄의
직분은 ——넘치리라
/의의 /영광이(=영광에)
/더욱

10 //(이유: γάρ, for)
영광되었던 것이 —— 영광될 것이 없으나[23]
/이[면]에
/더 큰 영광을 인하여

11 //(이유: γάρ, for)
[만약, εἰ]
없어질 것도 ——— 영광으로 말미암았은즉(=말이암았다면, 조건절, if)
길이 있을 것은 —— 영광 가운데 있느니라
/더욱

23) 관계대명사, 선행사는 '하나님'이다.

고후

께로서 났느니라 6 저가 또 우리로 새 언약의 일꾼 되기에
만족케 하셨으니 의문으로 하지 아니하고 오직 영으로 함
이니 의문은 죽이는 것이요 영은 살리는 것임이니라 7 돌
에 써서 새긴 죽게 하는 의문의 직분도 영광이 있어 이스
라엘 자손들이 모세의 얼굴의 없어질 영광을 인하여 그 얼
굴을 주목하지 못하였거든 8 하물며 영의 직분이 더욱 영
광이 있지 아니하겠느냐 9 정죄의 직분도 영광이 있은즉
의의 직분은 영광이 더욱 넘치리라 10 영광되었던 것이
더 큰 영광을 인하여 이에 영광될 것이 없으나 11 없어질
것도 영광으로 말미암았은즉 길이 있을 것은 더욱 영광 가

adequate as servants of a new covenant, not of the letter, but of the Spirit; for the letter kills, but the Spirit gives life. 7 But if the ministry of death, in letters engraved on stones, came with glory, so that the sons of Israel could not look intently at the face of Moses because of the glory of his face, fading as it was, 8 how shall the ministry of the Spirit fail to be even more with glory? 9 For if the ministry of condemnation has glory, much more does the ministry of righteousness abound in glory. 10 For indeed what had glory, in this case has no glory on account of the glory that surpasses it. 11 For if that which fades away was with glory, much more that which remains is in glory.

12 우리가 하노니
/담대히 말

//(이유: 현재분사, since-NKJV)
[우리가] —— 소망이 있으므로
/이같은

13 우리는 아니하노라
/모세가 —— 쓴 것같이
/수건을
/그[의] 얼굴에
/자손들로 —— 주목치 못하게 하려고
/이스라엘 /결국을
/장차 없어질 것의

14 그러나
마음이 완고하여
/저희

//(이유: γάρ, for)
그 수건이 — (오히려)있으니
/오늘까지라도
/읽을 때에
/구약을
/벗어지지 아니하고

//(이유: ὅτι, because)
그 수건은(=그것은) —— 없어질 것이라
/그리스도 안에서

15 수건이 오히려 덮었도다
/그[들의] 마음을
/오늘까지
/글을 읽을 때에
/모세의

16 그러나
[그가] 언제든지 돌아가면(상황절, when)
/주께로
그 수건이 벗어지리라

17 주는 영이시니
자유함이 있느니라
/영이 계신 곳에는
/주의

운데 있느니라 12 우리가 이같은 소망이 있으므로 담대히
말하노니 13 우리는 모세가 이스라엘 자손들로 장차 없어
질 것의 결국을 주목치 못하게 하려고 수건을 그 얼굴에
쓴 것같이 아니하노라 14 그러나 저희 마음이 완고하여
오늘 까지라도 구약을 읽을 때에 수건이 오히려 벗어지지
아니하고 있으니 그 수건은 그리스도 안에서 없어질 것이
라 15 오늘까지 모세의 글을 읽을 때에 수건이 오히려 그
마음을 덮었도다 16 그러나 언제든지 주께로 돌아가면 그
수건이 벗어지리라 17 주는 영이시니 주의 영이 계신 곳
에는 자유함이 있느니라

12 Having therefore such a hope, we use great boldness
in our speech, 13 and are not as Moses, who used to put
a veil over his face that the sons of Israel might not look
intently at the end of what was fading away. 14 But their
minds were hardened; for until this very day at the reading
of the old covenant the same veil remains unlifted, because
it is removed in Christ. 15 But to this day whenever
Moses is read, a veil lies over their heart; 16 but whenever
a man turns to the Lord, the veil is taken away. 17 Now
the Lord is the Spirit; and where the Spirit of the Lord
is, there is liberty. 18 But we all, with unveiled face beholding
as in a mirror the glory of the Lord, are being transformed

18 우리가 화하여
/다(=모든)
/형상으로
/저와 같은
/거울을 보는 것같이 보매(현재분사)
/얼굴로(=얼굴을)
/수건을 벗은
/영광을
/주의
/영광으로 영광에 이르니(=이르도록)
/곧 영으로 말미암음이니라(=말미암아)
/주의

4

1 이러하므로(διὰ τοῦτο)
우리가 **낙심하지 아니하고**
/받아(현재분사)
/이 직분을
/긍휼하심을 입은 대로

2 **이에 버리고**
/숨은 일을
/부끄러움의(=부끄러운)
/행하지 아니하며(현재분사)
/궤휼 가운데
/혼잡케 아니하고(현재분사)
/말씀을
/하나님의
/오직 천거하노라(=천거하면서, 현재분사)
/스스로
/나타냄으로
/진리를
/양심에 대하여
/각 사람의
/하나님 앞에서

3 만일(εἰ)
복음이 가리웠으면(조건절, if)
/우리

가리운 것이라
/망하는 자들에게

4 /그 중에[24)]

고후

18 우리가 다 수건을 벗은 얼굴로 거울을 보는 것같이 주
의 영광을 보매 저와 같은 형상으로 화하여 영광으로 영광
에 이르니 곧 주의 영으로 말미암음이니라

4:1 이러하므로 우리가 이 직분을 받아 긍휼하심을 입은
대로 낙심하지 아니하고 2 이에 숨은 부끄러움의 일을
버리고 궤휼 가운데 행하지 아니하며 하나님의 말씀을 혼
잡케 아니하고 오직 진리를 나타냄으로 하나님 앞에서 각
사람의 양심에 대하여 스스로 천거하노라 3 만일 우리 복
음이 가리웠으면 망하는 자들에게 가리운 것이라

into the same image from glory to glory, just as from the Lord, the Spirit.

4:1 ¶ Therefore, since we have this ministry, as we received
mercy, we do not lose heart, 2 but we have renounced
the things hidden because of shame, not walking in craftiness or adulterating the word of God, but by the manifestation of truth commending ourselves to every
man's conscience in the sight of God. 3 And even if our gospel
is veiled, it is veiled to those who are perishing, 4 in

4 /그 중에[24)]
신이 ——— 혼미케 하여
/세상 /마음을
/이 /믿지 아니하는 자들의

//(목적: εἰς+부정사, so that...might)
비취지 못하게 함이니
/광채가
/복음의
/영광의
/그리스도의

/그리스도는[25)] 형상이니라
/하나님의

5 //(이유: γάρ, for)
우리가 ── 전파하는 것이 아니라
/우리를
오직(전파함이라)
/그리스도 예수의 주 되신것과
/또 우리가 종 된 것을
/너희의
/예수를 위하여

6 //(이유: ὅτι, for)
그 하나님께서 ——— 비취셨느니라
/[말씀]하시던 /빛을
/빛아─비취리라 /아는
/어두운 데서 /영광을
/하나님의
/얼굴에 있는
/예수 그리스도의
/우리 마음에

7 우리가 **가졌으니**
/이 보배를
/질그릇에

//이는(목적: ἵνα, so that)
심히 큰 것이 ──── 있고
/능력의 /하나님께
있지 아니함을 알게 하려 함이라(=있지 않게 하려 함이라)
/우리에게

8 우리가 **우겨쌈을 당하여도**
/사방으로
싸이지 아니하며

고후

24) 전치사 + 관계대명사, 선행사는 '망하는 자들'이다.

25) 관계대명사, 선행사는 '그리스도'이다.

4 그 중에 이 세상 신이 믿지 아니하는 자들의 마음을 혼
미케 하여 그리스도의 영광의 복음의 광채가 비취지 못하
게 함이니 그리스도는 하나님의 형상이니라 5 우리가 우
리를 전파하는 것이 아니라 오직 그리스도 예수의 주 되신
것과 또 예수를 위하여 우리가 너희의 종 된 것을 전파함
이라 6 어두운 데서 빛이 비취리라 하시던 그 하나님께서
예수 그리스도의 얼굴에 있는 하나님의 영광을 아는 빛을
우리 마음에 비취셨느니라 7 우리가 이 보배를 질그릇에
가졌으니 이는 능력의 심히 큰 것이 하나님께 있고 우리에
게 있지 아니함을 알게 하려 함이라 8 우리가 사방으로 우

whose case the god of this world has blinded the minds of the unbelieving, that they might not see the light of the gospel of the glory of Christ, who is the image of God.
5 For we do not preach ourselves but Christ Jesus as Lord, and ourselves as your bond-servants for Jesus' sake.
6 For God, who said, "Light shall shine out of darkness," is the One who has shone in our hearts to give the light of the knowledge of the glory of God in the face of Christ.
7 ¶ But we have this treasure in earthen vessels, that the surpassing greatness of the power may be of God and not from ourselves;
8 we are afflicted in every way, but not crushed; perplexed, but not despairing;
9 persecuted, but

답답한 일을 당하여도
낙심하지 아니하며
9 **핍박을 받아도**
버린 바 되지 아니하며
거꾸러뜨림을 당하여도
망하지 아니하고

10 우리가 **짊어짐은**
/죽인 것을
/예수
/몸에
/항상

//(목적: ἵνα, so that)
생명도 ——— 나타나게 하려 함이라
/예수의 /우리 몸에

11 //(이유: γάρ, for)
우리(자)가 —— 넘기움은
/산 /죽음에
/예수를 위하여
/항상

//(목적: ἵνα, so that...may)
생명이 ——— 또한 나타나게 하려 함이니라
/예수의 /육체에
/죽을
/우리

12 그런즉(ὥστε)
사망은 **역사하고**
/우리 안에서
생명은 **(하느니라)**
/너희 안에서

13 우리도 **믿는 고로**
또한 **말하노라**

//(이유: 현재분사, since-NKJV)
우리가 — 가졌으니
/마음을
/같은
/믿음의
/기록한 바.. 한 것같이
/내가 믿는 고로 말하였다

14 //(이유: 현재분사, because-NRSV)

고후

겨쌈을 당하여도 싸이지 아니하며 답답한 일을 당하여도
낙심하지 아니하며 9 핍박을 받아도 버린 바 되지 아니하
며 거꾸러뜨림을 당하여도 망하지 아니하고 10 우리가 항
상 예수 죽인 것을 몸에 짊어짐은 예수의 생명도 우리 몸
에 나타나게 하려 함이라 11 우리 산 자가 항상 예수를
위하여 죽음에 넘기움은 예수의 생명이 또한 우리 죽을 육
체에 나타나게 하려 함이니라 12 그런즉 사망은 우리 안
에서 역사하고 생명은 너희 안에서 하느니라 13 기록한
바 내가 믿는 고로 말하였다한 것같이 우리가 같은 믿음의
마음을 가졌으니 우리도 믿는 고로 또한 말하노라 14 주

not forsaken; struck down, but not destroyed; 10 always
carrying about in the body the dying of Jesus, that the
life of Jesus also may be manifested in our body. 11 For
we who live are constantly being delivered over to death
for Jesus' sake, that the life of Jesus also may be manifested
in our mortal flesh. 12 So death works in us, but life in
you. 13 But having the same spirit of faith, according to
what is written, "I believed, therefore I spoke," we also believe,
therefore also we speak; 14 knowing that He who raised
the Lord Jesus will raise us also with Jesus and will

14 //(이유: 현재분사, because-NRSV)
[우리가] — 아노니
/다시 살리신 이가 — 다시 살리사
/주 예수를 /우리도
/예수와 함께
그 앞에 서게 하실 줄을
/너희와 함께

15 //(이유: γάρ, for)
모든 것을 — 너희를 위하여 하는 것은

//(목적: ἵνα, so that)
은혜가 — 넘쳐서...하려 함이라(=넘치게 하려 함이라)
/감사함으로 말미암아
/많은 사람의
/더하여(과거분사)
/영광을 돌리게
/하나님께

16 그러므로(διο)
우리가 **낙심하지 아니하노니**
사람은 **후패하나**
/겉
우리의 속은 **새롭도다**
/날로

17 //(이유: γα,ρ, for)
경한 것이 — 이루게 함이니
/환난의 /중한 것을
/잠시 받는 /영광의
/우리의 /영원한
/지극히 크고(=지극히 크게)
/우리에게
18 /우리의(=가) — 돌아보는 것은(=돌아보면서, 현재분사)
/보이는 것이 아니요
보이지 않는 것이니(=을)

//(이유: γάρ, for)
보이는 것은 — 잠깐이요
보이지 않는 것은 — 영원함이니라

5:1 //(이유: γάρ, for)

고후

예수를 다시 살리신 이가 예수와 함께 우리도 다시 살리사
너희와 함께 그 앞에 서게 하실 줄을 아노니 15 모든 것을
너희를 위하여 하는 것은 은혜가 많은 사람의 감사함으로
말미암아 더하여 넘쳐서 하나님께 영광을 돌리게 하려 함
이라 16 그러므로 우리가 낙심하지 아니하노니 겉사람은
후패하나 우리의 속은 날로 새롭도다 17 우리의 잠시 받
는 환난의 경한 것이 지극히 크고 영원한 영광의 중한 것
을 우리에게 이루게 함이니 18 우리의 돌아보는 것은 보
이는 것이 아니요 보이지 않는 것이니 보이는 것은 잠간이
요 보이지 않는 것은 영원함이니라

present us with you. 15 For all things are for your sakes,
that the grace which is spreading to more and more people
may cause the giving of thanks to abound to the glory of
God. 16 ¶ Therefore we do not lose heart, but though
our outer man is decaying, yet our inner man is being renewed
day by day. 17 For momentary, light affliction is producing
for us an eternal weight of glory far beyond all comparison,
18 while we look not at the things which are seen, but
at the things which are not seen; for the things which are
seen are temporal, but the things which are not seen are eternal.

5

1 //(이유: γάρ, for)
만일(ἐὰν)
집이 ──── 무너지면(조건절, if)
/땅에 있는
/우리의
/장막
[우리가] ─── 아나니
/우리에게(=가) ─ 있는 줄
/지으신 집
/하나님께서
/집이
/곧 손으로 지은 것이 아니요(=아닌)
/하늘에 있는
/영원한

2 //(이유: γάρ, for)
과연
우리가 ── 탄식하며
/여기 있어
/간절히 사모하노니(=사모하면서, 현재분사)
/덧입기를
/처소로
/하늘로부터 오는

3 //(이유: inasmuch as)
[우리가] ── 발견되지 않으려 함이라
/벗은 자들로
/이렇게 입음은(=입음으로, 과거분사)

4 //(이유: γάρ, for)
우리가 ──── 탄식하는 것은
/있는 /짐 진 것같이(=짐 지면서, 현재분사)
/이 장막에 /벗고자 함이 아니요
오직 덧입고자(함이니)

//(목적: ἵνα, so that)
죽을 것이 ── 삼킨 바 되게 하려 함이라
/생명에게

5 곧
이루게 하시고 ──── **하나님이시니라**
/이것을
/우리에게
주신 이는 ──
/성령을
/우리에게
/보증으로

고후

5:1 만일 땅에 있는 우리의 장막집이 무너지면 하나님께
서 지으신 집 곧 손으로 지은 것이 아니요 하늘에 있는
영원한 집이 우리에게 있는 줄 아나니 2 과연 우리가 여기
있어 탄식하며 하늘로부터 오는 우리 처소로 덧입기를 간
절히 사모하노니 3 이렇게 입음은 벗은 자들로 발견되지
않으려 함이라 4 이 장막에 있는 우리가 짐 진 것같이 탄
식하는 것은 벗고자 함이 아니요 오직 덧입고자 함이니 죽
을 것이 생명에게 삼킨 바 되게 하려 함이라 5 곧 이것을
우리에게 이루게 하시고 보증으로 성령을 우리에게 주신
이는 하나님이시니라 6 이러므로 우리가 항상 담대하여
몸에 거할 때에는 주와 따로 거하는 줄을 아노니

5:1 ¶ For we know that if the earthly tent which is our house
is torn down, we have a building from God, a house
not made with hands, eternal in the heavens. 2 For indeed
in this house we groan, longing to be clothed with our dwelling
from heaven; 3 inasmuch as we, having put it on, shall
not be found naked. 4 For indeed while we are in this
tent, we groan, being burdened, because we do not want
to be unclothed, but to be clothed, in order that what is
mortal may be swallowed up by life. 5 Now He who
prepared us for this very purpose is God, who gave to us
the Spirit as a pledge. 6 Therefore, being always of good
courage, and knowing that while we are at home in the

6 이러므로(οὖν)
우리가 **담대하여**
/항상
아노니
/[우리가] ── 거할 때에는
/몸에
거하는 줄을
/주와 따로

7 //이는(이유: γάρ, for)
우리가 ── 행하고
/믿음으로
하지 아니함이로라
/보는 것으로

8 우리가 **담대하여**
원하는 바는(=원한다)
/차라리
/떠나[는 것을]
/몸을
/거하는 그것이라(=거하는 것을)
/주와 함께

고후

9 그런즉(διὸ)
우리는 **힘쓰노라**
/기쁘시게 하는 자 ── 되기를
/주를 /거하든지 떠나든지

10 //이는(이유: γάρ, for)
우리가 ── 반드시 드러나
/다(=모든) /심판대 앞에
/그리스도의

//(목적: ἵνα, so that...may)
각각 ── 받으려 함이라
/그 몸으로
/행한 것을 따라
/선악간에

11 우리가 **권하노니**
/사람을

//(이유: 완료분사, since-NIV)
알므로
/두려우심을
/주의

우리가 **알리워졌고**
/하나님 앞에

7 이는 우리가 믿음으로 행하고 보는 것으로 하지 아니함
이로라 8 우리가 담대하여 원하는 바는 차라리 몸을 떠나
주와 함께 거하는 그것이라 9 그런즉 우리는 거하든지 떠
나든지 주를 기쁘시게 하는 자 되기를 힘쓰노라 10 이는
우리가 다 반드시 그리스도의 심판대 앞에 드러나 각각 선
악간에 그 몸으로 행한 것을 따라 받으려 함이라 11 우리
가 주의 두려우심을 알므로 사람을 권하노니 우리가 하나
님 앞에 알리워졌고 또 너희의 양심에도 알리워졌기를 바
라노라

body we are absent from the Lord — 7 for we walk by
faith, not by sight — 8 we are of good courage, I say,
and prefer rather to be absent from the body and to be at
home with the Lord. 9 Therefore also we have as our ambition,
whether at home or absent, to be pleasing to Him. 10
For we must all appear before the judgment seat of Christ,
that each one may be recompensed for his deeds in the
body, according to what he has done, whether good or
bad. 11 Therefore knowing the fear of the Lord, we
persuade men, but we are made manifest to God; and I

또
[내가] 바라노라
/알리워졌기를
/너희의 양심에도

12 우리가 천하는 것이 아니요(=자랑하지 않는다)
/다시
/자(=스스로)
/너희에게

오직 주어
/기회를
/자랑할
/우리를 인하여
/너희에게

//(목적: ἵνα, so that)
[너희가] — 대하게 하려 하는 것이라
/자랑하는 자들을
/외모로
/마음으로 하지 않고

13 //(이유: γάρ, for)
만일(εἴτε)
우리가 ┬ 미쳤어도(조건절, if)
└ [미친]것이요
/하나님을 위한

//만일(εἴτε)
정신이 ┬ 온전하여도(조건절, if)
└ [온전한] 것이니
/너희를 위한

14 //(이유: γάρ, for)
사랑이 — 강권하시는도다
/그리스도의 /우리를

//(이유: 과거분사, because-NRSV)
우리가 — 생각건대
/한 사람이 — 죽었은즉
/모든 사람을 대신하여
/모든 사람이 – 죽은 것이라

15 저가 죽으심은
/모든 사람을 대신하여

//(목적: ἵνα, so that....might)

고후

12 우리가 다시 너희에게 자천하는 것이 아니요 오직 우리를 인하여 자랑할 기회를 너희에게 주어 마음으로 하지 않고 외모로 자랑하는 자들을 대하게 하려 하는 것이라 13 우리가 만일 미쳤어도 하나님을 위한 것이요 만일 정신이 온전하여도 너희를 위한 것이니 14 그리스도의 사랑이 우리를 강권하시는도다 우리가 생각건대 한 사람이 모든 사람을 대신하여 죽었은즉 모든 사람이 죽은 것이라 15 저가 모든 사람을 대신하여 죽으심은 산 자들로 하여금 다시는 저희 자신을 위하여 살지 않고 오직 저희를 대신하여 죽었다가 다시 사신 자를 위하여 살게 하려 함이니라

hope that we are made manifest also in your consciences. 12 We are not again commending ourselves to you but are giving you an occasion to be proud of us, that you may have an answer for those who take pride in appearance, and not in heart. 13 For if we are beside ourselves, it is for God; if we are of sound mind, it is for you. 14 For the love of Christ controls us, having concluded this, that one died for all, therefore all died; 15 and He died for all, that they who live should no longer live for themselves, but for Him who died and rose again on their behalf. 16

//(목적: ἵνα, so that....might)
산 자들로(하여금) ─ (다시는)살지 않고
/저희 자신을 위하여
오직 살게 하려 함이니라
/죽었다가(=죽으신 자를 위하여)
/저희를 대신하여
/다시 사신 자를 위하여

16 그러므로(ὥστε)
우리가 **알지 아니하노라**
/아무 사람도
/이제부터는
/육체대로

비록(εἰ)
우리가 알았으나(=알았음에도 불구하고, though)
/그리스도도
/육체대로
이같이 알지 아니하노라
/이제부터는

17 그런즉(ὥστε)
[만일, eiv]
누구든지 그리스도 안에 있으면(조건절, if)
피조물이라
/새로운
이전 것은 **지나갔으니**
보라!
[그가] **새 것이 되었도다**

18 모든 것이 **하나님께로 났나니**
/(저가)화목하게 하시고(과거분사)
/우리를
/자기와
/그리스도로 말미암아
/또 주셨으니(=주셔서, 과거분사)
/직책을
/화목하게 하는
/우리에게

19 이는(=즉)[26)]
하나님께서 **그리스도 안에 계시사(=계심이라)**
/화목하게 하시며(현재분사)
/세상을
/자기와
/돌리지 아니하시고(현재분사)
/저희의 죄를
/저희에게
/부탁하셨느니라(=부탁하시고, 과거분사)

26) NASB의 입장을 따랐다.

16 그러므로 우리가 이제부터는 아무 사람도 육체대로 알
지 아니하노라 비록 우리가 그리스도도 육체대로 알았으나
이제부터는 이같이 알지 아니하노라 17 그런즉 누구든지
그리스도 안에 있으면 새로운 피조물이라 이전 것은 지나
갔으니 보라 새것이 되었도다 18 모든 것이 하나님께로
났나니 저가 그리스도로 말미암아 우리를 자기와 화목하게
하시고 또 우리에게 화목하게 하는 직책을 주셨으니 19
이는 하나님께서 그리스도 안에 계시사 세상을 자기와 화
목하게 하시며 저희의 죄를 저희에게 돌리지 아니하시고
화목하게 하는 말씀을 우리에게 부탁하셨느니라

Therefore from now on we recognize no man according
to the flesh; even though we have known Christ according
to the flesh, yet now we know Him thus no longer. 17
Therefore if any man is in Christ, he is a new creature;
the old things passed away; behold, new things have come.
18 Now all these things are from God, who reconciled
us to Himself through Christ, and gave us the ministry of
reconciliation, 19 namely, that God was in Christ reconciling
the world to Himself, not counting their trespasses against
them, and He has committed to us the word of reconciliation.

20 이러므로(οὖν)
우리가 사신이 되어
/그리스도를 대신하여
/하나님이 ——— 권면하시는 것같이
/우리로
/(너희를)

간구하노니
/그리스도를 대신하여
너희는 화목하라
/하나님과
21 하나님이 삼으신 것은
/죄를
/알지도 못하신 자로
/죄를
/우리를 대신하여

//(목적: ἵνα, so that...might)
우리로 하여금 — 의가 되게 하려 하심이니라
/하나님의
/저의 안에서

6

1 우리가 권하노니
/너희를
/하나님과 함께 일하는 자로서(현재분사)
/헛되이 받지 말라(=것을, 부정사)[27]
/은혜를
/하나님의

2 //(이유: γάρ, for)
[그가] —— 가라사대(...하셨으니)
/내가 —— 듣고
/너를
/은혜 베풀 때에
도왔다
/너를
/구원의 날에

보라!
지금은[28] 때요
/(은혜)받을 만한

보라!
지금은 날이로다
/구원의

27) 합성어이다.

28) 부사가 주어처럼 사용되었다. 영역본을 참고하라.

20 이러므로 우리가 그리스도를 대신하여 사신이 되어 하
나님이 우리로 너희를 권면하시는 것 같이 그리스도를 대
신하여 간구하노니 너희는 하나님과 화목하라 21 하나님
이 죄를 알지도 못하신 자로 우리를 대신하여 죄를 삼으신
것은 우리로 하여금 저의 안에서 하나님의 의가 되게 하려
하심이니라

6:1 우리가 하나님과 함께 일하는 자로서 너희를 권하노
니 하나님의 은혜를 헛되이 받지 말라 2 가라사대 내
가 은혜 베풀 때에 너를 듣고 구원의 날에 너를 도왔다 하

20 ¶ Therefore, we are ambassadors for Christ, as though God were entreating through us; we beg you on behalf of Christ, be reconciled to God. 21 He made Him who knew no sin to be sin on our behalf, that we might become the righteousness of God in Him. 2Cor.

6:1 ¶ And working together with Him, we also urge you not to receive the grace of God in vain — 2Cor.
6:2 for He says, "At the acceptable time I listened to you, And on the day of salvation I helped you"; behold, now is "the acceptable time," behold, now is "the day of salvation" — 3 giving no cause for offense in anything,

3 우리가 아무에게도 않게 하고(=아무에게도 행하지 않노라)
/거리끼지(=방해물로)
/무엇에든지

//(목적: ἵνα, so that)
이 직책이 — 훼방을 받지 않게 하려고

4 [우리가] 오직 천하여(=함께 놓는다)
/자(=스스로를)
/모든 일에
/하나님의 일꾼으로[서]
/견디는 것과
/많이
/환난과
/궁핍과
/곤난과

5 /매맞음과
/갇힘과
/요란한 것과
/수고로움과
/자지 못함과
/먹지 못함과
6 /깨끗함과
/지식과
/오래 참음과
/자비함과
/성령의 감화와(=성령과)
/사랑과
/거짓이 없는
7 /말씀과
/진리의
/능력 안에(있어)
/하나님의
/병기로
/의의
/좌우하고(=좌우의)
8 /영광과
/욕됨으로 말미암으며(=말미암아)
/악한 이름과
/아름다운 이름으로 말미암으며(=말미암아)
/속이는 자 같으나
참되고(=참된 자로서)
9 /무명한 자 같으나
유명한 자요(=자로서)
/죽는 자 같으나
보라!

셨으니 보라 지금은 은혜 받을 만한 때요 보라 지금은 구
원의 날이로다 3 우리가 이 직책이 훼방을 받지 않게 하려
고 무엇에든지 아무에게도 거리끼지 않게 하고 4 오직 모
든 일에 하나님의 일꾼으로 자천하여 많이 견디는 것과 환
난과 궁핍과 곤란과 5 매맞음과 갇힘과 요란한 것과 수고
로움과 자지 못함과 먹지 못함과 6 깨끗함과 지식과 오래
참음과 자비함과 성령의 감화와 거짓이 없는 사랑과 7 진
리의 말씀과 하나님의 능력 안에 있어 의의 병기로 좌우하
고 8 영광과 욕됨으로 말미암으며 악한 이름과 아름다운
이름으로 말미암으며 속이는 자 같으나 참되고 9 무명한
자 같으나 유명한 자요 죽는 자 같으나 보라 우리가 살고
징계를 받는 자 같으나 죽임을 당하지 아니하고 10 근심

in order that the ministry be not discredited, 4 but in everything
commending ourselves as servants of God, in much endurance,
in afflictions, in hardships, in distresses, 5 in beatings, in
imprisonments, in tumults, in labors, in sleeplessness, in
hunger, 6 in purity, in knowledge, in patience, in kindness,
in the Holy Spirit, in genuine love, 7 in the word of truth,
in the power of God; by the weapons of righteousness
for the right hand and the left, 8 by glory and dishonor,
by evil report and good report; regarded as deceivers and
yet true; 9 as unknown yet well-known, as dying yet
behold, we live; as punished yet not put to death, 10 as
sorrowful yet always rejoicing, as poor yet making many

/*보라!*
우리가 살고
/징계를 받는 자 같으나
죽임을 당하지 아니하고
10 /근심하는 자 같으나
기뻐하고
/항상
/가난한 자 같으나
부요하게 하고
/많은 사람을
/아무것도 없는 자 같으나
모든 것을 가진 자로다(=자로서)

11 고린도인들이여!
입이 **열리고**
/우리의
/너희를 향하여
마음이 **넓었으니**
/우리의

12 너희가 **좁아진 것이 아니라**
/우리 안에서
오직 **좁아진 것이니라**
/너희 심정에서

13 내가 **[말]하노니**
/자녀에게 말하듯
/보답하는 양으로
너희도 **마음을 넓히라**

14 너희는 **멍에를 같이 하지 말라**
/믿지 않는 자와

//(이유: γάρ, for)
함께 하며(=함께함이) —— 어찌[있겠느냐]?
/의와
불법이
사귀며(=사귐이) —— 어찌[있겠느냐]?
/빛과
어두움이
15 //조화되며(=조화가) —— 어찌[있겠느냐]?
/그리스도와
벨리알이
상관하며(=상관이) —— 어찌[있겠느냐]?
/믿는 자와
믿지 않는 자가
16 //일치가 —— 어찌 되리요?
/성전과
/하나님의
우상이

//(이유: γάρ, for)

하는 자 같으나 항상 기뻐하고 가난한 자 같으나 많은 사
람을 부요하게 하고 아무 것도 없는 자 같으나 모든 것을
가진 자로다 **11** 고린도 인들이여 너희를 향하여 우리의
입이 열리고 우리의 마음이 넓었으니 **12** 너희가 우리 안
에서 좁아진 것이 아니라 오직 너희 심정에서 좁아진 것이
니라 **13** 내가 자녀에게 말하듯 하노니 보답하는 양으로
너희도 마음을 넓히라 **14** 너희는 믿지 않는 자와 멍에를
같이하지 말라 의와 불법이 어찌 함께 하며 빛과 어두움이
어찌 사귀며 **15** 그리스도와 벨리알이 어찌 조화되며 믿는
자와 믿지 않는 자가 어찌 상관하며 **16** 하나님의 성전과
우상이 어찌 일치가 되리요 우리는 살아계신 하나님의 성
전이라 이와 같이 하나님께서 가라사대 내가 저희 가운데

rich, as having nothing yet possessing all things. 11 Our mouth
has spoken freely to you, O Corinthians, our heart is
opened wide. 12 You are not restrained by us, but you
are restrained in your own affections. 13 Now in a like
exchange — I speak as to children — open wide to us
also. 14 Do not be bound together with unbelievers; for
what partnership have righteousness and lawlessness, or
what fellowship has light with darkness? 15 Or what harmony
has Christ with Belial, or what has a believer in common
with an unbeliever? 16 Or what agreement has the temple
of God with idols? For we are the temple of the living
God; just as God said, "I will dwell in them and walk

고후

//(이유: γάρ, for)
우리는 ─성전이라
/하나님의
/살아 계신
/하나님께서 ─ 이와 같이 가라사대..하셨느니라(=말씀하심 같이)
/내가 ─ 거하며
/저희 가운데
두루 행하여
나는 ─ 하나님이 되고
/저희
저희는 ─ 백성이 되리라
/나의

17 주께서 **말씀하시기를**(...하셨느니라)
/그러므로(διό)
너희는 ─ 나와서
/저희 중에서
따로 있고
만지지 말라
/부정한 것을
/내가 ─ 영접하여
/너희를
18 아버지가 되고
/너희에게
/너희는 ─ 자녀가 되리라
/내게
/주의(=가) ─ 말씀이니라(=말씀하시느니라)
/전능하신

7

1 그런즉(οὖν)
사랑하는 자들아!
우리가 **깨끗게 하자**
/자신을
/더러운 것에서
/온갖
/육과 영의
/온전히 이루어(현재분사)
/거룩함을
/두려워하는 가운데서
/하나님을

//(이유: 현재분사, since-NRSV)

고후

거하며 두루 행하여 나는 저희 하나님이 되고 저희는 나의
백성이 되리라 하셨느니라 17 그러므로 주께서 말씀하시
기를 너희는 저희 중에서 나와서 따로 있고 부정한 것을
만지지 말라 내가 너희를 영접하여 18 너희에게 아버지가
되고 너희는 내게 자녀가 되리라 전능하신 주의 말씀이니
라 하셨느니라

7:1 그런즉 사랑하는 자들아 이 약속을 가진 우리가 하
나님을 두려워하는 가운데서 거룩함을 온전히 이루어
육과 영의 온갖 더러운 것에서 자신을 깨끗게 하자

among them; And I will be their God, and they shall be
My people. 17 "Therefore, come out from their midst
and be separate," says the Lord. "And do not touch what
is unclean; And I will welcome you. 18 "And I will be
a father to you, And you shall be sons and daughters to
Me," Says the Lord Almighty.

7:1 ¶ Therefore, having these promises, beloved, let us
cleanse ourselves from all defilement of flesh and spirit,
perfecting holiness in the fear of God. 2 Make room for

//(이유: 현재분사, since-NRSV)
가진(=가졌으니)
/이 약속을

2 [너희는] (마음으로)**영접하라**
/우리를

우리가 **아무에게도 불의를 하지 않고**
아무에게도 해롭게 하지 않고
아무에게도 속여 빼앗은 일이 없노라

3 내가 (이)**말을 하는 것이 아니라**
/정죄하려고(=를)

//(이유: γάρ, for)
[내가] —— 이전에 말하였거니와
/너희로 —— 마음에 있어(=있는 것을)
/우리

//(목적: εἰς + 부정사, that...would-NIV)
함께 죽고
함께 살게 하고자 함이라

고후

4 하는 말이 담대한 것도 **많고**
/너희를 향하여 /내가(=나에게)
자랑하는 것도 **많으니**
/너희를 위하여

내가 **가득하고**
/위로가
넘치는도다
/기쁨이
/환난 가운데서도
/우리의
/모든

5 //(이유: γάρ, for)
우리가 —— 이르렀을 때에도(상황절, when)
/마게도냐에
육체가 —— [갖지]못하고
/우리 /편치(=편안함을)
환난을 당하여[29]
/사방으로
다툼이요
/밖으로는
두려움이라
/안으로는

29) 이하 세개의 동사는 ἔχω 가 생략되었다.

2 마음으로 우리를 영접하라 우리가 아무에게도 불의를
하지 않고 아무에게도 해롭게 하지 않고 아무에게도 속여
빼앗은 일이 없노라 3 내가 정죄하려고 이 말을 하는 것이
아니라 이전에 말하였거니와 너희로 우리 마음에 있어 함
께 죽고 함께 살게 하고자 함이라 4 내가 너희를 향하여
하는 말이 담대한 것도 많고 너희를 위하여 자랑하는 것도
많으니 내가 우리의 모든 환난 가운데서도 위로가 가득하
고 기쁨이 넘치는도다 5 우리가 마게도냐에 이르렀을때에
도 우리 육체가 편치 못하고 사방으로 환난을 당하여 밖으
로는 다툼이요 안으로는 두려움이라

us in your hearts; we wronged no one, we corrupted no
one, we took advantage of no one. 3 I do not speak to condemn
you; for I have said before that you are in our hearts to
die together and to live together. 4 Great is my confidence
in you, great is my boasting on your behalf; I am filled
with comfort. I am overflowing with joy in all our affliction.
5 For even when we came into Macedonia our flesh had
no rest, but we were afflicted on every side: conflicts
without, fears within. 6 But God, who comforts the depressed,
comforted us by the coming of Titus; 7 and not only by

6 그러나
하나님이 **위로하셨으니**
/위로하시는 /우리를
/비천한 자들을 /디도의 옴으로
7 /저의 온 것뿐 아니요
오직 그 위로로(위로하고)
/저가 —— 받은
/너희에게
/고함으로(현재분사)
/사모함과
/너희의
/애통함과
/열심 있는 것을
/나를 위하여
/우리에게
//결과(ὥστε, so that)
나로 —기쁘게 하였느니라
/더욱

8 그러므로
내가 근심하게 한 것을(=근심케 했음에도 불구하고, though)
/편지로
/너희를
후회하였으나(=후회했음에도 불구하고, though)
후회하지 아니함은
/지금은

//(이유: γάρ, for)
[내가]—앎이라
/그 편지가— 근심하게 한 줄을
/너희로
/잠시만

9 내가 **기뻐함은**
/지금
/너희로 — 근심하게 한 까닭이 아니요(근심케 된 것이 아니라)
너희가— 도리어 근심함으로(=근심케 된 것을)
/회개함에 이른 까닭이라(=회개에 이르도록)

//(이유: γάρ, for)
너희가 —— 근심하게 된 것은
/하나님의 뜻대로(=하나님을 따라)

//(목적: ἵνα, so that...might)
[너희가] —아무 해도 받지 않게 하려 함이라
/우리에게서

10 //(이유: γάρ, for)

6 그러나 비천한 자들을 위로하시는 하나님이 디도의 옴으로 우리를 위로하셨으니 7 저의 온 것뿐 아니요 오직 저가 너희에게 받은 그 위로로 위로하고 너희의 사모함과 애통함과 나를 위하여 열심 있는 것을 우리에게 고함으로 나로 더욱 기쁘게 하였느니라 8 그러므로 내가 편지로 너희를 근심하게 한 것을 후회하였으나 지금은 후회하지 아니함은 그 편지가 너희로 잠시만 근심하게 한 줄을 앎이라 9 내가 지금 기뻐함은 너희로 근심하게 한 까닭이 아니요 도리어 너희가 근심함으로 회개함에 이른 까닭이라 너희가 하나님의 뜻 대로 근심하게 된 것은 우리에게서 아무 해도

his coming, but also by the comfort with which he was comforted in you, as he reported to us your longing, your mourning, your zeal for me; so that I rejoiced even more. 8 For though I caused you sorrow by my letter, I do not regret it; though I did regret it — for I see that that letter caused you sorrow, though only for a while — 9 I now rejoice, not that you were made sorrowful, but that you were made sorrowful to the point of repentance; for you were made sorrowful according to the will of God, in order that you might not suffer loss in anything through us. 10 For the sorrow

고후

10 //(이유: γάρ, for)
근심은 ———— 이루는 것이요
/하나님의 뜻대로 하는 /회개를
/구원에 이르게 하는(=이르도록)
/후회할 것이 없는
근심은 ———— 이루는 것이니라
/세상 /사망을
11 //(이유: γάρ, for)
보라!
이 근심이 ———— [행케]하며
/하나님의 뜻대로 하게 한 /간절하게
/너희로
/얼마나
얼마나 변명하게 하며
얼마나 분하게 하며
얼마나 두렵게 하며
얼마나 사모하게 하며
얼마나 열심 있게 하며
얼마나 벌하게 하였는가
너희가 **나타내었느니라**
/깨끗함을
/너희 자신의
/저 일에 대하여
/일절(=모든것에서)
12 그런즉(ἄρα)
내가 쓴 것은(=쓰기는 했지만, 양보절, although)
/너희에게
[그것은] **그 불의 행한 자를 위한 것도 아니요**
그 불이 당한 자를 위한 것도 아니요
오직 **나타나게 하려 함이로다**
/간절함이
/너희의
/우리를 위한
/너희에게
/하나님 앞에서
13 이로 인하여(διὰ τοῦτο)
우리가 **위로를 받았고**
우리가 **기뻐함은**
/받은 위로 위에
/우리의
/기쁨으로
/디도의
/더욱
/많이
//(이유: ὅτι, because)

고후

받지 않게 하려 함이라 10 하나님의 뜻대로 하는 근심은
후회할 것이 없는 구원에 이르게 하는 회개를 이루는 것이
요 세상 근심은 사망을 이루는 것이니라 11 보라 하나님
의 뜻대로 하게 한 이 근심이 너희로 얼마나 간절하게 하
며 얼마나 변명하게 하며 얼마나 분하게 하며 얼마나 두렵
게 하며 얼마나 사모하게 하며 얼마나 열심 있게 하며 얼
마나 벌하게 하였는가 너희가 저 일에 대하여 일절 너희
자신의 깨끗함을 나타내었느니라 12 그런즉 내가 너희에
게 쓴 것은 그 불의 행한 자를 위한 것도 아니요 그 불의
당한 자를 위한 것도 아니요 오직 우리를 위한 너희의 간
절함이 하나님 앞에서 너희에게 나타나게 하려 함이로라
13 이로 인하여 우리가 위로를 받았고 우리의 받은 위로

that is according to the will of God produces a repentance
without regret, leading to salvation; but the sorrow of the
world produces death. 11 For behold what earnestness
this very thing, this godly sorrow, has produced in you:
what vindication of yourselves, what indignation, what
fear, what longing, what zeal, what avenging of wrong!
In everything you demonstrated yourselves to be innocent
in the matter. 12 So although I wrote to you it was not
for the sake of the offender, nor for the sake of the one
offended, but that your earnestness on our behalf might
be made known to you in the sight of God. 13 ¶ For this
reason we have been comforted. And besides our comfort,

//(이유: ὅτι, because)
마음이 ─── 안심함을 얻었음이니라
/그의 /너희 무리를 인하여

14 //(이유: ὅτι, for)
내가 ─── 자랑한 것이 있더라도(조건절, if)
/그에게
/너희를 위하여
부끄럽지 아니하니
자랑한 것도 ── 참되게 되었도다
/우리의 /우리가 이른 말이... 것같이(=말한 것 같이)
/디도 앞에서 /다(=모든 것을)
/참된(=진리 안에)
/너희에게

15 심정이 **더욱 깊었으니**
/그의
/너희를 향하여
/저가 생각하고(현재분사)
/순종한 것을
/너희 모든 사람들이
/영접하여(=어떻게 영접했는지)
/자기를
/두려워하고
떪으로

16 내가 **기뻐하노라**
/[내가] ─── 담대한 고로(=것을)
/너희를 인하여
/범사에

8

1 형제들아!
우리가 **알게 하노니**
/너희에게
/은혜를
/하나님께서 ── 주신
/교회들에게
/마게도냐

2 /넘치는(=넘침과) ── 넘치도록 하게 하였느니라(=한 것을)
/기쁨과(=의) /풍성한(=풍성함을)
/저희 /저희로 연보를(=저희 연보의)
가난이 ─── /시련 가운데서
/극한 /많은
/환난의

3 //(이유: ὅτι, for)

위에 디도의 기쁨으로 우리가 더욱 많이 기뻐함은 그의 마
음이 너희 무리를 인하여 안심함을 얻었음이니라 14 내가
그에게 너희를 위하여 자랑한 것이 있더라도 부끄럽지 아
니하니 우리가 너희에게 이른 말이 다 참된 것같이 디도
앞에서 우리의 자랑한 것도 참되게 되었도다 15 저가 너
희 모든 사람들이 두려워하고 떪으로 자기를 영접하여 순
종한 것을 생각하고 너희를 향하여 그의 심정이 더욱 깊었
으니 16 내가 너희를 인하여 범사에 담대한 고로 기뻐하
노라

8:1 형제들아 하나님께서 마게도냐 교회들에게 주신 은
혜를 우리가 너희에게 알게 하노니 2 환난의 많은 시

we rejoiced even much more for the joy of Titus, because
his spirit has been refreshed by you all. 14 For if in
anything I have boasted to him about you, I was not put
to shame; but as we spoke all things to you in truth, so
also our boasting before Titus proved to be the truth. 15
And his affection abounds all the more toward you, as he
remembers the obedience of you all, how you received
him with fear and trembling. 16 I rejoice that in everything
I have confidence in you.

8:1 ¶ Now, brethren, we wish to make known to you
the grace of God which has been given in the churches

3 //(이유: ὅτι, for)
내가 —— 증거하노니
/(저희가)자원하여(=함을)
/힘대로(할 뿐 아니라)
/힘에 지나도록
4 /구하니(=구하며, 현재분사)
/이 은혜와
참여함에 대하여
/성도 섬기는 일에
/우리에게
/간절히
5 /우리의 — 바라던 것뿐 아니라
/저희가 — 드리고
/자신을
/주께
/먼저
또 주었도다(=준 것을)[30]
/우리에게
/뜻을 좇아
/하나님

6 //이러므로(결과: εἰς + 부정사, so that...might -NRSV)
우리가 —— 권하여. . . 하였노라
/디도를
/[그가] — 성취케 하라(=완성토록)[31]
/이 은혜를
/그대로
/[그가] — 시작하였은즉
/너희 가운데서

7 오직
너희는 **풍성하게 할지니라**[32]
/이 은혜에도
/[너희가] — 풍성한 것같이
/이 모든 일에
/믿음과
/말과
/지식과
/간절함과
/모든
/사랑하는
/우리를
/[너희 안에]

30) 원문에 동사는 반복생략되었다.

31) '권하다, 말하다, 기도하다'라는 동사 뒤에 등장하는 i°na+가정법'은 명령법으로 사용된다. 본문은 디도를 향한 권고의 내용을 간접인용한 것이어서 수식부로 처리하였다.

32) 가정법이 간접명령문으로 사용되었다. 역본들을 참고하라.

련 가운데서 저희 넘치는 기쁨과 극한 가난이 저희로 풍성
한 연보를 넘치도록 하게 하였느니라 3 내가 증거하노니
저희가 힘대로 할 뿐 아니라 힘에 지나도록 자원하여 4 이
은혜와 성도 섬기는 일에 참여함에 대하여 우리에게 간절
히 구하니 5 우리의 바라던 것뿐 아니라 저희가 먼저 자신
을 주께 드리고 또 하나님 뜻을 좇아 우리에게 주었도다 6
이러므로 우리가 디도를 권하여 너희 가운데서 시작하였은
즉 이 은혜를 그대로 성취케 하라 하였노라 7 오직 너희는
믿음과 말과 지식과 모든 간절함과 우리를 사랑하는 이 모
든 일에 풍성한 것같이 이 은혜에도 풍성하게 할지니라

of Macedonia, 2 that in a great ordeal of affliction their
abundance of joy and their deep poverty overflowed in
the wealth of their liberality. 3 For I testify that according
to their ability, and beyond their ability they gave of their
own accord, 4 begging us with much entreaty for the
favor of participation in the support of the saints, 5 and
this, not as we had expected, but they first gave themselves
to the Lord and to us by the will of God. 6 Consequently
we urged Titus that as he had previously made a beginning,
so he would also complete in you this gracious work as
well. 7 But just as you abound in everything, in faith and
utterance and knowledge and in all earnestness and in the

8 내가 하는 말이(=말하노라)
/명령으로..아니요(=명령이 아니라)
오직 증명코자 함이로라(=증명하여, 현재분사)
/진실함을
/너희의 사랑의
/간절함을 가지고
/다른 이들의

9 //(이유: γάρ, for)
너희가 — 알거니와
/은혜를
/우리 주 예수 그리스도의
/(동격)
[그가] — 부요하신 자로서(양보절, though, 현재분사)
— 가난하게 되심은
/너희를 위하여

//(목적: ἵνα, so that...might)
너희로 — 부요케 하려 하심이니라
/그의 가난함을 인하여

10 내가 보이노니
/뜻만
/이 일에

//(이유: γάρ, for)
이것은 — 유익함이라
/너희에게

/너희가[33] — 먼저 시작할...하였은즉(=먼저 시작했다)
/행하기를...뿐 아니라(=행하는 것 뿐 아니라)
원하기도
/일 년 전에

11 [너희는] 성취할지니(=성취하라)
/행하기를
/이제는

//(목적: ὅπως, so that)
마음에 원하던 것[이] — 성취하되..과 같이(=성취하도록)
/있는 대로(하라)

12 //(이유: γάρ, for)
[만약, εἰ]
할 마음만 — 있으면(조건절, if)
[그것이] — 받으실 터이요(=받아질 것이요)
/있는 대로
— 받지 아니하시리라
/없는 것을

13 //이는(이유: γάρ, for)

33) 관계대명사, 선행사는 '너희'이다. 계속적 용법

고후

8 내가 명령으로 하는 말이 아니요 오직 다른 이들의 간절함을 가지고 너희의 사랑의 진실함을 증명코자 함이로라 9 우리 주 예수 그리스도의 은혜를 너희가 알거니와 부요하신 자로서 너희를 위하여 가난하게 되심은 그의 가난함을 인하여 너희로 부요케 하려 하심이니라 10 이 일에 내가 뜻만 보이노니 이것은 너희에게 유익함이라 너희가 일 년 전에 행하기를 먼저 시작할 뿐 아니라 원하기도 하였은즉 11 이제는 행하기를 성취할지니 마음에 원하던 것과 같이 성취하되 있는 대로 하라 12 할 마음만 있으면 있는 대로 받으실 터이요 없는 것을 받지 아니하시리라

love we inspired in you, see that you abound in this gracious work also. 8 I am not speaking this as a command, but as proving through the earnestness of others the sincerity of your love also. 9 For you know the grace of our Lord Jesus Christ, that though He was rich, yet for your sake He became poor, that you through His poverty might become rich. 10 And I give my opinion in this matter, for this is to your advantage, who were the first to begin a year ago not only to do this, but also to desire to do it. 11 But now finish doing it also; that just as there was the readiness to desire it, so there may be also the completion of it by your ability. 12 For if the readiness is present, it is acceptable according to what a man has, not according to what he does not have. 13 For this is

13 //이는(이유: γάρ, for)
[이것은] ——— 아니요
/다른 사람들은 — 평안하게 하고
너희는 ——— 곤고하게 하려는 것이
[이것은] ——— 평균케 하려 함이니

14 //(이유: 연속)
유여한 것으로 ——— (보충함은)[34]
/너희의 /저희 부족한 것을
/이제
/[이때에]

//(목적: ἵνα, so that...may)
유여한 것으로 ——(보충하여)
/저희 /너희 부족한 것을
/(후에)[35]

//(결과: ὅπως, that....may)
[그것이] ——평균하게 하려 함이라
15 /기록한 것같이
/많이 거둔 자도 — 남지 아니하였고
/적게 거둔 자도 — 모자라지 아니하였느니라

고후

16 (내가) 감사하노니[36]
/하나님께
/주시는
/같은 간절함을
/너희를 위하여
/디도의 마음에도

17 //(이유: ὅτι, for)
저가 ——권함을 받고
——나아갔고
/자원하여
/더욱 간절함으로
/너희에게

18 또
[우리가] 보내었으니
/저와 함께
/한 형제를
/(이 사람은)[37]
칭찬을 받는(자요)
/복음으로서
/교회에서
/모든
19 /이뿐 아니라 동행하는(자라)

34) 원문에는 동사가 생략되어 있다.

35) 원문에 γινομαι 동사가 있다. 그러나 상반절과 균형을 생각하여 괄호처리 하였다

36) 원문에는 동사가 없다. 영문역본을 참고하라

37) 관계대명사, 전치사는 '형제'이다. 한정적 용법

13 이는 다른 사람들은 평안하게 하고 너희는 곤고하게 하려는 것이 아니요 평균케 하려 함이니 14 이제 너희의 유여한 것으로 저희 부족한 것을 보충함은 후에 저희 유여한 것으로 너희 부족한 것을 보충하여 평균하게 하려 함이라 15 기록한 것같이 많이 거둔 자도 남지 아니하였고 적게 거둔 자도 모자라지 아니하였느니라 16 너희를 위하여 같은 간절함을 디도의 마음에도 주시는 하나님께 감사하노니 17 저가 권함을 받고 더욱 간절함으로 자원하여 너희에게 나아갔고 18 또 저와 함께 한 형제를 보내었으니 이 사람은 복음으로서 모든 교회에서 칭찬을 받는 자요 19

not for the ease of others and for your affliction, but by way of equality — 14 at this present time your abundance being a supply for their want, that their abundance also may become a supply for your want, that there may be equality; 15 as it is written, "He who gathered much did not have too much, and he who gathered little had no lack." 16 But thanks be to God, who puts the same earnestness on your behalf in the heart of Titus. 17 For he not only accepted our appeal, but being himself very earnest, he has gone to you of his own accord. 18 And we have sent along with him the brother whose fame in the things of the gospel has spread through all the churches; 19 and

19 /*이뿐 아니라 동행하는(자라)*
/우리와
/(저는) 택함을 입어
/여러 교회의
/[이] 은혜의 일로
/우리의 맡은
/영광과
/동일한 주의
원을(나타내기)위하여
/우리의
20 /조심함은(=조심하면서, 현재분사)
/이것을
/우리를 —훼방하지 못하게(하려 함이니)
/이 거액의 연보로 인하여
/우리가 맡은
/아무도

21 //이는(이유: γάρ, for)
우리가 — 조심하려 함이라
/선한 일에
/주 앞에서만 아니라
사람 앞에서도

22 또
[우리가] **함께 보내었노니**
/저희와
/우리의 한 형제를
/시험하였거니와(=시험한)
/그 간절한 것을
/우리가
/여러 가지 일에
/여러 번
/간절하니라(=간절한)
/더욱
/이제
/(저가)믿은 고로
/너희를
/크게

23 디도로 말하면 **동무요**[38)]
/나의
(나의)**동역자요**
/너희를 위한

38) 역본들을 참고하라.

이뿐 아니라 저는 동일한 주의 영광과 우리의 원을 나타내기 위하여 여러 교회의 택함을 입어 우리의 맡은 은혜의 일로 우리와 동행하는 자라 20 이것을 조심함은 우리가 맡은 이 거액의 연보로 인하여 아무도 우리를 훼방하지 못하게 하려 함이니 21 이는 우리가 주 앞에서만 아니라 사람 앞에서도 선한 일에 조심하려 함이라 22 또 저희와 함께 우리의 한 형제를 보내었노니 우리가 여러 가지 일에 그 간절한 것을 여러 번 시험하였거니와 이제 저가 너희를 크게 믿으므로 더욱 간절하니라 23 디도로 말하면 나의 동무요 너희를 위한 나의 동역자요 우리 형제들로 말하면 여러 교회의 사자들이요 그리스도의 영광이니라

not only this, but he has also been appointed by the churches to travel with us in this gracious work, which is being administered by us for the glory of the Lord Himself, and to show our readiness, 20 taking precaution that no one should discredit us in our administration of this generous gift; 21 for we have regard for what is honorable, not only in the sight of the Lord, but also in the sight of men. 22 And we have sent with them our brother, whom we have often tested and found diligent in many things, but now even more diligent, because of his great confidence in you. 23 As for Titus, he is my partner and fellow worker among you; as for our brethren, they are messengers of the churches, a glory to Christ.

형제들로 말하면 **사자들이요**
/우리 /여러 교회의
영광이니라
/그리스도의

24 그러므로(οὖν)
너희는 **보이라**
/증거를
/너희의 사랑과
/우리 자랑의
/너희를 대한
/여러 교회 앞에서
/저희에게

9

1 //(이유: γάρ, for)
쓸[것이] —— 필요가 없나니
/내가(=나에게)
/너희에게
/섬기는 일에 대하여
/성도를

2 //이는(이유: γάρ, for)
내가 —— 앎이라
/원함을
/너희의
/내가 —자랑하였는데(=자랑한)
/너희를 위하여
/마게도냐인들에게
/아가야에서는 —예비하였다
/일 년 전부터
//(이유: 연속)
열심이 —— 격동시켰느니라
/너희 /(과연)퍽 많은 사람들을

3 그런데
[내가] **보낸 것은**
/이 형제들을

//(목적: ἵνα, in order that)
자랑이 —— 헛되지 않고
/우리의 /이 일에
/너희를 위한 —— 준비하게 하려 함이라
/내[가] 말한 것같이

24 그러므로 너희는 여러 교회 앞에서 너희의 사랑과 너
희를 대한 우리 자랑의 증거를 저희에게 보이라

9:1 성도를 섬기는 일에 대하여 내가 너희에게 쓸 필요
가 없나니 2 이는 내가 너희의 원함을 앎이라 내가 너
희를 위하여 마게도냐인들에게 아가야에서는 일 년 전부터
예비하였다 자랑하였는데 과연 너희 열심이 퍽 많은 사람
들을 격동시켰느니라 3 그런데 이 형제들을 보낸 것은 이
일에 너희를 위한 우리의 자랑이 헛되지 않고 내 말한 것
같이 준비하게 하려 함이라 4 혹 마게도냐인들이 나와 함

24 Wherefore shew ye to them, and before the churches,
the proof of your love, and of our boasting on your behalf.

9:1 For as touching the ministering to the saints, it is
superfluous for me to write to you: 2 For I know the
forwardness of your mind, for which I boast of you to
them of Macedonia, that Achaia was ready a year ago;
and your zeal hath provoked very many. 3 Yet have I
sent the brethren, lest our boasting of you should be in
vain in this behalf; that, as I said, ye may be ready: 4

4 [만약, ἐὰν]
마게도냐인들이 —— 가서
/혹
/나와 함께
보면(조건절, if)
/너희의(=너희를)
/준비치 아니한(것을)

우리가 **부끄러움을 당할까 두려워하노라(=부끄러움을 당하리라)**
/너희는 고사하고 /이 믿던 것에
(=내가 말한 너희가 아니라)

5 이러므로(οὖν)
내가 **생각하였노니**
/필요한 줄
/권면하는 것이
/이 형제들로(=을)
/[그들이] —— 먼저 가서
/너희에게
미리 준비케 하도록
/연보를
/전에 약속한
/너희의
/준비하여야(=준비할 것이)
/이렇게
/참 연보답고(=연보답게)
/억지가 아니니라(=탐욕이 아니게)

6 이것이 **(하는 말이로다)**
/곧 적게 심는 자는 —— 적게 거두고
많이 심는 자는 —— 많이 거둔다

7 각각 **(할 것이요)**
/정한 대로
/그 마음에
하지 말지니
/인색함으로나
/억지로

//(이유: γάρ, for)
하나님은 —— 사랑하시느니라
/내는 자를
/즐겨

8 하나님이 **능히 넘치게 하시나니**
/은혜를
/모든
/너희에게

//이는(목적: ἵνα, so that...may)

께 가서 너희의 준비치 아니한 것을 보면 너희는 고사하고
우리가 이 믿던 것에 부끄러움을 당할까 두려워하노라 5
이러므로 내가 이 형제들로 먼저 너희에게 가서 너희의 전
에 약속한 연보를 미리 준비케 하도록 권면하는 것이 필요
한 줄 생각하였노니 이렇게 준비하여야 참 연보답고 억지
가 아니니라 6 이것이 곧 적게 심는 자는 적게 거두고 많
이 심는 자는 많이 거둔다 하는 말이로다 7 각각 그 마음
에 정한 대로 할 것이요 인색함으로나 억지로 하지 말지니
하나님은 즐겨 내는 자를 사랑하시느니라 8 하나님이 능
히 모든 은혜를 너희에게 넘치게 하시나니 이는 너희로 모

Lest haply if they of Macedonia come with me, and find you unprepared, we (that we say not, ye) should be ashamed in this same confident boasting.
5 Therefore I thought it necessary to exhort the brethren, that they would go before unto you, and make up beforehand your bounty, whereof ye had notice before, that the same might be ready, as a matter of bounty, and not as of covetousness.
6 But this I say, He which soweth sparingly shall reap also sparingly; and he which soweth bountifully shall reap also bountifully.
7 Every man according as he purposeth in his heart, so

//이는(목적: ἵνα, so that...may)
너희로 ——— 넘치게 하게 하려 하심이라
/일을
/모든
/착한
/넉넉하여(현재분사)
/모든 것이
/모든 일에
/항상
9 /기록한 바...함과 같으니라(=같이)
/저가 ——— 흩어
주었으니
/가난한 자들에게
의가 ——— 영원토록 있느니라
/그의

10 주시는 이가
/심는 자에게
주사
/씨와
/양식을
/먹을
풍성하게 하시고
/너희 심을 것을
더하게 하시리니
/열매를
/의의
/너희

11 너희가
부요하여
/모든 일에
/연보를 함은(→연보함에)
/너그럽게(=모든)

/저희로(=그것은)[39] ——— 감사하게 하는 것이라
/하나님께
/우리로 말미암아

12 //(이유: ὅτι, for)
직무가 ——— 보충할 뿐 아니라
/이 봉사의
/부족한 것만
/성도들의
넘쳤느니라
/감사를 인하여
/많은
/(사람들의)하나님께 드리는

[39] 관계대명사, 선행사는 '연보'이다. 계속적 용법

든 일에 항상 모든 것이 넉넉하여 모든 착한 일을 넘치게 하게 하려 하심이라 9 기록한 바 저가 흩어 가난한 자들에게 주었으니 그의 의가 영원토록 있느니라 함과 같으니라 10 심는 자에게 씨와 먹을 양식을 주시는 이가 너희 심을 것을 주사 풍성하게 하시고 너희 의의 열매를 더하게 하시리니 11 너희가 모든 일에 부요하여 너그럽게 연보를 함은 저희로 우리로 말미암아 하나님께 감사하게 하는 것이라 12 이 봉사의 직무가 성도들의 부족한 것만 보충할 뿐 아니라 사람들의 하나님께 드리는 많은 감사를 인하여 넘쳤느니라

let him give; not grudgingly, or of necessity: for God loveth a cheerful giver. 8 And God is able to make all grace abound toward you; that ye, always having all sufficiency in all things, may abound to every good work: 9 (As it is written, He hath dispersed abroad; he hath given to the poor: his righteousness remaineth for ever. 10 Now he that ministereth seed to the sower both minister bread for your food, and multiply your seed sown, and increase the fruits of your righteousness;) 11 Being enriched in every thing to all bountifulness, which causeth through us thanksgiving to God. 12 For the administration of this service not only supplieth the want of the saints, but is abundant also by many thanksgivings unto God; 13 Whiles by the experiment of this ministration they glorify God for your professed

13 [저희가] 영광을 돌리고
/하나님께
/증거를 삼아
/이 직무로
/복종하는 것과
/진실히 믿고
/너희의
/복음을
/그리스도의
/연보를 인하여
/섬기는
/저희와 모든 사람을
/(너희의 후한)

14 또
저희가 사모하느니라
/너희를
/간구하며
/너희를 위하여
/은혜를 인하여
/지극한
/하나님의
/너희에게 주신

15 (내가) 감사하노라
/하나님께
/은사를 인하여
/말할 수 없는
/그의

고후

10

1 이제
나 바울은 권하고
/친히
/너희를
/온유와 관용으로
/그리스도의
/[나는][40] 겸비하고
/대면하면
/[너희 안에]
담대한
/떠나 있으면
/너희를 대하여

40) 관계대명사, 선행사는 '바울' 이다. 계속적 용법

13 이 직무로 증거를 삼아 너희의 그리스도의 복음을 진
실히 믿고 복종하는 것과 저희와 모든 사람을 섬기는 너희
의 후한 연보를 인하여 하나님께 영광을 돌리고 14 또 저
희가 너희를 위하여 간구하며 하나님의 너희에게 주신 지
극한 은혜를 인하여 너희를 사모하느니라 15 말할 수 없
는 그의 은사를 인하여 하나님께 감사하노라

10:1 너희를 대하여 대면하면 겸비하고 떠나 있으면
담대한 나 바울은 이제 그리스도의 온유와 관용으
로 친히 너희를 권하고

subjection unto the gospel of Christ, and for your liberal distribution unto them, and unto all men; 14 And by their prayer for you, which long after you for the exceeding grace of God in you. 15 Thanks be unto God for his unspeakable gift.

10:1 Now I Paul myself beseech you by the meekness and gentleness of Christ, who in presence am base among you, but being absent am bold toward you: 2 But I beseech you, that I may not be bold when I am present with that confidence, wherewith I think to be bold against

2 또한
[내가]
구하노라
/(나로 하여금)대하지 않게 하기를
/이 담대한 태도로
/내가 대하려는 것같이
/담대히
/여기는 자들을 대하여
/우리를
/육체대로 행하는 자로
/너희와 함께 있을 때에

3 //(이유: γάρ, for)
우리가 — 행하나(양보절, though)
/육체에 있어
— 싸우지 아니하노니
/육체대로

4 //(이유: γάρ, for)
병기는 — 육체에 속한 것이 아니요
/우리의
/싸우는
— 오직 강력이라
/하나님 앞에서
/파하는
/견고한 진을
/파하며...파하고(=파하는)
5 /모든 이론을
/높아진 것을
/다(=모든)
/아는 것을 대적하여
/하나님
/사로잡아(=사로잡는)
/생각을
/모든
/복종케(하니)
/그리스도에게
6 /예비하는 중에 있노라(=예비하는 중에 있는)
/벌하려고
/복종치 않는 것을
/모든
/복종이 — 온전히 될 때에
/너희의

7 너희는
보는도다
/외모만

[만일, εἰ]
사람이
믿을진대(조건절, if)
/자기가 그리스도에게 속한 줄을

고후

2 또한 우리를 육체대로 행하는 자로 여기는 자들을 대하
여 내가 담대히 대하려는 것같이 너희와 함께 있을 때에
나로 하여금 이 담대한 태도로 대하지 않게 하기를 구하노
라 3 우리가 육체에 있어 행하나 육체대로 싸우지 아니하
노니 4 우리의 싸우는 병기는 육체에 속한 것이 아니요 오
직 하나님 앞에서 견고한 진을 파하는 강력이라 5 모든 이
론을 파하며 하나님 아는 것을 대적하여 높아진 것을 다
파하고 모든 생각을 사로잡아 그리스도에게 복종케 하니 6
너희의 복종이 온전히 될 때에 모든 복종치 않는 것을 벌
하려고 예비하는 중에 있노라 7 너희는 외모만 보는도다
만일 사람이 자기가 그리스도에게 속한 줄을 믿을진대 자
기가 그리스도에게 속한 것같이 우리도 그러한 줄을 자기

some, which think of us as if we walked according to the
flesh. 3 For though we walk in the flesh, we do not war
after the flesh: 4 (For the weapons of our warfare are not
carnal, but mighty through God to the pulling down of
strong holds;) 5 Casting down imaginations, and every
high thing that exalteth itself against the knowledge of
God, and bringing into captivity every thought to the obedience
of Christ; 6 And having in a readiness to revenge all
disobedience, when your obedience is fulfilled. 7 Do ye
look on things after the outward appearance? If any man

생각할 것이라
/우리도 그러한 줄을
/자기가 그리스도에게 속한 것같이
/다시
/자기 속으로

8 //(이유: γάρ, for)
[만일, ἐὰν]
내가 —— 자랑하여도(조건절, if)
/지나치게
/[너희에게]
/이에 대하여(=권세에 대하여)
/(권세는)[41)]
주께서 —— 주신
/파하려고 하신 것이 아니요
세우려고(하신 것이니)
/너희를
부끄럽지 아니하리라

9 //이는(목적: ἵνα, lest-NKJV)
내가 —— 생각지 않게 함이니
/놀라게 하려는 것같이
/너희를
/편지들로

10 //(이유: ὅτι, for)
저희[가] —— 말이. . . 하니(=말하기 때문이다)
/그 편지들은 —— 중하고
—— 힘이 있으나
/대할 때는(=것은) —— 약하고
/그 몸으로
/말이 —— 시원치 않다

11 이런 사람은 **알라**
/우리가 —— 떠나 있을 때에(상황절, when)
말하는 자가 —— 어떠한 자이면
/편지들로
[우리가] —— 함께 있을 때에(상황절, when)
행하는 자도 —— 그와 같은 자인 줄

12 //(이유: γάρ, for)

41) 관계대명사, 선행사는 '권세'이다. 한정적 용법

속으로 다시 생각할 것이라 8 주께서 주신 권세는 너희를
파하려고 하신 것이 아니요 세우려고 하신 것이니 내가 이
에 대하여 지나치게 자랑하여도 부끄럽지 아니하리라 9
이는 내가 편지들로 너희를 놀라게 하려는 것같이 생각지
않게 함이니 10 저희 말이 그 편지들은 중하고 힘이 있으
나 그 몸으로 대할 때는 약하고 말이 시원치 않다 하니 11
이런 사람은 우리가 떠나 있을 때에 편지들로 말하는 자가
어떠한 자이면 함께 있을 때에 행하는 자도 그와 같은 자
인줄 알라 12 우리가 어떤 자기를 칭찬하는 자로 더불어
감히 짝하며 비교할 수 없노라 그러나 저희가 자기로서 자

trust to himself that he is Christ's, let him of himself think
this again, that, as he is Christ's, even so are we Christ's.
8 For though I should boast somewhat more of our
authority, which the Lord hath given us for edification,
and not for your destruction, I should not be ashamed: 9
That I may not seem as if I would terrify you by letters.
10 For his letters, say they, are weighty and powerful;
but his bodily presence is weak, and his speech contemptible.
11 Let such an one think this, that, such as we are in
word by letters when we are absent, such will we be also
in deed when we are present. 12 For we dare not make
ourselves of the number, or compare ourselves with some
that commend themselves: but they measuring themselves
by themselves, and comparing themselves among themselves,

12 //(이유: γάρ, for)
우리가 ─ 감히 할 수 없노라
/짝하며(=짝하는 것을)
/비교[하는 것을]
/어떤 칭찬하는 자로 더불어
/자기를

그러나
저희가 ─ 헤아리고
/자기를
/자기로서
비교하니(=비교할 때에, 상황절, when)
/자기를
/자기로서
지혜가 없도다

13 그러나
우리는 **자랑을 하지 않고**
/분량밖의
오직 **(하노니)**
/그 분량의...따라(=분량을 따라)
/한계를(=한계의)
/하나님이 나눠 주신
/우리에게
/분량으로
/곧 이른 것이라(=이르도록)
/너희에게까지

14 //(이유: γάρ, for)
우리가 ─ 지나쳐 나아간 것이 아니요
/미치지 못할 자로서
/너희에게
/스스로

//(이유: γάρ, for)
[우리가] ─ 이른 것이라
/복음으로
/그리스도의
/너희에게까지
15 /우리는 자랑하는 것이 아니라(=자랑하지 아니하면서, 현재분사)
/분량밖에
/수고를 가지고
/남의
/오직 바라노라(=바라면서, 현재분사)[42]
/위대하여지기를
/더욱
/우리의 한계를 따라
/너희 가운데서
/믿음이 ─ 더 할수록(현재분사)
/너희

42) 원문은 분사와 목적어의 결합이다. 한글성경의 뉘앙스를 존중하여 결합해 표현하였다.

기를 헤아리고 자기로서 자기를 비교하니 지혜가 없도다
13 그러나 우리는 분량 밖의 자랑을 하지 않고 오직 하나
님이 우리에게 분량으로 나눠 주신 그 분량의 한계를 따라
하노니 곧 너희에게까지 이른 것이라 14 우리가 너희에게
미치지 못할 자로서 스스로 지나쳐 나아간 것이 아니요 그
리스도의 복음으로 너희에게까지 이른 것이라 15 우리는
남의 수고를 가지고 분량 밖의 자랑하는 것이 아니라 오직
너희 믿음이 더 할수록 우리의 한계를 따라 너희 가운데서
더욱 위대하여지기를 바라노라

are not wise. 13 But we will not boast of things without
our measure, but according to the measure of the rule
which God hath distributed to us, a measure to reach even
unto you. 14 For we stretch not ourselves beyond our measure,
as though we reached not unto you: for we are come as
far as to you also in preaching the gospel of Christ: 15
Not boasting of things without our measure, that is, of
other men's labours; but having hope, when your faith is
increased, that we shall be enlarged by you according to
our rule abundantly, 16 To preach the gospel in the regions

16 //이는(목적: εἰς+부정사, so that...may)
복음을 전하려 함이라
/너희 지경을 넘어
/자랑하지 아니하고
/한계 안에
/남의
/예비한 것으로

17 자랑하는 자는 **자랑할지니라**
/주 안에서

18 //(이유: γάρ, for)
옳다 인정함을 받는 자는 ─ 칭찬하는 자가 아니요
/자기를
└ 오직 칭찬하시는 자니라
/주께서

11

1 원컨대
너희는 **용납하라**
/어리석은 것을
/나의
/좀
(청컨대)**용납하라**
/나를

2 //(이유: γάρ, for)
내가 ──── 열심 내노니
/너희를 위하여
/열심으로
/하나님의
//(이유: γάρ, for)
내가 ─── 중매함이로다
/너희를
/한 남편인(=에게)
/처녀로(=를)
/정결한
/드리려고
/그리스도께

3 [내가] **두려워하노라**
/마음이 ──── 부패할까
/너희
/그리스도를 향하는
/진실함과
깨끗함에서 떠나
/뱀이 ─ 미혹케 한 것같이
/이와를
/그[의] 간계로

4 //(이유: γάρ, for)

16 이는 남의 한계 안에 예비한 것으로 자랑하지 아니하
고 너희 지경을 넘어 복음을 전하려 함이라 17 자랑하는
자는 주 안에서 자랑할지니라 18 옳다 인정함을 받는 자
는 자기를 칭찬하는 자가 아니요 오직 주께서 칭찬하시는
자니라

11:1 원컨대 너희는 나의 좀 어리석은 것을 용납하라 청
컨대 나를 용납하라 2 내가 하나님의 열심으로 너희를 위
하여 열심내노니 내가 너희를 정결한 처녀로 한 남편인 그
리스도께 드리려고 중매함이로다 3 뱀이 그 간계로 이와
를 미혹케 한 것같이 너희 마음이 그리스도를 향하는 진실

beyond you, and not to boast in another man's line of
things made ready to our hand. 17 But he that glorieth,
let him glory in the Lord. 18 For not he that commendeth
himself is approved, but whom the Lord commendeth.

11:1 Would to God ye could bear with me a little in
my folly: and indeed bear with me. 2 For I am jealous
over you with godly jealousy: for I have espoused you to
one husband, that I may present you as a chaste virgin to
Christ. 3 But I fear, lest by any means, as the serpent

4 //(이유: γάρ, for)
만일(εἰ)
누가 —— 전파하거나
/예수를
/다른
/우리의(=가) —— 전파하지 아니한
/가서(현재분사)
—— 혹 받게 하거나
/영을
/다른
/너희의(=가) 받지 아니한
—— 혹 복음을 받게 할 때에는(=받게 하면, 조건절, if)
/다른
/너희의(=가) —— 받지 아니한
너희가 —— 용납하는구나
/잘

5 //(이유: γάρ, for)
내가 —— 생각하노라
/부족한 것이 조금도 없는 줄
/사도들보다
/지극히 큰

6 비록(εἰ)
내가 졸하나(양보, even if)
/말에는
그렇지 아니하니
/지식에는

우리가 **나타내었노라**
/(이것을)모든 일로
/모든 사람 가운데서
/너희에게

7 내가 **죄를 지었느냐?**
/낮추어(현재분사)
/나를

//(목적: ἵνα, so that...might)
너희를 높이려고

//(이유: ὅτι, because)
[내가] —— 전함으로
/복음을
/하나님의
/너희에게
/값없이

고후

함과 깨끗함에서 떠나 부패할까 두려워하노라 4 만일 누가 가서 우리의 전파하지 아니한 다른 예수를 전파하거나 혹 너희의 받지 아니한 다른 영을 받게 하거나 혹 너희의 받지 아니한 다른 복음을 받게 할 때에는 너희가 잘 용납하는구나 5 내가 지극히 큰 사도들보다 부족한 것이 조금도 없는 줄 생각하노라 6 내가 비록 말에는 졸하나 지식에는 그렇지 아니하니 이것을 우리가 모든 사람 가운데서 모든 일로 너희에게 나타내었노라 7 내가 너희를 높이려고 나를 낮추어 하나님의 복음을 값없이 너희에게 전함으로 죄를 지었느냐

beguiled Eve through his subtilty, so your minds should be corrupted from the simplicity that is in Christ. 4 For if he that cometh preacheth another Jesus, whom we have not preached, or if ye receive another spirit, which ye have not received, or another gospel, which ye have not accepted, ye might well bear with him. 5 For I suppose I was not a whit behind the very chiefest apostles. 6 But though I be rude in speech, yet not in knowledge; but we have been throughly made manifest among you in all things. 7 Have I committed an offence in abasing myself

8 내가 탈취한 것이라
/여러 교회에서(=를)
/다른
/받은 것이(=받아, 과거분사)
/요를
/섬기기 위하여
/너희를

9 또
내가 ── 있어
/너희에게
── 용도가 부족하되(상황절, when)
누를 끼치지 아니함은
/아무에게도
//(이유: γάρ, for)
형제들이 ── 보충하였음이라
/마게도냐에서 온 /부족한 것을
/나의
//(이유: 계속)
내가 ── 조심하였거니와
/폐를 끼치지 않기 위하여
/너희에게
/모든 일에
/스스로
── 또 조심하리라

10 진리가 **있으니**
/그리스도의 /내 속에
자랑이 **막히지 아니하리라**
/이 /아가야 지방에서
/나의

11 [그것은] **어떠한 연고뇨?**
//(이유: ὅτι, because)
내가 ── 사랑하지 아니함이냐?
/너희를
하나님이 ── 아시느니라

12 내가 하는 것을 또 **하리니**
//(목적: ἵνα, so that...may)
[내가] ── 끊어
/그 기회를
/찾는 자들의
/기회를
//(목적: ἵνα, that...may-KJV)

8 내가 너희를 섬기기 위하여 다른 여러 교회에서 요를 받
은 것이 탈취한 것이라 9 또 내가 너희에게 있어 용도가
부족하되 아무에게도 누를 끼치지 아니함은 마게도냐에서
온 형제들이 나의 부족한 것을 보충하였음이라 내가 모든
일에 너희에게 폐를 끼치지 않기 위하여 스스로 조심하였
거니와 또 조심하리라 10 그리스도의 진리가 내 속에 있
으니 아가야 지방에서 나의 이 자랑이 막히지 아니하리라
11 어떠한 연고뇨 내가 너희를 사랑하지 아니함이냐 하나
님이 아시느니라 12 내가 하는 것을 또 하리니 기회를 찾
는 자들의 그 기회를 끊어 저희로 하여금 그 자랑하는 일
에 대하여 우리와 같이 되게 하려 함이로라

that ye might be exalted, because I have preached to you the gospel of God freely? 8 I robbed other churches, taking wages of them, to do you service. 9 And when I was present with you, and wanted, I was chargeable to no man: for that which was lacking to me the brethren which came from Macedonia supplied: and in all things I have kept myself from being burdensome unto you, and so will I keep myself. 10 As the truth of Christ is in me, no man shall stop me of this boasting in the regions of Achaia. 11 Wherefore? because I love you not? God knoweth. 12 But what I do, that I will do, that I may cut off occasion from them which desire occasion; that wherein

//(목적: ἵνα, that...may-KJV)
저희로 하여금 —되게 하려 함이로라
/우리와 같이
/그 자랑하는 일에 대하여

13 //(이유: γάρ, for)
저런 사람들은 — 거짓 사도요
— 역꾼이니
/궤휼의
— 자기를 가장하는 자들이니라
/사도로
/그리스도의

14 이것이 **이상한 일이 아니라**

사단도 **가장하나니**
/자기를 광명의 천사로

15 그러므로(οὖν)
[만약, εἰ]
일꾼들도 (자기를)가장하는 것이(=가장한다면, 조건절, if)
/사단의 /일꾼으로
/의의
[그것은] (또한)**큰 일이 아니라**

/(저희의)[43]
결국은 —행위대로 되리라
/그

16 내가 **말하노니**
/다시
누구든지 **여기지 말라**
/나를
/어리석은 자로

만일(εἰς)
<너희가> 그러하더라도(조건절, if)
받으라
/[나를]
/어리석은 자로

//(목적: ἵνα, so that...may)
나로 ——— 자랑하게
/조금

17 내가 **말이 아니요(=말하지 않노라)**
/말하는 것은(=을)
/주를 따라(하는)

43) 관계대명사, 선행사는 사탄의 '일꾼' 이다. 계속적 용법

고후

13 저런 사람들은 거짓 사도요 궤휼의 역군이니 자기를
그리스도의 사도로 가장하는 자들이니라 14 이것이 이상
한 일이 아니라 사단도 자기를 광명의 천사로 가장하나니
15 그러므로 사단의 일군들도 자기를 의의 일군으로 가장
하는 것이 또한 큰 일이 아니라 저희의 결국은 그 행위대
로 되리라 16 내가 다시 말하노니 누구든지 나를 어리석
은 자로 여기지 말라 만일 그러하더라도 나로 조금 자랑하
게 어리석은 자로 받으라 17 내가 말하는 것은 주를 따라
하는 말이 아니요 오직 어리석은 자와 같이 기탄없이 자랑
하노라

they glory, they may be found even as we. 13 For such
are false apostles, deceitful workers, transforming themselves
into the apostles of Christ. 14 And no marvel; for Satan himself
is transformed into an angel of light. 15 Therefore it is
no great thing if his ministers also be transformed as the
ministers of righteousness; whose end shall be according
to their works. 16 I say again, Let no man think me a
fool; if otherwise, yet as a fool receive me, that I may
boast myself a little. 17 That which I speak, I speak it
not after the Lord, but as it were foolishly, in this confidence
of boasting. 18 Seeing that many glory after the flesh, I
will glory also. 19 For ye suffer fools gladly, seeing ye

오직〈**말하노라**〉
/기탄없이
/자랑하노라(=자랑스럽게)
/어리석은 자와 같이
/[그 안에서]

18 나도 **자랑하겠노라**

//(이유:ἐπεὶ, since)
여러 사람이 ——자랑하니
/육체를 따라

19 //(이유: γάρ, for)
너희는 —— 용납하는구나
/어리석은 자들을
/지혜로운 자로서(현재분사)
/기쁘게

20 //(이유: γάρ, for)
[만약, εἰ]
누가 —— 종을 삼거나
/너희로
[누가] —— 잡아 먹거나
[누가] —— 사로잡거나
[누가] —— 자고하다 하거나
[누가] —— 칠지라도
/뺨을
/[너희의]
너희가 —— 용납하는도다

21 내가 **말하노라**
/욕되게
/우리가 약한 것같이

그러나
누가 **담대하면**44)
/무슨 일에
나도 **담대하리라**
/[내가] —— 말이나마45)
/어리석은

22 저희가 **히브리인이냐?**
나도 **(그러하며)**

저희가 **이스라엘인이냐?**
나도 **(그러하며)**

저희가 **아브라함의 씨냐?**
나도 (그러하며)

고후

44) 엄밀히 말하면 주문장이 아니다.

45) 삽입절이다. 편의상 수식부 처리하였다.

18 여러 사람이 육체를 따라 자랑하니 나도 자랑하겠노라
19 너희는 지혜로운 자로서 어리석은 자들을 기쁘게 용납
하는구나 20 누가 너희로 종을 삼거나 잡아먹거나 사로잡
거나 자고하다 하거나 뺨을 칠지라도 너희가 용납하는도다
21 우리가 약한 것같이 내가 욕되게 말하노라 그러나 누
가 무슨 일에 담대하면 어리석은 말이나마 나도 담대하리
라 22 저희가 히브리인이냐 나도 그러하며 저희가 이스라
엘인이냐 나도 그러하며 저희가 아브라함의 씨냐 나도 그
러하며 23 저희가 그리스도의 일군이냐 정신없는 말을 하
거니와 나도 더욱 그러하도다 내가 수고를 넘치도록 하고

yourselves are wise. 20 For ye suffer, if a man bring you
into bondage, if a man devour you, if a man take of you,
if a man exalt himself, if a man smite you on the face.
21 I speak as concerning reproach, as though we had
been weak. Howbeit whereinsoever any is bold, (I speak
foolishly,) I am bold also. 22 Are they Hebrews? so am
I. Are they Israelites? so am I. Are they the seed of
Abraham? so am I. 23 Are they ministers of Christ? (I
speak as a fool) I am more; in labours more abundant, in
stripes above measure, in prisons more frequent, in deaths
oft. 24 Of the Jews five times received I forty stripes
save one. 25 Thrice was I beaten with rods, once was I stoned,

23 저희가 **일꾼이냐?**
/그리스도의
나도 **더욱 그러하도다**
/[내가] ——— 말을 하거니와46)
/정신 없는

내가 **수고를 하고**
/넘치도록
옥에 갇히기도 하고
/더 많이
매도 맞고
/수없이
죽을 뻔하였으니
/여러 번

24 [내가] **맞았으며**
/사십에 매를
/하나 감한
/유대인들에게
/다섯 번
25 **태장으로 맞고**
/세 번
돌로 맞고
/한 번
파선하는데
/세 번
지냈으며
/깊음에서
/일 주야를

26 **여행에**
/여러 번
위험과
/강의
위험과
/강도의
위험과
/동족의
위험과
/이방인의
위험과
/시내의
위험과
/광야의
위험과
/바다의
위험을 당하고
/거짓 형제 중의

27 또 **수고하며**

46) 삽입절이다. 편의상 수식부로 표현하였다.

옥에 갇히기도 더 많이 하고 매도 수없이 맞고 여러 번 죽을 뻔하였으니 24 유대인들에게 사십에 하나 감한 매를 다섯 번 맞았으며 25 세 번 태장으로 맞고 한 번 돌로 맞고 세 번 파선하는데 일 주야를 깊음에서 지냈으며 26 여러 번 여행에 강의 위험과 강도의 위험과 동족의 위험과 이방인의 위험과 시내의 위험과 광야의 위험과 바다의 위험과 거짓 형제 중의 위험을 당하고

thrice I suffered shipwreck, a night and a day I have been in the deep; 26 In journeyings often, in perils of waters, in perils of robbers, in perils by mine own countrymen, in perils by the heathen, in perils in the city, in perils in the wilderness, in perils in the sea, in perils among false brethren; 27 In weariness and painfulness, in watchings often,

	애쓰고
	/자지 못하고(=못한 속에)
	/여러 번
	/주리며(=주림 속에)
	/목마르고(=목마름 속에)
	/굶고(=굶는 가운데)
	/여러 번
	/춥고
	헐벗었노라(=추위와 헐벗음 속에)
28 눌리는 일이	**(있으니)**
/내 속에	/이외의 일은 고사하고 오히려
	/날마다
<그것은>	곧 **염려하는 것이라**
	/교회를 위하여
	/모든
29 누가	**약하면**
내가	**약하지 아니하며(=약하지 않겠느냐?)**
누가	**실족하게 되면**
내가	**애타하지 않더냐?**
30 [만약, εἰ]	
내가	부득불 자랑할진대(조건절, if)
	자랑하리라
	/나의 약한 것을
31 하나님이	**아시느니라**
/아버지	/나의(=내가) —— 거짓말 아니하는 줄을
/주 예수의	
/찬송할	
/영원히	
32 방백이	**지킬새**
/아레다 왕의	/성을
	/다메섹
	/다메섹에서
	/나를 잡으려고
33 내가	**내려가**
	/성벽을
	/들창문으로
	/광주리를 타고
	벗어났노라
	/그[의] 손에서

27 또 수고하며 애쓰고 여러 번 자지 못하고 주리며 목마
르고 여러 번 굶고 춥고 헐벗었노라 28 이 외의 일은 고사
하고 오히려 날마다 내 속에 눌리는 일이 있으니 곧 모든
교회를 위하여 염려하는 것이라 29 누가 약하면 내가 약
하지 아니하며 누가 실족하게 되면 내가 애타하지 않더냐
30 내가 부득불 자랑할진대 나의 약한 것을 자랑하리라
31 주 예수의 아버지 영원히 찬송할 하나님이 나의 거짓
말 아니하는 줄을 아시느니라 32 다메섹에서 아레다 왕의
방백이 나를 잡으려고 다메섹 성을 지킬새 33 내가 광주
리를 타고 들창문으로 성벽을 내려가 그 손에서 벗어났노라

in hunger and thirst, in fastings often, in cold and nakedness.
28 Beside those things that are without, that which cometh
upon me daily, the care of all the churches. 29 Who is
weak, and I am not weak? who is offended, and I burn
not? 30 If I must needs glory, I will glory of the things
which concern mine infirmities. 31 The God and Father
of our Lord Jesus Christ, which is blessed for evermore,
knoweth that I lie not. 32 In Damascus the governor under
Aretas the king kept the city of the Damascenes with a garrison,
desirous to apprehend me: 33 And through a window in
a basket was I let down by the wall, and escaped his
hands..

12

1 [그것을] **부득불 자랑하노니**
/무익하나마

내가 **말하리라**
/환상과 계시를
/주의

2 내가 **아노니**
/한 사람을
/그리스도 안에 있는
/그가 ── 이끌려 간(자라)(과거분사)
/십사 년 전에
/셋째 하늘에
/나는 ── 모르거니와
/(그가)몸 안에 있었는지
/몸 밖에 있었는지
/하나님은 ── 아시느니라(=아시는)

3 내가 **아노니**
/사람을
/이런
/나는 ── 모르거니와[47)]
/(그가)몸 안에 있었는지
/몸 밖에 있었는지
/하나님은 ── 아시느니라(=아시는)

4 /그가 ── 이끌려 가서
/낙원으로
── 들었으니
/말을
/말할 수 없는
/가히 못할 말이로다(=허락되지 못할)
/이르지(=말하는 것이)
/사람이(=사람에게)

5 내가 **자랑하겠으나**
/이런 사람을 위하여
자랑치 아니하리라
/나를 위하여는
/약한 것들 외에

6 //(이유: γάρ, for)
만일(ἐὰν)
내가 ── 자랑하고자 하여도(조건절, if)
── 어리석은 자가 되지 아니할 것은

//(이유: γάρ, for)

47) 원문에는 동일한 동사가 두 번 반복된다. 그러나 이해하기 쉽도록 하나로 표기하였다. 이부분은 원래 삽입절이지만 수식부의 기능을 하기에 '사람'의 수식부로 처리하였다.

고후

12:1 무익하나마 내가 부득불 자랑하노니 주의 환상
과 계시를 말하리라 2 내가 그리스도 안에 있는
한 사람을 아노니 십사 년 전에 그가 세째 하늘에 이끌려
간 자라 (그가 몸 안에 있었는지 몸 밖에 있었는지 나는
모르거니와 하나님은 아시느니라) 3 내가 이런 사람을 아
노니 (그가 몸 안에 있었는지 몸 밖에 있었는지 나는 모르
거니와 하나님은 아시느니라) 4 그가 낙원으로 이끌려 가
서 말할 수 없는 말을 들었으니 사람이 가히 이르지 못할
말이로다 5 내가 이런 사람을 위하여 자랑하겠으나 나를
위하여는 약한 것들 외에 자랑치 아니하리라 6 내가 만일

12:1 It is not expedient for me doubtless to glory. I
will come to visions and revelations of the Lord. 2
I knew a man in Christ above fourteen years ago, (whether
in the body, I cannot tell; or whether out of the body, I
cannot tell: God knoweth;) such an one caught up to the
third heaven. 3 And I knew such a man, (whether in the
body, or out of the body, I cannot tell: God knoweth;) 4
How that he was caught up into paradise, and heard
unspeakable words, which it is not lawful for a man to
utter. 5 Of such an one will I glory: yet of myself I will

//(이유: γάρ, for)
내가 ―말을 함이라
/참(=진리를)

그러나
[내가]
그만두노라
/누가 ――― 생각할까 두려워하여(=생각하지 않도록)
/[나를]
/보는 바와
/나를
듣는 바에 지나치게
/내게

7 /지극히 크므로[48)]
/여러 계시를 받은 것이

[그러므로, διὸ]
가시[가]
/곧 사자(를)
/사단의
주셨으니(=주어졌다)
/내 육체에

//(목적: ἵνα, to)
[내가] ―너무 자고하지 않게 하시려고

//이는(목적: ἵνα, to)
나를 ― 쳐서

//(목적: ἵνα, to)
[내가] ― 너무 자고하지 않게 하려 하심이니라

8 내가
간구하였더니
/이것이(=이것에 대해)
/주께
/세 번

//(목적: ἵνα, that...might)
[그것이] ―― 떠나기 위하여
/내게서

9 [그가]
이르시기를(...하신지라)
/내게
/은혜가 ――― 족하도다
/내 /네게

//이는(이유: γάρ, for)
능력이 ―― 온전하여짐이라
/내 /약한 데서

고후

48) 여격은 동사의 출처, 근원, 근거를 나타낼 수 있다. 그러므로 이유로 번역하는 것이 가능하다.

자랑하고자 하여도 어리석은 자가 되지 아니할 것은 내가
참말을 함이라 그러나 누가 나를 보는 바와 내게 듣는 바
에 지나치게 생각할까 두려워하여 그만 두노라 7 여러 계
시를 받은 것이 지극히 크므로 너무 자고하지 않게 하시려
고 내 육체에 가시 곧 사단의 사자를 주셨으니 이는 나를
쳐서 너무 자고하지 않게 하려 하심이니라 8 이것이 내게
서 떠나기 위하여 내가 세 번 주께 간구하였더니 9 내게
이르시기를 내 은혜가 네게 족하도다 이는 내 능력이 약한
데서 온전하여짐이라 하신지라 이러므로 도리어 크게 기뻐
함으로 나의 여러 약한 것들에 대하여 자랑하리니 이는 그

not glory, but in mine infirmities. 6 For though I would
desire to glory, I shall not be a fool; for I will say the
truth: but now I forbear, lest any man should think of me
above that which he seeth me to be, or that he heareth
of me. 7 And lest I should be exalted above measure
through the abundance of the revelations, there was given
to me a thorn in the flesh, the messenger of Satan to
buffet me, lest I should be exalted above measure. 8 For
this thing I besought the Lord thrice, that it might depart
from me. 9 And he said unto me, My grace is sufficient
for thee: for my strength is made perfect in weakness.
Most gladly therefore will I rather glory in my infirmities,

이러므로(οὖν)
[내가] **자랑하리니**
/도리어
/나의 여러 약한 것들에 대하여
/크게 기뻐함으로

//이는(목적: ἵνα, so that...may)
능력으로(=이) —— 머물게 하려 함이라
/그리스도의 /내게

10 그러므로(διὸ)
내가 **기뻐하노니**
/약한 것들과
/능욕과
/궁핍과
/핍박과
/곤란을
/그리스도를 위하여

//이는(이유: γάρ, for)
내가 —— 약할 그 때에(상황절, when)
—— 곧 강함이니라

11 내가 **어리석은 자가 되었으나**
너희가 **억지로 시킨 것이니**
/[나를]
내가 **칭찬을 받아야 마땅하도다**[49)]
/너희에게

//(이유: γάρ, for)
내가 —— 아무것도 아니나(양보절, even though)
조금도 부족하지 아니하니라
/사도들보다
/지극히 큰

12 (내가)표 된 것은 **행한 것이라**
/사도의
/너희 가운데서
/참음과
/모든
/표적과[50)]
기사와
능력을

13 //(이유: γάρ, for)
무엇이 —— 있느냐?
/부족하게 한 것이
/다른 교회보다
/내 자신이 폐를 끼치지 아니한 일밖에
/너희에게

고후

49) 원문의 γάρ가 강조적인 용법으로 사용되었다. NASB와 NRSV의 입장을 따랐다

50) NASB의 입장을 따랐다.

리스도의 능력으로 내게 머물게 하려 함이라 10 그러므
로 내가 그리스도를 위하여 약한 것들과 능욕과 궁핍과 핍
박과 곤란을 기뻐하노니 이는 내가 약할 그 때에 곧 강함
이니라 11 내가 어리석은 자가 되었으나 너희에게 억지
로 시킨 것이니 내가 너희에게 칭찬을 받아야 마땅하도다
내가 아무 것도 아니나 지극히 큰 사도들보다 조금도 부족
하지 아니하니라 12 사도의 표된 것은 내가 너희 가운데
서 모든 참음과 표적과 기사와 능력을 행한 것이라 13 내
자신이 너희에게 폐를 끼치지 아니한 일밖에 다른 교회보
다 부족하게 한 것이 무엇이 있느냐 너희는 나의 이 공평
치 못한 것을 용서하라 14 보라 이제 세 번째 너희에게
가기를 예비하였으나 너희에게 폐를 끼치지 아니하리라 나

that the power of Christ may rest upon me. 10 Therefore
I take pleasure in infirmities, in reproaches, in necessities,
in persecutions, in distresses for Christ's sake: for when I
am weak, then am I strong. 11 I am become a fool in glorying;
ye have compelled me: for I ought to have been commended
of you: for in nothing am I behind the very chiefest
apostles, though I be nothing. 12 Truly the signs of an
apostle were wrought among you in all patience, in signs,
and wonders, and mighty deeds. 13 For what is it wherein
ye were inferior to other churches, except it be that I
myself was not burdensome to you? forgive me this wrong.
14 Behold, the third time I am ready to come to you;

너희는 **용서하라**
/나의(=나를)
/이 공평치 못한 것을

14 보라!
[내가] **예비하였으나**
/가기를
/이제
/세 번째
/너희에게
폐를 끼치지 아니하리라
/너희에게

//(이유: γάρ, for)
나의(=내가) —— 구하는 것은(=구하노라)
/너희 재물이 아니요
오직 너희니라(=너희를)

//(이유: γάρ, for)
어린아이가 —— 재물을 저축하는 것이 아니요
/부모를 위하여
부모가 —— 이에 하느니라
/어린아이를 위하여

고후

15 내가 **재물을 허비하고**
/크게 기뻐함으로
/너희 영혼을 위하여
또 **내 자신까지 허비하리니**

[만약, εἰ]
[내가] 사랑할수록(조건절, if)
/너희를
/더욱
나는 **사랑을 받겠느냐?**
/덜

16 하여간
어떤 이의 말이 **하나**[51)]
/내가 —— 짐을 지우지는 아니하였을지라도
/너희에게
—— 취하였다
/너희를
/공교한 자가 되어(현재분사)
/궤계로

51) NASB의 뉘앙스를 참고하였다.

17 내가 **이를 취하더냐?**
/너희의
/너희에게 보낸 자 중에 누구로

의 구하는 것은 너희 재물이 아니요 오직 너희니라 어린아이가 부모를 위하여 재물을 저축하는 것이 아니요 이에 부모가 어린아이를 위하여 하느니라 15 내가 너희 영혼을 위하여 크게 기뻐함으로 재물을 허비하고 또 내 자신까지 허비하리니 너희를 더욱 사랑할수록 나는 덜 사랑을 받겠느냐 16 하여간 어떤 이의 말이 내가 너희에게 짐을 지우지는 아니하였을지라도 공교한 자가 되어 궤계로 너희를 취하였다 하니 17 내가 너희에게 보낸 자 중에 누구로 너희의 이를 취하더냐

and I will not be burdensome to you: for I seek not yours, but you: for the children ought not to lay up for the parents, but the parents for the children. 15 And I will very gladly spend and be spent for you; though the more abundantly I love you, the less I be loved. 16 But be it so, I did not burden you: nevertheless, being crafty, I caught you with guile. 17 Did I make a gain of you by any of them whom I sent unto you? 18 I desired Titus,

18 내가 **권하고**
/디도를
함께 보내었으니
/한 형제를

디도가 **이를 취하더냐?**
/너희의
우리가 **행하지 아니하더냐?**
/성령으로
/동일한
보조로 하지 아니하더냐?
/동일한

19 [너희가] **생각하는구나**
/우리가 ——— 우리를 변명하는 줄로
/너희에게
/이 때까지
우리가 **말하노라**
/하나님 앞에
/그리스도 안에서

사랑하는 자들아!
이 모든 것은 **덕을 세우기 위함이니라**
/너희의

20 //(이유: γάρ, for)
내가 ——— 갈 때에(상황절, when)
[내가] ——— 두려워하며
/[내가] ——— 보지 못하고
/너희를
/나의(=내가) ——— 원하는 것과 같이
또 내가 ——— 보일까
/너희에게
/너희의(=너희가) – 원치 않는 것과 같이

— 또(두려워하고)
/다툼과
시기와
분냄과
당짓는 것과
중상함과
수군수군하는 것과
거만함과
어지러운 것이 있을까

— 21 또(두려워하고)

18 내가 디도를 권하고 함께 한 형제를 보내었으니 디도
가 너희의 이를 취하더냐 우리가 동일한 성령으로 행하지
아니하더냐 동일한 보조로 하지 아니하더냐 19 이때까지
우리가 우리를 너희에게 변명하는 줄로 생각하는구나 우리
가 그리스도 안에서 하나님 앞에 말하노라 사랑하는 자들
아 이 모든 것은 너희의 덕을 세우기 위함이니라 20 내가
갈 때에 너희를 나의 원하는 것과 같이 보지 못하고 또 내
가 너희에게 너희의 원치 않는 것과 같이 보일까 두려워하
며 또 다툼과 시기와 분냄과 당 짓는 것과 중상함과 수군
수군하는 것과 거만함과 어지러운 것이 있을까 두려워하고

and with him I sent a brother. Did Titus make a gain of
you? walked we not in the same spirit? walked we not in
the same steps? 19 Again, think ye that we excuse ourselves
unto you? we speak before God in Christ: but we do all things,
dearly beloved, for your edifying. 20 For I fear, lest,
when I come, I shall not find you such as I would, and
that I shall be found unto you such as ye would not: lest
there be debates, envyings, wraths, strifes, backbitings,
whisperings, swellings, tumults: 21 And lest, when I come
again, my God will humble me among you, and that I

21 *또(두려워하고)*
/내가 —— 갈 때에(상황절, when)
/다시
하나님이 —— 낮추실까
/내 /나를
/너희 앞에서
또(두려워하노라)
/내가 —— 근심할까
/여러 사람의(=을)
/전에 죄를 지은
/회개치 아니함을 인하여(=회개치 아니하는)
/더러움과
음란함과
호색함을
/그[들의] — 행한 바

13

1 내가 **갈 터이니**
/너희에게
/이제 세 번째
말[이] **확정하리라(=확정되리라)**
/마다(=모든) /입으로
/증인의
/두 세

2 내가 **이미 말하였거니와**
미리 말하노니
/대면하였을 때와 같이
/두 번째
/떠나 있으나
/지금
/전에 죄 지은 자들과
그 남은 모든 사람에게
[만약, ἐὰν]
내가 다시 가면(조건절, if)
용서하지 아니하리라

3 //이는(이유: ἐπεὶ, since)
너희가 —— 구함이니
/증거를
/그리스도께서 —— 말씀하시는
/내 안에서
/저가[52] —— 약하지 않고
/너희를 향하여
도리어 강하시니라
/너희 안에서

4 //(이유: γάρ, for)

52) 관계대명사, 선행사는 '그리스도'이다. 계속적 용법

고후

21 또 내가 다시 갈 때에 내 하나님이 나를 너희 앞에서
낮추실까 두려워하고 또 내가 전에 죄를 지은 여러 사람의
그 행한 바 더러움과 음란함과 호색함을 회개치 아니함을
인하여 근심할까 두려워하노라

13:1 내가 이제 세 번째 너희에게 갈 터이니 두세 증
인의 입으로 말마다 확정하리라 2 내가 이미 말하
였거니와 지금 떠나 있으나 두 번째 대면하였을 때와 같이
전에 죄 지은 자들과 그 남은 모든 사람에게 미리 말하노
니 내가 다시 가면 용서하지 아니하리라 3 이는 그리스도

shall bewail many which have sinned already, and have not repented of the uncleanness and fornication and lasciviousness which they have committed.

13:1 This is the third time I am coming to you. In
the mouth of two or three witnesses shall every
word be established. 2 I told you before, and foretell you,
as if I were present, the second time; and being absent
now I write to them which heretofore have sinned, and

4 //(이유: γάρ, for)
그리스도께서(=그가) —— 십자가에 못 박히셨으나
/약하심으로
오직 살으셨으니
/능력으로
/하나님의

//(이유: γάρ, for)
우리도 —— 약하나
/저의 안에서
살리라
/저와 함께
/능력으로
/하나님의
/너희를 향하여

5 너희가 **시험하고**
/너희 자신을
/[너희가] —— 믿음에 있는가
확증하라
/너희 자신을

너희가 **알지 못하느냐?**
/스스로[를]
/예수 그리스도께서 —— 너희 안에 계신 줄을

[만약, εἰ]
그렇지 않으면(조건절, unless)
너희가 **버리운 자니라**

6 내가 **바라고**
/너희가 —— 알기를
/우리가 버리운 자 되지 아니한 것을

7 우리가 **구하노니**
/너희로(=가) —— 조금도 행하지 않게 하시기를(=조금도 행치 않는 것을)
/악을
/하나님께(서)

//이는(목적: ἵνα, that...may)
우리가 —— 나타내고자 함이 아니라
/옳은 자임을

//(목적: ἵνα, that...may)
우리는 —— 버리운 자 같을지라도(양보절, even though)
너희로 —— 오직 행하게 하고자 함이라
/선을

께서 내 안에서 말씀하시는 증거를 너희가 구함이니 저가
너희를 향하여 약하지 않고 도리어 너희 안에서 강하시니
라 4 그리스도께서 약하심으로 십자가에 못박히셨으나 오
직 하나님의 능력으로 살으셨으니 우리도 저의 안에서 약
하나 너희를 향하여 하나님의 능력으로 저와 함께 살리라
5 너희가 믿음에 있는가 너희 자신을 시험하고 너희 자신
을 확증하라 예수 그리스도께서 너희 안에 계신 줄을 너희
가 스스로 알지 못하느냐 그렇지 않으면 너희가 버리운 자
니라 6 우리가 버리운 자 되지 아니한 것을 너희가 알기를
내가 바라고 7 우리가 하나님께서 너희로 악을 조금도 행

to all other, that, if I come again, I will not spare: 3 Since
ye seek a proof of Christ speaking in me, which to you-
ward is not weak, but is mighty in you. 4 For though he
was crucified through weakness, yet he liveth by the power
of God. For we also are weak in him, but we shall live
with him by the power of God toward you. 5 Examine
yourselves, whether ye be in the faith; prove your own
selves. Know ye not your own selves, how that Jesus
Christ is in you, except ye be reprobates? 6 But I trust
that ye shall know that we are not reprobates. 7 Now I
pray to God that ye do no evil; not that we should appear
approved, but that ye should do that which is honest,

8 //(이유: γάρ, for)
우리는 ── 할 수 없고
/아무것도
/진리를 거스려
오직 진리를 위할 뿐이니

9 //(이유: γάρ, for)
우리가 ── 약할 때에(상황절, when)
기뻐하고
/너희의 강한 것을

//또(이유: 계속)
[우리가] ── 구하니
/이것을 위하여
/곧 너희의(=가) ─ 온전하게 되는 것이라

10 이를 인하여
내가 떠나 있을 때에(상황절, while)
쓰는 것은
/이렇게

//(목적: ἵνα, so that)
[내가] ── 대면할 때에(상황절, when)
엄하지 않게 하려 함이니라
/그 권세를 따라
/주께서 ── 주신
/내게
/(너희를)파하려 하지 않고
세우려 하여

11 마지막으로 (말하노니)
형제들아 !
[너희는] **기뻐하라**
온전케 되며
위로를 받으며
마음을 같이하며
평안할지어다

또
하나님이 **계시리라**
/사랑과 /너희와 함께
평강의

[너희는] **문안하라**
/서로
/입맞춤으로
/거룩하게

고후

하지 않게 하시기를 구하노니 이는 우리가 옳은 자임을 나
타내고자 함이 아니라 오직 우리는 버리운 자 같을지라도
너희로 선을 행하게 하고자 함이라 8 우리는 진리를 거스
려 아무 것도 할 수 없고 오직 진리를 위할 뿐이니 9 우리
가 약할 때에 너희의 강한 것을 기뻐하고 또 이것을 위하
여 구하니 곧 너희의 온전하게 되는 것이라 10 이를 인하
여 내가 떠나 있을 때에 이렇게 쓰는 것은 대면할 때에 주
께서 너희를 파하려 하지 않고 세우려 하여 내게 주신 그
권세를 따라 엄하지 않게 하려 함이니라 11 마지막으로
말하노니 형제들아 기뻐하라 온전케 되며 위로를 받으며
마음을 같이 하며 평안할지어다 또 사랑과 평강의 하나님
이 너희와 함께 계시리라 거룩하게 입맞춤으로 서로 문안

though we be as reprobates. 8 For we can do nothing
against the truth, but for the truth. 9 For we are glad,
when we are weak, and ye are strong: and this also we
wish, even your perfection. 10 Therefore I write these
things being absent, lest being present I should use
sharpness, according to the power which the Lord hath
given me to edification, and not to destruction. 11 Finally,
brethren, farewell. Be perfect, be of good comfort, be of
one mind, live in peace; and the God of love and peace
shall be with you. 12 Greet one another with an holy

12 성도가 문안하느니라
/모든 /너희에게

13 은혜와 (있을지어다)
/주 예수 그리스도의 /너희와 함께
사랑과 /무리(=모든)
/하나님의
교통하심이
/성령의

고후

하라 12 모든 성도가 너희에게 문안하느니라 13 주 예수
그리스도의 은혜와 하나님의 사랑과 성령의 교통하심이 너
희 무리와 함께 있을지어다

kiss. 13 All the saints salute you. 14 The grace of the Lord Jesus Christ, and the love of God, and the communion of the Holy Ghost, be with you all. Amen.

갈라디아서

1
1 바울은 〈편지하노니〉1)
/사도 된
/사람들에게서
난 것도 아니요
/사람으로 말미암은 것도 아니요
/오직 예수 그리스도와 및
하나님[으로] 말미암아
/아버지(로)
/살리신
/그리스도를(=그를)
/죽은 자[들] 가운데서
/(여러)교회들에게
/갈라디아[의]
형제로 (더불어)
/모든
/[나와]함께 있는

3 은혜와
평강이 (있기를 원하노라)2)
/[너희에게]
/하나님[으로부터]와
/아버지
/우리
/주 예수 그리스도로 좇아
4 /(그리스도께서)3)
드리셨으니(=드리신, 분사)
/자기 몸을(=자기 자신을)
/죄를 위하여
/우리

//(목적: ὅπως, that...might)
[그가]—건지시려고
/우리를
/세대에서
/이(=현재의)
/악한
/뜻을 따라
/하나님 ─ *동격
/곧 아버지의 ─
/우리

5 /(저에게)4)
영광이— (있을지어다).아멘
/세세토록

1) 원문이나 개역에는 없는 말이지만 문맥의 이해를 위해 첨가하였다.

2) 원문에 역시 이부분의 동사가 없다. 그러나 한글 개역이 의미상 첨가하였다.

3) 형용사 절을 이끄는 관사를 한글 개역이 번역하였다.

4) 관계대명사 여격이다. 선행사는 '하나님' 이다.

1:1 사람들에게서 난 것도 아니요 사람으로 말미암은 것도 아니요 오직 예수 그리스도와 및 죽은 자 가운데서 그리스도를 살리신 하나님 아버지로 말미암아 사도 된 바울은 2 함께 있는 모든 형제로 더불어 갈라디아 여러 교회들에게 3 우리 하나님 아버지와 주 예수 그리스도로 좇아 은혜와 평강이 있기를 원하노라 4 그리스도께서 하나님 곧 우리 아버지의 뜻을 따라 이 악한 세대에서 우리를 건지시려고 우리 죄를 위하여 자기 몸을 드리셨으니 5 영광이 저에게 세세토록 있을지어다 아멘

1:1 Paul, an apostle (not sent from men, nor through the agency of man, but through Jesus Christ, and God the Father, who raised Him from the dead), 2 and all the brethren who are with me, to the churches of Galatia: 3 Grace to you and peace from God our Father, and the Lord Jesus Christ, 4 who gave Himself for our sins, that He might deliver us out of this present evil age, according to the will of our God and Father, 5 to whom be the glory forevermore. Amen.

6 내가 **이상히 여기노라**
/[너희가] —— 떠나[는 것을]
/이같이
/속히
/부르신 이를(=로부터, ἀπὸ)
/너희를
/은혜로(=은혜 안에)
/그리스도의
/복음 좇는 것을(=복음을 향하여, εἰς)
/다른
7 /(복음은)[5]
다른[것이] —— 없나니(=없는)
/다만[6]
요란케 하여 —— [있는]
(=요란케 하는 사람들이)
/너희를
하려 함이라
(=의도하는 사람들이)
/변[질시키려]
/그리스도의 복음을

/어떤

8 그러나
[만일, ἐὰν]
우리나 —— 복음을 전하면(조건절, if)
혹 천사라도 /우리가 전한 복음 외에 다른
/하늘로부터 온 /너희에게
/[너희에게]

저주를(=가) **받을지어다(=있을지어다)**

9 내가 **말하노니**[8]
/지금
/다시
/우리가 —— 전에 말하였거니와(=전에 제시한 것같이)
만일(εἰ)
누구든지 복음을 전하면(조건절, if)
/너희의 받은 것 외에 다른[9]
저주를(=가) **받을지어다(=있을지어다)**

10 내가 **좋게 하랴?**[10]
/이제
/사람들에게(=을)
(좋게 하랴?)
/하나님께(=을)
구하랴?
/기쁨을
/사람들에게

갈

5) 목적격 관계대명사이다. 선행사는 '복음'이다.

6) μή는 원래 부정(not)의 의미를 가진다. 그러나 간혹 but의 의미로 쓰이는 경우가 있다(KJV에서 3회).

7) 직역하면 '우리가 복음 전한 것과 다른'이다. 관계대명사 'ὅ(호)'가 선행사가 없이 명사절을 이끄는 관사의 역할을 한다.

8) 주문장이지만, 다음에 등장하는 변질된 복음 전파자에 대한 강조적, 선언적 의미로 사용되었다.

9) 직역하면 '너희가 받은 것과 다른'이다. 관계대명사 'ὅ(호)'가 선행사 없이 명사절을 이끄는 관사로 사용되었다.

10) 원문의 γάρ는 강조적 용법이다.

6 그리스도의 은혜로 너희를 부르신 이를 이같이 속히 떠
나 다른 복음 좇는 것을 내가 이상히 여기노라 7 다른 복
음은 없나니 다만 어떤 사람들이 너희를 요란케 하여 그리
스도의 복음을 변하려 함이라 8 그러나 우리나 혹 하늘로
부터 온 천사라도 우리가 너희에게 전한 복음 외에 다른
복음을 전하면 저주를 받을지어다 9 우리가 전에 말하였
거니와 내가 지금 다시 말하노니 만일 누구든지 너희의 받
은 것 외에 다른 복음을 전하면 저주를 받을지어다 10 이
제 내가 사람들에게 기쁨을 구하랴 내가 지금까지 사람의
기쁨을 구하는 것이었더면 그리스도의 종이 아니니라

6 I am amazed that you are so quickly deserting Him
who called you by the grace of Christ, for a different
gospel; 7 which is really not another; only there are some
who are disturbing you, and want to distort the gospel of
Christ. 8 But even though we, or an angel from heaven, should
preach to you a gospel contrary to that which we have preached
to you, let him be accursed. 9 As we have said before,
so I say again now, if any man is preaching to you a
gospel contrary to that which you received, let him be accursed.
10 For am I now seeking the favor of men, or of God?
Or am I striving to please men? If I were still trying to
please men, I would not be a bond-servant of Christ. 11

[만약, εἰ]
내가 기쁨을 구하는 것이었다면(=기뻐 한다면)(조건절, if)
/사람의(=들로부터)
/지금까지
[나는] **종이 아니니라**
/그리스도의

11 형제들아!
내가 **알게 하노니**[11)]
/너희에게
/복음이(=을)
/내가 전한
/사람(의 뜻)을 따라 된 것이 아니라(=아닌)

12 //이는(이유: γάρ, for)
내가 ─ 받은 것도 아니요
/[그것을]
/사람에게서
─ 배운 것도 아니요
─ 오직 계시로 말미암은 것이라
/예수 그리스도의

13 //(이유: γάρ, for)
너희가 ─ 들었거니와
/행한 일을
/내가(=나의)
/이전에
/유대교에 있을 때에
/[내가] ─ 핍박하여
/교회를
/하나님의
/심히
─ 잔해하고
/[그것을]

14 /내가 ─ 지나치게 믿어
/유대교를(=안에)
/여러 연갑자보다
/내 동족 중
/[내가] 열심이 있었으나
(=열심을 가짐으로, 분사, 방법)
/유전에 대하여
/내 조상의
/더욱

11) 원문의 γάρ는 강조적 용법이다.

11 형제들아 사람들에게 좋게 하랴 하나님께 좋게 하랴 내가 너희에게 알게 하노니 내가 전한 복음이 사람의 뜻을 따라 된 것이 아니라 12 이는 내가 사람에게서 받은 것도 아니요 배운 것도 아니요 오직 예수 그리스도의 계시로 말미암은 것이라 13 내가 이전에 유대교에 있을 때에 행한 일을 너희가 들었거니와 하나님의 교회를 심히 핍박하여 잔해하고 14 내가 내 동족 중 여러 연갑자보다 유대교를 지나치게 믿어 내 조상의 유전에 대하여 더욱 열심이 있었으나 15 그러나 내 어머니의 태로부터 나를 택정하시고 은혜로 나를 부르신 이가

¶ For I would have you know, brethren, that the gospel which was preached by me is not according to man. 12 For I neither received it from man, nor was I taught it, but I received it through a revelation of Jesus Christ. 13 For you have heard of my former manner of life in Judaism, how I used to persecute the church of God beyond measure, and tried to destroy it; 14 and I was advancing in Judaism beyond many of my contemporaries among my countrymen, being more extremely zealous for my ancestral traditions. 15 But when He who had set me apart, even from my mother's womb, and called me through His grace, was pleased

15-16
그러나
이가(=하나님이) 기뻐하실 때에(상황절, when)
/택정하시고(=하신) /나타내시기를(부정사)
/나를 /그 아들을
/태로부터 /내 속에
/내 어머니의
/(나를)부르신 //(목적, ἵνα, that...might)
/은혜로 [내가] —— 전하기 위하여
/[그의] /그를
/이방에

내가 **의논하지 아니하고**
/곧(=즉시)
/혈육과
17 **가지 아니하고**
/(또)예루살렘으로
/사도 된 자들을 만나려고(=사도 된 자들에게)
/나보다 먼저
오직 **갔다가**
/아라비아로
돌아갔노라
/다시
/다메섹으로

18 내가 **올라가서**
/그 후
/삼 년 만에
/예루살렘에

//(목적: 부정사, to)
게바를 심방하려고

[내가] **유할새**
/저와 함께
/십오 일을
19 [그러나]
[내가] **보지 못하였노라**
/다른 사도들을
/주의 형제 야고보 외에
20 보라!
내가 쓰는 것은 **거짓말이 아니로라**
/너희에게 /하나님 앞에서

21 내가 **이르렀으나**
/그 후에
/수리아와 길리기아 지방에

16 그 아들을 이방에 전하기 위하여 그를 내 속에 나타내
시기를 기뻐하실 때에 내가 곧 혈육과 의논하지 아니하고
17 또 나보다 먼저 사도된 자들을 만나려고 예루살렘으로
가지 아니하고 오직 아라비아로 갔다가 다시 다메섹으로
돌아갔노라 18 그 후 삼 년만에 내가 게바를 심방하려고
예루살렘에 올라가서 저와 함께 십오 일을 유할새 19 주
의 형제 야고보 외에 다른 사도들을 보지 못하였노라 20
보라 내가 너희에게 쓰는 것은 하나님 앞에서 거짓말이 아
니로라 21 그 후에 내가 수리아와 길리기아 지방에 이르
렀으나

16 to reveal His Son in me, that I might preach Him
among the Gentiles, I did not immediately consult with
flesh and blood, 17 nor did I go up to Jerusalem to those
who were apostles before me; but I went away to Arabia,
and returned once more to Damascus. 18 Then three years
later I went up to Jerusalem to become acquainted with Cephas,
and stayed with him fifteen days. 19 But I did not see
any other of the apostles except James, the Lord's brother.
20 (Now in what I am writing to you, I assure you before
God that I am not lying.) 21 Then I went into the regions
of Syria and Cilicia.

22 나를(=가) **알지 못하고(=알려지지 않다)**
/얼굴로
/교회들이(=에게)
/유대에
/그리스도 안에 있는

23 [그들이] **듣고**
/다만
/핍박하던 자가 ── 전한다 함을
/우리를 /그 믿음을
/전에 /잔해하던
/[전에]
/지금

24 **영광을 돌리니라**
/하나님께
/나로 말미암아(=내 안에서)

2

1 내가 **올라갔노니**
/[그후]
/십사 년 후에
/예루살렘에
/다시
/바나바와 함께
/디도를 데리고

2 **올라가**
/계시를 인하여(=따라)

내가 **제출하되**
/복음을
/[내가] ── 전파하는
/이방 가운데서
/저희에게
/[그러나]유명한 자들에게
/사사로이(한 것은)

//(목적: μή πως, lest...that...might-NKJV)
내가 ── 달음질하는 것이나(=달음질 하지 않으려)
── 달음질한 것이... 않게하려 함이라(=달음질 한 것이 아니려)
/헛되지(=헛된 것을)

3 그러나
디도라도 **억지로 아니하였으니**
/나와 함께 있는 /할례를 받게
/헬라인

4 //이는(이유: διὰ + 목적격, because of)

22 유대에 그리스도 안에 있는 교회들이 나를 얼굴로 알
지 못하고 23 다만 우리를 핍박하던 자가 전에 잔해하던
그 믿음을 지금 전한다 함을 듣고 24 나로 말미암아 영광
을 하나님께 돌리니라
2:1 십사 년 후에 내가 바나바와 함께 디도를 데리고 다
시 예루살렘에 올라갔노니 2 계시를 인하여 올라가 내
가 이방 가운데서 전파하는 복음을 저희에게 제출하되 유
명한 자들에게 사사로이 한 것은 내가 달음질하는 것이나
달음질한 것이 헛되지 않게 하려 함이라 3 그러나 나와 함
께 있는 헬라인 디도라도 억지로 할례를 받게 아니하였으
니

22 And I was still unknown by sight to the churches of
Judea which were in Christ; 23 but only, they kept hearing,
"He who once persecuted us is now preaching the faith
which he once tried to destroy." 24 And they were
glorifying God because of me.

2:1 Then after an interval of fourteen years I went up
again to Jerusalem with Barnabas, taking Titus along
also. 2 And it was because of a revelation that I went
up; and I submitted to them the gospel which I preach
among the Gentiles, but I did so in private to those who
were of reputation, for fear that I might be running, or

4 //이는(이유: διὰ + 목적격, because of)
거짓 형제 까닭이라
/가만히 들어온
/(저희가)[12]
가만히 들어온(것은)

//(목적: 부정사, to)
엿보고
/자유를
/우리의
/[우리가] — 가진(분사)
/그리스도 예수 안에서

//(목적: ἵνα, that....might)
[그들이] —— 종으로 삼고자 함이로되
/우리를

5 /우리가 — [굴복치]아니하였으니
/복종치(=종속에서)
/일시라도

//이는(목적: ἵνα, that...might)
진리로(=가) —— 항상 있게 하려 함이라
/복음의 /너희 가운데

6 저 유명한 이들은 **더하여 준 것이 없고**[13]
/내게
/유명하다는 이들 중에(=로부터)
/어떤 이들이든지——— 상관이 없으며[14]
/네게
/본래
/하나님은———— 취하지 아니하시나니
/외모를
/사람의

7 도리어
[반대로],
[그들이] 보고(=보았을 때, 상황절, when)
/내가 ——— 맡기를(=맡은 것을)
/복음(전함)을
/무할례자에게(=의, 소유격)
/베드로가 같이(=베드로와 같이)
/할례자에게(맡음과.. 한 것을)

8 //(이유: γάρ, for)

갈

12) 주격 관계대명사이다. 선행사는 '거짓형제'이다.

13) 원문의 γάρ는 강조적 용법이다. NASB가 같은 입장을 보인다.

14) 이하 2개의 종속절은 '유명한 이'에 대한 바울의 생각을 부연하는 설명이다. 원문에서 ' – '로 구분되어 있다.

4 이는 가만히 들어온 거짓 형제 까닭이라 저희가 가만히 들어온 것은 그리스도 예수 안에서 우리의 가진 자유를 엿보고 우리를 종으로 삼고자 함이로되 5 우리가 일시라도 복종치 아니하였으니 이는 복음의 진리로 너희 가운데 항상 있게 하려 함이라 6 유명하다는 이들 중에 (본래 어떤 이들이든지 내게 상관이 없으며 하나님은 사람의 외모를 취하지 아니하시나니) 저 유명한 이들은 내게 더하여 준 것이 없고 7 도리어 내가 무할례자에게 복음 전함을 맡기를 베드로가 할례자에게 맡음과 같이 한 것을 보고

had run, in vain. 3 But not even Titus who was with me, though he was a Greek, was compelled to be circumcised. 4 But it was because of the false brethren who had sneaked in to spy out our liberty which we have in Christ Jesus, in order to bring us into bondage. 5 But we did not yield in subjection to them for even an hour, so that the truth of the gospel might remain with you. 6 But from those who were of high reputation (what they were makes no difference to me; God shows no partiality) — well, those who were of reputation contributed nothing to me. 7 But on the contrary, seeing that I had been entrusted with the gospel to the uncircumcised, just as Peter had been to the circumcised

8 //(이유: γάρ, for)
역사하사(=하신)이가 —— 역사하사(...삼으셨느니라)
/베드로에게
/(그를)사도로 삼으신
(=사도가 되도록)
/할례자의
/또한 내게(나를)
/이방인[들]에게 (사도로)

9 또
[그들이]
알므로(=알았을 때, 상황절, when)
/은혜를
/주신
/내게
야고보와 ——
게바와 ——
요한도 ——
악수를 하였으니[15)]
/교제의
/나와 바나바에게

/기둥같이 여기는

//이는(목적, 결과: ἵνα, that...should)
우리는 이방인에게로,
저희는 할례자에게로 (가게 하려 함이라)

10 //(목적: ἵνα, that....should)
우리에게(=가) — 생각하는 것을 부탁하였으니(=기억하도록)[16)]
/가난한 자들
/다만(=오직 하나를)
/나도 —— 힘써(=힘쓰는)[17)]
/행하노라(=행하도록,부정사)
/이것을
/본래

11 게바가
이르렀을 때에(상황절, when)
/안디옥에
내가
책하였노라(=반대하였다)
/면(=얼굴에 대해)
/저를(=저에게)

//(이유: ὅτι, because)
책망할 일이 있기로

12 게바가(=그가)
먹다가[18)]
/이방인과 함께
/어떤 이들이 이르기 전에
/야고보에게서 온

갈

15) 직역하면 '손들을 주었다' 이다.

16) 원문에는 '다만(μόνον, 모논)' 이라는 말과 '가난한 자'가 먼저 등장하여, 이하의 구절이 야고보, 게바, 요한 등 사도들의 교제의 악수시에 특별히 부탁한 내용임을 암시한다. 역본들이 대부분 의미번역을 하였다.

17) 목적격 관계대명사로 연결되어있다. 선행사는 '오직 하나(다만)' 이다.

18) 원문에 등장하는 γάρ는 책망할 일이 구체적으로 무엇인지를 강조하는 용법으로 사용되었다(NIV 참조).

8 베드로에게 역사하사 그를 할례자의 사도로 삼으신 이가 또한 내게 역사하사 나를 이방인에게 사도로 삼으셨느니라 9 또 내게 주신 은혜를 알므로 기둥같이 여기는 야고보와 게바와 요한도 나와 바나바에게 교제의 악수를 하였으니 이는 우리는 이방인에게로, 저희는 할례자에게로 가게 하려 함이라 10 다만 우리에게 가난한 자들 생각하는 것을 부탁하였으니 이것을 나도 본래 힘써 행하노라 11 게바가 안디옥에 이르렀을 때에 책망할 일이 있기로 내가 저를 면책하였노라 12 야고보에게서 온 어떤 이들이 이르기 전에 게바가 이방인과 함께 먹다가 저희가 오매 그가 할례자들을 두려워하여 떠나 물러가매

8 (for He who effectually worked for Peter in his apostleship to the circumcised effectually worked for me also to the Gentiles), 9 and recognizing the grace that had been given to me, James and Cephas and John, who were reputed to be pillars, gave to me and Barnabas the right hand of fellowship, that we might go to the Gentiles, and they to the circumcised. 10 They only asked us to remember the poor — the very thing I also was eager to do. 11 ¶ But when Cephas came to Antioch, I opposed him to his face, because he stood condemned. 12 For prior to the coming of certain men from James, he used to eat with the Gentiles; but when they came, he began to withdraw and hold himself aloof, fearing the party of the circumcision.

저희가 오매(상황절, when)
그가 **물러가매**
떠나(=구별하다)
/[그 자신을]

//(이유: 분사, because-NIV)
두려워하여
/할례자[로부터 온 자]들을

13 남은[자]들도 **같이 외식하므로**
/유대인[의] /저와

//(결과: ὥστε, so that)
바나바도 — 유혹되었느니라
/외식에
/저희의

14 그러므로(=오히려, ἀλλα)
나는 보고(=보았을 때, 상황절, when)
/저희가 — 바로 행하지 아니함을
/진리를 따라
/복음의
이르되...하였노라
/게바에게
/모든 자 앞에서
/[만약, εἰ]
네가 — [있으면서](인칭분사)
/유대인으로서
/이방을 좇고(=이방인처럼)
살지 아니하면서(=살지 않는다면, 조건절, if)
/유대인답게
어찌하여 억지로 살게 하려느냐?
/이방인을
/유대인답게

15 우리는 **유대인이요**
/본래
죄인이 아니로되
/이방[에 속한]

16 우리도 **믿나니**
/그리스도 예수를
//(이유: 분사)
[우리가] —아는 고로
/사람이 — 의롭게 되는 것은 아니요
/행위에서 난 것이(=로부터)
/율법의
오직 <의롭게 되는> 줄
/믿음으로 말미암는(=말미암아)
/예수 그리스도를(=의)
//이는(목적: ἵνα, that...might)

13 남은 유대인들도 저와 같이 외식하므로 바나바도 저희
의 외식에 유혹되었느니라 14 그러므로 나는 저희가 복음
의 진리를 따라 바로 행하지 아니함을 보고 모든 자 앞에
서 게바에게 이르되 네가 유대인으로서 이방을 좇고 유대
인답게 살지 아니하면서 어찌하여 억지로 이방인을 유대인
답게 살게 하려느냐 하였노라 15 우리는 본래 유대인이요
이방 죄인이 아니로되 16 사람이 의롭게 되는 것은 율법
의 행위에서 난 것이 아니요 오직 예수 그리스도를 믿음으
로 말미암는 줄 아는고로 우리도 그리스도 예수를 믿나니
이는 우리가 율법의 행위에서 아니고 그리스도를 믿음으로

13 And the rest of the Jews joined him in hypocrisy, with
the result that even Barnabas was carried away by their
hypocrisy. 14 But when I saw that they were not
straightforward about the truth of the gospel, I said to
Cephas in the presence of all, "If you, being a Jew, live
like the Gentiles and not like the Jews, how is it that you
compel the Gentiles to live like Jews? 15 "We are Jews
by nature, and not sinners from among the Gentiles; 16
nevertheless knowing that a man is not justified by the
works of the Law but through faith in Christ Jesus, even
we have believed in Christ Jesus, that we may be justified
by faith in Christ, and not by the works of the Law; since

//이는(목적: ἵνα, that...might)
우리가 —— 의롭다 함을 얻으려 함이라
/그리스도를 믿음으로서
/율법의 행위에서 아니고

//(이유: ὅτι, because-RSV)
육체가 —— 의롭다 함을 얻을[수] 없느니라
/[모든] /행위로서는
/율법의

17 만일(εἰ)
우리가 나타나면(조건절, if)
/죄인으로
/[구]하다가(양보, 분사)
/의롭게 되려(=되는 것을)
/그리스도 안에서

[그러면, ἆρα]
그리스도께서 **짓게 하는 자냐?**[19)]
/죄를
[그것은] **결코 그럴 수 없느니라**

18 //(이유: γάρ, for)
만일(εἰ)
내가 — 세우면(조건절, if)
/[내가] 헐었던 것을
/다시
내가 — 만드는 것이라
/범법한 자로
/나를

19 //(이유: γάρ, for)
내가 — 죽었나니
/율법으로 말미암아
/율법을 향하여(=에 대하여)

//이는(목적: ἵνα, that...might)
[내가] —— 살려 함이니라
/하나님을 향하여

20 내가 **함께 십자가에 못 박혔나니**
/그리스도와

그런즉(δὲ)
내가 **이제는 산 것이 아니요**
오직(δὲ)
그리스도께서 **사신 것이라**
/내 안에

서 의롭다 함을 얻으려 함이라 율법의 행위로서는 의롭다
함 얻을 육체가 없느니라
17 만일 우리가 그리스도 안에
서 의롭게 되려 하다가 죄인으로 나타나면 그리스도께서
죄를 짓게 하는 자냐 결코 그럴 수 없느니라
18 만일 내가
헐었던 것을 다시 세우면 내가 나를 범법한 자로 만드는
것이라
19 내가 율법으로 말미암아 율법을 향하여 죽었나
니 이는 하나님을 향하여 살려 함이니라
20 내가 그리스
도와 함께 십자가에 못 박혔나니 그런즉 이제는 내가 산
것이 아니요 오직 내 안에 그리스도께서 사신 것이라 이제
내가 육체 가운데 사는 것은 나를 사랑하사 나를 위하여
자기 몸을 버리신 하나님의 아들을 믿는 믿음 안에서 사는
것이라

by the works of the Law shall no flesh be justified.
17 "But if, while seeking to be justified in Christ, we ourselves
have also been found sinners, is Christ then a minister of
sin? May it never be!
18 "For if I rebuild what I have
once destroyed, I prove myself to be a transgressor.
19 "For through the Law I died to the Law, that I might live
to God.
20 "I have been crucified with Christ; and it is
no longer I who live, but Christ lives in me; and the life
which I now live in the flesh I live by faith in the Son
of God, who loved me, and delivered Himself up for me.

[나는] 사는 것이라
/내가 —— 사는 것은(=사는 것을)
/이제
/육체 가운데
/믿음 안에서
/아들을 믿는(=아들에 대한)
/하나님의
/사랑하사(=사랑하신)
/나를
/버리신
/자기 몸을(=자기 자신을)
/나를 위하여

21 내가 **폐하지 아니하노니**
/은혜를
/하나님의

//(이유: γάρ, for)
만일(εἰ)
의롭게 되는 것이 —— 율법으로 말미암으면(조건절, if)
그리스도께서 —— 죽으셨느니라[20)]
/헛되이

3

1 [오!]
갈라디아 사람들아!
/어리석도다(=어리석은)
누가 **꾀더냐?**
/너희를
/예수 그리스도께서 —— 밝히 보이거늘(=분명히 묘사된)
/십자가에 못 박히신 것이
/(너희)눈 앞에

2 내가 **[원]하노니**
/너희에게[서]
/알려(=알기를)
/이것을
/다만
/너희가 —— 받은 것은(=받았느냐)? *동급/동격
/성령을
/율법의 행위로(냐)
/[혹은]듣고 믿음으로(냐)

3 너희가 **어리석으냐?**
/이같이

20) 결정적인 추론을 지시하는 접속사 ἄρα(아라) – 17절의 ἆρα와는 다른 단어이다 – 가 이끌고 있다.

갈

21 내가 하나님의 은혜를 폐하지 아니하노니 만일 의롭게 되는 것이 율법으로 말미암으면 그리스도께서 헛되이 죽으셨느니라

3:1 어리석도다 갈라디아 사람들아 예수 그리스도께서 십자가에 못박히신 것이 너희 눈 앞에 밝히 보이거늘 누가 너희를 꾀더냐 2 내가 너희에게 다만 이것을 알려 하노니 너희가 성령을 받은 것은 율법의 행위로냐 듣고 믿음으로냐 3 너희가 이같이 어리석으냐 성령으로 시작하였다가 이제는 육체로 마치겠느냐

21 "I do not nullify the grace of God; for if righteousness comes through the Law, then Christ died needlessly."

3:1 You foolish Galatians, who has bewitched you, before whose eyes Jesus Christ was publicly portrayed as crucified? 2 This is the only thing I want to find out from you: did you receive the Spirit by the works of the Law, or by hearing with faith? 3 Are you so foolish? Having begun by the Spirit, are you now being perfected by the flesh?

[너희가] **마치겠느냐?**
/육체로
/이제는
/시작하였다가(양보, 과거분사)
/성령으로

4 너희가 **괴로움을 받았느냐?**
/이같이 많은
/헛되이

과연 헛되냐(=과연 헛되도다)

5 주시고 ——— **〈행하시느냐?〉**[21]
(=주시는 이가) /율법의 행위에서(냐)
/성령을 /듣고 믿음에서(냐)
/너희에게
행하시는 이의 일이 ———
(=행하시는 이가)
/능력을
/너희 가운데서

7 그런즉(ἄρα)
[너희는] **알지어다**[22)]
/[바로 그들이] ——— 아들인 줄
/믿음으로 말미암은 자들은 /아브라함의
6 /아브라함이 ——— 믿으매
/하나님을
/이것을(=이) ——— 정하셨다 함과 같으니라(=함과 같이)
/의로
/그에게

8 또
성경이 **먼저 복음을 전하되**
/아브라함에게
/이방이 ——— 복을 받으리라(하였으니)
/모든 /너를 인하여(=네 안에서)
/미리 알고(=미리 알고서, 과정, 과거분사)
/하나님이 ——— 의로 정하실 것을
/이방을
/믿음으로 말미암아

9 그러므로(ὥστε)
믿음으로 말미암은 자는 **복을 받느니라**
/아브라함과 함께
/믿음이 있는

10 //(이유: γάρ, for)

갈

21) 원문에는 동사가 없다. 그러나 문맥상 주어에서 분사로 표현된 행동들, 곧 '성령을 주시는 행위'와 '능력을 행하시는 행위'를 하시는 것이 동사의 내용이다. 그러므로 모든 역본들이 이 부분을 do it으로 첨가하여 번역하였다.

22) UBS3은 6절과 7절 사이에 마침점이지만 NA27은 윗점이다. 따라서 논리순서에 따라 7절이 주문장이다.

4 너희가 이같이 많은 괴로움을 헛되이 받았느냐 과연 헛
되냐 5 너희에게 성령을 주시고 너희 가운데서 능력을 행
하시는 이의 일이 율법의 행위에서냐 듣고 믿음에서냐 6
아브라함이 하나님을 믿으매 이것을 그에게 의로 정하셨다
함과 같으니라 7 그런즉 믿음으로 말미암은 자들은 아브
라함의 아들인 줄 알지어다 8 또 하나님이 이방을 믿음으
로 말미암아 의로 정하실 것을 성경이 미리 알고 먼저 아
브라함에게 복음을 전하되 모든 이방이 너를 인하여 복을
받으리라 하였으니 9 그러므로 믿음으로 말미암은 자는
믿음이 있는 아브라함과 함께 복을 받느니라

4 Did you suffer so many things in vain — if indeed it
was in vain? 5 Does He then, who provides you with the
Spirit and works miracles among you, do it by the works
of the Law, or by hearing with faith? 6 Even so Abraham
believed God, and it was reckoned to him as righteousness.
7 Therefore, be sure that it is those who are of faith who
are sons of Abraham. 8 And the Scripture, foreseeing that
God would justify the Gentiles by faith, preached the
gospel beforehand to Abraham, saying, "All the nations
shall be blessed in you." 9 So then those who are of faith
are blessed with Abraham, the believer. 10 For as many
as are of the works of the Law are under a curse; for it
is written, "Cursed is everyone who does not abide by all
things written in the book of the law, to perform them."

10 //(이유: γάρ, for)
무릇 행위에 속한 자들은 —— 저주 아래 있나니
/율법

//(이유: γάρ, for)
[그것이] —— 기록된 바...하였음이라
/누구든지 —— 저주 아래 있는 자라
/항상 행하지 아니하는 자는
/온갖 일을
/기록된(대로)
/율법책에
/[행하도록]
/[그것들을]

11 또(δὲ)
아무나 의롭게 되지 못할 것이 **분명하니**
/율법으로 말미암아(=안에)
/하나님 앞에서

//이는(이유: ὅτι, for)
의인이 —— 살리라(하였음이니라)
/믿음으로

12 율법은 **아니라(=있지 않다)**
/믿음에서 난 것이(=믿음으로부터, ἐκ)

행하는 자는 **살리라(하였느니라)**
/이를 /그 가운데서

13 그리스도께서 **속량하셨으니**
/우리를
/저주에서
/율법의
/저주를 받은 바 되사(=저주 받으심으로, 방법, 과거분사)
/우리를 위하여(=대신하여)

//(이유: ὅτι, for)
[그것은] —— 기록된 바...하였음이라(=기록되었기 때문이다)
/달린 자[는] —— 저주 아래 있는 자라
/나무에
/마다(=모든)

14 //이는(목적: ἵνα, in order that...might)
복이 —— 미치게 하고
/아브라함의 /이방인에게
/그리스도 예수 안에서

//(목적: ἵνα, so that...might)

10 무릇 율법 행위에 속한 자들은 저주 아래 있나니 기록
된 바 누구든지 율법 책에 기록된 대로 온갖 일을 항상 행
하지 아니하는 자는 저주 아래 있는 자라 하였음이라 11
또 하나님 앞에서 아무나 율법으로 말미암아 의롭게 되지
못할 것이 분명하니 이는 의인이 믿음으로 살리라 하였음
이니라 12 율법은 믿음에서 난 것이 아니라 이를 행하는
자는 그 가운데서 살리라 하였느니라 13 그리스도께서 우
리를 위하여 저주를 받은 바 되사 율법의 저주에서 우리를
속량하셨으니 기록된 바 나무에 달린 자마다 저주 아래 있
는 자라 하였음이라 14 이는 그리스도 예수 안에서 아브
라함의 복이 이방인에게 미치게 하고 또 우리로 하여금 믿
음으로 말미암아 성령의 약속을 받게하려 함이니라

11 Now that no one is justified by the Law before God
is evident; for, "The righteous man shall live by faith."
12 However, the Law is not of faith; on the contrary,
"He who practices them shall live by them." 13 Christ
redeemed us from the curse of the Law, having become
a curse for us — for it is written, "Cursed is everyone
who hangs on a tree" — 14 in order that in Christ Jesus
the blessing of Abraham might come to the Gentiles, so
that we might receive the promise of the Spirit through
faith. 15 ¶ Brethren, I speak in terms of human relations:

//(목적: ἵνα, so that...might)
우리로(하여금) —— (또)받게 하려 함이니라
/약속을
/성령의
/믿음으로 말미암아

15 형제들아!
[내가] **말하노니**
/사람의 예대로

[그것을] 정한 후에는(상황절, when)
아무나(=아무도) **폐하거나(=폐하지 못한다)**
더하거나 하지 못하느니라
/언약이라도(=언약을)
/사람의

16 이 약속들은 **말씀하신 것인데(=말씀되어진 것이다)**
/아브라함과
그 자손에게
[그가] **[말씀]하지 아니하시**고
/그 자손들이라
/여럿을 가리켜
오직 **(하셨으니)**
/네 자손이라
/하나를 가리켜
/(곧)[23]
그리스도라

17 내가 **말하노니**
/이것을
율법이 **없이 하지(못하여)...못하리라(=취소하지 못한다)**
/생긴(=되어진) /언약을
/사백삼십 년 후에 /미리 정하신
/하나님의(=에 의해)
/그 약속을 헛되게 하지(=약속이 헛되도록)

18 //(이유: γάρ, for)
만일(εἰ)
그 유업이 —— 율법에서 난 것이면(조건절, if)
[그것은] —— 약속에서 난 것이 아니리라

//그러나
하나님이 —— 은혜로 주신 것이라
/아브라함에게
/약속으로 말미암아

19 그런즉(οὖν)
율법은 **무엇이냐?**

23) 주격관계대명사이다. 선행사는 '하나'이다.

15 형제들아 사람의 예대로 말하노니 사람의 언약이라도
정한 후에는 아무나 폐하거나 더하거나 하지 못하느니라
16 이 약속들은 아브라함과 그 자손에게 말씀하신 것인데
여럿을 가리켜 그 자손들이라 하지 아니하시고 오직 하나
를 가리켜 네 자손이라 하셨으니 곧 그리스도라 17 내가
이것을 말하노니 하나님의 미리 정하신 언약을 사백삼십
년후에 생긴 율법이 없이 하지 못하여 그 약속을 헛되게
하지 못하리라 18 만일 그 유업이 율법에서 난 것이면 약
속에서 난 것이 아니리라 그러나 하나님이 약속으로 말미
암아 아브라함에게 은혜로 주신 것이라 19 그런즉 율법은

even though it is only a man's covenant, yet when it has been ratified, no one sets it aside or adds conditions to it.
16 Now the promises were spoken to Abraham and to his seed. He does not say, "And to seeds," as referring to many, but rather to one, "And to your seed," that is, Christ. 17 What I am saying is this: the Law, which came
four hundred and thirty years later, does not invalidate a covenant previously ratified by God, so as to nullify the promise. 18 For if the inheritance is based on law, it is no longer based on a promise; but God has granted it to Abraham by means of a promise. 19 Why the Law then? It was added because of transgressions, having been

[그것은] **더한 것이라**
/자손이 ——— 오시기까지(있을 것이라)
/약속하신
/베푸신 것인데(=베푸심으로, 방법, 과거분사)
/천사들로 말미암아
/손을 빌어
/중보의

//(이유: χάριν, because of)
범법함을 인하여

20 중보는 **한편만 위한 자가 아니니**
오직(δὲ)
하나님은 **하나이시니라**

21 그러면(οὖν)
율법이 **약속들을 거스리느냐?**
/하나님의

[그것은] **결코 그럴 수 없느니라**

//(이유: γάρ, for)
만일(εἰ)
율법을(=이) ——— 주셨더면(=주어졌다면)(조건절, if)
/능히 살게 하는
의가 ——— [있었을 것이다]
/율법으로 말미암았으리라(=말미암아)
/반드시

22 그러나(ἀλλα)
성경이 **가두었으니**
/모든 것을
/죄 아래

//이는(목적: ἵνα, that....might)
약속을 ——— 주려 함이니라
/믿는 자들에게
/믿음으로 말미암은(=말미암아)
/예수 그리스도를(=의)

23 믿음이 오기 전에(상황절, before)[24]
우리가 **매인 바 되고**
/율법 아래
/갇혔느니라(=갇힘으로, 방법, 현재분사)
/믿음의 때까지
/계시될

24) 원문은 상황절이 아니라 전치사구이다. 그러나 의미상 상황절로 이해하는 것이 문맥에 어울린다.

갈

무엇이냐 범법함을 인하여 더한 것이라 천사들로 말미암아
중보의 손을 빌어 베푸신 것인데 약속하신 자손이 오시기
까지 있을 것이라 20 중보(中保)는 한 편만 위한 자가 아
니나 오직 하나님은 하나이시니라 21 그러면 율법이 하나
님의 약속들을 거스리느냐 결코 그럴 수 없느니라 만일 능
히 살게 하는 율법을 주셨더면 의가 반드시 율법으로 말미
암았으리라 22 그러나 성경이 모든 것을 죄 아래 가두었
으니 이는 예수 그리스도를 믿음으로 말미암은 약속을 믿
는 자들에게 주려 함이니라 23 믿음이 오기 전에 우리가
율법 아래 매인 바 되고 계시될 믿음의 때까지 갇혔느니라

ordained through angels by the agency of a mediator, until
the seed should come to whom the promise had been
made. 20 Now a mediator is not for one party only;
whereas God is only one. 21 Is the Law then contrary to
the promises of God? May it never be! For if a law had
been given which was able to impart life, then righteousness
would indeed have been based on law. 22 But the Scripture
has shut up all men under sin, that the promise by faith
in Jesus Christ might be given to those who believe. 23
But before faith came, we were kept in custody under the
law, being shut up to the faith which was later to be
revealed. 24 Therefore the Law has become our tutor to

24 이같이(=그러므로, ὥστε)
율법이 **몽학선생이 되어**
/우리를(=의)
/그리스도에게로 인도하는

//(목적: ἵνα, that...may)
우리로 하여금 ─ 의롭다 함을 얻게 하려 함이니라
/믿음으로 말미암아

25 믿음이 온 후로는(상황절, after)
우리가 **있지 아니하도다**
/몽학선생 아래

26 //(이유: γάρ, for)
너희가 ──── 아들이 되었으니
/다(=모든) /하나님의
/믿음으로 말미암아
/그리스도 예수 안에서

27 //(이유: γάρ, for)[25]
누구든지 ──── 옷 입었느니라
/그리스도와(합하여) /그리스도로
세례를 받은 자는

28 //(이유: γάρ, for)[26]
너희는 ─── 하나이니라
/다
/그리스도 예수 안에서
/유대인이나 헬라인이나
종이나 자주자나
남자나 여자 없이

29 [만약, εἰ]
너희(가) 자면(=이라면)(조건절, if)
/그리스도께 속한
곧(ἄρα)
[너희는] **아브라함의 자손이요**
유업을 이을 자니라
/약속대로

25) UBS3에서는 26절이 마침점으로 끝나지만 NA27에서는 윗점이다. 따라서 종속관계이다.

26) UBS3은 27절이 윗점으로 끝나나 NA27은 마침점으로 끝난다. 따라서 병렬관계이다.

24 이같이 율법이 우리를 그리스도에게로 인도하는 몽학선생이 되어 우리로 하여금 믿음으로 말미암아 의롭다 함을 얻게 하려 함이니라 25 믿음이 온 후로는 우리가 몽학선생 아래 있지 아니하도다 26 너희가 다 믿음으로 말미암아 그리스도 예수 안에서 하나님의 아들이 되었으니 27 누구든지 그리스도와 합하여 세례를 받은 자는 그리스도로 옷입었느니라 28 너희는 유대인이나 헬라인이나 종이나 자주자나 남자나 여자 없이 다 그리스도 예수 안에서 하나이니라 29 너희가 그리스도께 속한 자면 곧 아브라함의 자손이요 약속대로 유업을 이을 자니라

lead us to Christ, that we may be justified by faith. 25 But now that faith has come, we are no longer under a tutor. 26 For you are all sons of God through faith in Christ Jesus. 27 For all of you who were baptized into Christ have clothed yourselves with Christ. 28 There is neither Jew nor Greek, there is neither slave nor free man, there is neither male nor female; for you are all one in Christ Jesus. 29 And if you belong to Christ, then you are Abraham's offspring, heirs according to promise.

4

1 또
내가 말하노니[27)]

유업을 이을 자가 **다름이 없어서**
/종과
/어렸을 동안에는
/주인이나(=주인임에도 불구하고, 양보, 현재분사)
/모든 것의

2 **있나니**
/후견인과 청지기 아래
/정한 때까지
/그 아버지의

3 우리도 **종 노릇 하였더니**
/어렸을 때에
/초등 학문 아래(있어서)
/이 세상
/이와 같이

4 때가 차매[28)]
하나님이 **보내사**
/그 아들을
/나게 하시고(=나게 하심으로, 방법, 과거분사)
/여자에게서
/나게 하신 것은(=나게 하심으로, 방법, 과거분사)
/율법 아래

5 //(목적: ἵνα, in order that...might)
[그가] ——— 속량하시고
/율법 아래 있는 자들을

//(목적: ἵνα, that...might)
우리로 —— 얻게 하려 하심이라
/아들의 명분을

6 하나님이 **보내사**
/영을
/그 아들의
/부르게 하셨느니라(=부르는)[29)]
/아바 아버지라
/우리 마음 가운데

//(이유: ὅτι, because)
너희가 —— 아들인 고로

갈

27) 엄밀히 말하면 이하의 문장이 종속절이지만 주문장은 자신의 말을 확정하는 바울의 강조적인 어구이므로 독립적으로 본다.

28) 원문을 직역하면 '때의 완성이 왔을 때' 이다.

29) 현재분사로 서술적의미가 아닌 한정적 의미로 사용되었다. 수식하는 말은 중성단수인 '영' 이다.

4:1 내가 또 말하노니 유업을 이을 자가 모든 것의 주
인이나 어렸을 동안에는 종과 다름이 없어서2 그 아버
지의 정한 때까지 후견인과 청지기 아래 있나니 3 이와 같
이 우리도 어렸을 때에 이 세상 초등 학문 아래 있어서 종
노릇 하였더니 4 때가 차매 하나님이 그 아들을 보내사 여
자에게서 나게 하시고 율법 아래 나게 하신 것은 5 율법
아래 있는 자들을 속량하시고 우리로 아들의 명분을 얻게
하려 하심이라 6 너희가 아들인고로 하나님이 그 아들의

4:1 Now I say, as long as the heir is a child, he does
not differ at all from a slave although he is owner of
everything, 2 but he is under guardians and managers
until the date set by the father. 3 So also we, while we
were children, were held in bondage under the elemental things
of the world. 4 But when the fulness of the time came,
God sent forth His Son, born of a woman, born under
the Law, 5 in order that He might redeem those who were
under the Law, that we might receive the adoption as
sons. 6 And because you are sons, God has sent forth
the Spirit of His Son into our hearts, crying, "Abba!
Father!" 7 Therefore you are no longer a slave, but a son;

7 그러므로(ὥστε)
네가 — **종이 아니요** * οὐκ...ἀλλὰ의 구조
/이 후로는
아들이니

[만약, εἰ]
<네가>[30] — 아들이면(조건절, if)
유업을 이을 자니라
/하나님으로 말미암아

8 그러나
너희가 — 알지 못하여...그 때에는(=알지 못할 때에는)[31]
/하나님을
종 노릇 하였더니
/본질상 하나님이 아닌 자들에게

9 [그러나, δὲ]
너희가 — **어찌하여 돌아가서...하느냐(=돌아가느냐?)**
/다시
/초등 학문으로
/약하고
/천한
/(저희에게)[32]
종 노릇 하려(=종노릇 하게 하는)
/다시
/[처음부터]
/알 뿐더러(=앎에도 불구하고, 양보, 과거분사)
/하나님을
/이제는
/아신 바 되었거늘(=아신 바 되었음에도 불구하고, 양보, 과거분사)
/하나님의

10 너희가 — **삼가 지키니**
/날과
/달과
/절기와
/해를

11 내가 — **두려워하노라**
/[너희를]
/[내가] — 수고한 것이 헛될까(=헛되지 않게하려)
/너희를 위하여(=너희에게)

12 형제들아!
내가 — **구하노라**
/[너희에게]
/너희도 — 나와 같이 되기를

//(이유: ὅτι, for)
[내가] — 너희와 같이 되었은즉[33]

갈

30) 원문에는 εἰμι동사가 생략되었다.

31) 상황절을 이끄는 부사 τότε와 완료분사로 이루어진 상황절이다.

32) 한글개역은 두 개의 의문문으로 번역했지만 원문은 이 부분이 관계대명사로 연결된 형용사절이다. 선행사는 '초등 학문들' 이다.

33) 원문에는 이부분이 명령법 동사로 되었다. 명령이면서 동시에 권고임을 나타낸다.

영을 우리 마음 가운데 보내사 아바 아버지라 부르게 하셨느니라 7 그러므로 네가 이 후로는 종이 아니요 아들이니 아들이면 하나님으로 말미암아 유업을 이을 자니라 8 그러나 너희가 그 때에는 하나님을 알지 못하여 본질상 하나님이 아닌 자들에게 종노릇하였더니 9 이제는 너희가 하나님을 알뿐더러 하나님의 아신 바 되었거늘 어찌하여 다시 약하고 천한 초등 학문으로 돌아가서 다시 저희에게 종노릇하려 하느냐 10 너희가 날과 달과 절기와 해를 삼가 지키니 11 내가 너희를 위하여 수고한 것이 헛될까 두려워하노라 12 형제들아 내가 너희와 같이 되었은즉 너희도 나와 같이 되기를 구하노라 너희가 내게 해롭게 하지 아니하였느니라

and if a son, then an heir through God. 8 ¶ However at that time, when you did not know God, you were slaves to those which by nature are no gods. 9 But now that you have come to know God, or rather to be known by God, how is it that you turn back again to the weak and worthless elemental things, to which you desire to be enslaved all over again? 10 You observe days and months and seasons and years. 11 I fear for you, that perhaps I have labored over you in vain. 12 ¶ I beg of you, brethren, become as I am, for I also have become as you are. You

너희가 **해롭게 하지 아니하였느니라**
/내게

13 너희가 **아는 바라**
/내가 ——— 복음을 전한 것을
/너희에게
/처음에

//(이유: διὰ + 목적격, because of)
약함을 인하여
/육체의

14 너희가 **업신여기지도**
/시험하는 것이(=을)
/너희를(=의)
/내 육체에 있으되 이것을(=내 육체 안의)
버리지도 아니하고
오직 **영접하였도다**
/나를
/하나님의 천사와 같이
/(또는)그리스도 예수와 같이

15 지금(=그러므로, οὖν)
복이 **어디 (있느냐)?**
/너희의

//(이유: γάρ, for)
내가 ——— 증거하노니
/너희에게
/[만약, εἰ]
할 수만 있었더면(조건절, if)
너희가 ——— 주었으리라
/눈이라도
/너희의
/나를
/빼어(과정, 과거분사)

16 그런즉(ὥστε)
내가 **원수가 되었느냐?**
/[너희의]

//(이유: 분사, because -NKJV)
[내가] ——— 참된 말을 하므로
/너희에게

17 저희가 **열심 내는 것이(=열심을 낸다)**
/너희를 대하여
/좋은 뜻이 아니요(=좋은 뜻이 아닌)
오직 **붙여(=의도한다)**
/너희를(=가) — 이간(=서로 배척하는 것을, 부정사)

//(목적: ἵνα, in order that...might)

13 내가 처음에 육체의 약함을 인하여 너희에게 복음을
전한 것을 너희가 아는 바라 14 너희를 시험하는 것이 내
육체에 있으되 이것을 너희가 업신여기지도 아니하며 버리
지도 아니하고 오직 나를 하나님의 천사와 같이 또는 그리
스도 예수와 같이 영접하였도다 15 너희의 복이 지금 어
디 있느냐 내가 너희에게 증거하노니 너희가 할 수만 있었
더면 너희의 눈이라도 빼어 나를 주었으리라 16 그런즉
내가 너희에게 참된 말을 하므로 원수가 되었느냐 17 저
희가 너희를 대하여 열심 내는 것이 좋은 뜻이 아니요 오
직 너희를 이간 붙여 너희로 저희를 대하여 열심 내게 하

have done me no wrong; 13 but you know that it was
because of a bodily illness that I preached the gospel to
you the first time; and that which was a trial to you in
my bodily condition you did not despise or loathe, but
you received me as an angel of God, as Christ Jesus
Himself. 15 Where then is that sense of blessing you
had? For I bear you witness, that if possible, you would
have plucked out your eyes and given them to me. 16
Have I therefore become your enemy by telling you the
truth? 17 They eagerly seek you, not commendably, but
they wish to shut you out, in order that you may seek
them. 18 But it is good always to be eagerly sought in a

//(목적: ἵνα, in order that...might)
너희로 —— 열심 내게 하려 함이라
/저희를 대하여

18 열심으로 사모함을 받음은 **좋으니라**
/좋은 일에 대하여
/언제든지
/내가 —— 대하였을 때뿐 아니라
/너희를

19 나의 자녀들아!
[내가] **해산하는 수고를 하노니**
/너희를 위하여
/다시
/그리스도의(=가) —형상이 이루기까지(=형상을 이루기까지)
/너희 속에

20 내가 **[원]함은**
/있어(=있는 것을, 부정사, 계속적)
/너희와 함께
/이제라도
/변하려(=변하는 것을, 부정사, 단회적)
/내 음성을

//(이유: ὅτι, for)
너희를 대하여 의심이 있음이라

21 [너희는] **말하라**[34)]
/내게

율법 아래 있고자 하는 자들아!
[너희는] **듣지 못하였느냐?**
/율법을

22 //(이유: γάρ, for)
[그것이] —— 기록된 바... 하였으나
/아브라함이—— 있으니
/두 아들이
/하나는 계집종에게서,
하나는 자유하는 여자에게서 났다

23 [그러나, ἀλλα]
계집종에게서[난 재는 **났고**
/육체를 따라
자유하는 여자에게서[난 재는 **〈났느니라〉**
/약속으로 말미암았느니라(=말미암아)

갈

34) 명령문 형태로 되어 있으나 흐름상 권면이나 명령이 아니라 뒤에 나오는 말들에 대해 강조하며 주의를 집중시키는 문장이다. 즉, '율법아래 있고자 하는 자들아! 너희가 율법을 못들었느냐?' 이 강조의문문을 더욱 강조하는 것이다. 그러므로 논리상 호격이 먼저 나와야하지만 원문의 명령형 주문장이 뒷문장(호격 포함)의 강조적 역할을 하기 때문에 원문의 순서대로 기록하였다.

려 함이라 18 좋은 일에 대하여 열심으로 사모함을 받음
은 내가 너희를 대하였을 때뿐 아니라 언제든지 좋으니라
19 나의 자녀들아 너희 속에 그리스도의 형상이 이루기까
지 다시 너를 위하여 해산하는 수고를 하노니 20 내가 이
제라도 너희와 함께 있어 내 음성을 변하려 함은 너희를
대하여 의심이 있음이라 21 내게 말하라 율법 아래 있고
자 하는 자들아 율법을 듣지 못하였느냐 22 기록된 바 아
브라함이 두 아들이 있으니 하나는 계집종에게서, 하나는
자유하는 여자에게서 났다 하였으나 23 계집종에게서는
육체를 따라 났고 자유하는 여자에게서는 약속으로 말미암
았느니라

commendable manner, and not only when I am present
with you. 19 My children, with whom I am again in labor
until Christ is formed in you — 20 but I could wish to
be present with you now and to change my tone, for I
am perplexed about you. 21 Tell me, you who want to
be under law, do you not listen to the law? 22 For it is
written that Abraham had two sons, one by the bondwoman
and one by the free woman. 23 But the son by the bondwoman
was born according to the flesh, and the son by the free woman
through the promise. 24 This is allegorically speaking:

24 이것은 비유니

//(이유: γάρ, for)
이 여자들은 —— 두 언약이라
/하나는 —— 시내 산으로부터[온 것인]
낳은 자니(=낳은)
/종을
곧 하가라(=인)

25 이 하가는 시내 산으로
/아라비아에 있는
같은 데니
/예루살렘과
/지금 있는

//(이유: γάρ, for)
저가 —— 종 노릇 하고(=하기 때문이다)
/그 자녀들로 더불어

26 오직
예루살렘은 자유자니
/위에 있는
/(곧)우리 어머니라(=인)

27 //(이유: γάρ, for)
[그것이] —— 기록된 바...하였으니
/[불임]자여!
/잉태치 못한
[너는] —— 즐거워하라

/구로치 못한 자여!
[너는] —— 소리질러(=소리지르라)
외치라

//이는(이유: ὅτι, for)
자녀가 —— 많음이라
/홀로 사는 자의 /남편 있는 자(의 자녀)보다

28 형제들아!
너희는 자녀라
/약속의
/이삭과 같이

29 그러나
[태어]난 자가 핍박한 것같이
/육체를 따라
/난 자를
/성령을 따라
/그 때에

24 이것은 비유니 이 여자들은 두 언약이라 하나는 시내
산으로부터 종을 낳은 자니 곧 하가라 25 이 하가는 아라
비아에 있는 시내산으로 지금 있는 예루살렘과 같은 데니
저가 그 자녀들로 더불어 종노릇하고 26 오직 위에 있는
예루살렘은 자유자니 곧 우리 어머니라 27 기록된 바 잉
태치 못한 자여 즐거워하라 구로치 못한 자여 소리 질러
외치라 이는 홀로 사는 자의 자녀가 남편 있는 자의 자녀
보다 많음이라 하였으니 28 형제들아 너희는 이삭과 같이
약속의 자녀라 29 그러나 그 때에 육체를 따라 난 자가 성
령을 따라 난 자를 핍박한 것같이 이제도 그러하도다

for these women are two covenants, one proceeding from
Mount Sinai bearing children who are to be slaves; she is
Hagar. 25 Now this Hagar is Mount Sinai in Arabia, and
corresponds to the present Jerusalem, for she is in slavery
with her children. 26 But the Jerusalem above is free;
she is our mother. 27 For it is written, "Rejoice, barren woman
who does not bear; Break forth and shout, you who are
not in labor; For more are the children of the desolate
Than of the one who has a husband." 28 And you brethren,
like Isaac, are children of promise. 29 But as at that time
he who was born according to the flesh persecuted him
who was born according to the Spirit, so it is now also.

이제도 그러하도다[35)]

30 그러나
성경이 무엇을 말하느뇨?
/[너는] ——— 내어쫓으라
/계집종과 그 아들을

//(이유: γάρ, for)
아들이 ———유업을 얻지 못하리라(하였느니라)
/계집종의 /아들로 더불어
/자유하는 여자의

31 그런즉(διό)
형제들아!
우리는 자녀가 아니요
/계집종의
〈자녀니라〉
/자유하는 여자의

5

1 그리스도께서 자유를 주셨으니(=자유케 하셨다)
/우리로(=를)
/자유케 하려고(=자유에서, 여격)

그러므로(οὖν)
[너희는] 굳세게 서서
메지 말라
/멍에를
/종의
/다시는

---

35) 원문은 주문장이 ὥσπερ(=as)이하의 문장이 반복생략된 형태이다. 그러므로 생략된 부분까지 그대로 표현한다면 '그때에 육체를 따라 난 자가 성령을 따라 난 자를 핍박한 것 같이 이제도 그렇게 육체를 따라 난 자가 성령을 따라 난 자를 핍박한다'이다. 이중 밑줄 그은 부분이 생략되고 '이제도 그렇게' 만 이 주문장의 위치에 남아있다. 그러므로 원래 종속절이지만 주문장에서 반복되는 부분의 동사를 주동사처럼 표기하고 실제 주문장의 종속절들을 견고딕으로 표기하였다. 생략된 부분까지 포함하여 구문을 분석하면 다음과 같다.

29 그러나
[태어]난 자가 ——— 핍박한다
/육체를 따라 /난 자를
/성령을 따라
/이제도
/그러하도다(=그렇게)
/[태어]난 자가 —— 핍박한 것 같이
/육체를 따라 /난 자를
/성령을 따라
/그때에

30 그러나 성경이 무엇을 말하느뇨 계집종과 그 아들을 내어 쫓으라 계집종의 아들이 자유하는 여자의 아들로 더불어 유업을 얻지 못하리라 하였느니라 31 그런즉 형제들아 우리는 계집종의 자녀가 아니요 자유하는 여자의 자녀니라

5:1 그리스도께서 우리로 자유케 하려고 자유를 주셨으니 그러므로 굳세게 서서 다시는 종의 멍에를 메지 말라

30 But what does the Scripture say? "Cast out the bondwoman and her son, For the son of the bondwoman shall not be an heir with the son of the free woman." 31 So then, brethren, we are not children of a bondwoman, but of the free woman.

5:1 It was for freedom that Christ set us free; therefore keep standing firm and do not be subject again to a yoke of slavery. 2 Behold I, Paul, say to you that if you receive circumcision, Christ will be of no benefit to you. 3 And I testify again to every man who receives circumcision,

2 보라!
나 바울은 **말하노니**
/너희에게

만일
너희가 할례를 받으면(조건절, if)
그리스도께서 **아무 유익이 없으리라**
/너희에게

3 내가 **증거하노니**
/각 사람에게
/할례를 받는
/다시
/그는 ——— 의무를 가진 자라
/행할
/율법[을]
/전체를(=의)

4 너희는 **끊어지고**
/의롭다 함을 얻으려 하는 /그리스도에게서
/율법 안에서

떨어진 자로다
/은혜에서

5 //(이유: γάρ, for)
우리가 ——— 기다리노니
/소망을
/의의
/성령으로(=성령에서)
/믿음을 좇아

6 할례나 무할례가 **효력이 없되**
/[아무런]
/그리스도 예수 안에서는

[오직, ἀλλα]
믿음뿐이니라 **〈효력이 있느니라〉**
(=믿음만이)
/역사하는
/사랑으로써

7 너희가 **달음질을 하더니**
/잘
누가 **막아...하더냐(=막더냐?)**
/너희를
/진리를(=진리에서)

//(목적: 부정사)
순종치 않게

갈

2 보라 나 바울은 너희에게 말하노니 너희가 만일 할례를
받으면 그리스도께서 너희에게 아무 유익이 없으리라 3
내가 할례를 받는 각 사람에게 다시 증거하노니 그는 율법
전체를 행할 의무를 가진 자라 4 율법 안에서 의롭다 함을
얻으려 하는 너희는 그리스도에게서 끊어지고 은혜에서 떨
어진 자로다 5 우리가 성령으로 믿음을 좇아 의의 소망을
기다리노니 6 그리스도 예수 안에서는 할례나 무할례가
효력이 없되 사랑으로써 역사하는 믿음 뿐이니라 7 너희
가 달음질을 잘하더니 누가 너희를 막아 진리를 순종치 않
게 하더냐

that he is under obligation to keep the whole Law. 4 You
have been severed from Christ, you who are seeking to
be justified by law; you have fallen from grace. 5 For
we through the Spirit, by faith, are waiting for the hope
of righteousness. 6 For in Christ Jesus neither circumcision
nor uncircumcision means anything, but faith working through
love. 7 You were running well; who hindered you from
obeying the truth? 8 This persuasion did not come from

8 그 권면이 부르신 이에게서 난 것이 아니라
/너희를

9 누룩이 퍼지느니라
/적은 /온 덩이에

10 나는 확신하노라
/[너희에 대하여]
/너희가 ——— 아무 마음도 품지 아니할 줄을
/다른
/주 안에서

그러나
누구든지
요동케 하는 자는 ——— 심판을 받으리라
/너희를

11 형제들아!
[만약, εἰ]
내가 전하면(조건절, if)
/할례를
/지금까지
어찌하여 핍박을 받으리요?
/지금까지

그리하였으면(ἄρα, then)[36]
거치는 것이 그쳤으리니[37]
/십자가의

12 [내가] 원하노라![37]
/어지럽게 하는 자들이 (스스로)베어 버리기를
/너희를

13 //(이유: γάρ, for)
형제들아!
너희가 ——— 부르심을 입었으나
/자유를 위하여

그러나
너희는 〈삼지〉 말고[38]
/그 자유로
/육체의 기회를
오직 종 노릇 하라
/서로
/사랑으로

14 //(이유: γάρ, for)

갈

36) 다소 결론적인 추론을 인도하는 접속사이다. 여기서는 '할례의 도를 전하였다면' 이라는 의미을 갖는다.

37) 동사형 두문이다. 바울의 강력한 기원을 나타낸다. 그러나 모든 역본들이 주문장으로 처리하였다.

38) 원문에는 동사가 없다. 그러나 의미상 동사의 첨가가 불가피하다. 역본들도 모두 'use' 혹은 'turn' 등의 동사를 첨가하여 번역하였다.

8 그 권면이 너희를 부르신 이에게서 난 것이 아니라 9 적은 누룩이 온 덩이에 퍼지느니라 10 나는 너희가 아무 다른 마음도 품지 아니할 줄을 주 안에서 확신하노라 그러나 너희를 요동케 하는 자는 누구든지 심판을 받으리라 11 형제들아 내가 지금까지 할례를 전하면 어찌하여 지금까지 핍박을 받으리요 그리하였으면 십자가의 거치는 것이 그쳤으리니 12 너희를 어지럽게 하는 자들이 스스로 베어버리기를 원하노라 13 형제들아 너희가 자유를 위하여 부르심을 입었으나 그러나 그 자유로 육체의 기회를 삼지 말고 오직 사랑으로 서로 종노릇하라

Him who calls you. 9 A little leaven leavens the whole lump of dough. 10 I have confidence in you in the Lord, that you will adopt no other view; but the one who is disturbing you shall bear his judgment, whoever he is. 11 But I, brethren, if I still preach circumcision, why am I still persecuted? Then the stumbling block of the cross has been abolished. 12 Would that those who are troubling you would even mutilate themselves. 13 For you were called to freedom, brethren; only do not turn your freedom into an opportunity for the flesh, but through love serve one another. 14 For the whole Law is fulfilled in one word, in the statement, "You shall love your neighbor as yourself." 15 But if

14 //(이유: γάρ, for)
율법은 —— 이루었나니
/온 /한 말씀에
/[너희는] —— 사랑하기를...하라 하신(=사랑하라 하신)
/네 이웃[을]
/네 몸같이

15 만일(εἰ)
[너희가] 물고
먹으면(조건절, if)
/서로
조심하라
/멸망할까
/피차

16 내가 **이르노니**[39)]
너희는 **행하라**
/성령을 좇아

//그리하면(결과: 명령법 + 가정법)
[너희가] —— 이루지 아니하리라
/욕심을
/육체의

17 //(이유: γάρ, for)
육체의(=는) —— 소욕은(=소원한다)
/성령을 거스리고(=성령을 거스려서)
성령의(=은) —— 소욕은(=소원한다)
/육체를 거스리나니(=육체를 거스려서)

//(이유: γάρ, for)
이 둘이 —— 대적함으로(=대적한다)
/서로[를]

//(목적: ἵνα, so that...may)
[너희가] —— 하지 못하게 하려 함이니라
/너희의 원하는 것을

18 만일(ei˙)
너희가 인도하시는 바가 되면(=인도되면, 조건절, if)
/성령의
있지 아니하리라
/율법 아래

19 일은 **현저하니**
/육체의
곧[40)]
음행과
더러운 것과
호색과

갈

39) 바울이 아주 중요한 권면에 대해 사도의 권위로 명하는 것임을 강조하는 바울의 어투이다. 강화체 본문에서는 이부분을 강조로 본다.

40) 관계대명사 ἅτινά '육체의 일'과 '현저한 것' 두 가지를 수식하는 것이 모두 가능

14 온 율법은 네 이웃 사랑하기를 네 몸같이 하라 하신 한 말씀에 이루었나니 15 만일 서로 물고 먹으면 피차 멸망할까 조심하라 16 내가 이르노니 너희는 성령을 좇아 행하라 그리하면 육체의 욕심을 이루지 아니하리라 17 육체의 소욕은 성령을 거스리고 성령의 소욕은 육체를 거스리나니 이 둘이 서로 대적함으로 너희의 원하는 것을 하지 못하게 하려 함이니라 18 너희가 만일 성령의 인도하시는 바가 되면 율법 아래 있지 아니하리라 19 육체의 일은 현저하니 곧 음행과 더러운 것과 호색과

you bite and devour one another, take care lest you be consumed by one another. 16 But I say, walk by the Spirit, and you will not carry out the desire of the flesh. 17 For the flesh sets its desire against the Spirit, and the Spirit against the flesh; for these are in opposition to one another, so that you may not do the things that you please. 18 But if you are led by the Spirit, you are not under the Law. 19 Now the deeds of the flesh are evident, which are: immorality, impurity, sensuality, 20 idolatry, sorcery, enmities, strife, jealousy, outbursts of anger, disputes,

20 우상 숭배와
술수와
원수를 맺는 것과
분쟁과
시기와
분냄과
당짓는 것과
분리함과
이단과

21 **투기와**
술 취함과
방탕함과
또 **그와 같은 것들이라**
/[내가] —— 경계하노니(=경계한)
/너희에게
/전에 경계한 것같이
/[행]하는 자들은 — 유업으로 받지 못할 것이요
/이런 일을 /하나님의 나라를

22 오직
열매는
/성령의
사랑과
희락과
화평과
오래 참음과
자비와
양선과
충성과
23 **온유와**
절제니

법이 **없느니라**
/이같은 것을 금지할

24 사람들은 **십자가에 못 박았느니라**
/그리스도 예수의 /육체와(=육체를)
/그 정과 욕심을 함께(=과 함께)

25 만일(εἰ)
우리가 살면(조건절, if)
/성령으로
또한 **행할지니**
/성령으로

26 헛된 영광을 **구하여...말지니라(=구하지 말지니라)**
/격동하고(=격동함으로, 방법, 분사)
/서로
/투기하지(=투기함으로, 방법, 분사)
/서로

20 우상 숭배와 술수와 원수를 맺는 것과 분쟁과 시기와
분냄과 당짓는 것과 분리함과 이단과 21 투기와 술 취함
과 방탕함과 또 그와 같은 것들이라 전에 너희에게 경계한
것같이 경계하노니 이런 일을 하는 자들은 하나님의 나라
를 유업으로 받지 못할 것이요 22 오직 성령의 열매는 사
랑과 희락과 화평과 오래 참음과 자비와 양선과 충성과 23
온유와 절제니 이같은 것을 금지할 법이 없느니라 24 그
리스도 예수의 사람들은 육체와 함께 그 정과 욕심을 십자
가에 못박았느니라 25 만일 우리가 성령으로 살면 또한
성령으로 행할지니 26 헛된 영광을 구하여 서로 격동하고
서로 투기하지 말지니라

dissensions, factions, 21 envying, drunkenness, carousing,
and things like these, of which I forewarn you just as I
have forewarned you that those who practice such things
shall not inherit the kingdom of God. 22 But the fruit of
the Spirit is love, joy, peace, patience, kindness, goodness,
faithfulness, 23 gentleness, self-control; against such things
there is no law. 24 Now those who belong to Christ Jesus
have crucified the flesh with its passions and desires. 25
If we live by the Spirit, let us also walk by the Spirit.
26 Let us not become boastful, challenging one another,
envying one another.

6

1 형제들아!
만일(ἐὰν)
사람이 드러나거든(조건절, if)
/무슨 범죄한 일이(=일 안에서)
너희는 **바로잡고(=바로잡으라)**
/신령한
/심령으로(=심령 안에)
/온유한
/그러한 자를
/돌아보아(=돌아봄으로, 명령분사, 방법)
/네 자신을
/너도 —시험을 받을까 두려워하라(=시험을 받지 않도록)41)

2 너희가 **지라**
/짐을
/서로

그리하여(οὕτως)
[너희는] **성취하라**
/법을
/그리스도의

3 //(이유: γάρ, for)
만일(εἰ)
누가 — 생각하면(조건절, if)
/[무엇이] — 된 줄로(부정사)
/아무것도 — 되지 못하고(=되지 못하였음에도, 양보, 현재분사)
[그는] — **속인이니라**
/스스로

4 각각 **살피라(=살피게 하라)**
/일을
/자기의

//그리하면(결과: 명령문 + 평서문)
[그가] — [가지고]있고
/자랑할 것이
/자기에게만
— 있지 아니하리니
/남에게는

5 //(이유: γάρ, for)
각각 — 질 것임이니라
/짐을
/자기의

갈

6:1 형제들아 사람이 만일 무슨 범죄한 일이 드러나거
든 신령한 너희는 온유한 심령으로 그러한 자를 바로
잡고 네 자신을 돌아보아 너도 시험을 받을까 두려워하라
2 너희가 짐을 서로 지라 그리하여 그리스도의 법을 성취
하라 3 만일 누가 아무 것도 되지 못하고 된 줄로 생각하
면 스스로 속임이니라 4 각각 자기의 일을 살피라 그리하
면 자랑할 것이 자기에게만 있고 남에게는 있지 아니하리
니 5 각각 자기의 짐을 질 것임이니라

6:1 ¶ Brethren, even if a man is caught in any trespass,
you who are spiritual, restore such a one in a spirit of
gentleness; each one looking to yourself, lest you too be
tempted. 2 Bear one another's burdens, and thus fulfill
the law of Christ. 3 For if anyone thinks he is something when
he is nothing, he deceives himself. 4 But let each one
examine his own work, and then he will have reason for
boasting in regard to himself alone, and not in regard to another.
5 For each one shall bear his own load. 6 ¶ And let the
one who is taught the word share all good things with

6 가르침을 받는 자는 함께 하라
/말씀을
/가르치는 자와
/좋은 것을(=좋은 것에서)
/모든

7 [너희는] 스스로 속이지 말라
하나님은 만홀히 여김을 받지 아니하시나니

//(이유: γάρ, for)
사람이 무엇으로 심든지
[그는] —— 거두리라
/그대로

8 //(이유: ὅτι, for)
심는 자는 —— 거두고
/육체를 위하여
/자기의
/썩어진 것을
/육체로부터
심는 자는 —— 거두리라
/성령을 위하여
/영생을
/성령으로부터

9 우리가 행하되(=행할 때에, while-NKJV)
/선을
낙심하지 말지니[42)]

//(이유: γάρ for)
[우리가] —— 피곤하지 아니하면(조건절, if)
거두리라
/때가 이르매

10 그러므로(ἄρα)
우리는 있는 대로(=있을 때에, 상황절, as)
/기회
일을 하되
/착한
/모든 이에게
/더욱 믿음의 가정들에게(할지니라)

11 [너희는] 보라
/[내가] —— 쓴 것을
/내 손으로
/너희에게
/큰 글자로
/이렇게

갈

6 가르침을 받는 자는 말씀을 가르치는 자와 모든 좋은 것
을 함께 하라 7 스스로 속이지 말라 하나님은 만홀히 여김
을 받지 아니하시나니 사람이 무엇으로 심든지 그대로 거
두리라 8 자기의 육체를 위하여 심는 자는 육체로부터 썩
어진 것을 거두고 성령을 위하여 심는 자는 성령으로부터
영생을 거두리라 9 우리가 선을 행하되 낙심하지 말지니
피곤하지 아니하면 때가 이르매 거두리라 10 그러므로 우
리는 기회 있는 대로 모든 이에게 착한 일을 하되 더욱 믿
음의 가정들에게 할지니라 11 내 손으로 너희에게 이렇게
큰 글자로 쓴 것을 보라

him who teaches.
7 Do not be deceived, God is not mocked; for whatever a man sows, this he will also reap.
8 For the one who sows to his own flesh shall from the flesh reap corruption, but the one who sows to the Spirit shall from the Spirit reap eternal life.
9 And let us not lose heart in doing good, for in due time we shall reap if we do not grow weary.
10 So then, while we have opportunity, let us do good to all men, and especially to those who are of the household of the faith.
11 See with what large letters I am writing to you with my own hand.
12 Those who desire to make a good showing in the flesh try to compel you to be circumcised, simply that they may not be persecuted

12 무릇 자들이 **억지로 함은**
(=모든 자들이) /할례받게(=받는 것을)
/모양을 내려 하는 /너희로(=를)
/육체의

//(목적: ἵνα, that...may)
저희가 —— 핍박을 면하려 함뿐이라
/십자가를 인하여
/그리스도의

13 //(이유: γάρ, for)
할례받은 저희라도 ┬ 지키지 아니하고
/스스로 /율법은
└ 할례받게 하려 하는 것은(=한다)
/너희로

//(목적: ἵνα, that...may)
[그들이] — 자랑하려 함이니라
/육체로
/너희의

14 그러나
내게는 **자랑할 것이 없으니**
/결코
/십자가 [안에 있는 것] 외에
/우리 주 예수 그리스도의
/그리스도로 말미암아[43)]
세상이 ——— 십자가에 못 박히고
/나를 대하여
내가 또한 ——— 그러하니라[44)]
/세상을 대하여

15 //이유(γάρ, for)
할례나 ——— 아무것도 아니로되
무할례가 —┘
지으심을 받은 자[가] — 오직 [있을]뿐이니라
/새로

16 평강과 **(있을지어다)**
긍휼이 /무릇 행하는 자에게와(=행하는 모든 자에게)
/이 규례를
/이스라엘에게
/하나님의

17 누구든지 **[주지]말라**
/괴롭게(=고통을)
/나를(=나에게)
/이 후로는

//(이유: γάρ, for)

갈

42) 주동사가 가정법 동사가 사용된 아주 특이한 경우이다.

43) διὰ + 관계대명사. 그리스도를 확장진술한다.

44) 원문에는 동사가 없이 앞의 동사를 공유하고 있다.

12 무릇 육체의 모양을 내려 하는 자들이 억지로 너희로
할례 받게 함은 저희가 그리스도의 십자가를 인하여 핍박
을 면하려 함뿐이라 13 할례 받은 저희라도 스스로 율법
은 지키지 아니하고 너희로 할례 받게 하려 하는 것은 너
희의 육체로 자랑하려 함이니라 14 그러나 내게는 우리
주 예수 그리스도의 십자가 외에 결코 자랑할 것이 없으니
그리스도로 말미암아 세상이 나를 대하여 십자가에 못박히
고 내가 또한 세상을 대하여 그러하니라 15 할례나 무할
례가 아무 것도 아니로되 오직 새로 지으심을 받은 자뿐이
니라 16 무릇 이 규례를 행하는 자에게와 하나님의 이스
라엘에게 평강과 긍휼이 있을지어다

for the cross of Christ. 13 For those who are circumcised
do not even keep the Law themselves, but they desire to
have you circumcised, that they may boast in your flesh.
14 But may it never be that I should boast, except in the
cross of our Lord Jesus Christ, through which the world
has been crucified to me, and I to the world. 15 For
neither is circumcision anything, nor uncircumcision, but
a new creation. 16 And those who will walk by this rule,
peace and mercy be upon them, and upon the Israel of
God. 17 From now on let no one cause trouble for me,

//(이유: γάρ, for)
내가 ———가졌노라
/흔적을
/예수의
/내 몸에

18 형제들아!
은혜가 **(있을지어다)**
/우리 주 예수 그리스도의 /너희 심령에
아멘

17 이 후로는 누구든지 나를 괴롭게 말라 내가 내 몸에 예
수의 흔적을 가졌노라 18 형제들아 우리 주 예수 그리스
도의 은혜가 너희 심령에 있을지어다 아멘

for I bear on my body the brand-marks of Jesus. 18 The grace of our Lord Jesus Christ be with your spirit, brethren. Amen.

에베소서

1 바울은
/사도 된
/그리스도 예수의
/뜻으로 말미암아
/하나님의

(편지하노니)
/성도들과(=에게)
/에베소에 있는
/신실한(자들에게)
/그리스도 예수 안의(=안에 있는)

2 은혜와
평강이

(있을지어다)
/너희에게
/하나님 우리 아버지와
주 예수 그리스도로 좇아

3 찬송하리로다

하나님
곧 아버지(께서)[1)]
/주 예수 그리스도의
/우리[2)]
/복 주시되(=복 주신)
/우리에게
/그리스도 안에서[3)]
/복으로(=복 안에)
/모든
/신령한
/하늘에 속한

4-5 /곧(동격)[4)]
[그가] —— 택하사
/우리를
/그리스도 안에서(=그의 안에서)
/창세 전에
5 /예정하사(=예정하심으로, 방법, 과거분사)
/우리를
/아들들이 되게 하셨으니(=양자 삼는 것을)
/자기의
/예수 그리스도로 말미암아
/기쁘신(=기쁨을 따라)
/뜻대로(=뜻의)
/그[의]

4 //(목적: 부정사, that...should)
우리로(=가) ┬ 거룩하고
└ 흠이 없게 하시려고(=흠 없도록)

/그 앞에
/사랑 안에서

6 //이는(목적: εἰς+목적격, to)

엡

1) 직역은 '찬송 받을 분은 하나님 곧 아버지이시다' 이다.

2) '주'를 수식하는 말이다.

3) NRSV의 입장을 따랐다. 참고하라.
Blessed be the God and Father of our Lord Jesus Christ, who has blessed us in Christ with every spiritual blessing in the heavenly places,

4) 접속사καθὼς(카도스)가 '복주신'의 동격 절을 이끈다. 그 복 주심을 구체적으로 설명한다. 영역본들은 'just as' 혹은 'even as'로 번역하였다.

1:1 하나님의 뜻으로 말미암아 그리스도 예수의 사도 된
바울은 에베소에 있는 성도들과 그리스도 예수 안에 신
실한 자들에게 편지하노니 2 하나님 우리 아버지와 주 예
수 그리스도로 좇아 은혜와 평강이 너희에게 있을지어다 3
찬송하리로다 하나님 곧 우리 주 예수 그리스도의 아버지
께서 그리스도 안에서 하늘에 속한 모든 신령한 복으로 우
리에게 복 주시되 4 곧 창세 전에 그리스도 안에서 우리를
택하사 우리로 사랑 안에서 그 앞에 거룩하고 흠이 없게
하시려고 5 그 기쁘신 뜻대로 우리를 예정하사 예수 그리
스도로 말미암아 자기의 아들들이 되게 하셨으니 6 이는

1:1 Paul, an apostle of Christ Jesus by the will of God,
to the saints who are at Ephesus, and who are faithful
in Christ Jesus: 2 Grace to you and peace from God our Father
and the Lord Jesus Christ. 3 Blessed be the God and
Father of our Lord Jesus Christ, who has blessed us with every
spiritual blessing in the heavenly places in Christ, 4 just
as He chose us in Him before the foundation of the world,
that we should be holy and blameless before Him. In love
5 He predestined us to adoption as sons through Jesus
Christ to Himself, according to the kind intention of His

6 //이는(목적: εἰς+목적격, to)
찬미하게 하려는 것이라
/영광을
/은혜의
/그의
/거저 주시는(바)
/우리에게
/(그의)사랑하시는 자 안에서
(=사랑 받는 자 안에서)

7 그리스도 안에서(=그의 안에서)[5)]
우리가
받았으니(=소유한다)
/구속
/그의 피로 말미암아
/(곧)사함을
/죄[들의]
/풍성함을 따라
/은혜의
/그의
8 /(이는)[6)]
그가 —— 넘치게 하사(=넘치게 하신)
/우리에게
/지혜와 총명으로(=안에)
/모든
9 /알리셨으니(=알리심으로, 방법, 과거분사)
/비밀을
/그[의] 뜻의
/우리에게
/(곧)기쁘심을 따라
/그[의]
/[그가] — 예정하신(것이니)
/그리스도 안에서(=그의 안에서)

//(목적: εἰς+목적격)
경륜을 위하여
/때가 찬

10 //(목적: 부정사, to -RSV)
통일되게 하려 하심이라
/다(=모든것을)
/그리스도 안에서

/하늘에 있는 것이나 땅에 있는 것이(=을)
/[그의 안에서]

11 그[의] 안에[7)]

5) 전치사 ἐν+관계대명사. 선행사는 '사랑하시는 자'이다.

6) 관계대명사, 선행사는 '은혜'이다. UBS3에는 앞에 컴마가 있지만, NA27에는 컴마조차 없다.

그의 사랑하시는 자 안에서 우리에게 거저 주시는 바 그의 은혜의 영광을 찬미하게 하려는 것이라 7 우리가 그리스도 안에서 그의 은혜의 풍성함을 따라 그의 피로 말미암아 구속 곧 죄 사함을 받았으니 8 이는 그가 모든 지혜와 총명으로 우리에게 넘치게 하사 9 그 뜻의 비밀을 우리에게 알리셨으니 곧 그 기쁘심을 따라 그리스도 안에서 때가 찬 경륜을 위하여 예정하신 것이니 10 하늘에 있는 것이나 땅에 있는 것이 다 그리스도 안에서 통일되게 하려 하심이라

will, 6 to the praise of the glory of His grace, which He freely bestowed on us in the Beloved. 7 In Him we have redemption through His blood, the forgiveness of our trespasses, according to the riches of His grace, 8 which He lavished upon us. In all wisdom and insight 9 He made known to us the mystery of His will, according to His kind intention which He purposed in Him 10 with a view to an administration suitable to the fulness of the times, that is, the summing up of all things in Christ, things in the heavens and things upon the earth. In Him 11 also we have obtained an inheritance, having been predestined according to His purpose who works all things

우리가 기업이 되었으니[8]
/[우리가] ———— 예정을 입어(=예정되어, 과거분사)
/뜻을 따라
/역사하시는 자의
/모든 일을
/마음의(=마음을 따라)
/그 원대로(=그의 의지의)

12 //이는(목적, 결과: εἰς +목적격, that...should)
우리로(=가) ——— 찬송이 되게 하려 하심이라
/전부터 바라던 /그의 영광의
/그리스도 안에서

13 그[의] 안에서[9]
[너희가] 듣고(=들었을 때에, 상황절, after)
/말씀[을]
/진리의
/(곧)복음을
/너희의 구원의
그[의] 안에서[10]
너희도 **인치심을 받았으니**[11]
/또한 믿어(=믿음으로, 방법, 과거분사)
/성령으로
/약속의
14 /(이는)[12]

10) 전치사 + 관계대명사. 선행사는 6절의 '사랑 받는 자' 이다. 본절에 같은 형태로 두 번 등장한다. 이 부분에서 역본마다 미묘한 차이를 드러낸다. 참고하라
In Him you also [**trusted,**] after you heard the word of truth, the gospel of your salvation; in whom also, having believed, you **were sealed** with the Holy Spirit of promise, [NKJV]
NKJV는 주문장을 이끄는 관계대명사의 계속적인 용법으로 보았다. 그래서 두 번 등장하는 ἐν ᾧ—(엔 호, 전치사+관계대명사 구)' 를 각각 독립된 주문장을 이끄는 것으로 표현하였다. 그러나 이 구조를 맞추기 위해 원문에 없는 동사인 'trusted' 를 첨가하여 의미번역하였다.
In Him, you also, **after listening** to the message of truth, the gospel of your salvation -- having also believed, you **were sealed in Him** with the Holy Spirit of promise, [NASB]
NASB는 앞의 'ἐν τῷ' 는 상황절로 번역된 분사구를 이끄는 전치사구로, 뒤의 'e˙n tw^◊' 는 주문장을 이끄는 전치사구로 보았다. 그러나 똑같은 '전치사 + 관계대명사 + 분사' 의 구조인데, 앞의 것은 분사구와, 뒤의 것은 주문장과 결합한 것은 일관성이 없는 번역이다. 게다가 앞의 전치사구가 두 개의 분사에 동시에 적용되게 번역한 것은 원문과는 다른 의미구조이다.
In him you also, when you had heard the word of truth, the gospel of your salvation, and had believed **in him**, **were marked** with the seal of the promised Holy Spirit; [NRSV]
NRSV는 앞의 전치사구는 주문장의 주동사(were marked)에, 뒤의 전치사구는 두 개의 분사중 뒤의 분사구(had believied)를 이끄는 것으로 보았다. 역시 일관성이 없다. 뒤의 전치사구만 분사구를 이끄는 것을 문법이나 구조적으로 설명하기에 약점이 있다.
And you also **were included in Christ** when you heard the word of truth, the gospel of your salvation. Having believed, you **were marked in him** with a seal, the promised Holy Spirit, [NIV]
NIV는 NKJV와 같은 입장이다. 그러나 NKJV가 첨가된 동사를 정직하게 괄호처리 한 것에 비해 NIV는 'were included' 를 거리낌없이 첨가하여 의미번역하였다.
* 본문의 문법구조에 정확하게 일치하는 것은 앞의 전치사구는 앞의 분사구(상황절)를 이끄는 것으로, 뒤의 것은 주문장을 이끄는 전치사구로 보는 것이다.

7) 전치사 + 관계대명사, 선행사는 6절의 '사랑받는 자' 이다.

8) 전치사 + 관계대명사가 이끄는 절이다. 선행사는 6절의 '사랑받는 자' 이다. UBS3에는 앞에 컴마가 있어서 선행사가 혼란스럽지만, NA 27은 마침점으로 되어있어 선행사가 '사랑받는 자' 임을 분명히 한다. 7절에 이어서 '사랑받는 자' 를 확장해서 진술하는 것이다.

9) 전치사 + 관계대명사. 선행사는 '사랑받는 자' 이다.

11 모든 일을 그 마음의 원대로 역사하시는 자의 뜻을 따
라 우리가 예정을 입어 그 안에서 기업이 되었으니 12 이
는 그리스도 안에서 전부터 바라던 우리로 그의 영광의 찬
송이 되게 하려 하심이라 13 그 안에서 너희도 진리의 말
씀 곧 너희의 구원의 복음을 듣고 그 안에서 또한 믿어 약
속의 성령으로 인치심을 받았으니

after the counsel of His will, 12 to the end that we who
were the first to hope in Christ should be to the praise of
His glory. 13 In Him, you also, after listening to the
message of truth, the gospel of your salvation — having
also believed, you were sealed in Him with the Holy Spirit
of promise, 14 who is given as a pledge of our inheritance,

14 /(이는)12)
[성령이] —— 보증이 되사(=보증이 되셨다)
/우리의 기업에
/구속하시고(=구속하시기까지)13)
/그 얻으신 것을

//(목적: εἰς+목적격, to)
찬미하게 하려 하심이라
/그의 영광을

15 이를 인하여(=그러므로, therefore, NKJV)
나도 듣고(=듣고나서, 상황절, after -NKJV)
/너희 믿음과
/주 예수 안에서
/<너희>사랑을
/성도를 향한
/모든

16 **마지 아니하고(=그치지 않는다)**
/감사하기를(=감사하는 것을, 분사)
/너희를 인하여(=대하여)
/말하노라(=말하는 것을, 분사)14)
/내가 기도할 때에(=나의 기도에 있어서)
/(너희를)

17 /하나님께서 —— 주사
/주 예수 그리스도의
/우리
/아버지
/영광의
/정신을
/지혜와 계시의
/너희에게
/알게 하시고(=지식 안에)
/하나님을(=그의)

8-19 /밝히사(=밝히심으로, 방법, 완료분사)
/눈을
/너희 마음[의]

//(목적: εἰς+목적격)

엡

11) 전치사 + 관계대명사가 이끄는 구절이다. 역시 선행사는 6절의 '사랑하시는 자' 이다. UBS3에는 앞에 윗점이지만, NA27에는 앞에 마침점이다. 7절과 11절에 이어서 '사랑하시는 자' 를 확장 진술한다.

12) 관계대명사. 선행사는 '성령' (이 단어는 '거룩한 + 영' 의 합성어이다. 그러므로 정확히 말해 선행사는 '영' 이다)

13) εἰς +목적격. 목적을 말하는 종속문장도 가능하다. 그러나 대부분의 역본들이 뒤에 나오는 목적을 의식해서 until, with 등으로 번역하였다. 역본들의 입장을 따랐다.

14) 두개의 단어(말+행하다)로 되어 있다. 분사는 뒤의 행하다이다. 그러나 이해를 위해 합성해서 분석했다.

14 이는 우리의 기업에 보증이 되사 그 얻으신 것을 구속
하시고 그의 영광을 찬미하게 하려 하심이라 15 이를 인
하여 주 예수 안에서 너희 믿음과 모든 성도를 향한 사랑
을 나도 듣고 16 너희를 인하여 감사하기를 마지 아니하
고 내가 기도할 때에 너희를 말하노라 17 우리 주 예수 그
리스도의 하나님, 영광의 아버지께서 지혜와 계시의 정신
을 너희에게 주사 하나님을 알게 하시고 18 너희 마음 눈
을 밝히사 그의 부르심의 소망이 무엇이며 성도 안에서 그
기업의 영광의 풍성이 무엇이며 19 그의 힘의 강력으로
역사하심을 따라 믿는 우리에게 베푸신 능력의 지극히 크

with a view to the redemption of God's own possession,
to the praise of His glory. 15 ¶ For this reason I too,
having heard of the faith in the Lord Jesus which exists among
you, and your love for all the saints, 16 do not cease
giving thanks for you, while making mention of you in
my prayers; 17 that the God of our Lord Jesus Christ,
the Father of glory, may give to you a spirit of wisdom
and of revelation in the knowledge of Him. 18 I pray
that the eyes of your heart may be enlightened, so that
you may know what is the hope of His calling, what are
the riches of the glory of His inheritance in the saints,
19 and what is the surpassing greatness of His power

//(목적: εἰς+목적격)
너희로 ─ 알게 하시기를(구하노라)
/소망이 ─── 무엇이며
/그의 부르심의
/풍성이 ─── 무엇이며
/영광의
/기업의
/그[의]
/성도 안에서
/크심이 ─── 어떤 것을(=무엇인지)
/지극히
/능력의
/[그의]
/우리에게 베푸신
/믿는
/역사하심을 따라
/강력으로(=강력의)
/힘의
/그의

20[그가] **역사하사**[15)]
/그 능력이(=힘을)
/그리스도 안에서
/(다시)살리시고(=살리심으로, 방법, 과거분사)
/[그를]
/죽은 자들 가운데서
/앉히사(=앉히심으로, 방법, 과거분사)
/자기의 오른편에
/하늘에(서)
21 /정사와 권세와 능력과 주관하는 자와(=자 위에 뛰어나게)
/모든
/이름 위에 뛰어나게(하시고)
/모든
/일컫는
/이 세상뿐 아니라 오는 세상에

22 또
[그가] **복종하게 하시고**
/만물을
/그 발 아래
주셨느니라
/그를
/머리로
/만물 위에
/교회의(=교회에게)
23 /교회는[16)] ─── 몸이니
/그의
─── 충만이니라
/충만케 하시는 자의
/만물을
/만물 안에서

엡

15) 관계대명사의 계속적인 용법이다. 선행사는 '힘' 이다. 한글개역은 '능력' 을 선행사로 보았지만, 관계대명사의 선행사는 가까운 것으로 보는 것이 타당하다.

16) 관계대명사. 선행사는 '교회' 이다.

심이 어떤 것을 너희로 알게 하시기를 구하노라
20 그 능력이 그리스도 안에서 역사하사 죽은 자들 가운
데서 다시 살리시고 하늘에서 자기의 오른편에 앉히사 21
모든 정사와 권세와 능력과 주관하는 자와 이 세상 뿐 아
니라 오는 세상에 일컫는 모든 이름 위에 뛰어나게 하시고
22 또 만물을 그 발 아래 복종하게 하시고 그를 만물 위에
교회의 머리로 주셨느니라 23 교회는 그의 몸이니 만물
안에서 만물을 충만케 하시는 자의 충만이니라

toward us who believe. These are in accordance with the
working of the strength of His might 20 which He brought
about in Christ, when He raised Him from the dead, and seated
Him at His right hand in the heavenly places, 21 far
above all rule and authority and power and dominion, and
every name that is named, not only in this age, but also
in the one to come. 22 And He put all things in subjection
under His feet, and gave Him as head over all things to
the church, 23 which is His body, the fulness of Him
who fills all in all.

2

1 너희를(=가) 죽었던(=죽었다)[17]
/허물[들]과 죄[들]로
/너희의
2 /그 가운데서[18]
너희가 ── 행하여
/그 때에
/풍속을 좇고(=따라)
/이 세상
/잡은 자를 따랐으니(=통치자를 따라)
/권세[의]
/공중의
/영이라(=영의)
/(곧) 역사하는
/지금
/아들들 가운데서
/불순종의
3 /그 가운데서[19]
우리도 ── 지내며
/다
/전에는
/욕심을 따라
/우리 육체의
/[우리가] ── 하여(=하면서, 현재분사)
/원하는 것을
/육체와 마음의
진노의 자녀이었더니
/본질상
/다른 이들과 같이

4-5
하나님이 **함께 살리셨고**
/풍성하신
/긍휼에
/그리스도와
/우리를
/허물로 죽은
//(이유: διὰ + 목적격, because of)
사랑을 인하여
/그[의]
/큰
/우리를 사랑하신
너희가 **구원을 얻은 것이라(=구원 받았다)**[20]
/은혜로
6 또
[그가] **함께 일으키사**

17) 원문에는 주어와 동사가 없이 목적어와 목적격 분사만이 있다. 한글성경은 5절 주문장 '그가 살리셨다'의 목적어로 보아 이곳에 5절 주문장을 삽입했다. 그러나 다음에 이어지는 4절까지 문장이 관계대명사의 계속적 용법이고 분사의 시제를 결정하는 문법적인 주동사는 5절의 '함께 살리다'이다. 그러므로 모든 역본이 이 부분을 주문장 처리하였다. 문맥성경도 이 입장을 따른다.
18) 전치사 + 관계대명사, 선행사는 '죄들'이다. 계속적 용법. 그러나 선행사가 있는 문장이 분사구이므로 주문장으로 놓지 않았다. 동시에 계속적 용법이므로 선행사의 수식관계로 표현하지 않고 분사를 설명하는 위치로 놓았다.
19) 전치사 + 관계대명사. 선행사는 '불순종의 아들들'이다. 계속적 용법
20) UBS3에는 하이픈(-)으로 되어서 설명구로 보이지만, NA27에는 컴마로 주문장이다.

엡

2:1 너희의 허물과 죄로 죽었던 너희를 살리셨도다 2 그 때에 너희가 그 가운데서 행하여 이 세상 풍속을 좇고 공중의 권세 잡은 자를 따랐으니 곧 지금 불순종의 아들들 가운데서 역사하는 영이라 3 전에는 우리도 다 그 가운데서 우리 육체의 욕심을 따라 지내며 육체와 마음의 원하는 것을 하여 다른 이들과 같이 본질상 진노의 자녀이었더니 4 긍휼에 풍성하신 하나님이 우리를 사랑하신 그 큰 사랑을 인하여 5 허물로 죽은 우리를 그리스도 예수 안에서 살리셨고 (너희가 은혜로 구원을 얻은 것이라) 6 또 함께 일

2:1 ¶ And you were dead in your trespasses and sins, 2 in which you formerly walked according to the course of this world, according to the prince of the power of the air, of the spirit that is now working in the sons of disobedience. 3 Among them we too all formerly lived in the lusts of our flesh, indulging the desires of the flesh and of the mind, and were by nature children of wrath, even as the rest. 4 But God, being rich in mercy, because of His great love with which He loved us, 5 even when we were dead in our transgressions, made us alive together with Christ (by grace you have been saved), 6 and raised us up with Him, and seated us with Him in the heavenly places, in

함께 앉히시니
/하늘에
/그리스도 예수 안에서

7 //이는(목적: ἵνα, in order that)
[그가] ── 나타내려 하심이니라
/풍성함을
/그[의] 은혜의
/지극히
/우리에게
/오는 여러 세대에(=오는 세대들 안에서)
/그리스도 예수 안에서
/자비하심으로써

8 //(이유: γάρ, for)
너희가 ──── 구원을 얻었나니
/그 은혜를 인하여
/믿음으로 말미암아

//동격
이것이 ── 너희에게서 난 것이 아니요
── 선물이라
/하나님의
9 행위에서 난 것이 아니니

//이는(목적: ἵνα, that....should)
누구든지 자랑치 못하게 함이니라

10 //(이유: γάρ, for)
우리는 ── 만드신 바라
/그의
/[우리가] ─지으심을 받은 자니(=지음받음으로, 방법, 과거분사)
/그리스도 예수 안에서
/선한 일[들]을 위하여(=대하여)
/(이 일은)[21]
하나님이── 전에 예비하사(=전에 예비하신)

//(목적: ἵνα, that...should)[22]
우리로 ── 행하게 하려 하심이니라
/그 가운데서

11 그러므로(διὸ)
[너희는]
생각하라
/너희는──이방인이요
/그 때에
/육체로(=육체 안에)
/무할례당이라 칭함을 받는 자들이라
/할례당이라 칭하는 자들에게
/육체에(=육체 안에)
/손으로 행한

12 /너희는─그리스도 밖에 있었고[23]

21) 관계대명사. 선행사는 '(선한) 일들'이다. 한정적 용법

22) UBS3에는 컴마가 없지만, NA27에는 ἵνα 앞에 컴마(,)가 있다.

엡

으키사 그리스도 예수 안에서 함께 하늘에 앉히시니 7 이
는 그리스도 예수 안에서 우리에게 자비하심으로써 그 은
혜의 지극히 풍성함을 오는 여러 세대에 나타내려 하심이
니라 8 너희가 그 은혜를 인하여 믿음으로 말미암아 구원
을 얻었나니 이것이 너희에게서 난 것이 아니요 하나님의
선물이라 9 행위에서 난 것이 아니니 이는 누구든지 자랑
치 못하게 함이니라 10 우리는 그의 만드신 바라 그리스
도 예수 안에서 선한 일을 위하여 지으심을 받은 자니 이
일은 하나님이 전에 예비하사 우리로 그 가운데서 행하게
하려 하심이니라 11 그러므로 생각하라 너희는 그 때에
육체로 이방인이요 손으로 육체에 행한 할례당이라 칭하는
자들에게 무할례당이라 칭함을 받는 자들이라

Christ Jesus, 7 in order that in the ages to come He might
show the surpassing riches of His grace in kindness toward
us in Christ Jesus. 8 For by grace you have been saved through
faith; and that not of yourselves, it is the gift of God; 9
not as a result of works, that no one should boast. 10
For we are His workmanship, created in Christ Jesus for
good works, which God prepared beforehand, that we
should walk in them. 11 ¶ Therefore remember, that
formerly you, the Gentiles in the flesh, who are called
"Uncircumcision" by the so-called "Circumcision," which
is performed in the flesh by human hands — 12 remember
that you were at that time separate from Christ, excluded

12 /너희는 — 그리스도 밖에 있었고[23]
/그 때에
밖의 사람이라
/나라
/이스라엘
외인이요
/언약들에 대하여
/약속의
소망이 없고
하나님도 없는 자이더니
/세상에서

13 너희가
/전에 멀리 있던
가까와졌느니라
/이제는
/그리스도 예수 안에서
/피로
/그리스도의

14-15 //(이유: γάρ, for)
그는 — 화평이신지라
/우리의
/만드사(=만드는)
/둘로 하나를
/허시고(=허시는)
/중간에(=중간벽을)
/막힌 담을(=막힌 담의)
/폐하셨으니(=폐하시고, 과거분사)
/원수 된 것[을]
/곧(동격)
율법을
/계명의
/의문에 속한
/자기 육체로

//이는(목적: ἵνα, that...might)
[그가] — 지어(=지으려 하심이라)
/이 둘로
/사람을
/한
/새
/자기의 안에서
/하시고(=행하면서, 현재분사)
/화평하게(=화평을)
— 16 또 화목하게 하려 하심이라

23) 'ὅτι'가 이끄는 수식부이다. 생각해야 할 내용을 말한다.

엡

12 그 때에 너희는 그리스도 밖에 있었고 이스라엘 나라
밖의 사람이라 약속의 언약들에 대하여 외인이요 세상에서
소망이 없고 하나님도 없는 자이더니 13 이제는 전에 멀
리 있던 너희가 그리스도 예수 안에서 그리스도의 피로 가
까와졌느니라 14 그는 우리의 화평이신지라 둘로 하나를
만드사 중간에 막힌 담을 허시고 15 원수 된 것 곧 의문에
속한 계명의 율법을 자기 육체로 폐하셨으니 이는 이 둘로

from the commonwealth of Israel, and strangers to the covenants of promise, having no hope and without God in the world.
13 But now in Christ Jesus you who formerly were far off have been brought near by the blood of Christ.
14 For He Himself is our peace, who made both groups into one, and broke down the barrier of the dividing wall,
15 by abolishing in His flesh the enmity, which is the Law of commandments contained in ordinances, that in Himself He might make the two into one new man, thus establishing peace,
16 and might reconcile them both in

16 *또 화목하게 하려 하심이라*
/이 둘을
/한 몸으로
/하나님과
/십자가로
/소멸하시고(과거분사)
/원수 된 것을
/십자가로

17 또
[그가] **전하고**
/평안을
/너희에게
/먼 데 있는
/오셔서(과거분사)
〈전하셨으니〉
/평안을
/가까운 데 있는 자들에게

18 //이는(이유: ὅτι, for)
우리 둘이 —— 얻게 하려 하심이라
/나아감을
/아버지께
/한 성령 안에서
/저로 말미암아

19 그러므로(ἄρα)
너희가 **외인도 아니요**
손도 아니요
오직 **동일한 시민이요**
/성도들과
권속이라
/하나님의
/이제부터

20 /(너희는)—세우심을 입은 자라(=세우심을 입음으로, 방법, 과거분사)
/터 위에
/사도들과 선지자들의
/그리스도 예수께서 — 모퉁이 돌이 되셨느니라(=되신)
/친히

21 /그의 안에서[24)]
건물[이] ——— 되어 가고
/마다(=모든) /성전이
/주 안에서
/서로 연결하여(=서로 연결 되면서, 현재분사)

22 /예수 안에서[25)]

24) 전치사 + 관계대명사. 선행사는 '그리스도 예수'이다. 계속적 용법

엡

자기의 안에서 한 새 사람을 지어 화평하게 하시고
16 또 십자가로 이 둘을 한 몸으로 하나님과 화목하게 하
려 하심이라 원수 된 것을 십자가로 소멸하시고 17 또 오
셔서 먼 데 있는 너희에게 평안을 전하고 가까운 데 있는
자들에게 평안을 전하셨으니 18 이는 저로 말미암아 우리
둘이 한 성령 안에서 아버지께 나아감을 얻게 하려 하심이
라 19 그러므로 이제부터 너희가 외인도 아니요 손도 아
니요 오직 성도들과 동일한 시민이요 하나님의 권속이라
20 너희는 사도들과 선지자들의 터 위에 세우심을 입은
자라 그리스도 예수께서 친히 모퉁이 돌이 되셨느니라 21
그의 안에서 건물마다 서로 연결하여 주 안에서 성전이 되
어 가고

one body to God through the cross, by it having put to
death the enmity. 17 And He came and preached peace
to you who were far away, and peace to those who were
near; 18 for through Him we both have our access in one
Spirit to the Father. 19 So then you are no longer strangers
and aliens, but you are fellow citizens with the saints,
and are of God's household, 20 having been built upon
the foundation of the apostles and prophets, Christ Jesus
Himself being the corner stone, 21 in whom the whole
building, being fitted together is growing into a holy

22 /예수 안에서[25)]
너희도 —함께 지어져 가느니라
//(목적: εἰς+목적격, into)
거하실 처소가 되기 위하여
/하나님의
/성령 안에서

3

1 이러므로
나 바울은 **갇힌 자 된(=갇힌 자이다)**[26)]
/그리스도 예수의(일로)
/너희 이방을 위하여

2 [만약, ei˙]
너희가 들었을 터이라(=들었다면, 조건절, if)
/경륜을
/그 은혜의
/하나님의
/내게 주신
/너희를 위하여

3 곧[27)]
비밀을(=이) **알게 하신 것은(=알려진 것이다)**
/내게
/계시로
/내가 이미 대강 기록함과 같으니(=같이)[28)]

4 이것을[29)]

25) 전치사 + 관계대명사. 선행사는 '그리스도 예수'이다. 계속적 용법

26) 우선 보기엔 '갇힌자 된' 이라는 말이 바울을 수식하는 말로 보인다. 그러면 이 부분이 다른 앞 뒤 문장과 단절되는 결과를 가진다. 연결할 수 있는 단어가 없게 된다. 그래서 이 말을 주격 보어로 보면 서술어로 된다. 그렇게 하면 앞 뒤 문장과 연결된다. 서신서의 1장에 있는 '은혜와 평강이 있을지어다'를 모델로 비교해 보라. 모든 역본들이 본절과 이하의 문장을 분리하여 하이픈(-)으로 연결했다.

27) 조건절이 충족되어 되어진 결과를 지시하는 단순 접속사이다. 이 'ὅτι' 때문에 이하 주문장이 조건절이 충족된 것이 의미하는 것이 무엇인지를 나타낸다. 즉 '너희가 들은 것(다메섹 도상의 사건, 행 9장)은 곧 (구원의) 비밀이 내게 알려진 사건이다'라는 뜻이다. 바울이 다메섹에서 체험한 기적이 곧 구원의 비밀이 계시를 통해 바울에게 주어진 사건이라는 의미이다.

28) '...같으니'는 'καθὼς'(종속 접속사)를 번역한 것이다. καθὼς는 'κατα+ως'의 합성어이다.성경에 182번 등장하는데 독립적인 용법과 동사의 부사구로 사용된다. 전자는 상황이나 조건절 같은 기능을 하고, 후자는 동사를 강화하는 기능을 한다. 본문은 후자의 기능이다.

22 너희도 성령 안에서 하나님의 거하실 처소가 되기 위하여 예수 안에서 함께 지어져 가느니라

3:1 이러므로 그리스도 예수의 일로 너희 이방을 위하여 갇힌 자 된 나 바울은 2 너희를 위하여 내게 주신 하나님의 그 은혜의 경륜을 너희가 들었을 터이라 3 곧 계시로 내게 비밀을 알게 하신 것은 내가 이미 대강 기록함과 같으니 4 이것을 읽으면 그리스도의 비밀을 내가 깨달은 것

temple in the Lord; 22 in whom you also are being built together into a dwelling of God in the Spirit.

3:1 ¶ For this reason I, Paul, the prisoner of Christ Jesus for the sake of you Gentiles — 2 if indeed you have heard of the stewardship of God's grace which was given to me for you; 3 that by revelation there was made known to me the mystery, as I wrote before in brief. 4 And by referring to this, when you read you can understand my insight into the mystery of Christ, 5 which in other generations was not made known to the sons of men, as it has now been revealed to His holy apostles and prophets in the

4 이것을[29]
너희가 읽으면(상황절, when)[30]
알 수 있으리라
/내가(=나의) 깨달은 것을
/비밀을(=비밀 가운데)
/그리스도의

5 /그것은[31] — 알게 하지 아니하셨으니(=알려지지 않았다)
/다른 세대에서는
/사람의 아들들에게
/[그것이]—나타내신 것같이 (=드러남 같이)
/이제
/사도들과
/그의
/거룩한
/선지자들에게(인)[32]
/성령으로

6 //이는(결과: 부정사, that...are)33)
이방인들이 — 함께 후사가 되고
함께 지체가 되고
함께 참여하는 자가 됨이라
/약속에

/그리스도 예수 안에서
/복음으로 말미암아

7 /이 복음을 위하여(=복음의)[34]
내가 — 일꾼이 되었노라
/선물을 따라
/은혜의
/하나님의
/내게 주신
/역사하시는 대로
/그의 능력이(의)

8 이 은혜를(=가) **주신 것은(=주어진 것은)**
/나에게
/지극히 작은 자보다 더 작은
/모든 성도 중에

//(목적: 부정사, that... should - NKJV)
전하게 하시고
/풍성을
/그리스도의
/측량할 수 없는
/이방인에게

9 //(목적, 연속)

엡

29) 전치사 + 관계대명사, 선행사는 '비밀' 이다. 계속적 용법

30) 분사(현재)가 상황절이 되는 경우

31) 관계대명사의 계속적 용법, 선행사는 '비밀' 이다.

32) 관사를 '사도들' 과 공유한다.

33) 4절 주문장인 너희가 알 수 있게 된 결과를 나타내는 종속문장이다.

34) 관계대명사를 풀어서 번역한 것이다. 선행사는 '복음' 이다. 계속적 용법

을 너희가 알 수 있으리라 5 이제 그의 거룩한 사도들과
선지자들에게 성령으로 나타내신 것같이 다른 세대에서는
사람의 아들들에게 알게 하지 아니하셨으니 6 이는 이방
인들이 복음으로 말미암아 그리스도 예수 안에서 함께 후
사가 되고 함께 지체가 되고 함께 약속에 참예하는 자가
됨이라 7 이 복음을 위하여 그의 능력이 역사하시는 대로
내게 주신 하나님의 은혜의 선물을 따라 내가 일군이 되었
노라 8 모든 성도 중에 지극히 작은 자보다 더 작은 나에

Spirit; 6 to be specific, that the Gentiles are fellow heirs and fellow members of the body, and fellow partakers of the promise in Christ Jesus through the gospel, 7 of which I was made a minister, according to the gift of God's grace which was given to me according to the working of His power. 8 To me, the very least of all saints, this grace was given, to preach to the Gentiles the unfathomable riches of Christ, 9 and to bring to light what is the

9 //(목적, 연속)
드러내게 하려 하심이라
/경륜이 —— 어떠한 것을[35)]
/비밀의
/감취었던
/영원부터
/하나님 속에
/창조하신
/만물을

10 //이는(목적: ἵνα, in order that...may)
지혜를(=가) —— 알게 하려 하심이니(=알려지도록)
/하나님의
/각종
/이제
/정사와
권세들에게
/하늘에서
/교회로 말미암아
11 /곧 예정하신 뜻대로
/영원부터(=영원한)
/[그가 행하신](것이라)
/우리 주 그리스도 예수 안에서

12 /그 안에서[36)]
우리가 — 얻느니라
/담대함과
(하나님께) 나아감을
/당당히
/믿음으로 말미암아
/그를

엡

13 그러므로(διὸ)
내가 **구하노니**
/(너희에게)
/낙심치 말라(=낙심치 말 것을)
/나의 여러 환난에 대하여
/너희를 위한

이는 **영광이니라**
/너희의

14-15
이러하므로
내가 **꿇고 비노니**
/[나의] 무릎을
/아버지 앞에

/[그로부터][39)]

35) 직역: 무엇이 경륜인가?

36) 전치사 + 관계대명사, 선행사는 '예수 그리스도'이다. 계속적 용법

37) 주어가 관계대명사이다. 그러나 문법적으로는 선행사가 없이 독립적인 용법이다. 의미상 선행사는 '환난들'이다. 그 환난들 중 개별적인 하나의 고난을 가리킨다.

38) 14-15절은 같이 놓고 보아야 한다. 한글 개역 성경은 이 부분을 도치시켰다.

39) 전치사 + 관계대명사, 선행사는 '아버지'이다. 계속적 용법

게 이 은혜를 주신 것은 측량할 수 없는 그리스도의 풍성
을 이방인에게 전하게 하시고 9 영원부터 만물을 창조하
신 하나님 속에 감취었던 비밀의 경륜이 어떠한 것을 드러
내게 하려 하심이라 10 이는 이제 교회로 말미암아 하늘
에서 정사와 권세들에게 하나님의 각종 지혜를 알게 하려
하심이니 11 곧 영원부터 우리 주 그리스도 예수 안에서
예정하신 뜻대로 하신 것이라 12 우리가 그 안에서 그를
믿음으로 말미암아 담대함과 하나님께 당당히 나아감을 얻
느니라 13 그러므로 너희에게 구하노니 너희를 위한 나의
여러 환난에 대하여 낙심치 말라 이는 너희의 영광이니라

administration of the mystery which for ages has been hidden in God, who created all things; 10 in order that the manifold wisdom of God might now be made known through the church to the rulers and the authorities in the heavenly places. 11 This was in accordance with the eternal purpose which He carried out in Christ Jesus our Lord, 12 in whom we have boldness and confident access through faith in Him. 13 Therefore I ask you not to lose heart at my tribulations on your behalf, for they are your glory. 14 For this reason, I bow my knees before the Father, 15 from whom every family in heaven and on earth derives its name, 16 that He would grant you, according to the

/[그로부터][39)]
족속에게(=이) —— 이름을 주신(=이름 받았다)
/각
/하늘과 땅에 있는

16 [하나님은] **[허락]하옵시며**[40)]
/너희[에게]
/풍성을 따라
/그[의] 영광의
/능력으로

/강건하게(=강건함을)
/속 사람을
/그의 성령으로 말미암아
17 /그리스도께서 — 계시게(하옵시고)(=그리스도의 계심을)
/너희 마음에
/믿음으로 말미암아
/[너희가] —— 뿌리가 박히고
터가 굳어져서

/사랑 가운데서

18-19 //(결과: ἵνα, may)
[너희가] —— 능히(=능하게 되도록)
/깨달아(=깨닫는 것을, 부정사)
/그 넓이와 길이와 높이와 깊이가 어떠함을
/모든 성도와 함께
/알아(=아는 것을, 부정사)
/사랑을
/그리스도의
/넘치는
/지식에

//(목적: ἵνα, that...may)
너희에게(=가) — 충만하게 하시기를 구하노라(=충만케 되도록)
/충만하신 것으로
/하나님의
/모든

20-21
영광이 **원하노라(=있을지어다)**. 아멘
/[그에게] —— * 동격
/능히 하실 이에게(=능하신 이에게) ——
/[행함에]
/온갖 것에 보다(=모든 것 보다)
/우리가 —— 구하는 것이나
생각하는
/더 넘치도록
/능력대로

엡

39) 전치사 + 관계대명사, 선행사는 '아버지' 이다. 계속적 용법

40) 'ἵνα+ 가정법 동사' 는앞에 '말함', '기도함', '권고함' 이라는 동사 다음에 나오면 명령법 동사로 사용된다. 하나님을 향한 명령법 동사는 간구와 기원의 의미를 갖는다.

14 이러하므로 내가 하늘과 땅에 있는 각 족속에게 **15** 이
름을 주신 아버지 앞에 무릎을 꿇고 비노니
16 그 영광의 풍성을 따라 그의 성령으로 말미암아 너희
속 사람을 능력으로 강건하게 하옵시며 **17** 믿음으로 말미
암아 그리스도께서 너희 마음에 계시게 하옵시고 너희가
사랑 가운데서 뿌리가 박히고 터가 굳어져서 **18** 능히 모
든 성도와 함께 지식에 넘치는 그리스도의 사랑을 알아 **19**
그 넓이와 길이와 높이와 깊이가 어떠함을 깨달아 하나님
의 모든 충만하신 것으로 너희에게 충만하게 하시기를 구
하노라 **20** 우리 가운데서 역사하시는 능력대로 우리의 온

riches of His glory, to be strengthened with power through
His Spirit in the inner man; 17 so that Christ may dwell
in your hearts through faith; and that you, being rooted
and grounded in love, 18 may be able to comprehend
with all the saints what is the breadth and length and
height and depth, 19 and to know the love of Christ which
surpasses knowledge, that you may be filled up to all the
fulness of God. 20 Now to Him who is able to do exceeding
abundantly beyond all that we ask or think, according to
the power that works within us, 21 to Him be the glory
in the church and in Christ Jesus to all generations forever
and ever. Amen.

/능력대로
/역사하시는
/우리 가운데서
/교회 안에서와
/그리스도 예수 안에서
/대대로
/영원 무궁하기를(=영원 무궁토록)

4

1 그러므로(οὖν)
내가 **권하노니**
/갇힌 /너희를
/주 안에서 /행하여(=행할 것을, 부정사)
/합당하게
/부름에
/너희가 부르심을 입은
2 /겸손과 온유로(하고)
/모든
/오래 참음으로
/용납하고(=용납하면서, 분사)
/서로
/사랑 가운데서
3 /힘써(=힘쓰면서, 분사)
/지키라(=지키는 것을, 부정사)
/하나 되게 하신 것을
/성령의
/매는 줄로(=매는 줄 안에)
/평안의

4 몸이 **하나이요**
성령이 **하나이니**
/이와 같이
너희가 — 부르심을 입었느니라(=부르심을 입은 것 같이)
/소망 안에서
/한
/부르심의
/[너희의]

5 주도 **하나이요**
믿음도 **하나이요**
세례도 **하나이요**

6 하나님도 **하나이시니**
/곧 아버지(시라)
/만유의
/만유 위에(계시고)
/만유를 통일하시고(=통해)
/만유 가운데(계시도다)

엡

갖 구하는 것이나 생각하는 것에 더 넘치도록 능히 하실
이에게 21 교회 안에서와 그리스도 예수 안에서 영광이
대대로 영원 무궁하기를 원하노라 아멘

4:1 그러므로 주 안에서 갇힌 내가 너희를 권하노니 너
희가 부르심을 입은 부름에 합당하게 행하여 2 모든
겸손과 온유로 하고 오래 참음으로 사랑 가운데서 서로 용
납하고 3 평안의 매는 줄로 성령의 하나되게 하신 것을 힘
써 지키라 4 몸이 하나이요 성령이 하나이니 이와 같이 너
희가 부르심의 한 소망 안에서 부르심을 입었느니라 5 주
도 하나이요 믿음도 하나이요 세례도 하나이요 6 하나님
도 하나이시니 곧 만유의 아버지시라 만유 위에 계시고 만

4:1 ¶ I, therefore, the prisoner of the Lord, entreat you
to walk in a manner worthy of the calling with which
you have been called, 2 with all humility and gentleness,
with patience, showing forbearance to one another in love,
3 being diligent to preserve the unity of the Spirit in the
bond of peace. 4 There is one body and one Spirit, just
as also you were called in one hope of your calling; 5
one Lord, one faith, one baptism, 6 one God and Father
of all who is over all and through all and in all. 7 But
to each one of us grace was given according to the measure

7 은혜를(=가) **주셨나니(=주어졌다)**
/각 사람에게
/우리[의]
/분량대로
/선물의
/그리스도의

8 그러므로(dio\)
[그가] **이르기를**(...하였도다)
/그가 ─ 올라가실 때에(=상황절, when)
/위로
사로잡고
/사로잡힌 자를(=사로잡은 자를)
주셨다
/선물을
/사람들에게

9 올라가셨다 하였은즉 **무엇이냐?**
(=올라가셨다는 것이)
/내리셨던 것이 아니면
/아래 곳으로
/땅[의]
10 내리셨던[이] 곧 **오르신 자니**
/[바로 그가]
/하늘 위에
/모든

//이는(목적: ἵνα, that...might)
[그가] ─── 충만케 하려 하심이니라
/만물을

11 그가 **주셨으니**
/(혹은)사도로(=들을)
/(혹은) 선지자로(=들을)
/(혹은) 복음 전하는 자로(=들을)
/(혹은) 목사와 교사로(=목사 곧 교사들을)

12 //이는(목적: πρὸς, for)[41]
온전케 하며
/성도를(=의)
/일을 하게 하며(=일에 대해)
/봉사의

//(목적: εἰς+목적격, to)
세우려 하심이라
/그리스도의 몸을

13 /우리가 ── 이르리니(=이르기까지)

41) 방향을 나타내는 전치사구가 목적을 나타내는 종속문장으로 사용되었다.

엡

유를 통일하시고 만유 가운데 계시도다

7 우리 각 사람에게 그리스도의 선물의 분량대로 은혜를
주셨나니 8 그러므로 이르기를 그가 위로 올라가실 때에
사로잡힌 자를 사로잡고 사람들에게 선물을 주셨다 하였도
다 9 올라가셨다 하였은즉 땅 아랫곳으로 내리셨던 것이
아니면 무엇이냐 10 내리셨던 그가 곧 모든 하늘 위에 오
르신 자니 이는 만물을 충만케 하려 하심이니라 11 그가
혹은 사도로, 혹은 선지자로, 혹은 복음 전하는 자로, 혹은
목사와 교사로 주셨으니 12 이는 성도를 온전케 하며 봉

of Christ's gift. 8 Therefore it says, "When He ascended
on high, He led captive a host of captives, And He gave
gifts to men." 9 (Now this expression, "He ascended,"
what does it mean except that He also had descended into
the lower parts of the earth? 10 He who descended is
Himself also He who ascended far above all the heavens,
that He might fill all things.) 11 And He gave some as apostles,
and some as prophets, and some as evangelists, and some
as pastors and teachers, 12 for the equipping of the saints
for the work of service, to the building up of the body
of Christ; 13 until we all attain to the unity of the faith,
and of the knowledge of the Son of God, to a mature

13 /*우리가* —— *이르리니(=이르기까지)*
/다(=모든) /하나가 되어(=하나 되는 것에)
/믿는 것과
/아는 일에
/하나님의 아들을
/사람을 이루어(=이루는 것에)
/온전한
/분량이(=분량에)
/장성한
/충만한(데까지)
/그리스도의

14 //이는(목적: ἵνα, that...may-RSV)
우리가 ——이제부터 되지(아니하여…치)않게 하려 함이라
/어린아이가
/밀려(=밀리는)
/요동(=요동하는)
/풍조에
/모든
/교훈의
/궤술과(=궤술 안의)
/사람의
/유혹에 빠져(=유혹 안의)
/간사한
/[미혹의]

15 //(연속되는 목적)
[우리는] — 자랄지라
/오직 참된 것을 [말]하여(=말하면서, 분사)
/사랑 안에서
/범사에
/그에게까지
/그는[42] — 머리니
/곧 그리스도라

16 /그에게서[43]
몸이 — 세우느니라[44]
/온 /스스로
/사랑 안에서
/연락하고(=연락하면서, 현재분사)
/상합하여(=상합하면서, 현재분사)
/마디를 통하여

엡

42) 관계대명사. 선행사는 '그' 이다. 계속적 용법

43) 전치사+관계대명사. 계속적 용법으로 선행사는 '그리스도' 이다.

44) 동사 + 목적어이다. 직역하면 '세움을 행한다'

사의 일을 하게 하며 그리스도의 몸을 세우려 하심이라

13 우리가 다 하나님의 아들을 믿는 것과 아는 일에 하나가 되어 온전한 사람을 이루어 그리스도의 장성한 분량이 충만한 데까지 이르리니 14 이는 우리가 이제부터 어린아이가 되지 아니하여 사람의 궤술과 간사한 유혹에 빠져 모든 교훈의 풍조에 밀려 요동치 않게 하려 함이라 15 오직 사랑 안에서 참된 것을 하여 범사에 그에게까지 자랄지라 그는 머리니 곧 그리스도라 16 그에게서 온 몸이 각 마디를 통하여 도움을 입음으로 연락하고 상합하여 각 지체의

man, to the measure of the stature which belongs to the fulness of Christ. 14 As a result, we are no longer to be children, tossed here and there by waves, and carried about by every wind of doctrine, by the trickery of men, by craftiness in deceitful scheming; 15 but speaking the truth in love, we are to grow up in all aspects into Him, who is the head, even Christ, 16 from whom the whole body, being fitted and held together by that which every joint supplies, according to the proper working of each individual part, causes the growth of the body for the building up of itself in love.

/마디를 통하여
/각
/도움을 입음으로(=공급하는)
/역사하여(=역사를 따라)
/분량대로
/각[각] 지체의
/자라게 하며(=성장에서의)
/그 몸을(=의)

17 그러므로(οὖν)
내가 **말하며**
증거하노니
/주 안에서
/이것을
/너희는— 이제부터는 행하지 말라
/이방인이 — 행함같이
/허망한 것으로(=안에)
/그[들]마음의
18 /어두워지고(완료분사)
/(저희)총명이
/떠나 있도다(=떠나서, 완료분사)
/생명에서
/하나님의
//(이유: διὰ+목적격, because of)
무지함과(=무지함 때문에)
/저희 가운데 있는
//(이유: διὰ+목적격, because of)
굳어짐으로 말미암아
/마음이
/저희
19 /저희가[45] — 방임하여
/자신을
/방탕에
/감각 없는 자 되어(완료분사)
/행하되(=행동으로)
/더러운 것을(=더러운)
/모든
/욕심으로(=욕심 안에)

20 오직(δὲ)
너희는 **배우지 아니하였느니라**
/이같이
/그리스도를

21 과연(γε)
[만약]
너희가 — 듣고
/그에게서
또한 가르침을 받았을진대(조건절, if)
/그 안에서
/진리가 — 예수 안에 있는 것같이

45) 관계대명사. 선행사는 '저희' 이다. 계속적 용법

엡

분량대로 역사하여 그 몸을 자라게 하며 사랑 안에서 스스로 세우느니라
17 그러므로 내가 이것을 말하며 주 안에서 증거하노니 이제부터는 이방인이 그 마음의 허망한 것으로 행함같이 너희는 행하지 말라 18 저희 총명이 어두워지고 저희 가운데 있는 무지함과 저희 마음이 굳어짐으로 말미암아 하나님의 생명에서 떠나 있도다 19 저희가 감각 없는 자 되어 자신을 방탕에 방임하여 모든 더러운 것을 욕심으로 행

17 This I say therefore, and affirm together with the Lord, that you walk no longer just as the Gentiles also walk, in the futility of their mind, 18 being darkened in their understanding, excluded from the life of God, because of the ignorance that is in them, because of the hardness of their heart; 19 and they, having become callous, have given themselves over to sensuality, for the practice of every kind of impurity with greediness. 20 But you did not learn Christ in this way, 21 if indeed you have heard Him and have been taught in Him, just as truth is in

22 너희는 **벗어버리고**[46)]
/구습을 좇는(=구습에 대해서는)
/사람을
/옛
/썩어져 가는
/욕심을 따라
/유혹의

23 오직 **새롭게 되어**
/심령으로
/[너희의]
24 **입으라**
/사람을
/새
/지으심을 받은
/하나님을 따라
/의와(=안에)
/거룩함으로(=안에)
/진리의

25 그런즉(διὸ)
[너희는] **말하라**
/각각 /참된 것을
/그[의] 이웃으로 더불어
/버리고(방법, 분사)
/거짓을

//이는(이유: ὅτι, for)
우리가 서로 지체가 됨이니라

26 [너희는] **분을 내어도**
죄를 짓지 말며
해가 **지도록 말고**
/분을 품지(=분을 품은 위로)
/[너희의]

27 [너희는] **타지 못하게 하라(=주지 말라)**
/틈을
/마귀로(=에게)

28 도적질하는 자는 **다시 도적질하지 말고**
돌이켜 **수고하여(=수고하라)**
/일을 하라(=일을 하면서, 현재분사)
/제 손으로
/선한

//(목적: ἵνα, in order that ... may)
구제할 것이 —— 있기 위하여
/빈궁한 자에게

46) 22-23에 등장하는 세 개의 동사는 원문에서 명령이 아니라 부정사이다. 그러나 대부분의 역본들이 명령으로 의미해석 했다.

엡

하되 20 오직 너희는 그리스도를 이같이 배우지 아니하였
느니라 21 진리가 예수 안에 있는 것같이 너희가 과연 그
에게서 듣고 또한 그 안에서 가르침을 받았을 진대 22 너
희는 유혹의 욕심을 따라 썩어져 가는 구습을 좇는 옛 사
람을 벗어버리고 23 오직 심령으로 새롭게 되어 24 하나
님을 따라 의와 진리의 거룩함으로 지으심을 받은 새 사람
을 입으라 25 그런즉 거짓을 버리고 각각 그 이웃으로 더
불어 참된 것을 말하라 이는 우리가 서로 지체가 됨이니라
26 분을 내어도 죄를 짓지 말며 해가 지도록 분을 품지 말
고 27 마귀로 틈을 타지 못하게 하라 28 도적질하는 자는

Jesus, 22 that, in reference to your former manner of life,
you lay aside the old self, which is being corrupted in
accordance with the lusts of deceit, 23 and that you be renewed
in the spirit of your mind, 24 and put on the new self,
which in the likeness of God has been created in righteousness
and holiness of the truth. 25 Therefore, laying aside falsehood,
speak truth, each one of you, with his neighbor, for we
are members of one another. 26 Be angry, and yet do
not sin; do not let the sun go down on your anger, 27
and do not give the devil an opportunity. 28 Let him who
steals steal no longer; but rather let him labor, performing
with his own hands what is good, in order that he may

29 더러운 말은 **내지 말고**
/무릇(=모든) /너희 입 밖에도
선한 말을 오직 **(하여)**
/(덕을)세우는 데(=세움에 대해)
/소용되는 대로(=필요한)

//(목적: ἵνα, that...may)
[그것이] —— 끼치게 하라
/은혜를
/듣는 자들에게

30 [너희는] **근심하게 하지 말라**
/성령을
/하나님의

/그 안에서[47)]
너희가 —— 인치심을 받았느니라
/구속의 날까지

31 악독과
노함과
분냄과
떠드는 것과
훼방하는 것을 —— **버리고(=버려지게 하라)**
/악의와 함께
/모든

/너희는(=의)
/모든

엡

32 [너희는] **인자하게 하며(=인자한 자가 되라)**
불쌍히 여기며(=불쌍히 여기는 자가 되라)

/서로
/용서하기를(=용서하면서, 현재분사)
/서로
/하나님이 — 용서하심과 같이(하라)
/너희를
/그리스도 안에서

47) 전치사 + 관계대명사, 선행사는 '성령'이다. 계속적 용법

다시 도적질 하지 말고 돌이켜 빈궁한 자에게 구제할 것이 있기 위하여 제 손으로 수고하여 선한 일을 하라
29 무릇 더러운 말은 너희 입 밖에도 내지 말고 오직 덕을 세우는 데 소용되는 대로 선한 말을 하여 듣는 자들에게 은혜를 끼치게 하라 30 하나님의 성령을 근심하게 하지 말라 그 안에서 너희가 구속의 날까지 인치심을 받았느니라 31 너희는 모든 악독과 노함과 분냄과 떠드는 것과 훼방하는 것을 모든 악의와 함께 버리고 32 서로 인자하게 하며 불쌍히 여기며 서로 용서하기를 하나님이 그리스도 안에서 너희를 용서하심과 같이 하라

have something to share with him who has need. 29 Let no unwholesome word proceed from your mouth, but only such a word as is good for edification according to the need of the moment, that it may give grace to those who hear. 30 And do not grieve the Holy Spirit of God, by whom you were sealed for the day of redemption. 31 Let all bitterness and wrath and anger and clamor and slander be put away from you, along with all malice. 32 And be kind to one another, tender-hearted, forgiving each other, just as God in Christ also has forgiven you.

5

1 그러므로(οὖν)
너희는 **본받는 자가 되고**
/하나님을
/자녀같이
/사랑을 입은

2 너희도 **행하라**
/사랑 가운데서
/그리스도께서 ─ 사랑하신 것같이
/너희를
버리사...드리셨느니라(=넘겨주신 것 같이)
/(그는)자신을
/우리를 위하여
/제물과 생축으로
/하나님께
/[냄새로]
/향기로운

3 음행과 ─ **그 이름이라도 부르지 말라(=이름도 불리지 않게 하라)**
더러운 것과
/온갖
탐욕은
/너희 중에서
/이는 성도의 마땅한 바니라(=로서)

4 누추함과 ─ **〈그리하라〉**
어리석은 말이나
희롱의 말이(=도)

/마땅치 아니하니(=마땅치 않은)

감사하는 말을 **(하라)**
/돌이켜

5 //(이유: γάρ; for)
너희도 ─ 정녕히 알거니와(=알고있기 때문이다)
/이것을 ─ *동격/동급
/음행하는 자나 ─ 얻지 못하리니
더러운 자나
탐하는 자는
/기업을
/나라에서
/그리스도와 하나님[48]
/다(=모든)
/(곧)그는[49] ─ 우상 숭배자[이다]

6 누구든지 **속이지 못하게 하라**
/너희를
/말로
/헛된

//(이유: γάρ, for)
진노가 ─ 임하나니
/하나님의
/이를 인하여
/불순종의 아들들에게

엡

48) 관사를 공유한다. 직역하면 '그리스도 곧 하나님'

49) 관계대명사, 선행사는 '음행하는 자, 더러운 자, 탐하는 자' 이다. 그래서 중성으로 표기되었다. 계속적 용법

5:1 그러므로 사랑을 입은 자녀같이 너희는 하나님을
본받는 자가 되고 2 그리스도께서 너희를 사랑하신 것
같이 너희도 사랑 가운데서 행하라 그는 우리를 위하여 자
신을 버리사 향기로운 제물과 생축으로 하나님께 드리셨느
니라 3 음행과 온갖 더러운 것과 탐욕은 너희 중에서 그
이름이라도 부르지 말라 이는 성도의 마땅한 바니라 4 누
추함과 어리석은 말이나 희롱의 말이 마땅치 아니하니 돌
이켜 감사하는 말을 하라 5 너희도 이것을 정녕히 알거니
와 음행하는 자나 더러운 자나 탐하는 자 곧 우상 숭배자
는 다 그리스도와 하나님 나라에서 기업을 얻지 못하리니

5:1 Therefore be imitators of God, as beloved children;
2 and walk in love, just as Christ also loved you, and
gave Himself up for us, an offering and a sacrifice to
God as a fragrant aroma. 3 But do not let immorality or
any impurity or greed even be named among you, as is
proper among saints; 4 and there must be no filthiness
and silly talk, or coarse jesting, which are not fitting, but rather
giving of thanks. 5 For this you know with certainty, that
no immoral or impure person or covetous man, who is
an idolater, has an inheritance in the kingdom of Christ
and God. 6 Let no one deceive you with empty words,
for because of these things the wrath of God comes upon

7 그러므로(οὖν)
[너희는] **함께 참여하는 자 되지 말라**
/저희와

8 //(이유: γάρ, for)
너희가 — 어두움이더니
/전에는
— 빛이라
/이제는
/주 안에서

[너희는] **행하라**
/빛의 자녀들처럼

9 //(이유: γάρ, for)
열매는 — (있느니라)
/빛의 /착함과 의로움과 진실함에
/모든

10 /시험하여 보라(=시험해 보면서, 현재분사)[50]
/기쁘시게 할 것이 — 무엇인가
/주께

11 너희는 **참여하지 말고(=참여하지 말라)**
/일에
/어두움의
/열매 없는
책망하라
/도리어

12 //(이유: γάρ, for)
[이것은] — 부끄러움이라
/행하는 것들은 — 말하기도
/은밀히
/저희의

13 그러나
책망을 받는 것이 **나타나나니**
/모든 /빛으로

//(이유: γάρ, for)
나타나지는 것마다 — 빛이니라

14 그러므로(διὸ)
[그가] **이르시기를...**하셨느니라
/잠자는 자여!
[너는] — 깨어서
— 일어나라
/죽은 자들 가운데서

//(결과)

50) 8절 주문장인 '너희는 - 행하라'의 수식부.

엡

6 누구든지 헛된 말로 너희를 속이지 못하게 하라 이를 인
하여 하나님의 진노가 불순종의 아들들에게 임하나니
7 그러므로 저희와 함께 참예하는 자 되지 말라 8 너희가
전에는 어두움이더니 이제는 주 안에서 빛이라 빛의 자녀
들처럼 행하라 9 빛의 열매는 모든 착함과 의로움과 진실
함에 있느니라 10 주께 기쁘시게 할 것이 무엇인가 시험
하여 보라 11 너희는 열매 없는 어두움의 일에 참예하지
말고 도리어 책망하라 12 저희의 은밀히 행하는 것들은
말하기도 부끄러움이라 13 그러나 책망을 받는 모든 것이
빛으로 나타나나니 나타나지는 것마다 빛이니라 14 그러

the sons of disobedience. 7 Therefore do not be partakers with
them; 8 for you were formerly darkness, but now you are
light in the Lord; walk as children of light 9 (for the fruit
of the light consists in all goodness and righteousness and
truth), 10 trying to learn what is pleasing to the Lord. 11
And do not participate in the unfruitful deeds of darkness,
but instead even expose them; 12 for it is disgraceful
even to speak of the things which are done by them in
secret. 13 But all things become visible when they are exposed
by the light, for everything that becomes visible is light.
14 For this reason it says, "Awake, sleeper, And arise
from the dead, And Christ will shine on you." 15 Therefore

//(결과)
그리스도께서 — 비취시리라
/네게

15 그런즉(οὖν)
너희가 주의하여(=주의하라)
/[너희가] — 어떻게 행할 것을
/지혜 없는 자같이 말고
오직 지혜 있는 자같이(하여)
/자세히
16 /아끼라(=아끼면서, 현재분사)
/세월을

//(이유: ὅτι, for)
때가 악하니라

17 그러므로(διὰ τοῦτο)
[너희는] **어리석은 자가 되지 말고(=어리석은 자가 되지 말라)**
오직 **이해하라**
/주의 뜻이 무엇인가

18 [너희는] **취하지 말라**
/술[에]
/이는(=그 안에)[51)]
방탕한 것이니(방탕함이 있는)

오직 **충만을 받으라**
/성령[안]의
19 /화답하며(=화답하면서, 현재분사)
/서로
/시와 찬미와 신령한 노래들로
/노래하며(=노래하면서, 현재분사)
/찬송하며(=찬송하면서, 현재분사)

/너희의 마음으로
/주께

20 /감사하며(=감사하면서, 현재분사)
/항상
/범사에
/이름으로
/우리 주 예수 그리스도의
/아버지 하나님께

21 [너희는] **복종하라**[52)]
/피차
/경외함으로
/그리스도를(=의)

엡

51) 전치사 + 관계대명사, 선행사는 '술'이다. 계속적 용법

52) 본문에 주동사가 없다. be동사의 생략으로 본다. NASB 참조.

므로 이르시기를 잠자는 자여 깨어서 죽은 자들 가운데서
일어나라 그리스도께서 네게 비취시리라 하셨느니라
15 그런즉 너희가 어떻게 행할 것을 자세히 주의하여 지
혜 없는 자같이 말고 오직 지혜 있는 자같이 하여 16 세월
을 아끼라 때가 악하니라 17 그러므로 어리석은 자가 되
지 말고 오직 주의 뜻이 무엇인가 이해하라 18 술 취하지
말라 이는 방탕한 것이니 오직 성령의 충만을 받으라 19
시와 찬미와 신령한 노래들로 서로 화답하며 너희의 마음
으로 주께 노래하며 찬송하며 20 범사에 우리 주 예수 그
리스도의 이름으로 항상 아버지 하나님께 감사하며 21 그

be careful how you walk, not as unwise men, but as wise,
16 making the most of your time, because the days are
evil. 17 So then do not be foolish, but understand what
the will of the Lord is. 18 And do not get drunk with
wine, for that is dissipation, but be filled with the Spirit,
19 speaking to one another in psalms and hymns and
spiritual songs, singing and making melody with your
heart to the Lord; 20 always giving thanks for all things
in the name of our Lord Jesus Christ to God, even the
Father; 21 and be subject to one another in the fear of
Christ. 22 Wives, be subject to your own husbands, as to
the Lord. 23 For the husband is the head of the wife, as

22 아내들이여!
<너희는> **(복종하기를.. 하라)**
/자기 남편에게
/주께 하듯

23 //이는(이유: ὅτι, for)
남편이 —— 머리 됨이(=머리이기 때문이다)
/아내의
/그리스도께서 — 머리 됨과 같음이니
/교회의
/(동급/설명)
그가 친히 — 구주시니라
/몸의

24 그러나
아내들도 **〈복종할지니라〉**
/그 남편에게
/범사에
/교회가 —— [복종]하듯
/그리스도에게

25 남편들아!
[너희는] **사랑(하기를...)하라**
/아내[를]
/그리스도께서 —— 사랑하시고(=사랑하심 같이)
/교회를
— 주심같이
/자신을
/[그것을] 위하여[53)]

26 //이는 곧(목적: ἵνα, that...might)
[그가] — 거룩하게 하시고
/[그것을]
/깨끗하게 하사(=깨끗하게 하심으로, 방법, 분사)
/씻어(=씻음으로)
/물로(=의)
/말씀으로(=말씀 안에)

27 //(목적: ἵνα, that...might)
[그가] — 세우사(=세우시려고)
/교회로(=를)
/영광스러운
/자기 앞에
/없이(=없이 함으로, 방법, 분사)
/티나
주름잡힌 것이나
이런 것들이

//(목적: ἵνα, that...should)
[그것이] — 거룩하고
흠이 없게 하려 하심이니라

53) '교회'를 가리키는 대명사다.

엡

리스도를 경외함으로 피차 복종하라 22 아내들이여 자기
남편에게 복종하기를 주께 하듯 하라 23 이는 남편이 아
내의 머리 됨이 그리스도께서 교회의 머리 됨과 같음이니
그가 친히 몸의 구주시니라 24 그러나 교회가 그리스도에
게 하듯 아내들도 범사에 그 남편에게 복종할지니라 25
남편들아 아내 사랑하기를 그리스도께서 교회를 사랑하시
고 위하여 자신을 주심같이 하라 26 이는 곧 물로 씻어 말
씀으로 깨끗하게 하사 거룩하게 하시고 27 자기 앞에 영

Christ also is the head of the church, He Himself being the Savior of the body.
24 But as the church is subject to Christ, so also the wives ought to be to their husbands in everything.
25 Husbands, love your wives, just as Christ also loved the church and gave Himself up for her;
26 that He might sanctify her, having cleansed her by the washing of water with the word,
27 that He might present to Himself the church in all her glory, having no spot or wrinkle or any such thing; but that she should be holy and blameless.
28 So husbands ought also to love their

28 남편들도 **할지니(=해야 한다)**
/이와 같이
/사랑하기를
/자기 아내
/제 몸같이

사랑하는 자는 **사랑하는 것이라**
/자기 아내를 /자기를

29 //(이유: γάρ, for)
누구든지 ── 미워하지 않고
/제 육체를
/언제든지
오직 양육하여
보호하기를...하나니

/[그것을]
/그리스도께서 ── (보양함과 같이)
/교회를

30 //(이유: ὅτι, because)
우리는 ── 지체임이니라
/그 몸의

31 이러므로(ἀντὶ τούτου)
사람이 **떠나**
/부모를
합하여
/그[의] 아내와
그 둘이 **한 육체가 될지니**

32 이 비밀이 **크도다**

내가 **말하노라**
/그리스도와 교회에 대하여

33 그러나(πλὴν)
각각 **사랑하기를..하고(=사랑하라)**
/너희도(=너희중) /자기의 아내[를]
/자기같이
아내도 **경외하라**
/그 남편을

엡

광스러운 교회로 세우사 티나 주름잡힌 것이나 이런 것들
이 없이 거룩하고 흠이 없게 하려 하심이니라 28 이와 같
이 남편들도 자기 아내 사랑하기를 제 몸같이 할지니 자기
아내를 사랑하는 자는 자기를 사랑하는 것이라 29 누구든
지 언제든지 제 육체를 미워하지 않고 오직 양육하여 보호
하기를 그리스도께서 교회를 보양함과 같이 하나니 30 우
리는 그 몸의 지체임이니라 31 이러므로 사람이 부모를
떠나 그 아내와 합하여 그 둘이 한 육체가 될지니 32 이
비밀이 크도다 내가 그리스도와 교회에 대하여 말하노라
33 그러나 너희도 각각 자기의 아내 사랑하기를 자기같이

own wives as their own bodies. He who loves his own wife loves himself; 29 for no one ever hated his own flesh, but nourishes and cherishes it, just as Christ also does the church, 30 because we are members of His body.
31 For this cause a man shall leave his father and mother, and shall cleave to his wife; and the two shall become one flesh. 32 This mystery is great; but I am speaking with reference to Christ and the church. 33 Nevertheless let each individual among you also love his own wife even as himself; and let the wife see to it that she respect her husband.

6

1 자녀들아 !
[너희는] **순종하라**
/너희 부모를
/주 안에서

//(이유: γάρ, for)
이것이 옳으니라

2 [너는] **공경하라**
/아버지와 어머니를
/네

//(동격)
이것이54)——— 계명이니
/첫
/약속 있는

3 //이는(결과: ἵνα, that...may)
[그것이] ——— 잘 되고(=잘 되게 하고)
/네가(=네게)
[네가] ——— 장수하리라
/땅에서

4 또
아비들아!
[너희는] **노엽게 하지 말고**
/너희 자녀를
오직 양육하라
/[그들을]
/교양과 훈계로
/주의

5 종들아!
[너희는] **순종하기를(=순종하라)**
/상전에게
/육체의
/두려워하고
/떨며
/성실한(=성실함으로)
/마음으로(=마음의)
/[너희]
/그리스도께 하듯 하여

6 <너희는> **(하지말고)(=순종하지 말라)**
/눈가림만 하여(=따라)
/사람을 기쁘게 하는 자처럼

엡

하고 아내도 그 남편을 경외하라

6:1 자녀들아 너희 부모를 주 안에서 순종하라 이것이
옳으니라 2 네 아버지와 어머니를 공경하라 이것이 약
속 있는 첫 계명이니 3 이는 네가 잘되고 땅에서 장수하리
라 4 또 아비들아 너희 자녀를 노엽게 하지 말고 오직 주
의 교양과 훈계로 양육하라 5 종들아 두려워하고 떨며 성
실한 마음으로 육체의 상전에게 순종하기를 그리스도께 하

6:1 ¶ Children, obey your parents in the Lord, for this
is right. 2 Honor your father and mother (which is the
first commandment with a promise), 3 that it may be well
with you, and that you may live long on the earth. 4 And,
fathers, do not provoke your children to anger; but bring
them up in the discipline and instruction of the Lord. 5 ¶
Slaves, be obedient to those who are your masters according
to the flesh, with fear and trembling, in the sincerity of
your heart, as to Christ; 6 not by way of eyeservice, as
men-pleasers, but as slaves of Christ, doing the will of

〈순종하라〉
/그리스도의 종들처럼
/행하여(=행하면서,현재분사)
/뜻을
/하나님의
/마음으로
7 /섬기기를(=섬기면서, 현재분사)
/단 마음으로
/주께 하듯(하고)
/사람들에게 하듯 하지 말라(=하지 않듯)

8 //이는(이유: 완료분사, because-NIV)
[너희가] ——앎이니라
/[그가] 무슨 선을 행하든지(조건절)
각 사람이 —— 받을 줄을
/그대로
/주에게
/종이나 자유하는 자나

9 상전들아!
너희도 **하고(=행하라)**
/이와 같이
/저희에게
/그치라(=그치면서, 현재분사)
/공갈을

//이는(이유: 완료분사, since-NIV)
너희가 ——앎이니라
/상전이 —————— 계시고
/저희와 너희의 /하늘에
/외모로 사람을 취하는 일이 —— 없는 줄
/그에게는

10 종말로
너희가 **강건하여지고(=강건해지라)**
/주 안에서와
/능력으로(=능력 안에서)
/그[의] 힘의

11 [너희는] **입으라**
/전신갑주를
/하나님의

//(목적: πρὸς + 부정사, that...may...to)
[너희가] —— 능히[하도록]하기 위하여
/[서는 것에]
/궤계를 대(=궤계에 대하여)
/마귀의

12 //(이유: ὅτι, for)

엡

듯 하여 6 눈가림만 하여 사람을 기쁘게 하는 자처럼 하지
말고 그리스도의 종들처럼 마음으로 하나님의 뜻을 행하여
7 단 마음으로 섬기기를 주께 하듯 하고 사람들에게 하듯
하지 말라 8 이는 각 사람이 무슨 선을 행하든지 종이나
자유하는 자나 주에게 그대로 받을 줄을 앎이니라 9 상전
들아 너희도 저희에게 이와 같이 하고 공갈을 그치라 이는
저희와 너희의 상전이 하늘에 계시고 그에게는 외모로 사
람을 취하는 일이 없는 줄 너희가 앎이니라 10 종말로 너
희가 주 안에서와 그 힘의 능력으로 강건하여지고 11 마
귀의 궤계를 능히 대적하기 위하여 하나님의 전신 갑주를

God from the heart. 7 With good will render service, as
to the Lord, and not to men, 8 knowing that whatever
good thing each one does, this he will receive back from
the Lord, whether slave or free. 9 And, masters, do the
same things to them, and give up threatening, knowing
that both their Master and yours is in heaven, and there
is no partiality with Him. 10 Finally, be strong in the
Lord, and in the strength of His might. 11 Put on the full
armor of God, that you may be able to stand firm against
the schemes of the devil. 12 For our struggle is not against

12 //(이유: ὅτι, for)
씨름은 —— 아니요
/우리의 /혈과 육에 대한 것이
(대함이라)
/정사와
/권세와
/주관자들과
/이 어두움의(세상)
/영들에게
/악의
/하늘에 있는

13 그러므로(διὰ τοῦτο)
[너희는] **취하라**
/전신갑주를
/하나님의
//이는(목적: ἵνα, that...may)
너희가 —— 능히 대적하고
/악한 날에
모든 일을 행한 후에(상황절, when)
//[너희가] —— 〈능히〉 서기 위함이라

14 그런즉(οὖν)
[너희는] **서서**
/띠고(과거분사)
/허리 띠를
/너희
/진리로(=안에)
/붙이고(과거분사)
/흉배를
/의의
15 /신을 신고(과거분사)
/예비한 것으로(=안에)
/복음의
/평안의
/[발에]
16 /가지고(과거분사)
/모든 것 위에(=안에)
/방패를
/믿음의
/이로써[55]
[너희들이] —— 능히[할 것이다]
/소멸하고(=소멸하는 것에)
/전을(=화살을)
/화(=불타는)
/악한 자의
/모든

55) 전치사 + 관계대명사. 선행사인 '방패'를 확장설명한다.

엡

입으라 12 우리의 씨름은 혈과 육에 대한 것이 아니요 정
사와 권세와 이 어두움의 세상 주관자들과 하늘에 있는 악
의 영들에게 대함이라 13 그러므로 하나님의 전신 갑주를
취하라 이는 악한 날에 너희가 능히 대적하고 모든 일을
행한 후에 서기 위함이라 14 그런즉 서서 진리로 너희 허
리띠를 띠고 의의 흉배를 붙이고 15 평안의 복음의 예비
한 것으로 신을 신고 16 모든 것 위에 믿음의 방패를 가지
고 이로써 능히 악한 자의 모든 화전을 소멸하고

flesh and blood, but against the rulers, against the powers,
against the world forces of this darkness, against the
spiritual forces of wickedness in the heavenly places. 13
Therefore, take up the full armor of God, that you may
be able to resist in the evil day, and having done everything,
to stand firm. 14 Stand firm therefore, having girded your
loins with truth, and having put on the breastplate of
righteousness, 15 and having shod your feet with the
preparation of the gospel of peace; 16 in addition to all, taking
up the shield of faith with which you will be able to extinguish

17 [너희는] **가지라**
/투구와
/구원의
/검[을]
/성령의
/(곧)
[그것은][56]— 말씀을(=말씀이다)
/하나님의

18 /기도와 간구로 하되(=를 통해)[57]
/모든
/기도하고(=기도하면서, 현재분사)
/무시로
/성령 안에서
/깨어(=깨어있으면서, 현재분사)
/이를 위하여
/힘쓰며(=힘쓰는 면에 있어)
/구하기를 구하고(=구하는 면에 있어)
/항상(=모든)[58]
/성도를 위하여[59]
/여러
19 /또 나를 위하여(구할 것은)
/말씀을(=이)— 주사...하옵소서 할 것이니(=주어지게 하소서)
/내게
/벌려(=벌리는 것 안에)
/나로 입을(=나의 입을)

//(목적: 부정사, to)
알리게
/비밀을
/복음의
/담대히(=담대함 안에)

엡

20 이 일을 위하여[59]
내가 **사신이 된 것은**
/쇠사슬에 매인
//(목적: ἵνα, that...may)
나로 — 담대히 하게 하려 하심이니라
/이 일에
/[내가] — 당연히 할 말을(=당연히 말함과 같이)

21 두기고가 **알게 하리라**
/형제요 /모든 일을
/사랑을 받은 /너희에게
/일꾼인
/진실한
/주 안에서
//(목적: ἵνα, that...may)[60]

56) 관계대명사, 선행사는 '성령'이다. 계속적 용법

57) NA27에서는 17절이 마침점으로 끝난다. 이것은 18절 이하의 방법(분사)들이 17절 뿐만 아니라 14절 이하에 나오는 영적 무장을 갖추는 방법임을 의미한다.

58) '힘쓰는 면에 있어서'와 '구하는 면에 있어서'를 동시에 수식한다

59) '힘쓰는 면에 있어서' 와 '구하는 면에 있어서'를 동시에 수식한다.

17 구원의 투구와 성령의 검 곧 하나님의 말씀을 가지라
18 모든 기도와 간구로 하되 무시로 성령 안에서 기도하
고 이를 위하여 깨어 구하기를 항상 힘쓰며 여러 성도를
위하여 구하고 19 또 나를 위하여 구할 것은 내게 말씀을
주사 나로 입을 벌려 복음의 비밀을 담대히 알리게 하옵소
서 할 것이니 20 이 일을 위하여 내가 쇠사슬에 매인 사신
이 된 것은 나로 이 일에 당연히 할 말을 담대히 하게 하
려 하심이니라 21 나의 사정 곧 내가 무엇을 하는지 너희
에게도 알게 하려 하노니 사랑을 받은 형제요 주 안에서
진실한 일군인 두기고가 모든 일을 너희에게 알게 하리라

all the flaming missiles of the evil one. 17 And take the helmet
of salvation, and the sword of the Spirit, which is the
word of God. 18 With all prayer and petition pray at all
times in the Spirit, and with this in view, be on the alert
with all perseverance and petition for all the saints, 19
and pray on my behalf, that utterance may be given to
me in the opening of my mouth, to make known with boldness
the mystery of the gospel, 20 for which I am an ambassador
in chains; that in proclaiming it I may speak boldly, as I
ought to speak. 21 But that you also may know about

//(목적: ἵνα, that...may)[60]
너희에게도(=가) —— 알게 하려 하노니(=알게 될 것이다)
/사정[을]
/나의(=나에 대한)
/곧 내가 무엇을 하는지

저를[61]
22 내가 **보내었노라**
/너희에게
/특별히

//(목적: ἵνα, so that...may)
[너희가] —— 알게 하고
/사정을
/우리[에 대한]
[그가] —— 또 위로하게 하기 위하여
/너희 마음을

23 평안과
사랑이
/믿음을 겸한
(있을지어다)
/형제들에게
/아버지 하나님과
주 예수 그리스도에게로부터

24 은혜가 **(있을지어다)**
/사랑하는 자에게
/우리 주 예수 그리스도를
/변함 없이
/모든

60) 원문에서는 종속문장이 도치되어 문장 앞부분에 나와 강조했다.

61) 관계대명사. 선생사는 '두기고' 이다. 계속적 용법

엡

22 우리 사정을 알게 하고 또 너희 마음을 위로하게 하기 위하여 내가 특별히 저를 너희에게 보내었노라 23 아버지 하나님과 주 예수 그리스도에게로부터 평안과 믿음을 겸한 사랑이 형제들에게 있을지어다 24 우리 주 예수 그리스도를 변함없이 사랑하는 모든 자에게 은혜가 있을지어다

my circumstances, how I am doing, Tychicus, the beloved brother and faithful minister in the Lord, will make everything known to you. 22 And I have sent him to you for this very purpose, so that you may know about us, and that he may comfort your hearts. 23 ¶ Peace be to the brethren, and love with faith, from God the Father and the Lord Jesus Christ. 24 Grace be with all those who love our Lord Jesus Christ with a love incorruptible.

빌립보서

1

1 바울과 디모데는 (편지하노니)
/종
/그리스도 예수의
/성도와(=성도에게)
/모든
/그리스도 예수 안에서[있는]
/빌립보에 사는
/또는 감독들과 집사들에게(=감독들과 집사들과 함께한)[1)]

2 은혜와 ── (있을지어다)
평강이 ──┘
/너희에게
/하나님 우리 아버지와
주 예수 그리스도에게로서

3 내가 감사하며(=감사한다)
/하나님께
/나의
/생각할 때마다(=모든 회상에)[2)]
/너희를(=너희의)
4 /항상
/간구할 때마다(=모든 기도에)[3)]
/[나의]
/너희 무리를 위하여
/간구함은(=간구하면서, 현재분사)
/기쁨으로

5 //(이유: ἐπι, for)[4)]
교제함을 인함이라
/너희가(=너희의)
/복음에서
/첫날부터 이제까지

6 //(이유: 분사, for)
우리가(=내가) ─ 확신하노라
/[바로 이것을] ─┐ *동급/동격
/시작하신 이가 ─ 이루실 줄을 ┘
/착한 일을 /그리스도 예수의 날까지
/너희 속에

빌

---

1) '감독들' 과 '집사들' 이 수신자에 포함되는 것은 분명하다. 그러나 형태구조상 수신자는 '성도들'이고 '감독들'과 '집사들'은 수신자를 수식하는 여격 전치사 σὺν의 인도를 받는 종속절이다

2) 전치사가 ἐπι이다. 바울의 빌립보 교회에 대한 모든 기억 '위에(upon)' 감사 한다는 의미이다. 바울의 빌립보 교회에 대한 기억의 내용이 어떠하건 감사한다는 의미이다. 반면 '모든 기도' 를 이끄는 전치사는 ἐν이다. 이것은 바울의 기도의 시기(때)를 의미한다. 모든 기도의 '순간에(in)' 감사한다는 뜻이다

3) UBS3는 3절 끝에 컴마(,)가 있지만 NA27에는 없다

4) 전치사 ἐπι는 종속문장을 이끄는 접속사는 아니다. 그러나 교제에 대해서 감사한다는 것은 의미상 이유로 해석할 수 있고 모든 역본들이 이유로 해석하였다. 역본들의 입장을 따랐다.

1:1 그리스도 예수의 종 바울과 디모데는 그리스도 예수
안에서 빌립보에 사는 모든 성도와 또는 감독들과 집사
들에게 편지하노니 2 하나님 우리 아버지와 주 예수 그리
스도에게로서 은혜와 평강이 너희에게 있을지어다 3 내가
너희를 생각할 때마다 나의 하나님께 감사하며 4 간구할
때마다 너희 무리를 위하여 기쁨으로 항상 간구함은 5 첫
날부터 이제까지 복음에서 너희가 교제함을 인함이라 6
너희 속에 착한 일을 시작하신 이가 그리스도 예수의 날까

1:1 Paul and Timothy, bond-servants of Christ Jesus, to
all the saints in Christ Jesus who are in Philippi, including
the overseers and deacons: 2 Grace to you and peace from
God our Father and the Lord Jesus Christ. 3 I thank my
God in all my remembrance of you, 4 always offering
prayer with joy in my every prayer for you all, 5 in view
of your participation in the gospel from the first day until
now. 6 For I am confident of this very thing, that He
who began a good work in you will perfect it until the
day of Christ Jesus. 7 For it is only right for me to feel

7 생각하는 것이 **마땅하니**
/이와 같이 /내가(=내게)
/너희 무리를 위하여(=대하여)

//이는(이유: διὰ+목적격, because)
[내가] ——— [소유하고]있음이며
/너희가(=를)
/(내)마음에
//너희가 ——— 함께 참여한 자가 됨이라(=동료이기 때문이다)
/다(=모든) /나와(=의)
/은혜에(=의)
/나의 매임과
/변명함과 확정함에
/복음을

8 //(이유: γάρ, for)
하나님이 ——— 증인이시니라
/내
/어떻게 내가 사모하는지
/너희 무리를
/예수 그리스도의 심장으로

9 내가 **기도하노라**
/[이것을]

사랑을(=이) **풍성하게 하사(=풍성하게 하소서)**[5)]
/너희 /점점 더
/지식과
총명으로(=안에)
/모든

10 //(목적: εἰς+목적격, so that...may)
너희로 ——— 분별하며
/지극히 선한 것을(=뛰어난 것을)

//또(목적: ἵνα, that...may)
[너희가] ——— 진실하여(=진실하도록)
└── 허물 없이(=허물없도록)

/그리스도의 날까지(이르고)

11 /[너희가] 가득하여(완료분사)
/열매가
/의의
/예수 그리스도로 말미암아

//(목적: εἰς+목적격, to)

5) 말함(saying), 기도함(praying), 권고함(exhortation)을 의미하는 동사 다음에 등장하는 ἵνα + 가정법 동사는 명령법의 의미를 가진다. 하나님을 향한 명령법은 소원(간구)의 의미이다.

지 이루실 줄을 우리가 확신하노라 7 내가 너희 무리를 위하여 이와 같이 생각하는 것이 마땅하니 이는 너희가 내 마음에 있음이며 나의 매임과 복음을 변명함과 확정함에 너희가 다 나와 함께 은혜에 참예한 자가 됨이라 8 내가 예수 그리스도의 심장으로 너희 무리를 어떻게 사모하는지 하나님이 내 증인이시니라 9 내가 기도하노라 너희 사랑을 지식과 모든 총명으로 점점 더 풍성하게 하사 10 너희로 지극히 선한 것을 분별하며 또 진실하여 허물 없이 그리스도의 날까지 이르고 11 예수 그리스도로 말미암아 의의 열매가 가득하여 하나님의 영광과 찬송이 되게 하시기

this way about you all, because I have you in my heart, since both in my imprisonment and in the defense and confirmation of the gospel, you all are partakers of grace with me. 8 For God is my witness, how I long for you all with the affection of Christ Jesus. 9 And this I pray, that your love may abound still more and more in real knowledge and all discernment, 10 so that you may approve the things that are excellent, in order to be sincere and blameless until the day of Christ; 11 having been filled with the fruit of righteousness which comes through Jesus Christ,

//(목적: εἰς+목적격, to)
영광과(=영광을 위해)
찬송이 되게하시기를(=찬송을 위해)

/하나님의

12 형제들아!
[내가]

원하노라
/너희가 — 알기를
/당한 일[들]이 – 진보가 된 줄을
/나의 /복음의
/도리어(=더욱)

13 //그러므로(결과: ὥστε, so that...may)
매임이 — 나타났으니(부정사)
/나의 /그리스도 안에서
/온 시위대 안과
/기타 모든 사람들에게

14 //(결과: 계속, καὶ)
다수가 — 담대히(=용기를 내다)
/형제 중 /말하게 되었느니라
/주 안에서 (=말하는 것에, 부정사)
/신뢰하므로 /하나님의 말씀을
(=신뢰하는, 분사) /더욱
/나의 매임을 인하여[6] /겁없이

15 [참으로, μὲν]
어떤 이들은

〈전파한다〉[7]
/투기와 분쟁으로[8]

어떤 이들은

전파하나니
/그리스도를
/착한 뜻으로

16[9] [참으로, μὲν]
이들은

〈전파한다〉[10]
/사랑으로(하나)
/알고[서](완료분사)
/내가 — 세우심을 받은 줄
/복음을 변명하기 위하여

6) 여격이다. 여격은 '~로부터', '~에게' 라는 의미를 담고 있다(ASB - through, KJV, NKJV - by).

7) 반복되는 동사가 생략된 형태이다. 선행하는 동사의 생략이다. 목적어인 '그리스도' 도 함께 생략되었다. 그러나 표기하지는 않았다.

빌

8) διὰ + 목적격이 출처와 근원을 나타내는 의미(form)로 사용되었다.

9) Stephens본은 16절과 17절이 순서가 바뀌어 기록되었다. KJV, NKJV는 이를 따랐다. 그러나 한글 개역과 그외의 영역본들은 NA27을 따랐다

10) 주(6)과 같이 반복동사 및 목적어의 생략형태이다. 그러나 목적어는 기술치 않았다.

를 구하노라 12 형제들아 나의 당한 일이 도리어 복음의
진보가 된 줄을 너희가 알기를 원하노라 13 이러므로 나
의 매임이 그리스도 안에서 온 시위대 안과 기타 모든 사
람에게 나타났으니 14 형제 중 다수가 나의 매임을 인하
여 주 안에서 신뢰하므로 겁 없이 하나님의 말씀을 더욱
담대히 말하게 되었느니라 15 어떤 이들은 투기와 분쟁으
로 어떤 이들은 착한 뜻으로 그리스도를 전파하나니 16
이들은 내가 복음을 변명하기 위하여 세우심을 받은 줄 알
고 사랑으로 하나

to the glory and praise of God. 12 Now I want you to
know, brethren, that my circumstances have turned out
for the greater progress of the gospel, 13 so that my
imprisonment in the cause of Christ has become well
known throughout the whole praetorian guard and to everyone
else, 14 and that most of the brethren, trusting in the Lord
because of my imprisonment, have far more courage to
speak the word of God without fear. 15 Some, to be sure,
are preaching Christ even from envy and strife, but some
also from good will; 16 the latter do it out of love, knowing
that I am appointed for the defense of the gospel; 17 the former
proclaim Christ out of selfish ambition, rather than from

17 [그러나, δὲ]
저들은 **전파하느니라**
/그리스도를
/다툼으로
/순전치 못하게
/생각하여(=생각하면서, 현재분사)
/괴로움을(=이) —— 더(하게)할 줄로
/나의 매임에

18 **그러면 무엇이뇨?**[11)]
그리스도니(=가) **전파되는 것은(=전파된다)**
/무슨 방도로 하든지
/외모로 하나
참으로 하나

내가 **기뻐하고**
/이로써
또한 **기뻐하리라**

19 //(이유: γάρ, for)
[내가] —— 아는 고로
/이것이 —— 이르게 할 줄
/내(=나를)
/구원에
/너희 간구와(=로)
/도우심으로
/성령의
/예수 그리스도의
20 /간절한 기대와(=를 따라)
/소망을 따라
/나의
/[내가] —— 부끄럽지 아니하고(=아니 할 것을)
/아무 일에든지
/그리스도가 ——오직 존귀히 되게 하려 하나니(=존귀케 될 것을)
/담대하여
/온전히
/전과 같이
/이제도
/내 몸에서
/살든지 죽든지

21 //이는(이유: γάρ, for)
사는 것이 —— 그리스도니
/내게
죽는 것도 —— 유익함이니라

11) 접속사 γάρ가 강조의 의미로 사용되었다.

빌

17 저들은 나의 매임에 괴로움을 더하게 할 줄로 생각하
여 순전치 못하게 다툼으로 그리스도를 전파하느니라 18
그러면 무엇이뇨 외모로 하나 참으로 하나 무슨 방도로 하
든지 전파되는 것은 그리스도니 이로써 내가 기뻐하고 또
한 기뻐하리라 19 이것이 너희 간구와 예수 그리스도의
성령의 도우심으로 내 구원에 이르게 할 줄 아는고로 20
나의 간절한 기대와 소망을 따라 아무 일에든지 부끄럽지
아니하고 오직 전과 같이 이제도 온전히 담대하여 살든지
죽든지 내 몸에서 그리스도가 존귀히 되게 하려 하나니

pure motives, thinking to cause me distress in my imprisonment.
18 What then? Only that in every way, whether in pretense or in truth, Christ is proclaimed; and in this I rejoice, yes, and I will rejoice.
19 For I know that this shall turn out for my deliverance through your prayers and the provision of the Spirit of Jesus Christ,
20 according to my earnest expectation and hope, that I shall not be put to shame in anything, but that with all boldness, Christ shall even now, as always, be exalted in my body, whether by life or by death.
21 For to me, to live is Christ, and

22 그러나
만일
이것이[12] 열매일진대(조건절, if)
/육신으로 사는 /내 일의
나는 **알지 못하노라**
/[내가] 무엇을 가릴는지

23 내가 **끼였으니(=붙잡혔다)**
/그 두 사이에
/가진(=가지면서, 현재분사)
/욕망을
/떠나서(=떠나려는, 부정사)
/그리스도와 함께 있을(=있으려는, 부정사)

//(이유: γάρ, for)
(이것이) 더욱 [더] 좋으나

24 그러나
(내가)거하는 것이 **더 유익하리라**
/육신에 /너희를 위하여

25 내가 **아노니**
/확실히(=확신하고, 완료분사)[13]
/이것을
/[내가] ── 살 것과
── 함께 거할[것을]
/너희와(=에게)
/무리(=모든)

//(목적: εἰς +목적격, for)
진보와 기쁨을 위하여
/너희
/믿음의

26 //(목적: ἵνα, so that...may)
자랑이 ── 풍성하게 하려 함이라
/너희 /그리스도 예수 안에서
/나를 인하여
/있음으로
/내가(=나의)
/다시
/너희와 같이

27-28
너희는 **생활하라**
/오직
/합당하게
/복음에
/그리스도

//이는(목적: ἵνα, so that...may)

빌

21 이는 내게 사는 것이 그리스도니 죽는 것도 유익함이
니라 22 그러나 만일 육신으로 사는 이것이 내 일의 열매
일진대 무엇을 가릴는지 나는 알지 못하노라 23 내가 그
두 사이에 끼였으니 떠나서 그리스도와 함께 있을 욕망을
가진 이것이 더욱 좋으나 24 그러나 내가 육신에 거하는
것이 너희를 위하여 더 유익하리라 25 내가 살 것과 너희
믿음의 진보와 기쁨을 위하여 너희 무리와 함께 거할 이것
을 확실히 아노니 26 내가 다시 너희와 같이 있음으로 그
리스도 예수 안에서 너희 자랑이 나를 인하여 풍성하게 하
려 함이라 27 오직 너희는 그리스도 복음에 합당하게 생
활하라 이는 내가 너희를 가 보나 떠나 있으나 너희가 일
심으로 서서 한 뜻으로 복음의 신앙을 위하여 협력하는 것

to die is gain. 22 But if I am to live on in the flesh, this
will mean fruitful labor for me; and I do not know which
to choose. 23 But I am hard-pressed from both directions,
having the desire to depart and be with Christ, for that is
very much better; 24 yet to remain on in the flesh is more
necessary for your sake. 25 And convinced of this, I know
that I shall remain and continue with you all for your
progress and joy in the faith, 26 so that your proud
confidence in me may abound in Christ Jesus through my
coming to you again. 27 Only conduct yourselves in a manner
worthy of the gospel of Christ; so that whether I come
and see you or remain absent, I may hear of you that you

//이는(목적: ἵνα, so that...may)
내가 ——— 듣고자 함이라
/[내가] 가[서] 너희를 보나(=든지)
[내가] 떠나 있으나(=든지)

/[너희에 관한] 이 일을
/너희가 —— 서서(=서있는 것을)
/일심으로
/협력하는 것과(=협력하면서, 현재분사)
/한 뜻으로
/신앙을 위하여(=대하여)
/복음의
/(동격)
이는 하나님께로부터 난 것이니라

/이것이[14)] — 빙거요
/멸망의
/저희에게는
빙거니(=증거인)
/구원의
/너희에게는

/두려워하지 아니하는(=아니하면서, 현재분사)
/아무 일에든지
/대적하는 자를 인하여

29 //(이유: ὅτι, for)
[그것이][15)] ——— 은혜를 주신 것은(=은혜로 주어졌다)
/너희에게
/그리스도를 위하여(-위한 것으로)
/다만 믿을 뿐 아니라
/그를
또한 고난도 받게(하심이라)
/그를 위하여

30 //(이유: 분사: since -NRSV)
너희에게도 ——— [가지고]있으니
/싸움이(=을)
/같은

/[그것을][16)]
너희가 —— 본 바요
/내 안에서
듣는 바니라
/이제도
/내 안에서

14) 관계대명사, 선행사는 '신앙'이다. 계속적 용법

15) '복음'을 지시한다

16) 관계대명사, 선행사는 '싸움'이다. 계속적 용법

과 28 아무 일에든지 대적하는 자를 인하여 두려워하지
아니하는 이 일을 듣고자 함이라 이것이 저희에게는 멸망
의 빙거요 너희에게는 구원의 빙거니 이는 하나님께로부터
난 것이니라 29 그리스도를 위하여 너희에게 은혜를 주신
것은 다만 그를 믿을 뿐 아니라 또한 그를 위하여 고난도
받게 하심이라 30 너희에게도 같은 싸움이 있으니 너희가
내 안에서 본 바요 이제도 내 안에서 듣는 바니라

are standing firm in one spirit, with one mind striving together
for the faith of the gospel; 28 in no way alarmed by your
opponents — which is a sign of destruction for them, but
of salvation for you, and that too, from God. 29 For to
you it has been granted for Christ's sake, not only to
believe in Him, but also to suffer for His sake, 30 experiencing
the same conflict which you saw in me, and now hear to
be in me.

2

1 그러므로
[만약, εἰ]
무슨 권면이(나)
/그리스도 안에
[만약, εἰ]
무슨 위로나(=가)
/사랑에
[만약, εἰ]
무슨 교제나(=가)
/성령의
[만약, εἰ]
무슨 긍휼이나 자비가 — (있거든)(조건절, if)

2 [너희는] **충만케 하라**
/기쁨을
/나의
/마음을 같이하고[17]
/같은 사랑을 가지고
/뜻을 합하며
/한 마음을 품어

3 <너희는> **아무 일에든지 하지 말고**[18]
/다툼이나(=다툼을 따라)
/허영으로(=허영을 따라)
〈행하라〉
/오직 여기고(=생각하면서, 현재분사)
/남을 낫게
/자기보다
/각각
/겸손한 마음으로

4 /돌아볼뿐더러(=돌아보지만 말고, 현재분사)
/자기 일을
/각각
/또한 돌아보아(=돌아봄으로)[19]
/다른 사람들의 일을(=도)
/각각

5 [너희는] **마음을 품으라(=마음에 품으라)**
/너희 안에
/이[것을]
/(곧 마음이니)[20]
그리스도 예수의(=안에 있는)

6 그는 하나님의 근본...시나(=하나님이심에도 불구하고, 양보, although)
/본체[안에]
여기지 아니하시고
/취할 것으로(=것을)
/동등됨을
/하나님과

빌

17) ἵνα로 인도되는 절을 모든 역본들이 분사로 번역하였다. 번역본들의 입장을 따랐다.

18) 원문에는 동사가 없다. 그러나 μεδὲν(μεδείς)에 동사가 포함된 것으로 본다

19) 원문에는 명령분사가 하나이다. not only A but also B의 구조이다.

20) 관계대명사를 한글개역이 번역한 것이다.

2:1 그러므로 그리스도 안에 무슨 권면이나 사랑에 무
슨 위로나 성령의 무슨 교제나 긍휼이나 자비가 있거
든 2 마음을 같이 하여 같은 사랑을 가지고 뜻을 합하며
한 마음을 품어 3 아무 일에든지 다툼이나 허영으로 하지
말고 오직 겸손한 마음으로 각각 자기보다 남을 낫게 여기
고 4 각각 자기 일을 돌아볼 뿐더러 또한 각각 다른 사람
들의 일을 돌아보아 나의 기쁨을 충만케 하라 5 너희 안에
이 마음을 품으라 곧 그리스도 예수의 마음이니 6 그는 근

2:1 ¶ If therefore there is any encouragement in Christ,
if there is any consolation of love, if there is any fellowship
of the Spirit, if any affection and compassion, 2 make
my joy complete by being of the same mind, maintaining
the same love, united in spirit, intent on one purpose. 3
Do nothing from selfishness or empty conceit, but with
humility of mind let each of you regard one another as
more important than himself; 4 do not merely look out
for your own personal interests, but also for the interests
of others. 5 Have this attitude in yourselves which was
also in Christ Jesus, 6 who, although He existed in the
form of God, did not regard equality with God a thing to

7 [그는] 오히려 **비어**
/자기를
/가져(=가지고서, 과거분사)
/형체를
/종의
/되었고(=되시고서, 과거분사)
/사람들과 같이

8 **낮추시고**
/자기를
/나타나셨으매(=나타나지고, 과거분사)
/사람의 모양으로(=사람으로)
/복종하셨으니(=복종하여, 과거분사)
/죽기까지
/곧(동격)
십자가에 죽으심(이라)

9 이러므로(διό)
하나님이 **지극히 높여**
/그를
주사
/이름을
/모든 이름 위에(뛰어난)
/[그에게]

10 //(결과: ἵνα, so that)
무릎을(=이) ——— 꿇게 하시고
/모든 /예수의 이름에
/하늘에 있는 자들과(=의)
/땅에 있는 자들과(=의)
/땅 아래 있는 자들로(=의)

11 //(결과: 계속)
입으로(=이) ——— 시인하여
/모든 /예수 그리스도를 주라

//(결과: εἰς +목적격, to)21)
하나님 아버지께 영광을 (돌리게 하셨느니라)

12 그러므로(ὥστε)
사랑하는 자들아!
/나의
너희가 **이루라**
/구원을
/너희
/복종하여(=복종한 것 같이)
/항상
/나 있을 때뿐 아니라 더욱 지금 나 없을 때에도
/두렵고 떨림으로

13 //(이유: γάρ, for)

21) 10절과 11절의 결과이다

빌

본 하나님의 본체시나 하나님과 동등됨을 취할 것으로 여
기지 아니하시고 7 오히려 자기를 비어 종의 형체를 가져
사람들과 같이 되었고 8 사람의 모양으로 나타나셨으매
자기를 낮추시고 죽기까지 복종하셨으니 곧 십자가에 죽으
심이라 9 이러므로 하나님이 그를 지극히 높여 모든 이름
위에 뛰어난 이름을 주사 10 하늘에 있는 자들과 땅에 있
는 자들과 땅 아래 있는 자들로 모든 무릎을 예수의 이름
에 꿇게 하시고 11 모든 입으로 예수 그리스도를 주라 시
인하여 하나님 아버지께 영광을 돌리게 하셨느니라 12 그
러므로 나의 사랑하는 자들아 너희가 나 있을 때 뿐 아니

be grasped, 7 but emptied Himself, taking the form of a
bond-servant, and being made in the likeness of men. 8
And being found in appearance as a man, He humbled Himself
by becoming obedient to the point of death, even death
on a cross. 9 Therefore also God highly exalted Him, and
bestowed on Him the name which is above every name,
10 that at the name of Jesus every knee should bow, of
those who are in heaven, and on earth, and under the
earth, 11 and that every tongue should confess that Jesus Christ
is Lord, to the glory of God the Father. 12 So then, my
beloved, just as you have always obeyed, not as in my presence
only, but now much more in my absence, work out your

13 //(이유: γάρ, for)
하나님(이시니)[은] ─ 소원을 두고
/행하시는(이는) /(너희로)[22]
/너희 안에서 └ 행하게 하시나니
/자기의 기쁘신 뜻을 위하여(=기쁨을 위하여)

14 [너희는] 하라
/원망과 시비가 없이
/모든 일을

15 //이는(목적: ἵνα, that...may)
너희가 ─ [되게]하여
/흠이 없고(=흠 없도록)
/순전(=순전하도록)
/자녀로
/하나님의
/흠 없는
/세대 가운데서
/어그러지고(=진)
/거스리는
└ 나타내며
/빛들로
/그들 가운데[23]
/세상에서
16 /밝혀(=밝히면서, 현재분사)
/말씀을
/생명의

//(목적: εἰς+목적격, so that...may)
자랑할 것이 있게 하려 함이라
/나로
/그리스도의 날에
/나의(=가) ─ 달음질도 아니하고
/헛되지(=헛되이)
└ 수고도 아니함으로(=수고 않은 것을)
/헛되지(=헛되이)

17 만일(εἰ)
내가 나를 관제로 드릴지라도(양보, if)
/제물과 봉사 위에
/너희 믿음의
나는 **기뻐하고**
함께 기뻐하리니
/너희 무리와

18 너희도 **기뻐하고**
함께 기뻐하라
/나와
/이와 같이

22) 한글개역의 의역이다.

23) 전치사 + 관계대명사, 선행사는 본문에 명시적으로 드러나지 않았으나, 의미상 어그러지고 거스리는 '세대'에 속한 사람들을 뜻한다. 역본들의 견해를 따랐다.

빌

라 더욱 지금 나 없을 때에도 항상 복종하여 두렵고 떨림
으로 너희 구원을 이루라 13 너희 안에서 행하시는 이는
하나님이시니 자기의 기쁘신 뜻을 위하여 너희로 소원을
두고 행하게 하시나니 14 모든 일을 원망과 시비가 없이
하라 15 이는 너희가 흠이 없고 순전하여 어그러지고 거
스리는 세대 가운데서 하나님의 흠 없는 자녀로 세상에서
그들 가운데 빛들로 나타내며 16 생명의 말씀을 밝혀 나
의 달음질도 헛되지 아니하고 수고도 헛되지 아니함으로
그리스도의 날에 나로 자랑할 것이 있게 하려 함이라 17
만일 너희 믿음의 제물과 봉사 위에 내가 나를 관제로 드
릴지라도 나는 기뻐하고 너희 무리와 함께 기뻐하리니 18
이와 같이 너희도 기뻐하고 나와 함께 기뻐하라

salvation with fear and trembling; 13 for it is God who is at work in you, both to will and to work for His good pleasure. 14 Do all things without grumbling or disputing; 15 that you may prove yourselves to be blameless and innocent, children of God above reproach in the midst of a crooked and perverse generation, among whom you appear as lights in the world, 16 holding fast the word of life, so that in the day of Christ I may have cause to glory because I did not run in vain nor toil in vain. 17 But even if I am being poured out as a drink offering upon the sacrifice and service of your faith, I rejoice and share my joy with you all. 18 And you too, I urge you, rejoice in the same

19 내가 **바람은**
/보내기를
/디모데를
/너희에게
/속히
/주 안에서

//(목적: ἵνα, that...may)
[내가] ——— 안위를 받으려 함이니
/앎으로(과거분사)
/너희 사정을

20 //이는(이유: γάρ, for)
내게(=나는) ——— 이밖에 없음이라(=하나도 없기 때문이다)
/뜻을 같이하여.. 자가(=뜻을 같이하는 자가)
/생각할(=생각하는)
/사정을
/너희[에 대한]
/진실히

21 //(이유: γάρ, for)
저희가 다 (=모든이들이) ——— 구하고
/자기 일을
구하지 아니하되
/그리스도 예수의 일을

[그러나]
22 너희가 **아나니**
/연단을
/디모데의
[그가] ——— 수고하였느니라(=수고한 것을)
/자식이 아비에게 함같이
/나와 함께
/복음을 위하여

23 그러므로
내가 **바라고**
/보내기를(부정사)
/이 사람을
/곧
/보아서
/내 일이 어떻게 될 것을

24 [나는] **확신하노라**
/나도 ——— 가기를(=갈 것을)
/속히
/주 안에서

빌

19 내가 디모데를 속히 너희에게 보내기를 주 안에서 바
람은 너희 사정을 앎으로 안위를 받으려 함이니 20 이는
뜻을 같이 하여 너희 사정을 진실히 생각할 자가 이 밖에
내게 없음이라 21 저희가 다 자기 일을 구하고 그리스도
예수의 일을 구하지 아니하되 22 디모데의 연단을 너희가
아나니 자식이 아비에게 함같이 나와 함께 복음을 위하여
수고하였느니라 23 그러므로 내가 내 일이 어떻게 될 것
을 보아서 곧 이 사람을 보내기를 바라고 24 나도 속히 가
기를 주 안에서 확신하노라

way and share your joy with me. 19 But I hope in the
Lord Jesus to send Timothy to you shortly, so that I also
may be encouraged when I learn of your condition. 20
For I have no one else of kindred spirit who will genuinely
be concerned for your welfare. 21 For they all seek after
their own interests, not those of Christ Jesus. 22 But you know
of his proven worth that he served with me in the furtherance
of the gospel like a child serving his father. 23 Therefore
I hope to send him immediately, as soon as I see how
things go with me; 24 and I trust in the Lord that I myself

25 그러나
[내가] **생각하노니**
/보내는 것이 ——— 필요한 줄로
/에바브로디도를
/(그는)형제요(=인)
/함께 수고하고(=는 자인)
/함께 군사 된 자요(=인)

/나의

/사자로(=인)
/너희
/돕는 자라(=인)
/나의 쓸 것을
/너희에게

26 //(이유: ἐπειδὴ, for)
그가 ——— 간절히 사모하고
/너희 무리를
심히 근심한지라

//(이유: διότι, because)
너희가 —— 들은 줄을 알고(=들은 것 때문에)
/자기 병든 것을

27 //(이유: γάρ, for)[24]
저가 ——— 병들어
/죽게(되었으나)
/[거의]
하나님이 ——— 긍휼히 여기셨고
/저를
/저뿐 아니라 또 나를(긍휼히 여기사)

//(목적: ἵνα, lest...should)
내[가] —— 근심을 면하게 하셨느니라(=근심하지 않도록)
/근심 위에

28 그러므로(οὖν)
내가 **보낸 것은(=보냈다)**
/저를
/더욱 급히

//(목적: ἵνα, that...may)
너희로 ——— 보고
/저를
/다시
기뻐하게 하며(=기뻐하도록)
내(=나도) ——— 근심도 덜려 함이니

빌

24) 마침점 + καί + γάρ의 형태.

25 그러나 에바브로디도를 너희에게 보내는 것이 필요한
줄로 생각하노니 그는 나의 형제요 함께 수고하고 함께 군
사된 자요 너희 사자로 나의 쓸 것을 돕는 자라 26 그가
너희 무리를 간절히 사모하고 자기 병든 것을 너희가 들은
줄을 알고 심히 근심한지라 27 저가 병들어 죽게 되었으
나 하나님이 저를 긍휼히 여기셨고 저 뿐 아니라 또 나를
긍휼히 여기사 내 근심 위에 근심을 면하게 하셨느니라 28
그러므로 내가 더욱 급히 저를 보낸 것은 너희로 저를 다
시 보고 기뻐하게 하며 내 근심도 덜려 함이니

also shall be coming shortly. 25 But I thought it necessary
to send to you Epaphroditus, my brother and fellow worker
and fellow soldier, who is also your messenger and minister
to my need; 26 because he was longing for you all and
was distressed because you had heard that he was sick.
27 For indeed he was sick to the point of death, but God
had mercy on him, and not on him only but also on me,
lest I should have sorrow upon sorrow. 28 Therefore I
have sent him all the more eagerly in order that when
you see him again you may rejoice and I may be less concerned

29 이러므로
너희가 영접하고
/저를
/주 안에서
/기쁨으로
/모든
또
[너희가] 존귀히 여기라
/이와 같은 자들을

30 //(이유: ὅτι, because)
저가 —— 이르러도(=이르렀기 때문이다)
/죽기에(=죽기까지)
/그리스도의 일을 위하여
/돌아보지 아니한 것은(=아니함으로, 분사)
/자기 목숨을

//(목적: ἵνα, to)
[그가] —— 채우려 함이니라(=공급하기 위해서)
/부족함을
/너희의
/나를 섬기는 일에

3

1 종말로(Τὸ λοιπόν)
형제들아!
/나의
[너희는] 기뻐하라
/주 안에서

쓰는 것이 수고로움이 없고
/같은 말을 /내게는
안전하니라
/너희에게는

2 [너희는] 삼가고
/개들을
삼가고
/행악하는 자들을
삼가라
/손할례당을

3 //(이유: γάr, for)

빌

29 이러므로 너희가 주 안에서 모든 기쁨으로 저를 영접
하고 또 이와 같은 자들을 존귀히 여기라 30 저가 그리스
도의 일을 위하여 죽기에 이르러도 자기 목숨을 돌아보지
아니한 것은 나를 섬기는 너희의 일에 부족함을 채우려 함
이니라

3:1 종말로 나의 형제들아 주 안에서 기뻐하라 너희에
게 같은 말을 쓰는 것이 내게는 수고로움이 없고 너희
에게는 안전하니라 2 개들을 삼가고 행악하는 자들을 삼
가고 손할례당을 삼가라 3 하나님의 성령으로 봉사하며
그리스도 예수로 자랑하고 육체를 신뢰하지 아니하는 우리
가 곧 할례당이라

about you. 29 Therefore receive him in the Lord with all
joy, and hold men like him in high regard; 30 because
he came close to death for the work of Christ, risking his
life to complete what was deficient in your service to me.

3:1 Finally, my brethren, rejoice in the Lord. To write
the same things again is no trouble to me, and it is a
safeguard for you. 2 Beware of the dogs, beware of the
evil workers, beware of the false circumcision; 3 for we
are the true circumcision, who worship in the Spirit of

3 //(이유: γάr, for)
우리가 ——— (곧)할례당이라
/봉사하며(=는)
/성령으로
/하나님의
/자랑하고(=는)
/그리스도 예수로(=안에)
/신뢰하지 아니하는
/육체를

4 그러나(=그럼에도 불구하고, καίπερ)
나도 **신뢰할 만하니**
/육체를

만일[εἰ]
다른 이가 생각하면(조건절, if)
/누구든지 /신뢰할 것이 있는 줄로
/육체를(=육체 안에서)

나는 **(그러하리니)**
/더욱

5 (내가)[25] **팔 일 만에 할례를 받고**
이스라엘의 족속이요
베냐민의 지파요
히브리인이요
/히브리인 중의
바리새인이요
/율법으로는
6 **핍박하고**
/교회를
/열심으로는
흠이 없는 자로라
/율법의 의로는

7 그러나
내가 **여길 뿐더러(=여긴다)**
/해로[운 것으로]
/유익하던 것을..[그것을][26]
/무엇이든지 다
/내게
/그리스도를 위하여

8 또한
[참으로]
[내가] **여김은(=여긴다)**
/해로
/모든 것을

//(이유: διὰ + 목적격, for)

25) 원문에는 문장의 형태가 아니라 윗점이후에 바울이 더욱 자랑할 수 있는 리스트(list)로 기록하고 있다.

26) 원문은 컴마로 구분된 절과 지시대명사로 이루어졌다.

빌

4 그러나 나도 육체를 신뢰할 만하니 만일 누구든지 다른 이가 육체를 신뢰할 것이 있는 줄로 생각하면 나는 더욱 그러하리니 **5** 내가 팔 일 만에 할례를 받고 이스라엘의 족속이요 베냐민의 지파요 히브리인 중의 히브리인이요 율법으로는 바리새인이요 **6** 열심으로는 교회를 핍박하고 율법의 의로는 흠이 없는 자로라 **7** 그러나 무엇이든지 내게 유익하던 것을 내가 그리스도를 위하여 다 해로 여길 뿐더러 **8** 또한 모든 것을 해로 여김은 내 주 그리스도 예수를 아는 지식이 가장 고상함을 인함이라 내가 그를 위하여 모든 것을 잃어버리고 배설물로 여김은 그리스도를 얻고

God and glory in Christ Jesus and put no confidence in the flesh, 4 although I myself might have confidence even in the flesh. If anyone else has a mind to put confidence in the flesh, I far more: 5 circumcised the eighth day, of the nation of Israel, of the tribe of Benjamin, a Hebrew of Hebrews; as to the Law, a Pharisee; 6 as to zeal, a persecutor of the church; as to the righteousness which is in the Law, found blameless. 7 But whatever things were gain to me, those things I have counted as loss for the sake of Christ. 8 More than that, I count all things to be loss in view of the surpassing value of knowing Christ Jesus my Lord, for whom I have suffered the loss of all things,

//(이유: διὰ + 목적격, for)
가장 고상함을 인함이라
/아는 지식이(=의)
/주 그리스도 예수를
/내

/그를 위하여[27)]
내가 — 잃어버리고
/모든 것을
— 여김은(=여긴다)
/배설물로

//(목적: ἵνα, that...may)
[내가] — 얻고
/그리스도를
—9 발견되려 함이니
/그 안에서
/내가 가진(=가지면서, 현재분사)
/의는(=의를)
/율법에서 난 것이 ..아니요(=나지 않은)
/오직 믿음으로 말미암은(것이니)
/그리스도를
/(곧)의라(=의를)
/하나님께로서 난
/믿음으로(=믿음에 의한)

10 //(목적: 부정사, that...may)
(내가) 알려하여
/그리스도와
/권능과
/그 부활의
/참여함을
/그[의] 고난에
/본받아(현재분사)
/그의 죽으심을

11 //어찌하든지(목적: εἴ πως, in order that)
부활에 이르려 (하노니)
/죽은 자 가운데서

12 내가 얻었다 함도 **아니요**
/이미
이루었다 함도 **(아니라)**
/온전히
오직
내가 **좇아가노라**
/잡힌 바 된 그것을
/그리스도 예수께

//(목적: εἰ + 가정법, in order that)[28)]

빌

27) 전치사+관계대명사. 선행사 '주 그리스도 예수' 이다. 계속적 용법

9 그 안에서 발견되려 함이니 내가 가진 의는 율법에서 난 것이 아니요 오직 그리스도를 믿음으로 말미암은 것이니 곧 믿음으로 하나님께로서 난 의라 10 내가 그리스도와 그 부활의 권능과 그 고난에 참예함을 알려하여 그의 죽으심을 본받아 11 어찌하든지 죽은 자 가운데서 부활에 이르려 하노니 12 내가 이미 얻었다 함도 아니요 온전히 이루었다 함도 아니라 오직 내가 그리스도 예수께 잡힌 바 된 그것을 잡으려고 좇아가노라

and count them but rubbish in order that I may gain Christ,
9 and may be found in Him, not having a righteousness of my own derived from the Law, but that which is through faith in Christ, the righteousness which comes from God on the basis of faith,
10 that I may know Him, and the power of His resurrection and the fellowship of His sufferings, being conformed to His death;
11 in order that I may attain to the resurrection from the dead.
12 Not that I have already obtained it, or have already become perfect, but I press on in order that I may lay hold of that for

//(목적: εἰ + 가정법, in order that)[28)]
[내가] 잡으려고

13-14
형제들아!
나는 (아직)**여기지 아니하고**
/내가 잡은 줄로
좇아가노라
/푯대를 향하여
/(오직)한 일을 — 동급/동격
/상을 위하여
/(부르신)부름의
/하나님이(=의)
/위에서[의]
/그리스도 예수 안에서
/잊어버리고(현재분사)
/(즉)뒤에 있는 것[들]은
/잡으려고(현재분사)
/앞에 있는 것을

15 그러므로(οὖν)[29)]
우리들은 누구든지 **생각할지니**
/온전히 이룬(자) /이렇게

만일[εἰ]
너희가 생각하면(조건절, if)
/무슨 일에
/달리
하나님이 **나타내시리라**
/이것도
/너희에게

16 //(목적: 부정사)[30)]
행할 것이라(=행하도록)
/그대로
/오직 우리가 어디까지 이르렀든지

빌

28) 원문을 직역하면 '잡을 수 있다면' 이다. 그러나 KJV를 제외한 모든 역본들이 목적으로 번역하였다. that I may lay hold of that(NKJV); if so be that I may lay hold on that(ASB); in order that I may lay hold of that(NASB); to make it my own(RSV); to take hold of that(NIV)

29) 이 접속사는 논리적인 결과를 말하는 문장을 이끈다.

30) 역본들도 이 부분의 번역에 고민하였다. 참고하라
Nevertheless, whereto we have already attained, let us walk by the same rule,(KJV)
Nevertheless, to the degree that we have already attained, let us walk by the same rule,(NKJV)
only, whereunto we have attained, by that same (rule) let us walk.(ASB)
however, let us keep living by that same [standard] to which we have attained.(NASB)
Only let us hold true to what we have attained.(RSV)
Only let us live up to what we have already attained.(NIV)

13 형제들아 나는 아직 내가 잡은 줄로 여기지 아니하고
오직 한 일 즉 뒤에 있는 것은 잊어버리고 앞에 있는 것을
잡으려고 14 푯대를 향하여 그리스도 예수 안에서 하나님
이 위에서 부르신 부름의 상을 위하여 좇아가노라 15 그
러므로 누구든지 우리 온전히 이룬 자들은 이렇게 생각할
지니 만일 무슨 일에 너희가 달리 생각하면 하나님이 이것
도 너희에게 나타내시리라 16 오직 우리가 어디까지 이르
렀든지 그대로 행할 것이라 17 형제들아 너희는 함께 나

which also I was laid hold of by Christ Jesus. 13 Brethren,
I do not regard myself as having laid hold of it yet; but
one thing I do: forgetting what lies behind and reaching forward
to what lies ahead, 14 I press on toward the goal for the
prize of the upward call of God in Christ Jesus. 15 Let
us therefore, as many as are perfect, have this attitude;
and if in anything you have a different attitude, God will
reveal that also to you; 16 however, let us keep living by

17 형제들아!
너희는 함께 본받으라
/나를

또
[너희는] 보이라(=주목하라)
/행하는 자들을
/우리로 본을 삼은 것같이
/그대로

18 //(이유: γάρ, for)
여러 사람들이 ——— 행하느니라
/원수로
/그리스도 십자가의
/[그들을][31)]
내가 —— 말하였거니와
/너희에게
/여러 번
말하노니
/이제도
/눈물을 흘리며
/저희의[32)]
마침은 ——— 멸망이요
/저희의[33)]
신은 ——— 배요
그 영광은 —— 부끄러움에 있고
/[저들은] ——— 생각하는 자라
/땅의 일을

20 //(이유: γάρ, for)
시민권은 ——— 있는지라
/우리의 /(오직)하늘에
/거기로서[35)]
[우리가] ——기다리노니
/구원하는 자
/(곧)주 예수 그리스도를 —— 동급/동격
21 /그가[36)]— 변케 하시리라
/몸을
/낮은
/우리의
/형체와 같이
/몸의
/영광의
/자기
/역사로(=역사를 따라)
/하실 수 있는 자의(=능력의)
/복종케(복종케 하는)
/자기에게
/만물을

31) 관계대명사, 선행사는 '많은 사람들' 이다. 계속적 용법

32) 관계대명사, 선행사는 '많은 사람들' 이다. 계속적 용법

33) 관계대명사, 선행사는 '많은 사람들' 이다. 계속적 용법

34) 관계대명사, 선행사는 '많은 사람들' 이다. 계속적 용법

35) 전치사 + 관계대명사, 선행사는 '하늘' 이다. 계속적 용법

36) 관계대명사, 선행사는 '예수 그리스도' 이다. 계속적 용법

를 본받으라 또 우리로 본을 삼은 것같이 그대로 행하는
자들을 보이라 **18** 내가 여러 번 너희에게 말하였거니와
이제도 눈물을 흘리며 말하노니 여러 사람들이 그리스도
십자가의 원수로 행하느니라 **19** 저희의 마침은 멸망이요
저희의 신은 배요 그 영광은 저희의 부끄러움에 있고 땅의
일을 생각하는 자라 **20** 오직 우리의 시민권은 하늘에 있
는지라 거기로서 구원하는 자 곧 주 예수 그리스도를 기다
리노니 **21** 그가 만물을 자기에게 복종케 하실 수 있는 자
의 역사로 우리의 낮은 몸을 자기 영광의 몸의 형체와 같
이 변케 하시리라

that same standard to which we have attained. 17 Brethren,
join in following my example, and observe those who
walk according to the pattern you have in us. 18 For
many walk, of whom I often told you, and now tell you
even weeping, that they are enemies of the cross of Christ,
19 whose end is destruction, whose god is their appetite,
and whose glory is in their shame, who set their minds
on earthly things. 20 For our citizenship is in heaven, from
which also we eagerly wait for a Savior, the Lord Jesus
Christ; 21 who will transform the body of our humble state
into conformity with the body of His glory, by the exertion
of the power that He has even to subject all things to Himself.

4

1 그러므로(ὥστε)
형제들[아]!
/나의
/사랑하고(=는)
/사모하는
기쁨이여!
면류관인[자여]!
/나의
사랑하는 자들아!

[너희는] **서라**
/이와 같이
/주 안에

2 내가 **권하고**
/유오디아를
권하노니
/순두게를
/같은 마음을 품으라(=품을 것을)
/주 안에서

3 또[한]
참으로(=참된자여!)
나와 멍에를 같이한 자여!
[내가] **구하노니**
/네게
[너는] (돕고)**도우라**
/(저)부녀들을

/[저들은][37]— 함께 힘쓰던(=함께 힘썼느니라)
/복음에
/나와
/또한 글레멘드와(글레멘드와 함께)
/그 외에 동역자들을(=동역자들과 함께)
/나의

/그[들의][38]
이름들이 —있느니라
/생명책에

4 [너희는] **기뻐하라**
/주 안에서
/항상

내가 **말하노니**
/다시

[너희는] **기뻐하라**

빌

37) 관계대명사, 선행사는 '부녀들' 이다. 계속적 용법

38) 관계대명사, 선행사는 '글레멘드와 그 외 동역자들' 이다. 계속적 용법

4:1 그러므로 나의 사랑하고 사모하는 형제들, 나의 기
쁨이요 면류관인 사랑하는 자들아 이와 같이 주 안에
서라 2 내가 유오디아를 권하고 순두게를 권하노니 주 안
에서 같은 마음을 품으라 3 또 참으로 나와 멍에를 같이한
자 네게 구하노니 복음에 나와 함께 힘쓰던 저 부녀들을
돕고 또한 글레멘드와 그 위에 나의 동역자들을 도우라 그
이름들이 생명책에 있느니라 4 주 안에서 항상 기뻐하라
내가 다시 말하노니 기뻐하라 5 너희 관용을 모든 사람에
게 알게 하라 주께서 가까우시니라 6 아무 것도 염려하지
말고 오직 모든 일에 기도와 간구로 너희 구할 것을 감사
함으로 하나님께 아뢰라 7 그리하면 모든 지각에 뛰어난
하나님의 평강이 그리스도 예수 안에서 너희 마음과 생각

4:1 Therefore, my beloved brethren whom I long to see,
my joy and crown, so stand firm in the Lord, my
beloved. 2 I urge Euodia and I urge Syntyche to live in harmony
in the Lord. 3 Indeed, true comrade, I ask you also to
help these women who have shared my struggle in the
cause of the gospel, together with Clement also, and the
rest of my fellow workers, whose names are in the book
of life. 4 Rejoice in the Lord always; again I will say,
rejoice! 5 Let your forbearing spirit be known to all men.
The Lord is near. 6 Be anxious for nothing, but in everything

5 관용을(=이) 　　알게 하라(=알려지게 하라)
　/너희 　　/모든 사람에게
주께서 　　가까우시니라

6 [너희는] 　　아무것도 염려하지 말고
구할 것을(=이) 　　오직 아뢰[지게하]라
　/너희 　　/하나님께
　　/모든 일에
　　/기도와 간구로
　　/감사함으로

7 //그리하면(결과)
평강이 ———— 지키시리라
/하나님의 　　/마음과
/뛰어난 　　/너희
/지각에 　　/생각을
/모든 　　/너희
　　/그리스도 예수 안에서

8 종말로(τὸ λοιπόν)
형제들아!
무엇에든지 　　참되며
무엇에든지 　　경건하며
무엇에든지 　　옳으며
무엇에든지 　　정결하며
무엇에든지 　　사랑할 만하며
무엇에든지 　　칭찬할 만하며
[만일]
무슨 덕이 　　(있든지)
무슨 기림이 　　(있든지)(조건절, if)
[너희는] 　　생각하라
　　/이것들을

너희는 　　행하라
　　/[이것들을]
9 /[너희가] —— 배우고
　　받고
　　듣고
　　본 바를[39]
　　/내게

//그리하면(결과)
하나님이 ———— 너희와 함께 계시리라
/평강의

10 내가 　　기뻐함은(=기뻐한다)
　　/주 안에서
　　/크게
　　/너희가 —다시 싹이 남이니(=난 것을)

빌

39) 관계대명사가 선행사와 상관없이 독립적인 관사의 역할을 한다.

을 지키시리라 8 종말로 형제들아 무엇에든지 참되며 무엇에든지 경건하며 무엇에든지 옳으며 무엇에든지 정결하며 무엇에든지 사랑할 만하며 무엇에든지 칭찬할 만하며 무슨 덕이 있든지 무슨 기림이 있든지 이것들을 생각하라
9 너희는 내게 배우고 받고 듣고 본 바를 행하라 그리하면 평강의 하나님이 너희와 함께 계시리라 10 내가 주 안에서 크게 기뻐함은 너희가 나를 생각하던 것이 이제 다시 싹이 남이니 너희가 또한 이를 위하여 생각은 하였으나 기

by prayer and supplication with thanksgiving let your requests be made known to God. 7 And the peace of God, which surpasses all comprehension, shall guard your hearts and your minds in Christ Jesus. 8 ¶ Finally, brethren, whatever is true, whatever is honorable, whatever is right, whatever is pure, whatever is lovely, whatever is of good repute, if there is any excellence and if anything worthy of praise, let your mind dwell on these things. 9 The things you have learned and received and heard and seen in me, practice these things; and the God of peace shall be with you. 10 ¶ But I rejoiced in the Lord greatly, that now at last you have revived your concern for me; indeed, you were concerned before,

/너희가 — 다시 싹이 남이니(=난 것을)
/이제
/생각하던 것이(=을)
/나를
/[전에]
/이를 위하여[40)]
너희가 — 또한 생각은 하였으나
기회가 없었느니라

11 내가 **말하는 것이 아니라(=말하지 않노라)**
/궁핍하므로(=궁핍에 대한 것을)

//(이유: γάρ, for)
내가 — 배웠노니
/자족하기를
/어떠한 형편에든지

12 내가 **알고**
/비천에 처할 줄도
알아
/풍부에 처할 줄도
배웠노라
/배부르며
배고픔과
/풍부와
궁핍에도(=을)
/모든 일에
/일체의 비결을(=모든 경우에)

13 내가 **할 수 있느니라**
/모든 것을
/능력 주시는 자 안에서
/내게

14 그러나
너희가 **잘하였도다**

//(이유: 분사)
[너희가] — 함께 참여하였으니
/내 괴로움에

15 빌립보 사람들아!
너희도 **알거니와(=안다)**
/교회가 — 아무도 없었느니라(=없었던 것을)
/참여한
/주고 받는 일에
/복음의 시초에
/내가 마게도냐를 떠날 때에
/내[게]
/[오직] 너희 외에

40) 전치사 + 관계대명사, 선행사는 '생각하던 것'이다. 계속적 용법

빌

회가 없었느니라 11 내가 궁핍하므로 말하는 것이 아니라
어떠한 형편에든지 내가 자족하기를 배웠노니 12 내가 비
천에 처할 줄도 알고 풍부에 처할 줄도 알아 모든 일에 배
부르며 배고픔과 풍부와 궁핍에도 일체의 비결을 배웠노라
13 내게 능력 주시는 자 안에서 내가 모든 것을 할 수 있
느니라 14 그러나 너희가 내 괴로움에 함께 참예하였으니
잘하였도다 15 빌립보 사람들아 너희도 알거니와 복음의
시초에 내가 마게도냐를 떠날 때에 주고 받는 내 일에 참
예한 교회가 너희 외에 아무도 없었느니라 16 데살로니가
에 있을 때에도 너희가 한 번 두 번 나의 쓸 것을 보내었
도다 17 내가 선물을 구함이 아니요 오직 너희에게 유익
하도록 과실이 번성하기를 구함이라 18 내게는 모든 것이

but you lacked opportunity. 11 Not that I speak from
want; for I have learned to be content in whatever
circumstances I am. 12 I know how to get along with
humble means, and I also know how to live in prosperity;
in any and every circumstance I have learned the secret
of being filled and going hungry, both of having abundance
and suffering need. 13 I can do all things through Him
who strengthens me. 14 Nevertheless, you have done well
to share with me in my affliction. 15 And you yourselves
also know, Philippians, that at the first preaching of the gospel,

16 너희가 **보내었도다**
/나의 쓸 것을
/데살로니가에 있을 때에도
/한번 두번

17 내가 구함이 **아니요**
/선물을
[내가] 오직 **구함이라**
/과실이(=을)
/번성하기를(=번성한)
/너희에게 유익하도록

18 내게는 **있고**
/모든 것이
또 **풍부한지라**

내가 **풍족하니**
/받으므로(과거분사)
/너희의 준 것을
/에바브로디도 편에
/[냄새를]
/향기로운
/(이는)제물이요(=제물을)
/받으실 만한
/기쁘시게 한 것이라(=것을)
/하나님을(=께)

19 하나님이 **채우시리라**
/나의
/쓸 것을
/모든
/너희
/그 풍성한 대로
/영광 가운데
/그리스도 예수 안에서

20 영광을(=이) **(돌릴지어다)** 아멘
/하나님 곧 아버지께
/우리
/세세 무궁토록

21 [너희는] **문안하라**
/성도에게
/각각(=모든)
/그리스도 예수 안에 있는

형제들이 **문안하고**
/나와 함께 있는
/너희에게

있고 또 풍부한지라 에바브로디도 편에 너희의 준 것을 받
으므로 내가 풍족하니 이는 받으실 만한 향기로운 제물이
요 하나님을 기쁘시게 한 것이라 19 나의 하나님이 그리
스도 예수 안에서 영광 가운데 그 풍성한 대로 너희 모든
쓸 것을 채우시리라 20 하나님 곧 우리 아버지께 세세 무
궁토록 영광을 돌릴지어다 아멘 21 그리스도 예수 안에
있는 성도에게 각각 문안하라 나와 함께 있는 형제들이 너
희에게 문안하고 22 모든 성도들이 너희에게 문안하고 특

after I departed from Macedonia, no church shared with me in the matter of giving and receiving but you alone;
16 for even in Thessalonica you sent a gift more than once for my needs.
17 Not that I seek the gift itself, but I seek for the profit which increases to your account.
18 But I have received everything in full, and have an abundance; I am amply supplied, having received from Epaphroditus what you have sent, a fragrant aroma, an acceptable sacrifice, well-pleasing to God.
19 And my God shall supply all your needs according to His riches in glory in Christ Jesus.
20 Now to our God and Father be the glory forever and ever. Amen.
21 Greet every saint in Christ Jesus. The

22 성도들이 —— 문안하되
/모든 /너희에게
몇이(니라)
/특별히
/가이사집 사람 중

23 은혜가 **(있을지어다)**
/주 예수 그리스도의 /너희 심령에

별히 가이사 집 사람 중 몇이니라 23 주 예수 그리스도의
은혜가 너희 심령에 있을지어다

brethren who are with me greet you. 22 All the saints
greet you, especially those of Caesar's household. 23 The
grace of the Lord Jesus Christ be with your spirit.

1

1-2 바울과 — (편지하노니)
/사도(된)
/그리스도 예수의
/뜻으로 말미암아
/하나님의
디모데는
/형제

/(곧)형제들에게
/골로새에 있는
/성도들(=거룩한)
/신실한
/그리스도 안에(서)

은혜와
평강이 — (있을지어다)
/너희에게
/하나님으로부터
/아버지
/우리

3 우리가 — 감사하노라
/하나님 곧 아버지께
/우리 주 예수 그리스도의
/기도할 때마다
/너희를 위하여

4 //이는(이유: 분사, because-RSV)
[우리가] — 들음이요
/믿음과(=을)
/너희의
/그리스도 예수 안에(=안의)
/사랑을
/[너희가 — 가진]
/모든 성도에 대한(=대해)

5 //(이유: διὰ + 목적격, because of)
소망을 인함이니
/쌓아 둔(=쌓인)
/하늘에
/너희를 위하여(=너희에 대해)

/곧[이것을][1)]
너희가 — 전에 들은것이라
/말씀을(=말씀 안에)
/진리의
/복음[의]
6 /(이 복음이)
이미 이르매(=가까이 이른)
/너희에게
/[그것이] — 열매를 맺어

1) 관계대명사, 선행사는 '소망'이다. 계속적 용법

1:1 하나님의 뜻으로 말미암아 그리스도 예수의 사도 된
바울과 형제 디모데는 2 골로새에 있는 성도들 곧 그리
스도 안에서 신실한 형제들에게 편지하노니 우리 아버지
하나님으로부터 은혜와 평강이 너희에게 있을지어다 3 우
리가 너희를 위하여 기도할 때마다 하나님 곧 우리 주 예
수 그리스도의 아버지께 감사하노라 4 이는 그리스도 예
수 안에 너희의 믿음과 모든 성도에 대한 사랑을 들음이요
5 너희를 위하여 하늘에 쌓아 둔 소망을 인함이니 곧 너희
가 전에 복음 진리의 말씀을 들은 것이라 6 이 복음이 이
미 너희에게 이르매 너희가 듣고 참으로 하나님의 은혜를
깨달은 날부터 너희 중에서와 같이 또한 온 천하에서도 열
매를 맺어 자라는도다

1:1 Paul, an apostle of Jesus Christ by the will of God,
and Timotheus our brother, 2 To the saints and faithful
brethren in Christ which are at Colosse: Grace be unto
you, and peace, from God our Father and the Lord Jesus
Christ. 3 We give thanks to God and the Father of our
Lord Jesus Christ, praying always for you, 4 Since we
heard of your faith in Christ Jesus, and of the love which
ye have to all the saints, 5 For the hope which is laid up
for you in heaven, whereof ye heard before in the word
of the truth of the gospel; 6 Which is come unto you, as
it is in all the world; and bringeth forth fruit, as it doth
also in you, since the day ye heard of it, and knew the

/[그것이] ─ 열매를 맺어
└ 또한 자라는도다(=자라는 것같이)
/천하에서도
/온
/너희 중에서와 같이
/너희가 ─ 듣고2)
└ 깨달은 날부터
/은혜를
/하나님의
/참으로(=진리 안에서)

7 /너희가 ── 이와 같이 배웠나니(=배운 것 같이)
/에바브라에게
/사랑하는
/함께 종 된
/우리와

/그는3) ─ 일꾼이요
/신실한
/그리스도의
/너희를 위하여
8 고한 자니라
/너희 사랑을
/우리에게
/성령 안에서

9 이로써(διὰ τοῦτο)
우리도 **그치지 아니하고**
/기도하기를
/너희를 위하여
/구하노니(=구하기를)
/듣던 날부터

//(목적: ἵνα, that...may)
너희로 하여금 ── 채우게 하시고
/아는 것으로
/하나님의 뜻을(=그의 뜻을)
/지혜와 총명에
/모든
/신령한

10 //(목적: 부정사, so that)
합당히 행하여4)
/주께
/기쁘시게(하고)
/범사에

/열매를 맺게 하시며(=너희가 열매맺으면서, 현재분사)
/모든 일에(=모든 일 안에)
/선한

2) 여기에 사용된 관계대명사는 선행사 없이 명사절을 이끄는 관사의 역할을 한다. 역본들의 입장을 따랐다.

3) 관계대명사, 선행사는 '에바브라'이다. 계속적 용법

4) 부정사 + 부사의 합성어이다.

골

7 이와 같이 우리와 함께 종 된 사랑하는 에바브라에게 너
희가 배웠나니 그는 너희를 위하여 그리스도의 신실한 일
군이요 8 성령 안에서 너희 사랑을 우리에게 고한 자니라
9 이로써 우리도 듣던 날부터 너희를 위하여 기도하기를
그치지 아니하고 구하노니 너희로 하여금 모든 신령한 지
혜와 총명에 하나님의 뜻을 아는 것으로 채우게 하시고 10
주께 합당히 행하여 범사에 기쁘시게 하고 모든 선한 일에
열매를 맺게 하시며 하나님을 아는 것에 자라게 하시고 11

grace of God in truth: 7 As ye also learned of Epaphras
our dear fellowservant, who is for you a faithful minister
of Christ; 8 Who also declared unto us your love in the
Spirit. 9 For this cause we also, since the day we heard
it, do not cease to pray for you, and to desire that ye
might be filled with the knowledge of his will in all
wisdom and spiritual understanding; 10 That ye might
walk worthy of the Lord unto all pleasing, being fruitful
in every good work, and increasing in the knowledge of
God; 11 Strengthened with all might, according to his glorious

/자라게 하시고(=너희가 성장하면서, 현재분사)
/하나님을 아는 것에
11 /능하게 하시며(=너희가 능해지면서, 현재분사)
/능력으로(=능력 안에)
/모든
/힘을 좇아
/영광의
/그[의]
/모든 견딤과 오래 참음에 이르게(하시고)
/기쁨으로
12 /우리로 —— 감사하게 하시기를(원하노라)
(하여금) (=감사하면서, 현재분사)
/아버지께
/합당하게 하신
/[너희를]
/기업의 부분을(얻기에)[5]
/성도의
/빛 가운데서
13 /그가[6] — 건져내사
/우리를
/권세에서
/흑암의
옮기셨으니
/나라로
/아들의
/사랑의
/그의

14 /그 아들 안에서[7]
우리가 얻었도다
/구속
/곧(동격)
사함을
/죄[의]

골

5) 엄밀히 '얻다' 라는 의미의 단어는 원문에는 없다.그러나 모든 역본들이 이 부분을 의미상으로 첨가하였다. 아래 역본을 참조하라.

- giving thanks to the Father who has qualified us to be partakers of the inheritance of the saints in the light.(NKJV)
- giving thanks to the Father, who has qualified us to share in the inheritance of the saints in light.(NASB)
- giving thanks to the Father, who has qualified us to share in the inheritance of the saints in light.(RSV)
- giving thanks to the Father, who has qualified you to share in the inheritance of the saints in the kingdom of light.(NIV)

6) 관계대명사, 선행사는 '아버지' 이다. 계속적 용법

7) 전치사 +관계대명사, 선행사는 '아들' 이다. 계속적 용법

그 영광의 힘을 좇아 모든 능력으로 능하게 하시며 기쁨으
로 모든 견딤과 오래 참음에 이르게 하시고 12 우리로 하
여금 빛 가운데서 성도의 기업의 부분을 얻기에 합당하게
하신 아버지께 감사하게 하시기를 원하노라 13 그가 우리
를 흑암의 권세에서 건져내사 그의 사랑의 아들의 나라로
옮기셨으니 14 그 아들 안에서 우리가 구속 곧 죄 사함을
얻었도다 15 그는 보이지 아니하시는 하나님의 형상이요
모든 창조물보다 먼저 나신 자니 16 만물이 그에게 창조

power, unto all patience and longsuffering with joyfulness;
12 Giving thanks unto the Father, which hath made us
meet to be partakers of the inheritance of the saints in
light: 13 Who hath delivered us from the power of darkness,
and hath translated us into the kingdom of his dear Son:
14 In whom we have redemption through his blood, even
the forgiveness of sins: 15 Who is the image of the
invisible God, the firstborn of every creature: 16 For by

15 그는[8] **형상이요**
/하나님의
/보이지 아니하시는
먼저 나신자니
/창조물보다
/모든

16 //(이유: ὅτι, for)
만물이 —— 창조되되
/보이는 것들과 /그에게(=그의 안에서)
보이지 않는 것들과 /하늘[안]과 땅[위]에서
/혹은 보좌들이나
주관들이나
정사들이나
권세들이나
만물이(다) —— 창조되었고
/그로 말미암고
/그를 위하여

17 //또한(연속되는 이유)
그가 —— 만물보다 먼저 계시고
만물이 —— 함께 섰느니라
/그 안에

18 //(연속되는 이유)
그는 —— 머리라
/몸인(=의) ┐ *동급/동격
/교회의 ┘

그가[9] **근본이요**
먼저 나신 자니
/죽은 자들 가운데서

//이는(목적: ἵνα, so that)
[그가]친히 —— 으뜸이 되려 하심이요[10]
/만물의(=만물 안에)

19 //(이유: ὅτι, for)
아버지께서는 —— 기뻐하심이라
(=그가)
/충만으로(=이) —— 거하게 하시고(=것을, 부정사)
/모든 /예수 안에
20 /만물을(=이) —— 화목케 되기를(=것을, 부정사)
/자기와(=에게)
/그로 말미암아
/화평을 이루사(과거분사)
/(곧)땅에 있는 것들이나
/하늘에 있는 것들[을]
/[그로 말미암아]
/피로[말미암아]
/십자가의
/그의

8) 관계대명사, 선행사는 '아들' 이다. 바울이 예수 그리스도를 특별하게 강조하고 있으므로 주문장으로 독립처리 하였다. 빌립보서 2:6-11과 같은 경우이다.

9) 전치사+관계대명사, 선행사는 '아들' 이다. 계속적 용법

10) 불완전 자동사 γινομαι + 보어(주격분사)의 형태이다. 이런 경우 보어로 사용된 단어와 동사를 결합하여 하나의 동사로 본다.

되되 하늘과 땅에서 보이는 것들과 보이지 않는 것들과 혹
은 보좌들이나 주관들이나 정사들이나 권세들이나 만물이
다 그로 말미암고 그를 위하여 창조되었고 17 또한 그가
만물보다 먼저 계시고 만물이 그 안에 함께 섰느니라 18
그는 몸인 교회의 머리라 그가 근본이요 죽은 자들 가운데
서 먼저 나신 자니 이는 친히 만물의 으뜸이 되려 하심이
요 19 아버지께서는 모든 충만으로 예수 안에 거하게 하
시고 20 그의 십자가의 피로 화평을 이루사 만물 곧 땅에
있는 것들이나 하늘에 있는 것들을 그로 말미암아 자기와
화목케 되기를 기뻐하심이라 21 전에 악한 행실로 멀리

him were all things created, that are in heaven, and that
are in earth, visible and invisible, whether they be thrones,
or dominions, or principalities, or powers: all things were
created by him, and for him: 17 And he is before all
things, and by him all things consist. 18 And he is the
head of the body, the church: who is the beginning, the firstborn
from the dead; that in all things he might have the preeminence.
19 For it pleased the Father that in him should all fulness
dwell; 20 And, having made peace through the blood of
his cross, by him to reconcile all things unto himself; by
him, I say, whether they be things in earth, or things in heaven.
21 And you, that were sometime alienated and enemies

21 [너희가] 멀리 떠나
원수가 되었던(=원수 되었음에도 불구하고, 양보, 분사)
/전에
/마음으로
/행실로
/악한
22 [그가] **화목케 하사**
/이제는
/그의 육체의(=육체 안에)
/죽음으로 말미암아

//(목적: 부정사, in order to)
너희를 — 세우고자 하셨으니
/거룩하고
/흠 없고
/책망할 것이 없는 자로
/그[의] 앞에

23 만일(εἴ)
너희가 거하고(=거하면, 조건절, if)
/믿음에
/터 위에 서서(과거분사)
/굳게(=고정되어)[11)]
/흔들리지 아니하면(=흔들리지 않으면서)
/소망에서
/복음의
/너희 들은 바
/(이 복음은)[12)]
전파된 바요(=전파된)
/천하 만민에게

/이 복음의[13)]
나 바울은 일꾼이 되었노라
(그리하리라)[14)]

24 내가 **기뻐하고**
/이제
/받는 괴로움을(=고통 안에서)
/너희를 위하여
채우노라
/남은(=부족함을)
/그리스도의 고난을(=의)
/내 육체에
/그의 몸된..위하여(=그의 몸을 위하여)

/[그것은][15)] — 교회를(=교회이다)

25 /교회[의][16)]

11) be동사의 분사가 생략된 형태이다.

12) 소유격 관사 thvß를 한글개역이 번역한 것이다. 단순 관사이다

13) 관계대명사, 선행사는 '복음' 이다. 계속적 용법

14) 원문에는 조건절만 있고 주문장이 없다. 그러나 의미상 22절의 반복 생략의 형태로 본다.

15) 관계대명사, 선행사는 '몸' 이다. 계속적 용법

골

떠나 마음으로 원수가 되었던 너희를 22 이제는 그의 육
체의 죽음으로 말미암아 화목케 하사 너희를 거룩하고 흠
없고 책망할 것이 없는 자로 그 앞에 세우고자 하셨으니
23 만일 너희가 믿음에 거하고 터 위에 굳게 서서 너희 들
은 바 복음의 소망에서 흔들리지 아니하면 그리하리라 이
복음은 천하 만민에게 전파된 바요 나 바울은 이 복음의
일군이 되었노라 24 내가 이제 너희를 위하여 받는 괴로
움을 기뻐하고 그리스도의 남은 고난을 그의 몸된 교회를
위하여 내 육체에 채우노라 25 내가 교회 일꾼 된 것은 하
나님이 너희를 위하여 내게 주신 경륜을 따라 하나님의 말

in your mind by wicked works, yet now hath he reconciled
22 In the body of his flesh through death, to present you
holy and unblameable and unreproveable in his sight: 23
If ye continue in the faith grounded and settled, and be
not moved away from the hope of the gospel, which ye
have heard, and which was preached to every creature
which is under heaven; whereof I Paul am made a minister;
24 Who now rejoice in my sufferings for you, and fill
up that which is behind of the afflictions of Christ in my
flesh for his body's sake, which is the church: 25 Whereof

25 /교회[의][16)]
내가 ── 일꾼 된것은(=일꾼 되었다)
/경륜을 따라
/하나님이(=의)
/내게 주신
/너희를 위하여

//(목적: 부정사, so that... might)
말씀을 ── 이루려 함이니라
/하나님의

26 이 비밀은(=이)[17)] **나타났고**
/감취었던(것인데) /이제는
/만세[로부터]와 /성도들에게
/만대로부터(옴으로) /그의

27 /그들로 하여금(=그들에게)[18)]
하나님이 ─ 알게 하려 하심이라[19)]
/이방인 가운데
/어떻게 풍성한 것을
/영광이
/이 비밀의

/이 비밀은[20)]──그리스도시니
/너희 안에(계신)
/(곧)소망이니라(=소망이신)
/영광의
/●

● 28 /그를[21)]
우리가──전파하여(=전파한다)
/권하고(=권하면서, 현재분사)
/각 사람을
/가르침은(=가르치면서, 현재분사)
/각 사람을
/지혜로
/모든

//(목적: ἵνα, that...may)
[우리가] ─세우려 함이니
/사람을
/각(=모든)
/완전한(자로)
/그리스도 안에서

29 /이를 위하여[22)]

16) 관계대명사, 선행사는 '교회' 이다. 계속적 용법

17) 원문에는 주어가 주격이 아니고 목적격이다. 그러나 뒤에 'de(but)' 로 연결되는 문장에서 주어가 비인칭(3인칭)으로 시작한다. 그래서 의미상 주어인 '비밀' 을 주어로 표기하였다. 역본을 참고하라
- the mystery which has been hidden from ages and from generations, but now has been revealed to His saints.(NKJV)
- [that is,] the mystery which has been hidden from the [past] ages and generations; but has now been manifested to His saints,(NASB)
- the mystery hidden for ages and generations but now made manifest to his saints.(RSV)
- the mystery that has been kept hidden for ages and generations, but is now disclosed to the saints.(NIV)

18) 관계대명사, 선행사는 '성도들' 이다. 계속적 용법

19) 동사 + 부정사의 합성어이다.

20) 관계대명사, 선행사는 '비밀' 이다. 계속적 용법

21) 관계대명사, 선행사는 '그리스도' 이다. 계속적 용법

골

씀을 이루려 함이니라 26 이 비밀은 만세와 만대로부터
옴으로 감취었던 것인데 이제는 그의 성도들에게 나타났고
27 하나님이 그들로 하여금 이 비밀의 영광이 이방인 가
운데 어떻게 풍성한 것을 알게 하려 하심이라 이 비밀은
너희 안에 계신 그리스도시니 곧 영광의 소망이니라 28
우리가 그를 전파하여 각 사람을 권하고 모든 지혜로 각
사람을 가르침은 각 사람을 그리스도 안에서 완전한 자로
세우려 함이니 29 이를 위하여 나도 내 속에서 능력으로
역사하시는 이의 역사를 따라 힘을 다하여 수고하노라

I am made a minister, according to the dispensation of
God which is given to me for you, to fulfil the word of
God; 26 Even the mystery which hath been hid from ages
and from generations, but now is made manifest to his
saints: 27 To whom God would make known what is the
riches of the glory of this mystery among the Gentiles;
which is Christ in you, the hope of glory: 28 Whom we preach,
warning every man, and teaching every man in all wisdom;
that we may present every man perfect in Christ Jesus:
29 Whereunto I also labour, striving according to his working,
which worketh in me mightily.

29 /이를 위하여[22)]
나도 ── 수고하노라
/힘을 다하여(분사, 방법)
/역사를 따라
/역사하시는 이의
/내 속에서
/능력으로(=능력 안에서)

2

1 내가 **원하노니**[23)]
/너희가 ── 알기를(부정사)
/[내가] ── 쓰는 것을(=가진 것을)
/힘(=싸움을)
/어떻게(=얼마나 많은)
/너희와
라오디게아에 있는 자들과
무릇 보지 못한 자들을 위하여
/내 얼굴을
/육신의

2 //이는(목적, ἵνα, that...might)
저희로 ── 위안을 받고
/마음에
/[그들의]
/연합하여(과거분사)
/사랑 안에서
/부요에 이르러(=이르도록)
/모든
/원만한
/이해의

//(결과, εἰς + 목적격, resulting)
깨닫게 하려 함이라
(=지식에 이르도록)
/비밀인(=의)
/하나님의 ── *동급/동격
/그리스도를

3 /그 안에는[24)]
보화가 ── 있느니라
/모든 /감취어(=감추인)
/지혜와 지식의

4 내가 **말함은**
/이것을

//(목적: ἵνα, so that)

22) 전치사 + 관계대명사, 선행사는 '비밀'이다. 계속적 용법

23) 문법적으로는 1:29의 이유를 말하지만, 주문장이 삽입구와 같은 역할을 하는 관계대명사절이면서, γάρ가 인도하는 절의 비중이 높기 때문에 주문장으로 처리하였다. NIV를 참조하라.

24) 전치사 + 관계대명사. 그리스도를 수식한다.

골

2:1 내가 너희와 라오디게아에 있는 자들과 무릇 내 육
신의 얼굴을 보지 못한 자들을 위하여 어떻게 힘쓰는
것을 너희가 알기를 원하노니 2 이는 저희로 마음에 위안
을 받고 사랑 안에서 연합하여 원만한 이해의 모든 부요에
이르러 하나님의 비밀인 그리스도를 깨닫게 하려 함이라 3
그 안에는 지혜와 지식의 모든 보화가 감취어 있느니라 4
내가 이것을 말함은 아무도 공교한 말로 너희를 속이지 못
하게 하려 함이니

2:1 For I would that ye knew what great conflict I have
for you, and for them at Laodicea, and for as many
as have not seen my face in the flesh; 2 That their hearts
might be comforted, being knit together in love, and unto
all riches of the full assurance of understanding, to the
acknowledgement of the mystery of God, and of the Father,
and of Christ; 3 In whom are hid all the treasures of
wisdom and knowledge. 4 And this I say, lest any man

//(목적: ἵνα, so that)
아무도 ── 속이지 못하게 하려 함이니
/너희를
/공교한 말로

5 //이는(이유: γάρ, for)
내가 ── 떠나 있으나(양보, even though)[25)]
/육신으로는
있어(=있기 때문이다)
/너희와 함께
/심령으로는
/기쁘게(=기뻐하면서, 현재분사)
/봄이라(=지켜 보면서, 현재분사)
/규모와(=를)
/너희의
/굳은 것을
/믿음의
/그리스도를 믿는(=그리스도를 향한)
/너희

6 그러므로(οὖν)
너희가 **행하되(=행하라)**
/그[의] 안에서
/[너희가] ── 받았으니(=받은것 같이)
/그리스도 예수를
/주로
7 /뿌리를 박으며(=뿌리 박고서, 완료분사)
/세움을 입어(=세움 받으면서, 현재분사)
/그[의] 안에
/굳게 서서(=굳게 서면서, 현재분사)
/믿음에
/교훈을 받은 대로
/넘치게 하라(=넘치게 하면서, 현재분사)
/감사함을

8 [너희는] **주의하라**
/누가 ── 노략할까(=노략하는 자가 아닌지)
/너희를
/철학과
속임수로
/헛된
/(이것이)유전과(=유전을 좇아)
/사람의
/초등 학문을 좇음이요(=좇아)
/세상의
/그리스도를 좇음이 아니니라(=좇지 않고)

9 //(이유: ὅτι, for)

25) εἰ+ 직설법 현재, 본문에서는 '양보'의 의미로 사용되었다. 역본들은 일치되게 'though'로 번역하였다.

골

5 이는 내가 육신으로는 떠나 있으나 심령으로는 너희와
함께 있어 너희의 규모와 그리스도를 믿는 너희 믿음의 굳
은 것을 기쁘게 봄이라 6 그러므로 너희가 그리스도 예수
를 주로 받았으니 그 안에서 행하되 7 그 안에 뿌리를 박
으며 세움을 입어 교훈을 받은 대로 믿음에 굳게 서서 감
사함을 넘치게 하라 8 누가 철학과 헛된 속임수로 너희를
노략할까 주의하라 이것이 사람의 유전과 세상의 초등 학
문을 좇음이요 그리스도를 좇음이 아니니라

should beguile you with enticing words. 5 For though I
be absent in the flesh, yet am I with you in the spirit,
joying and beholding your order, and the stedfastness of
your faith in Christ. 6 As ye have therefore received Christ
Jesus the Lord, so walk ye in him: 7 Rooted and built
up in him, and stablished in the faith, as ye have been
taught, abounding therein with thanksgiving. 8 Beware
lest any man spoil you through philosophy and vain deceit,
after the tradition of men, after the rudiments of the world,
and not after Christ. 9 For in him dwelleth all the fulness

9 //(이유: ὅτι, for)
충만이 ——— 거하시고
/신성의 /그 안에는
/모든 /육체로
너희도 ——— 충만하여졌으니
/그[의] 안에서

/그는[26] ——— 머리시라
/정사와 권세의
/모든

11 /또 그[의] 안에서[27]
너희가 ——— 할례를 받았으니
/[할례로]
/손으로 하지 아니한
/(곧)벗는 것이요(=벗어버림 안에)
/몸을
/육적
/할례니라(=할례 안에)
/그리스도의
12 /너희가 함께 장사한 바 되고(과거분사)
/그리스도와(=그와)
/세례로

/또 그[의] 안에서
[너희가] ——— 함께 일으키심을 받았느니라
/믿음으로 말미암아
/역사를(=의)
/하나님의
/일으키신
/그를
/죽은 자들 가운데서

13 또
[너희가] 죽었던(=죽었을 때, 상황절, when)
/범죄와
/무할례로
/너희의 육체의
하나님이(=그가) **함께 살리시고**
/너희를
/그와[함께]
/사하시고[서](과거분사)
/죄를
/모든
/우리에게[서]

26) 관계대명사, 선행사는 '그'이다. 계속적 용법

27) 전치사 + 관계대명사, 선행사는 '그'이다. 계속적 용법

골

9 그 안에는 신성의 모든 충만이 육체로 거하시고 10 너
희도 그 안에서 충만하여졌으니 그는 모든 정사와 권세의
머리시라 11 또 그 안에서 너희가 손으로 하지 아니한 할
례를 받았으니 곧 육적 몸을 벗는 것이요 그리스도의 할례
니라 12 너희가 세례로 그리스도와 함께 장사한 바 되고
또 죽은 자들 가운데서 그를 일으키신 하나님의 역사를 믿
음으로 말미암아 그 안에서 함께 일으키심을 받았느니라
13 또 너희의 범죄와 육체의 무할례로 죽었던 너희를 하
나님이 그와 함께 살리시고 우리에게 모든 죄를 사하시고

of the Godhead bodily.
10 And ye are complete in him, which is the head of all principality and power:
11 In whom also ye are circumcised with the circumcision made without hands, in putting off the body of the sins of the flesh by the circumcision of Christ:
12 Buried with him in baptism, wherein also ye are risen with him through the faith of the operation of God, who hath raised him from the dead.
13 And you, being dead in your sins and the uncircumcision of your flesh, hath he quickened together with him, having forgiven you all trespasses;
14 Blotting

14 **제하여 버리사**
/[그것을][29]
/[그 가운데서]
/도말하시고[서](과거분사)
/(쓴)증서를
/우리를 거스리고(=우리에 대한)
/우리를 대적하는
/의문에[서]
/못 박으시고[서](과거분사)
/[그것을]
/십자가에
15 **드러내시고(=드러내셨다)**
/[그들을][30]
/밝히
/벗어 버려(=벗겨버리고서, 과거분사)
/정사와 권세를
/승리하셨느니라(=승리하고서, 과거분사)
/[그것들을]
/십자가로(=그의 안에서)31)

16 그러므로(οὖν)
누구든지 **폄론하지 못하게 하라**
/너희를
/먹고 마시는 것과
/절기나 월삭이나 안식일을 인하여

17 /이것들은[32] —— 그림자이나(=그림자이다)
/장래 일의
/몸은 —— 그리스도의 것이니라

18 누구든지 **상을 빼앗지 못하게 하라**
/너희
/일부러(=의도적으로, 현재분사)
/겸손함과
숭배함을 인하여
/천사[들의]
/의지하여(=의지하면서, 현재분사)
/저가 (그)본 것을[33]
/과장하고(=과장하면서, 현재분사)
/헛되이
/마음을 좇아
/그[의] 육체의
19 /붙들지 아니하는지라(=붙들지 않으면서, 현재분사)
/머리를

/머리로 말미암아[34]

골

29) 원문에는 '도말하다' 라는 분사구문이 먼저 등장한다. 그러므로 '그것' 은 '증서' 를 가리킨다.

30) '정사와 권세' 를 말한다. 원문에서는 분사인 '무장해제 시키다' 와 목적어를 공유하고 있다.

31) NASB의 입장을 따랐다.

32) 관계대명사, 선행사는 '안식일' 이다. 선행사는 좁게는 '안식일', 넓게는 '절기나 월삭이나 안식일' 이다

33) 관계대명사가 명사절을 이끄는 관사로 사용되었다.

14 우리를 거스리고 우리를 대적하는 의문에 쓴 증서를
도말하시고 제하여 버리사 십자가에 못박으시고 15 정사
와 권세를 벗어버려 밝히 드러내시고 십자가로 승리하셨느
니라 16 그러므로 먹고 마시는 것과 절기나 월삭이나 안
식일을 인하여 누구든지 너희를 폄론(貶論)하지 못하게 하
라 17 이것들은 장래 일의 그림자이나 몸은 그리스도의
것이니라 18 누구든지 일부러 겸손함과 천사 숭배함을 인
하여 너희 상을 빼앗지 못하게 하라 저가 그 본 것을 의지
하여 그 육체의 마음을 좇아 헛되이 과장하고 19 머리를
붙들지 아니하는지라 온 몸이 머리로 말미암아 마디와 힘

out the handwriting of ordinances that was against us,
which was contrary to us, and took it out of the way,
nailing it to his cross; 15 And having spoiled principalities
and powers, he made a shew of them openly, triumphing
over them in it. 16 Let no man therefore judge you in
meat, or in drink, or in respect of an holyday, or of the
new moon, or of the sabbath days: 17 Which are a shadow
of things to come; but the body is of Christ. 18 Let no
man beguile you of your reward in a voluntary humility
and worshipping of angels, intruding into those things
which he hath not seen, vainly puffed up by his fleshly
mind, 19 And not holding the Head, from which all the

/머리로 말미암아[34)]
온 몸이 ㅡ 자라느니라
/공급함을 얻고(현재분사)
/마디와 힘줄로
/연합하여(방법, 분사)
/자라게 하심으로
/하나님이(=의)

20 [만약, εἰ]
너희가 죽었거든(조건절, if)
/그리스도와 함께
/초등 학문에서
/세상의
어찌하여 의문에 순종하느냐?
/사는 것과 같이
/세상에
21 /곧 붙잡지도 말고
맛보지도 말고
만지지도 말라 하는(것이니)

22 /이 것은[35)] ── 부패에 돌아가리라
/모든 /쓰는 대로

/명[령]과
가르침을 좇느냐(=따라)
/사람의

23 /이런 것들은[36)] ── 모양이나
/지혜 있는
/자의적 숭배와
겸손과
몸을 괴롭게 하는데
── 유익이 없느니라
/조금도
/좇는 것을 금하는 데는
/(오직)육체[의]

3

1 그러므로(οὖν)
[만약, εἰ]
너희가 (다시)함께 살리심을 받았으면(조건절, if)
/그리스도와
[너희는] **찾으라**
/위엣 것을

골

34) 전치사 + 관계대명사, 선행사는 '머리'이다. 계속적 용법

35) 관계대명사, 선행사는 앞절의 명령들, 곧 '붙잡지도 말고 맛보지도 말고 만지지도 말라'는 명령들이다. 계속적 용법

36) 관계대명사(ἅτινά), 선행사는 '명령과 가르침'이다. 계속적 용법. 원형인 'οστις'는 의미상 '무엇이든지'라는 뜻이 내포되어 있다.

줄로 공급함을 얻고 연합하여 하나님이 자라게 하심으로
자라느니라 20 너희가 세상의 초등 학문에서 그리스도와
함께 죽었거든 어찌하여 세상에 사는 것과 같이 의문에 순
종하느냐 21 곧 붙잡지도 말고 맛보지도 말고 만지지도
말라 하는 것이니 22 (이 모든 것은 쓰는 대로 부패에 돌
아가리라) 사람의 명과 가르침을 좇느냐 23 이런 것들은
자의적 숭배와 겸손과 몸을 괴롭게 하는 데 지혜 있는 모
양이나 오직 육체 좇는 것을 금하는 데는 유익이 조금도
없느니라

3:1 그러므로 너희가 그리스도와 함께 다시 살리심을
받았으면 위엣 것을 찾으라 거기는 그리스도께서 하나

body by joints and bands having nourishment ministered,
and knit together, increaseth with the increase of God. 20
Wherefore if ye be dead with Christ from the rudiments
of the world, why, as though living in the world, are ye subject
to ordinances, 21 (Touch not; taste not; handle not; 22
Which all are to perish with the using;) after the
commandments and doctrines of men? 23 Which things
have indeed a shew of wisdom in will worship, and
humility, and neglecting of the body; not in any honour
to the satisfying of the flesh.

3:1 If ye then be risen with Christ, seek those things
which are above, where Christ sitteth on the right hand

그리스도께서 **계시느니라**
/거기는
/앉아(현재분사)
/하나님 우편에

2 [너희는] **생각하고**
/위엣 것을
(생각지 말라)
/땅엣 것을

3 //이는(이유: γάρ, for)
너희가 —— 죽었고
생명이 —— 감취었음이니라
/너희 /그리스도와 함께
/하나님 안에

4 //(결과)37)
그리스도께서 —— 나타나실 그 때에(상황절, when)
/생명이신
/우리(=너희의)
너희도 —— 나타나리라
/그와 함께
/영광 중에

5 그러므로(οὖν)
[너희는] **죽이라**
/지체를
/땅에 있는
/곧(동격)
음란과
부정과
사욕과
정욕과
/악한
탐심이니

/탐심은38) —— 우상 숭배니라

6 /이것들을 인하여39)
진노가 —— 임하느니라
/하나님의 /[불순종의 아들들 위에]

7 /그 가운데40)
너희도 —— 행하였으나
/전에
/살 때에는
/그 가운데서

골

37) 명령문 다음에 나오는 평서문(특히 미래직설법)은 명령을 순종했을 때에 나타나는 결과를 의미한다.

38) 관계대명사, 선행사는 '탐심'이다. 계속적 용법

39) 전치사 + 관계대명사, 선행사는 '음란, 부정, 사욕, 정욕, 탐심'이다. 계속적 용법

40) 전치사 + 관계대명사. 선행사는 '음란, 부정, 사욕, 정욕, 탐심'이다. 계속적 용법

님 우편에 앉아 계시느니라 2 위엣 것을 생각하고 땅엣 것
을 생각지 말라 3 이는 너희가 죽었고 너희 생명이 그리스
도와 함께 하나님 안에 감취었음이니라 4 우리 생명이신
그리스도께서 나타나실 그 때에 너희도 그와 함께 영광 중
에 나타나리라 5 그러므로 땅에 있는 지체를 죽이라 곧 음
란과 부정과 사욕과 악한 정욕과 탐심이니 탐심은 우상 숭
배니라 6 이것들을 인하여 하나님의 진노가 임하느니라 7
너희도 전에 그 가운데 살 때에는 그 가운데서 행하였으나

of God. 2 Set your affection on things above, not on
things on the earth. 3 For ye are dead, and your life is
hid with Christ in God. 4 When Christ, who is our life,
shall appear, then shall ye also appear with him in glory.
5 Mortify therefore your members which are upon the
earth; fornication, uncleanness, inordinate affection, evil
concupiscence, and covetousness, which is idolatry: 6 For
which things' sake the wrath of God cometh on the children
of disobedience: 7 In the which ye also walked some
time, when ye lived in them. 8 But now ye also put off

8 너희가 **벗어버리라**
/이제는
/이 모든 것을
/(곧)[노와]
분과
악의와
훼방과
부끄러운 말이라(=을)
/너희 입의
9 너희가 **거짓말을 말라**
/서로
/벗어 버리고(과거분사)
/옛사람과(=을)
/그 행위를(=행위와 함께)
10 /입었으니(=입고서, 과거분사)
/새 사람을
/(이는)새롭게 하심을 받는(자니라)
/지식에까지
/형상을 좇아
/창조하신 자의
/자기를

11 /거기는[41)]
헬라인과 (분별이 있을 수)없나니
유대인이나
할례당과
무할례당이나
야인이나
스구디아인이나
종이나
자유인이나

그리스도는(=만이) 오직(계시니라)
/만유시요(=모든 것이신) /만유 안에

12 그러므로(οὖν)
너희는 **옷입고(=옷입으라)**
/긍휼과
/자비와
/[인자와]
/겸손과
/온유와
/오래 참음을
/택하신[자 처럼]
/하나님의
/거룩하고(=한 자 처럼)
/사랑하신 자처럼
13 /용납하여(=용납하면서, 현재분사)

41) '새사람을 입는 것에는' 이라는 의미이다.

골

8 이제는 너희가 이 모든 것을 벗어버리라 곧 분과 악의와
훼방과 너희 입의 부끄러운 말이라 9 너희가 서로 거짓말
을 말라 옛 사람과 그 행위를 벗어버리고 10 새 사람을 입
었으니 이는 자기를 창조하신 자의 형상을 좇아 지식에까
지 새롭게 하심을 받는 자니라 11 거기는 헬라 인과 유대
인이나 할례당과 무할례당이나 야인이나 스구디아 인이나
종이나 자유인이 분별이 있을 수 없나니 오직 그리스도는
만유시요 만유 안에 계시니라 12 그러므로 너희는 하나님
의 택하신 거룩하고 사랑하신 자처럼 긍휼과 자비와 겸손
과 온유와 오래 참음을 옷 입고

all these; anger, wrath, malice, blasphemy, filthy
communication out of your mouth. 9 Lie not one to
another, seeing that ye have put off the old man with his deeds;
10 And have put on the new man, which is renewed in
knowledge after the image of him that created him: 11
Where there is neither Greek nor Jew, circumcision nor
uncircumcision, Barbarian, Scythian, bond nor free: but Christ
is all, and in all. 12 Put on therefore, as the elect of God,
holy and beloved, bowels of mercies, kindness, humbleness
of mind, meekness, longsuffering; 13 Forbearing one another,
and forgiving one another, if any man have a quarrel
against any: even as Christ forgave you, so also do ye.

13 /용납하여(=용납하면서, 현재분사)
/서로
/용서하되(=용서하면서, 현재분사)
/피차(=서로에게)
/누가 — 혐의가 있거든(=있을찌라도, 양보절, whoever)
/뉘게
/주께서 — 용서하신 것과 같이
/너희를
/너희도 — 그리하고(=그렇게)

14 <너희는> **더하라(=옷입으라)**[42)]
/이 모든 것 위에
/사랑을

/이는[43)] — 매는 띠니라
/온전하게

15 평강이 **주장하게 하라**
/그리스도의 /너희 마음을

/평강을 위하여[44)]
너희가 — 부르심을 받았나니
/한 몸으로(=한 몸 안에)

또한
너희는 **감사하는 자가 되라**

16 말씀이 **거하여(=거하게 하라)**
/그리스도의
/너희 속에
/풍성히
/가르치며(현재분사)
/모든 지혜로
/권면하고(=권면하며, 현재분사)
/피차
/찬양하고(=찬양하며, 현재분사)
/시와
/찬미와
/노래를 부르며(=노래로)
/신령한
/감사함으로
/마음에
/[너희의]
/하나님을
17 /또 감사하라(=감사하면서, 현재분사)
/무엇을 하든지
/말에나
/일에나
/[모든 경우에서]
/주 예수의 이름으로(하고)
/다
/하나님 아버지께
/그를 힘입어

골

42) 원문은 주어동사 반복생략의 형태이다. 그러나 윗점으로 앞문장과 분명히 구분된다.

43) 관계대명사. 선행사는 '사랑' 이다. 간혹 관계대명사의 수와 격이 선행사와 틀려질 경우가 있다. 대부분 선행사가 너무도 명확하여 관용적으로 사용되는 경우이다.

44) 전치사 + 관계대명사, 선행사는 '평강' 이다. 계속적 용법

13 누가 뉘게 혐의가 있거든 서로 용납하여 피차 용서하되 주께서 너희를 용서하신 것과 같이 너희도 그리하고 14 이 모든 것 위에 사랑을 더하라 이는 온전하게 매는 띠니라 15 그리스도의 평강이 너희 마음을 주장하게 하라 평강을 위하여 너희가 한 몸으로 부르심을 받았나니 또한 너희는 감사하는 자가 되라 16 그리스도의 말씀이 너희 속에 풍성히 거하여 모든 지혜로 피차 가르치며 권면하고 시와 찬미와 신령한 노래를 부르며 마음에 감사함으로 하나님을 찬양하고 17 또 무엇을 하든지 말에나 일에나 다 주 예수의 이름으로 하고 그를 힘입어 하나님 아버지께 감사

14 And above all these things put on charity, which is the bond of perfectness. 15 And let the peace of God rule in your hearts, to the which also ye are called in one body; and be ye thankful. 16 Let the word of Christ dwell in you richly in all wisdom; teaching and admonishing one another in psalms and hymns and spiritual songs, singing with grace in your hearts to the Lord. 17 And whatsoever ye do in word or deed, do all in the name of the Lord Jesus, giving thanks to God and the Father by him. 18 Wives, submit yourselves unto your own husbands,

18 아내들아!
[너희는] **복종하라**
/남편에게
/이는 마땅하니라(=마땅히)
/주 안에서

19 남편들아!
[너희는] **사랑하며**
/아내를
괴롭게 하지 말라
/[그녀를]

20 자녀들아!
[너희는] **순종하라**
/부모에게
/모든 일에

//이는(이유: γάρ, for)
기쁘게 하는 것이니라
/주 안에서

21 아비들아!
[너희는] **격노케 말지니(=격노케 말라)**
/너희 자녀를

//(목적: ἵνα, so that)
[그들이] —— 낙심할까 함이라

22 종들아!
[너희는] **순종하되(=순종하라)**
/모든 일에
/상전들에게
/육신의
/눈가림만 하지 말고
/사람을 기쁘게 하는 자와 같이(=아첨하는 자와 같이)
/오직 성실한...하라(=성실함으로)
/마음으로(=의)
/두려워하여(=두려워하며, 현재분사)
/주를

23 [너희는] **하고(=하라)**
/무슨 일을 하든지
/마음을 다하여
/주께 하듯
하지 말라
/사람에게 하듯

24 //이는(이유: 완료분사, since-NRSV)

↓

골

하라 18 아내들아 남편에게 복종하라 이는 주 안에서 마
땅하니라 19 남편들아 아내를 사랑하며 괴롭게 하지 말라
20 자녀들아 모든 일에 부모에게 순종하라 이는 주 안에
서 기쁘게 하는 것이니라 21 아비들아 너희 자녀를 격노
케 말지니 낙심할까 함이라 22 종들아 모든 일에 육신의
상전들에게 순종하되 사람을 기쁘게 하는 자와 같이 눈가
림만 하지 말고 오직 주를 두려워하여 성실한 마음으로 하
라 23 무슨 일을 하든지 마음을 다하여 주께 하듯 하고 사
람에게 하듯 하지 말라

as it is fit in the Lord. 19 Husbands, love your wives,
and be not bitter against them. 20 Children, obey your
parents in all things: for this is well pleasing unto the
Lord. 21 Fathers, provoke not your children to anger, lest
they be discouraged. 22 Servants, obey in all things your
masters according to the flesh; not with eyeservice, as
menpleasers; but in singleness of heart, fearing God: 23
And whatsoever ye do, do it heartily, as to the Lord, and
not unto men; 24 Knowing that of the Lord ye shall
receive the reward of the inheritance: for ye serve the

24 //이는(이유: 완료분사, since-NRSV)
[너희가] —— 앎이니
/[너희가] — 받을 줄
/상을
/유업의
/주께
/너희는 — 섬기느니라[45)]
/주 그리스도를

25 //(이유: γάρ, for)
불의를 행하는 자는 —— 불의의 보응을 받으리니(=불의를 받을 것이다)
주는 외모로 —— 사람을 취하심이 없느니라

4

1 상전들아!
[너희는] **베풀지니(=베풀라)**
/의와
/공평을
/종들에게

//(이유: 완료분사, for-NRSV)
[너희가] —— 알지어다
/너희(에게)도 —계심을
/상전이
/하늘에

2 [너희는] **항상 힘쓰고(=항상 힘쓰라)**
/기도를
/깨어 있으라(=깨어 있으면서, 현재분사)
/기도에
/감사함으로
3 /또한 기도하되...구하라(=기도하면서, 현재분사)
/우리를 위하여
/하나님이 — 열어 주사[46)]
/문을
/전도할(=말씀의)
/우리에게

//(목적: 부정사, so that...may)
말하게 하시기를
/비밀을
/그리스도의
/이것을 인하여[47)]
내가 — 매임을 당하였노라

4 //그리하면(결과: ἵνα, that...may)

골

45) 문맥의 흐름과는 관계 없는 삽입절이다.

46) '기도함', '말함', '권고함' 이라는 의미의 동사 뒤에 오는 i°na + 가정법' 은 명령법으로 사용된다. 하나님을 향한 명령법은 간구의 의미이다. 여기서 바울은 성도들이 간구해야 할 자신들을 위한 기도의 구체적인 내용을 말하고 있다.

47) 전치사 + 관계대명사, 선행사는 '비밀' 이다. 계속적 용법

24 이는 유업의 상을 주께 받을 줄 앎이니 너희는 주 그리
스도를 섬기느니라 25 불의를 행하는 자는 불의의 보응을
받으리니 주는 외모로 사람을 취하심이 없느니라

4:1 상전들아 의와 공평을 종들에게 배풀지니 너희에게
도 하늘에 상전이 계심을 알지어다 2 기도를 항상 힘쓰
고 기도에 감사함으로 깨어 있으라 3 또한 우리를 위하여
기도하되 하나님이 전도할 문을 우리에게 열어주사 그리스
도의 비밀을 말하게 하시기를 구하라 내가 이것을 인하여
매임을 당하였노라 4 그리하면 내가 마땅히 할 말로써 이
비밀을 나타내리라

Lord Christ. 25 But he that doeth wrong shall receive for the wrong which he hath done: and there is no respect of persons.

4:1 Masters, give unto your servants that which is just and equal; knowing that ye also have a Master in heaven. 2 Continue in prayer, and watch in the same with thanksgiving; 3 Withal praying also for us, that God would open unto us a door of utterance, to speak the mystery of Christ, for which I am also in bonds: 4 That I may make it manifest, as I ought to speak. 5 Walk in wisdom toward

4 //그리하면(결과: ἵνα, that...may)
내가 ——— 나타내리라
/이 비밀을(=이것을)
/[내가] 마땅히 할 말로써

5 [너희는] 행하여(=행하라)
/지혜로
/외인을 향하여서는
/아끼라(=아끼면서, 현재분사)
/세월을

6 말을 고루게 함같이 하라
/너희
/소금으로
/항상
/은혜 가운데서

//그리하면(목적: 부정사, so that)
[너희가] ——— 알리라
/대답할 것을
/각 사람에게
/마땅히

7 두기고가 알게 하리니
/(그는)형제요(=인)
/사랑을 받는
/일꾼이요(=인)
/신실한
/함께 된 종이라(=인)
/주 안에서
/내 사정을
/다
/너희에게

골

8-9
/저를[48)]
내가 ——— 보낸 것은
/너희에게
/특별히
/오네시모를 함께(보내노니)
/형제
/신실하고
/사랑을 받는

/그는[49)]
너희에게서 온 사람이라

//(목적: ἵνα, that...may)
너희로 ——— 알게 하고
/우리 사정을
그가 ——— 위로하게 하려 함이라
/너희 마음을

48) 관계대명사, 선행사는 '두기고' 이다. 계속적 용법

49) 관계대명사, 선행사는 '오네시모' 이다. 계속적 용법

5 외인을 향하여서는 지혜로 행하여 세월을 아끼라 6 너
희 말을 항상 은혜 가운데서 소금으로 고루게 함같이 하라
그리하면 각 사람에게 마땅히 대답할 것을 알리라 7 두기
고가 내 사정을 다 너희에게 알게 하리니 그는 사랑을 받
는 형제요 신실한 일꾼이요 주 안에서 함께 된 종이라 8
내가 저를 특별히 너희에게 보낸 것은 너희로 우리 사정을
알게 하고 너희 마음을 위로하게 하려 함이라 9 신실하고
사랑을 받는 형제 오네시모를 함께 보내노니 그는 너희에

them that are without, redeeming the time. 6 Let your
speech be alway with grace, seasoned with salt, that ye
may know how ye ought to answer every man. 7 All my
state shall Tychicus declare unto you, who is a beloved brother,
and a faithful minister and fellowservant in the Lord: 8 Whom
I have sent unto you for the same purpose, that he might
know your estate, and comfort your hearts; 9 With
Onesimus, a faithful and beloved brother, who is one of
you. They shall make known unto you all things which
are done here. 10 Aristarchus my fellowprisoner saluteth

저희가 **알게 하리라**
/여기 일을
/다
/너희에게

10 아리스다고와 ——— **문안하니**
/함께 갇힌 /너희에게
/나와
마가와
/바나바의 생질

/이 마가에 대하여[50]
너희가 ——— 받았으매
/명을
/[만약, ἐὰν]
그가 ——— 이르거든(조건절, if)
/[너희에게]
[너희는] ——— 영접하라
/[그를]

11 예수도 **〈문안한다〉**
/유스도라 하는

/(저희는)할례당(이라)[51]

/이들만[52] ——— 함께 역사하는 자들이니
/하나님 나라를 위하여

/이런 사람들이[53] ——— 위로가 되었느니라
/나의

12 에바브라가 **문안하니**
/너희에게서 온 /너희에게
/종인 /(저가) 애써(=애쓰면서, 현재분사)
/그리스도 예수의 /항상
/너희를 위하여
/기도하여(=가운데)

//(목적: ἵνα, that...may)
너희로 ——— 서기를(구하나니)[54]
/완전하고
/확신 있게
/뜻 가운데서
/하나님의
/모든

50) 전치사 + 관계대명사, 선행사는 '마가'이다. 계속적 용법. 이하 마가에 대한 진술은 원문에 괄호처리되어 바울이 부언한 내용임을 알 수 있다.

51) '아리스다고, 마가, 예수'를 수식하는 수식부이다.

52) 관계대명사, 선행사는 '아리스다고, 마가, 예수'이다. 계속적 용법

53) 관계대명사, 선행사는 '아리스다고와 마가와 예수'이다. 계속적 용법

54) 이구절은 '애쓰다'라는 분사의 목적을 말하는 종속문장이다.

골

게서 온 사람이라 저희가 여기 일을 다 너희에게 알게 하
리라 4.10 나와 함께 갇힌 아리스다고와 바나바의 생질 마
가와 (이 마가에 대하여 너희가 명을 받았으매 그가 이르
거든 영접하라) 11 유스도라 하는 예수도 너희에게 문안하
니 저희는 할례당이라 이들만 하나님 나라를 위하여 함께
역사하는 자들이니 이런 사람들이 나의 위로가 되었느니라
12 그리스도 예수의 종인 너희에게서 온 에바브라가 너희
에게 문안하니 저가 항상 너희를 위하여 애써 기도하여 너
희로 하나님의 모든 뜻 가운데서 완전하고 확신 있게 서기
를 구하나니 13 그가 너희와 라오디게아에 있는 자들과

you, and Marcus, sister's son to Barnabas, (touching whom
ye received commandments: if he come unto you, receive
him;) 11 And Jesus, which is called Justus, who are of
the circumcision. These only are my fellowworkers unto
the kingdom of God, which have been a comfort unto
me. 12 Epaphras, who is one of you, a servant of Christ,
saluteth you, always labouring fervently for you in prayers,
that ye may stand perfect and complete in all the will of
God. 13 For I bear him record, that he hath a great zeal
for you, and them that are in Laodicea, and them in Hierapolis.

13 내가 **증거하노라**[55)]
/그가 —— 하는 것을(=가진 것을)
/수고[를]
/많이(=많은)
/너희와
라오디게아에 있는 자들과
히에라볼리에 있는 자들을 위하여

14 누가와 —— **문안하느니라**
/의원 /너희에게
/사랑을 받는
또 데마가

15 [너희는] **문안하고(=문안하라)**
/형제들과
/라오디게아에 있는
/눔바와
/교회에
/그 여자의 집에 있는

16 이 편지를(=가) 읽은 후에(=읽혀진 후에, 상황절, when)
/너희에게서
[너희는] **읽게 하고**[56)]
/라오디게아인의 교회에서도
또
너희도 **읽으라**
/편지를
/라오디게아로서 오는

17 [너희는] **이르기를..하라(=이르라)**
/아킵보에게
/[너는] —— 삼가[라]
/직분을
/받은
/주 안에서

//(목적: ἵνα, that...may)
[너는] —— 이루라고
/[그것을]

18 (나)바울은 **문안하노니**[57)]
/친필(로)

[너희는] **생각하라**
/나의 매인 것을

은혜가 **(있을지어다)**
/너희에게

55) 원문에는 'γάρ'가 있다. 그러나 이것은 강조적 용법이다. NIV가 강조의 용법으로

56) 명령형 동사(ποιεω, 사역의 의미) + 가정법 동사(ἀναγινωσκω)가 하나의 동사처럼 사용되었다.

57) 원문의 원래 구조는 다음과 같다.

[이것이] —— **문안이다**
/친필로 한
/바울의

히에라볼리에 있는 자들을 위하여 많이 수고하는 것을 내가 증거하노라 14 사랑을 받는 의원 누가와 또 데마가 너희에게 문안하느니라 15 라오디게아에 있는 형제들과 눔바와 그 여자의 집에 있는 교회에 문안하고 16 이 편지를 너희에게서 읽은 후에 라오디게아인의 교회에서도 읽게 하고 또 라오디게아로서 오는 편지를 너희도 읽으라 17 아킵보에게 이르기를 주 안에서 받은 직분을 삼가 이루라고 하라 18 나 바울은 친필로 문안하노니 나의 매인 것을 생각하라 은혜가 너희에게 있을지어다

14 Luke, the beloved physician, and Demas, greet you. 15 Salute the brethren which are in Laodicea, and Nymphas, and the church which is in his house. 16 And when this epistle is read among you, cause that it be read also in the church of the Laodiceans; and that ye likewise read the epistle from Laodicea. 17 And say to Archippus, Take heed to the ministry which thou hast received in the Lord, that thou fulfil it. 18 The salutation by the hand of me Paul. Remember my bonds. Grace be with you. Amen.

골

데살로니가전서

1

1 바울과 / 실루아노와 / 디모데는 — **(편지하노니)**
/교회에
/데살로니가인의
/하나님 아버지와
주 예수 그리스도 안에 있는

은혜와 / 평강이 — **(있을지어다)**
/너희에게

2 우리가 **감사하고**
/하나님께
/항상
/너희 무리를 인하여
/말함은(=말하면서, 현재분사)
/(너희를)
/기도할 때에
/[우리의]
3 /기억함이니(=기억하면서, 현재분사)
/역사와
/믿음의
/수고와
/사랑의
/인내를
/소망의
/우리 주 예수 그리스도에 대한
/너희의
/쉬지 않고
/우리 하나님 아버지 앞에서

4 //(이유: 완료분사, for -NRSV)
형제들아!
/하나님의 사랑하심을 받은
[우리가] — 아노라
/택하심을
/너희를

5 //이는(이유: ὅτι, for)
복음이 — 이른 것이 아니라
/우리
/너희에게
/말로만
오직 (된 것이니)

살전

1:1 바울과 실루아노와 디모데는 하나님 아버지와 주 예
수 그리스도 안에 있는 데살로니가인의 교회에 편지하
노니 은혜와 평강이 너희에게 있을지어다 2 우리가 너희
무리를 인하여 항상 하나님께 감사하고 기도할 때에 너희
를 말함은 3 너희의 믿음의 역사와 사랑의 수고와 우리 주
예수 그리스도에 대한 소망의 인내를 우리 하나님 아버지
앞에서 쉬지 않고 기억함이니 4 하나님의 사랑하심을 받
은 형제들아 너희를 택하심을 아노라 5 이는 우리 복음이
말로만 너희에게 이른 것이 아니라 오직 능력과 성령과 큰
확신으로 된 것이니 우리가 너희 가운데서 너희를 위하여

1:1 Paul, and Silvanus, and Timotheus, unto the church
of the Thessalonians which is in God the Father and in
the Lord Jesus Christ: Grace be unto you, and peace, from
God our Father, and the Lord Jesus Christ. 2 We give
thanks to God always for you all, making mention of you
in our prayers; 3 Remembering without ceasing your work
of faith, and labour of love, and patience of hope in our
Lord Jesus Christ, in the sight of God and our Father; 4
Knowing, brethren beloved, your election of God. 5 For
our gospel came not unto you in word only, but also in

오직 (된 것이니)
/능력과
/성령과
/확신으로
/큰
/너희[가] —아는 바와 같으니라(=같이)
/우리가 —어떠한 사람이 된 것은(=을)
/너희 가운데서
/너희를 위하여

6 또
너희는 — **본받은 자가 되었으니**
/우리와 주를
/받아(과거분사)
/도를
/환난 가운데서
/많은
/기쁨으로
/성령의

7 //그러므로(결과: ὥστε, so that)
너희가 — 본이 되었는지라
/믿는 자의
/모든
/마게도냐와
/아가야

8 //(이유: γάρ, for)
말씀이 — 들릴 뿐 아니라
/주의 /너희에게로부터
/마게도냐와 아가야에만
믿음의(=이) — [오히려] 퍼지므로
/너희 /각처에
/하나님을 향하는
/(소문이)

//(결과: ὥστε, so that)
우리는 — 없노라
/말도 할 것이
/아무

9 //(이유: γάρ, for)
저희가 — 고하기를(=알렸다)
/스스로 /우리에 대하여
/우리가 — 어떻게 들어간 것과
/너희 가운데
/너희가 — 어떻게 돌아와서(=왔는지)
/하나님께로
/우상을 버리고(=으로부터)
/섬기며(=섬기도록)

어떠한 사람이 된 것은 너희 아는 바와 같으니라 6 또 너
희는 많은 환난 가운데서 성령의 기쁨으로 도를 받아 우리
와 주를 본받은 자가 되었으니 7 그러므로 너희가 마게도
냐와 아가야 모든 믿는 자의 본이 되었는지라 8 주의 말씀
이 너희에게로부터 마게도냐와 아가야에만 들릴 뿐 아니라
하나님을 향하는 너희 믿음의 소문이 각처에 퍼지므로 우
리는 아무 말도 할 것이 없노라 9 저희가 우리에 대하여
스스로 고하기를 우리가 어떻게 너희 가운데 들어간 것과
너희가 어떻게 우상을 버리고 하나님께로 돌아와서 사시고
참되신 하나님을 섬기며

power, and in the Holy Ghost, and in much assurance; as
ye know what manner of men we were among you for
your sake. 6 And ye became followers of us, and of the
Lord, having received the word in much affliction, with
joy of the Holy Ghost: 7 So that ye were ensamples to
all that believe in Macedonia and Achaia. 8 For from you
sounded out the word of the Lord not only in Macedonia
and Achaia, but also in every place your faith to God-
ward is spread abroad; so that we need not to speak any
thing. 9 For they themselves shew of us what manner of

살전

/섬기며(=섬기도록)
/하나님을
/사시고
/참되신
10 /또 기다린다고 말하니(=기다리도록)
/그의 아들이(=을)

/[그가] 다시 살리신
/[그를][1]
/죽은자들 가운데서
*동급/동격

/예수시니라(=예수를)
/(이는)건지시는
/우리를
/노하심에서
/장래(=다가올)
/하늘로부터(강림하심을)

2

1 //(이유: γάρ, for)
형제들아!
너희가 ——— 아나니
/친히
/들어감이 — 헛되지 않은 줄을[2]
/우리가(=의)
/너희 가운데
2 /[오히려]
우리가 ——— 힘입어(=힘입었음을)
/말하였노라(=말하도록, 부정사)
/복음을
/하나님의
/너희에게
/싸움 중에
/많은
/우리 하나님을(=안에)
/먼저 고난과(=먼저 고난을 당했음에도 불구하고, 양보, 과거분사)
/능욕을 당하였으나(=능욕 당했음에도 불구하고, 양보, 과거분사)

/빌립보에서
/너희 아는 바와 같이

3 //(이유: γάρ, for)
권면은 ——— 간사에서나
/우리의 ——— 부정에서 난 것도 아니요
——— 궤계에 있는 것도 아니라
4 //우리가 ——— 오직 말함은…함이라(=오직 말함이니라)

살전

1) 관계대명사, 선행사는 '아들'이다. 계속적 용법

2) 모든 역본이 삽입절로 처리했다. 문맥성경에서도 본문의 흐름에 방해가 되는 것을 피하기 위해 수식부 위치에 기록했지만, 수식부는 아니다. 독립된 삽입절이다.

10 또 죽은 자들 가운데서 다시 살리신 그의 아들이 하늘
로부터 강림하심을 기다린다고 말하니 이는 장래 노하심에
서 우리를 건지시는 예수시니라

2:1 형제들아 우리가 너희 가운데 들어감이 헛되지 않
은 줄을 너희가 친히 아나니 2 너희 아는 바와 같이
우리가 먼저 빌립보에서 고난과 능욕을 당하였으나 우리
하나님을 힘입어 많은 싸움 중에 하나님의 복음을 너희에
게 말하였노라 3 우리의 권면은 간사에서나 부정에서 난

entering in we had unto you, and how ye turned to God
from idols to serve the living and true God; 10 And to
wait for his Son from heaven, whom he raised from the
dead, even Jesus, which delivered us from the wrath to
come.

2:1 For yourselves, brethren, know our entrance in unto
you, that it was not in vain: 2 But even after that we
had suffered before, and were shamefully entreated, as ye
know, at Philippi, we were bold in our God to speak unto
you the gospel of God with much contention. 3 For our
exhortation was not of deceit, nor of uncleanness, nor in guile:

4 //우리가 ——— 오직 말함은... 함이라(=오직 말함이니라)
/이와 같이
/사람을 기쁘게 하려 함이 아니요
오직 하나님을(기쁘시게 하려)
/감찰하시는
/우리 마음을
/옳게 여기심을 입어(=승인받은대로)
/하나님의(=으로부터)
/전할 부탁을 받았으니(=위임 받음을, 부정사)
/복음[의]

5 //(이유: γάρ, for)
우리가 ——— 아니한 것을(=있지 아니했다)
/말이나(=말 안에)
/아첨의
/탈을 쓰지(=가식 안에)
/탐심의
/아무 때에도
/너희도 알거니와(=너희 아는 바와 같이)
/하나님이 증거하시느니라[3)]

6-7
오직(ἀλλα)
우리가 능히 존중할 터이나(=우리가 존중 받을 수 있음에도 불구하고, 양보)
/그리스도의 사도로
우리가 **유순한 자 되어**
/너희 가운데서
/유모가 — 기름과 같이(하였으니)
/자기 자녀를
/(그러나)구지 아니하고(=구하지 아니하면서, 현재분사)
/영광을
/사람에게는
/너희에게든지(=너희 부터든)
/다른 이에게든지(=다른 이부터든)

8 우리가 **즐겨함은**
/주기를
/복음으로만 아니라
/하나님의
[오히려] 목숨까지
/우리
/너희에게
/사모하여(=사모하면서, 현재분사)
/너희를
/이같이

//(이유 : διότι, because)

3) 관계대명사, 선해사는 '말씀'이다. 계속적 용법

것도 아니요 궤계에 있는 것도 아니라 4 오직 하나님의 옳
게 여기심을 입어 복음 전할 부탁을 받았으니 우리가 이와
같이 말함은 사람을 기쁘게 하려 함이 아니요 오직 우리
마음을 감찰하시는 하나님을 기쁘시게 하려 함이라 5 너
희도 알거니와 우리가 아무 때에도 아첨의 말이나 탐심의
탈을 쓰지 아니한 것을 하나님이 증거하시느니라 6 우리
가 그리스도의 사도로 능히 존중할 터이나 그러나 너희에
게 든지 다른 이에게든지 사람에게는 영광을 구치 아니하
고 7 오직 우리가 너희 가운데서 유순한 자 되어 유모가
자기 자녀를 기름과 같이 하였으니 8 우리가 이같이 너희
를 사모하여 하나님의 복음으로만 아니라 우리 목숨까지
너희에게 주기를 즐겨 함은 너희가 우리의 사랑하는 자 됨

4 But as we were allowed of God to be put in trust with
the gospel, even so we speak; not as pleasing men, but
God, which trieth our hearts. 5 For neither at any time
used we flattering words, as ye know, nor a cloke of
covetousness; God is witness: 6 Nor of men sought we
glory, neither of you, nor yet of others, when we might
have been burdensome, as the apostles of Christ. 7 But
we were gentle among you, even as a nurse cherisheth
her children: 8 So being affectionately desirous of you,
we were willing to have imparted unto you, not the gospel

//(이유 : διότι, because)
너희가 ——— 사랑하는 자 됨이니라
/우리의

9 //(이유 : γάρ, for)
형제들아!
너희가 —— 기억하리니
/수고와
/우리의
/애쓴 것을

[우리가] **전파하였노라**
/복음을
/하나님의
/너희에게
/일하면서(현재분사)
/밤과 낮으로
/누를 끼치지 아니하려고
/너희 아무에게도

10 너희가 **증인이요**
하나님도 **그러하시도다**
/우리가 —— 어떻게 행한 것에 대하여
/너희[를] 향하여
/믿는(자들을)
/거룩하고(=게)
/옳고(=게)
/흠없이

/우리가 —어떻게 행한 것에 대하여
11-12 /우리가 — 권면하고(=권면하면서, 현재분사)
— 위로하고(=위로하면서, 현재분사)
— 경계하노니(=증거하면서, 현재분사)

/너희도 아는 바와 같이
/너희 각 사람에게
/아비가 자기 자녀에게 하듯

//이는(목적: εἰς+부정사, so that...would)
[너희가] —— 행하게 하려 함이니라
/합당히
/하나님께
/부르사(=부르신)
/너희를
/나라와 영광에 이르게 하시는
(=나라와 영광으로)
/자기

살전

이니라 9 형제들아 우리의 수고와 애쓴 것을 너희가 기억
하리니 너희 아무에게도 누를 끼치지 아니하려고 밤과 낮
으로 일하면서 너희에게 하나님의 복음을 전파하였노라
10 우리가 너희 믿는 자들을 향하여 어떻게 거룩하고 옳
고 흠 없이 행한 것에 대하여 너희가 증인이요 하나님도
그러하시도다 11 너희도 아는 바와 같이 우리가 너희 각
사람에게 아비가 자기 자녀에게 하듯 권면하고 위로하고
경계하노니 12 이는 너희를 부르사 자기 나라와 영광에
이르게 하시는 하나님께 합당히 행하게 하려 함이니라

of God only, but also our own souls, because ye were
dear unto us. 9 For ye remember, brethren, our labour
and travail: for labouring night and day, because we would
not be chargeable unto any of you, we preached unto you
the gospel of God. 10 Ye are witnesses, and God also,
how holily and justly and unblameably we behaved ourselves
among you that believe: 11 As ye know how we exhorted
and comforted and charged every one of you, as a father
doth his children, 12 That ye would walk worthy of God,
who hath called you unto his kingdom and glory. 13 For

13 이러므로(διὰ τοῦτό)
우리가 감사함은
/하나님께
/쉬지 않고
/너희가 ── 받을 때에(when, 상황절)
/말씀을
/하나님의
/우리에게 들은 바
받음이니
/사람의 말로 아니하고
하나님의 말씀으로
/진실로 그러하다

/이 말씀이[4] ── 역사하느니라
/또한 너희 속에서
/믿는(자)

4) 의미구조이다. 원문은 독립된 주문장이나 의미상 독립은 부적절하다. NRSV와 NKJV의 입장을 따랐다.

14 //(이유 : γάρ, for)
형제들아!
너희가 ── 본받은 자 되었으니
/교회들을
/하나님의
/유대에 있는
/그리스도 예수 안에서(=안에 있는)

//(이유: ὅτι, for)
너희도 ── 받았느니라
/동일한 것을
/너희 나라 사람들에게
/저희가 (고난을 받음과)같이
/유대인들에게
15 /(유대인은)죽이고(=죽인)
/주 예수와 선지자들을
/쫓아내고(=쫓아낸)
/우리를
/기쁘시게 아니하고(=아니한)
/하나님을
/대적이 되어(=대적이 된)
/모든 사람에게
16 /저희가 ── 금하여(=금함으로, 방법, 현재분사)
/우리가 ── 말하여(=말하는 것을, 부정사)
/이방인에게

//(목적: ἵνα, so that...may)
[그들이] ── 구원 얻게 함을(=얻도록)

//(결과: εἰς+부정사, with the result that)

13 이러므로 우리가 하나님께 쉬지 않고 감사함은 너희가
우리에게 들은 바 하나님의 말씀을 받을 때에 사람의 말로
아니하고 하나님의 말씀으로 받음이니 진실로 그러하다 이
말씀이 또한 너희 믿는 자 속에서 역사하느니라 14 형제
들아 너희가 그리스도 예수 안에서 유대에 있는 하나님의
교회들을 본받은 자 되었으니 저희가 유대인들에게 고난을
받음과 같이 너희도 너희 나라 사람들에게 동일한 것을 받
았느니라 15 유대인은 주 예수와 선지자들을 죽이고 우리
를 쫓아내고 하나님을 기쁘시게 아니하고 모든 사람에게
대적이 되어 16 우리가 이방인에게 말하여 구원 얻게 함
을 저희가 금하여 자기 죄를 항상 채우매 노하심이 끝까지
저희에게 임하였느니라 17 형제들아 우리가 잠시 너희를

this cause also thank we God without ceasing, because, when ye received the word of God which ye heard of us, ye received it not as the word of men, but as it is in truth, the word of God, which effectually worketh also in you
that believe. 14 For ye, brethren, became followers of the
churches of God which in Judaea are in Christ Jesus: for
ye also have suffered like things of your own countrymen, even as they have of the Jews: 15 Who both killed the
Lord Jesus, and their own prophets, and have persecuted us; and they please not God, and are contrary to all men:
16 Forbidding us to speak to the Gentiles that they might
be saved, to fill up their sins alway: for the wrath is come

//(결과: εἰς+부정사, with the result that)
채우매
/자기 죄를
/항상

//(연속되는 결과)[5]
노하심이 — 임하였느니라
/저희에게
/끝까지

17 형제들아!
우리가 떠난 것은(=떠났을 때에, 상황절, when-NRSV)
/너희를
/잠시
/얼굴이요(=얼굴로)
/마음은 아니니(=마음은 아니게)
힘썼노라
/보기를
/너희 얼굴
/더욱
/열정으로

18 //그러므로(이유: διότι, for =이는)
[우리가] — 가고자 하였으나
나 바울은(=도) — /너희에게
/한번 두번
//사단이 — 막았도다
/우리를

19 //(이유: γάρ, for)
소망이나 — 무엇이냐?
기쁨이나
면류관이
/자랑의

/우리의

//너희가 — 아니냐?
/우리 주 예수 앞에
/그의 강림하실 때

20 //(이유: γάρ, for)
너희는 — 영광이요
기쁨이니라
/우리의

5) 의미구조이다. NASB와 한글 성경의 뉘앙스를 따랐다.

살전

떠난 것은 얼굴이요 마음은 아니니 너희 얼굴 보기를 열정
으로 더욱 힘썼노라 18 그러므로 나 바울은 한 번 두 번
너희에게 가고자 하였으나 사단이 우리를 막았도다 19 우
리의 소망이나 기쁨이나 자랑의 면류관이 무엇이냐 그의
강림하실 때 우리 주 예수 앞에 너희가 아니냐 20 너희는
우리의 영광이요 기쁨이니라

upon them to the uttermost. 17 But we, brethren, being
taken from you for a short time in presence, not in heart,
endeavoured the more abundantly to see your face with
great desire. 18 Wherefore we would have come unto
you, even I Paul, once and again; but Satan hindered us.
19 For what is our hope, or joy, or crown of rejoicing?
Are not even ye in the presence of our Lord Jesus Christ
at his coming? 20 For ye are our glory and joy.

3 1 이러므로(διό)
우리가 참다 못하여(=견디지 못할 때에, 상황절, when)
우리[가] **좋게 여겨**
/머물기를
/아덴에
/만(=홀로)
2 **보내노니**
/디모데를
/우리 형제
곧 일꾼인(=동역자인)
/하나님의
/복음의
/그리스도

//이는(목적: εἰς + 부정사, to)
굳게 하고
/너희를
위로함으로
/너희 믿음에 대하여
3 요동치 않게 하려 함이라
/누구든지
/환난 중에
/이 여러

//(이유: γάρ, for)
너희가 ——— 알리라
/친히 /우리로(=가)— 세우신 줄을(=세움 받은 줄을)
/이것을 당하게(=이것에 대해)
4 //(이유 : γάρ, for)
우리가 ┬ 너희와 함께 있을 때에(상황절, when)
└ 미리 말하였더니
/장차 받을 환난을(=환난 받을 것을)
/너희에게
/과연 그렇게 된 것을(=된 대로)
/너희가 아느니라(=아는대로)
5 이러므로(διὰ τοῦτο)
나도 참다 못하여(=참지 못할 때에, 상황절, when)
보내었노니

//(목적: εἰς + 부정사, to)
알기 위하여
/너희 믿음을

//이는(이유: 의미구조, for)[6]
시험하는 자가 —시험하여(=시험할까 하여)
/너희를
/혹
//수고를 ——— 헛되게 할까 함일러니
/우리

6) 본문에서 분사들이 주동사의 역할을 한다. 역본들의 일치된 견해를 따랐다.

살전

3:1 이러므로 우리가 참다 못하여 우리만 아덴에 머물
기를 좋게 여겨 2 우리 형제 곧 그리스도 복음의 하나
님의 일군인 디모데를 보내노니 이는 너희를 굳게 하고 너
희 믿음에 대하여 위로함으로 3 누구든지 이 여러 환난 중
에 요동치 않게 하려 함이라 우리로 이것을 당하게 세우신
줄을 너희가 친히 알리라 4 우리가 너희와 함께 있을 때에
장차 받을 환난을 너희에게 미리 말하였더니 과연 그렇게
된 것을 너희가 아느니라 5 이러므로 나도 참다 못하여 너
희 믿음을 알기 위하여 보내었노니 이는 혹 시험하는 자가
너희를 시험하여 우리 수고를 헛되게 할까 함일러니

3:1 Wherefore when we could no longer forbear, we thought
it good to be left at Athens alone; 2 And sent Timotheus,
our brother, and minister of God, and our fellowlabourer
in the gospel of Christ, to establish you, and to comfort
you concerning your faith: 3 That no man should be
moved by these afflictions: for yourselves know that we
are appointed thereunto. 4 For verily, when we were with
you, we told you before that we should suffer tribulation; even
as it came to pass, and ye know. 5 For this cause, when
I could no longer forbear, I sent to know your faith, lest
by some means the tempter have tempted you, and our
labour be in vain. 6 But now when Timotheus came from

6 디모데가 와서[7]
/지금은
/너희에게로부터
기쁜 소식을 전하고
/우리에게
/너희 믿음과 사랑의
/또 너희가—생각하여...하니(=생각한다는)
/우리를
/잘(=선하게)
/항상
/너희도—간절히 [원]한다(=원하면서, 현재분사)
/보고자(=보는 것을, 부정사)
/우리를
/우리가 너희를 간절히 보고자 함과 같이

7 이러므로(διὰ τοῦτο)
형제들아!
우리가 위로를 받았노라
/너희에게
/궁핍과 환난 가운데서
/모든
/[우리의]
/너희 믿음으로 말미암아

8 //그러므로(이유: ὅτι, for =이는)
[만일, ἐὰν]
너희가 ——— 굳게 선즉(=선다면, 조건절, if)
/주 안에
우리가 ——— 살리라
/이제는

9 //(이유: γάρ, for)
우리가 ——— 능히 보답할꼬?
/하나님께
/어떠한 감사함으로
/너희를 위하여
/기쁨으로
/모든
/[우리가] —기뻐하니(=기뻐하는)
10 /간구함은(=간구하면서, 현재분사)
/주야로
/심히
/보고(=보는 것을, 부정사)
/너희 얼굴을
/온전케 하려 함이라(=온전케 하는 것을, 부정사)
/부족함을
/너희 믿음의

살전

7) '말함', '권고함', '기도함'이라는 말 뒤에 나오는 ἵνα + 가정법은 명령법으로 사용된다.

6 지금은 디모데가 너희에게로부터 와서 너희 믿음과 사랑의 기쁜 소식을 우리에게 전하고 또 너희가 항상 우리를 잘 생각하여 우리가 너희를 간절히 보고자 함과 같이 너희도 우리를 간절히 보고자 한다 하니 7 이러므로 형제들아 우리가 모든 궁핍과 환난 가운데서 너희 믿음으로 말미암아 너희에게 위로를 받았노라 8 그러므로 너희가 주 안에 굳게 선즉 우리가 이제는 살리라 9 우리가 우리 하나님 앞에서 너희를 인하여 모든 기쁨으로 기뻐하니 너희를 위하여 능히 어떠한 감사함으로 하나님께 보답할꼬 10 주야로 심히 간구함은 너희 얼굴을 보고 너희 믿음의 부족함을 온

you unto us, and brought us good tidings of your faith and charity, and that ye have good remembrance of us always, desiring greatly to see us, as we also to see you: 7 Therefore, brethren, we were comforted over you in all our affliction and distress by your faith: 8 For now we live, if ye stand fast in the Lord. 9 For what thanks can we render to God again for you, for all the joy wherewith we joy for your sakes before our God; 10 Night and day praying exceedingly that we might see your face, and might perfect that which is lacking in your faith? 11 Now

11 하나님 아버지와 — 직행하게 하옵시며
/우리 — /우리 길을
주 예수는 — /너희에게로
/우리

12 또
주께서 **더욱 많아**
넘치게 하사
/사랑이(=을)
/피차간과(=피차간의)
/모든 사람에 대한
/너희도
/우리가 너희를 사랑함과 같이

13 //(목적 : εἰς+ 부정사, so that...may)
굳게 (하시고)하시기를 원하노라. [아멘]
/너희 마음을
/흠이 없게(=흠이 없는)
/거룩함에[서]
/하나님 우리 아버지 앞에서
/강림하실 때에
/우리 주 예수께서
/성도와 함께
/그의
/모든

4

1 종말로
형제들아!
우리가 **구하고**
권면하노니
/너희에게
/주 예수 안에서

너희가 **많이 힘쓰라**[8)]
/더욱
/받았으니(=받은 바 대로)
/우리에게
/[너희가] — 어떻게 마땅히 행하며(=어떻게 행해야 하는지를)
기쁘시게 할 것을(=어떻게 기쁘게 해야 하는지)
/하나님께
/곧 너희 행하는 바라(=행하는 대로)

2 //(이유 : γάρ, for)

살전

8) 원래 부사이지만, 결과를 이끄는 접속사의 구실을 한다.

전케 하려 함이라 11 하나님 우리 아버지와 우리 주 예수
는 우리 길을 너희에게로 직행하게 하옵시며 12 또 주께
서 우리가 너희를 사랑함과 같이 너희도 피차간과 모든 사
람에 대한 사랑이 더욱 많아 넘치게 하사 13 너희 마음을
굳게 하시고 우리 주 예수께서 그의 모든 성도와 함께 강
림하실 때에 하나님 우리 아버지 앞에서 거룩함에 흠이 없
게 하시기를 원하노라

4:1 종말로 형제들아 우리가 주 예수 안에서 너희에게
구하고 권면하노니 너희가 마땅히 어떻게 행하며 하나

God himself and our Father, and our Lord Jesus Christ,
direct our way unto you. 12 And the Lord make you to increase
and abound in love one toward another, and toward all
men, even as we do toward you: 13 To the end he may stablish
your hearts unblameable in holiness before God, even our
Father, at the coming of our Lord Jesus Christ with all
his saints.

4:1 Furthermore then we beseech you, brethren, and
exhort you by the Lord Jesus, that as ye have received

2 //(이유 : γάρ, for)
너희가 — 아느니라
/우리가 —무슨..준 것을(=무엇을 주었는지)
/명령으로(=을)
/너희에게
/주 예수로 말미암아

3 //(이유 : γάρ, for)
뜻은 ——— 이것이니
/하나님의
/거룩함이라
/너희의
/곧 [너희가] —— 버리고(=버리는 것, 부정사)
/음란을
4 /[너희]각각[이] — 알고(=아는 것, 부정사)
/취할 줄을
/자기의 아내(=자기 그릇을)
/거룩함과 존귀함으로
5 /색욕을 좇지 말고(=색욕으로 말고)
/이방인과 같이
/하나님을 모르는
6 /분수를 넘어서(=분수를 넘지 않는 것, 부정사)
/해하지 말라(=해하지 않는 것, 부정사)
/[그] 형제를
/(이)일에

//이는(이유 : διότι, because)
주께서 —— 신원하여 주심이니라
/이 모든 일에
/우리가 ┬ 미리 말하고
└ 증거한 것과 같이
/너희에게

7 //(이유 : γάρ, for)
하나님이 ——— 부르심은(=부르셨음이라)
/우리를
/부정케 하심이 아니요(=부정함으로가 아닌)
/거룩케 하심이니(=거룩으로)

8 그러므로(τοιγαροῦν)
저버리는 자는 **저버림이 아니요**
/사람을
(저버림이니라)
/하나님을
/주신
/성령을
/그의
/너희에게

살전

님께 기쁘시게 할 것을 우리에게 받았으니 곧 너희 행하는
바라 더욱 많이 힘쓰라 2 우리가 주 예수로 말미암아 너희
에게 무슨 명령으로 준 것을 너희가 아느니라 3 하나님의
뜻은 이것이니 너희의 거룩함이라 곧 음란을 버리고 4 각
각 거룩함과 존귀함으로 자기의 아내 취할 줄을 알고 5 하
나님을 모르는 이방인과 같이 색욕을 좇지 말고 6 이 일에
분수를 넘어서 형제를 해하지 말라 이는 우리가 너희에게
미리 말하고 증거한 것과 같이 이 모든 일에 주께서 신원
하여 주심이니라 7 하나님이 우리를 부르심은 부정케 하
심이 아니요 거룩케 하심이니 8 그러므로 저버리는 자는

of us how ye ought to walk and to please God, so ye
would abound more and more.
2 For ye know what
commandments we gave you by the Lord Jesus.
3 For
this is the will of God, even your sanctification, that ye
should abstain from fornication:
4 That every one of you
should know how to possess his vessel in sanctification
and honour;
5 Not in the lust of concupiscence, even as
the Gentiles which know not God:
6 That no man go
beyond and defraud his brother in any matter: because
that the Lord is the avenger of all such, as we also have

9 [너희가] **[필요한 것이] 없음은**
/쓸 것이(=쓴 것이, 부정사)
/너희에게
/형제 사랑에 관하여는

//(이유 : γάρ, for)
너희가 ——— 사랑함이라
/친히 /서로
/하나님의 가르치심을 받아

10 //(이유 : γάρ, for)
너희가 —(과연)이것을 행하도다
/형제를 대하여
/모든
/마게도냐[의]
/온

형제들아!
[내가] **권하노니**
/많이 하고(=많이 할 것을, 부정사)
/더
11 /또 힘쓰라(=힘쓸 것을, 부정사)
/종용하여(=조용함을, 부정사)
/하고(=행하는 것을)
/자기 일을
/일하기를(=일하는 것을)
/너희 [스스로의] 손으로
/너희에게 명한 것같이

12 //이는(목적 : ἵνα, so that...will)
[너희가] —— 행하고
/단정히
/외인을 대하여
또한 아무 궁핍함이 없게 하려 함이라

13 형제들아!
우리가 **원치 아니하노니**
/너희가 – 알지 못함을
/자는 자들에 관하여는

//이는(목적: ἵνα, so that...will)
[너희가] ——— 슬퍼하지 않게 하려 함이라
/다른 이와 같이
/소망 없는

14 //(이유 : γάρ, for)

살전

사람을 저버림이 아니요 너희에게 그의 성령을 주신 하나님을 저버림이니라 9 형제 사랑에 관하여는 너희에게 쓸 것이 없음은 너희가 친히 하나님의 가르치심을 받아 서로 사랑함이라 10 너희가 온 마게도냐 모든 형제를 대하여 과연 이것을 행하도다 형제들아 권하노니 더 많이 하고 11 또 너희에게 명한 것같이 종용하여 자기 일을 하고 너희 손으로 일하기를 힘쓰라 12 이는 외인을 대하여 단정히 행하고 또한 아무 궁핍함이 없게 하려 함이라 13 형제들아 자는 자들에 관하여는 너희가 알지 못함을 우리가 원치 아니하노니 이는 소망 없는 다른 이와 같이 슬퍼하지 않게 하려 함이라

forewarned you and testified. 7 For God hath not called us unto uncleanness, but unto holiness. 8 He therefore that despiseth, despiseth not man, but God, who hath also given unto us his holy Spirit. 9 But as touching brotherly love ye need not that I write unto you: for ye yourselves are taught of God to love one another. 10 And indeed ye do it toward all the brethren which are in all Macedonia: but we beseech you, brethren, that ye increase more and more; 11 And that ye study to be quiet, and to do your own business, and to work with your own hands, as we commanded you; 12 That ye may walk honestly toward them that are without, and that ye may have lack of nothing. 13 But I would not have you to be ignorant, brethren, concerning

14 //(이유 : γάρ, for)
[만약, εἰ]
우리가 ——— 믿을진대(조건절, if)
/예수의 죽었다가 다시 사심을
하나님이 ——— 데리고 오시리라
/예수 안에서 자는 자들도
/저와 함께
/이와 같이

15 //(이유 : γάρ, for)
우리가 —— 말하노니
/이것을
/너희에게
/주의 말씀으로
/우리[가] ——— 결단코 앞서지 못하리라
/살아[있는] /자는 자보다
/남아 있는(자도)
/주 강림하실 때까지

16 //(이유 : ὅτι, for)
주께서 —— 강림하시리니
/친히 /호령과
/소리와
/천사장의
/나팔로
/하나님의
/하늘로 좇아
죽은 자들이 —먼저 일어나고
/그리스도 안에서
17 //우리[가] —— 끌어올려
/살아 남은(자도) /그 후에
/저희와 함께
/구름 속으로
/영접하게(하시리니)
/주를
/공중에서

//그리하여(결과 : οὕτως, so...shall)
우리가 ——주와 함께 있으리라
/항상

18 그러므로(ὥστε)
[너희는] **위로하라**
/서로
/이 여러 말로

14 우리가 예수의 죽었다가 다시 사심을 믿을진대 이와
같이 예수 안에서 자는 자들도 하나님이 저와 함께 데리고
오시리라 15 우리가 주의 말씀으로 너희에게 이것을 말하
노니 주 강림하실 때까지 우리 살아 남아 있는 자도 자는
자보다 결단코 앞서지 못하리라 16 주께서 호령과 천사장
의 소리와 하나님의 나팔로 친히 하늘로 좇아 강림하시리
니 그리스도 안에서 죽은 자들이 먼저 일어나고 17 그 후
에 우리 살아 남은 자도 저희와 함께 구름 속으로 끌어올
려 공중에서 주를 영접하게 하시리니 그리하여 우리가 항
상 주와 함께 있으리라 18 그러므로 이 여러 말로 서로 위
로하라

them which are asleep, that ye sorrow not, even as others
which have no hope. 14 For if we believe that Jesus died
and rose again, even so them also which sleep in Jesus
will God bring with him. 15 For this we say unto you
by the word of the Lord, that we which are alive and
remain unto the coming of the Lord shall not prevent
them which are asleep. 16 For the Lord himself shall
descend from heaven with a shout, with the voice of the
archangel, and with the trump of God: and the dead in
Christ shall rise first: 17 Then we which are alive and
remain shall be caught up together with them in the clouds,
to meet the Lord in the air: and so shall we ever be with
the Lord. 18 Wherefore comfort one another with these words.

5

1 [너희가] [필요가] 없음은
/쓸 것이(=쓴 것이)
/때와 시기에 관하여는
/너희에게

2 //(이유: γάρ, for)
너희 자신이 —— 앎이라
/자세히
/주의 날이 — 이를 줄을
/도적같이
/밤에

3 저희가 [말]할 그 때에(상황절, while)
/평안하다
안전하다
멸망이 **이르리니(=이른다)**
/홀연히(=한) /저희에게
/해산 고통이 —— (이름과)같이
/여자에게
/잉태된
[저희가] **결단코 피하지 못하리라**

4 형제들아!
너희는 **어두움에 있지 아니하매**

//(결과 : ἵνα, that...would)
그 날이 —— 임하지 못하리니(=임하리라)
/너희에게
/도적같이

5 //(이유 : γάρ, for)
너희는 —— 빛의 아들이요
/다 —— 낮의 아들이라
우리가 —— 속하지 아니하나니
/밤이나 어두움에

6 그러므로(ἄρα οὖν)
우리는 **자지 말고**
/다른 이들과 같이
오직 깨어
근신할지라(=근신하자)

7 //(이유 : γάρ, for)
자는 자들은 —— 자고
/밤에
취하는 자들은 —— 취하되
/밤에

살전

5:1 형제들아 때와 시기에 관하여는 너희에게 쓸 것이
없음은 2 주의 날이 밤에 도적같이 이를 줄을 너희 자
신이 자세히 앎이라 3 저희가 평안하다, 안전하다 할 그
때에 잉태된 여자에게 해산 고통이 이름과 같이 멸망이 홀
연히 저희에게 이르리니 결단코 피하지 못하리라 4 형제
들아 너희는 어두움에 있지 아니하매 그 날이 도적같이 너
희에게 임하지 못하리니 5 너희는 다 빛의 아들이요 낮의
아들이라 우리가 밤이나 어두움에 속하지 아니하나니 6
그러므로 우리는 다른 이들과 같이 자지 말고 오직 깨어
근신할지라 7 자는 자들은 밤에 자고 취하는 자들은 밤에

5:1 But of the times and the seasons, brethren, ye have
no need that I write unto you. 2 For yourselves know
perfectly that the day of the Lord so cometh as a thief in
the night. 3 For when they shall say, Peace and safety;
then sudden destruction cometh upon them, as travail upon
a woman with child; and they shall not escape. 4 But ye,
brethren, are not in darkness, that that day should overtake
you as a thief. 5 Ye are all the children of light, and the
children of the day: we are not of the night, nor of darkness.
6 Therefore let us not sleep, as do others; but let us watch
and be sober. 7 For they that sleep sleep in the night;
and they that be drunken are drunken in the night. 8 But

8 우리는 **근신하여(=근신하자)**
/붙이고(=착용함으로, 방법, 과거분사)
/흉배를
/믿음과 사랑의
/투구를(쓰자)
/소망의
/구원의

//(이유 : 현재분사, since)
낮에 속하였으니

9 //(이유 : ὅτι, for)
하나님이 —— 세우심은(=세우셨음이라)
/우리를
/노하심에 이르게 하심이 아니요
/오직 구원을 얻게 하신 것이라(=얻도록)
/우리 주 예수 그리스도로 말미암아
10 /(예수께서)죽으사(=죽으신)
/우리를 위하여

//(목적 : ἵνα, so that...will)
우리로 하여금 —— 살게 하려 하셨느니라
/자기와 함께
/깨든지 자든지

11 그러므로(διό)
[너희는] **권면하고**
/피차
덕을 세우기를... 하라(=덕을 세우라)
/피차(=다른이에게)
/너희가 하는 것같이

12 형제들아!
우리가 **구하노니**
/너희에게
/너희가 알고(=알 것을, 부정사)
/수고하고
/너희 가운데서
다스리며
/너희를
/주 안에서
권하는 자들을
/[너희를]
13 /여기며(=여길 것을)
/가장 귀히
/[그들을]
/사랑 안에서
/저[들]의 역사로 말미암아

취하되 8 우리는 낮에 속하였으니 근신하여 믿음과 사랑
의 흉배를 붙이고 구원의 소망의 투구를 쓰자 9 하나님이
우리를 세우심은 노하심에 이르게 하심이 아니요 오직 우
리 주 예수 그리스도로 말미암아 구원을 얻게 하신 것이라
10 예수께서 우리를 위하여 죽으사 우리로 하여금 깨든지
자든지 자기와 함께 살게 하려 하셨느니라 11 그러므로
피차 권면하고 피차 덕을 세우기를 너희가 하는 것같이 하
라 12 형제들아 우리가 너희에게 구하노니 너희 가운데서
수고하고 주 안에서 너희를 다스리며 권하는 자들을 너희
가 알고 13 저의 역사로 말미암아 사랑 안에서 가장 귀히

let us, who are of the day, be sober, putting on the
breastplate of faith and love; and for an helmet, the hope
of salvation. 9 For God hath not appointed us to wrath,
but to obtain salvation by our Lord Jesus Christ, 10 Who
died for us, that, whether we wake or sleep, we should
live together with him. 11 Wherefore comfort yourselves
together, and edify one another, even as also ye do. 12
And we beseech you, brethren, to know them which labour
among you, and are over you in the Lord, and admonish
you; 13 And to esteem them very highly in love for their

[너희는] **화목하라**
/너희끼리(=너희 안에)

14 또
형제들아!
[우리가] **권면하노니**
/너희를
[너희는] **권계하며**
/규모 없는 자들을
안위하고
/마음이 약한 자들을
붙들어 주며
/힘이 없는 자들을
오래 참으라
/모든 사람을 대하여

15 [너희는] **삼가..하고(=살피라)**
/누가 — 갚지 말게
/악으로 악을
/누구에게든지

오직
[너희는] **좇으라**
/선을
/항상
/피차 대하든지 모든 사람을 대하든지
16 **기뻐하라**
/항상
17 **기도하라**
/쉬지 말고
18 **감사하라**
/범사에

//이는(이유 : γάρ, for)
[이것이] — 하나님의 뜻이니라
/그리스도 예수 안에서
/너희를 향하신

19 [너희는] **소멸치 말며**
/성령을
20 **멸시치 말고**
/예언을
21 **헤아려**
/범사에(=를)
취하고
/좋은 것을
22 **버리라(=멀리하라)**
/모양이라도(=으로부터)
/모든
/악은(=악한)

살전

여기며 너희끼리 화목하라 14 또 형제들아 너희를 권면하
노니 규모 없는 자들을 권계(勸戒)하며 마음이 약한 자들
을 안위하고 힘이 없는 자들을 붙들어 주며 모든 사람을
대하여 오래 참으라 15 삼가 누가 누구에게든지 악으로
악을 갚지 말게 하고 오직 피차 대하든지 모든 사람을 대
하든지 항상 선을 좇으라 16 항상 기뻐하라 17 쉬지 말고
기도하라 18 범사에 감사하라 이는 그리스도 예수 안에서
너희를 향하신 하나님의 뜻이니라 19 성령을 소멸치 말며
20 예언을 멸시치 말고 21 범사에 헤아려 좋은 것을 취하
고 22 악은 모든 모양이라도 버리라 23 평강의 하나님이

work's sake. And be at peace among yourselves. 14 Now
we exhort you, brethren, warn them that are unruly, comfort
the feebleminded, support the weak, be patient toward all men.
15 See that none render evil for evil unto any man; but
ever follow that which is good, both among yourselves,
and to all men. 16 Rejoice evermore. 17 Pray without ceasing.
18 In every thing give thanks: for this is the will of God
in Christ Jesus concerning you. 19 Quench not the Spirit.
20 Despise not prophesyings. 21 Prove all things; hold
fast that which is good. 22 Abstain from all appearance
of evil. 23 And the very God of peace sanctify you wholly;
and I pray God your whole spirit and soul and body be

23 하나님이 /평강의	친히 **거룩하게 하시고** /온전히 /너희로
또 영과 혼과 몸이 /너희 /온	**보전되기를 원하노라** /흠없게 /우리 주 예수 그리스도 강림하실 때에
24 부르시는 이는 /너희를	**미쁘시니**
그가	또한 **이루시리라**
25 형제들아! [너희는]	**기도하라** /우리를 위하여 26 **문안하라** /형제에게 /모든 /입맞춤으로 /거룩하게(=거룩한)
27 내가	**명하노니** /너희를 /주를 힘입어 /읽어 들리라(=읽어줄 것을) /이 편지를 /형제에게 /모든
28 은혜가 /주 예수 그리스도의 /우리	**(있을지어다)** /너희에게

살전

친히 너희로 온전히 거룩하게 하시고 또 너희 온 영과 혼
과 몸이 우리 주 예수 그리스도 강림하실 때에 흠 없게 보
전되기를 원하노라 24 너희를 부르시는 이는 미쁘시니 그
가 또한 이루시리라 25 형제들아 우리를 위하여 기도하라
26 거룩하게 입맞춤으로 모든 형제에게 문안하라 27 내가
주를 힘입어 너희를 명하노니 모든 형제에게 이 편지를 읽
어 들리라 28 우리 주 예수 그리스도의 은혜가 너희에게
있을지어다

preserved blameless unto the coming of our Lord Jesus Christ.
24 Faithful is he that calleth you, who also will do it.
25 Brethren, pray for us. 26 Greet all the brethren with
an holy kiss. 27 I charge you by the Lord that this epistle
be read unto all the holy brethren.28 The grace of our
Lord Jesus Christ be with you. Amen.

데살로니가후서

1

1 바울과 실루아노와 디모데는 **(편지하노니)**
/교회에
/데살로니가인의
/하나님 우리 아버지와
주 예수 그리스도 안에 있는

2 은혜와 평강이 **(있을지어다)**
/너희에게
/하나님 아버지와
주 예수 그리스도로부터

3 형제들아!
우리가 **감사할지니**
/하나님께
/너희를 위하여
/항상
/이것이 당연함은(=당연하게)

//(이유: ὅτι, because)
믿음이 더욱 자라고
/너희
사랑함이 풍성함이며
/너희가 /서로
/다 각기

4 //그리고(결과 ὥστε, so that-NKJV)
우리가 자랑함이라
/친히
/[너희에 대해]
/여러 교회에서
/하나님의
/인내와
/너희
/믿음을 인하여
/핍박과 환난 중에서
/모든
/너희의
/참는

5 이는 **표요**
/심판의
/공의로운
/하나님의

1:1 바울과 실루아노와 디모데는 하나님 우리 아버지와
주 예수 그리스도 안에 있는 데살로니가인의 교회에
편지하노니 2 하나님 아버지와 주 예수 그리스도로부터
은혜와 평강이 너희에게 있을지어다 3 형제들아 우리가
너희를 위하여 항상 하나님께 감사할지니 이것이 당연함
은 너희 믿음이 더욱 자라고 너희가 다 각기 서로 사랑함
이 풍성함이며 4 그리고 너희의 참는 모든 핍박과 환난
중에서 너희 인내와 믿음을 인하여 하나님의 여러 교회에
서 우리가 친히 자랑함이라 5 이는 하나님의 공의로운 심
판의 표요 너희로 하여금 하나님의 나라에 합당한 자로

1:1 Paul, and Silvanus, and Timotheus, unto the church
of the Thessalonians in God our Father and the Lord
Jesus Christ: 2 Grace unto you, and peace, from God our
Father and the Lord Jesus Christ. 3 We are bound to
thank God always for you, brethren, as it is meet, because
that your faith groweth exceedingly, and the charity of
every one of you all toward each other aboundeth; 4 So
that we ourselves glory in you in the churches of God
for your patience and faith in all your persecutions and
tribulations that ye endure: 5 Which is a manifest token
of the righteous judgment of God, that ye may be counted
worthy of the kingdom of God, for which ye also suffer:

합당한 자로 여기심을 얻게 하려 함이니
/너희로 하여금
/나라에
/하나님의
/그 나라를 위하여[1]
너희가 ―또한 고난을 받으리니
6-7 //(이유: εἴπερ, for)
(갚으시고)갚으시는 것이 ― 공의시니
/환난으로 /하나님의
/환난받게 하는 자들에게는
/너희로
/안식으로
/너희에게는
/환난받는
/우리와 함께
/나타나실 때에
/주 예수께서
/하늘로부터
/천사들과 함께
/능력의
/저의
/불꽃 중에
8 /주시리니(=주시면서, 현재분사)
/형벌을
/모르는 자들과
/하나님을
/복종치 않는 자들에게
/복음을
/우리 주 예수의
9 /이런 자들이[2]―받으리로다
/형벌을
/멸망의(=멸망을)
/영원한
/얼굴과
/주의
영광을 떠나
/그의 힘의
10 /강림하사(=강림하실 때에)
/영광을 얻으시고(=얻도록)
/그의 성도들에게서
/기이히 여김을 얻으시리라(=얻도록)
/믿는 자에게서
/모든
/그 날에
//(이유: ὅτι, because)[3]

살후

1) 전치사 + 관계대명사, 선행사는 '나라'이다. 계속적 용법

2) 관계대명사, 선행사는 '모르는자들'과 '복종치 않는 자들'이다. 계속적 용법.

여기심을 얻게 하려 함이니 그 나라를 위하여 너희가 또한
고난을 받으리니 6 너희로 환난 받게 하는 자들에게는 환
난으로 갚으시고 7 환난 받는 너희에게는 우리와 함께 안
식으로 갚으시는 것이 하나님의 공의시니 주 예수께서 저
의 능력의 천사들과 함께 하늘로부터 불꽃 중에 나타나실
때에 8 하나님을 모르는 자들과 우리 주 예수의 복음을 복
종치 않는 자들에게 형벌을 주시리니 9 이런 자들이 주의
얼굴과 그의 힘의 영광을 떠나 영원한 멸망의 형벌을 받으
리로다 10 그 날에 강림하사 그의 성도들에게서 영광을
얻으시고 모든 믿는 자에게서 기이히 여김을 얻으시리라
(우리의 증거가 너희에게 믿어졌음이라)

6 Seeing it is a righteous thing with God to recompense
tribulation to them that trouble you; 7 And to you who
are troubled rest with us, when the Lord Jesus shall be revealed
from heaven with his mighty angels, 8 In flaming fire
taking vengeance on them that know not God, and that
obey not the gospel of our Lord Jesus Christ: 9 Who shall
be punished with everlasting destruction from the presence
of the Lord, and from the glory of his power; 10 When
he shall come to be glorified in his saints, and to be
admired in all them that believe (because our testimony among

//(이유: ὅτι, because)[3]
증거가 —— 믿어졌음이라
/우리의 /너희에게

11 이러므로
우리도 **기도함은**
/항상
/너희를 위하여

하나님이 **합당한 자로 여기시고**[4]
/우리 /너희를
/그 부르심에
이루게 하시고(=이루게 하소서)
/기뻐함과
/선을
/모든
/역사를
/믿음의
/능력으로

12 //(목적: ὥστε, so that)
이름이 —— 영광을 얻으시고
/우리 주 예수의 /너희 가운데서

너희도 —— (영광을 얻게 하려 함이니라)
/그[의] 안에서
/은혜대로
/하나님과
/우리
주 예수 그리스도의

2

1 형제들아!
우리가 **구하는 것은(=구하노라)**
/너희에게
/강림하심과
/주 예수 그리스도의
/우리
/모임에 관하여
/우리가(=의)
/그 앞에
2 /[너희가] —— 동하거나(=움직이거나)
/심(=마음을)
/쉬
두려워하거나 하지 아니할 그것이라(=아니할 것을)
/혹 영으로나

3) 영광을 얻고, 기이히 여김을 받는 이유를 말한다..

4) '말함', '기도함', '권고함'의 의미를 가진 동사 다음에 나오는 'ἵνα + 가정법'은 명령법으로 본다.

11 이러므로 우리도 항상 너희를 위하여 기도함은 우리 하나님이 너희를 그 부르심에 합당한 자로 여기시고 모든 선을 기뻐함과 믿음의 역사를 능력으로 이루게 하시고 12 우리 하나님과 주 예수 그리스도의 은혜대로 우리 주 예수의 이름이 너희 가운데서 영광을 얻으시고 너희도 그 안에서 영광을 얻게 하려 함이니라

2:1 형제들아 우리가 너희에게 구하는 것은 우리 주 예수 그리스도의 강림하심과 우리가 그 앞에 모임에 관하

you was believed) in that day. 11 Wherefore also we pray
always for you, that our God would count you worthy of
this calling, and fulfil all the good pleasure of his goodness,
and the work of faith with power: 12 That the name of
our Lord Jesus Christ may be glorified in you, and ye in
him, according to the grace of our God and the Lord Jesus
Christ.

2:1 Now we beseech you, brethren, by the coming of
our Lord Jesus Christ, and by our gathering together
unto him, 2 That ye be not soon shaken in mind, or be troubled,
neither by spirit, nor by word, nor by letter as from us,

/혹 영으로나
혹 말로나
혹 편지로나
/우리에게서 받았다 하는
/날이 —— 이르렀다고
/주의

3 누가 **미혹하지 말라(=미혹케 하지 말라)**
/너희가(=너희를)
/아무렇게 하여도

//(이유: ὅτι, for)
[그것이] —— 이르지 아니하리니[5)]
/배도하는 일이 —— (있고)
/먼저
저 불법의 사람이 —— 나타나기 전에는
/곧 멸망의 아들
4 /(저는)대적하는(자라)
/뛰어나 자존하여(=자존하는)
/하나님이나
/일컫는
/범사에
/숭배함을 받는 자 위에

//(결과: ὥστε, so that)6)
[그가] —— 앉아
/성전에
/하나님
/보여(=보이면서)
/자기를
/하나님이라(하느니라)

5 [너희가] **기억하지 못하느냐?**
/내가 —— 있을 때에(상황절, while)
/너희와 함께
말한 것을
/이 일을
/너희에게

6 너희가 **아나니**
/막는 것을
/저로 하여금 —— 나타나게 하려 하여
/저의 때에
/지금도

5) NASB의 입장을 따랐다.

7 //(이유: γάρ, for)

살후

여 2 혹 영으로나 혹 말로나 혹 우리에게서 받았다 하는 편지로나 주의 날이 이르렀다고 쉬 동심하거나 두려워하거나 하지 아니할 그것이라 3 누가 아무렇게 하여도 너희가 미혹하지 말라 먼저 배도하는 일이 있고 저 불법의 사람 곧 멸망의 아들이 나타나기 전에는 이르지 아니하리니 4 저는 대적하는 자라 범사에 일컫는 하나님이나 숭배함을 받는 자 위에 뛰어나 자존하여 하나님 성전에 앉아 자기를 보여 하나님이라 하느니라 5 내가 너희와 함께 있을 때에 이 일을 너희에게 말한 것을 기억하지 못하느냐 6 저로 하여금 저의 때에 나타나게 하려 하여 막는 것을 지

as that the day of Christ is at hand. 3 Let no man deceive you by any means: for that day shall not come, except there come a falling away first, and that man of sin be revealed, the son of perdition; 4 Who opposeth and exalteth himself above all that is called God, or that is worshipped; so that he as God sitteth in the temple of God, shewing himself that he is God. 5 Remember ye not, that, when I was yet with you, I told you these things? 6 And now ye know what withholdeth that he might be revealed in his time. 7 For the mystery of iniquity doth already work:

7 //(이유: γάρ, for)
비밀이 —— 활동하였으나
/불법의 /이미

막는 자가 —— 있어
/지금
/옮길 때까지(하리라)
/그 중에서

8 그 때에
불법한 자가 **나타나리니**

/저를[7]
주 예수께서 —— 죽이시고
/기운으로
/그[의] 입의
폐하시리라
/나타나심으로
/강림하여(=그의 강림의)

9 /악한 자의[8]
임함은 —— [있다]
/역사를 따라
/사단의
/능력과
/모든
표적과
기적과(=기적으로)
/거짓
10 /속임으로
/불의의
/모든
/멸망하는 자들에게(임하리니)

//이는(이유: ἀντι, because)
저희가 —— 받지 아니하여
/사랑을
/진리의
/[그들이] —구원함을 얻지 못함이니라(=구원을 얻도록)[9]

11 이러므로(διὰ τοῦτο)
하나님이 **하사(=보내사)**
/역사하게(=역사를)
/유혹을(=의)
/저의 가운데(=저희에게)
/믿게 하심은(=믿도록)
/거짓 것을

12 //(목적: ἵνα, in order that)

6) 뛰어나 자존하는 행동의 결과(현상)을 말한다.

7) 관계대명사, 선행사는 '불법한 자'이다. 계속적 용법

8) 관계대명사, 선행사는 '불법한 자'이다. 계속적 용법

9) 구원을 얻도록 받는 것을 않았다는 뜻이다.

금도 너희가 아나니 7 불법의 비밀이 이미 활동하였으나
지금 막는 자가 있어 그 중에서 옮길 때까지 하리라 8 그
때에 불법한 자가 나타나리니 주 예수께서 그 입의 기운으
로 저를 죽이시고 강림하여 나타나심으로 폐하시리라 9
악한 자의 임함은 사단의 역사를 따라 모든 능력과 표적과
거짓 기적과 10 불의의 모든 속임으로 멸망하는 자들에게
임하리니 이는 저희가 진리의 사랑을 받지 아니하여 구원
함을 얻지 못함이니라 11 이러므로 하나님이 유혹을 저의
가운데 역사하게 하사 거짓 것을 믿게 하심은

only he who now letteth will let, until he be taken out of
the way. 8 And then shall that Wicked be revealed, whom
the Lord shall consume with the spirit of his mouth, and
shall destroy with the brightness of his coming: 9 Even
him, whose coming is after the working of Satan with all
power and signs and lying wonders, 10 And with all
deceivableness of unrighteousness in them that perish; because
they received not the love of the truth, that they might
be saved. 11 And for this cause God shall send them
strong delusion, that they should believe a lie: 12 That

살후

12 //(목적: ἵνα, in order that)
믿지 않고 ——— 심판을 받게 하려 하심이니라
/진리를
좋아하는 자로
/불의를
/모든

13 형제들아!
/사랑하시는
/주의
우리가 마땅히 감사할 것은
/하나님께
/항상
/너희를 위하여

//(이유: ὅτι, because)
하나님이 —— 택하사
/너희를
/처음부터
/구원을 얻게(하심이니)
/거룩하게 하심과
/성령의
믿음으로
/진리를

14 [그가] **부르사**
/너희를
/이를 위하여
/우리 복음으로
/영광을 얻게 하려(하심이니라)
/주 예수 그리스도의
/우리

15 이러므로(ἄρα οὖν)
형제들아!
[너희는] **굳게 서서**
지키라
/유전을
/가르침을 받은
/말로나
우리 편지로

살후

12 진리를 믿지 않고 불의를 좋아하는 모든 자로 심판을
받게 하려 하심이니라 13 주의 사랑하시는 형제들아 우리
가 항상 너희를 위하여 마땅히 하나님께 감사할 것은 하나
님이 처음부터 너희를 택하사 성령의 거룩하게 하심과 진
리를 믿음으로 구원을 얻게 하심이니 14 이를 위하여 우
리 복음으로 너희를 부르사 우리 주 예수 그리스도의 영광
을 얻게 하려 하심이니라 15 이러므로 형제들아 굳게 서
서 말로나 우리 편지로 가르침을 받은 유전을 지키라 16

they all might be damned who believed not the truth, but
had pleasure in unrighteousness. 13 But we are bound to
give thanks alway to God for you, brethren beloved of
the Lord, because God hath from the beginning chosen
you to salvation through sanctification of the Spirit and
belief of the truth: 14 Whereunto he called you by our
gospel, to the obtaining of the glory of our Lord Jesus
Christ. 15 Therefore, brethren, stand fast, and hold the
traditions which ye have been taught, whether by word,
or our epistle. 16 Now our Lord Jesus Christ himself,

16-17
주 예수 그리스도와 — 위로하시고
/우리 /너희 마음을
하나님 아버지께서
/우리
/사랑하시고
/우리를
주신
/위로와
/영원한
소망을
/좋은
/은혜로
굳게 하시기를 원하노라
/일과 말에
/모든
/선한

3

1 종말로
형제들아!
너희는 **기도하기를 하라(=기도하라)**
/우리를 위하여

말씀이 **달음질하여**
/주의 **영광스럽게 되고**
/너희 가운데서와 같이
2 또한
우리를(=가) **건지옵소서(=건짐받게 하소서)**
/사람들에게서
/무리하고
악한

//(이유: γάρ, for)
믿음은 — 모든 사람의 것이 아님이라

3 주는 **미쁘사**

/[그는] — 굳게 하시고
/너희를
지키시리라
/악한 자에게서

우리 주 예수 그리스도와 우리를 사랑하시고 영원한 위로
와 좋은 소망을 은혜로 주신 하나님 우리 아버지께서 17
너희 마음을 위로하시고 모든 선한 일과 말에 굳게 하시기
를 원하노라

3:1 종말로 형제들아 너희는 우리를 위하여 기도하기를
주의 말씀이 너희 가운데서와 같이 달음질하여 영광스
럽게 되고 2 또한 우리를 무리하고 악한 사람들에게서 건
지옵소서 하라 믿음은 모든 사람의 것이 아님이라 3 주는
미쁘사 너희를 굳게 하시고 악한 자에게서 지키시리라 4

and God, even our Father, which hath loved us, and hath given
us everlasting consolation and good hope through grace,
17 Comfort your hearts, and stablish you in every good
word and work.

3:1 Finally, brethren, pray for us, that the word of the
Lord may have free course, and be glorified, even as
it is with you: 2 And that we may be delivered from
unreasonable and wicked men: for all men have not faith.
3 But the Lord is faithful, who shall stablish you, and
keep you from evil. 4 And we have confidence in the

4 우리가 **확신하노니**
/주 안에서
/너희에게 대하여는
/너희가 ── 행하고
또 행할 줄을
/우리의(=가) ── 명한 것을

5 주께서 **인도(하여)하시기를 원하노라**
/너희 마음을
/사랑과
/하나님의
인내에 들어가게(=인내로)
/그리스도의

6 형제들아!
[우리가] **명하노니**
/너희를
/이름으로
/주 예수 그리스도의
/우리
/[너희는] ── 떠나라(=떠날 것을)
/형제에게서
/모든
/행하고
/규모 없이
행하지 아니하는
/유전대로
/우리에게 받은

7 //(이유: γάρ, for)
너희가 ── 아나니
/스스로 /어떻게 본받아야 할 것을
/우리를

//(이유: ὅτι, because)
우리가 ── 규모 없이 행하지 아니하며
/너희 가운데서
8 먹지 않고
/양식을
/값없이
/누구에게서든지
오직 일함은
/수고하고
/애써
/주야로
/누를 끼치지 아니하려(함이니)
/너희 아무에게도

9 //(이유: ὅτι, because)

살후

너희에게 대하여는 우리의 명한 것을 너희가 행하고 또 행
할 줄을 우리가 주 안에서 확신하노니 5 주께서 너희 마음
을 인도하여 하나님의 사랑과 그리스도의 인내에 들어가게
하시기를 원하노라 6 형제들아 우리 주 예수 그리스도의
이름으로 너희를 명하노니 규모 없이 행하고 우리에게 받
은 유전대로 행하지 아니하는 모든 형제에게서 떠나라 7
어떻게 우리를 본받아야 할 것을 너희가 스스로 아나니 우
리가 너희 가운데서 규모 없이 행하지 아니하며 8 누구에
게서든지 양식을 값없이 먹지 않고 오직 수고하고 애써 주야
로 일함은 너희 아무에게도 누를 끼치지 아니하려 함이니

Lord touching you, that ye both do and will do the things
which we command you. 5 And the Lord direct your
hearts into the love of God, and into the patient waiting
for Christ. 6 Now we command you, brethren, in the
name of our Lord Jesus Christ, that ye withdraw yourselves
from every brother that walketh disorderly, and not after
the tradition which he received of us. 7 For yourselves
know how ye ought to follow us: for we behaved not ourselves
disorderly among you; 8 Neither did we eat any man's
bread for nought; but wrought with labour and travail
night and day, that we might not be chargeable to any of
you: 9 Not because we have not power, but to make

9 //(이유: ὅτι, because)
우리에게(=가) ── 권리가 없는 것이 아니요
└ 오직 본을 주어
/스스로
/너희에게

//(목적: εἰς + 부정사, so that)
우리를 본받게 하려 함이니라

10 //(이유: γάρ, for)
우리가 ── 있을 때에도(상황절, when)
/너희와 함께
└ 명하기를(...하였더니)
/너희에게
/[만일, εἰ]
누구든지 ── 싫어하거든(조건절, if)
/일하기
└ 먹지도 말게 하라

11 //(이유: γάρ, for)
우리가 ── 들은즉(...하니)
/[어떤]자들이 ── 있다
/행하여(=는)
/너희 가운데
/규모 없이
/도무지 일하지 아니하고
일만 만드는

12 우리가 **명하고**
/이런 사들에게
권하기를
/주 예수 그리스도 안에서

[저희는] **먹으라(하노라)**
/자기 양식을
/일하여(현재분사)
/종용히

13 형제들아!
너희는 **낙심치 말라**
/선을 행하다가

14 [만일, εἰ]
누가 순종치 아니하거든(조건절, if)
/말을
/우리
/이 편지에 한

9 우리에게 권리가 없는 것이 아니요 오직 스스로 너희에
게 본을 주어 우리를 본받게 하려 함이니라 10 우리가 너
희와 함께 있을 때에도 너희에게 명하기를 누구든지 일하
기 싫어하거든 먹지도 말게 하라 하였더니 11 우리가 들
은즉 너희 가운데 규모 없이 행하여 도무지 일하지 아니하
고 일만 만드는 자들이 있다 하니 12 이런 자들에게 우리
가 명하고 주 예수 그리스도 안에서 권하기를 종용히 일하
여 자기 양식을 먹으라 하노라 13 형제들아 너희는 선을
행하다가 낙심치 말라 14 누가 이 편지에 한 우리 말을 순
종치 아니하거든 그 사람을 지목하여 사귀지 말고 저로 하

ourselves an ensample unto you to follow us. 10 For even
when we were with you, this we commanded you, that if
any would not work, neither should he eat. 11 For we
hear that there are some which walk among you disorderly,
working not at all, but are busybodies. 12 Now them that
are such we command and exhort by our Lord Jesus Christ,
that with quietness they work, and eat their own bread.
13 But ye, brethren, be not weary in well doing. 14 And
if any man obey not our word by this epistle, note that
man, and have no company with him, that he may be ashamed.

[너희는] **지목하여**
/그 사람을
/사귀지 말고(=사귀지 말도록)
/[그를]

//(목적: ἵνα, so that)
저로 하여금 부끄럽게 하라

15 그러나
[너희는] **생각지 말고**
/원수와 같이
권하라
/형제같이

16 주께서 **주시기를 원하노라**
/평강의 /평강을
/친히 /너희에게
/때마다
/일마다

주는 **(하실지어다)**
/너희 사람과 함께(=너희와 함께)
/모든

17 [이것이] **문안하노니(=문안이다)**
/나 바울은(=의)
/친필로

/이는[10] —— 표적이기로
/편지마다

[내가] **쓰노라**
/이렇게

18 은혜가 **(있을지어다)**
/주 예수 그리스도의 /너희 무리에게
/우리

10) 관계대명사, 선행사는 '문안'이다. 계속적 용법

살후

여금 부끄럽게 하라 15 그러나 원수와 같이 생각지 말고
형제같이 권하라 16 평강의 주께서 친히 때마다 일마다
너희에게 평강을 주시기를 원하노라 주는 너희 모든 사람
과 함께 하실지어다 17 나 바울은 친필로 문안하노니 이
는 편지마다 표적이기로 이렇게 쓰노라 18 우리 주 예수
그리스도의 은혜가 너희 무리에게 있을지어다

15 Yet count him not as an enemy, but admonish him as
a brother. 16 Now the Lord of peace himself give you
peace always by all means. The Lord be with you all. 17
The salutation of Paul with mine own hand, which is the token
in every epistle: so I write. 18 The grace of our Lord
Jesus Christ be with you all. Amen.

디모데전서

1

1 바울은
/사도 된
/그리스도 예수의
/명령을 따라
/하나님과(=의)
/우리 구주
/그리스도 예수의
/우리 소망이신

(편지하노니)
2 /디모데에게
/아들 된
/참
/믿음 안에서

은혜와
긍휼과
평강이

(있을지어다)
/네게
/하나님 아버지와
그리스도 예수 우리 주께로부터

3 내가

갈 때에(상황절, 분사, when)
/마게도냐로
권하여... 한 것은(=권한 것은)[1)]
/너를
/에베소에 머물라

//(목적: ἵνα, so that...may)
[네가] —— 명하여...하려 함이라(=명하기 위함이라)
/어떤 사람들을
/다른 교훈을 가르치지 말며(=말도록)
4 /착념치 말게
/신화와(=에)
/족보에
/끝없는
/(이런 것은)[2)]
변론을 내는(것이라)
/도리어
/경륜을 이룸보다
/하나님의
/믿음 안에 있는

5 목적은
/경계의

사랑이거늘(=사랑이다)
/마음과
/청결한
양심과
/선한
믿음으로 나는
/거짓이 없는

1) 접속사 καθὼς는 상황절이 아니라 강조적 용법이다. NRSV가 같은 입장이다.

2) 관계대명사, 선행사는 '족보'이다.

1:1 우리 구주 하나님과 우리 소망이신 그리스도 예수의
명령을 따라 그리스도 예수의 사도 된 바울은 2 믿음
안에서 참 아들 된 디모데에게 편지하노니 하나님 아버지
와 그리스도 예수 우리 주께로부터 은혜와 긍휼과 평강이
네게 있을지어다 3 내가 마게도냐로 갈 때에 너를 권하여
에베소에 머물라 한 것은 어떤 사람들을 명하여 다른 교훈
을 가르치지 말며 4 신화와 끝없는 족보에 착념치 말게 하
려 함이라 이런 것은 믿음 안에 있는 하나님의 경륜을 이
룸보다 도리어 변론을 내는 것이라 5 경계의 목적은 청결
한 마음과 선한 양심과 거짓이 없는 믿음으로 나는 사랑이

1:1 Paul, an apostle of Jesus Christ by the commandment
of God our Saviour, and Lord Jesus Christ, which is
our hope; 2Unto Timothy, my own son in the faith:
Grace, mercy, and peace, from God our Father and Jesus
Christ our Lord. 3 As I besought thee to abide still at
Ephesus, when I went into Macedonia, that thou mightest
charge some that they teach no other doctrine, 4 Neither
give heed to fables and endless genealogies, which minister
questions, rather than godly edifying which is in faith: so
do. 5 Now the end of the commandment is charity out
of a pure heart, and of a good conscience, and of faith
unfeigned: 6 From which some having swerved have

6 사람들이 **빠져(=빠졌다)**
/헛된 말에
/벗어나[서](과거분사)
/이에서3)
7 /[원]하나(=원하면서, 현재분사)
/율법의 선생이 되려
/깨닫지 못하는도다(=깨닫지 못하면서, 현재분사)
/자기의 말하는 것이나
자기의 확증하는 것도

8 그러나
우리는 **아노라**
/율법은—선한 것인 줄
/사람이 쓰면(조건절, if)
/율법을(=그것을)
/법 있게
9 /알 것은(=알고서, 완료분사)
/이것이니(=이것을)
/법은—세운 것이 아니요
/옳은 사람을 위하여
오직 (위함이니)
/불법한 자와
복종치 아니하는 자며
경건치 아니한 자와
죄인이며
거룩하지 아니한 자와
망령된 자며
아비를 치는 자와
어미를 치는 자며
살인하는 자며
10 음행하는 자며
남색하는 자며
사람을 탈취하는 자며
거짓말하는 자며
거짓 맹세하는 자와
기타 거스리는 자를
/교훈을
/바른

11 /복음을 좇음이니라(=따라)
/영광의
/하나님의
/복되신
/(이 교훈은)4)
내게 맡기신 바

4) 관계대명사. 선행사는 '복음'이다. 한글성경은 선행사를 잘못봐서 '교훈'으로 보았다.

거늘 6 사람들이 이에서 벗어나 헛된 말에 빠져 7 율법의
선생이 되려 하나 자기의 말하는 것이나 자기의 확증하는
것도 깨닫지 못하는도다 8 그러나 사람이 율법을 법 있게
쓰면 율법은 선한 것인 줄 우리는 아노라 9 알 것은 이것
이니 법은 옳은 사람을 위하여 세운 것이 아니요 오직 불
법한 자와 복종치 아니하는 자며 경건치 아니한 자와 죄인
이며 거룩하지 아니한 자와 망령된 자며 아비를 치는 자와
어미를 치는 자며 살인하는 자며 10 음행하는 자며 남색
하는 자며 사람을 탈취하는 자며 거짓말하는 자며 거짓 맹
세하는 자와 기타 바른 교훈을 거스리는 자를 위함이니 11
이 교훈은 내게 맡기신 바 복되신 하나님의 영광의 복음을
좇음이니라

turned aside unto vain jangling; 7 Desiring to be teachers
of the law; understanding neither what they say, nor
whereof they affirm. 8 But we know that the law is good,
if a man use it lawfully; 9 Knowing this, that the law is
not made for a righteous man, but for the lawless and
disobedient, for the ungodly and for sinners, for unholy
and profane, for murderers of fathers and murderers of mothers,
for manslayers, 10 For whoremongers, for them that defile
themselves with mankind, for menstealers, for liars, for
perjured persons, and if there be any other thing that is contrary
to sound doctrine; 11 According to the glorious gospel of
the blessed God, which was committed to my trust. 12

12 내가 **감사함은**
/그리스도 예수 우리 주께
/나를 능하게 하신

//(이유: ὅτι, because)
[그가] —— 여겨(=여기셨음이라)
/나를 충성되이
/맡기심이니(=맡기심으로, 양태, 과거분사)
/직분을
/내게

13 내가 훼방자요
핍박자요
포행자이었으나(양보, although, 현재분사)

/전에는

도리어 **긍휼을 입은 것은(=긍휼을 입었다)**

//(이유: ὅτι, because)
내가 —— 행하였음이라
/알지 못하고(=알지 못하면서, 현재분사)
/믿지 아니할 때에(=믿지 않는 가운데)

14 은혜가 **넘치도록 풍성하였도다**
/우리 주의
/믿음과 사랑과 함께
/그리스도 예수 안에(있는)

15 미쁘다 **이 말이여**
/만한(=가치있는)
/받을
/모든 사람이
/그리스도 예수께서 —— 임하셨다(하였도다)
/세상에
/구원하시려고
/죄인을

/내가 — 괴수니라
/죄인 중에

16 그러나
까닭은(=이 까닭에)[5)]
내가 **긍휼을 입은(=입었노라)**

//(목적: ἵνα, so that)

딤전

5) 'διὰ τοῦτο'는 결론을 나타내는 숙어이다.

12 나를 능하게 하신 그리스도 예수 우리 주께 내가 감사
함은 나를 충성되이 여겨 내게 직분을 맡기심이니 13 내
가 전에는 훼방자요 핍박자요 포행자이었으나 도리어 긍휼
을 입은 것은 내가 믿지 아니할 때에 알지 못하고 행하였
음이라 14 우리 주의 은혜가 그리스도 예수 안에 있는 믿
음과 사랑과 함께 넘치도록 풍성하였도다 15 미쁘다 모든
사람이 받을 만한 이 말이여 그리스도 예수께서 죄인을 구
원하시려고 세상에 임하셨다 하였도다 죄인 중에 내가 괴
수니라 16 그러나 내가 긍휼을 입은 까닭은 예수 그리스
도께서 내게 먼저 일절 오래 참으심을 보이사 후에 주를
믿어 영생 얻는 자들에게 본이 되게 하려 하심이니라

And I thank Christ Jesus our Lord, who hath enabled me,
for that he counted me faithful, putting me into the ministry;
13 Who was before a blasphemer, and a persecutor, and
injurious: but I obtained mercy, because I did it ignorantly
in unbelief. 14 And the grace of our Lord was exceeding
abundant with faith and love which is in Christ Jesus. 15
This is a faithful saying, and worthy of all acceptation,
that Christ Jesus came into the world to save sinners; of whom
I am chief. 16 Howbeit for this cause I obtained mercy,
that in me first Jesus Christ might shew forth all longsuffering,

//(목적: ἵνα, so that)
예수 그리스도께서 — 보이사...하려 하심이니라(=보이려 하심이라)
/내게
/먼저
/오래 참으심을(=으로)
/일체(=모든)
/본이 되게
/후에 믿어...자들에게(=믿게될 자들에게)
/주를
/영생 얻는(=영생하도록)

17 존귀와 영광이 **세세토록 있어지이다** 아멘
/왕[께]
/만세의
/곧 하나님께
/썩지 아니하고
/보이지 아니하고
/홀로 하나이신

18 아들 디모데야 !
내가 **경계로써(=명하노니)**
/명하노니(=명령을)
/이
/네게
/예언을 따라
/전에 지도한
/너를

[너는] **싸우며(=싸우라)**6)
/싸움을
/선한
/그것으로
19 /가지라(=가지면서, 현재분사)
/믿음과
/양심을
/착한

/어떤 이들이 — 파선하였느니라
/그 믿음에 관하여는
/버렸고(=버림으로, 방법, 과거분사)
/이 양심을7)

20 /후메내오와 / 알렉산더가 — 있으니
/그 가운데8)

/내가 — 내어 준 것은
/[그들을]9)
/사단에게

//(목적: ἵνα, so that...will)
저희로 — 징계를 받아... 하려 함이니라
/훼방하지 말게(=못하도록)

딤전

6) '명하다', '말하다' 등의 동사 뒤의 ἵna+ 가정법 동사는 명령법의 의미를 가진다.

7) 관계대명사, 선행사는 '양심'이다. 계속적 용법

8) 관계대명사. 선행사는 '어떤 이들'이다. 계속적 용법

9) 관계대명사, 선행사는 '후메내오와 알렉산더'이다.

17 만세의 왕 곧 썩지 아니하고 보이지 아니하고 홀로 하
나이신 하나님께 존귀와 영광이 세세토록 있을지이다 아멘
18 아들 디모데야 내가 네게 이 경계로써 명하노니 전에
너를 지도한 예언을 따라 그것으로 선한 싸움을 싸우며 19
믿음과 착한 양심을 가지라 어떤 이들이 이 양심을 버렸고
그 믿음에 관하여는 파선하였느니라 20 그 가운데 후메내
오와 알렉산더가 있으니 내가 사단에게 내어준 것은 저희
로 징계를 받아 훼방하지 말게 함이니라

for a pattern to them which should hereafter believe on
him to life everlasting. 17 Now unto the King eternal, immortal,
invisible, the only wise God, be honour and glory for
ever and ever. Amen. 18 This charge I commit unto thee,
son Timothy, according to the prophecies which went
before on thee, that thou by them mightest war a good warfare;
19 Holding faith, and a good conscience; which some
having put away concerning faith have made shipwreck:
20 Of whom is Hymenaeus and Alexander; whom I have
delivered unto Satan, that they may learn not to blaspheme.

2 1 그러므로
내가 **권하노니**
/첫째로
/하되...하라(=행하는 것을, 부정사)
/[모든]
/간구와
/기도와
/도고와
/감사를
/모든 사람을 위하여
2 /임금들과
높은 지위에 있는 사람을 위하여
/모든

내가 **권하노니**

//이는(목적: ἵνα, that....may)
우리가 —— 하려 함이니라
/생활을
/고요하고
/평안한
/경건과
단정한 중에

/모든

3 이것이 **선하고**
받을실 만한 것이니
/우리 구주 하나님 앞에
4 /하나님은[10] —— 원하시느니라
/모든 사람이 ┬ 구원을 받으며
└ 이르기를
/진리를 아는 데

5 //(이유: γάρ, for)
하나님은 —— 한 분이시요
//또
중보도 —— 한 분이시니
/하나님과 사람 사이에
/곧 사람(이신) 그리스도 예수라
6 /(그가)주셨으니(=주신)
/자기를
/속전으로
/모든 사람을 위하여
/증거할 것이라(=증거이신)[11]
/기약이 이르면(=자신의 때에)

7 /이를 위하여[12]

10) 관계대명사. 선행사는 '하나님'이다. 계속적 용법이다.

11) 술어적 주격이다. 의미상 주어는 '그리스도 예수'

12) 전치사+관계대명사, 선행사는 '증거'이다.

2:1 그러므로 내가 첫째로 권하노니 모든 사람을 위하
여 간구와 기도와 도고와 감사를 하되 2 임금들과 높
은 지위에 있는 모든 사람을 위하여 하라 이는 우리가 모
든 경건과 단정한 중에 고요하고 평안한 생활을 하려 함이
니라 3 이것이 우리 구주 하나님 앞에 선하고 받을실 만한
것이니 4 하나님은 모든 사람이 구원을 받으며 진리를 아
는 데 이르기를 원하시느니라 5 하나님은 한 분이시요 또
하나님과 사람 사이에 중보도 한 분이시니 곧 사람이신 그
리스도 예수라 6 그가 모든 사람을 위하여 자기를 속전으
로 주셨으니 기약이 이르면 증거할 것이라 7 이를 위하여

2:1 I exhort therefore, that, first of all, supplications, prayers,
intercessions, and giving of thanks, be made for all
men; 2 For kings, and for all that are in authority; that
we may lead a quiet and peaceable life in all godliness
and honesty. 3 For this is good and acceptable in the
sight of God our Saviour; 4 Who will have all men to
be saved, and to come unto the knowledge of the truth.
5 For there is one God, and one mediator between God
and men, the man Christ Jesus; 6 Who gave himself a
ransom for all, to be testified in due time. 7 Whereunto I
am ordained a preacher, and an apostle, (I speak the truth
in Christ, and lie not;) a teacher of the Gentiles in faith

7 /이를 위하여[12)]
내가 — 세움을 입은 것은(=세움을 입었다)
/전파하는 자와
/사도로
/(내가)스승이 되었노라(=스승으로)
/이방인의
/믿음과
진리 안에서

/참말이요 거짓말이 아니니[13)]

8 그러므로(οὖν)
[내가]
원하노라
/남자들이 — 기도하기를
/각처에서
/들어(=들면서, 현재분사)
/손을
/거룩한
/분노와 다툼이 없이

9 또
여자들도
단장하고(=단장하라)[14)]
/이와 같이
/자기를
/옷을 입으며(=옷으로)
/아담한
/염치와 정절로
(하지)말고
/땋은 머리와
/금이나
/진주나
/옷으로
/값진
10 **오직(하기를 원하라)**
/(이것이)마땅한 것이니라(=마땅한 것을)
/[여]자들에게
/[고백]하는
/하나님을 공경한다
/오직 선행으로

13) 삽입절이다. 전파자와 사도로 세움을 입었음을 강조하는 것이다. 역본을 참조하라
- for which I was appointed a preacher and an apostle -- I am speaking the truth in Christ [and] not lying -- a teacher of the Gentiles in faith and truth. (NKJV)
- For this I was appointed a preacher and an apostle (I am telling the truth, I am not lying) as a teacher of the Gentiles in faith and truth. (NASB)
- For this I was appointed a herald and an apostle (I am telling the truth, I am not lying), a teacher of the Gentiles in faith and truth. (NRSV)
- And for this purpose I was appointed a herald and an apostle--I am telling the truth, I am not lying--and a teacher of the true faith to the Gentiles. (NIV)

14) 부정사가 명령법 대신 사용된 경우이다. 이 경우 주어는 부정사의 의미상 주어인 목적격 명사가 된다.

내가 전파하는 자와 사도로 세움을 입은 것은 참말이요 거짓말이 아니니 믿음과 진리 안에서 내가 이방인의 스승이 되었노라 8 그러므로 각처에서 남자들이 분노와 다툼이 없이 거룩한 손을 들어 기도하기를 원하노라 9 또 이와 같이 여자들도 아담한 옷을 입으며 염치와 정절로 자기를 단장하고 땋은 머리와 금이나 진주나 값진 옷으로 하지 말고 10 오직 선행으로 하기를 원하라 이것이 하나님을 공경한다 하는 자들에게 마땅한 것이니라

and verity. 8 I will therefore that men pray every where, lifting up holy hands, without wrath and doubting. 9 In like manner also, that women adorn themselves in modest apparel, with shamefacedness and sobriety; not with broided hair, or gold, or pearls, or costly array; 10 But (which becometh women professing godliness) with good works. 11 Let

딤전

11 여자는 **배우라**
/종용히
/순종함으로
/일절(=모든)

12 [내가] **허락지 아니하노니**
/가르치는 것과
/주관하는 것을
/남자를
/여자의(=여자에게)

오직 **종용할지니라**

13 //이는(이유: γάρ, for)
아담이 —— 지음을 받고
/먼저

이와가 —— 그 후며

14 아담이 꾀임을 보지 아니하고
여자가 빠졌음이니라(=빠졌다)15)
/죄에
/꾀임을 보아(=꾀임을 당해)

15 그러나
만일(ἐὰν)
여자들이 거하면(조건절, if)
/믿음과
사랑과
거룩함에
/정절로써
구원을 얻으리라
/그 해산함으로

3

1 이 말이여 **미쁘다**

[만약, εἰ]
사람이 얻으려 하면(조건절, if)
/감독의 직분을
사모한다(함이로다)
/일을
/선한

2 그러므로(οὖν)
감독은 **책망할 것이 없으며**16)

15) 한글 개역은 13절에 연속되는 이유로 보았다. 그러나 원문에는 마침점으로 구분되었으며, 영역본들도 독립 문장으로 보았다.

16) 3절과 4절의 주동사는 '형용사+부정사+동사'의 합성이다. be동사의 부정사와 결합한 형용사가 'δεῖ(must)'와 결합하여 하나의 동사의미를 이룬다. 따라서 주어가 주격이 아닌 부정사의 의미상 주어인 목적격이다. 주동사의 주어가 부정사의 의미상 주어와 동일하기에 가능하다. 모든 역본들도 같은 입장이다.

11 여자는 일절 순종함으로 종용히 배우라 12 여자의 가르치는 것과 남자를 주관하는 것을 허락지 아니하노니 오직 종용할지니라 13 이는 아담이 먼저 지음을 받고 이와가 그 후며 14 아담이 꾀임을 보지 아니하고 여자가 꾀임을 보아 죄에 빠졌음이니라 15 그러나 여자들이 만일 정절로써 믿음과 사랑과 거룩함에 거하면 그 해산함으로 구원을 얻으리라

3:1 미쁘다 이 말이여 사람이 감독의 직분을 얻으려 하면 선한 일을 사모한다 함이로다 2 그러므로 감독은

the woman learn in silence with all subjection. 12 But I suffer not a woman to teach, nor to usurp authority over the man, but to be in silence. 13 For Adam was first formed, then Eve. 14 And Adam was not deceived, but the woman being deceived was in the transgression. 15 Notwithstanding she shall be saved in childbearing, if they continue in faith and charity and holiness with sobriety.

3:1 This is a true saying, If a man desire the office of a bishop, he desireth a good work. 2 A bishop then must be blameless, the husband of one wife, vigilant, sober, of good behaviour, given to hospitality, apt to teach;

남편이 되며
/한 아내의
절제하며
근신하며
아담하며
나그네를 대접하며
가르치기를 잘하며
3 **술을 즐기지 아니하며**
구타하지 아니하며
오직 관용하며
다투지 아니하며
돈을 사랑치 아니하며...할지며

4 /다스려(=다스리면서, 현재분사)
/자기 집을
/잘
/하는 자라야(=가지면서, 현재분사)
/자녀들로(=자녀들을)
/복종케(=복종에 대해)
/단정함으로
/모든

5 /[만약, εἰ][17)]
사람이 ─── 알지 못하면(조건절, if)
/다스릴 줄
/자기 집을
돌아보리요?
/어찌
/교회를
/하나님의

감독은 6 **새로 입교한 자도 말지니**

//(목적: ἵνα, so that)
[그가] ─── 빠질까 함이요(=빠지지 않도록)
/정죄하는 그 정죄에
/마귀를
/교만하여져서(과거분사)

딤전

7 또한
[그는] **얻은 자라야 할지니**[18)]
/증거를
/선한
/외인에게서도

//(목적: ἵνα, so that)
[그가] ─── 빠질까 염려하라(=빠지지 않도록)
/비방과(=에)
/올무에
/마귀의

17) 원문에 5-6절은 삽입절이다. 원문의 문맥상 수식부는 아니지만, 관계된 구절과 같은 선상에 기록한다.

18) 앞 문장과 마찬가지로 '동사 + 부정사'의 합성이다.

책망할 것이 없으며 한 아내의 남편이 되며 절제하며 근신
하며 아담하며 나그네를 대접하며 가르치기를 잘하며 3
술을 즐기지 아니하며 구타하지 아니하며 오직 관용하며
다투지 아니하며 돈을 사랑치 아니하며 4 자기 집을 잘 다
스려 자녀들로 모든 단정함으로 복종케 하는 자라야 할지
며 5 (사람이 자기 집을 다스릴 줄 알지 못하면 어찌 하나
님의 교회를 돌아보리요) 6 새로 입교한 자도 말지니 교만
하여져서 마귀를 정죄하는 그 정죄에 빠질까 함이요 7 또
한 외인에게서도 선한 증거를 얻은 자라야 할지니 비방과
마귀의 올무에 빠질까 염려하라 8 이와 같이 집사들도 단

3 Not given to wine, no striker, not greedy of filthy lucre;
but patient, not a brawler, not covetous; 4 One that ruleth
well his own house, having his children in subjection with
all gravity; 5 (For if a man know not how to rule his
own house, how shall he take care of the church of God?)
6 Not a novice, lest being lifted up with pride he fall into
the condemnation of the devil. 7 Moreover he must have
a good report of them which are without; lest he fall into
reproach and the snare of the devil. 8 Likewise must the
deacons be grave, not doubletongued, not given to much wine,

8 집사들도 **단정하고**[19)]
일구 이언을 하지 아니하고
인박이지 아니하고
/술에
/[많은]
더러운 이를 탐하지 아니하고

/이와 같이
9 /가진 자라야 할지니(=가지면서, 현재분사)
/비밀을
/믿음의
/양심에
/깨끗한

10 이에(δὲ)
이 사람들을 **시험하여 보고(=시험받게 하라)**
/먼저

그 후에[20)]
[그들이] 책망할 것이 없으면(조건절, if)[21)]
집사의 직분을 하게 할 것이요(=하라)

11 여자들도 **단정하고**
참소하지 말며
절제하며
충성된 자라야 할지니라
/모든 일에

/이와 같이
12 집사들은 **남편이 되어(=남편일찌니라)**
/한 아내의
/다스리는 자일지니(=다스리며, 현재분사)
/자녀와
/자기 집을
/잘

13 //(이유: γάρ, for)
집사의 직분을 잘한 자들은 — 얻느니라
/지위와
/아름다운
/담력을
/큰
/믿음에[서]
/그리스도 예수 안에 있는

14 내가 바라나(=바람에도 불구하고, though-NKJV)

딤전

19) 2절과 7절의 주동사(dei√)와 부정사(einai)가 반복생략된 형태이다.
20) 원래는 부사이다. 그러나 의미상 결과를 암시하는 접속사의 의미를 담고 있으므로 결론을 나타내는 접속사로 보았다.
21) 분사가 조건절로 사용된 경우이다

정하고 일구이언을 하지 아니하고 술에 인박이지 아니하고
더러운 이를 탐하지 아니하고 9 깨끗한 양심에 믿음의 비
밀을 가진 자라야 할지니 10 이에 이 사람들을 먼저 시험
하여 보고 그 후에 책망할 것이 없으면 집사의 직분을 하
게 할 것이요 11 여자들도 이와 같이 단정하고 참소하지
말며 절제하며 모든 일에 충성된 자라야 할지니라 12 집
사들은 한 아내의 남편이 되어 자녀와 자기 집을 잘 다스
리는 자일지니 13 집사의 직분을 잘한 자들은 아름다운
지위와 그리스도 예수 안에 있는 믿음에 큰 담력을 얻느니
라 14 내가 속히 네게 가기를 바라나 이것을 네게 쓰는 것

not greedy of filthy lucre; 9 Holding the mystery of the
faith in a pure conscience. 10 And let these also first be proved;
then let them use the office of a deacon, being found blameless.
11 Even so must their wives be grave, not slanderers,
sober, faithful in all things. 12 Let the deacons be the husbands
of one wife, ruling their children and their own houses
well. 13 For they that have used the office of a deacon
well purchase to themselves a good degree, and great boldness
in the faith which is in Christ Jesus. 14 These things
write I unto thee, hoping to come unto thee shortly: 15

14 내가 바라나(=바람에도 불구하고, *though-NKJV)*
/가기를
/네게
/속히
쓰는 것은(=쓴다)
/이것을
/네게

15 //(목적: ἵνα, so that)
만일(ἐὰν)
내가 —— 지체하면(조건절, if)
너로 —— 알게 하려 함이니
/[그가] —— 어떻게 행하여야 할 것을
/집에서
/하나님의
/이 집은[22] — 교회요
/하나님의
/살아 계신
— 기둥과 터이니라
/진리의

16 크도다(큰 것은) **경건의 비밀이여(=이다)**
/그렇지 않다 하는 이 없도다(=의심의 여지 없이)

그는[23] **나타난 바 되시고**
/육신으로
의롭다 하심을 입으시고
/영으로
보이시고
/천사들에게
전파되시고
/만국에서
믿은 바 되시고
/세상에서
올리우셨음이니라
/영광 가운데서

딤전

22) 관계대명사. 선행사는 '집'이다. 계속적 용법
23) 관계대명사이다. 특이하게 선행사가 없이 독립적으로 사용되었다. 이런 경우 관계대명사는 관사처럼 사용된다. 본문에서는 관사가 이끄는 구체적인 명사나 형용사가 없이 그 자체가 인칭대명사처럼 사용되었다. 원문에서는 대문자로 표시하여 예수를 의미하는 것임을 분명히 하였다.

은 15 만일 내가 지체하면 너로 하나님의 집에서 어떻게 행하여야 할 것을 알게 하려 함이니 이 집은 살아계신 하나님의 교회요 진리의 기둥과 터이니라 16 크도다 경건의 비밀이여, 그렇지 않다 하는 이 없도다 그는 육신으로 나타난 바 되시고 영으로 의롭다 하심을 입으시고 천사들에게 보이시고 만국에서 전파되시고 세상에서 믿은 바 되시고 영광 가운데서 올리우셨음이니라

But if I tarry long, that thou mayest know how thou oughtest to behave thyself in the house of God, which is the church of the living God, the pillar and ground of the truth. 16 And without controversy great is the mystery of godliness: God was manifest in the flesh, justified in the Spirit, seen of angels, preached unto the Gentiles, believed on in the world, received up into glory.

4

1 그러나(δὲ)
성령이 **말씀하시기를**...하셨으니
/밝히
/어떤 사람들이 — 떠나(=떠날 것을)
/믿음에서
/후일에
/좇으리라(=좇음으로, 방법, 현재분사)
/영과
/미혹케 하는
/가르침을
/귀신의
2 /외식함으로
/거짓말하는 자들이라(=자들의)
/화인 맞아서
/자기 양심이
3 /금하고(=금하면서, 현재분사)
/혼인을
/폐하라 할 터이나(=하면서)24)
/식물을
/하나님이 — 지으신 바니(=지으셨다)
/식물은(=을)25)
/받을 것이니라(=받아들이도록)
/감사함으로
/믿는 자들과
진리를 아는 자들이(=에 의해)
4 //(이유: ὅτι, for)
지으신 것이 — 선하매
/하나님의
/모든
버릴 것이 없나니
/받으면26)
/감사함으로
5 //(이유: γάρ, for)

24) 부정사이다. 역본들은 대부분 '어떤 사람들'의 명령을 인용한 듯한 형태로 의미번역 하였다. 부정사는 단독으로 사용되면 간접적인 명령, 인용되는 명령으로 사용될 수 있다. 역본들을 참고하라 - 이텔릭체로 된 부분이 원문에 없는 의미번역이다.
- forbidding to marry, [and commanding] to abstain from foods which God created to be received with thanksgiving by those who believe and know the truth. (NKJV)
- [men] who forbid marriage [and advocate] abstaining from foods which God has created to be gratefully shared in by those who believe and know the truth. (NASB)
- They forbid marriage and demand abstinence from foods, which God created to be received with thanksgiving by those who believe and know the truth. (NRSV)
- They forbid people to marry and order them to abstain from certain foods, which God created to be received with thanksgiving by those who believe and who know the truth. (NIV)

25) 관계대명사. 선행사는 '식물'이다. 계속적인 용법이다.
26) 조건을 나타내는 분사이다. 원칙적으로 동사보다 앞서 기록되어야 하나 문맥의 흐름을 방해하지 않기 위해 수식부로 기록했다

4:1 그러나 성령이 밝히 말씀하시기를 후일에 어떤 사
람들이 믿음에서 떠나 미혹케 하는 영과 귀신의 가르
침을 좇으리라 하셨으니 2 자기 양심이 화인(火印) 맞아서
외식함으로 거짓말하는 자들이라 3 혼인을 금하고 식물을
폐하라 할 터이나 식물은 하나님이 지으신 바니 믿는 자들
과 진리를 아는 자들이 감사함으로 받을 것이니라 4 하나
님의 지으신 모든 것이 선하매 감사함으로 받으면 버릴 것
이 없나니

4:1 Now the Spirit speaketh expressly, that in the latter times
some shall depart from the faith, giving heed to seducing
spirits, and doctrines of devils; 2 Speaking lies in hypocrisy;
having their conscience seared with a hot iron; 3 Forbidding
to marry, and commanding to abstain from meats, which
God hath created to be received with thanksgiving of them
which believe and know the truth. 4 For every creature
of God is good, and nothing to be refused, if it be received

5 //(이유: γάρ, for)
[그것이]— 거룩하여짐이니라
/말씀과
/하나님의
/기도로

6 네가 깨우치면(조건절, 현재분사, if)
/이것으로
/형제를
일꾼이 되어(=일꾼이 될 것이다)
/선한
/그리스도 예수의
/양육을 받으리라(=양육을 받는, 현재분사)
/말씀과(=말씀에 의해)
/믿음의
/교훈으로(=교훈의)
/선한
/네가 좇는

7 [너는] **버리고(=버리라)**
/신화를
/망령되고
/허탄한

오직(δὲ)
[너는] **연습하라**
/[네 자신을]
/경건에 이르기를(=이르도록)

8 //(이유: γάρ, for)
연습은 ——— 유익이 있으나
/육체의 /약간의

경건은 ——— 유익하니
/범사에

//(이유: 현재분사, since)
[그것은] —— 있느니라
/약속이
/생명의
/금생과 내생에

9 이 말이여 **미쁘다**
만하도다(=가치가 있도다)
/받을
/모든 사람들이

10 //(이유: γάρ, for)

딤전

5 하나님의 말씀과 기도로 거룩하여짐이니라 6 네가 이것
으로 형제를 깨우치면 그리스도 예수의 선한 일군이 되어
믿음의 말씀과 네가 좇는 선한 교훈으로 양육을 받으리라
7 망령되고 허탄한 신화를 버리고 오직 경건에 이르기를
연습하라 8 육체의 연습은 약간의 유익이 있으나 경건은
범사에 유익하니 금생과 내생에 약속이 있느니라 9 미쁘
다 이 말이여 모든 사람들이 받을 만하도다

with thanksgiving: 5 For it is sanctified by the word of
God and prayer. 6 If thou put the brethren in remembrance
of these things, thou shalt be a good minister of Jesus
Christ, nourished up in the words of faith and of good doctrine,
whereunto thou hast attained. 7 But refuse profane and
old wives' fables, and exercise thyself rather unto godliness.
8 For bodily exercise profiteth little: but godliness is profitable
unto all things, having promise of the life that now is,
and of that which is to come. 9 This is a faithful saying
and worthy of all acceptation. 10 For therefore we both labour

10 //(이유: γάρ, for)
우리가 ── 수고하고
　　　 └ 진력하는 것은
　　　　　/이를 위하여

//(이유: ὅτι, because)
우리[가] ── 소망을 둠이니
　　　/하나님께
　　　　/살아 계신

　　　　/곧[그는] ── 구주시라
　　　　　　/모든 사람
　　　　　　/믿는 자들의

11 네가 **명하고**
/이것들을
가르치라

12 누구든지 **업신여기지 못하게 하고**
/네 연소함을
[너는] 오직 **본이 되어(=본이 되라)**
/믿는 자에게
/말과
/행실과
/사랑과
/믿음과
/정절에 대하여

13 내가 이를 때까지(상황절, until)
[너는] **착념하라**
/읽는 것과
/권하는 것과
/가르치는 것에

14 [너는] **조심 없이 말며(=조심 없이 말라)**
/은사[에 대해]
　/네 속에 있는

/곧[그것은][27] ── 받은 것을(=받았느니라)
　/[네가]
　/예언으로 말미암아
　/안수받을 때에
　　/장로의 회에서

15 [너는] **전심(=주의하라)**
/이 모든 일에
전력하여(=전력하라)

//(목적: ἵνα, so that)

27) 관계대명사. 선행사는 '은사'이다. 계속적 용법

딤전

10 이를 위하여 우리가 수고하고 진력하는 것은 우리 소망을 살아 계신 하나님께 둠이니 곧 모든 사람 특히 믿는 자들의 구주시라 11 네가 이것들을 명하고 가르치라 12 누구든지 네 연소함을 업신여기지 못하게 하고 오직 말과 행실과 사랑과 믿음과 정절에 대하여 믿는 자에게 본이 되어 13 내가 이를 때까지 읽는 것과 권하는 것과 가르치는 것에 착념(着念)하라 14 네 속에 있는 은사 곧 장로 의회에서 안수 받을 때에 예언으로 말미암아 받은 것을 조심 없이 말며 15 이 모든 일에 전심전력하여 너의 진보를 모든 사람에게 나타나게 하라

and suffer reproach, because we trust in the living God, who is the Saviour of all men, specially of those that believe. 11 These things command and teach. 12 Let no man despise thy youth; but be thou an example of the believers, in word, in conversation, in charity, in spirit, in faith, in purity.
13 Till I come, give attendance to reading, to exhortation, to doctrine. 14 Neglect not the gift that is in thee, which was given thee by prophecy, with the laying on of the hands of the presbytery. 15 Meditate upon these things; give thyself wholly to them; that thy profiting may appear

//(목적: ἵνα, so that)
진보를(=가) —— 나타나게 하라
/너의 /모든 사람에게

16 네가 **삼가(=삼가라)**
/네 자신과
/가르침을
계속하라
/이 일을

//(이유: γάρ, for)
[네가] —— 구원하리라(=구원할 것임이라)
/네 자신과
/네게 듣는 자를
/이것을 행함으로(방법, 현재분사)

5

1 [너는] **꾸짖지 말고(=꾸짖지 말라)**[28)]
/늙은이를
권하되(권하라)
/아비에게 하듯(하며)
(권하고)
/젊은이를
/형제에게 하듯
(권하며)
2 /늙은 여자를
/어미에게 하듯
(권하라)
/젊은 여자를
/자매에게 하듯
/깨끗함으로
/일절

딤전

3 [너는] **경대하라**
/과부를
/참 과부인

4 만일(εἰ)
어떤 과부에게 있거든(조건절, if)
/자녀나 손자들이

---

28) 가정법 동사이다. μη와 함께 동작의 개시를 금하는 강력한 금지를 나타낸다.

16 네가 네 자신과 가르침을 삼가 이 일을 계속하라 이것을 행함으로 네 자신과 네게 듣는 자를 구원하리라

5:1 늙은이를 꾸짖지 말고 권하되 아비에게 하듯 하며 젊은이를 형제에게 하듯 하고 2 늙은 여자를 어미에게 하듯 하며 젊은 여자를 일절 깨끗함으로 자매에게 하듯 하라 3 참 과부인 과부를 경대하라 4 만일 어떤 과부에게 자녀나 손자들이 있거든 저희로 먼저 자기 집에서 효를 행하여 부모에게 보답하기를 배우게 하라 이것이 하나님 앞에 받으실 만한 것이니라

to all. 16 Take heed unto thyself, and unto the doctrine; continue in them: for in doing this thou shalt both save thyself, and them that hear thee. 1 Rebuke not an elder, but intreat him as a father; and the younger men as brethren; 2 The elder women as mothers; the younger as sisters, with all purity. 3 Honour widows that are widows indeed. 4 But if any widow have children or nephews, let them learn first to shew piety at home, and to requite their parents: for that is good and acceptable before God. 5 Now she that is a widow indeed, and desolate, trusteth in God, and continueth

저희로 **배우게 하라**
/효를 행하여(=효를 행하는 것을)
/먼저
/자기 집에서
/하기를(=갚는 것을)
/보답[을]
/부모에게

//(이유: γάρ, for)
이것이 ——— 받으실 만한 것이니라
/하나님 앞에

5 참 과부로서 **소망을 두어**
/외로운(자는) /하나님께
항상 하거니와
/간구와 기도를
/주야로

6 일락을 좋아하는 이는 살았으나(양보, even while, 분사)
죽었느니라

7 또한
네가 **명하여(=명하라)**
/이것을

//(목적: ἵνα, so that...may)
그들로 —— 책망받을 것이 없게 하라

8 [만약, εἰ]
누구든지 돌아보지 아니하면(조건절, if)
/자기 친족
/특히 자기 가족을
[그는] **배반한 자요**
/믿음을
불신자보다 더 악한 자니라

9-10
과부로(=가) 나이 육십이 덜 되지 아니하고(=않다면, 조건절, if, 분사)
/한 남편의 아내이었던(자로서)
/증거가 있어(=증거된)
/선한 행실의(=에서)
[만약, εἰ][29)]
[그녀가] ——— 혹은 자녀를 양육하며
——— 혹은 나그네를 대접하며
——— 혹은 씻기며
/발을
/성도들의
——— 혹은 구제하며
/환난당한 자들을
——— 혹은 좇은 자라야 할 것이요(=좇았다면, 조건절, if)
/선한 일을
/모든

29) 이하 조건절에 εἰ가 각각 기록되었다.

딤전

5 참 과부로서 외로운 자는 하나님께 소망을 두어 주야로 항상 간구와 기도를 하거니와 6 일락을 좋아하는 이는 살았으나 죽었느니라 7 네가 또한 이것을 명하여 그들로 책망 받을 것이 없게 하라 8 누구든지 자기 친족 특히 자기 가족을 돌아보지 아니하면 믿음을 배반한 자요 불신자보다 더 악한 자니라 9 과부로 명부에 올릴 자는 나이 육십이 덜 되지 아니하고 한 남편의 아내이었던 자로서 10 선한 행실의 증거가 있어 혹은 자녀를 양육하며 혹은 나그네를 대접하며 혹은 성도들의 발을 씻기며 혹은 환난 당한 자들을 구제하며 혹은 모든 선한 일을 좇은 자라야 할 것이요

in supplications and prayers night and day. 6 But she that liveth in pleasure is dead while she liveth. 7 And these things give in charge, that they may be blameless. 8 But if any provide not for his own, and specially for those of his own house, he hath denied the faith, and is worse than an infidel. 9 Let not a widow be taken into the number under threescore years old, having been the wife of one man, 10 Well reported of for good works; if she have brought up children, if she have lodged strangers, if she have washed the saints' feet, if she have relieved the afflicted, if she have diligently followed every good work. 11 But the younger widows refuse: for when they have

명부에 올릴 자는(=명부에 올려지게 하라)

11 [너는] **거절하라**
/젊은 과부는(=과부들을)

//이는(이유: γάρ, for)
[그녀들이] ── 정욕으로 배반할 때에(=정욕을 느낄 때에, 상황절, when)
/그리스도를(=그리스도에게서 떨어져)30)
── [원]함이니
/시집가고자(=결혼을)

12 //(결과: 분사, thus)
[저들이] ── 심판을 받느니라

//(이유: ὅτι, because)
[저들이] ─ 저버렸으므로
/믿음을
/처음

13 또(δὲ)
저희가 **익혀(=익힌다)**
/게으름을
/돌아다니고(=돌아다니면서, 현재분사)
/집집에
/망령된 폄론을(하며)
/게으를 뿐 아니라
/일을 만들며
/말을 하나니(=말하면서, 현재분사)
/마땅히 아니할 [것을]

14 그러므로(οὖν)
[내가] **원하노라**
/젊은이는 ── 시집가서
── 아이를 낳고
── 집을 다스리고
── 조금도 주지 말기를
/기회를
/훼방할
/대적에게

15 //(이유: γάρ, for)

30) 탈격의 기본적인 개념은 '분리'이다. 역본들을 참고하라.

- But refuse [the] younger widows; for when they have begun to grow wanton against Christ, they desire to marry, [NKJV]
- But refuse [to put] younger widows [on the list], for when they feel sensual desires in disregard of Christ, they want to get married, [NASB]
- But refuse to put younger widows on the list; for when their sensual desires alienate them from Christ, they want to marry, [NRSV]
- As for younger widows, do not put them on such a list. For when their sensual desires overcome their dedication to Christ, they want to marry. [NIV]

11 젊은 과부는 거절하라 이는 정욕으로 그리스도를 배반
할 때에 시집가고자 함이니 12 처음 믿음을 저버렸으므로
심판을 받느니라 13 또 저희가 게으름을 익혀 집집에 돌
아다니고 게으를 뿐 아니라 망령된 폄론을 하며 일을 만들
며 마땅히 아니할 말을 하나니 14 그러므로 젊은이는 시
집가서 아이를 낳고 집을 다스리고 대적에게 훼방할 기회
를 조금도 주지 말기를 원하노라 15 이미 사단에게 돌아
간 자들도 있도다 16 만일 믿는 여자에게 과부 친척이 있
거든 자기가 도와주고 교회로 짐지지 말게 하라 이는 참
과부를 도와주게 하려 함이니라 17 잘 다스리는 장로들을

begun to wax wanton against Christ, they will marry; 12
Having damnation, because they have cast off their first
faith. 13 And withal they learn to be idle, wandering
about from house to house; and not only idle, but tattlers
also and busybodies, speaking things which they ought
not. 14 I will therefore that the younger women marry,
bear children, guide the house, give none occasion to the
adversary to speak reproachfully. 15 For some are already

딤전

15 //(이유: γάρ, for)
자들도(=어떤이들이) —— 돌아간...있도다(=돌아갔기 때문이다)
/사단에게
/이미

16 만일(εἰ)
믿는 여자에게 있거든(조건절, if)
/과부 친척[들]이
자기가(=그는) **도와 주고(=도와주라)**
/[그녀들을]
교회로(=가) **짐지지 말게 하라**

//이는(목적: ἵνα, so that... may)
[그가] —— 도와 주게 하려 함이니라
/참 과부를

17 장로들을 **알되(=알려지게 하라)**
/다스리는 /존경할 자로
/잘 /배나
수고하는 이들을 **(더할 것이니라)**
/말씀과 가르침에 /[특별히]

18 //(이유: γάρ, for)
성경에 —— 일렀으되...하였고...하였느니라
/곡식을 밟아 떠는 소의 입에 망을 씌우지 말라
/또 일꾼이 그 삯을 받는 것이 마땅하다

19 [만약, εἰ]
두 세 증인이 없으면(조건절, if)
[너는] **받지 말 것이요(=받지 말라)**
/송사는(=를)
/장로에 대한

20 [너는] **꾸짖어(=꾸짖으라)**
/범죄한 자들을
/모든 사람 앞에

//(목적: ἵνα, so that...will)
나머지 사람으로 —— 두려워하게(하라)

21 내가 **엄히 명하노니**
/하나님과
그리스도 예수와
천사들 앞에서
/택하심을 받은
너는 **지켜(=지키라)**[31]
/이것들을
/편견이 없이
/아무 일도 편벽되이 하지 말며(=않으면서, 현재분사)

31) ἵνα + 가정법 동사는 앞의 동사가 '말함', '기도함', '명령함' 다음에는 명령법 동사와 동일한 기능으로 사용된다.

딤전

배나 존경할 자로 알되 말씀과 가르침에 수고하는 이들을
더할 것이니라 18 성경에 일렀으되 곡식을 밟아 떠는 소
의 입에 망을 씌우지 말라 하였고 또 일군이 그 삯을 받
는 것이 마땅하다 하였느니라 19 장로에 대한 송사는 두
세 증인이 없으면 받지 말 것이요 20 범죄한 자들을 모
든 사람 앞에 꾸짖어 나머지 사람으로 두려워 하게 하라
21 하나님과 그리스도 예수와 택하심을 받은 천사들 앞
에서 내가 엄히 명하노니 너는 편견이 없이 이것들을 지
켜 아무 일도 편벽되이 하지 말며

turned aside after Satan. 16 If any man or woman that believeth
have widows, let them relieve them, and let not the church
be charged; that it may relieve them that are widows
indeed. 17 Let the elders that rule well be counted worthy
of double honour, especially they who labour in the word
and doctrine. 18 For the scripture saith, Thou shalt not muzzle
the ox that treadeth out the corn. And, The labourer is
worthy of his reward. 19 Against an elder receive not an
accusation, but before two or three witnesses. 20 Them
that sin rebuke before all, that others also may fear. 21 I charge
thee before God, and the Lord Jesus Christ, and the elect
angels, that thou observe these things without preferring

22 [너는] **안수하지 말고(=안수하지 말라)**[32)]
/아무에게나
/경솔히
간섭지 말고(=간섭지 말라)
/죄에
/다른 사람의
지켜 하라(=지키라)
/네 자신을
/정결케

23 [너는] **이제부터는 물만 마시지 말고(=말라)**
쓰라
/포도주를
/조금씩(=약간의)

//(이유: δια + 목적격, for the sake)
비위와
병을 인하여
/네
/자주 나는

24 죄는 **밝히 드러나[고]**
/어떤 사람들의 /먼저 나아가고(=먼저 나아가서, 양태, 현재분사)
/심판에
죄는(=죄가) **그 뒤를 좇나니**
/어떤 사람들의(=에게는)

25 선행도 **밝히 드러나고**
/이와 같이
그렇지 아니한 것도 **숨길 수 없느니라**

6

1 종들은 **알지니**
/무릇 /자기 상전들을
/멍에 아래 있는 /공경할 자로
/마땅히
/범사에

//이는(목적: ἵνα, so that...may)
하나님의 이름과 ─ 훼방을 받지 않게 하려 함이라
교훈으로(=교훈이)

2 있는 자들은 **경히 여기지 말고**
/믿는 상전이 /그 상전을
/형제라고

32) 원문은 '손'+ '얹다'로 이루어졌다. 그러나 '안수'라는 단어가 일반적으로 사용되는 한글이기에 합해서 동사로 처리했다.

22 아무에게나 경솔히 안수하지 말고 다른 사람의 죄에 간섭지 말고 네 자신을 지켜 정결케 하라 23 이제부터는 물만 마시지 말고 네 비위와 자주 나는 병을 인하여 포도주를 조금씩 쓰라 24 어떤 사람들의 죄는 밝히 드러나 먼저 심판에 나아가고 어떤 사람들의 죄는 그 뒤를 좇나니 25 이와 같이 선행도 밝히 드러나고 그렇지 아니한 것도 숨길 수 없느니라

6:1 무릇 멍에 아래 있는 종들은 자기 상전들을 범사에 마땅히 공경할 자로 알지니 이는 하나님의 이름과 교훈으로 훼방을 받지 않게 하려 함이라 2 믿는 상전이 있는

one before another, doing nothing by partiality. 22 Lay hands suddenly on no man, neither be partaker of other men's sins: keep thyself pure. 23 Drink no longer water, but use a little wine for thy stomach's sake and thine often infirmities. 24 Some men's sins are open beforehand, going before to judgment; and some men they follow after. 25 Likewise also the good works of some are manifest beforehand; and they that are otherwise cannot be hid.

6:1 Let as many servants as are under the yoke count their own masters worthy of all honour, that the name

섬기게 하라
/더 잘

//이는(이유: ὅτι, because)
유익을 받는 자들이 — 믿는 자요
사랑을 받는 자임이니라

너는 가르치고
권하라
/이것들을

3 [만일]
누구든지 다른 교훈을 하며
착념치 아니하면
/바른 말
곧
말씀과
/우리 주 예수 그리스도의
교훈에
/경건에 관한

4 저는 교만하여
아무것도 알지 못하고
좋아하는 자니
/변론과
언쟁을

/이로써
투기와
분쟁과
훼방과
악한 생각 — 나며
5 다툼이 — 일어나느니라
/사이의
/부패하여지고(=부패해진 사람)
/마음이
/잃어버려(=잃어버린)
/진리를

/생각하는 자들의
/경건을
/이익의 재료로

6 그러나
경건이 이익이 되느니라
/큰
/마음이 있으면(=마음으로)
/지족하는

7 //(이유: γάρ, for)

자들은 그 상전을 형제라고 경히 여기지 말고 더 잘 섬기게 하라 이는 유익을 받는 자들이 믿는 자요 사랑을 받는 자임이니라 너는 이것들을 가르치고 권하라 3 누구든지 다른 교훈을 하며 바른 말 곧 우리 주 예수 그리스도의 말씀과 경건에 관한 교훈에 착념치 아니하면 4 저는 교만하여 아무 것도 알지 못하고 변론과 언쟁을 좋아하는 자니 이로써 투기와 분쟁과 훼방과 악한 생각이 나며 5 마음이 부패하여지고 진리를 잃어버려 경건을 이익의 재료로 생각

of God and his doctrine be not blasphemed. 2 And they that have believing masters, let them not despise them, because they are brethren; but rather do them service, because they are faithful and beloved, partakers of the benefit. These things teach and exhort. 3 If any man teach otherwise, and consent not to wholesome words, even the words of our Lord Jesus Christ, and to the doctrine which is according to godliness; 4 He is proud, knowing nothing, but doting about questions and strifes of words, whereof cometh envy, strife, railings, evil surmisings, 5 Perverse disputings of men of corrupt minds, and destitute of the truth, supposing that gain is godliness: from such withdraw thyself. 6 But

7 //(이유: γάρ, for)
우리가 ——— 아무것도 없으매
/가지고 온 것이
/세상에

또한
[우리가] ——— 가지고 가지 못하리니
/아무것도(=아무것을)

8 [만일]
우리가
있은즉
/먹을 것과
입을 것이
알 것이니라
/족한 줄로
/[이것들로]

9 하는 자들은 **떨어지나니**
/부하려
/시험과
올무와
정욕에
/어리석고
해로운

/여러 가지

곧 **빠지게 하는 것이라**
/사람으로
/침륜과
멸망에

10 //(이유: γάρ, for)
돈을 사랑함이 ——— 뿌리가 되나니
/악의
/일만(=모든)

사모하는 자들이 ——— 미혹을 받아
/이것을
/믿음에서(떠나)

찔렀도다
/자기를
/근심으로써
/많은

11 오직(δὲ)
너
하나님의 사람아!
[너는] **피하고**
/이것들을

딤전

하는 자들의 다툼이 일어나느니라 6 그러나 지족(知足)하
는 마음이 있으면 경건이 큰 이익이 되느니라 7 우리가
세상에 아무 것도 가지고 온 것이 없으매 또한 아무 것도
가지고 가지 못하리니 8 우리가 먹을 것과 입을 것이 있
은즉 족한 줄로 알 것이니라 9 부하려 하는 자들은 시험
과 올무와 여러가지 어리석고 해로운 정욕에 떨어지나니
곧 사람으로 침륜과 멸망에 빠지게 하는 것이라 10 돈을
사랑함이 일만 악의 뿌리가 되나니 이것을 사모하는 자들
이 미혹을 받아 믿음에서 떠나 많은 근심으로써 자기를
찔렀도다 11 오직 너 하나님의 사람아 이것들을 피하고

godliness with contentment is great gain. 7 For we brought
nothing into this world, and it is certain we can carry
nothing out. 8 And having food and raiment let us be therewith
content. 9 But they that will be rich fall into temptation
and a snare, and into many foolish and hurtful lusts,
which drown men in destruction and perdition. 10 For
the love of money is the root of all evil: which while
some coveted after, they have erred from the faith, and pierced
themselves through with many sorrows. 11 But thou, O
man of God, flee these things; and follow after righteousness,

좇으며
/의와
경건과
믿음과
사랑과
인내와
온유를

12 [너는] 싸우라
/싸움을
/선한
/믿음의
취하라
/영생을

/이를 위하여
네가 ── 부르심을 입었고
└── 증거하였도다
/선한 증거를
/많은 증인 앞에서

13 내가 명하노니
/너를
/하나님 앞과
/만물을 살게 하신
/그리스도 예수 앞에서
/증거하신
/선한 증거로
/본디오 빌라도를 향하여

14 /지키라(=지키기를)
/이 명령을
/나타나실 때까지
/우리 주 예수 그리스도
/점도 없고
책망받을 것도 없이

15 /하나님이 ── 보이시리니
/그의 나타나심을
/기약이 이르면33)
하나님은 ── 복되시고
── 능하신 자이며
/홀로 한 분이신
── 왕이시며
/만왕의
── 주시오
/만주의

33) 직역: 그의 시간의 때에

의와 경건과 믿음과 사랑과 인내와 온유를 좇으며 12 믿
음의 선한 싸움을 싸우라 영생을 취하라 이를 위하여 네가
부르심을 입었고 많은 증인 앞에서 선한 증거를 증거하였
도다 13 만물을 살게 하신 하나님 앞과 본디오 빌라도를
향하여 선한 증거로 증거하신 그리스도 예수 앞에서 내가
너를 명하노니 14 우리 주 예수 그리스도 나타나실 때까
지 점도 없고 책망 받을 것도 없이 이 명령을 지키라 15
기약이 이르면 하나님이 그의 나타나심을 보이시리니 하나
님은 복되시고 홀로 한 분이신 능하신 자이며 만왕의 왕이
시며 만주의 주시요 16 오직 그에게만 죽지 아니함이 있

godliness, faith, love, patience, meekness. 12 Fight the
good fight of faith, lay hold on eternal life, whereunto
thou art also called, and hast professed a good profession
before many witnesses. 13 I give thee charge in the sight
of God, who quickeneth all things, and before Christ Jesus,
who before Pontius Pilate witnessed a good confession;
14 That thou keep this commandment without spot,
unrebukeable, until the appearing of our Lord Jesus Christ:
15 Which in his times he shall shew, who is the blessed
and only Potentate, the King of kings, and Lord of lords;

내가 **명하노니**

16 /그에게만 ― 죽지 아니함이 있고
/오직
― 거하시고
/빛에
/가까이 가지 못할
/아무 사람도 ― 보지 못하였고
/또
― 볼 수 없는 자시니
/그에게 존귀와 영원한 능력을 돌릴지어다. 아멘!

17 네가 **명하여**
/부한 자들을
/이 세대에

/높이지 말고
/마음을
/소망을 두지 말고
/재물에
/정함이 없는

/[두며]
/오직 하나님께
/주사(=주시는 분께)34)
/모든 것을
/우리에게
/후히
/누리게 하시는(=누림을 위하여)

18 /선한 일을 행하고
/부하고
/선한 사업에
/되게 하라
/나눠 주기를 좋아하며
/동정하는 자가

19 /쌓아(=쌓으면서)
/좋은 터를
/이(것이) 장래에
/자기를 위하여(=스스로)

//(결과: ἵνα, so that...may)
참된 생명을 취하는 것이니라

딤전

고 가까이 가지 못할 빛에 거하시고 아무 사람도 보지 못하였고 또 볼 수 없는 자시니 그에게 존귀와 영원한 능력을 돌릴지어다 아멘 17 네가 이 세대에 부한 자들을 명하여 마음을 높이지 말고 정함이 없는 재물에 소망을 두지 말고 오직 우리에게 모든 것을 후히 주사 누리게 하시는 하나님께 두며 18 선한 일을 행하고 선한 사업에 부하고 나눠주기를 좋아하며 동정하는 자가 되게 하라 19 이것이 장래에 자기를 위하여 좋은 터를 쌓아 참된 생명을 취하는 것이니라

16 Who only hath immortality, dwelling in the light which no man can approach unto; whom no man hath seen, nor can see: to whom be honour and power everlasting. Amen.
17 Charge them that are rich in this world, that they be not highminded, nor trust in uncertain riches, but in the living God, who giveth us richly all things to enjoy; 18
That they do good, that they be rich in good works, ready to distribute, willing to communicate; 19 Laying up in store for themselves a good foundation against the time to come, that they may lay hold on eternal life.

20 디모데야!
[너는] **지키고**
/네게 부탁한 것을
/피하라(=피하면서, 분사)
/허한 말과
/망령되고
/변론을
/거짓되이 일컫는 지식의
21 사람들이 **벗어났느니라**
/믿음에서
/좇는...있어(=좇으면서, 분사)
/이것을

은혜가 **있을지어다**
/너희와 함께

20 디모데야 네게 부탁한 것을 지키고 거짓되이 일컫는
지식의 망령되고 허한 말과 변론을 피하라 21 이것을 좇
는 사람들이 있어 믿음에서 벗어났느니라 은혜가 너희와
함께 있을지어다

20 O Timothy, keep that which is committed to thy trust,
avoiding profane and vain babblings, and oppositions of
science falsely so called: 21 which some have professed
and thus gone astray from the faith. Grace be with you.

디모데후서

1

```
1 바울은                      2 (편지하노니)
    /사도 된                      /디모데에게
      /그리스도 예수의            /(동급)아들(=에게)
      /뜻으로 말미암아                /사랑하는
        /하나님의
      /약속대로
        /생명의
        /그리스도 예수 안에 (있는)

  은혜와 ─────────────  (네게 있을지어다)
  긍휼과 ──────┤           /하나님 아버지와
  평강이 ──────┘           /그리스도 예수 우리 주께로부터

3 [내가]                      감사하고(=감사하다)
                               /하나님께
                                  /섬겨 오는
                                     /조상 적부터
                                     /청결한 양심으로
                               /생각하여(=생각을 가지면서, 분사)
                                  /쉬지 않고(=는)
                                     /너를(=에 관하여)
                                     /간구하는 가운데
                                        /나의 밤낮

                            4 /원함은(=원하면서, 현재분사)
                                 /너 보기를
                               /생각하여(=생각하면서, 완료분사)
                                    /네 눈물을

                                       //(목적; ἵνα, so that...may)
                                         내[가] ── 가득하게(...하려 함이니)
                                                      /기쁨이

                  5  //(이는)(이유 :분사)
                       [내가] ────── [취했다,인칭 분사]
                                       /생각(함이라)(=을)
                                       /네 속에(=서)
                                       /믿음을
                                          /거짓이 없는
                                          /(이 믿음은)1)
                                           있더니(=거하고 있는)
                                             /먼저
                                             /네 외조모 로이스와
                                              네 어머니 유니게 속에
                     //[그리고, δὲ]
```

1) "믿음"을 관계사로 앞절에 선행사인 "믿음"을 수식하고 있다. 개역 성경은 관계사를 번역하였다.

1:1 하나님의 뜻으로 말미암아 그리스도 예수 안에 있는
생명의 약속대로 그리스도 예수의 사도 된 바울은
2 사랑하는 아들 디모데에게 편지하노니 하나님 아버지와
그리스도 예수 우리 주께로부터 은혜와 긍휼과 평강이 네
게 있을지어다 3 나의 밤낮 간구하는 가운데 쉬지 않고 너
를 생각하여 청결한 양심으로 조상적부터 섬겨 오는 하나
님께 감사하고 4 네 눈물을 생각하여 너 보기를 원함은 내
기쁨이 가득하게 하려 함이니 5 이는 네 속에 거짓이 없는
믿음을 생각함이라 이 믿음은 먼저 네 외조모 로이스와 네
어머니 유니게 속에 있더니 네 속에도 있는 줄을 확신하노라

1:1 Paul, an apostle of Jesus Christ by the will of God,
according to the promise of life which is in Christ Jesus,
2 To Timothy, my dearly beloved son: Grace, mercy, and
peace, from God the Father and Christ Jesus our Lord.
3 I thank God, whom I serve from my forefathers with
pure conscience, that without ceasing I have remembrance
of thee in my prayers night and day; 4 Greatly desiring
to see thee, being mindful of thy tears, that I may be
filled with joy; 5 When I call to remembrance the unfeigned
faith that is in thee, which dwelt first in thy grandmother

//그리고, δὲ]
[내가] ——— 확신하노라
/네 속에도 있는 줄을

6 그러므로
내가 **생각하게 하노니**
/너로

//(목적: 부정사, to)
은사를(=가) —— 다시 붙일듯하게 하기 위하여(=다시 불을 붙이기 위해)
/하나님의
/네 속에 있는
/나의 안수함으로

7 //(이유: γάρ, for)
하나님이 ——— 주신 것은 아니요
/마음이(=을)
/두려워하는
/우리에게
(오직) 근신하는 마음이니
/사랑과
능력과

8 그러므로
네가 **부끄러워 말고**
/증거와(=를)
/주의
/우리[의]
/또는 나를
/갇힌 자 된
/주를 위하여

[네가] (오직)**고난을 받으라**
/복음과 함께
/능력을 좇아
/하나님의

9 //(하나님이)
구원하사(=신, 분사)
/우리를
/부르심은(=신, 분사)
/부르심으로(=소명으로)
/거룩하신
/행위대로 하심이 아니요
/우리의
/오직 뜻과 은혜 대로(=을 따라) (하심이라)
/자기
/주신(=주셨던, 분사)

6 그러므로 내가 나의 안수함으로 네 속에 있는 하나님의
은사를 다시 불일듯 하게 하기 위하여 너로 생각하게 하노
니 7 하나님이 우리에게 주신 것은 두려워하는 마음이 아
니요 오직 능력과 사랑과 근신하는 마음이니 8 그러므로
네가 우리 주의 증거와 또는 주를 위하여 갇힌 자 된 나를
부끄러워 말고 오직 하나님의 능력을 좇아 복음과 함께 고
난을 받으라 9 하나님이 우리를 구원하사 거룩하신 부르
심으로 부르심은 우리의 행위대로 하심이 아니요 오직 자
기 뜻과 영원한 때 전부터 그리스도 예수 안에서 우리에게
주신 은혜대로 하심이라

Lois, and thy mother Eunice; and I am persuaded that in
thee also. 6 Wherefore I put thee in remembrance that
thou stir up the gift of God, which is in thee by the putting
on of my hands. 7 For God hath not given us the spirit
of fear; but of power, and of love, and of a sound mind.
8 Be not thou therefore ashamed of the testimony of our
Lord, nor of me his prisoner: but be thou partaker of the
afflictions of the gospel according to the power of God;
9 Who hath saved us, and called us with an holy calling,
not according to our works, but according to his own

/주신(=주셨던, 분사)
/우리에게
/그리스도 예수 안에서
/영원한 때 전부터

/[그러나, δὲ]
10 /나타났으니(=나타내신, 분사)
/이제는
/나타나심으로 말미암아
/그리스도 예수의
우리 구주[의]

/(저는)폐하시고(=폐한)
/사망을

/드러내신지라(=빛낸)
/생명과(=을)
썩지 아니할 것을
/복음으로써

11 내가 **세우심을 입었노라**
/이 복음을 위하여
/반포자와
사도와
교사로

12 또
내가 **고난을 받되**
/이
부끄러워하지 아니함은

//(이유; διὰ + 목적격)
이[것]를 인하여

//(이유: γάρ, for)
내가 — 알고(=알기 때문이다)
/나의 의뢰한 자를
— 또한 확신함이라
/저가 — 능히 지키실 줄을
/나의 의탁한 것을
/그 날까지

13 너는 **지키고**
/본받아(=본을)
/말을(=의)
/바른(분사)
/(바)
[너희가] — 들은
/내게
/믿음과 사랑으로써(=안에서)
/그리스도 예수 안에 있는

10 이제는 우리 구주 그리스도 예수의 나타나심으로 말미암아 나타났으니 저는 사망을 폐하시고 복음으로써 생명과 썩지 아니할 것을 드러내신지라 11 내가 이 복음을 위하여 반포자와 사도와 교사로 세우심을 입었노라 12 이를 인하여 내가 또 이 고난을 받되 부끄러워하지 아니함은 나의 의뢰한 자를 내가 알고 또한 나의 의탁한 것을 그 날까지 저가 능히 지키실 줄을 확신함이라 13 너는 그리스도 예수 안에 있는 믿음과 사랑으로써 내게 들은 바 바른 말을 본받아 지키고

purpose and grace, which was given us in Christ Jesus before the world began,10 But is now made manifest by the appearing of our Saviour Jesus Christ, who hath abolished death, and hath brought life and immortality to light through the gospel: 11 Whereunto I am appointed a preacher, and an apostle, and a teacher of the Gentiles. 12 For the which cause I also suffer these things: nevertheless I am not ashamed: for I know whom I have believed, and am persuaded that he is able to keep that which I have committed unto him against that day. 13 Hold fast the form of sound words, which thou hast heard of me, in faith and love which is in Christ Jesus. 14 That good

14 [너는] 지키라
/(네게) 부탁한 것을(=기탁물을)
/아름다운
/성령으로 말미암아
/거하시는(분사)
/우리 안에

15 네가 아나니
/이 일을
/사람이 ——— 버린(=것을)
/모든 /나를
/아시아에 있는
/(그 중에)[2]
허모게네가 ┬ 있느니라
부겔로와 ┘

16 주께서 (원컨대) 베푸시옵소서
/긍휼을
/집에
/오네시보로의

//(이유: ὅτι, for)
저가 ——— 유쾌케 하고
/자주
/나를
부끄러워 아니하여
/사슬에 매인 것을
/나의

17 찾아
/로마에 있을 때에
/나를
/부지런히
만났느니라

18 주께서 (원컨대) 주옵소서
/얻게 하여(부정사)
/긍휼을
/주의
/그 날에
/저로 하여금

또
네가 아느니라
/잘
/저가 ——— 섬긴 것을
/에베소에서
/얼마큼 (나를)

2) "그중에"는 관계사로써 선행사 "사람"을 수식하고 있다. 개역성경은 관계사를 번역하였다.

딤후

14 우리 안에 거하시는 성령으로 말미암아 네게 부탁한 아름다운 것을 지키라 15 아시아에 있는 모든 사람이 나를 버린 이 일을 네가 아나니 그 중에 부겔로와 허모게네가 있느니라 16 원컨대 주께서 오네시보로의 집에 긍휼을 베푸시옵소서 저가 나를 자주 유쾌케 하고 나의 사슬에 매인 것을 부끄러워 아니하여 17 로마에 있을 때에 나를 부지런히 찾아 만났느니라 18 (원컨대 주께서 저로 하여금 그 날에 주의 긍휼을 얻게 하여 주옵소서) 또 저가 에베소에서 얼마큼 나를 섬긴 것을 네가 잘 아느니라

thing which was committed unto thee keep by the Holy Ghost which dwelleth in us. 15 This thou knowest, that all they which are in Asia be turned away from me; of whom are Phygellus and Hermogenes. 16 The Lord give mercy unto the house of Onesiphorus; for he oft refreshed me, and was not ashamed of my chain: 17 But, when he was in Rome, he sought me out very diligently, and found me. 18 The Lord grant unto him that he may find mercy of the Lord in that day: and in how many things he ministered unto me at Ephesus, thou knowest very well.

2

1 그러므로
내 아들아!
네가 **강하고**
/은혜 속에서
/그리스도 예수 안에 있는

2 또
[너는] **부탁하라**
/[이것들을]
/(바를)[3]
네가 — 들은
/내게
/많은 증인 앞에서(=통하여)
/사람들에게
/충성된

//(결과: 명령문)
저희가 — (또) 가르칠 수 있으리라
/다른 사람들을

3 네가 (나와) **함께 고난을 받을지니**
/좋은 군사로
/그리스도 예수의

4 하나도(=아무도) **얽매이는 자가 없나니**
/군사로 다니는 자는
/[일들에]
/자기 생활에[의]

//이는(목적: ἵνα, so that...may)
[그가] — 기쁘게(...하려 함이라)
/군사로 모집한 자를

5 [만일, ἐὰν]
[어떤]자가 경기하는(=경기한다면, 조건절, if)
[그가] 경기하지 아니하면(=아니한다면, 조건절, if)
/법대로
면류관을 얻지 못할 것이며

6 농부가 **마땅하니라**
/수고하는
/받는 것이(부정사)
/먼저(=처음을)
/곡식을(=의)

7 [너는] **생각하라**
/내[가] — 말하는 것을

//(이유: γάρ, for)

딤후

3) "바를"은 관계사로써 개역 성경에는 없지만 원어에는 있는 선행사인 "이것들을" 수식하고 있다.

2:1 내 아들아 그러므로 네가 그리스도 예수 안에 있는 은혜 속에서 강하고 **2** 또 네가 많은 증인 앞에서 내게 들은 바를 충성된 사람들에게 부탁하라 저희가 또 다른 사람들을 가르칠 수 있으리라 **3** 네가 그리스도 예수의 좋은 군사로 나와 함께 고난을 받을지니 **4** 군사로 다니는 자는 자기 생활에 얽매이는 자가 하나도 없나니 이는 군사로 모집한 자를 기쁘게 하려 함이라 **5** 경기하는 자가 법대로 경기하지 아니하면 면류관을 얻지 못할 것이며 **6** 수고하는 농부가 곡식을 먼저 받는 것이 마땅하니라 **7** 내 말하는 것을 생각하라 주께서 범사에 네게 총명을 주시리라 **8** 나의 복

2:1 Thou therefore, my son, be strong in the grace that is in Christ Jesus. 2 And the things that thou hast heard of me among many witnesses, the same commit thou to faithful men, who shall be able to teach others also. 3 Thou therefore endure hardness, as a good soldier of Jesus Christ. 4 No man that warreth entangleth himself with the affairs of this life; that he may please him who hath chosen him to be a soldier. 5 And if a man also strive for masteries, yet is he not crowned, except he strive lawfully. 6 The husbandman that laboureth must be first partaker of the fruits. 7 Consider what I say; and the Lord give thee understanding in all things. 8 Remember

//(이유: γάρ, for)
주께서 ——— 주시리라
/총명을
/범사에
/네게

8 [너는] **기억하라**
/예수 그리스도를
/다시 살으신(분사)
/죽은 자 가운데서
/다윗의 씨로
/복음과 같이
/나의

9 내가 **고난을 받았으나**
/복음을 인하여
/매이는 데까지
/죄인과 같이

말씀은 **매이지 아니하니라**
/하나님의

10 그러므로
내가 **참음은(=견디다)**
/모든 것을
/택하신 자를 위하여

//(목적: ἵνα, so that..may)
저희로도 ——— 얻게 하려(...함이로라)(=달성하다)
/구원을
/그리스도 예수 안에 있는
/영광과 함께
/영원한

11 이 말이여(=은) **미쁘다(=진실하다)**

[만일, εἰ]
우리가 주와 함께 죽었으면(조건절,if)
또한
[우리가] **함께 살 것이요**

12 [만일, εἰ]
[우리가] 참으면(조건절,if)
또한
[우리가] **함께 왕 노릇 할 것이요**
[만일, εἰ]
우리가 주를 부인하면(조건절,if)
주도 **부인하실 것이라**
/우리를

딤후

음과 같이 다윗의 씨로 죽은 자 가운데서 다시 살으신 예
수 그리스도를 기억하라 9 복음을 인하여 내가 죄인과 같
이 매이는 데까지 고난을 받았으나 하나님의 말씀은 매이
지 아니하니라 10 그러므로 내가 택하신 자를 위하여 모
든 것을 참음은 저희로도 그리스도 예수 안에 있는 구원을
영원한 영광과 함께 얻게 하려 함이로다 11 미쁘다 이 말
이여 우리가 주와 함께 죽었으면 또한 함께 살 것이요 12
참으면 또한 함께 왕노릇 할 것이요 우리가 주를 부인하면

that Jesus Christ of the seed of David was raised from
the dead according to my gospel: 9 Wherein I suffer
trouble, as an evil doer, even unto bonds; but the word
of God is not bound. 10 Therefore I endure all things for
the elect's sakes, that they may also obtain the salvation
which is in Christ Jesus with eternal glory. 11It is a
faithful saying: For if we be dead with him, we shall also
live with him: 12 If we suffer, we shall also reign with
him: if we deny him, he also will deny us: 13 If we
believe not, yet he abideth faithful: he cannot deny himself.

13 [만일, εἰ]
우리는 미쁨이 없을지라도(조건절,if)
주는 **일향 미쁘시니**

//(이유: γάρ, for)
[그는] —— 부인하실 수 없으시리라
/자기를

14 너는 (저희로) **기억하게 하여**
/이 일을
[너는] **엄히 명하라**
/하나님 앞에서
/말다툼을 하지 말라고(=말 것을, 부정사)
/(이는) 유익이 하나도 없고(=는)
(도리어) 듣는 자들을 망하게 (함이니라)(=하는)

15 네가 **힘쓰라**
/드리기를(부정사)
/자신을
/인정된 (자로)
/하나님 (앞)에(=게)
/일꾼으로(=을)
/부끄러울 것이 없는
/옳게 분변하여(=분별하기를, 현재분사)
/말씀을
/진리의

16 [그러나, δὲ]
[너는] **버리라**
/헛된 말을
/망령되고(=된)

//(이유: γάρ, for)
저희는 —— 나아가나니
/점점
/경건치 아니함에

17 //말은 —— 썩어져감과 같은데
/저희[의] /독한 창질의(=이)
/(그 중에)[4]
있느니라(=는)
/후메내오와 빌레도가

18 /(저희가)[5]

4) "그 중에"는 관계사로써 선행사인 "저희"를 수식하고 있다. 개역 성경은 관계사를 번역 하였다.

딤후

주도 우리를 부인하실 것이라 13 우리는 미쁨이 없을지라
도 주는 일향 미쁘시니 자기를 부인하실 수 없으시리라
14 너는 저희로 이 일을 기억하게 하여 말다툼을 하지 말
라고 하나님 앞에서 엄히 명하라 이는 유익이 하나도 없
고 도리어 듣는 자들을 망하게 함이니라 15 네가 진리의
말씀을 옳게 분변하여 부끄러울 것이 없는 일군으로 인정
된 자로 자신을 하나님 앞에 드리기를 힘쓰라 16 망령되
고 헛된 말을 버리라 저희는 경건치 아니함에 점점 나아
가나니 17 저희 말은 독한 창질의 썩어져 감과 같은데 그
중에 후메내오와 빌레도가 있느니라 18 진리에 관하여는

14 Of these things put them in remembrance, charging
them before the Lord that they strive not about words to
no profit, but to the subverting of the hearers. 15 Study
to shew thyself approved unto God, a workman that needeth
not to be ashamed, rightly dividing the word of truth.
16 But shun profane and vain babblings: for they will increase
unto more ungodliness. 17 And their word will eat as
doth a canker: of whom is Hymenaeus and Philetus; 18

18 /(저희가)[5]
그릇되었도다(=된)
/진리에 관하여는
/하므로(=말하는,분사)
/부활이(=을)
/지나갔다(=지나갔다는 것을,부정사)
/이미
/무너뜨리느니라(=무너뜨리는)
/믿음을
/어떤 사람들의

19 그러나[μέντοι]
터는 **섰으니**
/하나님의 /있어 일렀으되(=가지고 있는, 분사)
/견고한 /인침이(=을) (동격)
/[그의]
/주께서 — 아신다 (하며)
/백성을
/자기 [에게 속한]
또(...하였느니라)
자마다 — 떠날지어다
/부르는 /불의에서
/주의 이름을

20 [그러나, δὲ]
그릇이 **있을 뿐 아니요**
/금과 은의 /큰 집에는
(그릇도) **〈있어〉**
/나무와 질
(것도) **〈있고〉**
/귀히 쓰는
(것도) **〈있나니〉**
/천히 쓰는

21 그러므로
[만일, ἐὰν]
누구든지 깨끗하게 하면(조건절,if)
/자기를
/이런 것에서
[그는] **되어(=될 것이다)**
/그릇이
/귀히 쓰는
/거룩하고(=거룩해진,분사)
/쓰심에 합당하며(=한)
/주인의(=에게)
/예비함이 되리라(=예비되어진,분사)

5) "저희"가는 관계사로써 선행사인 "저희의"를 수식하고 있다. 개역 성경은 관계사를 번역한 것이다.

딤후

저희가 그릇되었도다 부활이 이미 지나갔다 하므로 어떤
사람들의 믿음을 무너뜨리느니라 19 그러나 하나님의 견
고한 터는 섰으니 인침이 있어 일렀으되 주께서 자기 백성
을 아신다 하며 또 주의 이름을 부르는 자마다 불의에서
떠날지어다 하였느니라 20 큰 집에는 금과 은의 그릇이
있을 뿐 아니요 나무와 질그릇도 있어 귀히 쓰는 것도 있
고 천히 쓰는 것도 있나니 21 그러므로 누구든지 이런 것
에서 자기를 깨끗하게 하면 귀히 쓰는 그릇이 되어 거룩하
고 주인의 쓰심에 합당하며 모든 선한 일에 예비함이 되
리라

Who concerning the truth have erred, saying that the
resurrection is past already; and overthrow the faith of
some. 19 Nevertheless the foundation of God standeth
sure, having this seal, The Lord knoweth them that are
his. And, Let every one that nameth the name of Christ
depart from iniquity. 20 But in a great house there are
not only vessels of gold and of silver, but also of wood
and of earth; and some to honour, and some to dishonour.
21 If a man therefore purge himself from these, he shall
be a vessel unto honour, sanctified, and meet for the
master's use, and prepared unto every good work. 22
Flee also youthful lusts: but follow righteousness, faith, charity,

/예비함이 되리라(=예비되어진, 분사)
/일에
/선한
/모든

22 또한
네가
피하고
/정욕을
/청년의
좇으라
/의와
믿음과
사랑과
화평을
/부르는 자들과 함께
/주를
/깨끗한 마음으로

23 [그러나, δὲ]
[너는]
버리라
/변론을
/어리석고
/무식한

//(이유: ὅτι, becouse)
[네가] ——— 앎이라
/[저들이] ——— (이에서) 나는 줄(=낳다)
/다툼이(=을)

24 [그리고, δὲ]
종은
/주의
마땅히
다투지 아니하고
온유하며
/모든 사람을 대하여(=향하여)
가르치기를 잘하며
참으며

25 **징계할지니**
/온유함으로
/거역하는 자를

혹
하나님이
주사(하실까 하며)
/저희에게
/회개함을

//(목적: εἰς+목적격)

딤후

22 또한 네가 청년의 정욕을 피하고 주를 깨끗한 마음으로 부르는 자들과 함께 믿음과 사랑과 화평을 좇으라 23 어리석고 무식한 변론을 버리라 이에서 다툼이 나는 줄 앎이라 24 마땅히 주의 종은 다투지 아니하고 모든 사람을 대하여 온유하며 가르치기를 잘하며 참으며 25 거역하는 자를 온유함으로 징계할지니 혹 하나님이 저희에게 회개함을 주사 진리를 알게 하실까 하며 26 저희로 깨어 마귀의 올무에서 벗어나 하나님께 사로잡힌 바 되어 그 뜻을 좇게 하실까 함이라

peace, with them that call on the Lord out of a pure heart. 23 But foolish and unlearned questions avoid, knowing that they do gender strifes. 24 And the servant of the Lord must not strive; but be gentle unto all men, apt to teach, patient, 25 In meekness instructing those that oppose themselves; if God peradventure will give them repentance to the acknowledging of the truth; 26 And that they may recover themselves out of the snare of the devil, who are taken captive by him at his will.

//(목적: εἰς+목적격)
진리를 알게(=알게하려고)

26 저희로 **깨어(...하실까 함이라)**
/올무에서 벗어나
/마귀의
/사로잡힌(바 되어)
/하나님께
/뜻을 좇게(=향하여)
/그[의]

3

1 네가 **알라**
/이것을
/때가 —— 이르리니(=는 것을)
/고통하는 /말세에

2 //(이유: γάρ, for)
사람들은
— 자기를 사랑하며
— 돈을 사랑하며
— 자긍하며
— 교만하며
— 훼방하며
— 거역하며
— /부모를
— 감사치 아니하며
— 거룩하지 아니하며

3 무정하며
— 원통함을 풀지 아니하며
— 참소하며
— 절제하지 못하며
— 사나우며
— 선한 것을 좋아 아니하며

4 배반하여 팔며
— 조급하며
— 자고하며(분사)
— 더하며
/쾌락을 사랑하기를
/하나님 사랑하는 것보다

5 모양은 있으나
/경건의
— 부인하는 (자니)
/능력은(=을)
/경건의

딤후

3:1 네가 이것을 알라 말세에 고통하는 때가 이르리니 2
사람들은 자기를 사랑하며 돈을 사랑하며 자긍하며 교
만하며 훼방하며 부모를 거역하며 감사치 아니하며 거룩하
지 아니하며 3 무정하며 원통함을 풀지 아니하며 참소하
며 절제하지 못하며 사나우며 선한 것을 좋아 아니하며 4
배반하여 팔며 조급하며 자고하며 쾌락을 사랑하기를 하나
님 사랑하는 것보다 더하며 5 경건의 모양은 있으나 경건
의 능력은 부인하는 자니 이같은 자들에게서 네가 돌아서
라 6 저희 중에 남의 집에 가만히 들어가 어리석은 여자를
유인하는 자들이 있으니 그 여자는 죄를 중히 지고 여러

3:1 This know also, that in the last days perilous times
shall come. 2 For men shall be lovers of their own
selves, covetous, boasters, proud, blasphemers, disobedient
to parents, unthankful, unholy, 3 Without natural affection,
trucebreakers, false accusers, incontinent, fierce, despisers
of those that are good, 4 Traitors, heady, highminded,
lovers of pleasures more than lovers of God; 5 Having a
form of godliness, but denying the power thereof: from
such turn away. 6 For of this sort are they which creep
into houses, and lead captive silly women laden with sins,

네가 돌아서라
/이같은 자들에게서

6 //(이유: γάρ, for)
자들이 ——— 있으니
/가만히 들어가(=는,분사) /저희 중에
/남의 집에
/유인하는(분사)
/어리석은 여자를
/(그 여자는) 중히 지고(=짐을 실은,분사)
/죄를(=에)
/끌린 바 되어(=된)
/욕심에
/여러 가지

7 /배우나(=는)
/항상
/(마침내)이를 수 없느니라(=는)
/지식에
/진리의

8 [그리고, δὲ]
저희도 **대적하니**
/진리를(=에)
/[그렇게]
/얌브레가 ┐ 대적한 것같이
얀네와 ┘ /모세를

이 사람들은 **버리운 자들이라(=이다)**
/부패한 자요(=케한,분사) /믿음에 관하여는
/그 마음이(=을)

9 그러나
저희가 **나가지 못할 것은(=이다)**
/더

//(이유: γάρ, for)
어리석음이 ——— 드러날 것임이니라
/저희[의] /[모두에게]
/저 두 사람의 된 것과 같이

딤후

10 - 11
[그러나, δὲ]
네가 (과연) **보고 알았거니와**
/교훈과
/나의

가지 욕심에 끌린 바 되어 7 항상 배우나 마침내 진리의
지식에 이를 수 없느니라 8 얀네와 얌브레가 모세를 대적
한 것같이 저희도 진리를 대적하니 이 사람들은 그 마음이
부패한 자요 믿음에 관하여는 버리운 자들이라 9 그러나
저희가 더 나가지 못할 것은 저 두 사람의 된 것과 같이
저희 어리석음이 드러날 것임이니라 10 나의 교훈과 행실
과 의향과 믿음과 오래 참음과 사랑과 인내와 11 핍박과
고난과 또한 안디옥과 이고니온과 루스드라에서 당한 일과
어떠한 핍박 받은 것을 네가 과연 보고 알았거니와 주께서
이 모든 것 가운데서 나를 건지셨느니라 12 무릇 그리스

led away with divers lusts, 7 Ever learning, and never
able to come to the knowledge of the truth. 8 Now as
Jannes and Jambres withstood Moses, so do these also
resist the truth: men of corrupt minds, reprobate concerning
the faith. 9 But they shall proceed no further: for their
folly shall be manifest unto all men, as theirs also was.
10 But thou hast fully known my doctrine, manner of
life, purpose, faith, longsuffering, charity, patience, 11
Persecutions, afflictions, which came unto me at Antioch,
at Iconium, at Lystra; what persecutions I endured: but

행실과
의향과
믿음과
오래 참음과
사랑과
인내와
핍박과
고난과
/(일과)[6]
당한(=되어진)
/[나에게]
/(또한) 안디옥과(=에서)
/이고니온과(=안에서)
/루스드라에서
/[내가] ——— 받은 것을
/어떠한 핍박(=을)

[그러나, καὶ]
주께서 **건지셨느니라**
/나를
/이 모든 것 가운데서

12 무릇(=모든) 자는 **핍박을 받으리라**
/살고자 하는
/경건하게
/그리스도 예수 안에서

13 속이는 자들은
악한 사람들과 (더욱) **악하여져서**
/속이기도 하고(=하면서,분사)
/속기도 하나니(=하면서,분사)

14 그러나
너는 **거하라**
/배우고 확신한 일에
/네가 배운 것을 알며(=알면서, 분사)
/뉘게서
15 또
/네가— 알았나니
/어려서부터
/성경을
/(성경은)
능히 (...하느니라)(=능하게 하는, 분사)
/너로 하여금(=를)
/지혜가 있게(=롭게 하는 것을, 부정사)
/구원에 이르는(=향하여)
/믿음으로 말미암아
/그리스도 예수 안에 있는

16 성경은 **하나님의 감동으로 된 것으로(=되다)**
/모든 **유익하니(=다)**
/교훈과(=을 하기에)
책망과(=을 하기에)
바르게 함과(=을 위하여)
의로 교육하기에

6) "일"은 관계사로써 앞절의 선해사인 "고난"을 수식하고 있다. 개역 성경은 관계사를 번역하였다.

도 예수 안에서 경건하게 살고자 하는 자는 핍박을 받으리
라 13 악한 사람들과 속이는 자들은 더욱 악하여져서 속
이기도 하고 속기도 하나니 14 그러나 너는 배우고 확신
한 일에 거하라 네가 뉘게서 배운 것을 알며 15 또 네가
어려서부터 성경을 알았나니 성경은 능히 너로 하여금 그
리스도 예수 안에 있는 믿음으로 말미암아 구원에 이르는
지혜가 있게 하느니라 16 모든 성경은 하나님의 감동으로
된 것으로 교훈과 책망과 바르게 함과 의로 교육하기에 유

out of them all the Lord delivered me. 12 Yea, and all
that will live godly in Christ Jesus shall suffer persecution.
13 But evil men and seducers shall wax worse and worse,
deceiving, and being deceived. 14 But continue thou in
the things which thou hast learned and hast been assured
of, knowing of whom thou hast learned them; 15 And
that from a child thou hast known the holy scriptures,
which are able to make thee wise unto salvation through

17 //이는(목적: ἵνα, so that...may)
사람으로(=이) —— 온전케 하며
/하나님의 └ 온전케 하려(...함이니라)
/일을 행하기에
/모든
/선한

4

1 [내가] **엄히 명하노니(=증거하다)**
/하나님 앞과(=에서)
/그리스도 예수 앞에서
/심판하실(분사)
/산 자와(=를)
/죽은 자를
/나타나실 것과(=을)
/그의
/나라를 (두고)
/그의

2 너는 **전파하라**
/말씀을
항상 힘쓰라
/때를 얻든지
/못 얻든지
경책하며
경계하며
권하라
/오래 참음과(=모든 인내 안에서)
/가르침으로(=모든 교훈 안에서)
/범사에

3 //(이유: γάρ, for)
때가 —— 이르리니
/사람[들]이 —— 받지 아니하며
/바른 교훈을
/[그러나. ἀλλα]
[그들이] —— 많이 두고(=모으다)
/스승을
/사욕을 좇을
/자기[들]의
/가려워서(=할퀴는, 분사)
/귀가(=를)

4 //또(연속되는 이유)

딤후

익하니 17 이는 하나님의 사람으로 온전케 하며 모든 선
한 일을 행하기에 온전케 하려 함이니라

4:1 하나님 앞과 산 자와 죽은 자를 심판하실 그리스도
예수 앞에서 그의 나타나실 것과 그의 나라를 두고 엄
히 명하노니 2 너는 말씀을 전파하라 때를 얻든지 못 얻
든지 항상 힘쓰라 범사에 오래 참음과 가르침으로 경책하
며 경계하며 권하라 3 때가 이르리니 사람이 바른 교훈을
받지 아니하며 귀가 가려워서 자기의 사욕을 좇을 스승을
많이 두고 4 또 그 귀를 진리에서 돌이켜 허탄한 이야기

faith which is in Christ Jesus. 16 All scripture is given
by inspiration of God, and is profitable for doctrine, for reproof,
for correction, for instruction in righteousness: 17 That
the man of God may be perfect, throughly furnished unto
all good works.
4:1 I charge thee therefore before God, and the Lord
Jesus Christ, who shall judge the quick and the dead
at his appearing and his kingdom; 2 Preach the word; be
instant in season, out of season; reprove, rebuke, exhort
with all longsuffering and doctrine. 3 For the time will
come when they will not endure sound doctrine; but after their
own lusts shall they heap to themselves teachers, having itching
ears; 4 And they shall turn away their ears from the truth,
and shall be turned unto fables. 5 But watch thou in all

4 //또(연속되는 이유)
[때가]
/[그들이] ── 돌이켜
/귀를
/그[들의]
/진리에서
좇으리라
/허탄한 이야기를
/[그들의]

5 그러나[δὲ]
너는 **근신하여(=분별하라)**
/모든 일에
고난을 받으며
하며
/일을
/전도인의
다하라
/네 직무를

6 //(이유: γάρ, for)
내가 ──── 관제와 같이 부음이 되고(=헌신하다)
/벌써(=바로 지금)

//기약이 ──── 가까웠도다
/나의 떠날

7 내가 **싸우고**
/선한 싸움을
마치고
/(나의) 달려갈 길을
지켰으니
/믿음을

8 면류관이 **예비되었으므로**
/의의 /이제 후로는
/(것이니)[7] /나를 위하여
/주(=가) ──── 주실
/(곧)재판장이(=인) /내게
/의로우신 /그 날에
/내게만 아니라
모든 자에게(니라)
/사모하는(분사)
/주의 나타나심을

9 너는 **어서(=속도를 내라)**
/오라(=오는 것을,부정사)
/속히
/내게로

10 //(이유: γάρ, for)

7) "것이니"는 관계사이다. 선행사 "면류관"을 수식하고 있다. 개역 성경은 "것이니"를 번역하고 있다.

딤후

를 좇으리라 5 그러나 너는 모든 일에 근신하여 고난을 받
으며 전도인의 일을 하며 네 직무를 다하라 6 관제와 같이
벌써 내가 부음이 되고 나의 떠날 기약이 가까왔도다 7 내
가 선한 싸움을 싸우고 나의 달려갈 길을 마치고 믿음을
지켰으니 8 이제 후로는 나를 위하여 의의 면류관이 예비
되었으므로 주 곧 의로우신 재판장이 그 날에 내게 주실
것이니 내게만 아니라 주의 나타나심을 사모하는 모든 자
에게니라 9 너는 어서 속히 내게로 오라 10 데마는 이 세
상을 사랑하여 나를 버리고 데살로니가로 갔고 그레스게는
갈라디아로, 디도는 달마디아로 갔고 11 누가만 나와 함께

things, endure afflictions, do the work of an evangelist,
make full proof of thy ministry. 6 For I am now ready
to be offered, and the time of my departure is at hand.
7 I have fought a good fight, I have finished my course,
I have kept the faith: 8 Henceforth there is laid up for
me a crown of righteousness, which the Lord, the righteous
judge, shall give me at that day: and not to me only, but
unto all them also that love his appearing. 9 Do thy
diligence to come shortly unto me: 10 For Demas hath
forsaken me, having loved this present world, and is

10 //(이유: γάρ, for)
데마는 —— 버리고
/나를
/사랑하여(분사)
/이 세상을
[그는] —— 갔고
/데살로니가로
그레스게는 — 〈갔고〉
/갈라디아로,
//디도는 —— 〈갔고〉
/달마디아로

11 //(계속 되는 이유)
누가(=가) —— 있느니라
/만(=유일한) /나와 함께

[네가] **데리고 오라**
/마가를
/네가 올 때에

//(이유: γάρ, for)
저가 —— 유익하니라
/나의 일에

12 [내가] **보내었노라**
/두기고는(=를)
/에베소로

13 [네가] 올 때에(상황절, when)
네가 **가지고 오고**
/겉옷을
/내가 ——둔
/집에
/드로아 가보의

또 **가져오라**
/책은(=을)
/특별히
/가죽 종이에 쓴 것을

14 알렉산더가 **보였으매**
/구리 장색
/해를
/많이(=은)
/내게

주께서 **갚으시리니**
/행한 대로
/그[의]
/저에게

딤후

있느니라 네가 올 때에 마가를 데리고 오라 저가 나의 일
에 유익하니라 11 두기고는 에베소로 보내었노라 13 네가
올 때에 내가 드로아 가보의 집에 둔 겉옷을 가지고 오고
또 책은 특별히 가죽 종이에 쓴 것을 가져오라 14 구리 장
색 알렉산더가 내게 해를 많이 보였으매 주께서 그 행한
대로 저에게 갚으시리니 15 너도 저를 주의하라 저가 우

departed unto Thessalonica; Crescens to Galatia, Titus
unto Dalmatia. 11 Only Luke is with me. Take Mark,
and bring him with thee: for he is profitable to me for
the ministry. 12 And Tychicus have I sent to Ephesus.
13 The cloke that I left at Troas with Carpus, when thou
comest, bring with thee, and the books, but especially the
parchments. 14 Alexander the coppersmith did me much
evil: the Lord reward him according to his works: 15
Of whom be thou ware also; for he hath greatly withstood
our words. 16 At my first answer no man stood with me,

15 너도 주의하라
/저를

//(이유: γάρ, for)
저가 ——— 대적하였느니라
/심히
/우리 말을(=에)

16 하나도 없고 (=아무도) 나와 함께 한 자가(=드러나지 않았다)
/내가 처음 변명할 때에

[그러나]
다(=모두가) 버렸으나
/나를

[그가] 허물을 돌리지 않기를 원하노라
/저희에게

17 주께서 곁에 서서
/내(=나에게)
강건케 하심은
/나를

//(목적: ἵνα, so that...might)
말씀이 ——— 온전히 전파되어
/전도의 /나로 말미암아
듣게 하려(. . . 하심이니)
/이방인으로
/[모든]
//내가 ——— 건지웠느니라
/사자의 입에서

18 주께서 건져내시고
/나를
/일에서
/모든
/악한

또
구원하시리니
/천국에 들어가도록
/그의

영광이 (있을지어다) 아멘
/(그에게)
/세세 무궁토록

19 [너는] 문안하라
/브리스가와(=를)
아굴라와 (및)(=를)
집에(=을)
/오네시보로의

리 말을 심히 대적하였느니라 16 내가 처음 변명할 때에
나와 함께 한 자가 하나도 없고 다 나를 버렸으나 저희에
게 허물을 돌리지 않기를 원하노라 17 주께서 내 곁에 서
서 나를 강건케 하심은 나로 말미암아 전도의 말씀이 온전
히 전파되어 이방인으로 듣게 하려 하심이니 내가 사자의
입에서 건지웠느니라 18 주께서 나를 모든 악한 일에서
건져내시고 또 그의 천국에 들어가도록 구원하시리니 그에
게 영광이 세세 무궁토록 있을지어다 아멘 19 브리스가와

but all men forsook me: I pray God that it may not be
laid to their charge. 17 Notwithstanding the Lord stood
with me, and strengthened me; that by me the preaching might
be fully known, and that all the Gentiles might hear: and
I was delivered out of the mouth of the lion. 18 And the
Lord shall deliver me from every evil work, and will
preserve me unto his heavenly kingdom: to whom be glory
for ever and ever. Amen. 19 Salute Prisca and Aquila,
and the household of Onesiphorus. 20 Erastus abode at
Corinth: but Trophimus have I left at Miletum sick. 21

20 에라스도는	**머물렀고** /고린도에
[나는]	**두었노니** /밀레도에 /드로비모는(=를) /병듦으로(=병에 걸린,분사)
21 너는	**어서(=재촉하라)** /오라(=오는 것을,부정사) /겨울 전에
으불로와 부데와 리노와 글라우디아와 형제가 (다) /모든	**문안하느니라** /네게
22 (나는)	**(바라노니)** /주께서 — 함께 계시기를 /네 심령에
은혜가	**(있을지어다)** /너희와 함께

딤후

아굴라와 및 오네시보로의 집에 문안하라 20 에라스도는
고린도에 머물렀고 드로비모는 병 듦으로 밀레도에 두었노
니 21 겨울 전에 너는 어서 오라 으불로와 부데와 리노와
글라우디아와 모든 형제가 다 네게 문안하느니라 22 나는
주께서 네 심령에 함께 계시기를 바라노니 은혜가 너희와
함께 있을지어다

Do thy diligence to come before winter. Eubulus greeteth thee, and Pudens, and Linus, and Claudia, and all the brethren.
22 The Lord Jesus Christ be with thy spirit. Grace be with you. Amen.

디도서

1

1 바울[은] (편지하노니)
/종이요
/하나님의
/사도인
/예수 그리스도의
/(곧 나의 사도 된 것은)
믿음과(=믿음을 따라)
/택하신 자들의
/하나님의
지식과(=지식을 따라)
/진리의
/경건함에 속한
2 /소망을 인함이라(=소망에 대한)
/영생의
/(이 영생은)[1)]
하나님이 — 약속하신(것인데)
/거짓이 없으신
/영원한 때 전부터
3 나타내셨으니
/자기의(=그의) 말씀을
/자기 때에
/전도로
/(이 전도는)[2)]
내게(=가) — 맡기신 것이라(=맡은)
/명대로
/우리 구주
하나님의

4 /디도에게
/아들
/(나의)참
/믿음을 따라 된
/같은

은혜와
평강이 — (있을지어다)
/(네게)
/하나님 아버지와
그리스도 예수로 좇아
/우리 구주

5 내가 — 떨어뜨려 둔(=떨어뜨려 두었다)
/너를
/그레데에
/이유는(=이 이유로)

//(목적: ἵνα, that...might)
[네가] — 바로잡고
/부족한 일을(=것을)
세우게 하려 함이니
/장로들을
/각 성에
/나의(=가) — 명한 대로
/[네게]

딛

1) 관계대명사, 선행사는 '영생'이다.

2) 관계대명사, 전치사는 '전도'이다.

1:1 하나님의 종이요 예수 그리스도의 사도인 바울 곧
나의 사도 된 것은 하나님의 택하신 자들의 믿음과 경
건함에 속한 진리의 지식과 2 영생의 소망을 인함이라 이
영생은 거짓이 없으신 하나님이 영원한 때 전부터 약속하
신 것인데 3 자기 때에 자기의 말씀을 전도로 나타내셨으
니 이 전도는 우리 구주 하나님의 명대로 내게 맡기신 것
이라 4 같은 믿음을 따라 된 나의 참 아들 디도에게 편지
하노니 하나님 아버지와 그리스도 예수 우리 구주로 좇아
은혜와 평강이 네게 있을지어다 5 내가 너를 그레데에 떨
어뜨려 둔 이유는 부족한 일을 바로잡고 나의 명한 대로

1:1 Paul, a servant of God, and an apostle of Jesus
Christ, according to the faith of God's elect, and the
acknowledging of the truth which is after godliness; 2 In
hope of eternal life, which God, that cannot lie, promised
before the world began; 3 But hath in due times manifested
his word through preaching, which is committed unto me
according to the commandment of God our Saviour; 4
To Titus, mine own son after the common faith: Grace, mercy,
and peace, from God the Father and the Lord Jesus Christ
our Saviour. 5 For this cause left I thee in Crete, that

6 [누구건][3]

책망할 것이 없고
남편이며(=인)...자라야 할지라
/한 아내의
/자녀를 둔
/믿는
/비방이나(=비방이 없는)
/방탕하다 하는
/불순종하는 일이 없는

7 //(이유: γάρ, for)
감독은 — 책망할 것이 없고
/청지기로서
/하나님의
— 제 고집대로 하지 아니하며
— 급히 분내지 아니하며
— 술을 즐기지 아니하며
— 구타하지 아니하며
— 더러운 이를 탐하지 아니하며
— 8 오직 나그네를 대접하며
— 선을 좋아하며
— 근신하며
— 의로우며
— 거룩하며
— 절제하며

9 /지켜야 하리니(방법/양태, 현재분사)
/가르침을 그대로(=따라)
/말씀의
/미쁜

//이는(목적: ἵνα, that...may)
[그가] — 능히 하게 하려 함이라
/권면하고(=권면하는 것을, 부정사)
/교훈으로
/바른
/책망[하는 것을](부정사)
/거스려 말하는 자들을

10 //(이유: γάρ, for)
복종치 아니하고 —
헛된 말을 하며 — 많은 중(=많기 때문이다)
속이는 자가 —
/특별히 할례당 가운데(심하니)

3) εἰ + 직설법의 조건절이 당연한 의무를 나타내는 의미로 사용되었다. NIV를 참고하라
An elder must be blameless, the husband of but one wife, a man whose children believe and are not open to the charge of being wild and disobedient. (NIV)

딛

각 성에 장로들을 세우게 하려 함이니 6 책망할 것이 없고
한 아내의 남편이며 방탕하다 하는 비방이나 불순종하는
일이 없는 믿는 자녀를 둔 자라야 할지라 7 감독은 하나님
의 청지기로서 책망할 것이 없고 제 고집대로 하지 아니하
며 급히 분내지 아니하며 술을 즐기지 아니하며 구타하지
아니하며 더러운 이를 탐하지 아니하며 8 오직 나그네를
대접하며 선을 좋아하며 근신하며 의로우며 거룩하며 절제
하며 9 미쁜 말씀의 가르침을 그대로 지켜야 하리니 이는
능히 바른 교훈으로 권면하고 거스려 말하는 자들을 책망
하게 하려 함이라 10 복종치 아니하고 헛된 말을 하며 속
이는 자가 많은 중 특별히 할례당 가운데 심하니

thou shouldest set in order the things that are wanting, and ordain elders in every city, as I had appointed thee:
6 If any be blameless, the husband of one wife, having faithful children not accused of riot or unruly. 7 For a bishop
must be blameless, as the steward of God; not selfwilled, not soon angry, not given to wine, no striker, not given
to filthy lucre; 8 But a lover of hospitality, a lover of good men, sober, just, holy, temperate; 9 Holding fast
the faithful word as he hath been taught, that he may be able by sound doctrine both to exhort and to convince
the gainsayers. 10 For there are many unruly and vain talkers and deceivers, specially they of the circumcision:

11 [그는] 입을 막을 것이라
/저희의[4]
/(이런 자들이)[5]
엎드러치는도다
/집들을
/온통(=모든)
/가르쳐(=가르치면서, 방법, 현재분사)
/마땅치 아니한 것을
/이를 취하려고(=이를 위해)
/더러운

12 선지자가 말하되...라 하니
/어떤
/그레데인 중에
/[그들 자신들의]
/그레데인들은 — 거짓말쟁이며
/항상
— 짐승이며
/악한
— 배만 위하는(=먹보들이다)
/게으름쟁이

13 이 증거가 참되도다

그러므로[6]
네가 꾸짖으라
/저희를
/엄히

//이는(목적: ἵνα, that...may)
저희로 (하여금) — 온전케 하고 ...하려 함이라
/믿음을(=믿음 안에)
14 /좇지 않게(=좇지 않으면서, 현재분사)
/허탄한 이야기와
/유대인의
/명령을
/사람들의
/배반하는
/진리를

15 모든 것이 깨끗하나
/깨끗한 자들에게는

아무것도 깨끗한 것이 없고
/더럽고
/믿지 아니하는 자들에게는

마음과 양심이 오직 더러운지라
/저희

4) 관계대명사, 선행사는 '할례당들'. 계속적 용법

5) 관계대명사, 선행사는 10절에 언급된 '복종치 않는 자들, 헛된 말을 하는 자들, 속이는 자들'이다.

6) 전치사 + 관계대명사. 선행사는 '증거'이다.

딛

11 저희의 입을 막을 것이라 이런 자들이 더러운 이를 취
하려고 마땅치 아니한 것을 가르쳐 집들을 온통 엎드러치
는도다 12 그레데인 중에 어떤 선지자가 말하되 그레데인
들은 항상 거짓말장이며 악한 짐승이며 배만 위하는 게으
름장이라 하니 13 이 증거가 참되도다 그러므로 네가 저
희를 엄히 꾸짖으라 이는 저희로 하여금 믿음을 온전케 하
고 14 유대인의 허탄한 이야기와 진리를 배반하는 사람들
의 명령을 좇지 않게 하려 함이라 15 깨끗한 자들에게는
모든 것이 깨끗하나 더럽고 믿지 아니하는 자들에게는 아
무 것도 깨끗한 것이 없고 오직 저희 마음과 양심이 더러

11 Whose mouths must be stopped, who subvert whole houses,
teaching things which they ought not, for filthy lucre's
sake. 12 One of themselves, even a prophet of their own,
said, The Cretians are alway liars, evil beasts, slow bellies.
13 This witness is true. Wherefore rebuke them sharply,
that they may be sound in the faith; 14 Not giving heed
to Jewish fables, and commandments of men, that turn
from the truth. 15 Unto the pure all things are pure: but
unto them that are defiled and unbelieving is nothing pure;
but even their mind and conscience is defiled. 16 They profess

16 저희가 **시인하나**
/[아는 것을]
/하나님을
부인하니
/행위로는
가증한 자요[7]
복종치 아니하는 자요
버리는 자니라(=무가치한 자니라)
/선한 일을(=에)
/모든

2

1 오직(δὲ)
너는 **말하여(=말하라)**
/합한 것을
/교훈에
/바른

2 늙은 남자로는 **절제하며**[8]
경건하며
근신하며...하고
/온전케(=온전케 하면서, 현재분사)
/믿음과
사랑과
인내함에

3 늙은 여자로는 **거룩하며**
/행실이
/이와 같이
참소치 말며
/종이 되지 말며(=종이 되지 않음으로, 방법, 완료분사)
/술의
/많은
선한 것을 가르치는 자들이 되고...하라

4 //(목적 : ἵνα, that...may)
저들로 —— 교훈하되(=교훈하도록)
/젊은 여자들을
/그 남편과 자녀를 사랑하며(=하는 것을)
5 /근신하며
/순전하며
/집안 일을 하며
/선하며
/복종하게
/자기 남편에게

//이는(목적: ἵνα, that...may)

7) 이하 세 개의 동사는 모두 동사의 분사형과 결합된 보어들이다. 헬라어 문법상 부대상황의 분사는 주동사처럼 취급될 수 있다. RSV와 NIV가 같은 입장을 취하였다.

8) 부정사가 주동사처럼 사용되었다. 그러나 정확히 말하면 1절이 생략된 형태이다. 디도가 말해야 할 것들의 내용이다. 뒤이어 나오는 목적어들이 부정사를 공유한다.

딛

운지라 16 저희가 하나님을 시인하나 행위로는 부인하니
가증한 자요 복종치 아니하는 자요 모든 선한 일을 버리는
자니라
2:1 오직 너는 바른 교훈에 합한 것을 말하여 2 늙은
남자로는 절제하며 경건하며 근신하며 믿음과 사랑과
인내함에 온전케 하고 3 늙은 여자로는 이와 같이 행실이
거룩하며 참소치 말며 많은 술의 종이 되지 말며 선한 것
을 가르치는 자들이 되고 4 저들로 젊은 여자들을 교훈하
되 그 남편과 자녀를 사랑하며 5 근신하며 순전하며 집안
일을 하며 선하며 자기 남편에게 복종하게 하라 이는 하나

that they know God; but in works they deny him, being
abominable, and disobedient, and unto every good work
reprobate.
2:1 But speak thou the things which become sound doctrine:
2 That the aged men be sober, grave, temperate, sound
in faith, in charity, in patience. 3 The aged women likewise,
that they be in behaviour as becometh holiness, not false
accusers, not given to much wine, teachers of good things;
4 That they may teach the young women to be sober, to
love their husbands, to love their children, 5 To be discreet,
chaste, keepers at home, good, obedient to their own husbands,

//이는(목적: ἵνα, that...may)
말씀이 — 훼방을 받지 않게 하려 함이니라
/하나님의

6 너는 **권면하여..하게 하라(=권면하라)**
/근신하게(하되)
/젊은 남자들을
/이와 같이
7 /보여(=보이면서, 현재분사)
/본을
/선한 일의
/범사에
/네 자신으로
/부패치 아니함과(=에서)
/교훈의(=안의)
/경건함과(=에서)
8 /말을
/바른
/책망할 것이 없는

//이는(목적: ἵνα, in order that...may)
대적하는 자로 하여금 —— 부끄러워[하게] 하려 함이라

//(이유: 분사, because-NIV)
우리를 악하다 [말]할 것이 없게(없기 때문에)

9 종들로는(=종들은)[9] **순종하여**
/종들로는(=종들을)
/자기 상전들에게
/범사에
기쁘게 하고
/거스려 말하지 말며(방법, 현재분사)
10 /떼어 먹지 말고(방법, 현재분사)
/오직 하게 하라(=행함으로, 방법, 현재분사)
/충성을
/다(=모든)
/선한

//이는(목적: ἵνα, that...may)
[그들로] —— 빛나게 하려 함이라
/교훈을
/우리 구주
하나님의
/범사에

11 은혜가 **나타나**[10)]
/하나님의
/구원을 주시는
/모든 사람에게
12 /양육하시되(=양육하면서, 현재분사)
/우리를

//(목적 : ἵνα, that...should)

9) 의미상 6절이 생략된 형태이다. 디도가 권면해야 할 내용을 말한다.

10) 원문에는 이유를 나타내는 접속사 ga¿r가 있다. 의미상 1-10절까지의 모든 권면과 명령의 이유이다. 그러나 디도서에서 중요한 부분이기 때문에 의미상 주문장 처리하였다.

딛

님의 말씀이 훼방을 받지 않게 하려 함이니라 6 너는 이와
같이 젊은 남자들을 권면하여 근신하게 하되 7 범사에 네
자신으로 선한 일의 본을 보여 교훈의 부패치 아니함과 경
건함과 8 책망할 것이 없는 바른 말을 하게 하라 이는 대
적하는 자로 하여금 부끄러워 우리를 악하다 할 것이 없게
하려 함이라 9 종들로는 자기 상전들에게 범사에 순종하
여 기쁘게 하고 거스려 말하지 말며 10 떼어 먹지 말고 오
직 선한 충성을 다하게 하라 이는 범사에 우리 구주 하나
님의 교훈을 빛나게 하려 함이라 11 모든 사람에게 구원
을 주시는 하나님의 은혜가 나타나

that the word of God be not blasphemed. 6 Young men likewise
exhort to be sober minded. 7 In all things shewing thyself
a pattern of good works: in doctrine shewing uncorruptness,
gravity, sincerity, 8 Sound speech, that cannot be condemned;
that he that is of the contrary part may be ashamed, having
no evil thing to say of you. 9 Exhort servants to be
obedient unto their own masters, and to please them well
in all things; not answering again; 10 Not purloining, but
shewing all good fidelity; that they may adorn the doctrine
of God our Saviour in all things. 11 For the grace of

//(목적 : ἵνα, that...should)
[우리가] —— 살고(=살도록)
/근신함과
의로움과
경건함으로
/이 세상에
/다 버리고(=버림으로, 방법, 과거분사)
/경건치 않은 것과
/정욕을
/이 세상
13 /기다리게 하셨으니(=기다리면서, 현재분사)
/소망과(=을)
/복스러운
/나타나심을
/영광이(=의)
/예수 그리스도의[11)]
/구주
/우리의
/하나님
/크신

14 그가[12)] **주심은**
/자신을
/우리를 대신하여

//(목적: ἵνα, that...might)
[그가] —— 구속하시고
/우리를
/불법에서
/모든
깨끗하게 하사(되게 하려 하심이니라)
/(우리를)
/백성이(=을)
/친
/열심하는(=열심자를)
/일에
/선한
/[그에게]

15 너는 **말하고(=말하라)**
권면하며
책망하여
/이것을
/권위로
/모든

누구(에게)든지 **업신여김을 받지 말라(=업신여기지 못하게 하라)**
/[너를]

11) 원문은 '크신 하나님'과 '우리의 구주 예수 그리스도'의 영광으로 볼 수도 있다. 그러나 '하나님'과 '구주'가 관사를 공유하고 있기 때문에 모두 '예수 그리스도'를 설명하는 수식부로 보았다. NASB와 NIV가 같은 입장이다.

12) 관계대명사, 선행사는 '예수 그리스도'이다. 계속적 용법

딛

12 우리를 양육하시되 경건치 않은 것과 이 세상 정욕을
다 버리고 근신함과 의로움과 경건함으로 이 세상에 살고
13 복스러운 소망과 우리의 크신 하나님 구주 예수 그리
스도의 영광이 나타나심을 기다리게 하셨으니 14 그가 우
리를 대신하여 자신을 주심은 모든 불법에서 우리를 구속
하시고 우리를 깨끗하게 하사 선한 일에 열심하는 친백성
이 되게 하려 하심이니라 15 너는 이것을 말하고 권면하
며 모든 권위로 책망하여 누구에게든지 업신여김을 받지
말라

God that bringeth salvation hath appeared to all men, 12
Teaching us that, denying ungodliness and worldly lusts,
we should live soberly, righteously, and godly, in this
present world; 13 Looking for that blessed hope, and the
glorious appearing of the great God and our Saviour Jesus
Christ; 14 Who gave himself for us, that he might redeem
us from all iniquity, and purify unto himself a peculiar
people, zealous of good works. 15 These things speak,
and exhort, and rebuke with all authority. Let no man
despise thee.

3

1 너는 **기억하게 하라**
/저희로 하여금(=가) — 복종하며(부정사)
/정사와 권세 잡은 자들에게
— 순종하며(부정사)
— 예비하게 하며(부정사)
/일 행하기를
/선한
/모든
2 아무도 훼방하지 말며(부정사)
— 다투지 말며(부정사)
— 관용하며(=관용할 것을, 부정사)

/나타낼 것을(=나타내면서, 현재분사)
/온유함을
/범사에
/모든 사람에게

3 //(이유: γάρ, for)
우리도 — 어리석은 자요
— 순종치 아니한 자요
— 속은 자요
— 종 노릇 한 자요
/정욕과 행락에
/각색
— 지낸 자요
/악독과 투기로
— 가증스러운 자요
— 미워한 자이었으나
/피차

/전에는

4 자비와 — 나타내실 때에(상황절, when)
사람 사랑하심을(=이)
/우리 구주 하나님의

5 [그가] **구원하시되...하셨나니**
/우리를
/행위로 말미암지 아니하고
/의로운
/우리의 행한 바
오직 긍휼하심을 좇아
/그의
/씻음과
/중생의
새롭게 하심으로
/성령의

3:1 너는 저희로 하여금 정사와 권세잡은 자들에게 복종
하며 순종하며 모든 선한 일 행하기를 예비하게 하며 2
아무도 훼방하지 말며 다투지 말며 관용하며 범사에 온유
함을 모든 사람에게 나타낼 것을 기억하게 하라 3 우리도
전에는 어리석은 자요 순종치 아니한 자요 속은 자요 각색
정욕과 행락에 종 노릇한 자요 악독과 투기로 지낸 자요
가증스러운 자요 피차 미워한 자이었으나 4 우리 구주 하
나님의 자비와 사람 사랑하심을 나타내실 때에 5 우리를
구원하시되 우리의 행한 바 의로운 행위로 말미암지 아니
하고 오직 그의 긍휼하심을 좇아 중생의 씻음과 성령의 새

3:1 Put them in mind to be subject to principalities and
powers, to obey magistrates, to be ready to every good
work, 2 To speak evil of no man, to be no brawlers, but gentle,
shewing all meekness unto all men. 3 For we ourselves
also were sometimes foolish, disobedient, deceived, serving
divers lusts and pleasures, living in malice and envy,
hateful, and hating one another. 4 But after that the
kindness and love of God our Saviour toward man appeared,
5 Not by works of righteousness which we have done,
but according to his mercy he saved us, by the washing
of regeneration, and renewing of the Holy Ghost; 6 Which
he shed on us abundantly through Jesus Christ our Saviour;

6 [그가] **부어 주사**
/성령을[13)]
/우리에게(=우리 위에)
/풍성히
/예수 그리스도로 말미암아
/우리 구주

7 //(목적 : ἵνα, that...might)
우리로 ——— 후사가 되게 하려 하심이라
/의롭다 하심을 얻어(방법, 과거분사)
/저의 은혜를 힘입어
/소망을 따라
/영생의

8 이 말이 **미쁘도다**

[내가] **원컨대**
/네가 ——— 굳세게 말하라(부정사)
/이 여러 것에 대하여

//이는(목적: ἵνα, so that...may)
믿는 자들로 하여금 — 조심하여..하려 함이라(=조심하게 하려 함이다)
/하나님을 /힘쓰게(=힘쓰는 것을, 부정사)
/선한 일을

이것은 **아름다우며**
유익하니라

/사람들에게

9 그러나(δὲ)
[너는] **피하라**
/변론과
/족보 이야기와
/분쟁과
/다툼을
/율법에 대한

/어리석은

//(이유 : γάρ, for)
이것은 ——— 무익한 것이요
└ 헛된 것이니라

딛

10 [너는] **멀리 하라**
/이단에 속한 사람을
/훈계한 후에
/한두 번

13) 관계대명사, 선행사는 '성령'이다. 계속적 용법

11 //(이유: 완료분사)

롭게 하심으로 하셨나니 6 성령을 우리 구주 예수 그리스
도로 말미암아 우리에게 풍성히 부어주사 7 우리로 저의
은혜를 힘입어 의롭다 하심을 얻어 영생의 소망을 따라 후
사가 되게 하려 하심이라 8 이 말이 미쁘도다 원컨대 네가
이 여러 것에 대하여 굳세게 말하라 이는 하나님을 믿는
자들로 하여금 조심하여 선한 일을 힘쓰게 하려 함이라 이
것은 아름다우며 사람들에게 유익하니라 9 그러나 어리석
은 변론과 족보 이야기와 분쟁과 율법에 대한 다툼을 피하
라 이것은 무익한 것이요 헛된 것이니라 10 이단에 속한
사람을 한두 번 훈계한 후에 멀리 하라

7 That being justified by his grace, we should be made
heirs according to the hope of eternal life. 8 This is a
faithful saying, and these things I will that thou affirm
constantly, that they which have believed in God might
be careful to maintain good works. These things are good
and profitable unto men. 9 But avoid foolish questions,
and genealogies, and contentions, and strivings about the
law; for they are unprofitable and vain. 10 A man that is
an heretick after the first and second admonition reject;
11 Knowing that he that is such is subverted, and sinneth,

11 //(이유: 완료분사)
네가 —— 아는 바와 같이(=알기 때문이다)
/이러한 사람은 ——부패하여서
죄를 짓느니라
/스스로 정죄한 자로서[14]

14) NA27에는 컴마가 없다.

12 내가 보내리니 그 때에(=보낼 때에, 상황절, when)
/아데마나 두기고를
/네게
네가 **급히(=서두르라)**
/오라(=오는 것을, 부정사)
/내게
/니고볼리로

//(이유 : γάρ, for)
내가 —— 작정하였노라
/과동하기로
/거기서

13 [너는] **먼저 보내어(=먼저 보내라)**
/세나와
/교법사
/및 아볼로를
/급히

//(목적 : ἵνα, so that)
[아무것도] ——궁핍함이 없게 하고
/저희로(=에게)

14 또(δὲ)
우리 사람들도 **배우게 하라**
/힘쓰기를(부정사)
/일에
/좋은
/것을 예비하는(=임무를 위해)
/필요한

//(목적 : ἵνα, that...may)
[그들이] —— 열매 없는 자가 되지 않게 하기 위하여

15 나와 함께 있는 자가 **문안하니**
/다(=모든) /네게

너도 **문안하라**
/사랑하는 자들에게
/우리를
/믿음 안에서

은혜가 **(있을지어다)**
/너희 무리에게(=함께)

딛

11 이러한 사람은 네가 아는 바와 같이 부패하여서 스스로 정죄한 자로서 죄를 짓느니라 12 내가 아데마나 두기고를 네게 보내리니 그 때에 네가 급히 니고볼리로 내게 오라 내가 거기서 과동하기로 작정하였노라 13 교법사 세나와 및 아볼로를 급히 먼저 보내어 저희로 궁핍함이 없게 하고 14 또 우리 사람들도 열매 없는 자가 되지 않게 하기 위하여 필요한 것을 예비하는 좋은 일에 힘 쓰기를 배우게 하라 15 나와 함께 있는 자가 다 네게 문안하니 믿음 안에서 우리를 사랑하는 자들에게 너도 문안하라 은혜가 너희 무리에게 있을지어다

being condemned of himself. 12 When I shall send Artemas unto thee, or Tychicus, be diligent to come unto me to Nicopolis: for I have determined there to winter. 13 Bring Zenas the lawyer and Apollos on their journey diligently, that nothing be wanting unto them. 14 And let ours also learn to maintain good works for necessary uses, that they be not unfruitful. 15 All that are with me salute thee. Greet them that love us in the faith. Grace be with you all. Amen.

빌레몬서

1

1 바울과 ─── (편지하노니)
/갇힌 자 된
/그리스도 예수를 위하여
디모데는
/형제
/빌레몬과(=에게)
/사랑을 받는 (=자인)
/동역자인
/우리의
2 /압비아와 및
/자매
/아킵보와
/우리와 함께 군사 된
/교회에게
/네 집에 있는

3 은혜와 (있을지어다)
평강이
/너희에게
/하나님 우리 아버지와
주 예수 그리스도로 좇아

4 내가 감사하고
/내 하나님께
/항상
/말함은(=말하면서, 현재분사)
/너를
/기도할 때에(=가운데)

5 //(이유: 분사, because)
[내가] ── 들음이니
/네 사랑과 믿음이(=을)
/[네가] ── 있음을(=소유한)
/[그것들을]
/주 예수와 및(=를 향해)
/성도[들]에 대한(=대해)

6 //이로써(목적: ὅπως, that...may)
교제가 ── 역사하느니라(=효과적이게 하려 함이라)
/네 믿음의
/알게 하고(=지식 안에)
/선을(=선한 것에 대한)[1)]
/[모든]
/우리 가운데(있는)
/그리스도께 미치도록(=향한)

7 //(이유: γάρ, for)

1) 소유격이 '...에 관하여'라는 의미를 가질 수도 있다. 문법적으로 이런 용법을 소유격의 '참고의 부사적 소유격'이라 부른다.

몬

1:1 그리스도 예수를 위하여 갇힌 자 된 바울과 및 형제
디모데는 우리의 사랑을 받는 자요 동역자인 빌레몬과
2 및 자매 압비아와 및 우리와 함께 군사된 아킵보와 네
집에 있는 교회에게 편지하노니 3 하나님 우리 아버지와
주 예수 그리스도로 좇아 은혜와 평강이 너희에게 있을지
어다 4 내가 항상 내 하나님께 감사하고 기도할 때에 너를
말함은 5 주 예수와 및 모든 성도에 대한 네 사랑과 믿음
이 있음을 들음이니 6 이로써 네 믿음의 교제가 우리 가운
데 있는 선을 알게 하고 그리스도께 미치도록 역사하느니
라 7 형제여 성도들의 마음이 너로 말미암아 평안함을 얻

1 Paul, a prisoner of Jesus Christ, and Timothy our
brother, unto Philemon our dearly beloved, and fellowlabourer,
2 And to our beloved Apphia, and Archippus our fellowsoldier,
and to the church in thy house: 3 Grace to you, and peace,
from God our Father and the Lord Jesus Christ. 4 I thank
my God, making mention of thee always in my prayers,
5 Hearing of thy love and faith, which thou hast toward
the Lord Jesus, and toward all saints; 6 That the communication
of thy faith may become effectual by the acknowledging
of every good thing which is in you in Christ Jesus. 7

7 //(이유: γάρ, for)
내가 ——— 얻었노라
/기쁨과 위로를
/많은
/너의 사랑으로

//(이유: ὅτι, becouse)
형제여!
마음이 ——— 평안함을 얻었으니
/성도들의 /너로 말미암아

8 이러므로
내가 가지고(=가졌음에도, 양보, though, 현재분사)
/담력을
/명할 수 있으나(=명할, 부정사)
/네게
/마땅한 일로
/많은
/그리스도 안에서

9 나 바울은 **간구하노니**
/나이 많은 /도리어
/지금 /사랑을 인하여
/또 갇힌 자 되어
/예수 그리스도를 위하여

10 [내가] **간구하노라**
/네게
/아들 오네시모를 위하여
/[나의]
/낳은
/갇힌 중에서

11 /(저가) 무익하였으나(=무익한)
/전에는
/네게
/유익하므로(=유익한)
/이제는
/나와 네게

12 [내가] **돌려보내노니**
/저를[2)]
/네게

저는 **심복이라**
/내

13 내가 **머물러 두어... 하고자 하나(=머물러두고자 하나)**
/저를[3)]
/내게

//(목적: ἵνα, that...might)

2) 관계대명사. 선행사는 '오네시모'이다. 바울이 대명사를 사용하여 강조하였으므로 주문장 처리하였다.

3) 관계대명사. 선행사는 '오네시모'이다.

몬

었으니 내가 너의 사랑으로 많은 기쁨과 위로를 얻었노라
8 이러므로 내가 그리스도 안에서 많은 담력을 가지고 네
게 마땅한 일로 명할 수 있으나 9 사랑을 인하여 도리어
간구하노니 나이 많은 나 바울은 지금 또 예수 그리스도를
위하여 갇힌 자 되어 10 갇힌 중에서 낳은 아들 오네시모
를 위하여 네게 간구하노라 11 저가 전에는 네게 무익하
였으나 이제는 나와 네게 유익하므로 12 네게 저를 돌려
보내노니 저는 내 심복이라 13 저를 내게 머물러 두어 내

For we have great joy and consolation in thy love, because
the bowels of the saints are refreshed by thee, brother. 8
Wherefore, though I might be much bold in Christ to
enjoin thee that which is convenient, 9 Yet for love's sake
I rather beseech thee, being such an one as Paul the aged,
and now also a prisoner of Jesus Christ. 10 I beseech
thee for my son Onesimus, whom I have begotten in my
bonds: 11 Which in time past was to thee unprofitable,
but now profitable to thee and to me: 12 Whom I have
sent again: thou therefore receive him, that is, mine own

//(목적: ἵνα, that...might)
[그가] ——— 섬기게(. . . 하고자 하나)
/나를
/네 대신
/갇힌 중에서
/내 복음을 위하여

14 내가 **원치 아니하노니**
/하기를(=행하는 것을,부정사)
/아무것도
/네 승낙이 없이는

//이는(목적: ἵνα, that...might)
선한 일이 — 되지 아니하고
/너의 /억지같이
/자의로(자의를 따라서)

15 //(이유: γάρ, for)
저가 ——— 떠나게 된 것은(=떠나 보내졌음이라)
/[아마도]
/이를 인하여
/잠시

//(목적: ἵνα, that...might)
[네가] —— 두게 함이니(=다시 소유케 하려함이라)
/저를
/영원히

16 /이후로는 종과같이 아니하고(=종으로서가 아닌) — *동격
[오히려] 종에서 뛰어나(=종 이상으로)
/곧 형제로(둘 자라)
/사랑받는
/내게 특별히(그러하거든)
/하물며 네게랴(=더구나 네게)
/육신과 주 안에서(상관된)

17 그러므로
[만일, εἰ]
네가 알진대(=소유한다면, 조건절, if)
/나를
/동무로
영접하기를. . . 하고(=취하라)
/저를
/내게 하듯

18 만일[εἰ]
저가 ——— 불의를 하였거나
/네게
진 것이 있거든(조건절, if)
/(네게)

몬

복음을 위하여 갇힌 중에서 네 대신 나를 섬기게 하고자
하나 14 다만 네 승낙이 없이는 내가 아무 것도 하기를 원
치 아니하노니 이는 너의 선한 일이 억지같이 되지 아니하
고 자의로 되게 하려 함이로라 15 저가 잠시 떠나게 된 것
은 이를 인하여 저를 영원히 두게 함이니 16 이 후로는 종
과 같이 아니하고 종에서 뛰어나 곧 사랑 받는 형제로 둘
자라 내게 특별히 그러하거든 하물며 육신과 주 안에서 상
관된 네게랴 17 그러므로 네가 나를 동무로 알진대 저를
영접하기를 내게 하듯 하고 18 저가 만일 네게 불의를 하
였거나 네게 진 것이 있거든 이것을 내게로 회계하라 19

bowels: 13 Whom I would have retained with me, that
in thy stead he might have ministered unto me in the
bonds of the gospel: 14 But without thy mind would I
do nothing; that thy benefit should not be as it were of necessity,
but willingly. 15 For perhaps he therefore departed for a
season, that thou shouldest receive him for ever; 16 Not
now as a servant, but above a servant, a brother beloved,
specially to me, but how much more unto thee, both in
the flesh, and in the Lord? 17 If thou count me therefore
a partner, receive him as myself. 18 If he hath wronged
thee, or oweth thee ought, put that on mine account; 19
I Paul have written it with mine own hand, I will repay

[너는] **회계하라**
/이것을
/내게로

19 바울이 **쓰노니**
/나 /친필로
내가 **갚으려니와**

//(목적: ἵνα, to)
내가 —— 말하지 아니하노라
/[너에게]
/너는 —— 이 외에...빚진것을
/네 자신으로
/내게

20 오
형제여!
나로 **기쁨을 얻게 하고**
/주 안에서
/너를 인하여

[너는] **평안하게 하라**
/내 마음이(=을)
/그리스도 안에서

21 나는 **썼노니**
/네게
/확신하므로(=확신한 후에, 완료분사)
/네가 순종함을(=너의 순종을)

//(이유: 완료분사, since)
[내가] —— 아노라(=앎이니라)
/네가 —— 행할 줄을
/나의 말보다 더

22 오직(=더하여)
너는 **예비하라**
/처소를
/나를 위하여

//(이유: γάρ, for)
[내가] —— 바라노라(=바람이니라)
/내가 —— 나아가게 하여 주시기를
/너희에게
/너희 기도로

23 에바브라와 **문안하느니라**
/나와 함께 갇힌 자 /[너를]
/그리스도 예수 안에서

나 바울이 친필로 쓰노니 내가 갚으려니와 너는 이 외에
네 자신으로 내게 빚진 것을 내가 말하지 아니하노라 20
오 형제여! 나로 주 안에서 너를 인하여 기쁨을 얻게 하고
내 마음이 그리스도 안에서 평안하게 하라 21 나는 네가
순종함을 확신하므로 네게 썼노니 네가 나의 말보다 더 행
할 줄을 아노라 22 오직 너는 나를 위하여 처소를 예비하
라 너희 기도로 내가 너희에게 나아가게 하여 주시기를 바
라노라 23 그리스도 예수 안에서 나와 함께 갇힌 자 에바

it: albeit I do not say to thee how thou owest unto me
even thine own self besides. 20 Yea, brother, let me have
joy of thee in the Lord: refresh my bowels in the Lord.
21 Having confidence in thy obedience I wrote unto thee,
knowing that thou wilt also do more than I say. 22 But
withal prepare me also a lodging: for I trust that through
your prayers I shall be given unto you. 23 There salute
thee Epaphras, my fellowprisoner in Christ Jesus; 24

24 (또한) 마가 ─── **〈문안하느니라〉**
아리스다고
데마
누가가

/동역자[들인]
/나의

25 은혜가 **(할지어다)**
/우리 주 예수 그리스도의 /너희 심령과 함께

브라와 24 또한 나의 동역자 마가, 아리스다고, 데마, 누
가가 문안하느니라 25 우리 주 예수 그리스도의 은혜가
너희 심령과 함께 할지어다

Marcus, Aristarchus, Demas, Lucas, my fellowlabourers.
25 The grace of our Lord Jesus Christ be with your spirit.
Amen.

1

1 하나님이 2 말씀하셨으니
/말씀하신 /마지막에
/여러 부분과 /이 모든 날
여러 모양으로 /아들로
/옛적에 /우리에게
/선지자들로
/우리 조상들에게

세우시고
/이 아들을
/후사로
/만유의

또

지으셨느니라
/모든 세계를
/저로 말미암아

3 이는 **광채시요**
/하나님의 영광의

형상이시라
/그 본체의

붙드시며
/만물을
/말씀으로
/그의
/능력의

정결케 하는 일을 하시고(when)
/죄를
[그가] **앉으셨느니라**
/위엄의 우편에
/높은 곳에 계신

4 저가 **뛰어남은**
/천사보다
/얼마큼

기업으로 얻으심이니
/이름을
/더욱 아름다운
/저희보다

5 //(이유: γάρ, for)

1:1 옛적에 선지자들로 여러 부분과 여러 모양으로 우리
조상들에게 말씀하신 하나님이 2 이 모든 날 마지막에
아들로 우리에게 말씀하셨으니 이 아들을 만유의 후사로
세우시고 또 저로 말미암아 모든 세계를 지으셨느니라 3
이는 하나님의 영광의 광채시요 그 본체의 형상이시라 그
의 능력의 말씀으로 만물을 붙드시며 죄를 정결케 하는 일
을 하시고 높은 곳에 계신 위엄의 우편에 앉으셨느니라 4
저가 천사보다 얼마큼 뛰어남은 저희보다 더욱 아름다운
이름을 기업으로 얻으심이니 5 하나님께서 어느 때에 천
사 중 누구에게 네가 내 아들이라 오늘날 내가 너를 낳았

1:1 God, after He spoke long ago to the fathers in the prophets
in many portions and in many ways, 2 in these last
days has spoken to us in His Son, whom He appointed
heir of all things, through whom also He made the world.
3 And He is the radiance of His glory and the exact
representation of His nature, and upholds all things by
the word of His power. When He had made purification
of sins, He sat down at the right hand of the Majesty on
high; 4 having become as much better than the angels, as
He has inherited a more excellent name than they. 5 For

히

5 //(이유: γάρ, for)
하나님께서 —— 하셨으며?
/어느 때에
/천사 중 누구에게
/네가 —— 아들이라
/내
내가 —— 낳았다
/너를
/오늘날
//또
하셨느뇨?
/나는 —— 아버지가 되고
/그에게
그는 —— 아들이 되리라
/내게
/다시

6 또
[그가] 이끌어 들어오게 하실 때에(=when)
/맏아들을
/세상에
/다시
[그가] **말씀하시며**
/천사가 —— 경배할지어다
/하나님의 /저에게
/모든

7 또
[그가] **[말씀]하셨으되**
/천사들에 관하여는
/그는 —— 삼으시느니라
/그의 천사들을
/바람으로,
/그의 사역자들을
/불꽃으로

8 하나님이여!
<[그가] **[말씀]하셨으며**>
/아들에 관하여는
/보좌가 —— 영영하며
/주의
홀은 —— 홀이니이다
/나라의 /공평한
/주의
9 /네가 —— 사랑하고

다 하셨으며 또 다시 나는 그에게 아버지가 되고 그는 내게 아들이 되리라 하셨느뇨 6 또 맏아들을 이끌어 세상에 다시 들어오게 하실 때에 하나님의 모든 천사가 저에게 경배할지어다 말씀하시며 7 또 천사들에 관하여는 그는 그의 천사들을 바람으로, 그의 사역자들을 불꽃으로 삼으시느니라 하셨으되 8 아들에 관하여는 하나님이여 주의 보좌가 영영하며 주의 나라의 홀은 공평한 홀이니이다

to which of the angels did He ever say, "Thou art My Son, Today I have begotten Thee"? And again, "I will be a Father to Him And He shall be a Son to Me"? 6 And when He again brings the first-born into the world, He says, "And let all the angels of God worship Him." 7 And of the angels He says, "Who makes His angels winds, And His ministers a flame of fire." 8 But of the Son He says, "Thy throne, O God, is forever and ever, And the righteous scepter is the scepter of His kingdom. 9 "Thou hast loved righteousness and hated lawlessness; Therefore

9 /네가 ——— 사랑하고
/의를

미워하였으니
/불법을

/그러므로
하나님 ——— 주어
/곧 /즐거움의 기름을
하나님이 /네게
/너의

승하게 하셨도다 (하였고)
/네 동류들보다

10 /또
주여!
주께서 ——— 기초를 두셨으며
/땅의
/태초에
/하늘도 ——— 지으신 바라
/주의 손으로

11 /그것들은 ——— 멸망할 것이나
오직(δὲ)
/주는 ——— 영존할 것이요
/그것들은 ——— 낡아지리니
/다(=모든) /옷과 같이

12 /[당신은] ——— 갈아 입을 것이요
/[그것들을]
/의복처럼

/그것들이 ——— 변할 것이나
/옷과 같이

/주는 ——— 여전하여
/연대가 ——— 다함이 없으리라 (하였으나)
/[당신의]

13 [그가] **하셨느뇨?**
/천사 중 누구에게
/어느 때에
/내가 ——— 네 발등상 되게 하기까지(=until)
/네 원수로(를)
너는 ——— 앉았으라
/내 우편에

9 네가 의를 사랑하고 불법을 미워하였으니 그러므로 하
나님 곧 너의 하나님이 즐거움의 기름을 네게 주어 네 동
류들보다 승하게 하셨도다 하였고 10 또 주여 태초에 주
께서 땅의 기초를 두셨으며 하늘도 주의 손으로 지으신 바
라 11 그것들은 멸망할 것이나 오직 주는 영존할 것이요
그것들은 다 옷과 같이 낡아지리니 12 의복처럼 갈아 입
을 것이요 그것들이 옷과 같이 변할 것이나 주는 여전하여
연대가 다함이 없으리라 하였으나 13 어느 때에 천사 중
누구에게 내가 네 원수로 네 발등상 되게 하기까지 너는
내 우편에 앉았으라 하셨느뇨

God, Thy God, hath anointed Thee With the oil of gladness
above Thy companions." 10 And, "Thou, Lord, in the
beginning didst lay the foundation of the earth, And the heavens
are the works of Thy hands; 11 They will perish, but
Thou remainest; And they all will become old as a garment,
12 And as a mantle Thou wilt roll them up; As a garment
they will also be changed. But Thou art the same, And
Thy years will not come to an end." 13 But to which of
the angels has He ever said, "Sit at My right hand, Until
I make Thine enemies A footstool for Thy feet"? 14 Are

히

14 모든 천사들은 영으로서...아니뇨?[1)]
/부리는
/섬기라고(=섬김을 위한)
/보내심이(=보내심받은)
/후사들을 위하여
/구원 얻을

2

1 그러므로(διὰ τοῦτο)[2)]
우리가 삼갈지니[3)]
/모든 들은 것을
/더욱 간절히

//(목적: μήποτε, lest...should)
혹 흘러 떠내려 갈까 염려하노라[4)]

2 //(이유: γάρ, for)
[만일]
말씀이 —— 견고하게 되어
/[말씀]하신
/천사들로
범죄함과 —— 받았거든(=받았다면)
/모든 /보응을
순종치 아니함이 /공변된

3 //(계속되는 문장)
[만일]
우리가 —— 등한히 여기면
/구원을
/이같이 큰

어찌 [우리가] —— 피하리요

이 구원은 말씀하신 바요
/처음에
/주로(=주를 통하여)

확증한 바니
/들은 자들이(=들은 자들에 의해)
/우리에게

4 하나님도 (저희와) 함께 증거하셨느니라[5)]
/표적들과
기사들과
여러 가지 능력과 및
성령의 나눠 주신 것으로써
/자기 뜻을 따라

5 //(이유: γάρ, for)

1) 영이 아니뇨?
2) for this reason
3) 모든 번역본들이 "우리"로 번역했다.
4) 직역: 흘러 떠내려가지 않기 위해서
5) 직역: 하나님의 함께 증거하신 바이다.

14 모든 천사들은 부리는 영으로서 구원 얻을 후사들을 위하여 섬기라고 보내심이 아니뇨

2:1 그러므로 모든 들은 것을 우리가 더욱 간절히 삼갈지니 혹 흘러 떠내려갈까 염려하노라 2 천사들로 하신 말씀이 견고하게 되어 모든 범죄함과 순종치 아니함이 공변된 보응을 받았거든 3 우리가 이같이 큰 구원을 등한히 여기면 어찌 피하리요 이 구원은 처음에 주로 말씀하신 바요 들은 자들이 우리에게 확증한 바니 4 하나님도 표적들과 기사들과 여러가지 능력과 및 자기 뜻을 따라 성령의

they not all ministering spirits, sent out to render service for the sake of those who will inherit salvation?

2:1 ¶ For this reason we must pay much closer attention to what we have heard, lest we drift away from it. 2 For if the word spoken through angels proved unalterable, and every transgression and disobedience received a just recompense, 3 how shall we escape if we neglect so great a salvation? After it was at the first spoken through the Lord, it was confirmed to us by those who heard, 4 God also bearing witness with them, both by signs and wonders and by various miracles and by gifts of the Holy Spirit

5 //(이유: γάρ, for)
하나님이——— 복종케 하심이 아니라
/장차 오는 세상을
/우리의 말한 바
/천사들에게는

6 오직(δὲ)
누가 **증거하여 가로되**[6]
/어디(=어디서)
/사람이 ——— 무엇이관대
주께서 ——— 생각하시며?
/저를
/인자가 ——— 무엇이관대
주께서 ——— 권고하시나이까?
/저를
7 /[주께서] ——— 못하게 하시며
/저를
/천사보다
/잠깐 동안
— 관 씌우시며
/영광과
존귀로
— 8 복종케 하셨느니라 (하였으니)
/만물을
/그 발 아래

복종치 않은 것이 **하나도 없으나**[7]

//(이유: γάρ, for)
복종케 하셨은즉
/만물로(을)
/저에게

우리가 **보지 못하고**
/만물이 아직 저에게 복종한 것을
/지금

9 오직
우리가 **보니**
/예수를
/못하게 하심을 입은 자[를]
/천사들보다
/잠깐 동안
곧 관 쓰신[자를]
/영광과
존귀로
/고난 받으심을 인하여
/죽음의
//이를 행하심은(목적: ὅπως, so that...may)

6) 직역: 말하면서 증거했다. 같은 뉘앙스이기 때문에 같이 묶어서 본다.

7) 직역: 그는 그에게 복종치 않은 것을 하나도 남겨놓지 않으셨다.

나눠 주신 것으로써 저희와 함께 증거하셨느니라 5 하나
님이 우리의 말한 바 장차 오는 세상을 천사들에게는 복종
케 하심이 아니라 6 오직 누가 어디 증거하여 가로되 사람
이 무엇이관대 주께서 저를 생각하시며 인자가 무엇이관대
주께서 저를 권고하시나이까 7 저를 잠깐 동안 천사보다
못하게 하시며 영광과 존귀로 관 씌우시며 8 만물을 그 발
아래 복종케 하셨느니라 하였으니 만물로 저에게 복종케
하셨은즉 복종치 않은 것이 하나도 없으나 지금 우리가 만
물이 아직 저에게 복종한 것을 보지 못하고 9 오직 우리가
천사들보다 잠깐 동안 못하게 하심을 입은 자 곧 죽음의

according to His own will. 5 For He did not subject to
angels the world to come, concerning which we are
speaking. 6 But one has testified somewhere, saying,
"What is man, that Thou rememberest him? Or the son
of man, that Thou art concerned about him? 7 "Thou hast
made him for a little while lower than the angels; Thou hast crowned him with glory and honor, And hast appointed him over the works of Thy hands; 8 Thou hast put all things in subjection under his feet. "For in subjecting all things to him, He left nothing that is not subject to him. But

히

//이를 행하심은(목적: ὅπως, so that...may)
[그가] —— 맛보려 하심이라
/죽음을
/하나님의 은혜로 말미암아
/모든 사람을 위하여

10 //(이유: γάρ, for)
[그것은] —— 합당하도다[8)]
/자에게는(하나님이) —— 온전케 하심이
/만물이 인하고
/만물이 말미암은
/이끌어 들어가게 하시는 일에
/많은 아들을
/영광에
/주를
/저희 구원의
/고난으로 말미암아

11 //(이유: γάρ, for)
거룩하게 하시는 자와
거룩하게 함을 입은 자들이 —— 하나에서 난지라
/다(=모든)

그러므로
[그가] **부끄러워 아니하시고**
/부르시기를
/[그들을]
/형제라

12 [그가] **이르시되...하셨으며**
/내가 —— 선포하고
/주의 이름을
/내 형제들에게
/내가 —— 찬송하리라
/주를
/교회 중에서

13 또
〈하시고〉
/다시
/내가 —— 의지하리라
/그를
또
〈하셨으니〉
/다시
/볼지어다
나와
및 자녀라
/하나님께서 내게 주신

8) NIV의 구조를 참고하자.

고난 받으심을 인하여 영광과 존귀로 관 쓰신 예수를 보니
이를 행하심은 하나님의 은혜로 말미암아 모든 사람을 위
하여 죽음을 맛보려 하심이라 10 만물이 인하고 만물이
말미암은 자에게는 많은 아들을 이끌어 영광에 들어가게
하시는 일에 저희 구원의 주를 고난으로 말미암아 온전케
하심이 합당하도다 11 거룩하게 하시는 자와 거룩하게 함
을 입은 자들이 다 하나에서 난지라 그러므로 형제라 부르
시기를 부끄러워 아니하시고 12 이르시되 내가 주의 이름
을 내 형제들에게 선포하고 내가 주를 교회 중에서 찬송하
리라 하셨으며 13 또 다시 내가 그를 의지하리라 하시고

now we do not yet see all things subjected to him. 9 But
we do see Him who has been made for a little while
lower than the angels, namely, Jesus, because of the
suffering of death crowned with glory and honor, that by
the grace of God He might taste death for everyone. 10
For it was fitting for Him, for whom are all things, and through
whom are all things, in bringing many sons to glory, to perfect
the author of their salvation through sufferings. 11 For
both He who sanctifies and those who are sanctified are
all from one Father; for which reason He is not ashamed
to call them brethren, 12 saying, "I will proclaim Thy
name to My brethren, In the midst of the congregation I

14 [그러므로]
자녀들은 함께 속하였으매
/혈육에

또한
그도 **함께 속하심은**
/한 모양으로
/혈육에

//(목적: ἵνα, so that...may)
[그가] ——— 없이 하시며
/사망의 세력을 잡은 자
/사망으로 말미암아
/곧(동격/동급)
마귀를

15 //또(목적 계속)
[그가] ——— 놓아 주려 하심이니
/모든 자들을
/죽기를 무서워하므로
/종 노릇 하는
/일생에 매여

16 //이는(이유: γάρ, for)
[그가]——— 붙들어 주려 하심이 아니요
/천사들을
/실로

오직
[그가] ——— 붙들어 주려 하심이라
/이브라함의 자손을

17 그러므로
같이 되심이 **마땅하도다**
/(저가)형제들과
/범사에

//이는(목적: ἵνα, so that...may)
[그가]——— 대제사장이 되어
/자비하고
충성된
/하나님의 일에

구속하려 하심이라
/백성의 죄를

18 //(이유: γάρ, for)

또 다시 볼지어다 나와 및 하나님께서 내게 주신 자녀라
하셨으니 14 자녀들은 혈육에 함께 속하였으매 그도 또한
한 모양으로 혈육에 함께 속하심은 사망으로 말미암아 사
망의 세력을 잡은 자 곧 마귀를 없이 하시며 15 또 죽기를
무서워하므로 일생에 매여 종노릇 하는 모든 자들을 놓아
주려 하심이니 16 이는 실로 천사들을 붙들어 주려 하심
이 아니요 오직 아브라함의 자손을 붙들어 주려 하심이라
17 그러므로 저가 범사에 형제들과 같이 되심이 마땅하도
다 이는 하나님의 일에 자비하고 충성된 대제사장이 되어
백성의 죄를 구속하려 하심이라 18 자기가 시험을 받아

will sing Thy praise." 13 And again, "I will put My trust
in Him." And again, "Behold, I and the children whom
God has given Me." 14 Since then the children share in
flesh and blood, He Himself likewise also partook of the same,
that through death He might render powerless him who
had the power of death, that is, the devil; 15 and might
deliver those who through fear of death were subject to slavery
all their lives. 16 For assuredly He does not give help to angels,
but He gives help to the descendant of Abraham. 17 Therefore,
He had to be made like His brethren in all things, that
He might become a merciful and faithful high priest in
things pertaining to God, to make propitiation for the sins

히

18 //(이유: γάρ, for)
[그가] — 고난을 당하셨은즉
/시험을 받아
/자기가(=스스로)
능히 도우시느니라
/시험받는 자들을

3

1 그러므로
형제들아!
/거룩한
/함께 하늘의 부르심을 입은

[너희는] **깊이 생각하라**
/예수를
/사도시며
대제사장이신
/우리의 믿는 도리의

2 저가 **충성하시기를**
/자기를 세우신 이에게
/모세가 —— 한 것과 같으니
/하나님의 온 집에서

3 //(이유: γάρ, for)
마치
집 지은 자가 — 존귀함 같으니라[9)]
/그 집보다
/더욱
//저는 —— 받을 만한 것이
/영광을
/더욱
/모세보다

4 //(이유: γάρ, for)
집마다 —— 지은 이가 있으니
//지으신 이는 — 하나님이시라
/만물을

5 또한
모세는 **충성하였고**
/사환으로
/하나님의 온 집에서

//(목적: εἰς+목적격, for)

9) 존귀함 같이

고난을 당하셨은즉 시험 받는 자들을 능히 도우시느니라

3:1 그러므로 함께 하늘의 부르심을 입은 거룩한 형제
들아 우리의 믿는 도리의 사도시며 대제사장이신 예수
를 깊이 생각하라 2 저가 자기를 세우신 이에게 충성하시
기를 모세가 하나님의 온 집에서 한 것과 같으니 3 저는
모세보다 더욱 영광을 받을 만한 것이 마치 집 지은 자가
그 집보다 더욱 존귀함 같으니라 4 집마다 지은 이가 있으
니 만물을 지으신 이는 하나님이시라 5 또한 모세는 장래
의 말할 것을 증거하기 위하여 하나님의 온 집에서 사환으

of the people. 18 For since He Himself was tempted in that which He has suffered, He is able to come to the aid of those who are tempted.

3:1 ¶ Therefore, holy brethren, partakers of a heavenly
calling, consider Jesus, the Apostle and High Priest of
our confession. 2 He was faithful to Him who appointed
Him, as Moses also was in all His house. 3 For He has
been counted worthy of more glory than Moses, by just
so much as the builder of the house has more honor than
the house. 4 For every house is built by someone, but

//(목적: εἰς+목적격, for)
증거하기 위하여
/장래의 말할 것을

6 그리스도는 〈**충성하였으니**〉
/아들로
/그의 집 맡은

[만일]
우리가 잡으면(if)
/담대함과
자랑을
/소망의
/끝까지
/견고히
[우리가] **집이라**
/그의

7 그러므로
[만일]
너희가 듣거든
/그의 음성을
/성령이 —— 이르신 바와 같이
/오늘날

8 [너희는] **강퍅케 하지 말라**
/너희 마음을
/노하심을 격동하여
시험하던 때와 같이
/광야에서
9 /거기서[10)]
열조가 —— 시험하여
/너희 /나를
/증험하고[11)]
—— 보았느니라
/나의 행사를
/사십 년 동안에

10 그러므로
내가 **노하여 가로되...하였고**
/이 세대를
/저희가 —— 미혹되어
/마음이
/항상
—— 알지 못하는도다
/내 길을

11 /내가 —— 맹세한 바와 같이
/노하여
저희는 —— 들어오지 못하리라 (하셨다 하였으니)
/내 안식에

10) 관계 대명사이다. 선행사는 광야이다.

11) 증험함으로

로 충성하였고 6 그리스도는 그의 집 맡은 아들로 충성하
였으니 우리가 소망의 담대함과 자랑을 끝까지 견고히 잡
으면 그의 집이라 7 그러므로 성령이 이르신 바와 같이 오
늘날 너희가 그의 음성을 듣거든 8 노하심을 격동하여 광
야에서 시험하던 때와 같이 너희 마음을 강퍅케 하지 말라
9 거기서 너희 열조가 나를 시험하여 증험하고 사십 년 동
안에 나의 행사를 보았느니라 10 그러므로 내가 이 세대
를 노하여 가로되 저희가 항상 마음이 미혹되어 내 길을
알지 못하는도다 하였고 11 내가 노하여 맹세한 바와 같
이 저희는 내 안식에 들어오지 못하리라 하셨다 하였으니

the builder of all things is God. 5 Now Moses was faithful
in all His house as a servant, for a testimony of those
things which were to be spoken later; 6 but Christ was
faithful as a Son over His house whose house we are, if
we hold fast our confidence and the boast of our hope
firm until the end. 7 Therefore, just as the Holy Spirit
says, "Today if you hear His voice, 8 Do not harden your
hearts as when they provoked Me, As in the day of trial
in the wilderness, 9 Where your fathers tried Me by testing
Me, And saw My works for forty years. 10 "Therefore I

히

12 형제들아!
너희가 **삼가... 염려할 것이요**[12)]
/떨어질까
/살아 계신 하나님에게서

//(목적: μήποτε, lest...should)
혹 너희 중에 누가 믿지 아니하는 악심을 품고[13)]

13 오직(ἀλλα)
[너희는] **권면하여**
/피차
/오늘이라 일컫는 동안에
/매일

//(목적: ἵνα, so that...may)
누구든지 ——— 강퍅케 됨을 면하라[14)]
/너희 중에 /죄의 유혹으로

14 //(이유: γάρ, for)
시작할 때에
확실한 것을 끝까지 견고히 잡으면
우리가 ———함께 참여한 자가 되리라
/그리스도와

15 [그것이] **일렀으되...** 하였으니
/성경에
/오늘날
/[만일]

---

12) 너희는 삼가 염려하라. 무엇을? 살아계신 하나님에게서 떨어질 것을. 목적? 누구도 죄악된 마음을 품지 않기 위해서.

영어구문/NASB)
brethren!,
Take care,
/unbelieving heart that falls away from the living God.
//that there not be in any one of you an evil,

13) 너희 중에 누구가 믿지 아니하는 악한 마음을 품지 않게 하기 위해서이다.
14) 너희 중 누구든지 죄의 유혹으로부터 강퍅케되지 않게 위해서이다.

12 형제들아 너희가 삼가 혹 너희 중에 누가 믿지 아니하
는 악심을 품고 살아 계신 하나님에게서 떨어질까 염려할
것이요 13 오직 오늘이라 일컫는 동안에 매일 피차 권면
하여 너희 중에 누구든지 죄의 유혹으로 강퍅케 됨을 면하
라 14 우리가 시작할 때에 확실한 것을 끝까지 견고히 잡
으면 그리스도와 함께 참예한 자가 되리라 15 성경에 일
렀으되 오늘날 너희가 그의 음성을 듣거든 노하심을 격동
할 때와 같이 너희 마음을 강퍅케 하지 말라 하였으니 16
듣고 격노케 하던 자가 누구뇨 모세를 좇아 애굽에서 나온
모든 이가 아니냐 17 또 하나님이 사십 년 동안에 누구에

was angry with this generation, And said, 'They always go astray in their heart; And they did not know My ways';
11 As I swore in My wrath, 'They shall not enter My rest.'" 12 Take care, brethren, lest there should be in any
one of you an evil, unbelieving heart, in falling away from the living God. 13 But encourage one another day
after day, as long as it is still called "Today," lest any one of you be hardened by the deceitfulness of sin. 14
For we have become partakers of Christ, if we hold fast the beginning of our assurance firm until the end; 15
while it is said, "Today if you hear His voice, Do not harden your hearts, as when they provoked Me." 16 For

/[만일]
너희가 ── 듣거든
/그의 음성을
강퍅케 하지 말라
/너희 마음을
/노하심을 격동할 때와 같이

16 격노케 하던 자가 **누구뇨?**[15)]
/듣고

모든 이가 **아니냐?**
/나온
/애굽에서
/모세를 좇아

17 또
하나님이 **노하셨느뇨?**
/누구에게
/사십 년 동안에

범죄하여...자에게가 **아니냐?**[16)]
/그 시체가 엎드러진
/광야에

18 또
하나님이 **맹세하사...하셨느뇨?**
/누구에게
/그의 안식에 들어오지 못하리라

곧
순종치 아니하던 자에게가 **아니냐?**

19 이로
[우리가] **보건대**
/저희가 ── 능히 들어가지 못한 것이라

//(이유: διὰ +목적격)
믿지 아니하므로

4

1 그러므로(οὖν)
약속이 남아 있을지라도
/들어갈
/그의 안식에
우리는 **두려워할지니**[17)]

//(목적: μήποτε, lest...should)

15) 본문의 γάρ는 강조적 용법이다.

16) 범죄한 자에게 아니냐?

17) "우리가 두려워하자" 가정법인데 권유형 명령형으로 번역된다.

게 노하셨느뇨 범죄하여 그 시체가 광야에 엎드러진 자에
게가 아니냐 18 또 하나님이 누구에게 맹세하사 그의 안
식에 들어오지 못하리라 하셨느뇨 곧 순종치 아니하던 자
에게가 아니냐 19 이로 보건대 저희가 믿지 아니하므로
능히 들어가지 못한 것이라

4:1 그러므로 우리는 두려워할지니 그의 안식에 들어갈
약속이 남아 있을지라도 너희 중에 혹 미치지 못할 자
가 있을까 함이라 2 저희와 같이 우리도 복음 전함을 받은
자이나 그러나 그 들은 바 말씀이 저희에게 유익되지 못한

who provoked Him when they had heard? Indeed, did not
all those who came out of Egypt led by Moses? 17 And
with whom was He angry for forty years? Was it not with
those who sinned, whose bodies fell in the wilderness?
18 And to whom did He swear that they should not enter
His rest, but to those who were disobedient? 19 And so
we see that they were not able to enter because of unbelief.

4:1 Therefore, let us fear lest, while a promise remains
of entering His rest, any one of you should seem to

히

//(목적: μήποτε, lest...should)
[누가] ——— 혹 미치지 못할 (자가 있을)까 함이라[18)]
/너희 중에

2 //(이유: γάρ, for)
우리도 ——— 복음 전함을 받은 자이나
/저희와 같이
//그러나
말씀이 ——— 유익되지 못한 것은
/그 들은 바 /저희에게

//(이유: 분사, because)
듣는 자가 — 화합지 아니함이라
/믿음을(=믿음으로)

3 //(이유: γάρ, for)
이미 믿는 우리들은 — 들어가는도다
/저 안식에
/그[가] — 말씀하신 바와 같으니...하셨다 하였으나
/[비록]
그[의] 일이 — 이루었느니라[19)]
/창조할 때부터
/세상을
저희가 ——— 들어오지 못하리라[20)]
/내 안식에
/내가 — 맹세한 바와 같이
/노하여

4 //(이유: γάρ, for)
[그가] ——— 일렀으되...하였으며
/제 칠 일에 관하여는
/어디
/이렇게
/하나님은 —— 쉬셨다
/그의 모든 일을
/제 칠 일에

5 //또(연속되는 이유)
〈그가〉 ——— ([말]하였으니)
/다시
/거기
/저희가 — 들어오지 못하리리[21)]
/내 안식에

6 그러면(οὖν)
들어갈 자들이 남아 있거니와
/거기

//(이유: ἐπει, since)

19) 직역: 이루었다 할지라도

20) [εἰ+ 직설법 미래형]은 귀결 절 없이 사용되었을 때, 강한 부정이나 맹세의 의미를 가진다.(신약성경 헬라어 구문론, 어니스트 버튼 저, 권성수 역, 기독지혜사 참조)

21) 강한 부정: [εἰ+ 직설법 미래]

것은 듣는 자가 믿음을 화합지 아니함이라 3 이미 믿는 우리들은 저 안식에 들어가는도다 그 말씀하신 바와 같으니 내가 노하여 맹세한 바와 같이 저희가 내 안식에 들어오지 못하리라 하셨다 하였으나 세상을 창조할 때부터 그 일이 이루었느니라 4 제칠일에 관하여는 어디 이렇게 일렀으되 하나님은 제칠일에 그의 모든 일을 쉬셨다 하였으며 5 또 다시 거기 저희가 내 안식에 들어오지 못하리라 하였으니 6 그러면 거기 들어갈 자들이 남아 있거니와 복음 전함을 먼저 받은 자들은 순종치 아니함을 인하여 들어가지 못하였으므로 7 오랜 후에 다윗의 글에 다시 어느 날을 정하여

have come short of it. 2 For indeed we have had good news preached to us, just as they also; but the word they heard did not profit them, because it was not united by faith in those who heard. 3 For we who have believed enter that rest, just as He has said, "As I swore in My wrath, They shall not enter My rest," although His works were finished from the foundation of the world. 4 For He has thus said somewhere concerning the seventh day, "And God rested on the seventh day from all His works"; 5 and again in this passage, "They shall not enter My rest." 6 Since therefore it remains for some to enter it, and those who formerly had good news preached to them failed to

//(이유: ἐπει, since)
복음 전함을 받은 자들은 —— 들어가지 못하였으므로
/먼저

//(이유: διὰ + 목적격, because of)
순종치 아니함을 인하여

7 [그가] 정하여
/다시
/어느 날을
/오늘날이라고
/오랜 후에
/하였나니(=말하면서)
/다윗의 글에
/이같이 미리 일렀으되[22)]
/[만일]
너희가 —— 듣거든
/그의 음성을
/오늘날
너희가 —— 강퍅케 말라
/너희 마음을

8 //(이유: γάρ, for)
만일
여호수아가 —— 안식을 주었더면(if)
/저희에게
[그가] —— 말씀하지 아니하셨으리라
/다른 날을
/그 후에

9 그런즉(ἄρα)
안식할 때가 남아 있도다
/하나님의 백성에게

10 //(이유: γάρ, for)
이미 들어간 자는 —— 쉬느니라
/그의 안식에 /자기 일을
/하나님이 자기 일을 쉬심과 같이

11 그러므로(οὖν)
우리가 힘쓸지니
/들어가기를
/저 안식에

//이는(목적: ἵνα, so that...may)
누구든지 —— 빠지지 않게 하려 함이라
/본에
/저 순종치 아니하는
/[같은]

12 //(이유: γάρ, for)

22) 직역: 그가 말한 것 같이

오늘날이라고 미리 이같이 일렀으되 오늘날 너희가 그의
음성을 듣거든 너희 마음을 강퍅케 말라 하였나니 8 만일
여호수아가 저희에게 안식을 주었더면 그 후에 다른 날을
말씀하지 아니하셨으리라 9 그런즉 안식할 때가 하나님의
백성에게 남아 있도다 10 이미 그의 안식에 들어간 자는
하나님이 자기 일을 쉬심과 같이 자기 일을 쉬느니라 11
그러므로 우리가 저 안식에 들어가기를 힘쓸지니 이는 누
구든지 저 순종치 아니하는 본에 빠지지 않게 하려 함이라
12 하나님의 말씀은 살았고 운동력이 있어 좌우에 날선
어떤 검보다도 예리하여 혼과 영과 및 관절과 골수를 찔러

enter because of disobedience, 7 He again fixes a certain
day, "Today," saying through David after so long a time
just as has been said before, "Today if you hear His voice,
Do not harden your hearts." 8 For if Joshua had given
them rest, He would not have spoken of another day after
that. 9 There remains therefore a Sabbath rest for the
people of God. 10 For the one who has entered His rest
has himself also rested from his works, as God did from
His. 11 Let us therefore be diligent to enter that rest, lest
anyone fall through following the same example of
disobedience. 12 For the word of God is living and active
and sharper than any two-edged sword, and piercing as

히

12 //(이유: γάρ, for)
말씀은 ─ 살았고
/하나님의
─ 운동력이 있어
─ 예리하여
/어떤 검보다도
/좌우에 날선
─ 찔러
/쪼개기까지 하며
/혼과 영과 및
관절과 골수를
//또
─ 감찰하나니
/생각과
뜻을
/마음의

13 //(계속되는 이유)
하나라도 ─ 없고
/지으신 것이
/나타나지 않음이
/그 앞에
//오직 만물이 ─ 벌거벗은(것같이)
─ 드러나느니라
/눈 앞에
/우리를 상관하시는 자의

14 그러므로(οὖν)
우리가 **굳게 잡을지어다**
/믿는 도리를
//(이유: 분사, since)
우리에게 있으니
/대제사장이
/큰
/승천하신 자
곧 예수시라
/하나님 아들

15 //(이유: γάρ, for)
우리에게(는) ─ 있는(=가지고 있다)
/대제사장은(=을)
/체휼하지 아니하는 자가 아니요
/우리 연약함을
/시험을 받은 자로되
/모든 일에
/우리와 한결같이
/죄는 없으시니라

쪼개기까지 하며 또 마음의 생각과 뜻을 감찰하나니 13 지으신 것이 하나라도 그 앞에 나타나지 않음이 없고 오직 만물이 우리를 상관하시는 자의 눈 앞에 벌거벗은 것같이 드러나느니라 14 그러므로 우리에게 큰 대제사장이 있으니 승천하신 자 곧 하나님 아들 예수시라 우리가 믿는 도리를 굳게 잡을지어다 15 우리에게 있는 대제사장은 우리 연약함을 체휼하지 아니하는 자가 아니요 모든 일에 우리와 한결같이 시험을 받은 자로되 죄는 없으시니라 16 그러므로 우리가 긍휼하심을 받고 때를 따라 돕는 은혜를 얻기 위하여 은혜의 보좌 앞에 담대히 나아갈 것이니라

far as the division of soul and spirit, of both joints and marrow, and able to judge the thoughts and intentions of the heart. 13 And there is no creature hidden from His sight, but all things are open and laid bare to the eyes of Him with whom we have to do. 14 ¶ Since then we have a great high priest who has passed through the heavens, Jesus the Son of God, let us hold fast our confession. 15 For we do not have a high priest who cannot sympathize with our weaknesses, but One who has been tempted in all things as we are, yet without sin. 16 Let us therefore draw near with

16 그러므로
우리가 나아갈 것이니라
/담대히
/은혜의 보좌 앞에

//(목적: 목적: ἵνα, so that...may)
[우리가] 긍휼하심을 받고
얻기 위하여
/은혜를
/때를 따라 돕는

5

1 대제사장 **[세움을 입었나니]**[23)]
/마다(=모든) /하나님께 속한 일에
/취한 (자이므로) /사람을 위하여
/사람 가운데서

//(목적: ἵνα, so that...may)
[그가] 드리게
/예물과
제사를
/속죄하는

2 (저가) **능히 용납할 수 있는 것은**[24)]
/무식하고(=무식한 자를)
미혹한 자를

//(이유: ἐπεὶ, since)
자기도 싸여 있음이니라
/연약에

3 //이러므로(이유: διὰ +목적격, because of)
(또한) 드리는 것이 마땅하니라
/자기를 위하여
/속죄제를 드림과 같이
/백성을 위하여

4 아무나 **취하지 못하고**
/이 존귀는(=를)
/스스로

오직(ἀλλα)
부르심을 입은 자라야 **〈할 것이니라〉**
/하나님의
/아론과 같이

23) 강조적 γάρ

24) 거의 모든 번역본들이 주동사로 본다.

5:1 대제사장마다 사람 가운데서 취한 자이므로 하나님
께 속한 일에 사람을 위하여 예물과 속죄하는 제사를
드리게 하나니 2 저가 무식하고 미혹한 자를 능히 용납할
수 있는 것은 자기도 연약에 싸여 있음이니라 3 이러므로
백성을 위하여 속죄제를 드림과 같이 또한 자기를 위하여
드리는 것이 마땅하니라 4 이 존귀는 아무나 스스로 취하
지 못하고 오직 아론과 같이 하나님의 부르심을 입은 자라
야 할 것이니라 5 또한 이와 같이 그리스도께서 대제사장
되심도 스스로 영광을 취하심이 아니요 오직 말씀하신 이

confidence to the throne of grace, that we may receive mercy and may find grace to help in time of need.

5:1 ¶ For every high priest taken from among men is
appointed on behalf of men in things pertaining to
God, in order to offer both gifts and sacrifices for sins; 2
he can deal gently with the ignorant and misguided, since
he himself also is beset with weakness; 3 and because of
it he is obligated to offer sacrifices for sins, as for the
people, so also for himself. 4 And no one takes the honor
to himself, but receives it when he is called by God, even
as Aaron was. 5 So also Christ did not glorify Himself

5 또한
그리스도께서 **영광을 취하심이 아니요**
/스스로
/이와 같이

//(목적: 부정사)
대제사장 되심도(=되려고)

오직
말씀하신 이가 **〈이르시되...하셨고〉**
/저더러(=에게)
/너는 ── 아들이니
/내
내가 ── 낳았다
/너를
/오늘날

6 또한
[그가] **말씀하시되**...하셨으니
/이와 같이
/다른 데(서)
/네가 ──── 제사장이라
/영원히
/멜기세덱의 반차를 좇는

7 그는 **올렸고**[25]
/간구와 소원을
/육체에 계실 때에
/능히 구원하실 이에게
/자기를
/죽음에서
/심한 통곡과
눈물로
얻었느니라
/들으심을

//(이유: ἀπὸ + 소유격, because of)
그의 경외하심을 인하여

8 [비록]
그가 아들이시라도
배워서
/순종함을
/[그가] 받으신 고난으로[부터]

9 **온전하게 되었은즉**
/순종하는 모든 자에게
/자기를
근원이 되시고
/구원의
/영원한

25) 동사 역할의 분사이다.

가 저더러 이르시되 너는 내 아들이니 오늘날 내가 너를
낳았다 하셨고 6 또한 이와 같이 다른 데 말씀하시되 네가
영원히 멜기세덱의 반차를 좇는 제사장이라 하셨으니 7
그는 육체에 계실 때에 자기를 죽음에서 능히 구원하실 이
에게 심한 통곡과 눈물로 간구와 소원을 올렸고 그의 경외
하심을 인하여 들으심을 얻었느니라 8 그가 아들이시라도
받으신 고난으로 순종함을 배워서 9 온전하게 되었은즉
자기를 순종하는 모든 자에게 영원한 구원의 근원이 되시
고 10 하나님께 멜기세덱의 반차를 좇은 대제사장이라 칭
하심을 받았느니라 11 멜기세덱에 관하여는 우리가 할 말

so as to become a high priest, but He who said to Him,
"Thou art My Son, Today I have begotten Thee"; 6 just
as He says also in another passage, "Thou art a priest
forever According to the order of Melchizedek." 7 In the
days of His flesh, He offered up both prayers and supplications
with loud crying and tears to the One able to save Him
from death, and He was heard because of His piety. 8 Although
He was a Son, He learned obedience from the things
which He suffered. 9 And having been made perfect, He
became to all those who obey Him the source of eternal

10 **칭하심을 받았느니라**
/하나님께
/대제사장이라
/멜기세덱의 반차를 좇은

11 우리가 **할 말이 많으나**[26)]
/멜기세덱에 관하여는

해석하기 **어려우니라**

//(이유: ἐπεὶ, because)
너희의(가) ── 둔하므로
/듣는 것이(에)

12 //(이유: γάρ, for)
너희가 ── 마땅히 선생이 될 터인데[27)]
/때가 오래므로
너희가 ── 받아야 할 것이니
/가르침을
/다시
/하나님의 말씀의 초보가 무엇인지
/누구에게

── 먹고(=먹을 자 되고)
/젖이나(=젖을)
── 못 먹을 자가 되었도다
/단단한 식물을

13 //대저(이유: γάρ, for)
먹는 자마다 ── 경험하지 못한 자요
/젖을 /의의 말씀을

//(이유: γάρ, for)
[그는] ── 어린아이니

14 식물은 **장성한 자의 것이니**
/단단한

저희는 **[가지고 있는](자들이니라)**
/[자기의] 지각을
/연단을 받아(=받은)
/사용하므로
/분변하는(=분별하도록)
/선악을

26) 직역: 많은 할 말이 우리에게 있으나

27) 비록 너희가 가르치는 자가 되었어야함에도 불구하고

이 많으나 너희의 듣는 것이 둔하므로 해석하기 어려우니
라 12 때가 오래므로 너희가 마땅히 선생이 될 터인데 너
희가 다시 하나님의 말씀의 초보가 무엇인지 누구에게 가
르침을 받아야 할 것이니 젖이나 먹고 단단한 식물을 못
먹을 자가 되었도다 13 대저 젖을 먹는 자마다 어린아이
니 의의 말씀을 경험하지 못한 자요 14 단단한 식물은 장
성한 자의 것이니 저희는 지각을 사용하므로 연단을 받아
선악을 분변하는 자들이니라

6:1 그러므로 우리가 그리스도 도의 초보를 버리고 죽은
행실을 회개함과 하나님께 대한 신앙과 2 세례들과 안

salvation, 10 being designated by God as a high priest
according to the order of Melchizedek. 11 Concerning
him we have much to say, and it is hard to explain, since
you have become dull of hearing. 12 For though by this
time you ought to be teachers, you have need again for someone
to teach you the elementary principles of the oracles of
God, and you have come to need milk and not solid food.
13 For everyone who partakes only of milk is not accustomed
to the word of righteousness, for he is a babe. 14 But
solid food is for the mature, who because of practice have
their senses trained to discern good and evil.

히

6

1-2
그러므로
[우리가] **나아갈지니라**[28)]
/완전한 데[까지]
//(우리가) 버리고(분사)
/도의(를)
/초보를(의)
/그리스도[에 관한]
/닦지 말고(분사)
/다시
/터를
/회개함과
/죽은 행실을
/신앙과
/하나님께 대한
/교훈의
/세례들과
안수와
죽은 자의 부활과
영원한 심판에 관한

3 [만일]
하나님께서 허락하시면
우리가 **하리라**
/이것을

4-6a
//(이유: γάρ, for)
6 타락한 자들은 —— 새롭게 (하여)... 할 수 없나니
/비췸을 얻고 /다시
/한번 /회개케
4 /맛보고
/하늘의 은사를
/참여한 바 되고
/성령에
5 /맛보고
/하나님의 선한 말씀과
내세의 능력을

//이는(이유: 분사)
자기가 —— 십자가에 못 박아
/하나님의 아들을 다시
현저히 욕을 보임이라

7 //(이유: γάρ, for)

28) 권고가정법 : 1인칭 가정법 / 주동사가 2절에 있다.

수와 죽은 자의 부활과 영원한 심판에 관한 교훈의 터를
다시 닦지 말고 완전한 데 나아갈지니라 3 하나님께서 허
락하시면 우리가 이것을 하리라 4 한번 비췸을 얻고 하늘
의 은사를 맛보고 성령에 참예한 바 되고 5 하나님의 선한
말씀과 내세의 능력을 맛보고 6 타락한 자들은 다시 새롭
게 하여 회개케 할 수 없나니 이는 자기가 하나님의 아들
을 다시 십자가에 못박아 현저히 욕을 보임이라 7 땅이 그
위에 자주 내리는 비를 흡수하여 밭 가는 자들의 쓰기에
합당한 채소를 내면 하나님께 복을 받고 8 만일 가시와 엉
겅퀴를 내면 버림을 당하고 저주함에 가까와 그 마지막은

6:1 ¶ Therefore leaving the elementary teaching about
the Christ, let us press on to maturity, not laying again
a foundation of repentance from dead works and of faith
toward God, 2 of instruction about washings, and laying
on of hands, and the resurrection of the dead, and eternal
judgment. 3 And this we shall do, if God permits. 4 For
in the case of those who have once been enlightened and
have tasted of the heavenly gift and have been made
partakers of the Holy Spirit, 5 and have tasted the good
word of God and the powers of the age to come, 6 and
then have fallen away, it is impossible to renew them
again to repentance, since they again crucify to themselves

7 //(이유: γάρ, for)
땅이 ——— 복을 받고
/흡수하여 /하나님께
/비를
/자주 내리는
/그 위에
/내면
/채소를
/쓰기에 합당한
/밭 가는 자들의

8 만일
<땅이> 내면
/가시와 엉겅퀴를
버림을 당하고
저주함에 가까와
마지막은 **불사름이 되리라**
/그[것의]

9 사랑하는 자들아!
[비록]
[우리가] 말하나
/이같이
우리가 **확신하노라**
/너희에게는(=너희에 대해)
/이보다 나은 것과
/구원에 가까운 것을

10 //(이유: γάρ, for)
하나님이 —— 불의치 이니히시
/잊어버리지 아니하시느니라[29)]
/너희 행위와
성도를 섬긴 것과
/그의 이름을 위하여
/나타낸 사랑으로
/이미
이제도 섬기는 것을

11 우리가 **간절히 원하는 것은**
/각 사람이 —— 나타내어
/너희 /동일한 부지런을
/소망의 풍성함에 이르러
/끝까지

12 //(목적: ἵνα, so that...may)

29) 직역: 잊어버리지 아니하실 만큼 / 결과를 나타내는 종속 문장으로 해석할 수도 있다.

불사름이 되리라 9 사랑하는 자들아 우리가 이같이 말하
나 너희에게는 이보다 나은 것과 구원에 가까운 것을 확신
하노라 10 하나님이 불의치 아니하사 너희 행위와 그의
이름을 위하여 나타낸 사랑으로 이미 성도를 섬긴 것과 이
제도 섬기는 것을 잊어버리지 아니하시느니라 11 우리가
간절히 원하는 것은 너희 각 사람이 동일한 부지런을 나타
내어 끝까지 소망의 풍성함에 이르러

12 게으르지 아니하고 믿음과 오래 참음으로 말미암아 약
속들을 기업으로 받는 자들을 본받는 자 되게 하려는 것이

the Son of God, and put Him to open shame. 7 For ground
that drinks the rain which often falls upon it and brings
forth vegetation useful to those for whose sake it is also
tilled, receives a blessing from God; 8 but if it yields
thorns and thistles, it is worthless and close to being
cursed, and it ends up being burned. 9 ¶ But, beloved,
we are convinced of better things concerning you, and
things that accompany salvation, though we are speaking
in this way. 10 For God is not unjust so as to forget your
work and the love which you have shown toward His
name, in having ministered and in still ministering to the
saints. 11 And we desire that each one of you show the

히

12 //(목적 ἵνα, so that...may)
게으르지 아니하고
본받는 자 되게 하려는 것이니라
/기업으로 받는 자들을
/약속들을
/믿음과 오래 참음으로 말미암아

13 //(이유: γάρ, for)
하나님이 —— 약속하실 때에
/아브라함에게
[하나님이] —— 맹세하여
/자기를 가리켜

//(이유: ἐπεὶ, because)
맹세할 자가 —— 없으므로
/가리켜 /자기보다 더 큰 이가

14 /가라사대 ...하셨더니(말씀하여, 분사)
/내가 —— 복 주고
/너를
/반드시
—— 복 주며
—— 번성케 하고
/너를
—— 번성케 하리라

15 //(결과: 의미상)
저가 —— 약속을 받았느니라
/오래 참아
/이같이

16 사람들은 **맹세하나니**
/자기보다 더 큰 자를 가리켜

맹세는 **최후이니라**
/다투는 일에
/저희
/모든
/확정[을 위한]

17 하나님은 **보증하셨나니**
/그 일에
/맹세로

//(목적: 부정사)

니라 13 하나님이 아브라함에게 약속하실 때에 가리켜 맹
세할 자가 자기보다 더 큰 이가 없으므로 자기를 가리켜
맹세하여 14 가라사대 내가 반드시 너를 복 주고 복 주며
너를 번성케 하고 번성케 하리라 하셨더니 15 저가 이같
이 오래 참아 약속을 받았느니라 16 사람들은 자기보다
더 큰 자를 가리켜 맹세하나니 맹세는 저희 모든 다투는
일에 최후 확정이니라 17 하나님은 약속을 기업으로 받는
자들에게 그 뜻이 변치 아니함을 충분히 나타내시려고 그
일에 맹세로 보증하셨나니 18 이는 하나님이 거짓말을 하
실 수 없는 이 두 가지 변치 못할 사실을 인하여 앞에 있

same diligence so as to realize the full assurance of hope
until the end, 12 that you may not be sluggish, but imitators
of those who through faith and patience inherit the promises.
13 ¶ For when God made the promise to Abraham, since
He could swear by no one greater, He swore by Himself,
14 saying, "I will surely bless you, and I will surely
multiply you." 15 And thus, having patiently waited, he
obtained the promise. 16 For men swear by one greater
than themselves, and with them an oath given as confirmation
is an end of every dispute. 17 In the same way God,

//(목적: 부정사)
나타내시려고
/그 뜻이 변치 아니함을
/충분히
/기업으로 받는 자들에게
/약속을

18 //이는(목적: ἵνα, so that...may)
우리로 ———— 받게 하려 하심이라
/피하여 가는 /큰 안위를
/소망을 얻으려고
/앞에 있는

//(이유: διὰ+목적격, because of)
이 두 가지 사실을 인하여
/변치 못할
/하나님이 거짓말을 하실 수 없는

19 /이 소망이[30)]
우리가 있는 것은 영혼의 닻 같아서[31)]
/튼튼하고
/견고하여
/들어가나니(=들어가는)
/휘장 안에

20 예수께서 들어가셨느니라
/그리로
/앞서 가신[분으로서]
/우리를 위하여
/멜기세덱의 반차를 좇아
/영원히 대제사장이 되어

7

1 이 멜기세덱은 왕이요[32)]
/살렘[의]
제사장이라
/하나님의
/지극히 높으신
만나(=만난 자요)
/아브라함을
/돌아오는
/여러 임금을 쳐서 죽이고
복을 빈 자라
/[그를]

30) 관계대명사 - 18절에 있는 소망을 받는 관계 대명사이다. 이 구절은 바로 소망을 설명하는 수식부이다.

31) 우리가 닻을 가지고 있는 것 같은 소망

32) 강조적 γάρ이다.

는 소망을 얻으려고 피하여 가는 우리로 큰 안위를 받게
하려 하심이라 19 우리가 이 소망이 있는 것은 영혼의 닻
같아서 튼튼하고 견고하여 휘장 안에 들어가나니 20 그리
로 앞서 가신 예수께서 멜기세덱의 반차를 좇아 영원히 대
제사장이 되어 우리를 위하여 들어 가셨느니라

7:1 이 멜기세덱은 살렘 왕이요 지극히 높으신 하나님
의 제사장이라 여러 임금을 쳐서 죽이고 돌아오는 아
브라함을 만나 복을 빈 자라2 아브라함이 일체 십분의 일
을 그에게 나눠 주니라 그 이름을 번역한 즉 첫째 의의 왕
이요 또 살렘 왕이니 곧 평강의 왕이요 3 아비도 없고 어

desiring even more to show to the heirs of the promise
the unchangeableness of His purpose, interposed with an oath,
18 in order that by two unchangeable things, in which it
is impossible for God to lie, we may have strong
encouragement, we who have fled for refuge in laying
hold of the hope set before us. 19 This hope we have as
an anchor of the soul, a hope both sure and steadfast and
one which enters within the veil, 20 where Jesus has
entered as a forerunner for us, having become a high
priest forever according to the order of Melchizedek.

7:1 ¶ For this Melchizedek, king of Salem, priest of the
Most High God, who met Abraham as he was returning

히

2 아브라함이 **나눠주니라**
/십분의 일을
/일체[의]
/그에게
/그 이름을 번역한즉(=번역되는)
/첫째
의의 왕이요
또 살렘 왕이니
/곧
[그는] ― 평강의 왕이요
3 ― 아비도 없고[33]
― 어미도 없고
― 족보도 없고
― 시작한 날도 없고
― 생명의 끝도 없어
― 하나님 아들과 방불하여
― 항상 제사장으로 있느니라

4 [너희는] **생각하라**
/어떻게 높은 것을
/이 사람의
/저에게[34]
아브라함이 ― 주었느니라
/조상 /십분의 일을
/노략물 중 좋은 것으로

5 받는 자들이 **가졌으나**
/제사장의 직분을
/레위의 아들들 가운데
/명령을
/십분의 일을 취하라는
/율법을 좇아
/아브라함의 허리에서 난 자라도
/백성에게서
/자기 형제인

6 멜기세덱은 **십분의 일을 취하고**
/족보에 들지 아니한
/레위
/아브라함에게서

복을 빌었나니
/그 약속 얻은 자를 위하여

7 낮은 자가 **복 빎을 받느니라**
/높은 자에게
/폐일언하고

33) 바로 앞 문장인 '그는…이다'는 문장을 이어받아 전개되는 에이미 동사의 보어 역할을 하는 문장이다.

34) 관계대명사이다. 선행사는 '이 사람'이다.

미도 없고 족보도 없고 시작한 날도 없고 생명의 끝도 없
어 하나님 아들과 방불하여 항상 제사장으로 있느니라 4
이 사람의 어떻게 높은 것을 생각하라 조상 아브라함이 노
략물 중 좋은 것으로 십분의 일을 저에게 주었느니라 5 레
위의 아들들 가운데 제사장의 직분을 받는 자들이 율법을
좇아 아브라함의 허리에서 난 자라도 자기 형제인 백성에
게서 십분의 일을 취하라는 명령을 가졌으나 6 레위 족보
에 들지 아니한 멜기세덱은 아브라함에게서 십분의 일을
취하고 그 얻은 자를 위하여 복을 빌었나니 7 폐일언하고
낮은 자가 높은 자에게 복 빎을 받느니라 8 또 여기는 죽
을 자들이 십분의 일을 받으나 저기는 산다고 증거를 얻은
자가 받았느니라 9 또한 십분의 일을 받는 레위도 아브라

from the slaughter of the kings and blessed him, 2 to
whom also Abraham apportioned a tenth part of all the spoils, was first of all, by the translation of his name, king of righteousness, and then also king of Salem, which is king of peace. 3 Without father, without mother, without genealogy, having neither beginning of days nor end of life, but made like the Son of God, he abides a priest
perpetually. 4 ¶ Now observe how great this man was to whom Abraham, the patriarch, gave a tenth of the choicest spoils.
5 And those indeed of the sons of Levi who receive the priest's office have commandment in the Law to collect a tenth from the people, that is, from their brethren, although these are descended from Abraham. 6 But the one whose genealogy is not traced from them collected a tenth from

8 또
죽을 자들이 **받으나**
/십분의 일을
/여기는

증거를 얻은 자가 **〈받았느니라〉**
/산다고 /저기는

9 또한
할 수 있나니(즉, 말하자면, so to speak)
레위도 **바쳤다**
/십분의 일을 받는 /십분의 일을
/아브라함으로 말미암아

10 //이는(이유: γάρ, for)
멜기세덱이 아브라함을 만날 때에
레위는 ——— 있었음이니라
/자기 조상의 허리에
/아직

11 [그러므로, οὖν]
[만일]
[그가] 온전함을 얻을 수 있었으면
/레위 계통의 제사 직분으로 말미암아

//(이유: γάρ, for)
(백성이 ——— 율법을 받았으니)
/그 아래서

필요가 **있느뇨?** 35)
/어찌하여
/세울
/한 제사장을
/별다른
/아론의 반차를 좇지 않고
멜기세덱의 반차를 좇는

12 //(이유: γάρ, for)36)
제사 직분이 변역한즉(=when)
율법도 ——— 변역하리니37)
/반드시

13 //(이유: γάρ, for)
이것은 ——— 말한 것이라
/속한 자를 가리켜
/다른 지파에
/받들지 않는
/제단 일을
/한 사람도

14 //(이유: γάρ, for)

35) 직역: 어떤 필요가 있느뇨?

36) '필요가 있느뇨?' 에 대한 종속문장. 즉 필요가 없다 대한 이유를 말하는 종속문장이다.

37) 직역: 제사 직분이 변화될 때, 율법의 변화도 반드시 일어나리니

함으로 말미암아 십분의 일을 바쳤다 할 수 있나니 10 이
는 멜기세덱이 아브라함을 만날 때에 레위는 아직 자기 조
상의 허리에 있었음이니라 11 레위 계통의 제사 직분으로
말미암아 온전함을 얻을 수 있었으면(백성이 그 아래서 율
법을 받았으니) 어찌하여 아론의 반차를 좇지 않고 멜기세
덱의 반차를 좇는 별다른 한 제사장을 세울 필요가 있느뇨
12 제사 직분이 변역한즉 율법도 반드시 변역하리니 13
이것은 한 사람도 제단 일을 받들지 않는 다른 지파에 속
한 자를 가리켜 말한 것이라 14 우리 주께서 유다로 좇아
나신 것이 분명하도다 이 지파에는 모세가 제사장들에 관
하여 말한 것이 하나도 없고 15 멜기세덱과 같은 별다른
한 제사장이 일어난 것을 보니 더욱 분명하도다 16 그는

Abraham, and blessed the one who had the promises. 7
But without any dispute the lesser is blessed by the greater.
8 And in this case mortal men receive tithes, but in that
case one receives them, of whom it is witnessed that he
lives on. 9 And, so to speak, through Abraham even Levi,
who received tithes, paid tithes, 10 for he was still in the
loins of his father when Melchizedek met him. 11 ¶ Now
if perfection was through the Levitical priesthood (for on
the basis of it the people received the Law), what further
need was there for another priest to arise according to

히

14 //(이유: γάρ, for)
우리 주께서 유다로 좇아 나신 것이 ——분명하도다

모세가 ——— 말한 것이 하나도 없고[38]
/제사장들에 관하여
/이 지파에는

15 [만일]
한 제사장이 일어난 것을 (보니=일어났다면)
/별다른 /멜기세덱과 같은

[그것이] **분명하도다**
/더욱

16 그는 **법을 좇지 아니하고**
/계명의
/육체에 상관된

오직 **능력을 좇아 〈된 것이니〉**
/생명의
/무궁한

17 //(이유: γάρ, for)
[그가] ——증거하기를. . . 하였도다
/네가 —— 제사장이라
/영원히
/멜기세덱의 반차를 좇는

18 //(이유: γάρ, for)
폐하고
/전엣 계명이

//(이유: διὰ+목적격, because of)
연약하며
무익하므로

/[그것의]

19 //(이유: γάρ, for)
(율법은 아무것도 온전케 못할지라)

//이에(δὲ, 연속되는 이유)[39]
소망이 생기니
/더 좋은
/이것으로[40]
우리가 하나님께 가까이 가느니라

20 //또(연속되는 이유)

38) 하나도 말하지 아니하였고

39) 대부분의 역본들이 'on the other hand' 로 번역한다. NKJV, NASB, NRSV

40) 관계 대명사 계속용법, 선행사는 소망이다.

육체에 상관된 계명의 법을 좇지 아니하고 오직 무궁한 생
명의 능력을 좇아 된 것이니 17 증거하기를 네가 영원히
멜기세덱의 반차를 좇는 제사장이라 하였도다 18 전엣 계
명이 연약하며 무익하므로 폐하고 19 (율법은 아무 것도
온전케 못할지라)이에 더 좋은 소망이 생기니 이것으로 우
리가 하나님께 가까이 가느니라 20 또 예수께서 제사장
된 것은 맹세 없이 된 것이 아니니 21 (저희는 맹세 없이
제사장이 되었으되 오직 예수는 자기에게 말씀하신 자로
말미암아 맹세로 되신 것이라 주께서 맹세하시고 뉘우치지
아니하시리니 네가 영원히 제사장이라 하셨도다) 22 이와

the order of Melchizedek, and not be designated according to the order of Aaron? 12 For when the priesthood is changed, of necessity there takes place a change of law also. 13 For the one concerning whom these things are spoken belongs to another tribe, from which no one has officiated at the altar. 14 For it is evident that our Lord was descended from Judah, a tribe with reference to which Moses spoke nothing concerning priests. 15 And this is clearer still, if another priest arises according to the likeness of Melchizedek, 16 who has become such not on the basis of a law of physical requirement, but according to the power of an indestructible life. 17 For it is witnessed of Him, "Thou

히

20 //또(연속되는 이유)
(예수께서 제사장 된 것은)41)
맹세 없이 된 것이 아니니42)

//(이유: γάρ, for)
(저희는 —— 제사장이 되었으되
/맹세 없이
21 //오직(δὲ)
예수는 —— 되신 것이라
/맹세로
/말씀하신 자로 말미암아
/자기에게

/주께서 —— 맹세하시고
뉘우치지 아니하시리니
네가 —— 영원히 제사장이라
하셨도다)

22 이와 같이
예수는 **보증이 되셨느니라**
/언약의
/더 좋은

23 [더욱이]
저희 제사장 된 자의 **수효가 많은 것은**43)

//(이유: because)
있지 못함이로되
/항상
/~~죽음을~~ 인하여44)

24 [그는] **갈리지 아니하나니**45)
/그[의] 제사 직분도(을)

//(이유: διὰ + 목적격, because of)
예수는 영원히 계시므로

25 그러므로
[그는] **구원하실 수 있으니**
/나아가는 자들을
/하나님께
/자기를 힘입어
/온전히

//이는(이유: 분사, since)
그가 —— 항상 살아서

//(목적: εἰς +목적격, for)

43) 직역: 제사장된 자들이 많은 수효가 있다.

44) 원인

45) 영원히 소유했다.

같이 예수는 더 좋은 언약의 보증이 되셨느니라 23 저희
제사장 된 자의 수효가 많은 것은 죽음을 인하여 항상 있
지 못함이로되 24 예수는 영원히 계시므로 그 제사 직분
도 갈리지 아니하나니 25 그러므로 자기를 힘입어 하나님
께 나아가는 자들을 온전히 구원하실 수 있으니 이는 그가
항상 살아서 저희를 위하여 간구하심이니라

26 이러한 대제사장은 우리에게 합당하니 거룩하고 악이
없고 더러움이 없고 죄인에게서 떠나 계시고 하늘보다 높
이 되신 자라 27 저가 저 대제사장들이 먼저 자기 죄를 위

art a priest forever According to the order of Melchizedek."
18 For, on the one hand, there is a setting aside of a
former commandment because of its weakness and uselessness
19 (for the Law made nothing perfect), and on the other
hand there is a bringing in of a better hope, through which
we draw near to God. 20 And inasmuch as it was not
without an oath 21 (for they indeed became priests without
an oath, but He with an oath through the One who said
to Him, "The Lord has sworn And will not change His
mind, Thou art a priest forever"); 22 so much the more
also Jesus has become the guarantee of a better covenant.
23 And the former priests, on the one hand, existed in

//(목적: εἰς +목적격, for)
간구하심이니라[46)]
/저희를 위하여

26 //(이유: γάρ, for)
대제사장은 ——— 합당하니
/이러한 /우리에게
/거룩하고
/악이 없고
/더러움이 없고
/떠나 계시고
/죄인에게서
/높이 되신 자라
/하늘보다

27 저가 **(할) 필요가 없으니**
/저 대제사장들이...같이
/제사드리는 것과(=드릴)
/먼저 자기 죄를 위하고
/다음에 백성의 죄를 위하여
/날마다

//이는(이유: γάρ, for)
(저가)이루셨음이니라
/단번에
/자기를 드려

28 //(이유: γάρ, for)
율법은 ——— 세웠거니와
/사람들을
/약점을 가진
/제사장으로

말씀은 ——— 세우셨느니라
/맹세의 /아들을
/율법 후에(하신) /온전케 되신
/영원히

하고 다음에 백성의 죄를 위하여 날마다 제사 드리는 것과 같이 할 필요가 없으니 이는 저가 단번에 자기를 드려 이루셨음이니라 28 율법은 약점을 가진 사람들을 제사장으로 세웠거니와 율법 후에 하신 맹세의 말씀은 영원히 온전케 되신 아들을 세우셨느니라

greater numbers, because they were prevented by death from continuing, 24 but He, on the other hand, because He abides forever, holds His priesthood permanently. 25 Hence, also, He is able to save forever those who draw near to God through Him, since He always lives to make intercession for them. 26 For it was fitting that we should have such a high priest, holy, innocent, undefiled, separated from sinners and exalted above the heavens; 27 who does not need daily, like those high priests, to offer up sacrifices, first for His own sins, and then for the sins of the people, because this He did once for all when He offered up Himself. 28 For the Law appoints men as high priests who are weak, but the word of the oath, which came after the Law, appoints a Son, made perfect forever.

히

8

1 이제(δὲ)
중요한 것은 **〈이〉것이라**
/하는 말의 /우리에게(가) — 있는(=가지고 있는)
/대제사장이(을)
/이러한
/그가 — 앉으셨으니
/우편에
/위엄의 보좌
/하늘에서
2 부리는 자라
/성소와
참 장막에
/이 장막은[47)]
주께서 베푸신 것이요
사람이 한 것이 아니니라
3 //(이유: γάρ, for)
대제사장마다 — 세운 자니
//(목적: εἰς + 목적격, for)
예물과 제사드림을 위하여
이러므로
저도 **있어야 할지니라(=가지고 있어야 할지니라)**[48)]
/무슨 드릴 것이(=드릴 것을)
4 만일
예수께서 계셨더면
/땅에
[그가] **제사장이 되지 아니하셨을 것이니**
//이는(이유: 분사, since)
드리는 제사장이 있음이라
/예물을
/율법을 좇아
5 저희가 **섬기는 것은**
/모형과
/그림자라
/하늘에 있는 것의
/모세가 — 지으려 할 때에(=when)
/장막을
지시하심을 얻음과 같으니
//(이유: γάρ, for)

47) 관계 대명사, 선행사는 장막

48) "저도"는 부정사의 의미상의 주어이다. 뒤 쪽의 목적어인 "드릴 것이"는 부정사의 목적이다.

8:1 이제 하는 말의 중요한 것은 이러한 대제사장이 우
리에게 있는 것이라 그가 하늘에서 위엄의 보좌 우편
에 앉으셨으니 2 성소와 참 장막에 부리는 자라 이 장막은
주께서 베푸신 것이요 사람이 한 것이 아니니라 3 대제사
장마다 예물과 제사 드림을 위하여 세운 자니 이러므로 저
도 무슨 드릴 것이 있어야 할지니라 4 예수께서 만일 땅에
계셨더면 제사장이 되지 아니하셨을 것이니 이는 율법을
좇아 예물을 드리는 제사장이 있음이라 5 저희가 섬기는
것은 하늘에 있는 것의 모형과 그림자라 모세가 장막을 지
으려 할 때에 지시하심을 얻음과 같으니 가라사대 삼가 모

8:1 ¶ Now the main point in what has been said is this:
we have such a high priest, who has taken His seat at
the right hand of the throne of the Majesty in the heavens,
2 a minister in the sanctuary, and in the true tabernacle,
which the Lord pitched, not man. 3 For every high priest
is appointed to offer both gifts and sacrifices; hence it is
necessary that this high priest also have something to
offer. 4 Now if He were on earth, He would not be a
priest at all, since there are those who offer the gifts
according to the Law; 5 who serve a copy and shadow

//(이유: γάρ, for)
삼가!(보라)
[그가]— 가라사대... 하셨느니라
/[너는]—지으라
/모든 것을
/본을 좇아
/산에서 네게 보이던

6 그러나
그가 **얻으셨으니**
/직분을
/더 아름다운
/이제

이는 **중보시라**
/언약의
/더 좋은
/세우신
/더 좋은 약속으로

7 //(이유: γάρ, for)
[만일]
저 언약이 —— 무흠하였더면(if)
/첫
[그가] —— 요구할 일이 없었으려니와
/둘째 것을

8 //(이유: γάρ, for)
[그가] —— 일렀으되
/허물하여
/저희를
/주께서 —— 가라사대
/볼지어다!
/날이 —— 이르리니
내가 —— 세우리라
/새 언약을
/이스라엘 집과
유다 집으로

9 /또
주께서 —— 가라사대
/언약과 같지 아니하도다
/내가 —— 세운
/저희의 열조들에게
/내가 잡고(은) 날에
/저희 열조들의 손을

//(목적: 부정사)

든 것을 산에서 네게 보이던 본을 좇아 지으라 하셨느니라
6 그러나 이제 그가 더 아름다운 직분을 얻으셨으니 이는
더 좋은 약속으로 세우신 더 좋은 언약의 중보시라 7 저
첫 언약이 무흠하였더면 둘째 것을 요구할 일이 없었으려
니와 8 저희를 허물하여 일렀으되 주께서 가라사대 볼지
어다 날이 이르리니 내가 이스라엘 집과 유다 집으로 새
언약을 세우리라 9 또 주께서 가라사대 내가 저희 열조들
의 손을 잡고 애굽 땅에서 인도하여 내던 날에 저희와 세

of the heavenly things, just as Moses was warned by God
when he was about to erect the tabernacle; for, "See,"
He says, "that you make all things according to the
pattern which was shown you on the mountain." 6 But
now He has obtained a more excellent ministry, by as
much as He is also the mediator of a better covenant,
which has been enacted on better promises. 7 For if that
first covenant had been faultless, there would have been
no occasion sought for a second. 8 For finding fault with
them, He says, "Behold, days are coming, says the Lord,
When I will effect a new covenant With the house of
Israel and with the house of Judah; 9 Not like the covenant

//(목적: 부정사)
인도하여 내던(=인도하려고)
/애굽 땅에서

/내가 — 돌아보지 아니하였노라
/저희를

//(이유: ὅτι, for)
저희는 — 머물러 있지 아니하므로
/내 언약 안에

10 /또
주께서 — 가라사대
/언약이 — 이것이니[49)]
/내가 세울
/이스라엘 집으로
/그 날 후에

/[내가] — 두고
/내 법을
/저희 생각에
기록하리라
/이것을
/저희 마음에

//(결과)
나는 — 하나님이 되고
/저희에게
저희는 — 백성이 되리라
/내게

11 /또
[그들이] — 가르쳐. . . 하지 아니할 것은[50)]
/각각 자기 나라 사람과
각각 자기 형제를
/이르기를(=이르면서)
/[너는] — 알라
/주를

//(이유: ὅτι, for)
저희가 — 앎이니라
/모든 /나를
/작은 자로부터
큰 자까지

12 //(이유: ὅτι, for)
내가 — 긍휼히 여기고
/저희 불의를
다시 기억하지아니하리라
(하셨느니라)
/저희 죄를

운 언약과 같지 아니하도다 저희는 내 언약 안에 머물러
있지 아니하므로 내가 저희를 돌아보지 아니하였노라 10
또 주께서 가라사대 그날 후에 내가 이스라엘 집으로 세울
언약이 이것이니 내 법을 저희 생각에 두고 저희 마음에
이것을 기록하리라 나는 저희에게 하나님이 되고 저희는
내게 백성이 되리라 11 또 각각 자기 나라 사람과 각각 자
기 형제를 가르쳐 이르기를 주를 알라 하지 아니할 것은
저희가 작은 자로부터 큰 자까지 다 나를 앎이니라 12 내
가 저희 불의를 긍휼히 여기고 저희 죄를 다시 기억하지
아니하리라 하셨느니라 13 새 언약이라 말씀하셨으매 첫

which I made with their fathers On the day when I took them by the hand To lead them out of the land of Egypt; For they did not continue in My covenant, And I did not care for them, says the Lord.
10 "For this is the covenant that I will make with the house of Israel After those days, says the Lord: I will put My laws into their minds, And I will write them upon their hearts. And I will be their God, And they shall be My people.
11 "And they shall not teach everyone his fellow citizen, And everyone his brother, saying, 'Know the Lord,' For all shall know Me, From the least to the greatest of them.
12 "For I will be merciful to their iniquities, And I will remember their

히

13 말씀하셨으매(=when)
/새 언약이라
[그가] 낡아지게 하신 것이니
/첫 것은
낡아지고
쇠하는 것은 없어져 가는 것이니라

9

1 첫 언약에도 있더라(=가지고 있다)
/예법(을)과
/섬기는
/성소가 (를)
/세상에 속한
/[참으로]

2 //(이유: γάρ, for)
첫 장막이 ——〈있고〉
/예비한
/그 안에

등대와 ——〈있으니〉
상과
진설병이

/이는—— 일컫고[51]
/성소라

3 //또(이유 계속)
장막은 —— 일컫나니(=불려진다)
/또 휘장 뒤에 있는 /지성소라[52]
/둘째 /있고(=가지고 있는)
4 /금향로와(를)
/언약궤가(=를)
/금으로 싼
/사면을

/그 안에[53]
/금항아리와 ——〈있고〉
/만나를 담은
지팡이와
/아론의
/싹난
비석들이
/언약의

5 /그 위에[54]

51) 동격/설명

52) 직역: "…일컫는 것이 지성소라"

53) 관계 대명사 계속적 용법: 선행사는 "궤"

것은 낡아지게 하신 것이니 낡아지고 쇠하는 것은 없어져
가는 것이니라

9:1 첫 언약에도 섬기는 예법과 세상에 속한 성소가 있
더라 2 예비한 첫 장막이 있고 그 안에 등대와 상과 진
설병이 있으니 이는 성소라 일컫고 3 또 둘째 휘장 뒤에
있는 장막을 지성소라 일컫나니 4 금향로와 사면을 금으
로 싼 언약궤가 있고 그 안에 만나를 담은 금항아리와 아
론의 싹 난 지팡이와 언약의 비석들이 있고 5 그 위에 속
죄소를 덮는 영광의 그룹들이 있으니 이것들에 관하여는

sins no more." 13 When He said, "A new covenant," He has made the first obsolete. But whatever is becoming obsolete and growing old is ready to disappear.

9:1 ¶ Now even the first covenant had regulations of divine worship and the earthly sanctuary. 2 For there was a tabernacle prepared, the outer one, in which were the lampstand and the table and the sacred bread; this is called the holy place. 3 And behind the second veil, there was a tabernacle which is called the Holy of Holies, 4 having a golden altar of incense and the ark of the covenant covered on all sides with gold, in which was a golden jar

5 /그 위에[54)]
그룹들이 —— <있으니 >
/영광의
/속죄소를 덮는
/이것들에 관하여는
<우리가> —— 말할 수 없노라
/낱낱이
/이제

6 이 모든 것을(이) 예비하였으니(=예비되었을 때, when)
/이같이

제사장들이 **들어가**
/항상
/첫 장막에

//(목적: 분사)
행하고
/섬기는 예를

7 대제사장이 **〈들어가되〉**
/(오직)
/둘째 장막은(=장막 안으로)
/홀로
/일 년 일 차씩

아니하나니
/피 없이는
/이 피는[55)]
드리는 (것이라)
/허물을 위하여
/자기와
/백성의

8 성령이 **보이신 것은**
/이로써(=이것을)

/길이 —— 나타나지 아니한 것이라
/들어가는 /아직
/성소에 /첫 장막이 [아직] 서 있을 동안에

9 이 장막은 **비유니**
/현재까지의

예물과
제사가 —— **온전케 할 수 없나니**
/드리는 /섬기는 자로(를)
/이에 의지하여 /그 양심상으로(따라)

10 //(이유: since, NASB)

54) 관계 대명사 계속용법, 선행사는 "귀"이다

55) 관계 대명사. 선행사는 피

이제 낱낱이 말할 수 없노라 6 이 모든 것을 이같이 예비
하였으니 제사장들이 항상 첫 장막에 들어가 섬기는 예를
행하고 7 오직 둘째 장막은 대제사장이 홀로 일년 일차씩
들어 가로되 피 없이는 아니하나니 이 피는 자기와 백성의
허물을 위하여 드리는 것이라 8 성령이 이로써 보이신 것
은 첫 장막이 서 있을 동안에 성소에 들어가는 길이 아직
나타나지 아니한 것이라 9 이 장막은 현재까지의 비유니
이에 의지하여 드리는 예물과 제사가 섬기는 자로 그 양심
상으로 온전케 할 수 없나니

holding the manna, and Aaron's rod which budded, and
the tables of the covenant. 5 And above it were the
cherubim of glory overshadowing the mercy seat; but of
these things we cannot now speak in detail. 6 Now when these
things have been thus prepared, the priests are continually
entering the outer tabernacle, performing the divine worship,
7 but into the second only the high priest enters, once a
year, not without taking blood, which he offers for himself
and for the sins of the people committed in ignorance. 8
The Holy Spirit is signifying this, that the way into the
holy place has not yet been disclosed, while the outer tabernacle
is still standing, 9 which is a symbol for the present time.
Accordingly both gifts and sacrifices are offered which cannot
make the worshiper perfect in conscience, 10 since they relate

히

10 //(이유: since, NASB)
이런 것은 —— 예법만 되어
/육체의
/먹고
마시는 것과
씻는 것과 함께
/여러 가지
/맡겨 둔 (것이니라)
/개혁할 때까지

11-12
그리스도께서 오사(=오셨을 때, when)
/대제사장으로
/장래 좋은 일의

[그가] **들어가셨느니라**
/장막으로 말미암아
/손으로 짓지 아니한,

/곧
더 크고
/온전한
/이 창조에 속하지 아니한

/피로 아니하고
/염소와
/송아지의
/오직 자기 피로
/이루사(=이루어서 , 분사)
/속죄를
/영원한
/단번에
/성소에

13 //(이유: γάρ, for)
[만일]
피와 및 —— 거룩케 하거든
/염소와
황소의
재로
/암송아지의
/뿌려(=뿌림으로)
/부정한 자에게
/정결케 하여(=정결을 위하여)
/그 육체를(의)

14 피가 —— 어찌 못하겠느뇨?
/그리스도의

/[그는][56]

10 이런 것은 먹고 마시는 것과 여러 가지 씻는 것과 함께
육체의 예법만 되어 개혁할 때까지 맡겨 둔 것이니라 11
그리스도께서 장래 좋은 일의 대제사장으로 오사 손으로
짓지 아니한, 곧 이 창조에 속하지 아니한 더 크고 온전한
장막으로 말미암아 12 염소와 송아지의 피로 아니하고 오
직 자기 피로 영원한 속죄를 이루사 단번에 성소에 들어가
셨느니라 13 염소와 황소의 피와 및 암송아지의 재로 부
정한 자에게 뿌려 그 육체를 정결케 하여 거룩케 하거든
14 하물며 영원하신 성령으로 말미암아 흠 없는 자기를
하나님께 드린 그리스도의 피가 어찌 너희 양심으로 죽은

only to food and drink and various washings, regulations
for the body imposed until a time of reformation. 11 But
when Christ appeared as a high priest of the good things
to come, He entered through the greater and more perfect
tabernacle, not made with hands, that is to say, not of
this creation; 12 and not through the blood of goats and calves,
but through His own blood, He entered the holy place
once for all, having obtained eternal redemption. 13 For
if the blood of goats and bulls and the ashes of a heifer
sprinkling those who have been defiled, sanctify for the
cleansing of the flesh, 14 how much more will the blood
of Christ, who through the eternal Spirit offered Himself

/[그는][56)]
드린
/자기를
/흠없는
/하나님께
/성령으로 말미암아

깨끗하게 하고
/양심으로 (=을)
/너희[의]
/행실에서
/죽은
/섬기기 위해
/하나님을
/살아계신

15 그는 **중보니**
/새 언약의

//(이유: γάρ, for)
이를 인하여

//이는(목적: ὅπως, so that...may)
부르심을 입은 자로 하여금 —— 얻게 하려 하심이니라
/약속을
/기업의
/영원한
/죽으사(=죽으심으로)
/속하려고
/죄를
/첫 언약 때에 범한

16 //(이유: γάρ, for)
유언은 —— 죽어야 되나니
/유언한 자가

17 //(이유: γάρ, for)
유언은 —— 견고한즉
/그 사람이 죽은 후에야

//(이유: ἐπεὶ, because)
언제든지 효력이 없느니라
/유언한 자가 살았을 때에는

18 이러므로
첫 언약도 **세운 것이 아니니**
/피 없이

19 //(이유: γάρ, for)

56) 그리스도를 선행사로 하는 관계 대명사 주격이다.

히

행실에서 깨끗하게 하고 살아 계신 하나님을 섬기게 못하
겠느뇨 15 이를 인하여 그는 새 언약의 중보니 이는 첫 언
약 때에 범한 죄를 속하려고 죽으사 부르심을 입은 자로
하여금 영원한 기업의 약속을 얻게 하려 하심이니라 16
유언은 유언한 자가 죽어야 되나니 17 유언은 그 사람이
죽은 후에야 견고한즉 유언한 자가 살았을 때에는 언제든
지 효력이 없느니라 18 이러므로 첫 언약도 피 없이 세운
것이 아니니 19 모세가 율법대로 모든 계명을 온 백성에

without blemish to God, cleanse your conscience from
dead works to serve the living God? 15 And for this
reason He is the mediator of a new covenant, in order
that since a death has taken place for the redemption of
the transgressions that were committed under the first covenant,
those who have been called may receive the promise of
the eternal inheritance. 16 For where a covenant is, there must
of necessity be the death of the one who made it. 17 For
a covenant is valid only when men are dead, for it is
never in force while the one who made it lives. 18
Therefore even the first covenant was not inaugurated without
blood. 19 For when every commandment had been spoken

히

19 //(이유: γάρ, for)
모세가 ── 말한 후에
/모든 계명을
/온 백성에게
/율법대로
── 취하여(=취한 후에)
/피와
/송아지와
염소의
/및 물과
/붉은 양털과
/우슬초를

[모세가] ── 뿌려(=뿌렸다)
/그 책과
/온 백성에게

20 /이르되...하고(=말하면서)
/이는 ── 피라
/언약의
/하나님이---명하신
/너희에게

21 //또한(이유 계속)
[그가] ── 뿌렸느니라
/이와 같이
/피로써
/장막과
/모든 그릇에
/섬기는 일에 쓰는

22 모든 물건이 **정결케 되나니**
/피로써
/율법을 좇아
/거의

사함이 **없느니라**
/피 흘림이 없은즉

23 그러므로
모형은 **정결케 할 필요가** 있었으나
/하늘에 있는 것들의 /이런 것들로써

그것들은 **제물로 할지니라**
/하늘에 있는 /더 좋은
/이런 것들보다

24 //(이유: γάρ, for)

게 말한 후에 송아지와 염소의 피와 및 물과 붉은 양털과 우슬초를 취하여 그 책과 온 백성에게 뿌려 20 이르되 이는 하나님이 너희에게 명하신 언약의 피라 하고 21 또한 이와 같이 피로써 장막과 섬기는 일에 쓰는 모든 그릇에 뿌렸느니라 22 율법을 좇아 거의 모든 물건이 피로써 정결케 되나니 피 흘림이 없은즉 사함이 없느니라 23 그러므로 하늘에 있는 것들의 모형은 이런 것들로써 정결케 할 필요가 있었으나 하늘에 있는 그것들은 이런 것들보다 더 좋은 제물로 할지니라

by Moses to all the people according to the Law, he took the blood of the calves and the goats, with water and scarlet wool and hyssop, and sprinkled both the book itself and all the people, 20 saying, "This is the blood of the covenant which God commanded you." 21 And in the same way he sprinkled both the tabernacle and all the vessels of the ministry with the blood. 22 And according to the Law, one may almost say, all things are cleansed with blood, and without shedding of blood there is no forgiveness. 23 Therefore it was necessary for the copies of the things in the heavens to be cleansed with these, but the heavenly things themselves with better sacrifices than these. 24 For

24 //(이유: γάρ, for)
그리스도께서는 — 들어가지 아니하시고
/손으로 만든 성소에
/그림자인
/참 것의

〈오직 들어가사〉
/참 하늘에

나타나시고
/이제
/하나님 앞에
/우리를 위하여

25 //(목적: ἵνα, so that...may)
[그가] — 드리려고 아니하실지니
/자기를
/자주
/대제사장이 — 들어가는 것같이
/성소에
/다른 것의 피로써
/해마다

26 //그리하면(이유: ἐπεὶ, for then)[57]
그가 — 고난을 받았어야 할 것이로되
/세상을 창조할 때부터
/자주

//[그가] — 나타나셨느니라
/이제
/세상 끝에
/죄를 없게 하시려고
/자기를 단번에 제사로 드려

27 죽는 것은 **정하신 것이요**
/한 번 /사람에게
심판이 **있으리니**
/그 후에는

28 이와 같이
그리스도도 **드리신 바 되셨고**
/단번에

//(목적: εἰς + 목적격, for)
담당하시려고
/죄를
/많은 사람의

57) 만약 그렇지 않으면 ...때문이다.

24 그리스도께서는 참 것의 그림자인 손으로 만든 성소에 들어가지 아니하시고 오직 참 하늘에 들어가사 이제 우리를 위하여 하나님 앞에 나타나시고 25 대제사장이 해마다 다른 것의 피로써 성소에 들어가는 것같이 자주 자기를 드리려고 아니하실지니 26 그리하면 그가 세상을 창조할 때부터 자주 고난을 받았어야 할 것이로되 이제 자기를 단번에 제사로 드려 죄를 없게 하시려고 세상 끝에 나타나셨느니라 27 한 번 죽는 것은 사람에게 정하신 것이요 그 후에는 심판이 있으리니 28 이와 같이 그리스도도 많은 사람의 죄를 담당하시려고 단번에 드리신 바 되셨고 구원에 이르게 하기 위하여 죄와 상관없이 자기를 바라는 자들에게 두 번째 나타나시리라

Christ did not enter a holy place made with hands, a mere copy of the true one, but into heaven itself, now to appear in the presence of God for us; 25 nor was it that He should offer Himself often, as the high priest enters the holy place year by year with blood not his own. 26 Otherwise, He would have needed to suffer often since the foundation of the world; but now once at the consummation of the ages He has been manifested to put away sin by the sacrifice of Himself. 27 And inasmuch as it is appointed for men to die once and after this comes judgment, 28 so Christ also, having been offered once to bear the sins of many, shall appear a second time for salvation without reference to sin, to those who eagerly await Him.

히

[그가] 나타나시리라
/바라는 자들에게
/자기를
/죄와 상관 없이
/두 번째

//(목적: εἰς + 목적격, for)
구원에 이르게 하기 위하여

10

1 //(이유: γάρ, for)
율법은 —— 온전케 할 수 없느니라
/나아오는 자들을
/언제든지
/제사로는
/드리는 바
/해마다
/늘
/같은

//(이유: 현재분사, since)
그림자요
/좋은 일의
/장차 오는
참 형상이 아니므로

2 그렇지 아니하면
[저들이] 어찌 그치지 아니하였으리요?
/드리는 일을

//(이유: διὰ + 부정사, because)
섬기는 자들이 —— 다시 깨닫는 일이 없으리니
/죄를
/정결케 되어
/단번에

3 그러나
생각하게 하는 것이 (있나니)
/죄를
/이 제사들은(=에)
/해마다

4 //이는(이유: γάρ, for)
능히 하지 못함이라(=능력이 없기 때문이다)
/피가 ——— 없이(=없애는 것에)
/황소와 /죄를
염소의

10:1 율법은 장차 오는 좋은 일의 그림자요 참 형상이
아니므로 해마다 늘 드리는 바 같은 제사로는 나아
오는 자들을 언제든지 온전케 할 수 없느니라 2 그렇지 아
니하면 섬기는 자들이 단번에 정결케 되어 다시 죄를 깨닫
는 일이 없으리니 어찌 드리는 일을 그치지 아니하였으리
요 3 그러나 이 제사들은 해마다 죄를 생각하게 하는 것이
있나니 4 이는 황소와 염소의 피가 능히 죄를 없이 하지
못함이라

10:1 For the Law, since it has only a shadow of the
good things to come and not the very form of things,
can never by the same sacrifices year by year, which they
offer continually, make perfect those who draw near. 2
Otherwise, would they not have ceased to be offered,
because the worshipers, having once been cleansed, would
no longer have had consciousness of sins? 3 But in those
sacrifices there is a reminder of sins year by year. 4 For
it is impossible for the blood of bulls and goats to take
away sins. 5 Therefore, when He comes into the world,

히

5 그러므로
[그가] 임하실 때에(상황절, when)
/세상에
가라사대(...하시니라)
/하나님이 — 원치 아니하시고
(=당신은) /제사와
예물을
— 오직 예비하셨도다
/한 몸을
/나를 위하여
6 /[당신은] — 기뻐하지 아니하시나니
/전체로 번제함과
속죄제는
7 /이에
내가 — 말하기를
/하나님이여!
보시옵소서!
[내가] — 왔나이다
/행하러
/뜻을
/하나님의
/기록한 것과 같이[58)]
/두루마리에
/책
/나를 가리켜

8 [그가] 말씀하시기를...하셨고(=말씀하신 후에, 상황절, after)
/위에(=먼저)
/[당신은] — 원치도 아니하고
/제사와
예물과
전체로 번제함과
속죄제는
/이는다[59)] — 드리는 것이라
/율법을 따라
— 기뻐하지도 아니하신다

9 **말씀하시기를**(...하셨으니)
/그 후에
/보시옵소서!
내가 — 왔나이다
/뜻을 — 행하러
/하나님의
[그가] **폐하심은**

58) 삽입절이다. 역본들을 참고하라

59) 관계대명사, 선행사는 '제사, 예물, 번제, 속죄제'이다. 계속적 용법

5 그러므로 세상에 임하실 때에 가라사대 하나님이 제사와 예물을 원치 아니하시고 오직 나를 위하여 한 몸을 예비하셨도다 6 전체로 번제함과 속죄제는 기뻐하지 아니하시나니 7 이에 내가 말하기를 하나님이여 보시옵소서 두루마리 책에 나를 가리켜 기록한 것과 같이 하나님의 뜻을 행하러 왔나이다 하시니라 8 위에 말씀하시기를 제사와 예물과 전체로 번제함과 속죄제는 원치도 아니하고 기뻐하지도 아니하신다 하셨고(이는 다 율법을 따라 드리는 것이라) 9 그 후에 말씀하시기를 보시옵소서 내가 하나님의 뜻을 행하러 왔나이다 하셨으니 그 첫 것을 폐하심은 둘째

He says, "Sacrifice and offering Thou hast not desired, But a body Thou hast prepared for Me; 6 In whole burnt offerings and sacrifices for sin Thou hast taken no pleasure. 7 "Then I said, 'Behold, I have come (In the roll of the book it is written of Me) To do Thy will, O God.'" 8 After saying above, "Sacrifices and offerings and whole burnt offerings and sacrifices for sin Thou hast not desired, nor hast Thou taken pleasure in them" (which are offered according to the Law), 9 then He said, "Behold, I have come to do Thy will." He takes away the first in order

히

/그 첫 것을

//(목적: ἵνα, in order to)
[그가] 세우려 하심이니라
— /둘째 것을

10 /이 뜻을 좇아[60)]
우리가 거룩함을 얻었노라
— /드리심으로 말미암아
/몸을
/예수 그리스도의
/단번에

11 제사장[이] **서서(=선다)**
/마다(=모든) /매일
/섬기며(현재분사)
/제사를 드리되(=제사하며, 현재분사)
/자주
/[속죄물을]
/같은

/이 제사는 언제든지 없게 하지 못하거니와
— /죄를

12 오직
그리스도는(=그는) 드리시고(=드린 후에, 상황절, after-NKJV)
/제사를
/한
/죄를 위하여
/영원한(=영원히)
앉으사(=앉으셨다)
/우편에
/하나님
13 /기다리시나니(=기다리시며, 현재분사)
/원수들로 되게 하실 때까지
/자기 — /발등상이
/자기
/그 후에(=마침내)

14 //(이유: γάρ, for)
저가 온전케 하셨느니라
— /거룩하게 된 자들을
/제물로
/한
/영원히

60) 전치사 + 관계대명사 + 명사(뜻), 선행사는 '둘째 것'이다. 계속적 용법

것을 세우려 하심이니라 10 이 뜻을 좇아 예수 그리스도
의 몸을 단번에 드리심으로 말미암아 우리가 거룩함을 얻
었노라 11 제사장마다 매일 서서 섬기며 자주 같은 제사
를 드리되 이 제사는 언제든지 죄를 없게 하지 못하거니와
12 오직 그리스도는 죄를 위하여 한 영원한 제사를 드리
시고 하나님 우편에 앉으사 13 그 후에 자기 원수들로 자
기 발등상이 되게 하실 때까지 기다리시나니 14 저가 한
제물로 거룩하게 된 자들을 영원히 온전케 하셨느니라

to establish the second. 10 By this will we have been sanctified
through the offering of the body of Jesus Christ once for
all. 11 And every priest stands daily ministering and
offering time after time the same sacrifices, which can
never take away sins; 12 but He, having offered one
sacrifice for sins for all time, sat down at the right hand
of God, 13 waiting from that time onward until His
enemies be made a footstool for His feet. 14 For by one
offering He has perfected for all time those who are sanctified.

히

15 또한
성령이 **증거하시되**
/우리에게

16 //(이유: γάρ, for)
[말씀]하신 후에(상황절, after)
주께서 —— 가라사대(...하시)
/언약이 —— 이것이라
/세울
/저희와
/그 날 후로(는)
/[내가] —— **두고**
/내 법[들]을
/저희 마음에
기록하리라
/[그것들을]
/저희 생각에

17 //〈그가〉 —— 〈말씀〉하셨으니[61]
/또
내가 —— 기억지 아니하리라
/저희 죄와
저희 불법을
/다시

18 사하셨은즉(=죄사함이) **〈있다〉**
/이것을(=이것들의) /[여기에]

제사드릴 것이 **다시 없느니라**
/죄를 위하여

19-22
그러므로
형제들아!
우리가 **나아가자**
/(하나님께)
/참 마음과
/온전한 믿음으로
/뿌림을 받아(완료분사)
/마음에
/양심의..깨닫고(=양심으로부터)
/악을(=악한)
/씻었으나(=씻김받아, 완료분사)
/몸을
/물로
/맑은

//(이유: 현재분사, since)

61) 본문에 없는 말이지만, 의미상 모든 역본들이 첨가하였다.

15 또한 성령이 우리에게 증거하시되 16 주께서 가라사대
그 날 후로는 저희와 세울 언약이 이것이라 하시고 내 법
을 저희 마음에 두고 저희 생각에 기록하리라 하신 후에
17 또 저희 죄와 저희 불법을 내가 다시 기억지 아니하리
라 하셨으니 18 이것을 사하셨은즉 다시 죄를 위하여 제
사 드릴 것이 없느니라 19 그러므로 형제들아 우리가 예
수의 피를 힘입어 성소에 들어갈 담력을 얻었나니 20 그
길은 우리를 위하여 휘장 가운데로 열어 놓으신 새롭고 산

15 And the Holy Spirit also bears witness to us; for
after saying, 16 "This is the covenant that I will
make with them After those days, says the Lord: I will
put My laws upon their heart, And upon their mind I will
write them," He then says, 17 "And their sins and their lawless
deeds I will remember no more." 18 Now where there is
forgiveness of these things, there is no longer any offering
for sin. 19 Since therefore, brethren, we have confidence
to enter the holy place by the blood of Jesus, 20 by a
new and living way which He inaugurated for us through

히

//(이유: 현재분사, since)
우리가 —— 얻었나니(=가졌다)
/피를 힘입어
/예수의
/담력을
/들어갈
/성소에

/그 길은[62)]
[그가] —열어 놓으신(=열어놓으신 것이다)
/길이요(=길을)
/새롭고
산

/우리를 위하여
/휘장 가운데로

/휘장은[63)] —곧 육체니라
/저의

//또(이유: 계속)
〈우리가〉 —— 〈가졌다〉
/제사장이 계시매(=제사장을)
/큰
/집 다스리는
/하나님의

23 우리가 **굳게 잡아(=굳게 잡자)**
/믿는 도리의(=고백을)
/소망을(=소망의)
/움직이지 말고(=움직이지 않는)

//(이유: γάρ, for)
약속하신 이는 —— 미쁘시니

24 [우리가] **돌아보아(=돌아보자)**
/서로
/사랑과
선행을
/격려하며(=격려토록)
25 /폐하는..하지 말고(=폐하지 않으며, 현재분사)
/모이기를
/습관과 같이
/어떤 사람들의
/오직 권하여(=권하면서, 현재분사)
/[너희가] — 볼수록(더욱 그리하자)
/그 날이 —가까움을

26 //(이유: γάρ, for)

62) 관계대명사, 선행사는 '들어감'이다. 계속적 용법. 정확히 의미를 살린다면 '들어감을' 이다.

63) 관계대명사, 선행사는 '휘장'이다. 계속적 용법

길이요 휘장은 곧 저의 육체니라 21 또 하나님의 집 다스
리는 큰 제사장이 계시매 22 우리가 마음에 뿌림을 받아
양심의 악을 깨닫고 몸을 맑은 물로 씻었으니 참 마음과
온전한 믿음으로 하나님께 나아가자 23 또 약속하신 이는
미쁘시니 우리가 믿는 도리의 소망을 움직이지 않고 굳게
잡아 24 서로 돌아보아 사랑과 선행을 격려하며 25 모이
기를 폐하는 어떤 사람들의 습관과 같이 하지 말고 오직
권하여 그 날이 가까움을 볼수록 더욱 그리하자 26 우리

the veil, that is, His flesh, 21 and since we have a great
priest over the house of God, 22 let us draw near with a sincere
heart in full assurance of faith, having our hearts sprinkled
clean from an evil conscience and our bodies washed with
pure water. 23 Let us hold fast the confession of our hope
without wavering, for He who promised is faithful; 24
and let us consider how to stimulate one another to love
and good deeds, 25 not forsaking our own assembling together,
as is the habit of some, but encouraging one another; and
all the more, as you see the day drawing near. 26 ¶ For

26 //(이유: γάρ, for)
우리가 —— 죄를 범한즉(=죄를 범한다면, 조건절, if)
/받은 후
/(아는)지식을
/진리를
/짐짓
제사가 —— 다시 없고(=결코 남지 않는다)
/속죄하는(=속죄에는)

27 오직
기다리는 것과 —— **있으리라**
/심판을
/무서운 마음으로(=두려운)
불만
/맹렬한
/소멸할
/대적하는 자를

28 [어떠한]자도 **죽었거든**
/폐한 /불쌍히 여김을 받지 못하고
/법을 /두 세 증인을 인하여
/모세의

29 너희는 **하물며 생각하라(=얼마나 크게 생각하느냐?)**
/얼마나 더 중하겠느냐(=비참함을)
/밟고(=밟은 자가) —— 당연히 받을(=당연히 받음의)
/아들을 /형벌이(=을)
/하나님
여기고(=여긴 자가)
/피를
/언약의
/자기를 거룩하게 한
/부정한 것으로
욕되게 하는 자의
/성령을
/은혜의

30 //(이유: γάρ, for)
우리가 —— 아노니
/말씀하신 것을(...하시고)
/원수 갚는 것이 —— (있으니)
/내게
내가 —— 갚으리라
/또 <말씀하신 것을>
/다시
/주께서 —— 심판하리라
/그의 백성을

가 진리를 아는 지식을 받은 후 짐짓 죄를 범한 즉 다시
속죄하는 제사가 없고 27 오직 무서운 마음으로 심판을
기다리는 것과 대적하는 자를 소멸할 맹렬한 불만 있으리
라 28 모세의 법을 폐한 자도 두세 증인을 인하여 불쌍히
여김을 받지 못하고 죽었거든 29 하물며 하나님 아들을
밟고 자기를 거룩하게 한 언약의 피를 부정한 것으로 여기
고 은혜의 성령을 욕되게 하는 자의 당연히 받을 형벌이
얼마나 더 중하겠느냐 너희는 생각하라 30 원수 갚는 것
이 내게 있으니 내가 갚으리라 하시고 또 다시 주께서 그
의 백성을 심판하리라 말씀하신 것을 우리가 아노니

if we go on sinning willfully after receiving the knowledge
of the truth, there no longer remains a sacrifice for sins,
27 but a certain terrifying expectation of judgment, and
the fury of a fire which will consume the adversaries. 28
Anyone who has set aside the Law of Moses dies without
mercy on the testimony of two or three witnesses. 29
How much severer punishment do you think he will deserve
who has trampled under foot the Son of God, and has regarded
as unclean the blood of the covenant by which he was
sanctified, and has insulted the Spirit of grace? 30 For
we know Him who said, "Vengeance is Mine, I will
repay." And again, "The Lord will judge His people." 31

히

31 빠져 들어가는 것이 **무서울진저**
/손에
/하나님의
/살아 계신

32 [너희는] **생각하라**
/날에(=날들을)
/전(=옛적)

/[그날에][64)]
너희가 ─ 빛을 받은 후에(상황절, after)
─ 참은 것을(=참았느니라)
/싸움에
/큰
/고난의

33 /혹(사람에게)구경거리가 되고(=된 것을)
/비방과
환난으로써
/혹 사귀는 자 되었으니(=된 것을)
/이런 형편에 있는 자들로

34 //(이유: γάρ, for)
너희가 ─ 동정하고
/갇힌 자를
─ 당한 것은(=받아들인다)
/빼앗기는 것도
/너희 산업을
/기쁘게

/앎이라(=알면서)
/[너희가] ─ 있는 줄(=소유한 줄)
/산업이(=을)
/더 낫고(=더 나은)
/영구한

35 그러므로
[너희는] **버리지 말라**
/너희 담대함을

/이것이[65)] ─ 얻느니라
/상을
/큰

36 //(이유: γάρ, for)
너희에게(=가) ─ 필요함은(=필요를 가졌다)
/인내가(=의)

//(목적: ἵνα, so that...may)
너희가 ─ 행한 후에(상황절, when)
/뜻을
/하나님의
─ 받기 위함이라
/약속을

37 //(이유: γάρ, for)

64) 전치사 + 관계대명사, 선행사는 '날'이다. 계속적 용법

65) 관계대명사, 선행사는 '담대함'이다. 계속적 용법

31 살아계신 하나님의 손에 빠져 들어가는 것이 무서울진
저 32 전날에 너희가 빛을 받은 후에 고난의 큰 싸움에 참
은 것을 생각하라 33 혹 비방과 환난으로써 사람에게 구
경거리가 되고 혹 이런 형편에 있는 자들로 사귀는 자 되
었으니 34 너희가 갇힌 자를 동정하고 너희 산업을 빼앗
기는 것도 기쁘게 당한 것은 더 낫고 영구한 산업이 있는
줄 앎이라 35 그러므로 너희 담대함을 버리지 말라 이것
이 큰 상을 얻느니라 36 너희에게 인내가 필요함은 너희

It is a terrifying thing to fall into the hands of the living
God. 32 ¶ But remember the former days, when, after
being enlightened, you endured a great conflict of sufferings,
33 partly, by being made a public spectacle through reproaches
and tribulations, and partly by becoming sharers with those
who were so treated. 34 For you showed sympathy to
the prisoners, and accepted joyfully the seizure of your
property, knowing that you have for yourselves a better
possession and an abiding one. 35 Therefore, do not throw
away your confidence, which has a great reward. 36 For

37 //(이유: γάρ, for)
잠시 잠깐 후면(상황절)66)
오실 이가 ── 오시리니
└ 지체하지 아니하시리라

38 //오직
의인은 ──── 살리라
/나의 /믿음으로 말미암아

//또한
[만약, ἐὰν]
[그가] ──── 뒤로 물러가면(조건절, if)
마음이 ──── 기뻐하지 아니하리라(하셨느니라)
/내 /저를

39 우리는 **뒤로 물러가**
침륜에 빠질 자가 아니요67)
오직 **믿음을 가진 자니라**
/구원함에 이르는
/영혼을(=의)

11

1 믿음은 **실상이요**
/바라는 것들의
증거니
/것들의(=실체의)
/보지 못하는

2 //(이유: γάρ, for)
선진들이 ── 증거를 얻었느니라
/이로써

3 우리가 **아나니**
/믿음으로
/모든 세계가 ── 지어진 줄을
/말씀으로
/하나님의
/보이는 것은 ── 나타난 것으로 말미암아 된 것이 아니니라(=아님을)

4 아벨은 **드림으로**
/믿음으로
/하나님께
/제사를
/가인보다 더 나은

/[이를 통해]68)

67) be 동사를 공유하며 앞의 '뒤로 물러가'와 짝을 이룬다.

68) 전치사 + 관계대명사, 선행사는 '제사'이다. 계속적 용법

가 하나님의 뜻을 행한 후에 약속을 받기 위함이라 37 잠
시 잠깐 후면 오실 이가 오시리니 지체하지 아니하시리라
38 오직 나의 의인은 믿음으로 말미암아 살리라 또한 뒤
로 물러가면 내 마음이 저를 기뻐하지 아니하리라 하셨느
니라 39 우리는 뒤로 물러가 침륜에 빠질 자가 아니요 오
직 영혼을 구원함에 이르는 믿음을 가진 자니라

11:1 믿음은 바라는 것들의 실상이요 보지 못하는 것
들의 증거니 2 선진들이 이로써 증거를 얻었느니라
3 믿음으로 모든 세계가 하나님의 말씀으로 지어진 줄을
우리가 아나니 보이는 것은 나타난 것으로 말미암아 된 것

you have need of endurance, so that when you have done
the will of God, you may receive what was promised. 37
For yet in a very little while, He who is coming will
come, and will not delay. 38 But My righteous one shall
live by faith; And if he shrinks back, My soul has no
pleasure in him. 39 But we are not of those who shrink
back to destruction, but of those who have faith to the
preserving of the soul.

11:1 ¶ Now faith is the assurance of things hoped for,
the conviction of things not seen. 2 For by it the
men of old gained approval. 3 By faith we understand

히

[이를 통해][68)]
[그는] — 증거를 얻었으니
/의로운 자라 하시는
/하나님이 — 증거하심이라(=하심으로, 현재분사)
/그[의] 예물에 대하여

/저가 ┬ 죽었으나(양보절, though)
└ 말하느니라
/오히려
/그 믿음으로써

5 에녹은 **옮기웠으니**
/믿음으로
/죽음을 보지 않고
다시 보이지 아니하니라

//(이유: διότι, because)
하나님이 — 옮기심으로
/저를

//(이유: γάρ, for)
저는 — 증거를 받았느니라
/기쁘시게 하는 자라 하는
/하나님을
/옮기우기 전에

6 기쁘시게 **못하나니**
/믿음이 없이는

//(이유: γάρ, for)
나아가는 자는 — 반드시 믿어야 할지니라
/하나님께 /그가 — 계신 것과
그가 — 또한 상 주시는 이심을
/찾는 자들에게
/자기를

7 노아는 **예비하여**
/믿음으로
/방주를
/경고하심을 받아(과거분사)
/아직 보지 못하는 일에
/경외함으로(과거분사)
/구원하였으니(=구원토록)
/그[의] 집을

/이로 말미암아[69)]

69) 전치사 + 관계대명사, 선행사는 '구원'이다. 계속적 용법

이 아니니라 4 믿음으로 아벨은 가인보다 더 나은 제사를
하나님께 드림으로 의로운 자라 하시는 증거를 얻었으니
하나님이 그 예물에 대하여 증거하심이라 저가 죽었으나
그 믿음으로써 오히려 말하느니라 5 믿음으로 에녹은 죽
음을 보지 않고 옮기웠으니 하나님이 저를 옮기심으로 다
시 보이지 아니하니라 저는 옮기우기 전에 하나님을 기쁘
시게 하는 자라 하는 증거를 받았느니라 6 믿음이 없이는
기쁘시게 못하나니 하나님께 나아가는 자는 반드시 그가
계신 것과 또한 그가 자기를 찾는 자들에게 상 주시는 이
심을 믿어야 할지니라 7 믿음으로 노아는 아직 보지 못하
는 일에 경고하심을 받아 경외함으로 방주를 예비하여 그
집을 구원하였으니 이로 말미암아 세상을 정죄하고 믿음을

that the worlds were prepared by the word of God, so that what is seen was not made out of things which are visible.
4 By faith Abel offered to God a better sacrifice than Cain, through which he obtained the testimony that he was righteous, God testifying about his gifts, and through faith, though he is dead, he still speaks.
5 By faith Enoch was taken up so that he should not see death; and he was not found because God took him up; for he obtained the witness that before his being taken up he was pleasing to God.
6 And without faith it is impossible to please Him, for he who comes to God must believe that He is, and that He is a rewarder of those who seek Him.
7 By

/이로 말미암아[69)]
[그는] —— 정죄하고
/세상을
—— 후사가 되었느니라
/의의
/믿음을 좇는

8 아브라함은 부르심을 받았을 때에(상황절, when)
순종하여
/믿음으로
/나갈새(=나가는 것을)
/땅에
/장래 받을
/기업으로
나갔으며
/알지 못하고
/갈 바를

9 저가 **우거하여**
/믿음으로
/땅에
/약속하신
/외방에 있는 것같이
/거하였으니(=거하며, 과거분사)
/장막에
/이삭과 야곱으로 더불어
/유업으로 함께 받은
/약속을
/동일한

10 //이는(이유: γάρ, for)
[그가] —— 바랐음이니라
/성을
/터가 있는
/하나님의(=이) —— 경영하시고
—— 지으실

11 사라 자신도 **얻었으니**
/단산하였으나(=한) /믿음으로
/힘을
/잉태하는
/늙어
/나이

//이는(이유: ἐπεὶ, snice)
[그가] —— 앎이라
/미쁘신 줄
/약속하신 이를

좇는 의의 후사가 되었느니라 8 믿음으로 아브라함은 부르심을 받았을 때에 순종하여 장래 기업으로 받을 땅에 나갈새 갈 바를 알지 못하고 나갔으며 9 믿음으로 저가 외방에 있는 것같이 약속하신 땅에 우거하여 동일한 약속을 유업으로 함께 받은 이삭과 야곱으로 더불어 장막에 거하였으니 10 이는 하나님의 경영하시고 지으실 터가 있는 성을 바랐음이니라 11 믿음으로 사라 자신도 나이 늙어 단산하였으나 잉태하는 힘을 얻었으니 이는 약속하신 이를 미쁘신 줄 앎이라

faith Noah, being warned by God about things not yet seen, in reverence prepared an ark for the salvation of his household, by which he condemned the world, and became an heir of the righteousness which is according to faith.
8 By faith Abraham, when he was called, obeyed by going out to a place which he was to receive for an inheritance; and he went out, not knowing where he was going. 9 By faith he lived as an alien in the land of promise, as in a foreign land, dwelling in tents with Isaac and Jacob, fellow heirs of the same promise; 10 for he was looking for the city which has foundations, whose architect and builder is God. 11 By faith even Sarah herself received ability to

12 이러므로
[그들이] **생육하였느니라**
/한 사람으로 말미암아
/죽은 자와 방불한
/별과
/하늘에
/허다한
/또 모래와 같이(많이)
/해변의
/무수한

13 이 사람들은
/다(=모든) **죽었으며**
/믿음을 따라
/받지 못하였으되(=받지 못하고, 과거분사)
/약속을
/보고(과거분사)
/그것들을
/멀리서
/환영하며(과거분사)
/또 증거하였으니(=증거하고, 과거분사)
/[그들이] ── 외국인과
└── 나그네로라
/땅에서는

14 //(이유: γάρ, for)
말하는 자들은 ── 나타냄이라
/이같이 /[그들이] ── 찾는 것을
/본향

15 [만약, εἰ]
저희가 생각하였더면(조건절, if)
/본향을
/나온 바
있었으려니와
/기회가
/돌아갈

16 저희가 **사모하니**
/더 나은 본향을
/곧(동격) 하늘에 있는 것이라
/이제는

그러므로
하나님이 **부끄러워 아니하시고**
/[저희를]
/일컬음 받으심을
/저희 하나님이라

//(이유: γάρ, for)

12 이러므로 죽은 자와 방불한 한 사람으로 말미암아 하
늘에 허다한 별과 또 해변의 무수한 모래와 같이 많이 생
육하였느니라 13 이 사람들은 다 믿음을 따라 죽었으며
약속을 받지 못하였으되 그것들을 멀리서 보고 환영하며
또 땅에서는 외국인과 나그네로라 증거하였으니 14 이같
이 말하는 자들은 본향 찾는 것을 나타냄이라 15 저희가
나온 바 본향을 생각하였더면 돌아갈 기회가 있었으려니와
16 저희가 이제는 더 나은 본향을 사모하니 곧 하늘에 있
는 것이라 그러므로 하나님이 저희 하나님이라 일컬음 받
으심을 부끄러워 아니하시고 저희를 위하여 한 성을 예비

conceive, even beyond the proper time of life, since she
considered Him faithful who had promised; 12 therefore, also,
there was born of one man, and him as good as dead at
that, as many descendants as the stars of heaven in number,
and innumerable as the sand which is by the seashore.
13 All these died in faith, without receiving the promises,
but having seen them and having welcomed them from a
distance, and having confessed that they were strangers
and exiles on the earth. 14 For those who say such things
make it clear that they are seeking a country of their own.
15 And indeed if they had been thinking of that country
from which they went out, they would have had opportunity
to return. 16 But as it is, they desire a better country,
that is a heavenly one. Therefore God is not ashamed to

하

//(이유: γάρ, for)
[그가] —— 예비하셨느니라
/한 성을
/저희를 위하여

17 아브라함은 시험을 받을 때에(상황절, when)
/(저는)받은 자로되 **드렸으니**
/약속을 /믿음으로
/이삭을
드렸느니라
/그 독생자를

18 (이미)말씀하시기를(...하셨으니)
/저에게[70]
/자손이라(=은) —— 칭할 자는(=불리리라)
/네 /이삭으로 말미암으리라(=이삭 안에)

19 /생각한지라(=생각하고, 과거분사)[71]
/하나님이 —— 능히 다시 살리실 줄로
/죽은 자 가운데서

저가 **도로 받은 것이니라**
/죽은 자 가운데서
/비유컨대

20 이삭은 **축복하였으며**
/믿음으로
/장차 오는 일에 대하여
/야곱과 에서에게

21 야곱은 죽을 때에(상황절,when)
축복하고
/믿음으로
/아들에게
/요셉의
/각
경배하였으며
/머리에 의지하여
/그[의] 지팡이

22 요셉은 임종시에(상황절,when)
말하고
/믿음으로
/자손들의 —— 떠날 것을
/이스라엘
또 **명하였으며**
/자기 해골을 위하여

70) 전치사 + 관계대명사, 선행사는 '아브라함'이다. 계속적 용법

71) 17절의 '드렸느니라'에 연결되는 수식부이다.

하셨느니라 17 아브라함은 시험을 받을 때에 믿음으로
이삭을 드렸으니 저는 약속을 받은 자로되 그 독생자를 드
렸느니라 18 저에게 이미 말씀하시기를 네 자손이라 칭할
자는 이삭으로 말미암으리라 하셨으니 19 저가 하나님이
능히 죽은 자 가운데서 다시 살리실 줄로 생각한지라 비유
컨대 죽은 자 가운데서 도로 받은 것이니라 20 믿음으로
이삭은 장차 오는 일에 대하여 야곱과 에서에게 축복하였
으며 21 믿음으로 야곱은 죽을 때에 요셉의 각 아들에게
축복하고 그 지팡이 머리에 의지하여 경배하였으며 22 믿
음으로 요셉은 임종 시에 이스라엘 자손들의 떠날 것을 말

be called their God; for He has prepared a city for them.
17 By faith Abraham, when he was tested, offered up
Isaac; and he who had received the promises was offering
up his only begotten son; 18 it was he to whom it was
said, "In Isaac your descendants shall be called." 19 He
considered that God is able to raise men even from the
dead; from which he also received him back as a type.
20 By faith Isaac blessed Jacob and Esau, even regarding
things to come. 21 By faith Jacob, as he was dying,
blessed each of the sons of Joseph, and worshiped, leaning
on the top of his staff. 22 By faith Joseph, when he was
dying, made mention of the exodus of the sons of Israel,

히

23 모세가 　낳을 때에(상황절, when)
숨겨(=숨겨졌다)
/믿음으로
/그 부모가(=그의 부모에 의해)
/석 달 동안

//(이유: διότι, because)
[그들이] — 보고
/아이임을
/아름다운
— 무서워 아니하였으며
/명령을
/임금의

24 모세는 　장성하여(=장성하였을 때에, 상황절, when)
거절하고
/믿음으로
/칭함을
/아들이라
/공주의
/바로의
25 /도리어 더 좋아하고(과거분사)
/함께 고난받기를
/백성과
/하나님의
/누리는 것보다
/낙을
/죄악의
/잠시
26 /여겼으니
/받는 능욕을
/그리스도를 위하여
/재물로
/더 큰
/(모든)보화보다
/애굽의

//이는(이유: γάρ, for)
[그가] — 바라봄이라
/상주심을

27 [그는] 　**떠나**
/믿음으로
/애굽을
/무서워 아니하고(과거분사)
/노함을
/임금의

//곧(이유: γάρ, for)

하고 또 자기 해골을 위하여 명하였으며 23 믿음으로 모
세가 났을 때에 그 부모가 아름다운 아이임을 보고 석 달
동안 숨겨 임금의 명령을 무서워 아니하였으며 24 믿음으
로 모세는 장성하여 바로의 공주의 아들이라 칭함을 거절
하고 25 도리어 하나님의 백성과 함께 고난받기를 잠시
죄악의 낙을 누리는 것보다 더 좋아하고 26 그리스도를
위하여 받는 능욕을 애굽의 모든 보화보다 더 큰 재물로
여겼으니 이는 상 주심을 바라봄이라 27 믿음으로 애굽을
떠나 임금의 노함을 무서워 아니하고 곧 보이지 아니하는
자를 보는 것같이 하여 참았으며 28 믿음으로 유월절과

and gave orders concerning his bones. 23 By faith Moses,
when he was born, was hidden for three months by his parents,
because they saw he was a beautiful child; and they were
not afraid of the king's edict. 24 By faith Moses, when
he had grown up, refused to be called the son of Pharaoh's
daughter; 25 choosing rather to endure ill-treatment with
the people of God, than to enjoy the passing pleasures of
sin; 26 considering the reproach of Christ greater riches
than the treasures of Egypt; for he was looking to the
reward. 27 By faith he left Egypt, not fearing the wrath

//곧(이유: γάρ, for)
[그는] —— 참았으며
/보는 것같이 하여
/보이지 아니하는 자를

28 [그는] **정하였으니**
/믿음으로
/유월절과
/뿌리는 예를
/피

//이는(목적: ἵνα, so that)
멸하는 자로 —— 건드리지 않게 하려 한 것이며
/장자를 /저희를

29 저희가 **건넜으나**
/믿음으로
/홍해를
/육지같이

애굽 사람들은 **빠져 죽었으며**

30 [저희가] 두루 다니매(=다닌 후에, 상황절, after)
/칠 일 동안

성이 **무너졌으며**
/여리고를(=의) /믿음으로

31 라합은 **함께 멸망치 아니하였도다**
/기생 /순종치 아니한 자와
/믿음으로

//(이유: 과거분사, because-NRSV)
영접하였으므로
/정탐꾼을
/평안히

32 내가 **무슨 말을 더 하리요?**

//(이유: γάρ, for)
내게(=가)[72] —— 말하려면(조건절, if)
/기드온,
바락,
삼손,
입다와
다윗과
사무엘과 및
선지자들의 일을
—— 부족하리로다
/시간이

72) 관계대명사, 선행사는 '기드온'이하에 나오는 구약의 성도들이다

피 뿌리는 예를 정하였으니 이는 장자를 멸하는 자로 저희
를 건드리지 않게 하려 한 것이며 29 믿음으로 저희가 홍
해를 육지같이 건넜으나 애굽 사람들은 이것을 시험하다가
빠져 죽었으며 30 믿음으로 칠 일 동안 여리고를 두루 다
니매 성이 무너졌으며 31 믿음으로 기생 라합은 정탐꾼을
평안히 영접하였으므로 순종치 아니한 자와 함께 멸망치
아니하였도다 32 내가 무슨 말을 더 하리요 기드온, 바락,
삼손, 입다와 다윗과 사무엘과 및 선지자들의 일을 말하려

of the king; for he endured, as seeing Him who is unseen.
28 By faith he kept the Passover and the sprinkling of
the blood, so that he who destroyed the first-born might
not touch them. 29 By faith they passed through the Red
Sea as though they were passing through dry land; and
the Egyptians, when they attempted it, were drowned. 30
By faith the walls of Jericho fell down, after they had
been encircled for seven days. 31 By faith Rahab the
harlot did not perish along with those who were disobedient,
after she had welcomed the spies in peace. 32 ¶ And
what more shall I say? For time will fail me if I tell of
Gideon, Barak, Samson, Jephthah, of David and Samuel

히

33 저희가 — 이기기도 하며
/믿음으로
/나라들을
행하기도 하며
/의를
받기도 하며
/약속을
막기도 하며
/입을
/사자들의
34 멸하기도 하며
/세력을
/불의
피하기도 하며
/날을
/칼[의]
강하게 되기도 하며
/연약한 가운데서
용맹되어
/전쟁에
물리치기도 하며
/진을
/이방 사람들의

35 여자들은 받기도 하며
/죽은 자를
/자기의
/부활로

또
어떤 이들은 악형을 받되
/면하지 아니하였으며(=받지 않고)
/구차히(=놓임을)

//(목적: ἵνα, so that...might)
[그들이] — 얻고자 하여
/부활을
/더 좋은

36 또
어떤 이들은 받았으며
/시험도
/희롱과 채찍질뿐 아니라
결박과 옥에 갇히는

37 [그들이] 돌로 치는 것과
톱으로 켜는 것과
(시험과)
죽는 것을 당하고
/칼에

면 내게 시간이 부족하리로다 33 저희가 믿음으로 나라들
을 이기기도 하며 의를 행하기도 하며 약속을 받기도 하며
사자들의 입을 막기도 하며 34 불의 세력을 멸하기도 하
며 칼날을 피하기도 하며 연약한 가운데서 강하게 되기도
하며 전쟁에 용맹되어 이방 사람들의 진을 물리치기도 하
며 35 여자들은 자기의 죽은 자를 부활로 받기도 하며 또
어떤 이들은 더 좋은 부활을 얻고자 하여 악형을 받되 구
차히 면하지 아니하였으며 36 또 어떤 이들은 희롱과 채
찍질뿐 아니라 결박과 옥에 갇히는 시험도 받았으며 37
돌로 치는 것과 톱으로 켜는 것과 시험과 칼에 죽는 것을

and the prophets, 33 who by faith conquered kingdoms,
performed acts of righteousness, obtained promises, shut
the mouths of lions, 34 quenched the power of fire,
escaped the edge of the sword, from weakness were made
strong, became mighty in war, put foreign armies to flight.
35 Women received back their dead by resurrection; and
others were tortured, not accepting their release, in order
that they might obtain a better resurrection; 36 and others
experienced mockings and scourgings, yes, also chains
and imprisonment. 37 They were stoned, they were sawn

유리하여
/가죽을 입고
/양과 염소의
/궁핍과(=궁핍을 당하며, 현재분사)
환난과(=환난을 당하며, 현재분사)
학대를 받았으니(=학대를 받으며, 현재분사)

38 /이런 사람은[73] **감당치 못하도다**
/세상이

/(저희가)유리하였느니라(=유리하며, 현재분사)[74]
/광야와
산중과
암혈과
토굴에

39 이 사람들이 증거를 받았으나(양보절, though)
/다(=모든) /믿음으로 말미암아
받지 못하였으니
/약속을

40 //이는(이유: 과거분사, because)
하나님이 ——— 예비하셨은즉
/더 좋은 것을
/우리를 위하여

//(목적: ἵνα, so that)
저희로 ——— 온전함을 이루지 못하게 하려 하심이니라
/우리가 아니면

12

1 이러므로
<우리가> **벗어버리고(=벗어버리자)**
/무거운 것과
/모든
죄를
/얽매이기 쉬운

경주하며
/경주를
/우리 앞에 당한
/인내로써

//(이유: 분사)

73) 관계대명사, 선행사는 '그들'이다. 계속적 용법

74) '유리하다'를 수식하는 수식부이다.

당하고 양과 염소의 가죽을 입고 유리하여 궁핍과 환난과
학대를 받았으니 38 (이런 사람은 세상이 감당치 못하도
다)저희가 광야와 산중과 암혈과 토굴에 유리하였느니라
39 이 사람들이 다 믿음으로 말미암아 증거를 받았으나
약속을 받지 못하였으니 40 이는 하나님이 우리를 위하여
더 좋은 것을 예비하셨은즉 우리가 아니면 저희로 온전함
을 이루지 못하게 하려 하심이니라

12:1 이러므로 우리에게 구름같이 둘러싼 허다한 증인
들이 있으니 모든 무거운 것과 얽매이기 쉬운 죄를

in two, they were tempted, they were put to death with
the sword; they went about in sheepskins, in goatskins,
being destitute, afflicted, ill-treated 38 (men of whom the
world was not worthy), wandering in deserts and mountains
and caves and holes in the ground. 39 And all these,
having gained approval through their faith, did not receive
what was promised, 40 because God had provided something
better for us, so that apart from us they should not be
made perfect.

12:1 ¶ Therefore, since we have so great a cloud of
witnesses surrounding us, let us also lay aside every
encumbrance, and the sin which so easily entangles us,
and let us run with endurance the race that is set before

//(이유: 분사)
우리에게(가) — 증인들이 있으니
/허다한
/구름같이 둘러싼

2 <우리가> **바라보자**
/예수를
/믿음의 주요
또 온전케 하시는 이인

/저는 — 참으사
/십자가를
/개의치 아니하시더니(분사)
/부끄러움을
/그 앞에 있는 즐거움을 위하여

앉으셨느니라
/하나님 보좌 우편에

3 [너희는] **생각하라**[75)]
/참으신 자를
/거역한 일을
/죄인들의
/이같이
/자기에게

//(목적: ἵνα, so that...may)
너희가 — 피곤하여. . . 않기 위하여(=피곤치않기 위해)
/낙심치(=낙심으로)

4 너희가 **대항치 아니하고**
/싸우되(=싸우면서)
/죄와
/아직 피 흘리기까지는

5 또
[너희가] **잊었도다**
/권면하신 말씀을
/너희에게

[그가] **일렀으되**...하였으니
/아들들에게 권하는 것같이
/내 아들아!
[너희는] — 경히 여기지 말며
/주의 징계하심을

낙심하지 말라
/그에게 꾸지람을 받을 때에

75) 3절의 γάρ는 강조적 용법

6 //(이유: γάρ, for)

벗어 버리고 인내로써 우리 앞에 당한 경주를 경주하며 2
믿음의 주요 또 온전케 하시는 이인 예수를 바라보자 저는
그 앞에 있는 즐거움을 위하여 십자가를 참으사 부끄러움
을 개의치 아니하시더니 하나님 보좌 우편에 앉으셨느니라
3 너희가 피곤하여 낙심치 않기 위하여 죄인들의 이같이
자기에게 거역한 일을 참으신 자를 생각하라 4 너희가 죄
와 싸우되 아직 피흘리기까지는 대항치 아니하고 5 또 아
들들에게 권하는 것같이 너희에게 권면하신 말씀을 잊었도
다 일렀으되 내 아들아 주의 징계하심을 경히 여기지 말며
그에게 꾸지람을 받을 때에 낙심하지 말라

us, 2 fixing our eyes on Jesus, the author and perfecter
of faith, who for the joy set before Him endured the cross,
despising the shame, and has sat down at the right hand
of the throne of God. 3 For consider Him who has endured
such hostility by sinners against Himself, so that you may
not grow weary and lose heart. 4 You have not yet resisted
to the point of shedding blood in your striving against
sin; 5 and you have forgotten the exhortation which is
addressed to you as sons, "My son, do not regard lightly
the discipline of the Lord, Nor faint when you are reproved
by Him; 6 For those whom the Lord loves He disciplines,
And He scourges every son whom He receives." 7 It is

6 //(이유: γάρ, for)
주께서 — 징계하시고
/그 사랑하시는 자를
채찍질하심이니라
/아들마다
/그의[가] 받으시는

7 너희가 **참음은**

//(목적: εἰς + 목적격)
징계를 받기 위함이라

하나님이 **대우하시나니**
/너희를
/아들과 같이

아들이 **어찌 있으리요**
/아비가 징계하지 않는

8 [만일, εἰ]
너희에게(가) 징계가 없으면(if)
/모든사람이 받는(것이어늘)
[너희는] **사생자요**
참 아들이 아니니라

9 또
아버지가 **징계하여도**[76)]
/우리 /우리를
/육체의

[우리가] **공경하였거늘**

[우리가] **복종하여**
/하물며
/아버지께
/모든 영의
/더욱

살려 하지 않겠느냐?

10 //(이유: γάρ, for)
저희는 — 징계하였거니와
/우리를
/잠시
/자기의 뜻대로

//오직

76) 직역: 더구나 우리는 우리를 징계할 우리의 육체의 아버지를 소유했다. 능동형 문장으로 번역했다.

6 주께서 그 사랑하시는 자를 징계 하시고 그의 받으시는
아들마다 채찍질 하심이니라 하였으니 7 너희가 참음은
징계를 받기 위함이라 하나님이 아들과 같이 너희를 대우
하시나니 어찌 아비가 징계하지 않는 아들이 있으리요 8
징계는 다 받는 것이거늘 너희에게 없으면 사생자요 참 아
들이 아니니라 9 또 우리 육체의 아버지가 우리를 징계하
여도 공경하였거늘 하물며 모든 영의 아버지께 더욱 복종
하여 살려 하지 않겠느냐 10 저희는 잠시 자기의 뜻대로
우리를 징계하였거니와 오직 하나님은 우리의 유익을 위하
여 그의 거룩하심에 참예케 하시느니라

for discipline that you endure; God deals with you as with
sons; for what son is there whom his father does not discipline?
8 But if you are without discipline, of which all have
become partakers, then you are illegitimate children and
not sons. 9 Furthermore, we had earthly fathers to discipline
us, and we respected them; shall we not much rather be subject
to the Father of spirits, and live? 10 For they disciplined
us for a short time as seemed best to them, but He
disciplines us for our good, that we may share His holiness.
11 All discipline for the moment seems not to be joyful,

히

//오직
하나님은 — 참여케 하시느니라
/그의 거룩하심에
/우리의 유익을 위하여

11 징계가 **보이지 않고**
/무릇
/즐거워
/당시에는

〈보이나〉
/슬퍼

[그것이] **맺나니**
/열매를
/평강한
/의의
/그로 말미암아
/연달한 자에게는
/후에

12 그러므로
[너희는] **일으켜 세우고**
/피곤한 손과
연약한 무릎을

13 [너희는] **만들어...** 하라
/곧은 길을
/너희 발을 위하여

//(목적: ἵνα, so that...may)
저는 다리로 하여금 — 어그러지지 않고
— 고침을 받게

14 [너희는] **좇으라**
/화평함과
거룩함을
/모든 사람으로 더불어

아무도 **보지 못하리라**
/주를
/이것이 없이는

15 너희는 **돌아보아**
/이르지 못하는 자가 있는가 (두려워하고)[77]
/하나님 은혜에
/또

77) 직역 : 어떤 사람도 하나님의 은혜에 이르지 못하지 않도록 돌아보라.

11 무릇 징계가 당시에는 즐거워 보이지 않고 슬퍼 보이
나 후에 그로 말미암아 연단한 자에게는 의의 평강한 열매
를 맺나니 12 그러므로 피곤한 손과 연약한 무릎을 일으
켜 세우고 13 너희 발을 위하여 곧은 길을 만들어 저는 다
리로 하여금 어그러지지 않고 고침을 받게 하라 14 모든
사람으로 더불어 화평함과 거룩함을 좇으라 이것이 없이는
아무도 주를 보지 못하리라 15 너희는 돌아보아 하나님
은혜에 이르지 못하는 자가 있는가 두려워 하고 또 쓴 뿌
리가 나서 괴롭게 하고 많은 사람이 이로 말미암아 더러움
을 입을까 두려워하고 16 음행하는 자와 혹 한 그릇 식물

but sorrowful; yet to those who have been trained by it, afterwards it yields the peaceful fruit of righteousness. 12
Therefore, strengthen the hands that are weak and the knees that are feeble, 13 and make straight paths for your feet, so that the limb which is lame may not be put out of joint, but rather be healed. 14 ¶ Pursue peace with all men, and the sanctification without which no one will see the Lord. 15 See to it that no one comes short of the grace of God; that no root of bitterness springing up causes trouble, and by it many be defiled; 16 that there be no immoral

/또
쓴 뿌리가 — 나서[78]
괴롭게 하고
/많은 사람이 — 더러움을 입을까(두려워하고)[79]
/이로 말미암아

16 /음행하는 자와
혹 망령된 자가 — 있을까(두려워하라)
/에서와 같이
/장자의 명분을 판
/한 그릇 식물을 위하여

17 //(이유: γάρ, for)
너희의(가) — 아는 바와(같이)
/저가 — 버린 바가 되어
/기업으로 받으려고 [했을 때]
/축복을
/그 후에

//(이유: γάρ, for)
[그가] — 얻지 못하였느니라
/기회를
/회개할
/구하되
/눈물을 흘리며

18 너희의(가) **이른 곳은...아니라**[80]
/불붙는 산과
/만질 만한
/흑운과
/흑암과
/폭풍과
19 /나팔 소리와
/말하는 소리가

듣는 자들은 **구하였으니**
/그 소리를 /더 말씀하지 아니하시기를

20 //이는(이유: γὰρ, for)
저희가 — 견디지 못함이라
/하신 명을
/[만일, ἐὰν]
짐승이라도 — 이르거든
/산에
[그것은] — 돌로 침을 당하리라

21 그 보이는 바가 **무섭기로**
/이렇듯이

78) 직역 :어떤 쓴 뿌리가 나서 괴롭게 하지 않도록...

79) 직역 : 많은 사람이 이로 말미암아 더러움을 입지 않도록...

80) 강조적 용법의 γάρ
주문장 직역: 너희는 이르지 못했다.

을 위하여 장자의 명분을 판 에서와 같이 망령된 자가 있을까 두려워 하라 17 너희의 아는 바와 같이 저가 그 후에 축복을 기업으로 받으려고 눈물을 흘리며 구하되 버린 바가 되어 회개할 기회를 얻지 못하였느니라 18 너희의 이른 곳은 만질 만한 불 붙는 산과 흑운과 흑암과 폭풍과 19 나팔소리와 말하는 소리가 아니라 그 소리를 듣는 자들은 더 말씀하지 아니하시기를 구하였으니 20 이는 짐승이라도 산에 이르거든 돌로 침을 당하리라 하신 명을 저희가 견디지 못함이라 21 그 보이는 바가 이렇듯이 무섭기로 모세도 이르되 내가 심히 두렵고 떨린다 하였으나

or godless person like Esau, who sold his own birthright for a single meal. 17 For you know that even afterwards, when he desired to inherit the blessing, he was rejected, for he found no place for repentance, though he sought for it with tears. 18 ¶ For you have not come to a mountain that may be touched and to a blazing fire, and to darkness and gloom and whirlwind, 19 and to the blast of a trumpet and the sound of words which sound was such that those who heard begged that no further word should be spoken to them. 20 For they could not bear the command, "If

히

모세도 **이르되**...하였으나
/내가 ── 심히 두렵고
└ 떨린다

22 /그러나
너희가 ── 이른 곳은[81)]
/시온 산과
/도성인
/하나님의
/살아계신
/하늘의 예루살렘과
/천만 천사와
23 /총회와
교회와
/장자들의
/하늘에 기록한
/하나님과 및
/심판자이신
/만민의
/영들과
/의인의
/온전케 된
24 /예수와 및
/새 언약의 중보이신
/뿌린 피(니라)
/아벨의 피보다 더 낫게 말하는

25 너희는 **삼가(=삼가라)**
/[너희가] ── 거역하지 말라(=거역치 않도록)
/말하신 자를

//(이유: γάρ, for)
[만일, εἰ]
저희가 ── 피하지 못하였거든(if)
/거역한
/경고하신 자를
/땅에서

하물며 우리일까 보냐?[82)]
/배반하는
/경고하신 자를
/하늘로 좇아

26 소리가 **진동하였거니와**
/그[의] /땅을
/그 때에는

81) 직역: 너희는 이르렀다.

82) 직역: 하늘로 좇아 경고하는 자를 배반하는 우리는 더더욱 피할 수 있겠느냐.

22 그러나 너희가 이른 곳은 시온산과 살아계신 하나님의
도성인 하늘의 예루살렘과 천만 천사와 23 하늘에 기록한
장자들의 총회와 교회와 만민의 심판자이신 하나님과 및
온전케 된 의인의 영들과 24 새 언약의 중보이신 예수와
및 아벨의 피보다 더 낫게 말하는 뿌린 피니라 25 너희는
삼가 말하신 자를 거역하지 말라 땅에서 경고하신 자를 거
역한 저희가 피하지 못하였거든 하물며 하늘로 좇아 경고
하신 자를 배반하는 우리일까 보냐 26 그 때에는 그 소리
가 땅을 진동하였거니와 이제는 약속하여 가라사대 내가
또 한 번 땅만 아니라 하늘도 진동하리라 하셨느니라

even a beast touches the mountain, it will be stoned." 21
And so terrible was the sight, that Moses said, "I am full
of fear and trembling." 22 But you have come to Mount
Zion and to the city of the living God, the heavenly Jerusalem,
and to myriads of angels, 23 to the general assembly and
church of the first-born who are enrolled in heaven, and
to God, the Judge of all, and to the spirits of righteous
men made perfect, 24 and to Jesus, the mediator of a
new covenant, and to the sprinkled blood, which speaks
better than the blood of Abel. 25 See to it that you do
not refuse Him who is speaking. For if those did not
escape when they refused him who warned them on earth,
much less shall we escape who turn away from Him who
warns from heaven. 26 And His voice shook the earth

가라사대...하셨느니라
/이제는
/약속하여(=약속함으로)
/내가 —— 진동하리라
/또 한번
/땅만 아니라
/하늘도

27 이 하심은 **나타내심이니라**
/또 한번이라
/변동될 것을
/진동할 것들[의]
/곧 만든 것들의

//(목적: ἵνα, so that...may)
영존케 하기 위하여
/진동치 아니하는 것을

28 그러므로
우리가 **받자**
/은혜를

//(이유: 분사, since)
받았은즉
/나라를
/진동치 못할

//(결과: 접속사 생략된 가정법, that...may)
[우리가] —— 섬길지니
/하나님을
/이로 말미암아
/기쁘게
/경건함과
두려움으로

29 //(이유: γάρ, for)
하나님은 —— 불이심이니라
/우리[의] /소멸하는

13

1 사랑하기를 **계속하고**
/형제

2 [너희는] **잊지 말라**
/손님 대접하기를

//(이유: γάρ, for)

27 이 또 한 번이라 하심은 진동치 아니하는 것을 영존케
하기 위하여 진동할 것들 곧 만든 것들의 변동될 것을 나
타내심이니라 28 그러므로 우리가 진동치 못할 나라를 받
았은즉 은혜를 받자 이로 말미암아 경건함과 두려움으로
하나님을 기쁘시게 섬길지니 29 우리 하나님은 소멸하는
불이심이니라

13:1 형제 사랑하기를 계속하고 2 손님 대접하기를
잊지 말라 이로써 부지중에 천사들을 대접한 이들

then, but now He has promised, saying, "Yet once more
I will shake not only the earth, but also the heaven." 27
And this expression, "Yet once more," denotes the removing
of those things which can be shaken, as of created things,
in order that those things which cannot be shaken may remain.
28 Therefore, since we receive a kingdom which cannot
be shaken, let us show gratitude, by which we may offer
to God an acceptable service with reverence and awe; 29
for our God is a consuming fire.

13:1 ¶ Let love of the brethren continue. 2 Do not
neglect to show hospitality to strangers, for by this some

히

//(이유: γάρ, for)
이들이 —— 부지중에 있었느니라
/대접한 /이로써
/천사를

3 [너희는] **생각하고**
/갇힌 자를
/자기도 함께 갇힌 것같이

〈생각하라〉
/학대받는 자를
/자기도 몸을 가졌은즉(=가진것같이)

4 혼인을(은) **귀히 여기고(=귀하다)**
/모든 사람은(=모든 사람 중에서)

침소를(는) **더럽히지 않게 하라**

//(이유: γάρ, for)
하나님이 —— 심판하시리라
/음행하는 자들과
간음하는 자들을

5 [성품이] **돈을 사랑치 말고**
족한 줄로 알라
/있는 바를

//(이유: γάρ, for)
그가 —— 친히 말씀하시기를 ...하셨느니라
/내가 —— 과연 버리지 아니하고
/너희를
—— 과연 떠나지 아니하리라
/너희를

6 //그러므로(결과: ὥστε, so that)
우리가 —— 가로되...하노라
/담대히
/주는 —— 돕는 자시니
/나를
/내가 —— 무서워 아니하겠노라
/사람이 —— 어찌하리요
/내게

7 [너희는] **생각하며**
/인도하던 자들을
/너희를
/이르고(=전한자들을)
/하나님의 말씀을
/너희에게

이 있었느니라 3 자기도 함께 갇힌 것같이 갇힌 자를 생각
하고 자기도 몸을 가졌은즉 학대 받는 자를 생각하라 4 모
든 사람은 혼인을 귀히 여기고 침소를 더럽히지 않게 하라
음행하는 자들과 간음하는 자들을 하나님이 심판하시리라
5 돈을 사랑치 말고 있는 바를 족한 줄로 알라 그가 친히
말씀하시기를 내가 과연 너희를 버리지 아니하고 과연 너
희를 떠나지 아니하리라 하셨느니라 6 그러므로 우리가
담대히 가로되 주는 나를 돕는 자시니 내가 무서워 아니하
겠노라 사람이 내게 어찌하리요 하노라 7 하나님의 말씀
을 너희에게 이르고 너희를 인도하던 자들을 생각하며 저

have entertained angels without knowing it. 3 Remember
the prisoners, as though in prison with them, and those
who are ill-treated, since you yourselves also are in the
body. 4 Let marriage be held in honor among all, and let
the marriage bed be undefiled; for fornicators and adulterers
God will judge. 5 Let your character be free from the
love of money, being content with what you have; for
He Himself has said, "I will never desert you, nor will I
ever forsake you," 6 so that we confidently say, "The
Lord is my helper, I will not be afraid. What shall man
do to me?" 7 ¶ Remember those who led you, who spoke
the word of God to you; and considering the result of

[너희는] **본받으라**
/믿음을
/저희
/주의하여 보고(=주의하여 보면서)
/저희 행실의 종말을

8 예수 그리스도는 **동일하시니라**
/어제나
오늘이나
영원토록

9 [너희는] **끌리지 말라**
/교훈에
/다른
/여러 가지

//(이유: γάρ, for)
굳게 함이 ——— 아름답고
/마음은(을)
/은혜로써
/식물로써 할 것이 아니니(라)
/식물로 말미암아[83]
행한 자는 유익을 얻지 못하였느니라

10 우리에게(는) **있는데**
/제단이(을)

섬기는 자들이 **없나니**
/제물을 /권이
/그 위에 있는 /먹을
/장막에서 /이 제단에게

11 //이는(이유: γάρ, for)
피는 ——— 가지고 들어가고
/죄를 위한 /대제사장이(=...에 의해)
/짐승의 /성소에

[그가] ——— 불사름이니라
/육체는(를)
/그(=그들의)
/영문 밖에서

12 그러므로
예수도 **고난을 받으셨느니라**
/성문 밖에서

//(목적: ἵνα, that...may)
[그가] ——— 거룩케 하려고
/백성을
/자기 피로써

83) 전치사 + 관계대명사, 선행사는 '식물'

희 행실의 종말을 주의하여 보고 저희 믿음을 본받으라 8
예수 그리스도는 어제나 오늘이나 영원토록 동일하시니라
9 여러 가지 다른 교훈에 끌리지 말라 마음은 은혜로써 굳
게 함이 아름답고 식물로써 할 것이 아니니 식물로 말미암
아 행한 자는 유익을 얻지 못하였느니라 10 우리에게 제
단이 있는데 그 위에 있는 제물은 장막에서 섬기는 자들이
이 제단에서 먹을 권이 없나니 11 이는 죄를 위한 짐승의
피는 대제사장이 가지고 성소에 들어가고 그 육체는 영문
밖에서 불사름이니라 12 그러므로 예수도 자기 피로써 백
성을 거룩케 하려고 성문 밖에서 고난을 받느니라

their conduct, imitate their faith. 8 Jesus Christ is the
same yesterday and today, yes and forever. 9 Do not be carried
away by varied and strange teachings; for it is good for
the heart to be strengthened by grace, not by foods, through
which those who were thus occupied were not benefited.
10 We have an altar, from which those who serve the
tabernacle have no right to eat. 11 For the bodies of those
animals whose blood is brought into the holy place by
the high priest as an offering for sin, are burned outside
the camp. 12 Therefore Jesus also, that He might sanctify

13 그런즉
우리는 **나아가서**
/그에게
/영문 밖으로
/지고(분사)
/그[의] 능욕을

14 //(이유: γάρ, for)
우리가 — 없고(=소유하지 못하고)
/도성이(을)
/영구한
/여기는

— 오직 찾나니
/장차 올 것을

15 이러므로
우리가 **드리자**
/제사를
/찬미의

/이는(=즉)
입술의 열매니라
/증거하는
/그[의] 이름을

/예수로 말미암아
/항상
/하나님께

16 오직(δε)
[너희는] **잊지 말라**
/선을 행함[을]과
서로 나눠 주기를

//(이유: γάρ, for)
하나님이 — 기뻐하시느니라
/이같은 제사는(를)

17 [너희는] **순종하고**
/인도하는 자들에게
/너희를

복종하라

//(이유: γάρ, for)

13 그런즉 우리는 그 능욕을 지고 영문 밖으로 그에게 나
아가자 14 우리가 여기는 영구한 도성이 없고 오직 장차
올 것을 찾나니 15 이러므로 우리가 예수로 말미암아 항
상 찬미의 제사를 하나님께 드리자 이는 그 이름을 증거하
는 입술의 열매니라 16 오직 선을 행함과 서로 나눠 주기
를 잊지 말라 이같은 제사는 하나님이 기뻐하시느니라 17
너희를 인도하는 자들에게 순종하고 복종하라 저희는 너희
영혼을 위하여 경성하기를 자기가 회계할 자인 것같이 하
느니라 저희로 하여금 즐거움으로 이것을 하게 하고 근심
으로 하게 말라 그렇지 않으면 너희에게 유익이 없느니라

the people through His own blood, suffered outside the
gate. 13 Hence, let us go out to Him outside the camp, bearing
His reproach. 14 For here we do not have a lasting city,
but we are seeking the city which is to come. 15 Through
Him then, let us continually offer up a sacrifice of praise
to God, that is, the fruit of lips that give thanks to His
name. 16 And do not neglect doing good and sharing;
for with such sacrifices God is pleased. 17 Obey your
leaders, and submit to them; for they keep watch over
your souls, as those who will give an account. Let them

//(이유: γάρ, for)
저희는 ——— 경성하기를...하느니라
/너희 영혼을 위하여
/자기가 회계할 자인 것같이

//(목적: ἵνα, that...may)
저희로 하여금 ——— 하게 하고
/이것을
/즐거움으로
근심으로 하게 말라

//그렇지 않으면(이유: γάρ, for)
[이것이] ——— 유익이 없느니라
/너희에게

18 [너희는] **기도하라**
/우리를 위하여

//(이유: γάρ, for)
우리가 ——— 확신하노라
/우리에게(가)— 있는 줄을
/선한 양심이
/선하게 행하려 하므로(=행하고자 함)
/모든 일에

19 내가 **원하노라**
/너희 기도함을
/더욱

//(목적: ἵνα, that...may)
[내가] ——— 돌아가기를 위하여
/더 속히
/너희에게

20-21
하나님이 ——— **온전케 하사**...원하노라
/이끌어 내신
/예수를
/우리 주
/목자이신
/양의
/큰
/피로
/언약의
/영원한
/죽은 자 가운데서
/평강의

/너희를
/모든 선한 일에
/이루시기를(=이루심으로)
/즐거운 것을
/그[의] 앞에
/예수 그리스도로 말미암아
/우리 속에

//(목적: εἰς+목적격, that...may)

18 우리를 위하여 기도하라 우리가 모든 일에 선하게 행
하려 하므로 우리에게 선한 양심이 있는 줄을 확신하노니
19 내가 더 속히 너희에게 돌아가기를 위하여 너희 기도
함을 더욱 원하노라 20 양의 큰 목자이신 우리 주 예수를
영원한 언약의 피로 죽은 자 가운데서 이끌어 내신 평강의
하나님이 21 모든 선한 일에 너희를 온전케 하사 자기 뜻
을 행하게 하시고 그 앞에 즐거운 것을 예수 그리스도로
말미암아 우리 속에 이루시기를 원하노라 영광이 그에게

do this with joy and not with grief, for this would be
unprofitable for you. 18 Pray for us, for we are sure that
we have a good conscience, desiring to conduct ourselves
honorably in all things. 19 And I urge you all the more
to do this, that I may be restored to you the sooner. 20
Now the God of peace, who brought up from the dead
the great Shepherd of the sheep through the blood of the
eternal covenant, even Jesus our Lord, 21 equip you in
every good thing to do His will, working in us that which
is pleasing in His sight, through Jesus Christ, to whom

히

//(목적: εἰς+목적격, that...may)
〈너희가〉 —— 행하게 하시고
/자기 뜻을

영광이 **〈있을지어다〉 아멘**
/그에게
/세세 무궁토록

22 형제들아!
내가 **권하노니**
/너희를
[너희는] **용납하라**
/권면의 말을

//(이유: γάρ, for)
내가 ———— 썼느니라
/간단히
/너희에게

23 너희가 **알라**
/디모데가 —— 놓인 것을
/우리 형제

[만일, ἐὰν]
그가 속히 오면
내가 **보리라**
/너희를
/저와 함께 (가서)

24 [너희는] **문안하라**
/인도하는 자와 및
/너희를
/모든 성도에게

온 자들도 **문안하느니라**
/이달리야에서 /너희에게

25 은혜가 **〈있을지어다〉**
/너희 모든 사람에게

세세 무궁토록 있을지어다 아멘 22 형제들아 내가 너희를 권하노니 권면의 말을 용납하라 내가 간단히 너희에게 썼느니라 23 우리 형제 디모데가 놓인 것을 너희가 알라 그가 속히 오면 내가 저와 함께 가서 너희를 보리라 24 너희를 인도하는 자와 및 모든 성도에게 문안하라 이달리야에서 온 자들도 너희에게 문안하느니라 25 은혜가 너희 모든 사람에게 있을지어다

be the glory forever and ever. Amen. 22 But I urge you, brethren, bear with this word of exhortation, for I have written to you briefly. 23 Take notice that our brother Timothy has been released, with whom, if he comes soon, I shall see you. 24 Greet all of your leaders and all the saints. Those from Italy greet you. 25 Grace be with you all.

야고보서

1

1 야고보는 문안하노라
/종 /열 두 지파에게
/하나님과 /흩어져 있는
주 예수 그리스도의

2 내 형제들아!
너희가 여러 가지 시험을 만나거든(상황절, when)
[너희는] **여기라**
/기쁘게
/온전히

3 //이는(이유: 분사, for, because; NIV, RSV)[1)]
너희가 —— 앎이라
/시련이 ———— 만들어 내는 줄
/너희 믿음의 /인내를

4 인내를(=가) **이루라(=가지도록 하라)**[2)]
/[일을]
/온전히(=한)

// 이는(목적/결과: ἵνα, so that...may)
너희로(가) —온전하고
— 구비하여... 하려 함이라

/부족함이 없게(=부족함이 없는 가운데)
/조금도

5 [만일]
누구든지 부족하거든(조건절, if)
/너희 중에 /지혜가

---

1) 분사형태의 동사를 의미상으로 이유를 나타내는 말로 이해
2) 한글개역은 의미구조이다. 우리말로는 그 구조를 정확히 반영할 수 없기 때문에 의미구조로 했다. 원문은 그렇지 않다. 영문구조도 원문을 따라 한글과 다른 구조로 번역했다. 아래의 영문구조를 비교해 보자.

4 But
let patience have its perfect work,
//that you may be perfect and complete, lacking nothing(NKJV).
4 And
let endurance have [its] perfect result,
//that you may be perfect and complete, lacking in nothing(NASB).
4 Perseverance must finish its work
//so that you may be mature and complete, not lacking anything(NIV)

1:1 하나님과 주 예수 그리스도의 종 야고보는 흩어져
있는 열두 지파에게 문안하노라 2 내 형제들아 너희가
여러 가지 시험을 만나거든 온전히 기쁘게 여기라 3 이는
너희 믿음의 시련이 인내를 만들어 내는 줄 너희가 앎이라
4 인내를 온전히 이루라 이는 너희로 온전하고 구비하여
조금도 부족함이 없게 하려 함이라 5 너희 중에 누구든지
지혜가 부족하거든 모든 사람에게 후히 주시고 꾸짖지 아
니하시는 하나님께 구하라 그리하면 주시리라 6 오직 믿

1 ¶ James, a bond-servant of God and of the Lord Jesus
Christ, to the twelve tribes who are dispersed abroad, greetings.
2 Consider it all joy, my brethren, when you encounter various
trials, 3 knowing that the testing of your faith produces
endurance. 4 And let endurance have its perfect result,
that you may be perfect and complete, lacking in nothing.
5 ¶ But if any of you lacks wisdom, let him ask of God,
who gives to all men generously and without reproach,

약

[그는] **구하라**
/하나님께
/주시고
/모든 사람에게
/후히
/꾸짖지 아니하시는

//그리하면(결과: 명령문 and)
[그것이; 지혜가] —— 주시리라(=주어질 것이다)
/[그에게]

6 [그러나, δὲ]
[그는] **구하고**
/(오직)믿음으로
/조금도 의심하지 말라(=의심하지 않으면서, 분사)

//(이유: γάρ, for)
의심하는 자는 —— (마치)바다 물결 같으니
/바람에 밀려(=바람에 밀리는, 분사)
/요동하는(분사)

7 //(이유: γάρ, for)
이런 사람은 —— 생각하지 말라
/얻기를
/무엇이든지
/주께

8 //(연속되는 이유)
[그는] —— 두 마음을 품어(=두 마음을 품은 자이다)
정함이 없는 자로다
/일에
/[그의]
/모든

9 [그러나, δέ]
낮은 형제는 **자랑하고**
/자기의 높음을

10 부한 형제는 **(자랑할지니)**
/자기의 낮아짐을

//이는(이유: ὅτι, because)
[그가] —— 지나감이라
/꽃과 같이
/풀의

11 //(이유: γάρ, for)

음으로 구하고 조금도 의심하지 말라 의심하는 자는 마치
바람에 밀려 요동하는 바다 물결 같으니 7 이런 사람은 무
엇이든지 주께 얻기를 생각하지 말라 8 두 마음을 품어 모
든 일에 정함이 없는 자로다 9 낮은 형제는 자기의 높음을
자랑하고 10 부한 형제는 자기의 낮아짐을 자랑할지니 이
는 풀의 꽃과 같이 지나감이라 11 해가 돋고 뜨거운 바람
이 불어 풀을 말리우면 꽃이 떨어져 그 모양의 아름다움이
없어지나니 부한 자도 그 행하는 일에 이와 같이 쇠잔하리

and it will be given to him. 6 But let him ask in faith
without any doubting, for the one who doubts is like the
surf of the sea driven and tossed by the wind. 7 For let
not that man expect that he will receive anything from
the Lord, 8 being a double-minded man, unstable in all
his ways. 9 But let the brother of humble circumstances
glory in his high position; 10 and let the rich man glory
in his humiliation, because like flowering grass he will
pass away. 11 For the sun rises with a scorching wind,
and withers the grass; and its flower falls off, and the

11 //(이유: γάρ, for)
해가 — 돋고
/뜨거운 바람이 불어(=뜨거운 바람과 함께)
— 말리우면
/풀을
꽃이 — 떨어져
아름다움이 — 없어지나니
/그 모양의

//이와같이(οὕτως, so)
부한 자도 — 쇠잔하리라
/그 행하는 일에
/[그의]

12 참는 자는 **복이 있도다**
/시험을

//(이유: ὅτι, for)
[그가] — 얻을 것임이니라
/면류관을
/생명의
/약속하신
/주께서
/자기를 사랑하는 자들에게
/이것에 옳다 인정하심을 받은후에

13 (사람이) 시험을 받을 때에(상황절, when)
[어떤 사람도] **하지 말찌니(=말하지 말라)**
/내가 — 시험을 받는다
/하나님께

//(이유: γάρ, for)
하나님은 — 시험을 받지도 아니하시고
/악에게
— 시험하지 아니하시느니라
/아무도
/친히

14 [그러나, δέ]
각 사람이 **시험을 받는 것은(=시험받는다)**
/(오직)
/[그가] — 끌려
/자기 욕심에
— 미혹됨이니[3]

15 [그리고나서: εἶτα, then]
욕심이 잉태한 즉(상황절, when)
[그것이] **낳고**
/죄를

[그리고: δέ]
죄가 장성한즉(상황절, when)
[그것이] **낳느니라**
/사망을

3) 언제, 어떻게 측면으로 해석-NASB, KJV

라 12 시험을 참는 자는 복이 있도다 이것이 옳다 인정하
심을 받은 후에 주께서 자기를 사랑하는 자들에게 약속하
신 생명의 면류관을 얻을 것임이니라 13 사람이 시험을
받을 때에 내가 하나님께 시험을 받는다 하지 말지니 하나
님은 악에게 시험을 받지도 아니하시고 친히 아무도 시험
하지 아니하시느니라 14 오직 각 사람이 시험을 받는 것
은 자기 욕심에 끌려 미혹됨이니 15 욕심이 잉태한즉 죄
를 낳고 죄가 장성한즉 사망을 낳느니라

beauty of its appearance is destroyed; so too the rich man in the midst of his pursuits will fade away.
12 Blessed is a man who perseveres under trial; for once he has been approved, he will receive the crown of life, which the Lord has promised to those who love Him.
13 Let no one say when he is tempted, "I am being tempted by God"; for God cannot be tempted by evil, and He Himself does not tempt anyone.
14 But each one is tempted when he is carried away and enticed by his own lust.
15 Then when lust has conceived, it gives birth to sin; and when

약

16 형제들아!
/내
/사랑하는

[너희는] **속지말라**(πλαναω, planao)

17 은사와 **있고**
/각양(=모든) /위로부터
/좋은
선물이
/다(=모든)
/온전한
내려오나니
/아버지께로서
/빛들의

/그는[4] ─ 변함도 없으시고
└ 그림자도 없으시니라
/회전하는

18 그가 **낳으셨느니라**
/우리를
/(자기의)뜻을 좇아
/말씀으로
/진리의

//(목적: εἰς+목적격, so that... may)
우리가 ── 첫 열매가 되게 하시려고
/[피]조물 중에
/그[의]

19 그러므로
형제들아!
/내
/사랑하는

너희가 **알거니와(=알라, Ἴστε)**

[그러나, δέ]
사람마다 ── **속히하고**
/듣기는
더디하며
/말하기는
더디하라
/성내기도

4) 전치사의 여격으로 사용된 관계(대명)사 ᾧ를 한글개역이 번역한 것이다.

20 //(이유: γάρ, for)
성내는 것이 ── 이루지 못함이니라
/사람의 /하나님의 의를

16 내 사랑하는 형제들아 속지 말라 17 각양 좋은 은사와
온전한 선물이 다 위로부터 빛들의 아버지께로서 내려오나
니 그는 변함도 없으시고 회전하는 그림자도 없으시니라
18 그가 그 조물 중에 우리로 한 첫 열매가 되게 하시려고
자기의 뜻을 좇아 진리의 말씀으로 우리를 낳으셨느니라
19 내 사랑하는 형제들아 너희가 알거니와 사람마다 듣기
는 속히 하고 말하기는 더디 하며 성내기도 더디하라 20
사람의 성내는 것이 하나님의 의를 이루지 못함이니라 21

sin is accomplished, it brings forth death. 16 Do not be
deceived, my beloved brethren. 17 Every good thing bestowed
and every perfect gift is from above, coming down from
the Father of lights, with whom there is no variation, or shifting
shadow. 18 In the exercise of His will He brought us
forth by the word of truth, so that we might be, as it
were, the first fruits among His creatures. 19 This you
know, my beloved brethren. But let everyone be quick to hear,
slow to speak and slow to anger; 20 for the anger of man
does not achieve the righteousness of God. 21 Therefore

21 그러므로(διό)
[너희는] 내어 버리고
/더러운 것과
/모든
/악을
/넘치는
받으라
/도를
/(마음에)심긴
/능히 구원할바(=구원할 수 있는, 분사+부정사)
/너희 영혼을
/온유함으로

22 [그리고, δέ]
너희는 **되고**
/도를 행하는 자가(doers of the Word)
되지 말라
/자신을 속이는 자가
/[단지, μόνον]듣기만 하여

23 //(이유: ὅτι, for)
[만일, εἰ]
누구든지 — 듣고
/도를
— 행하지 아니하면(조건절)

그는 — 사람과 같으니
/거울로 자기의 생긴 얼굴을 보는

24 //(이유: 윗점 + γάρ, for)
(그는) — 보고
/제 자신을
— 가서
— 곧 잊어버리거니와
/그 모양이 어떠한 것을

25 [그러나, δέ]
자는 — **듣는 자가 아니요**
/잊어버리는(=잊어버리고 있는, 분사)
/(들여다)보고 있는
/율법을
/온전한
/자유하게 하는
/[계속 머물러 있는]
— **자니**
/실행하는

이 사람이 **복을 받으리라**
/그 행하는 일에
/[그의]

그러므로 모든 더러운 것과 넘치는 악을 내어 버리고 능히 너희 영혼을 구원할 바 마음에 심긴 도를 온유함으로 받으라 22 너희는 도를 행하는 자가 되고 듣기만 하여 자신을 속이는 자가 되지 말라 23 누구든지 도를 행하지 아니하면 그는 거울로 자기의 얼굴을 보는 사람과 같으니 24 제 자신을 보고 가서 그 모양이 어떠한 것을 곧 잊어 버리거니와 25 자유하게 하는 온전한 율법을 들여다 보고 있는 자는 듣고 잊어 버리는 자가 아니요 실행하는 자니 이 사

putting aside all filthiness and all that remains of wickedness, in humility receive the word implanted, which is able to save your souls. 22 But prove yourselves doers of the word, and not merely hearers who delude themselves. 23 For if anyone is a hearer of the word and not a doer, he is like a man who looks at his natural face in a mirror; 24 for once he has looked at himself and gone away, he has immediately forgotten what kind of person he was. 25 But one who looks intently at the perfect law, the law of liberty, and abides by it, not having become a forgetful hearer but an effectual doer, this man shall be blessed in what he does. 26 If anyone thinks himself to be religious,

약

26 [만일, εἰ]
누구든지 ——— 생각하며(=생각한다면, 조건절)
/스스로 경건하다

/재갈 먹이지 아니하고(상태, 분사)
/자기 혀를
/속이면(상태, 분사: ἀπαταω, apatao)
/자기 마음을

경건은 **헛것이라**
/이 사람의

27 경건은 **[이것이다]**
/정결한
/더러움이 없는

/하나님, (καὶ) 아버지 앞에서

//곧(=동격)
돌아보고(돌아보는 것, 명사적 용법의 부정사)
/고아와 과부를
/그 환란 중에 (있는)
또
지켜(지키는 것, 명사적 용법의 부정사)...이것이니라
/자기를
/물들지 아니하는(=물들지 않게)
/세속에[으로부터]

2

1 내 형제들아!
[너희는] **받았으니... 말라(=받지 말라)**
/사람을 외모로 취하지(=외모로 판단함으로)

/믿는 믿음을
/예수 그리스도를
/(곧)우리 주
/영광의 주

2 //(이유: γάρ, for)
만일
사람이 ——— 들어오고
/금가락지를 끼고 /너희 회당에
/아름다운 옷을 입은
또

람이 그 행하는 일에 복을 받으리라 26 누구든지 스스로
경건하다 생각하며 자기 혀를 재갈 먹이지 아니하고 자기
마음을 속이면 이 사람의 경건은 헛것이라 27 하나님 아
버지 앞에서 정결하고 더러움이 없는 경건은 곧 고아와 과
부를 그 환난 중에 돌아보고 또 자기를 지켜 세속에 물들
지 아니하는 이것이니라

2:1 내 형제들아 영광의 주 곧 우리 주 예수 그리스도를
믿는 믿음을 너희가 받았으니 사람을 외모로 취하지 말
라 2 만일 너희 회당에 금가락지를 끼고 아름다운 옷을 입
은 사람이 들어오고 또 더러운 옷을 입은 가난한 사람이

and yet does not bridle his tongue but deceives his own
heart, this man's religion is worthless. 27 This is pure
and undefiled religion in the sight of our God and Father,
to visit orphans and widows in their distress, and to keep
oneself unstained by the world.

2:1 My brethren, do not hold your faith in our glorious
Lord Jesus Christ with an attitude of personal favoritism.
2 For if a man comes into your assembly with a gold
ring and dressed in fine clothes, and there also comes in
a poor man in dirty clothes, 3 and you pay special attention

또
가난한 사람이 ——— 들어올 때에(조건절, if)
/더러운 옷을 입은

3 너희가 ——— 돌아보아
/아름다운 옷을 입은 자를
가로되...하고
/"[당신은] 여기 좋은 자리에 앉으소서"

또
이르되...하면(조건절, if)
/가난한 자에게
/"너는 거기 섰든지
내 발등상 아래 앉으라"

4 (너희가) ——— **구별하고**
/너희끼리(서로)
판단하는 자가 되는 것이 아니냐?
/악한 생각으로

5 형제들아!
/내
/사랑하는

[너희는] **들을지어다**(Ἀκούσατε)

하나님이 **택하사..하니하셨느냐?(=택하지 아니하셨느냐?)**
/가난한 자를
/부요하게 하시고(=부요한)
/믿음에(=믿음 안에)
/세상에 대하여는

/유업으로 받게(=후사를, 동급/동격)5)
/나라를(=나라의)
/약속하신
/자기를 사랑하는 자들에게

6 도리어
너희는 **괄시하였도다**
/가난한 자를
부자는 **압제하며**
/너희를
끌고 가지 아니하느냐?
/[너희를]
/법정으로
7 저희는 **훼방하지 아니하느냐?**
/이름을
/그 아름다운
/일컫는바
/너희에게 대하여

들어올 때에 3 너희가 아름다운 옷을 입은 자를 돌아보아
가로되 여기 좋은 자리에 앉으소서 하고 또 가난한 자에게
이르되 너는 거기 섰든지 내 발등상 아래에 앉으라 하면 4
너희끼리 서로 구별하며 악한 생각으로 판단하는 자가 되
는 것이 아니냐 5 내 사랑하는 형제들아 들을지어다 하나
님이 세상에 대하여는 가난한 자를 택하사 믿음에 부요하
게 하시고 또 자기를 사랑하는 자들에게 약속하신 나라를
유업으로 받게 아니하셨느냐 6 너희는 도리어 가난한 자
를 괄시하였도다 부자는 너희를 압제하며 법정으로 끌고
가지 아니하느냐 7 저희는 너희에게 대하여 일컫는 바 그

to the one who is wearing the fine clothes, and say, "You
sit here in a good place," and you say to the poor man,
"You stand over there, or sit down by my footstool," 4
have you not made distinctions among yourselves, and become
judges with evil motives? 5 Listen, my beloved brethren:
did not God choose the poor of this world to be rich in
faith and heirs of the kingdom which He promised to
those who love Him? 6 But you have dishonored the poor
man. Is it not the rich who oppress you and personally
drag you into court? 7 Do they not blaspheme the fair

약

8 만일
너희가 지키면(조건절, if)
/법을
/최고한
/경에 기록한 대로
/"네 이웃 사랑하기를 네 몸과 같이하라" 하신
/[참으로]

[너희가] **잘하는 것이거니와**

9 [그러나, δὲ]
만일
너희가 외모로 사람을 취하면(=편파심을 보이면: 조건절, if)
죄를 짓는 것이니
/(너희를)정하리라(=정죄되면서)
/율법이(=율법에 의해서)
/범죄자로

10 //(이유: γάρ, for)
누구든지 지키다가
/온 율법을
거치면(if)
/그 하나에

[그는] 되나니
/모두 범한자가

11 //(이유: 마침점 + γάρ, for)
[말씀]하신 이가 [말씀]하셨은즉
/간음하지 말라 /살인하지 말라
/또한

//비록
[만약, εἰ]
네가 아니하여도
/간음하지
살인하면(조건절, if)

[네가] 되느니라
/율법을 범한 자가

12 너희는 **말도 하고**
/[이와같이, οὕτως]
행하기도 하라
/[이와같이, οὕτως]

/심판받을 자처럼
/자유의 율법대로

13 //(이유: γάρ, because)

아름다운 이름을 훼방하지 아니하느냐 8 너희가 만일 경
에 기록한 대로 네 이웃 사랑하기를 네 몸과 같이 하라 하
신 최고한 법을 지키면 잘하는 것이거니와 9 만일 너희가
외모로 사람을 취하면 죄를 짓는 것이니 율법이 너희를 범
죄자로 정하리라 10 누구든지 온 율법을 지키다가 그 하
나에 거치면 모두 범한 자가 되나니 11 간음하지 말라 하
신 이가 또한 살인하지 말라 하셨은즉 네가 비록 간음하지
아니하여도 살인하면 율법을 범한 자가 되느니라 12 너희
는 자유의 율법대로 심판 받을 자처럼 말도 하고 행하기도
하라 13 긍휼을 행하지 아니하는 자에게는 긍휼 없는 심

name by which you have been called? 8 If, however, you
are fulfilling the royal law, according to the Scripture,
"You shall love your neighbor as yourself," you are doing
well. 9 But if you show partiality, you are committing
sin and are convicted by the law as transgressors. 10 For
whoever keeps the whole law and yet stumbles in one
point, he has become guilty of all. 11 For He who said,
"Do not commit adultery," also said, "Do not commit murder."
Now if you do not commit adultery, but do commit murder,
you have become a transgressor of the law. 12 So speak
and so act, as those who are to be judged by the law of
liberty. 13 For judgment will be merciless to one who

13 //(이유: γάρ, because)
심판이 —— (있으리라)
/긍휼없는 /긍휼을 행하지 아니하는 자에게는

긍휼은 —— 이기고 자랑하느니라
/심판을

14 내 형제들아!
만일
사람이 —— 하고(=말하고)
/믿음이 있노라
없으면(조건절, if)
/행함이

이익이 **무슨... 있으리요(=무엇이냐?)**
그 믿음이 **능히 구원하겠느냐?**
/자기를

15 만일
형제나 자매가 —— 헐벗고
없는데(조건절, if)
/양식이
/일용할

16 누구든지 —— 이르되...하며
/너희 중에
/그에게
/평안히 가라, 더웁게 하라, 배 부르게 하라
주지 아니하면(조건절, if)
/쓸 것을
/그 몸에(=의)
/[그들에게]

이익이 **무슨.. 있으리요?(=무엇이냐?)**

17 이와 같이(οὕτως)
[만약]
믿음은 행함이 없는(=없으면, 조건절, if)
죽은 것이라
/그 자체가

18 [그러나, ἀλλα]
혹이(τις) **가로되(=말한다)**
/"너는(σὺ) —— 믿음이 있고
나는(αγώ) —— 행함이 있다."

/[너는] —— 보이라
/내게
/네 믿음을
/행함이 없는
/나는(αγώ) —— 보이리라
/네게
/행함으로
/내 믿음을

판이 있으리라 긍휼은 심판을 이기고 자랑하느니라 14 내
형제들아 만일 사람이 믿음이 있노라 하고 행함이 없으면
무슨 이익이 있으리요 그 믿음이 능히 자기를 구원하겠느
냐 15 만일 형제나 자매가 헐벗고 일용할 양식이 없는데
16 너희 중에 누구든지 그에게 이르되 평안히 가라, 더웁
게 하라, 배 부르게 하라 하며 그 몸에 쓸 것을 주지 아니
하면 무슨 이익이 있으리요 17 이와 같이 행함이 없는 믿
음은 그 자체가 죽은 것이라 18 혹이 가로되 너는 믿음이
있고 나는 행함이 있으니 행함이 없는 네 믿음을 내게 보
이라 나는 행함으로 내 믿음을 네게 보이리라

has shown no mercy; mercy triumphs over judgment. 14 What
use is it, my brethren, if a man says he has faith, but he
has no works? Can that faith save him? 15 If a brother
or sister is without clothing and in need of daily food,
16 and one of you says to them, "Go in peace, be warmed
and be filled," and yet you do not give them what is
necessary for their body, what use is that? 17 Even so
faith, if it has no works, is dead, being by itself. 18 But
someone may well say, "You have faith, and I have works;
show me your faith without the works, and I will show

약

19 네가 **믿느냐?**
/하나님은 한 분이신 줄을

[너희가] **잘하는도다**
귀신들도 **믿고**
떠느니라

20 [그러나, δέ]
아아 허탄한 사람아!(ὦ ἄνθρωπε κενέ)
[네가] —— **알고자 하느냐?**
/행함이 없는 믿음이 헛것인 줄

21 아브라함이 **의롭다 하심을 받은 것이 아니냐?**
/우리 조상 /행함으로
/그 아들 이삭을 제단에 드릴 때에

22 네가 **보거니와**(βλέπεις)
/[그] 믿음이 —— 함께 일하고
/그(의) 행함과
/[그] 믿음이 —— 온전케 되었느니라
/[그] 행함으로

23 (이에, καὶ)
[그] 말씀이 **응하였고**
/(경에)이른바(=말씀하고 있는)
/"이브라함이 하나님을 믿으니
이것을 의로 여기셨다"는

그는 **칭함을 받았나니**
/하나님의 벗이라

24 [너희는] **이로 보건대(=알라, 알게되었다, 안다,** ὁρᾶτε)
/사람이 —— 의롭나 하심을 받는다
/행함으로(by works)
/믿음으로만 아닌(not by faith only)

25 또
[그녀가] —— 접대하여
/사자를
나가게 할 때에(상황절, when)
/다른 길로
기생 라합이 **의롭다 하심을 받은 것이 아니냐?**
/행함으로
/이와같이

19 네가 하나님은 한 분이신 줄을 믿느냐 잘하는도다 귀
신들도 믿고 떠느니라 20 아아 허탄한 사람아 행함이 없
는 믿음이 헛것인 줄 알고자 하느냐 21 우리 조상 아브라
함이 그 아들 이삭을 제단에 드릴 때에 행함으로 의롭다
하심을 받은 것이 아니냐 22 네가 보거니와 믿음이 그의
행함과 함께 일하고 행함으로 믿음이 온전케 되었느니라
23 이에 경에 이른 바 이브라함이 하나님을 믿으니 이것
을 의로 여기셨다는 말씀이 응하였고 그는 하나님의 벗이
라 칭함을 받았나니 24 이로 보건대 사람이 행함으로 의
롭다 하심을 받고 믿음으로만 아니니라 25 또 이와 같이
기생 라합이 사자를 접대하여 다른 길로 나가게 할 때에
행함으로 의롭다 하심을 받은 것이 아니냐 26 영혼 없는

you my faith by my works." 19 You believe that God is
one. You do well; the demons also believe, and shudder.
20 But are you willing to recognize, you foolish fellow,
that faith without works is useless? 21 Was not Abraham
our father justified by works, when he offered up Isaac
his son on the altar? 22 You see that faith was working
with his works, and as a result of the works, faith was perfected;
23 and the Scripture was fulfilled which says, "And
Abraham believed God, and it was reckoned to him as
righteousness," and he was called the friend of God. 24
You see that a man is justified by works, and not by faith
alone. 25 And in the same way was not Rahab the harlot
also justified by works, when she received the messengers
and sent them out by another way? 26 For just as the

26 믿음은 죽은 것이니라
/행함이 없는 /몸이 —— 죽은 것 같이
/영혼 없는

3

1 내 형제들아!
너희는 **선생이 되지 말라**
/많은(이)
알고(=알라)[6)]
/우리가 —— 심판 받을 줄을
/선생된 /더 큰

2 //(이유: γάρ, for)
우리가 다 실수가 많으니

만일
[누구든지] 실수가 없는 자면(=실수하지 않는다면, 조건절, if)
/말에
[이는] (곧) **온전한 사람이라**
능히 굴레 씌우리라(=능히 굴레를 씌우는 것이다)
/온 몸도

3 [만일, εἰ]
우리가 먹여(=먹인다면, 조건절, if)
/재갈[을]
/그 입[들]에
/말을(=말들의, horses)

//(목적: εἰς + 목적격, so that...may)
[그들을] 순종케 하려고

[우리가] **어거하며(=한다)**
/온 몸을

4 또
보라!(불변사)
배를(=가).... (어떤가?)
/그렇게 크고(=큰, 주격분사)
/밀려가는 것들을(=밀려가는, 주격분사)
/광풍에

[그것은] **운전하나니(=운전된다)**
/키로
/지극히 작은
/뜻대로
/사공의
/[어디로든지]

6) 주격으로 성, 수, 인칭을 주동사와 공유하는 분사형태의 주동사이다.

몸이 죽은 것같이 행함이 없는 믿음은 죽은 것이니라

3:1 내 형제들아 너희는 선생 된 우리가 더 큰 심판을
받을 줄을 알고 선생이 되지 말라 2 우리가 다 실수가
많으니 만일 말에 실수가 없는 자면 곧 온전한 사람이라
능히 온 몸에 굴레 씌우리라 3 우리가 말을 순종케 하려고
그 입에 재갈 먹여 온 몸을 어거(禦拒)하며 4 또 배를 보
라 그렇게 크고 광풍에 밀려가는 것들을 지극히 작은 키로
사공의 뜻대로 운전하나니 5 이와같이 혀도 작은 지체로
되 큰 것을 자랑하도다 보라 어떻게 작은 불이 어떻게 많

body without the spirit is dead, so also faith without works is dead.

3:1 Let not many of you become teachers, my brethren,
knowing that as such we shall incur a stricter judgment.
2 For we all stumble in many ways. If anyone does not stumble
in what he says, he is a perfect man, able to bridle the
whole body as well. 3 Now if we put the bits into the
horses' mouths so that they may obey us, we direct their entire
body as well. 4 Behold, the ships also, though they are
so great and are driven by strong winds, are still directed
by a very small rudder, wherever the inclination of the

약

5 이와같이(οὕτως)[7]
혀도 **지체로되**
/작은
자랑하도다
/큰 것을

보라!
작은 불이 **태우는가!**
/어떻게(형용적 기능)
/많은 나무를

6 혀는 곧 **불이요**
불의의 세계(라)(the world of inquity)

혀는 ——— **〈있느니라〉**
/우리 지체 중에
/더럽히고(=는)
/온 몸을
/우리 지체 중에서
/불사르나니(=불사르는)
/생의 바퀴를
/사르는 것이...나느니라(=불살라지는)
/지옥 불에서(=의해)

7 //(이유: γάρ, for)
종류[는][8] ——— 길들므로
길들었거니와
/사람에게(=인류에게)[9]
/여러
/짐승과 새며
/벌레와 해물은(=의)

8 //(연속되는 종속문장)
[그러나, δὲ]
[아무도] ——— 능히 길들일 수 없나니
/혀는(=를)
/사람이(=으로서는)

//[혀는] ——— 악이요
/쉬지 아니하는
가득한 것이라
/죽이는 독이

9 우리가 **찬송하고**
/주 아버지를
/이것으로

또 **저주하나니**
/사람을
/지음을 받은
/하나님의 형상대로
/이것으로

7) 조건절, 상황절과 같은 급

8) 모든 것들은, πᾶσα φύσις
; every kinds-NIV

9) 사람 + 종류의 합성어

은 나무를 태우는가 6 혀는 곧 불이요 불의의 세계라 혀는
우리 지체 중에서 온 몸을 더럽히고 생의 바퀴를 불사르나
니 그 사르는 것이 지옥불에서 나느니라 7 여러 종류의 짐
승과 새며 벌레와 해물은 다 길들므로 사람에게 길들었거
니와 8 혀는 능히 길들일 사람이 없나니 쉬지 아니하는 악
이요 죽이는 독이 가득한 것이라 9 이것으로 우리가 주 아
버지를 찬송하고 또 이것으로 하나님의 형상대로 지음을
받은 사람을 저주하나니 10 한 입으로 찬송과 저주가 나

pilot desires. 5 So also the tongue is a small part of the
body, and yet it boasts of great things. Behold, how great
a forest is set aflame by such a small fire! 6 And the
tongue is a fire, the very world of iniquity; the tongue is
set among our members as that which defiles the entire
body, and sets on fire the course of our life, and is set
on fire by hell. 7 For every species of beasts and birds,
of reptiles and creatures of the sea, is tamed, and has
been tamed by the human race. 8 But no one can tame
the tongue; it is a restless evil and full of deadly poison.
9 With it we bless our Lord and Father; and with it we
curse men, who have been made in the likeness of God;

10 찬송과 나는도다(ἐξέρχεται)
저주가 /한 입으로

내 형제들아!
이것이 **마땅치 아니하니라**
/[이와같이 되는]

11 샘이 (어찌) **내겠느뇨?**
/단 물과 쓴 물을
/한 구멍으로

12 내 형제들아!
무화과 나무가 (어찌) **맺겠느뇨?**
/감람 열매를,
포도 나무가 (어찌 **맺겠느뇨?** 반복생략)
/무화과를

(이와 같이)
짠 물이 **내지 못하느니라**
/단 물을

13 자가(=사람이) **누구뇨?**
/지혜와
총명이 있는
/너희 중에

그는 **보일찌니라**
/그 행함을
/선행으로 말미암아
/온유함으로
/지혜의

14 그러나
[만일, εἰ]
[너희가] [가지고]있으면(조건절, if)
/시기와
/독한
/다툼이
/너희 마음 속에

자랑하지 말라
거짓(말)하지 말라
/진리를 거스려

15 지혜는 **내려온 것이 아니요** *οὐκ...ἀλλὰ
/이러한 /위로부터
세상적이요,
정욕적이요,
마귀적이니

16 //(이유: γάρ, for)

는도다 내 형제들아 이것이 마땅치 아니하니라 11 샘이
한 구멍으로 어찌 단 물과 쓴 물을 내겠느뇨 12 내 형제들
아 어찌 무화과 나무가 감람 열매를, 포도 나무가 무화과
를 맺겠느뇨 이와 같이 짠 물이 단 물을 내지 못하느니라
13 너희 중에 지혜와 총명이 있는 자가 누구뇨 그는 선행
으로 말미암아 지혜의 온유함으로 그 행함을 보일지니라
14 그러나 너희 마음 속에 독한 시기와 다툼이 있으면 자
랑하지 말라 진리를 거스려 거짓하지 말라 15 이러한 지
혜는 위로부터 내려온 것이 아니요 세상적이요 정욕적이요
마귀적이니 16 시기와 다툼이 있는 곳에는 요란과 모든

10 from the same mouth come both blessing and cursing.
My brethren, these things ought not to be this way. 11
Does a fountain send out from the same opening both
fresh and bitter water? 12 Can a fig tree, my brethren, produce
olives, or a vine produce figs? Neither can salt water
produce fresh. 13 Who among you is wise and understanding?
Let him show by his good behavior his deeds in the gentleness
of wisdom. 14 But if you have bitter jealousy and selfish
ambition in your heart, do not be arrogant and so lie
against the truth. 15 This wisdom is not that which comes

16 //(이유: γάρ, for)
요란과
악한 일이 — 있음이니라
/모든
/곳에는(=거기에)
/시기와 다툼이 있는

약

17 [그러나, δὲ]
지혜는
/위로부터 난
/(오직)
성결하고
/첫째
/[참으로, μὲν]
화평하고
/다음에
관용하고
양순하며
가득하고
/긍휼과
열매가
/선한
편벽과 거짓이 없나니

18 열매를(=가)
/의의
거두느니라(=거두어진다, 심겨진다)
/화평으로 심어(=평화 안에서, ἐν)
/하는 자들은(=행하는 자들에게)
/화평케(=화평을)

4

1 싸움이
다툼이
어디로 [좇아나느뇨?]
어디로 (좇아나느뇨?)
/너희 중에
난 것이 아니냐?(=거기로부터가 아니냐?)
/정욕으로 좇아(εκ; from의 의미)
/싸우는
/너희 지체 중에서[10)]

2 너희가
욕심을 내어도
얻지 못하고

살인하며
시기하여도
능히 못하나니
/취하지

너희가
다투고
싸우는도다

10) ἐν ὑμῖν; among you; where의 의미

악한 일이 있음이니라 17 오직 위로부터 난 지혜는 첫째
성결하고 다음에 화평하고 관용하고 양순하며 긍휼과 선한
열매가 가득하고 편벽과 거짓이 없나니 18 화평케 하는
자들은 화평으로 심어 의의 열매를 거두느니라

4:1 너희 중에 싸움이 어디로, 다툼이 어디로 좇아 나느
뇨 너희 지체 중에서 싸우는 정욕으로 좇아 난 것이 아
니냐 2 너희가 욕심을 내어도 얻지 못하고 살인하고 시기
하여도 능히 취하지 못하나니 너희가 다투고 싸우는도다
너희가 얻지 못함은 구하지 아니함이요 3 구하여도 받지

down from above, but is earthly, natural, demonic. 16
For where jealousy and selfish ambition exist, there is disorder
and every evil thing. 17 But the wisdom from above is
first pure, then peaceable, gentle, reasonable, full of mercy
and good fruits, unwavering, without hypocrisy. 18 And
the seed whose fruit is righteousness is sown in peace by those
who make peace.

4:1 What is the source of quarrels and conflicts among you?
Is not the source your pleasures that wage war in your
members? 2 You lust and do not have; so you commit murder.
And you are envious and cannot obtain; so you fight and

약

너희가 **얻지 못함은**

//(이유: διὰ + 목적격, because)
구하지 아니함이요

3 [너희가] **구하여도(=구하고도)**
받지 못함은(=받지 못한다)

//(왜냐하면: διότι, because)
[너희가] ——— 잘못 구함이니라

//(목적: ἵνα, that... may)
[너희가] — 정욕으로 쓰려고

4 여자들이여!
/간음하는

[너희는] **알지 못하느뇨?**
/세상과 벗된 것이 하나님의 원수임을

그런즉
하는 자는 (스스로) **하는 것이니라(=만드는 것이다)**
/세상과 벗이 되고자 /하나님과 원수되게
/누구든지

5 너희가 **생각하느뇨?**
/헛된줄로(=헛되게)
/(하나님이)[11]하신 말씀을
/성령이 ——— **사모한다**
/거하게 하신 /시기하기까지
(=거하시는)
/우리 속에

6 그러나
[그가] **주시나니**
/은혜를
/더욱 큰

그러므로
[그가] **일렀으되(...하였느니라)**
/하나님이 — 물리치시고
/교만한 자를
— 은혜를 주신다
/겸손한 자에게

7 그런즉
너희는 **순복할찌어다**
/하나님께
대적하라
/마귀를

//그리하면(결과)

11) 한글개역의 의미번역으로 첨가된 구절이다. 원문에는 없다.

못함은 정욕으로 쓰려고 잘못 구함이니라 4 간음하는 여
자들이여 세상에 벗된 것이 하나님의 원수임을 알지 못하
느뇨 그런즉 누구든지 세상과 벗이 되고자 하는 자는 스스
로 하나님과 원수되게 하는 것이니라 5 너희가 하나님이
우리 속에 거하게 하신 성령이 시기하기까지 사모한다 하
신 말씀을 헛된 줄로 생각하느뇨 6 그러나 더욱 큰 은혜를
주시나니 그러므로 일렀으되 하나님이 교만한 자를 물리치
시고 겸손한 자에게 은혜를 주신다 하였느니라 7 그런즉
너희는 하나님께 순복할지어다 마귀를 대적하라 그리하면
너희를 피하리라

quarrel. You do not have because you do not ask. 3 You
ask and do not receive, because you ask with wrong
motives, so that you may spend it on your pleasures. 4
You adulteresses, do you not know that friendship with
the world is hostility toward God? Therefore whoever
wishes to be a friend of the world makes himself an
enemy of God. 5 Or do you think that the Scripture speaks
to no purpose: "He jealously desires the Spirit which He
has made to dwell in us"? 6 But He gives a greater grace.
Therefore it says, "God is opposed to the proud, but gives
grace to the humble." 7 Submit therefore to God. Resist
the devil and he will flee from you. 8 Draw near to God

약

//그리하면(결과)
[그가] ——— 피하리라
/너희를

8 [너희는] 가까이 하라
/하나님을

//그리하면(결과)
[하나님이] ——— 가까이 하시리라
/너희를

죄인들아!
[너희는] 깨끗이 하라
/손을

두 마음을 품은 자들아!
[너희는] 성결케 하라
/마음을

9 슬퍼하며
애통하며
울지어다
바꿀찌어다
/너희 웃음을 애통으로,
너희 즐거움을 근심으로

10 낮추라
/주 앞에서

//그리하면(결과)
주께서 ——— 높이시리라
/너희를

11 형세들아!
[너희는] 비방하지 말라
/피차에

비방하는 자나
판단하는 자는
/형제를
곧 비방하고
/율법을
판단하는 것이라
/율법을

만일
네가
판단하면(조건절, if)
/율법을
준행자가 아니요
/율법의
/[오히려]
재판자로다

8 하나님을 가까이 하라 그리하면 너희를 가까이 하시리
라 죄인들아 손을 깨끗이 하라 두 마음을 품은 자들아 마
음을 성결케 하라 9 슬퍼하며 애통하며 울지어다 너희 웃
음을 애통으로, 너희 즐거움을 근심으로 바꿀지어다 10 주
앞에서 낮추라 그리하면 주께서 너희를 높이시리라 11 형
제들아 피차에 비방하지 말라 형제를 비방하는 자나 형제
를 판단하는 자는 곧 율법을 비방하고 율법을 판단하는 것
이라 네가 만일 율법을 판단하면 율법의 준행자가 아니요
재판자로다

and He will draw near to you. Cleanse your hands, you sinners;
and purify your hearts, you double-minded. 9 Be miserable
and mourn and weep; let your laughter be turned into mourning,
and your joy to gloom. 10 Humble yourselves in the
presence of the Lord, and He will exalt you. 11 Do not
speak against one another, brethren. He who speaks against
a brother, or judges his brother, speaks against the law,
and judges the law; but if you judge the law, you are not
a doer of the law, but a judge of it. 12 There is only one
Lawgiver and Judge, the One who is able to save and to

12 입법자와 오직 하나이시니[12)]
재판자는
/능히 하시느니라(=능히 하시는)
/구원하기도
/멸하기도

너는 누구관대(=누구냐)?
/이웃을 판단하느냐(=하는)

13 너희(중에 말하기를) 말하는 자들아!
/우리가 ── 가서(가리라)
/아무 도시에
/오늘이나 내일이(나)
── 유하며(유하리라)
/거기서
/일년을
── 장사하여(장사하리라)
── 이를 보리라

[너희는] 들으라(=오라)[13)]
/[지금]

14 너희가 알지 못하는도다
/내일 일을

생명이 무엇이뇨?
/너희

너희는 안개니라(강조, γάρ - NASB, NIV)
/잠간 보이다가,
없어지는

15 너희가 말하기를...할것이어늘(=말해야 한다)[14)]
/도리어
/[만일, ἐὰν]
주의(=가) ── 뜻이면(=원하신다면, 조건절, if)
우리가 ── 살기도 하고
── 하리라
/이것 저것을

16 [그러나, δὲ]
너희가 자랑하니
/허탄한 자랑을
/이제

자랑은 악한 것이라
/이러한
/다(모든)

17 이러므로
[그것이] 죄니라
/(사람이)알고도 /[그에게]
/행할 줄
/선을
행치 아니하면(=는)

12) There is only one Lowgiver and Judge

13) Ἄγε νῦν, come now-NASB, go to now-KJV

14) "말해야 한다"는 원문에서 부정사형태로 되어있다. 그런데 헬라어에서 의미상의 주어를 가진 부정사는 의무동사로 이해된다. "...해야한다"로 번역된다. 이 부분을 모든 번역성경이 의무동사로 번역한 것을 참고하라.

15 For that ye ought to say, If the Lord will, we shall both live, and do this or that.(NKJV)
15 instead of your saying, If the Lord should [so] will and we should live, we will also do this or that.(NASB)
15 Instead, you ought to say, "If it is the Lord's will, we will live and do this or that."(NIV)

12 입법자와 재판자는 오직 하나이시니 능히 구원하기도
하시며 멸하기도 하시느니라 너는 누구관대 이웃을 판단하
느냐 13 들으라 너희 중에 말하기를 오늘이나 내일이나
우리가 아무 도시에 가서 거기서 일 년을 유하며 장사하여
보리라 하는 자들아 14 내일 일을 너희가 알지 못하는도
다 너희 생명이 무엇이뇨 너희는 잠간 보이다가 없어지는
안개니라 15 너희가 도리어 말하기를 주의 뜻이면 우리가
살기도 하고 이것 저것을 하리라 할 것이거늘 16 이제 너
희가 허탄한 자랑을 자랑하니 이러한 자랑은 다 악한 것이
라 17 이러므로 사람이 선을 행할 줄 알고도 행치 아니하

destroy; but who are you who judge your neighbor? 13 Come
now, you who say, "Today or tomorrow, we shall go to
such and such a city, and spend a year there and engage
in business and make a profit." 14 Yet you do not know
what your life will be like tomorrow. You are just a vapor
that appears for a little while and then vanishes away. 15
Instead, you ought to say, "If the Lord wills, we shall
live and also do this or that." 16 But as it is, you boast
in your arrogance; all such boasting is evil. 17 Therefore,
to one who knows the right thing to do, and does not do

5

1 부한 자들아!
들으라(=오라)[15)]
/[지금]

[너희는] — **울고** / **통곡하라**

//(이유: ἐπι+여격, for)
고생을 인하여
/너희에게 임할

2 재물은 **썩었고**
/너희

옷은 **좀 먹었으며**
/너희

3 금과 은은 **녹이 슬었으니**(κατίωται)
/너희

이 녹이(ὁ ἰὸς) **증거가 되며**
/너희에게
먹으리라
/너희 살을
/불같이

너희가 **재물을 쌓았도다**
/말세에

4 **보라!**(ἰδοὺ)

삯이 **소리 지르며**
/주지 아니한
/품군에게
/추수한
/너희 밭에(=을)

우는 소리가 **들렸느니라**
/추수한 자의
/[그]귀에
/만군의 주의
/땅에서

5 [너희가] **사치하고**
연락하여
/땅에서

[너희가] **살지게 하였도다**
/너희 마음을
/도살의 날에

6 너희가 **정죄하였도다**
/옳은 자를(의로운 자를)

15) 두문, Ἄγε νῦν, come now-NASB, go to now-KJV

면 죄니라
5:1 들으라 부한 자들아 너희에게 임할 고생을 인하여
울고 통곡하라 2 너희 재물은 썩었고 너희 옷은 좀 먹
었으며 3 너희 금과 은은 녹이 슬었으니 이 녹이 너희에게
증거가 되며 불같이 너희 살을 먹으리라 너희가 말세에 재
물을 쌓았도다 4 보라 너희 밭에 추수한 품군에게 주지 아
니한 삯이 소리 지르며 추수한 자의 우는 소리가 만군의
주의 귀에 들렸느니라 5 너희가 땅에서 사치하고 연락하
여 도살의 날에 너희 마음을 살지게 하였도다 6 너희가 옳
은 자를 정죄하였도다 또 죽였도다 그는 너희에게 대항하

it, to him it is sin.
5:1 Come now, you rich, weep and howl for your
miseries which are coming upon you. 2 Your riches
have rotted and your garments have become moth-eaten.
3 Your gold and your silver have rusted; and their rust
will be a witness against you and will consume your flesh
like fire. It is in the last days that you have stored up
your treasure! 4 Behold, the pay of the laborers who
mowed your fields, and which has been withheld by you, cries
out against you; and the outcry of those who did the harvesting
has reached the ears of the Lord of Sabaoth. 5 You have
lived luxuriously on the earth and led a life of wanton pleasure;

또 **죽였도다**
그는 **대항하지 아니하였느니라**
/너희에게

7 그러므로
형제들아!
[너희는] **길이 참으라**
/주의 강림 하시기까지

보라!(ἰδοὺ)
농부가 **바라고**
/길이 참으면서 /열매를
(=참는, 분사) /귀한
/기다리나니 /땅에서 나는
(=받을때까지)
/이른 비와 늦은 비를

8 너희도 **길이 참고**
굳게 하라
/마음을

//(이유: ὅτι, for)
주의 강림이 가까우니라

9 형제들아!
(너희는) **원망하지 말라**
/서로

//그리하여야(목적: ἵνα, that...may)
심판을 면하리라(=면하기 위해)

보라!(ἰδου)
심판자가 **서 계시니라**
/문밖에

10 형제들아!
[너희는] **삼으라**
/본을
/고난과(=의)
/오래참음의
/선지자들로(=의)
/주의 이름으로 말한

11 **보라!**(ἰδοὺ)
우리가 **복되다 하나니(=복되다고 간주한다)**
/인내하는 자를

너희가 **들었고**
/욥의 인내를

지 아니하였느니라 7 그러므로 형제들아 주의 강림 하시
기까지 길이 참으라 보라 농부가 땅에서 나는 귀한 열매를
바라고 길이 참아 이른 비와 늦은 비를 기다리나니 8 너희
도 길이 참고 마음을 굳게 하라 주의 강림이 가까우니라 9
형제들아 서로 원망하지 말라 그리하여야 심판을 면하리라
보라 심판자가 문 밖에 서 계시니라 10 형제들아 주의 이
름으로 말한 선지자들로 고난과 오래 참음의 본을 삼으라
11 보라 인내하는 자를 우리가 복되다 하나니 너희가 욥
의 인내를 들었고 주께서 주신 결말을 보았거니와 주는 가
장 자비하시고 긍휼히 여기는 자시니라 12 내 형제들아

you have fattened your hearts in a day of slaughter. 6
You have condemned and put to death the righteous man;
he does not resist you. 7 Be patient, therefore, brethren,
until the coming of the Lord. Behold, the farmer waits
for the precious produce of the soil, being patient about
it, until it gets the early and late rains. 8 You too be
patient; strengthen your hearts, for the coming of the Lord
is at hand. 9 Do not complain, brethren, against one
another, that you yourselves may not be judged; behold,
the Judge is standing right at the door. 10 As an example,
brethren, of suffering and patience, take the prophets who
spoke in the name of the Lord. 11 Behold, we count those

보았거니와
/[그]결말을
/주께서 주신(=주님의)
/(=동격)
주는 ─ 자비하시고
/가장
─ 긍휼히 여기는 자시니라

12 내 형제들아!
[너희는] ─ **맹세하지 말찌니**
/무엇보다도
─ **(말고)**
/하늘로나
─ **(말고)**
/땅으로나
─ **(말고)**
/아무 다른 것으로도
/맹세를
─ 오직 **하고**
/너희의 그렇다 하는것은 그렇다,
아니라 하는 것은 아니라 하여(=함으로)

//(목적: ἵνα, that ... may)
죄 정함을 면하라(=면하기 위하여)

13 누가
/너희 중에 **고난을 당하고 있느냐(=고난 당하느냐?)**

저는 **기도할 것이요**

누가 **즐거워하고 있느냐?**
저는 **찬송할찌니라**

14 누가 **병든 자가 있느냐(=병든자냐)?**
/너희 중에
저는 **청할 것이요**
/장로들을
/교회의
그들은 **기도할찌니라**
/[그를]위하여
/이름으로
/주의
/기름을 바르며(=기름을 바르면서, 비인칭 분사)

15 기도는 **구원하리니**
/믿음의
/병든 자를
주께서 **일으키시리라**
/저를

무엇보다도 맹세하지 말지니 하늘로나 땅으로나 아무 다른
것으로도 맹세하지 말고 오직 너희의 그렇다 하는 것은 그
렇다 하고 아니라 하는 것은 아니라 하여 죄 정함을 면하
라 13 너희 중에 고난 당하는 자가 있느냐 저는 기도할 것
이요 즐거워하는 자가 있느냐 저는 찬송할지니라 14 너희
중에 병든 자가 있느냐 저는 교회의 장로들을 청할 것이요
그들은 주의 이름으로 기름을 바르며 위하여 기도할지니라
15 믿음의 기도는 병든 자를 구원하리니 주께서 저를 일
으키시리라 혹시 죄를 범하였을지라도 사하심을 얻으리라
16 이러므로 너희 죄를 서로 고하며 병 낫기를 위하여 서

blessed who endured. You have heard of the endurance of Job and have seen the outcome of the Lord's dealings, that the Lord is full of compassion and is merciful.
12
But above all, my brethren, do not swear, either by heaven or by earth or with any other oath; but let your yes be yes, and your no, no; so that you may not fall under judgment.
13 Is anyone among you suffering? Let him pray. Is anyone cheerful? Let him sing praises.
14 Is anyone among you sick? Let him call for the elders of the church, and let them pray over him, anointing him with oil in the name of the Lord;
15 and the prayer offered in faith will restore the one who is sick, and the Lord

혹시
[그가] — 죄를 범하였을찌라도(조건절, if)
사하심을 얻으리라
/[그에게]

16 이러므로(οὖν)
[너희는] **고[백]하며**
/너희 죄를
/서로

기도하라
서로[를 위하여]

//그래서 (ὅπως : 목적이면서 결과)
[너희가] — 병 낫기를 위하여(=치료되도록)

간구는 **힘이 많으니라**[16)]
/의인의 /역사하는

17 엘리야는 **사람이로되**
/우리와 성정이 같은
저가 **기도한즉**
/비 오지 않기를
/간절히

//(결과: 의미상)
[비가] — 아니 오고
/삼년 육개월 동안
/땅에

18 [저가] **기도한즉**
/다시

//(결과: 의미상)
하늘이 — 비를 주고
땅이 — 열매를 내었느니라

19 내 형제들아!
[만일, ἐὰν]
누가 — 미혹하여(=미혹되었는데)
/너희 중에 /진리를 떠난 자를(=진리로부터)

누가 — 돌아서게 하면(조건절, if)
/너희 중에 /그를

20 [그는] **알 것은(알아라)**
/돌아서게 하는 자가 — **구원하며**
/죄인을 /그 영혼을
/미혹한 길에서 /사망에서
덮을 것이니라
/죄를
/허다한

약

16) 원문구조

간구는 ----- **힘이다**
/많은
/역사하는

로 기도하라 의인의 간구는 역사하는 힘이 많으니라 17
엘리야는 우리와 성정이 같은 사람이로되 저가 비 오지 않
기를 간절히 기도한즉 삼 년 육 개월 동안 땅에 비가 아니
오고 18 디시 기도한즉 하늘이 비를 주고 땅이 열매를 내
었느니라 19 내 형제들아 너희 중에 미혹하여 진리를 떠
난 자를 누가 돌아서게 하면 20 너희가 알 것은 죄인을 미
혹한 길에서 돌아서게 하는 자가 그 영혼을 사망에서 구원
하며 허다한 죄를 덮을 것이니라

will raise him up, and if he has committed sins, they will
be forgiven him. 16 Therefore, confess your sins to one another,
and pray for one another, so that you may be healed. The
effective prayer of a righteous man can accomplish much.
17 Elijah was a man with a nature like ours, and he prayed
earnestly that it might not rain; and it did not rain on the
earth for three years and six months. 18 And he prayed
again, and the sky poured rain, and the earth produced its
fruit. 19 My brethren, if any among you strays from the
truth, and one turns him back, 20 let him know that he
who turns a sinner from the error of his way will save his
soul from death, and will cover a multitude of sins.

베드로전서

벧전

1

1-2
베드로는 (편지하노니)
/사도 /택하심을 입은 자들에게
/예수 그리스도의 /나그네[인]
/흩어진
/본도, 갈라디아, 갑바도기아, 아시아와 비두니아에
/(곧)미리 아심을 따라
/하나님 아버지의
/거룩하게 하심으로
/성령의
/순종함과(=순종함을 위하여)
/뿌림을 (얻기)위하여
/피
/예수 그리스도의

은혜와 평강이 **더욱 많을지어다**
/너희에게

3 찬송하리로다 **아버지 하나님**(이)
/예수 그리스도의
/우리 주
/거듭나게 하사(=거듭나게 하신)
/우리를
/긍휼대로
/그[의]
/많으신
/소망이 있게 하시며(=소망을 위한)
/산
/부활하심으로 말미암아
/예수 그리스도의
/죽은 자 가운데서
4 /기업을 잇게 하시나니(=기업을 위한)
/썩지 않고
/더럽지 않고
/쇠하지 아니하는
/(곧)간직하신(것이라)
/하늘에
/너희를 위하여

5 /(너희가)[1]
보호하심을 입었나니(=입은)
/능력으로
/하나님의
/믿음으로 말미암아
/구원을 얻기 위하여(=구원을 위한)
/예비하신
/나타내기로
/말세에

1) 관사를 한글성경이 번역하였다. 영역본들도 관계대명사처럼 번역하였지만(who), 의미해석이다.

1:1 예수 그리스도의 사도 베드로는 본도, 갈라디아, 갑
바도기아, 아시아와 비두니아에 흩어진 나그네 2 곧 하
나님 아버지의 미리 아심을 따라 성령의 거룩하게 하심으
로 순종함과 예수 그리스도의 피 뿌림을 얻기 위하여 택하
심을 입은 자들에게 편지하노니 은혜와 평강이 너희에게
더욱 많을지어다 3 찬송하리로다 우리 주 예수 그리스도
의 아버지 하나님이 그 많으신 긍휼대로 예수 그리스도의
죽은 자 가운데서 부활하심으로 말미암아 우리를 거듭나게
하사 산 소망이 있게 하시며 4 썩지 않고 더럽지 않고 쇠
하지 아니하는 기업을 잇게 하시나니 곧 너희를 위하여 하
늘에 간직하신 것이라 5 너희가 말세에 나타내기로 예비
하신 구원을 얻기 위하여 믿음으로 말미암아 하나님의 능

1:1 Peter, an apostle of Jesus Christ, to those who reside
as aliens, scattered throughout Pontus, Galatia, Cappadocia,
Asia, and Bithynia, who are chosen 2 according to the
foreknowledge of God the Father, by the sanctifying work
of the Spirit, that you may obey Jesus Christ and be
sprinkled with His blood: May grace and peace be yours
in fullest measure. 3 Blessed be the God and Father of
our Lord Jesus Christ, who according to His great mercy

6 그러므로(=그 때에)[2]
너희가 근심하게 되지 않을 수 없었으나(양보, even though)[3]
/이제
/잠깐
/시험을 인하여(=안에)
/여러 가지
오히려 **크게 기뻐하도다**

7 //(목적: ἵνα, that....may)
시련이 ——— 얻게 하려 함이라
/너희 /칭찬과 영광과 존귀를
/믿음의 /예수 그리스도의 나타나실 때에
/금보다 더 귀하여(=귀한)
/없어질
/연단하여도(=연단되는)
/불로

8 너희가 **사랑하는도다**
/예수를[4]
/보지 못하였으나(양보, 과거분사)
기뻐하니
/즐거움으로
/말할 수 없는
/영광스러운
/보지 못하나(양보, 현재분사)
/이제도
믿고(=믿으면서, 현재분사)
/[그를][5]
/받음이라(=받으면서, 현재분사)
/결국(=결과를)
/믿음의
/[너희의]
/곧 구원을(동격/동급)
/영혼의

10 이 구원에 대하여는[6]
선지자들이 **연구하고**
/예언하던 **부지런히 살펴서**
/은혜를
/너희에게 임할
11 /상고하니라(=상고함으로, 방법, 현재분사)
/영이 ——— 지시하시는지
/그리스도의 /어느 시, 어떠한 때를[7]
/자기 속에 계신 /미리 증거하여(=함으로,방법,현재분사)
/그 받으실 고난과(=고난을)
/[그리스도에 대한]
/영광을
/후에 얻으실(=그일들 후의)

2) 전치사 + 관계대명사, 선행사는 '때'이다.

3) 세 개의 동사(분사 2, 직설법 동사 1)가 어우러져 하나의 의미를 나타낸다.

4) 관계대명사, 선행사는 '예수 그리스도'. 계속적 용법이다.

5) εἰς + 관계대명사, 목적어로 사용되었다. 선행사는 '예수 그리스도', 계속적 용법이다.

6) 전치사 + 관계대명사. 선행사는 '구원'이다. 계속적 용법

7) 원문의 정확한 뜻은 '누구를 혹은 어떠한 때를'이다.

력으로 보호하심을 입었나니 **6** 그러므로 너희가 이제 여
러 가지 시험을 인하여 잠깐 근심하게 되지 않을 수 없었
으나 오히려 크게 기뻐하도다 **7** 너희 믿음의 시련이 불로
연단하여도 없어질 금보다 더 귀하여 예수 그리스도의 나
타나실 때에 칭찬과 영광과 존귀를 얻게 하려 함이라 **8** 예
수를 너희가 보지 못하였으나 사랑하는도다 이제도 보지
못하나 믿고 말할 수 없는 영광스러운 즐거움으로 기뻐하
니 **9** 믿음의 결국 곧 영혼의 구원을 받음이라 **10** 이 구원
에 대하여는 너희에게 임할 은혜를 예언하던 선지자들이
연구하고 부지런히 살펴서 **11** 자기 속에 계신 그리스도의

has caused us to be born again to a living hope through
the resurrection of Jesus Christ from the dead, 4 to obtain
an inheritance which is imperishable and undefiled and
will not fade away, reserved in heaven for you, 5 who
are protected by the power of God through faith for a salvation
ready to be revealed in the last time. 6 In this you greatly
rejoice, even though now for a little while, if necessary,
you have been distressed by various trials, 7 that the proof
of your faith, being more precious than gold which is
perishable, even though tested by fire, may be found to
result in praise and glory and honor at the revelation of
Jesus Christ; 8 and though you have not seen Him, you
love Him, and though you do not see Him now, but believe
in Him, you greatly rejoice with joy inexpressible and
full of glory, 9 obtaining as the outcome of your faith
the salvation of your souls. 10 As to this salvation, the prophets

벧전

12 [이것이] 계시로 알게 되었으니(=계시되었다)
/[그들이] — 섬긴 바가.. 것임이(=섬긴 것임을)
/자기를 위한 것이 아니요
/너희를 위한(=위해)
/이[것들을]
/이것은[8] — 고한 것이요(=고해졌다)
/너희에게
/이제
/복음을 전하는 자들로
/[너희에게]
/성령을 힘입어(=안에)
/하늘로부터 보내신
/[이것을][9]
천사들도 — 원하는 것이니라
/살펴보기를

13 그러므로(διό)
[너희는] 바랄지어다
/은혜를
/가져올
/너희에게
/나타나실 때에(=계시의 때에)
/예수 그리스도의
/온전히
/동이고(=동임으로, 방법, 과거분사)
/허리를
/너희 마음의
/근신하여(=근신함으로, 현재분사)

14-15
너희도 거룩한 자가 되라
/순종하는 자식처럼
/너희가 — 본 삼지 말고(=본 삼지 않음으로, 방법,현재분사)
/사욕을
/너희
/이전
/알지 못할 때에(좇던)
15 /오직 거룩한 자처럼(=거룩한 자를 따라)
/너희를 부르신
/행실에
/모든

16 //(이유: διότι, because)
기록하였으되... 하셨느니라
/너희도 — 거룩할지어다

//(이유: ὅτι, for)
내가 거룩하니

8) 관계대명사, 선행사는 '이것들' 이다.

9) 전치사 + 관계대명사, 선행사는 '이것들' 이다. 확장진술

영이 그 받으실 고난과 후에 얻으실 영광을 미리 증거하여 어느 시, 어떠한 때를 지시하시는지 상고하니라 12 이 섬긴 바가 자기를 위한 것이 아니요 너희를 위한 것임이 계시로 알게 되었으니 이것은 하늘로부터 보내신 성령을 힘입어 복음을 전하는 자들로 이제 너희에게 고한 것이요 천사들도 살펴 보기를 원하는 것이니라 13 그러므로 너희 마음의 허리를 동이고 근신하여 예수 그리스도의 나타나실 때에 너희에게 가져올 은혜를 온전히 바랄지어다 14 너희가 순종하는 자식처럼 이전 알지 못할 때에 좇던 너희 사욕을 본 삼지 말고 15 오직 너희를 부르신 거룩한 자처럼 너희도 모든 행실에 거룩한 자가 되라 16 기록하였으되 내가 거룩하니 너희도 거룩할지어다 하셨느니라 17 외모

who prophesied of the grace that would come to you made careful search and inquiry, 11 seeking to know what person or time the Spirit of Christ within them was indicating as He predicted the sufferings of Christ and the glories to follow. 12 It was revealed to them that they were not serving themselves, but you, in these things which now have been announced to you through those who preached the gospel to you by the Holy Spirit sent from heaven — things into which angels long to look. 13 Therefore, gird your minds for action, keep sober in spirit, fix your hope completely on the grace to be brought to you at the revelation of Jesus Christ. 14 As obedient children,

17 [만약]
너희가 부른즉(=부른다면, 조건절, if)
/아버지라
/판단하시는 자를
/외모로 보시지 않고
/행위대로
/각 사람의
지내라
/두려움으로(=안에)
/너희의 나그네로 있을 때를

18 //(이유: 분사, for-NIV)
너희가 ── 알거니와
/[너희가]── 구속된 것은(=구속된 것을)
/망령된 행실에서
/너희
/조상의 유전한
/없어질 것(으로 한 것)이 아니요 ─ *οὐ... ἀλλὰ
/은이나 금같이
19 /오직 피로 (한 것이니라) ─
/보배로운
/그리스도의
/어린 양 같은
/흠 없고
/점 없는
20 /(그는)미리 알리신 바 된(자나)
/창세 전부터
/나타내신 바 되었으니(=된)
/이 말세에
/너희를 위하여
21 /(너희는)[10)]
믿는(자니)
/그리스도로 말미암아
/하나님을
/살리시고(=살리신)
/저를
/죽은 자 가운데서
/주신
/영광을
/[그에게]

//(목적: ὥστε, so)[11)]
믿음과 ┬ 있게 하셨느니라
소망이 ┘ /하나님께
/너희

10) 관사를 한글개역이 번역했다

11) 하나님의 두 행동, 즉 그리스도를 살리시고, 그에게 영광을 주신 결과를 말한다.

로 보시지 않고 각 사람의 행위대로 판단하시는 자를 너희
가 아버지라 부른즉 너희의 나그네로 있을 때를 두려움으
로 지내라 18 너희가 알거니와 너희 조상의 유전한 망령
된 행실에서 구속된 것은 은이나 금같이 없어질 것으로 한
것이 아니요 19 오직 흠 없고 점 없는 어린 양 같은 그리
스도의 보배로운 피로 한 것이니라 20 그는 창세 전부터
미리 알리신 바 된 자나 이 말세에 너희를 위하여 나타내
신 바 되었으니 21 너희는 저를 죽은 자 가운데서 살리시
고 영광을 주신 하나님을 그리스도로 말미암아 믿는 자니
너희 믿음과 소망이 하나님께 있게 하셨느니라 22 너희가

do not be conformed to the former lusts which were yours
in your ignorance, 15 but like the Holy One who called
you, be holy yourselves also in all your behavior; 16
because it is written, "You shall be holy, for I am holy."
17 And if you address as Father the One who impartially
judges according to each man's work, conduct yourselves
in fear during the time of your stay upon earth; 18 knowing
that you were not redeemed with perishable things like
silver or gold from your futile way of life inherited from
your forefathers, 19 but with precious blood, as of a lamb
unblemished and spotless, the blood of Christ. 20 For He
was foreknown before the foundation of the world, but
has appeared in these last times for the sake of you 21
who through Him are believers in God, who raised Him

22 너희가 **사랑하라**
/피차
/뜨겁게
/마음으로

//(이유: 분사, since)
[너희가] —— 깨끗하게 하여
/너희 영혼을
/순종함으로(=안에)
/진리를
/형제를 사랑하기에 이르렀으니(=형제애를 위한)
/거짓이 없이(=없는)

23 //(이유: 분사, for)
너희가 —— 거듭난 것이... 되었느니라(=거듭났다)
/썩어질 씨로 된 것이 아니요(=씨가 아니요)
/썩지 아니할 씨로(된 것이니)
/말씀으로
/하나님의
/살아 있고
/항상 있는

24 //그러므로(이유: διότι, for)
육체는 —— 풀과 같고
/모든
영광이 —— 꽃과 같으니
/그 모든 /풀의
풀은 —— 마르고
꽃은 —— 떨어지되

25 //오직
말씀은 —— 세세토록 있도다(...하였으니)
/주의
/곧(동격) ——
이[것이] 말씀이니라
/너희에게 전한(복음이)

2

1-2
2 그러므로
[너희는] **사모하라**
/젖을
/순전하고
/신령한
/갓난 아이들같이
1 /버리고(방법, 분사)[12]

진리를 순종함으로 너희 영혼을 깨끗하게 하여 거짓이 없
이 형제를 사랑하기에 이르렀으니 마음으로 뜨겁게 피차
사랑하라 23 너희가 거듭난 것이 썩어질 씨로 된 것이 아
니요 썩지 아니할 씨로 된 것이니 하나님의 살아 있고 항
상 있는 말씀으로 되었느니라 24 그러므로 모든 육체는
풀과 같고 그 모든 영광이 풀의 꽃과 같으니 풀은 마르고
꽃은 떨어지되 25 오직 주의 말씀은 세세토록 있도다 하
였으니 너희에게 전한 복음이 곧 이 말씀이니라

2:1 그러므로 모든 악독과 모든 궤휼과 외식과 시기와
모든 비방하는 말을 버리고 2 갓난 아이들같이 순전하
고 신령한 젖을 사모하라 이는 이로 말미암아 너희로 구원

from the dead and gave Him glory, so that your faith and hope are in God.
22 Since you have in obedience to the truth purified your souls for a sincere love of the brethren, fervently love one another from the heart,
23 for you have been born again not of seed which is perishable but imperishable, that is, through the living and abiding word of God.
24 For, "All flesh is like grass, And all its glory like the flower of grass. The grass withers, And the flower falls off,
25 But the word of the Lord abides forever. "And this is the word which was preached to you.

1 /*버리고(방법, 분사)*[12]
/모든 악독과
모든 궤휼과
외식과
시기와
모든 비방하는 말을

//이는(목적: ἵνα, that...may)
너희로 ——— 자라게 하려 함이라
/이로 말미암아
/구원에 이르도록

3 [만일, εἰ]
너희가 맛보았으면
/주의 인자하심을
(그리하라)[13]

4-5[14]
5 너희도 **세워지고**
/신령한 집으로
/산 돌같이
/제사장이 (될지니라)[15]
/거룩한

//(목적: 부정사)
제사를 드릴
/신령한
/하나님이 기쁘게 받으실
/예수 그리스도로 말미암아

4 /나아와(방법, 분사)
/예수에게
/산 돌이신
/사람에게는 버린 바가 되었으나
/택하심을 입은
/보배로운
/하나님께는

6 [그러므로]
[그것이] **기록하였으되...** 하였으니
/경에
/보라!
내가 ——— 두노니
/돌을
/요긴한 모퉁이
/택한
/보배롭고
/시온에
믿는 자는 — 부끄러움을 당치 아니하리라[16]
/저를

12) 1절: 에베소서 6장 14-16절 참고

13) 사모하라는 뜻이다.

14) 도치된 구문

15) 제사장을 위해

16) οὐ μὴ가 있는 가정법이다. 강한 부정의 의미가 있다.

에 이르도록 자라게 하려 함이라 3 너희가 주의 인자하심
을 맛보았으면 그리하라 4 사람에게는 버린 바가 되었으
나 하나님께는 택하심을 입은 보배로운 산 돌이신 예수에
게 나아와 5 너희도 산 돌같이 신령한 집으로 세워지고 예
수 그리스도로 말미암아 하나님이 기쁘게 받으실 신령한
제사를 드릴 거룩한 제사장이 될지니라 6 경에 기록하였
으되 보라 내가 택한 보배롭고 요긴한 모퉁이 돌을 시온에
두노니 저를 믿는 자는 부끄러움을 당치 아니하리라 하였
으니 7 그러므로 믿는 너희에게는 보배이나 믿지 아니하
는 자에게는 건축자들의 버린 그 돌이 모퉁이의 머릿돌이

2:1 Therefore, putting aside all malice and all guile
and hypocrisy and envy and all slander, 2 like newborn
babes, long for the pure milk of the word, that by it you
may grow in respect to salvation, 3 if you have tasted
the kindness of the Lord. 4 And coming to Him as to a
living stone, rejected by men, but choice and precious in
the sight of God, 5 you also, as living stones, are being
built up as a spiritual house for a holy priesthood, to offer
up spiritual sacrifices acceptable to God through Jesus
Christ. 6 For this is contained in Scripture: "Behold I lay

벧전

7 그러므로
<그것은> **보배이나**
/믿는 너희에게는

[그러나]
그 돌이 **머릿돌이 되고**
/건축자들의 버린 /모퉁이의
/믿지 아니하는 자에게는
8 또한
〈되었다 하니라〉
/부딪히는 돌과
거치는 반석이

저희가 **넘어지나니**
/순종치 아니하므로(방법, 분사)
/말씀을

(이는)
[그들이] **정하신 것이라**[17)]
/저희를
/이렇게

9 오직(δὲ)
너희는 **족속이요**
/택하신
제사장들이요
/왕 같은
나라요
/거룩한
백성이니
/그의 소유된

//이는(목적: ὅπως, that...may)
선전하게 하려 하심이라[18)]
/아름다운 덕을
/하신 자의
/어두운 데서 (불러 내어)
/그의 기이한 빛에 (들어가게)
/너희를

10 너희가 **백성이 아니더니**
/전에는
하나님의 백성이요
/이제는

[너희가] **긍휼을 얻지 못하였더니**
/전에는[19)]
긍휼을 얻은 자니라[20)]
/이제는

17) 원문: 그들은 정하여졌다.

18) 직역:
선전하게 하려 함이라
/덕을
/아름다운
/불러내신 자의
/어두운데서부터
/그의 기이한 빛에로

19) 동사에 포함된 의미이다.

20) 분사로서 주어적 주격이다. 서술적인 기능을 한다. 헬라어 구문론(하문호 역) 209 참조

되고 8 또한 부딪히는 돌과 거치는 반석이 되었다 하니라
저희가 말씀을 순종치 아니하므로 넘어지나니 이는 저희를
이렇게 정하신 것이라 9 오직 너희는 택하신 족속이요 왕
같은 제사장들이요 거룩한 나라요 그의 소유된 백성이니
이는 너희를 어두운 데서 불러내어 그의 기이한 빛에 들어
가게 하신 자의 아름다운 덕을 선전하게 하려 하심이라 10
너희가 전에는 백성이 아니더니 이제는 하나님의 백성이요
전에는 긍휼을 얻지 못하였더니 이제는 긍휼을 얻은 자니라

in Zion a choice stone, a precious corner stone, And he who believes in Him shall not be disappointed." 7 This precious value, then, is for you who believe. But for those who disbelieve, "The stone which the builders rejected, This became the very corner stone," 8 and, "A stone of stumbling and a rock of offense"; for they stumble because they are disobedient to the word, and to this doom they were also appointed. 9 But you are a chosen race, a royal priesthood, a holy nation, a people for God's own possession, that you may proclaim the excellencies of Him who has called you out of darkness into His marvelous light; 10 for you once were not a people, but now you are the people of

11 사랑하는 자들아!
[내가] **권하노니**
/(너희를)
/나그네와 행인 같은
/제어하라
/정욕을
/육체의
/영혼을 거스려 싸우는[21]

12 /(너희가) 가져(방법, 분사)
/행실을
/선하게(=선한)
/이방인 중에서

//(목적: ἵνα, so that...may)
하나님께 영광을 돌리게 하려 함이라
/너희를 악행한다고 비방하는 자들로 하여금[22]
/너희 선한 일을 보고[23]
/권고하시는 [그] 날에

13 [너희는] **순복하되**
/모든 제도를
/인간에 세운
/주를 위하여

/혹은 왕이나
/위에 있는
14 /혹은 방백에게 (하라)
/그의 보낸
/악행하는 자를 징벌하고
선행하는 자를 포장하기 위하여

15 //(이유: ὅτι, because)
[하나님의 뜻은 이와같은 것이다]
//곧(동격)
막으시는 것이라
/무식한 말을
/어리석은 사람들의
/선행으로(분사)

16 <너희는> **〈살라〉**[24]
/자유하나(=자유자로)
/[그러나]
쓰지 말고
/그 자유로 악을 가리우는 데
오직 **〈하라〉**
/하나님의 종과 같이

21) NA27판은 한정적인 용법

22) 너희를 악행자로 비방하는 자들 안에서

23) 너희로부터 나온 선한 일을 봄으로

24) 원문에서도 생략된 채 사용되고 있다고 본다. 모든 번역본들이 이를 살려서 의미를 전달하고 있는 점을 참고하자.

11 사랑하는 자들아 나그네와 행인 같은 너희를 권하노니
영혼을 거스려 싸우는 육체의 정욕을 제어하라 12 너희가
이방인 중에서 행실을 선하게 가져 너희를 악행한다고 비
방하는 자들로 하여금 너희 선한 일을 보고 권고하시는 날
에 하나님께 영광을 돌리게 하려 함이라 13 인간에 세운
모든 제도를 주를 위하여 순복하되 혹은 위에 있는 왕이나
14 혹은 악행하는 자를 징벌하고 선행하는 자를 포장하기
위하여 그의 보낸 방백에게 하라 15 곧 선행으로 어리석
은 사람들의 무식한 말을 막으시는 것이라 16 자유하나
그 자유로 악을 가리우는 데 쓰지 말고 오직 하나님의 종

God; you had not received mercy, but now you have
received mercy. 11 Beloved, I urge you as aliens and strangers
to abstain from fleshly lusts, which wage war against the
soul. 12 Keep your behavior excellent among the Gentiles,
so that in the thing in which they slander you as evildoers,
they may on account of your good deeds, as they observe
them, glorify God in the day of visitation. 13 Submit
yourselves for the Lord's sake to every human institution,
whether to a king as the one in authority, 14 or to governors
as sent by him for the punishment of evildoers and the
praise of those who do right. 15 For such is the will of
God that by doing right you may silence the ignorance

17 [너희는]
공경하며
/뭇 사람을
사랑하며
/형제를
두려워하며
/하나님을
공경하라
/왕을

18 사환들아!
[너희는]
순복하되[25)]
/주인들에게
/범사에
/두려워함으로
/선하고 관용하는 자들에게만 아니라
또한 까다로운 자들에게도 (그리하라)

19 //(이유: γάρ, for)
[만일]
[그가] —— 참으면
/슬픔을
/하나님을 생각함으로
/고난을 받아도(상황, 분사)
/애매히
이는 —— 아름다우나

20 //(이유: γάρ, for)[26)]
[만일]
[그가] —— 참으면
/죄가 있어(분사)
—— 매를 맞고(분사)
무슨 칭찬이 있으리요

//오직(ἀλλα)
[그가] —— 참으면
/선을 행함으로(분사)
고난을 받고(분사)
이는 —— 아름다우니라
/하나님 앞에

21 //(이유: γάρ, for)
너희가 —— 부르심을 입었으니
/이를 위하여

//(이유: ὅτι, because)

25) 분사이지만, 명령형으로 보자. 모든 번역본들이 그렇게 본다.

26) 마침점 + γάρ는 병렬이다.

과 같이 하라 17 뭇 사람을 공경하며 형제를 사랑하며 하나님을 두려워하며 왕을 공경하라 18 사환들아 범사에 두려워함으로 주인들에게 순복하되 선하고 관용하는 자들에게만 아니라 또한 까다로운 자들에게도 그리하라 19 애매히 고난을 받아도 하나님을 생각함으로 슬픔을 참으면 이는 아름다우나 20 죄가 있어 매를 맞고 참으면 무슨 칭찬이 있으리요 오직 선을 행함으로 고난을 받고 참으면 이는 하나님 앞에 아름다우니라 21 이를 위하여 너희가 부르심을 입었으니 그리스도도 너희를 위하여 고난을 받으사 너희에게 본을 끼쳐 그 자취를 따라오게 하려 하셨느니라 22

of foolish men. 16 Act as free men, and do not use your freedom as a covering for evil, but use it as bondslaves of God. 17 Honor all men; love the brotherhood, fear God, honor the king. 18 Servants, be submissive to your masters with all respect, not only to those who are good and gentle, but also to those who are unreasonable. 19 For this finds favor, if for the sake of conscience toward God a man bears up under sorrows when suffering unjustly. 20 For what credit is there if, when you sin and are harshly treated, you endure it with patience? But if when you do what is right and suffer for it you patiently endure it, this finds favor with God. 21 For you have been called

//(이유: ὅτι, because)
그리스도도 — 고난을 받으사
/너희를 위하여
/본을 끼쳐(방법, 분사)
/너희에게

//(목적: ἵνα, that...should)
그 자취를 따라오게 하려
하셨느니라

22 저는 **범치 아니하시고**
/죄를
궤사도 없으시며
/그 입에

23 욕을 받으시되(상황, when)
[그는] **대신 욕하지 아니하시고**

고난을 받으시되(상황, when)
[그는] **위협하지 아니하시고**
오직(δὲ)
부탁하시며
/심판하시는 자에게
/공의로

24 [그는] **담당하셨으니**
/우리 죄를
/친히
/그 몸으로
/나무에 달려

//이는(목적: ἵνα, that...may)
우리로(=기) — 죽고
/죄에 대하여
— 살게 하려 하심이라
/의에 대하여

너희는 **나음을 얻었나니**
/저가 채찍에 맞음으로

25 //(이유: γάρ, for)
너희가 — [이었더니]
/(전에는)
/양과 같이
/길을 잃었더니(=길 잃는, 분사)
— 돌아왔느니라
/이제는
/목자와 감독 되신 이에게
/너희 영혼의

저는 죄를 범치 아니하시고 그 입에 궤사도 없으시며 23
욕을 받으시되 대신 욕하지 아니하시고 고난을 받으시되
위협하지 아니하시고 오직 공의로 심판하시는 자에게 부탁
하시며 24 친히 나무에 달려 그 몸으로 우리 죄를 담당하
셨으니 이는 우리로 죄에 대하여 죽고 의에 대하여 살게
하려 하심이라 저가 채찍에 맞음으로 너희는 나음을 얻었
나니 25 너희가 전에는 양과 같이 길을 잃었더니 이제는
너희 영혼의 목자와 감독 되신 이에게 돌아왔느니라

for this purpose, since Christ also suffered for you, leaving
you an example for you to follow in His steps, 22 who
committed no sin, nor was any deceit found in His mouth;
23 and while being reviled, He did not revile in return;
while suffering, He uttered no threats, but kept entrusting
Himself to Him who judges righteously; 24 and He Himself
bore our sins in His body on the cross, that we might die
to sin and live to righteousness; for by His wounds you
were healed. 25 For you were continually straying like
sheep, but now you have returned to the Shepherd and

벧전

3

1 아내 된 자들아!
[너희는] **순복하라**[27)]
/자기 남편에게
/이와 같이

//이는(목적: ἵνα, so that...may)
혹(만일)
도를 순종치 않는 자라도
[그들이] ——— 구원을 얻게 하려 함이니
/말로 말미암지 않고
그 아내의 행위로 말미암아

2 /봄이라(상황, when)[28)]
/[너희의 그] 행위를
/두려워하며
/정결한

3 너희 단장은[29)] **외모로 하지 말고(=외모가 아니고)**
/머리를 꾸미고
금을 차고
아름다운 옷을 입는

4 오직 **사람을 하라(=사람이다)**[30)]
/마음에(=마음의)
/숨은
/썩지 아니할 것으로
/심령의
/온유하고
/안정한

/이는[31)] ——— 하나님 앞에 값진 것이니라

5 //(이유: γάρ, for)
거룩한 부녀들도 ——— **단장하였나니**
/소망을 두었던 /자기를
/하나님께 /이와 같이
/전에 /순복함으로(방법, 분사)
/자기 남편에게

6 사라가 **복종한 것같이**
/칭하여(방법, 분사)
/아브라함을 주라

너희가 **딸이 되었느니라**
/그의
/선을 행하고(방법, 분사)
놀라지 아니함으로(방법, 분사)
/아무 두려운 일에도

27) 분사 명령형으로 보자. 모든 번역본들이 지지한다.

28) 그들이 너희의 행위를 보았을 때, 혹은 그들이 너희의 정결한 행우를 본 후에

29) 관계대면사 소유격이 뒤쪽에 있는 단장이라는 말과 연결된다.

30) 내면의 사람을 꾸미라는 뜻이다.

31) 관계 대명사 주격이다. 앞 문장 전체를 받는다.

3:1 아내 된 자들아 이와 같이 자기 남편에게 순복하라 이는 혹 도를 순종치 않는 자라도 말로 말미암지 않고 그 아내의 행위로 말미암아 구원을 얻게 하려 함이니 2 너희의 두려워하며 정결한 행위를 봄이라 3 너희 단장은 머리를 꾸미고 금을 차고 아름다운 옷을 입는 외모로 하지 말고 4 오직 마음에 숨은 사람을 온유하고 안정한 심령의 썩지 아니할 것으로 하라 이는 하나님 앞에 값진 것이니라 5 전에 하나님께 소망을 두었던 거룩한 부녀들도 이와 같이 자기 남편에게 순복함으로 자기를 단장하였나니 6 사라가 아브라함을 주라 칭하여 복종한 것같이 너희가 선을

Guardian of your souls.

3:1 In the same way, you wives, be submissive to your own husbands so that even if any of them are disobedient to the word, they may be won without a word by the behavior of their wives, 2 as they observe your chaste and respectful behavior. 3 And let not your adornment be merely external — braiding the hair, and wearing gold jewelry, or putting on dresses; 4 but let it be the hidden person of the heart, with the imperishable quality of a gentle and quiet spirit, which is precious in the sight of God. 5 For in this way in former times the holy women also, who

7 남편 된 자들아!
<너희는> **동거하고**(분사, 명령)
/이와 같이
/지식을 따라
/(저는) 그릇이요(=그릇으로)
/더 연약한
/너희 아내와
/(알아) 여기라(분사, 상태)
/귀히
/또 유업으로 함께 받을 자로
/생명의 은혜를
//이는(목적: ἵνα, so that...may)
너희 기도가 막히지 아니하게 하려 함이라

8 마지막으로 (말하노니)
(너희가) **마음을 같이하여**
/다 **체휼하며**
형제를 사랑하며
불쌍히 여기며
겸손하며
9 **갚지 말고**(명령, 분사)[32)]
/악을 악으로,
욕을 욕으로
복을 빌라(명령, 분사)
/도리어
//(이유: ὅτι, because)
이를 위하여
너희가 ——— 부르심을 입었으니
//이는(목적: ἵνα, so that...may)
복을 유업으로 받게 하려 하심이라

10 //그러므로(이유: γάρ, for)
원하는 자(는) ——— 금하여 그치며
/사랑하고 /[그] 혀를
/생명을 /악한 말(을=과)
/보기를 /그(의) 입술로(=을)
/좋은 날 /궤휼을 말하지 말고(=않기 위해)[33)]
11 떠나[34)]
/악에서
행하고
/선을
구하여
/화평을

32) 8-9절은 be동사 + 형용사로 되었는데, be동사를 생략한 형식이다. 분사는 be동사의 생략된 형용사 기능을 담당한다.

33) 이렇게 하지 않으면 문장이 이루어지지 않는다.

34) 계속되는 이유 이다.

행하고 아무 두려운 일에도 놀라지 아니함으로 그의 딸이
되었느니라 7 남편된 자들아 이와 같이 지식을 따라 너희
아내와 동거하고 저는 더 연약한 그릇이요 또 생명의 은혜
를 유업으로 함께 받을 자로 알아 귀히 여기라 이는 너희
기도가 막히지 아니하게 하려 함이라 8 마지막으로 말하
노니 너희가 다 마음을 같이하여 체휼하며 형제를 사랑하
며 불쌍히 여기며 겸손하며 9 악을 악으로, 욕을 욕으로
갚지 말고 도리어 복을 빌라 이를 위하여 너희가 부르심을
입었으니 이는 복을 유업으로 받게 하려 하심이라 10 그
러므로 생명을 사랑하고 좋은 날 보기를 원하는 자는 혀를
금하여 악한 말을 그치며 그 입술로 궤휼을 말하지 말고
11 악에서 떠나 선을 행하고 화평을 구하여 이를 좇으라

hoped in God, used to adorn themselves, being submissive
to their own husbands. 6 Thus Sarah obeyed Abraham, calling
him lord, and you have become her children if you do
what is right without being frightened by any fear. 7 You
husbands likewise, live with your wives in an understanding
way, as with a weaker vessel, since she is a woman; and
grant her honor as a fellow heir of the grace of life, so
that your prayers may not be hindered. 8 To sum up, let
all be harmonious, sympathetic, brotherly, kindhearted,
and humble in spirit; 9 not returning evil for evil, or insult
for insult, but giving a blessing instead; for you were
called for the very purpose that you might inherit a blessing.
10 For, "Let him who means to love life and see good
days Refrain his tongue from evil and his lips from

벧전

좇으라
/이를

12 //(이유: ὅτι, because)[35]
눈은 ——— (향하시고)[36]
/주의 /의인을
귀는 ——— (기울이시되)
/그의 /저의 간구에
낯은 ——— (향하시느니라) (하였느니라)
/주의 /악행하는 자들을

13 또
[만일]
너희가 행하면
/선을
/열심으로
누가 **해하리요?**
/너희를

14 그러나
[만일]
[너희가] 고난을 받으면
/의를 위하여(=인하여)

복 있는 자니

[너희는] **두려워 말며**[37]
/저희의 두려워함을
소동치 말고

15 [너희는] **거룩하게 하고**
/그리스도를
/주로 (삼아)
/너희 마음에

예비하되[38]
/항상
/대답할 것을
/묻는 자에게는
/이유를(=말씀을)
/소망에 관한
/너희 속에 있는

〈하고〉(=예비하고)
/온유와 두려움으로

16 /가지라(양태, 분사)[39]
/선한 양심을

//이는(목적: ἵνα, so that...may)[40]

35) NA27은 앞 문장을 ,로 끝내고 있다. 그러므로 종속관계이다. 문맥도 지지한다.

36) 동사가 생략되어 있는 것으로 본다.

37) 가정법의 부정이다.

38) 동사는 아니지만, 동사가 생략된 주격 형용사로서 서술적인 기능을 가진다.

39) 직역: 선한 양심을 가지면서

12 주의 눈은 의인을 향하시고 그의 귀는 저의 간구에 기
울이시되 주의 낯은 악행하는 자들을 향하시느니라 하였느
니라 13 또 너희가 열심으로 선을 행하면 누가 너희를 해
하리요 14 그러나 의를 위하여 고난을 받으면 복 있는 자
니 저희의 두려워함을 두려워 말며 소동치 말고 15 너희
마음에 그리스도를 주로 삼아 거룩하게 하고 너희 속에 있
는 소망에 관한 이유를 묻는 자에게는 대답할 것을 항상
예비하되 온유와 두려움으로 하고 16 선한 양심을 가지라
이는 그리스도 안에 있는 너희의 선행을 욕하는 자들로 그
비방하는 일에 부끄러움을 당하게 하려 함이라 17 선을

speaking guile. 11 "And let him turn away from evil
and do good; Let him seek peace and pursue it. 12 "For
the eyes of the Lord are upon the righteous, And His ears
attend to their prayer, But the face of the Lord is against
those who do evil." 13 And who is there to harm you if
you prove zealous for what is good? 14 But even if you should
suffer for the sake of righteousness, you are blessed. And
do not fear their intimidation, and do not be troubled, 15
but sanctify Christ as Lord in your hearts, always being
ready to make a defense to everyone who asks you to
give an account for the hope that is in you, yet with
gentleness and reverence; 16 and keep a good conscience

//이는(목적: ἵνα, so that...may)[40]
욕하는 자들로 —부끄러움을 당하게 하려 함이라
/선행을 /그 비방하는 일에
/너희의
/그리스도 안에 있는

17 //(이유: γάρ, for)[41]
[만일]
하나님의 뜻일진대
고난받는 것이 ——— 나으니라
/선을 행함으로 /<고난받는 것보다>[42]
/악을 행함으로

18 //(이유: ὅτι, for)[43]
그리스도께서도 ——— 죽으사
/한 번
/죄를 위하여
/의인으로서
불의한 자를 대신(하셨으니)

//이는(목적: ἵνα, that...may)
[그가] – 인도하려 하심이라
/우리를
/하나님 앞으로
/죽임을 당하시고(방법, 분사)
/육체로는
/살리심을 받으셨으니(방법, 분사)
/영으로는

19 /또한
영으로
저가[44] — 가서[45]
— 전파하시니라
/영들에게
/옥에 있는
20 /(그들은)
순종치 아니하던 자들이라(과거분사)
/전에
/오래 참음이 — 기다리실 때
/하나님의 /노아의 날에
/예비할 동안
/방주의

/방주에서[46]
겨우 몇 명뿐(이니) — 구원을 얻은자가[47]
/[즉] 여덟 명이(라) /물로 말미암아

40) 선한 양심을 가지면서 예비해야 할 목적을 말하는 종속문장문이다.

41) 선을 행함으로 준비해야 할 이유를 말하는 종속문장이다. NA27은 앞 문장이 마침점으로 끝났다. 그러므로 병렬구조이다.

42) 직역: 선을 행함으로 고난받는 것이 악을 행함으로 고난받는 것보다 더 낫다.

43) 병렬관계: NA27에서 앞 문장이 마침점으로 끝남

44) 관계 대명사 계속 용법

45) 분사이다.

46) 관계대명사 계속

47) 겨우 여덟 명인 적은 수가 구원을 얻었다.

행함으로 고난 받는 것이 하나님의 뜻일진대 악을 행함으
로 고난 받는 것보다 나으니라 18 그리스도께서도 한 번
죄를 위하여 죽으사 의인으로서 불의한 자를 대신하셨으니
이는 우리를 하나님 앞으로 인도하려 하심이라 육체로는
죽임을 당하시고 영으로는 살리심을 받으셨으니 19 저가
또한 영으로 옥에 있는 영들에게 전파하시니라 20 그들은
전에 노아의 날 방주 예비할 동안 하나님이 오래 참고 기
다리실 때에 순종치 아니하던 자들이라 방주에서 물로 말
미암아 구원을 얻은 자가 몇 명 뿐이니 겨우 여덟 명이라
21 물은 예수 그리스도의 부활하심으로 말미암아 이제 너

so that in the thing in which you are slandered, those who revile your good behavior in Christ may be put to shame.
17 For it is better, if God should will it so, that you suffer for doing what is right rather than for doing what is wrong.
18 For Christ also died for sins once for all, the just for the unjust, in order that He might bring us to God, having been put to death in the flesh, but made alive in the spirit;
19 in which also He went and made proclamation to the spirits now in prison,
20 who once were disobedient, when the patience of God kept waiting

21 물은 **표니**
/구원하는
/너희를
/이제
/예수 그리스도의 부활하심으로 말미암아

//곧(동격)
세례라
/제하여 버림이 아니요
/육체의 더러운 것을
/오직 찾아가는 것이라
/하나님을 향하여
/선한 양심이

22 저는 오르사(오르신 후)
/하늘에
계시니
/하나님 우편에
/순복하느니라(분사)
/천사들과
권세들과
능력들이
/저에게

4

1 [그러므로(οὖν)]
너희도 **갑옷을 삼으라**
/같은 마음으로

//(이유: 분사, since)
그리스도께서 ——— 고난을 받으셨으니
/(이미)육체의

//이는(이유: ὅτι, because)
고난을 받은 자가 —— 그쳤음이니
/육체의 /죄를

2 //(목적: εἰς τὸ + 부정사)
살게 하려 함이라
/남은 때를
/육체의
/(그 후로는)
/다시 정욕을 좇지 않고 *μηκέτι... ἀλλὰ
/사람의
오직 뜻을 좇아
/하나님의

희를 구원하는 표니 곧 세례라 육체의 더러운 것을 제하여
버림이 아니요 오직 선한 양심이 하나님을 향하여 찾아가
는 것이라 22 저는 하늘에 오르사 하나님 우편에 계시니
천사들과 권세들과 능력들이 저에게 순복하느니라

4:1 그리스도께서 이미 육체에 고난을 받으셨으니 너희
도 같은 마음으로 갑옷을 삼으라 이는 육체의 고난을
받은 자가 죄를 그쳤음이니 2 그 후로는 다시 사람의 정욕
을 좇지 않고 오직 하나님의 뜻을 좇아 육체의 남은 때를
살게 하려 함이라 3 너희가 음란과 정욕과 술취함과 방탕

in the days of Noah, during the construction of the ark,
in which a few, that is, eight persons, were brought safely
through the water. 21 And corresponding to that, baptism now
saves you — not the removal of dirt from the flesh, but
an appeal to God for a good conscience — through the
resurrection of Jesus Christ, 22 who is at the right hand

of God, having gone into heaven, after angels and authorities
and powers had been subjected to Him.
4:1 Therefore, since Christ has suffered in the flesh,
arm yourselves also with the same purpose, because he
who has suffered in the flesh has ceased from sin, 2 so
as to live the rest of the time in the flesh no longer for

3 //(이유: γάρ, for)
지나간 때가 — 족하도다
/뜻을 — 좇아 행한 것이
/이방인의 /너희가 — 하여(=삶으로, 방법, 완료분사)
/음란과
정욕과
술 취함과
방탕과
연락과
우상 숭배를(=에서)
/무법한

4 이러므로(=이것 안에)[48]
저희가 **이상히 여겨**
/너희가 — (저희와)함께 달음질하지 아니하는 것을
/방탕에
/그런
/극한
/비방하나(=비방하면서, 양태, 현재분사)

5 저희가[49] **직고하리라**[50]
/예비하신 자에게
/심판하기를
/산 자와 죽은 자

6 //(이유: γάρ, for)
복음이 전파되었으니
/죽은 자들에게도
/이를 위하여

//이는(목적: ἵνα, that...may)
[저들이] — 심판을 받으나
/육체로는
/사람처럼
— 살게 하려 함이니라
/영으로는
/하나님처럼

7 마지막이 **가까왔으니**
/만물의

그러므로(οὖν)
너희는 **정신을 차리고**
근신하여(=근신하라)
/기도하라(=기도를 위해)

8 /사랑할지니(=사랑하면서, 현재분사)
/무엇보다도
/열심으로
/서로

//(이유: ὅτι, because)

48) 전치사 + 관계대명사, 선행사는 '(이방인의) 뜻'이다.

49) 관계대명사, 선행사는 4절의 '저희'이다. 계속적 용법

50) 동사 + 목적어로 구성, 이해를 위해 하나로 합했다. 역본들은 일치되게 shall give + account로 번역하였다

과 연락과 무법한 우상 숭배를 하여 이방인의 뜻을 좇아
행한 것이 지나간 때가 족하도다 4 이러므로 너희가 저희
와 함께 그런 극한 방탕에 달음질하지 아니하는 것을 저희
가 이상히 여겨 비방하나 5 저희가 산 자와 죽은 자 심판
하기를 예비하신 자에게 직고하리라 6 이를 위하여 죽은
자들에겐 복음이 전파되었으니 이는 육체로는 사람처럼 심
판을 받으나 영으로는 하나님처럼 살게 하려 함이니라 7
만물의 마지막이 가까왔으니 그러므로 너희는 정신을 차리
고 근신하여 기도하라 8 무엇보다도 열심으로 서로 사랑
할지니 사랑은 허다한 죄를 덮느니라 9 서로 대접하기를

the lusts of men, but for the will of God. 3 For the time already
past is sufficient for you to have carried out the desire of
the Gentiles, having pursued a course of sensuality, lusts,
drunkenness, carousals, drinking parties and abominable
idolatries. 4 And in all this, they are surprised that you
do not run with them into the same excess of dissipation,
and they malign you; 5 but they shall give account to
Him who is ready to judge the living and the dead. 6 For
the gospel has for this purpose been preached even to
those who are dead, that though they are judged in the

//(이유: ὅτι, because)
사랑은 — 덮느니라
/허다한(=허다함을)
/죄를(=죄의)

9 [너희는] 대접하기를 하고(=대접하라)[51]
/서로
/원망 없이

10 [너희는] 봉사하라
/각각
/서로
/받은 대로
/은사를
/하나님의
/청지기같이
/선한
/은혜를 맡은
/각양

11 만일(εἰ)[52]
누가 말하려면(조건절, if -NKJV)
〈말하게〉하고
/말씀을 하는 것같이
/하나님의
누가 봉사하려면(조건절, if -NKJV)
〈공급〉하라
/힘으로 하는 것같이
/하나님의(=이) —— 공급하시는

//이는(목적: ἵνα, so that...may)
하나님이 ——— 영광을 받으시게 하려 함이니
/범사에
/예수 그리스도로 말미암아
/(그에게)[53]
영광과 ┐— 있느니라. 아멘
권능이 ┘ /세세에 무궁토록

51) 원문에는 동사가 없다. 그러나 문맥상 명령으로 의미해석 하였다. 모든 역본이 같은 입장이다.

52) 원문에는 동사가 없다. 의미번역이다. NKJV와 NIV는 한글성경과 같이 번역하였다. 그러나 원문에 가장 정확한 번역은 RSV와 NASB이다. 비교하라.

11 whoever speaks, as one who utters oracles of God; whoever renders service, as one who renders it by the strength which God supplies; in order that in everything God may be glorified through Jesus Christ. To him belong glory and dominion for ever and ever. Amen. <RSV>

11 Whoever speaks, [let him speak,] as it were, the utterances of God; whoever serves, [let him do so] as by the strength which God supplies; so that in all things God may be glorified through Jesus Christ, to whom belongs the glory and dominion forever and ever. Amen. <NASB>

53) 관계대명사, 선행사는 '예수 그리스도'

원망 없이 하고 10 각각 은사를 받은 대로 하나님의 각양
은혜를 맡은 선한 청지기같이 서로 봉사하라 11 만일 누
가 말하려면 하나님의 말씀을 하는 것같이 하고 누가 봉사
하려면 하나님의 공급하시는 힘으로 하는 것같이 하라 이
는 범사에 예수 그리스도로 말미암아 하나님이 영광을 받
으시게 하려 함이니 그에게 영광과 권능이 세세에 무궁토
록 있느니라 아멘

flesh as men, they may live in the spirit according to the
will of God. 7 The end of all things is at hand; therefore,
be of sound judgment and sober spirit for the purpose of
prayer. 8 Above all, keep fervent in your love for one
another, because love covers a multitude of sins. 9 Be
hospitable to one another without complaint. 10 As each
one has received a special gift, employ it in serving one another,
as good stewards of the manifold grace of God. 11 Whoever

12 사랑하는 자들아!
[너희는] **이상히 여기지 말고(=말라)**
/불 시험을
/너희를(=너희 안의)
/시련하려고(=하려는)
/오는
/이상한 일 당하는 것같이
/[너희에게]

13 [너희는] 오직 **즐거워하라**
/너희가 — 참여하는 것으로
/고난에
/그리스도의

//이는(목적: ἵνα, so that...may)
너희로 — 즐거워하고..하려 함이라
/나타내실 때에
/그의 영광을
/기뻐하게(=기뻐하며, 현재분사)

14 [만약, εἰ]
너희가 욕을 받으면(조건절, if)
/그리스도의 이름으로
복 있는 자로다

//(이유: ἵνα, because)
영 — 계심이라
/영광의 /너희 위에
곧 영이
/하나님의

15 누구든지 **고난을 받지 말려니와(=말라)**
/너희 중에 /살인이나
도적질이나
악행이나
남의 일을 간섭하는 자로

16 만일(εἰ)
그리스도인으로 (고난을 받은즉)(조건절, if)[54)]
[너희는] **부끄러워 말고(=말라)**
도리어 **영광을 돌리라**
/하나님께
/그[것의] 이름으로

17 //(이유: ὅτι, for)
[그것은] — 때가 되었나니
/심판을 — 시작할
/하나님 집에서

54) 15절의 주문장이 반복생략된 형태의 조건절이다.

12 사랑하는 자들아 너희를 시련하려고 오는 불 시험을
이상한 일 당하는 것같이 이상히 여기지 말고 13 오직 너
희가 그리스도의 고난에 참예하는 것으로 즐거워하라 이는
그의 영광을 나타내실 때에 너희로 즐거워하고 기뻐하게
하려 함이라 14 너희가 그리스도의 이름으로 욕을 받으면
복 있는 자로다 영광의 영 곧 하나님의 영이 너희 위에 계
심이라 15 너희 중에 누구든지 살인이나 도적질이나 악행
이나 남의 일을 간섭하는 자로 고난을 받지 말려니와 16
만일 그리스도인으로 고난을 받은즉 부끄러워 말고 도리어
그 이름으로 하나님께 영광을 돌리라 17 하나님 집에서

speaks, let him speak, as it were, the utterances of God; whoever serves, let him do so as by the strength which God supplies; so that in all things God may be glorified through Jesus Christ, to whom belongs the glory and dominion forever and ever. Amen.
12 Beloved, do not be surprised at the fiery ordeal among you, which comes upon you for your testing, as though some strange thing were happening to you;
13 but to the degree that you share the sufferings of Christ, keep on rejoicing; so that also at the revelation of His glory, you may rejoice with exultation.
14 If you are reviled for the name of Christ, you are blessed, because the Spirit of glory and of God rests upon you.
15 By no means

벧전

만일(εἰ)
우리에게 먼저 하면(조건절, if)
그 마지막이 **어떠하며?**
/순종치 아니하는 자들의
/복음을
/하나님의

18 또 [만일, εἰ]
의인이 —— 구원을 얻으면(조건절, if)
/겨우
경건치 아니한 자와 —— **어디 서리요?**
죄인이

19 그러므로(ὥστε)
또한
고난을 받는 자들은 **부탁할지어다**
/하나님의 뜻대로
/그[들의] 영혼을
/미쁘신 조물주께
/선을 행하는 가운데

5

1 [그러므로, οὖν]
[내가] **권하노니**
/(나는)[55)] /장로들에게
함께 장로 된 자요(=자인) /너희 중
/증인이요(=증인인)
/고난의
/그리스도의
/참여할 자로라(=자인)
/영광에
/나타날
2 [너희는] **치되(=치라)**
/양 무리를
/하나님의
/너희 중에 있는
/[돌봄으로](방법, 현재분사)
/부득이함으로 하지 말고
오직 자원함으로(하며)
/하나님의 뜻을 좇아
/더러운 이를 위하여 하지 말고
오직 즐거운 뜻으로(하며)
3 /주장하는 자세를 하지 말고(방법, 현재분사)
/맡기운 자들에게
/오직 본이 되라(방법, 현재분사)
/양 무리의
4 //그리하면(결과)

55) 관계대명사. 선행사는 '나'이다.

심판을 시작할 때가 되었나니 만일 우리에게 먼저 하면 하
나님의 복음을 순종치 아니하는 자들의 그 마지막이 어떠
하며 18 또 의인이 겨우 구원을 얻으면 경건치 아니한 자
와 죄인이 어디 서리요 19 그러므로 하나님의 뜻대로 고
난을 받는 자들은 또한 선을 행하는 가운데 그 영혼을 미
쁘신 조물주께 부탁할지어다

5:1 너희 중 장로들에게 권하노니 나는 함께 장로 된 자
요 그리스도의 고난의 증인이요 나타날 영광에 참예할
자로라 2 너희 중에 있는 하나님의 양 무리를 치되 부득이

let any of you suffer as a murderer, or thief, or evildoer, or a troublesome meddler; 16 but if anyone suffers as a Christian, let him not feel ashamed, but in that name let him glorify God. 17 For it is time for judgment to begin with the household of God; and if it begins with us first, what will be the outcome for those who do not obey the gospel of God? 18 And if it is with difficulty that the righteous is saved, what will become of the godless man and the sinner? 19 Therefore, let those also who suffer according to the will of God entrust their souls to a faithful Creator in doing what is right.

4 //그리하면(결과)
목자장이 나타나실 때에(상황절, when)
[너희가] ——— 얻으리라
/면류관을
/시들지 아니하는
/영광의

5 젊은 자들아!
[너희는] **순복하고(=순복하라)**
/장로들에게
/이와 같이
허리를 동이라
/다
/서로
/겸손으로

//(이유: ὅτι, for)
하나님이 ——— 대적하시되
/교만한 자를
주시느니라
/은혜를
/겸손한 자들에게는

6 그러므로(οὖν)
[너희는] **겸손하라**
/손 아래서
/하나님의
/능하신

//(목적: ἵνα, that...may)
너희를 ——— 높이시리라(=높이시도록)
/때가 되면

7 /맡겨 버리라(=맡김으로, 방법, 과거분사)
/너희 염려를
/다
/주께

//이는(이유: ὅτι, because)
저가 ——— 권고하심이니라
/너희를

8 [너희는] **근신하라**
깨어라

함으로 하지 말고 오직 하나님의 뜻을 좇아 자원함으로 하
며 더러운 이를 위하여 하지 말고 오직 즐거운 뜻으로 하
며 3 맡기운 자들에게 주장하는 자세를 하지 말고 오직 양
무리의 본이 되라 4 그리하면 목자장이 나타나실 때에 시
들지 아니하는 영광의 면류관을 얻으리라 5 젊은 자들아
이와 같이 장로들에게 순복하고 다 서로 겸손으로 허리를
동이라 하나님이 교만한 자를 대적하시되 겸손한 자들에게
는 은혜를 주시느니라 6 그러므로 하나님의 능하신 손 아
래서 겸손하라 때가 되면 너희를 높이시리라 7 너희 염려
를 다 주께 맡겨 버리라 이는 저가 너희를 권고하심이니라
8 근신하라 깨어라 너희 대적 마귀가 우는 사자같이 두루
다니며 삼킬 자를 찾나니 9 너희는 믿음을 굳게 하여 저를

5:1 Therefore, I exhort the elders among you, as your fellow
elder and witness of the sufferings of Christ, and a partaker
also of the glory that is to be revealed, 2 shepherd the
flock of God among you, exercising oversight not under
compulsion, but voluntarily, according to the will of God;
and not for sordid gain, but with eagerness; 3 nor yet as lording
it over those allotted to your charge, but proving to be examples
to the flock. 4 And when the Chief Shepherd appears,
you will receive the unfading crown of glory. 5 You
younger men, likewise, be subject to your elders; and all
of you, clothe yourselves with humility toward one another,
for God is opposed to the proud, but gives grace to the humble.
6 Humble yourselves, therefore, under the mighty hand
of God, that He may exalt you at the proper time, 7

대적 ——— **두루 다니며**
/너희
마귀가
/사자같이
/우는
/찾나니(=찾으면서, 현재분사)
/삼킬 자를

9 너희는 **대적하라**
/저를[56)]
/굳게 하여
/믿음을

//이는(이유: 분사, because -NIV)
[너희가] ——— 앎이니라
/형제들도 ——— 당하는 줄을
/세상에 있는 /동일한(=동일함을)
/너희 /고난을(=의)

10 [너희가] ——— 고난을 받은[후에](상황절, after)
/잠깐
하나님 **온전케 하시며**
/은혜의 **굳게 하시며**
/모든 **강하게 하시며**
/(곧)부르사(=신) **터를 견고케 하시리라**
/너희를 /(너희를)
/그리스도 안에서
/영광에 들어가게 하신 이가(=영광을 위해)
/자기의
/영원한
/친히(=그가)

11 권력이 **있을지어다.** 아멘
/그에게
/세세 무궁토록

12 내가 **써서**
/실루아노로 말미암아
/신실한
/형제로 아는
/너희에게
/간단히
/권하고(=권하면서, 현재분사)
/증거하노니(=증거하면서, 현재분사)
/이것이 ——— 은혜임을
/하나님의
/참된

이 은혜에[57)]
너희는 **굳게 서라**

56) 관계대명사, 선행사는 '대적' 혹은 '마귀'이다. 계속적 용법

57) 전치사+관계대명사, 전치사는 '은혜'이다. 계속적 용법

대적하라 이는 세상에 있는 너희 형제들도 동일한 고난을 당하는 줄을 앎이니라 10 모든 은혜의 하나님 곧 그리스도 안에서 너희를 부르사 자기의 영원한 영광에 들어가게 하신 이가 잠깐 고난을 받은 너희를 친히 온전케 하시며 굳게 하시며 강하게 하시며 터를 견고케 하시리라 11 권력이 세세 무궁토록 그에게 있을지어다 아멘 12 내가 신실한 형제로 아는 실루아노로 말미암아 너희에게 간단히 써서 권하고 이것이 하나님의 참된 은혜임을 증거하노니

casting all your anxiety upon Him, because He cares for you. 8 Be of sober spirit, be on the alert. Your adversary, the devil, prowls about like a roaring lion, seeking someone to devour. 9 But resist him, firm in your faith, knowing that the same experiences of suffering are being accomplished by your brethren who are in the world. 10 And after you have suffered for a little while, the God of all grace, who called you to His eternal glory in Christ, will Himself perfect, confirm, strengthen and establish you. 11 To Him be dominion forever and ever. Amen. 12 Through Silvanus,

13 교회가	**문안하고**
/바벨론에 있는	/너희에게
/함께 택하심을 받은	
마가도	**(그리하느니라)**
/내 아들	
14 너희는	**문안하라**
	/피차
	/입맞춤으로
	/사랑의
평강이	**(있을지어다)**
	/너희 (이)에게
	/그리스도 안에 있는
	/모든

너희는 이 은혜에 굳게 서라 13 함께 택하심을 받은 바벨론에 있는 교회가 너희에게 문안하고 내 아들 마가도 그리하느니라 14 너희는 사랑의 입맞춤으로 피차 문안하라 그리스도 안에 있는 너희 모든 이에게 평강이 있을지어다

our faithful brother (for so I regard him), I have written to you briefly, exhorting and testifying that this is the true grace of God. Stand firm in it! 13 She who is in Babylon, chosen together with you, sends you greetings, and so does my son, Mark. 14 Greet one another with a kiss of love. Peace be to you all who are in Christ.

베드로후서

1

1 베드로는 /시몬 /사도인 /종 /예수 그리스도의
(편지하노니) /받은 자들에게 /믿음을 /동일하게 보배로운 /우리와 같이 /우리 하나님과 구주 예수 그리스도의 의를 힘입어

2 은혜와 평강이
더욱 많을지어다 /너희에게 /하나님과 우리 주 예수를 앎으로

3 능력으로(=이) /그의 /신기한
주셨으니(=주셨듯이)[1] /모든 것을 /생명과 경건에 속한 /우리에게 /(이는) 앎으로 말미암음이라(=앎을 통하여) /부르신 자를 /우리를 /영광과 덕으로써 /자기의

4 이로써[2] [그가]
주사 /약속을 /그 보배롭고 /지극히 큰 /우리에게

//(목적: ἵνα, that...may)
너희로 —— 참여하는 자가 되게 하려 하셨으니 /신의 성품에 /이 약속으로 말미암아 /피하여(=피하면서, 방법, 과거분사) /썩어질 것을 /정욕을 인하여 /세상에서

5 이러므로 너희가
공급하라 /더욱 힘써 /너희 믿음에 /덕을,

1) 독립분사구문이다. 그런데 흐름 중심으로 NIV, RSV는 동사로 처리했다.

2) 관계대명사 전치사의 목적격, 선행사는 '모든 것을'이다.

1:1 예수 그리스도의 종과 사도인 시몬 베드로는 우리
하나님과 구주 예수 그리스도의 의를 힘입어 동일하게
보배로운 믿음을 우리와 같이 받은 자들에게 편지하노니 2
하나님과 우리 주 예수를 앎으로 은혜와 평강이 너희에게
더욱 많을지어다 3 그의 신기한 능력으로 생명과 경건에
속한 모든 것을 우리에게 주셨으니 이는 자기의 영광과 덕
으로써 우리를 부르신 자를 앎으로 말미암음이라 4 이로
써 그 보배롭고 지극히 큰 약속을 우리에게 주사 이 약속
으로 말미암아 너희로 정욕을 인하여 세상에서 썩어질 것
을 피하여 신의 성품에 참예하는 자가 되게 하려 하셨으니
5 이러므로 너희가 더욱 힘써 너희 믿음에 덕을, 덕에 지
식을,

1:1 Simon Peter, a bond-servant and apostle of Jesus Christ,
to those who have received a faith of the same kind as
ours, by the righteousness of our God and Savior, Jesus Christ:
2 Grace and peace be multiplied to you in the knowledge
of God and of Jesus our Lord; 3 seeing that His divine
power has granted to us everything pertaining to life and
godliness, through the true knowledge of Him who called
us by His own glory and excellence. 4 For by these He
has granted to us His precious and magnificent promises,
in order that by them you might become partakers of the divine
nature, having escaped the corruption that is in the world
by lust. 5 Now for this very reason also, applying all diligence,

/덕에
/지식을,

/지식에
6 /절제를,

/절제에
/인내를,

/인내에
/경건을,

7 /경건에
/형제 우애를,

/형제 우애에
/사랑을

8 //(이유: γάρ, for)
이런 것이 —— 있어[3]
/너희에게
—— 흡족한즉

[그가] —— 되지...하려니와(=만들다)
/게으르지 않고
/열매 없는 자가 않게(=열매 없지 않게)
/(너희로) 알기에(=알도록)
/우리 주 예수 그리스도를

9 //(이유: γάρ, for)
없는 자는 —— 소경이라
/이런 것이 —— 원시치 못하고
—— 잊었느니라
/깨끗케 하심을
/죄를
/그의
/옛

10 그러므로
형제들아!
[너희는]

힘써(=힘쓰라)
/더욱
/굳게 하라(=굳게 하기를)
/부르심과 택하심을
/너희

//(이유: γάρ, for)
너희가 이것을 행한즉(조건, 현재 분사)
[너희가] —— [결단코] 실족지 아니하리라
/언제든지

3) 분사 : 대부분의 번역본들 이 조건절로 본다.

벧전

6 지식에 절제를, 절제에 인내를, 인내에 경건을, 7 경건에
형제 우애를, 형제 우애에 사랑을 공급하라 8 이런 것이
너희에게 있어 흡족한즉 너희로 우리 주 예수 그리스도를
알기에 게으르지 않고 열매 없는 자가 되지 않게 하려니와
9 이런 것이 없는 자는 소경이라 원시치 못하고 그의 옛
죄를 깨끗케 하심을 잊었느니라 10 그러므로 형제들아 더
욱 힘써 너희 부르심과 택하심을 굳게 하라 너희가 이것을
행한즉 언제든지 실족지 아니하리라

in your faith supply moral excellence, and in your moral
excellence, knowledge; 6 and in your knowledge, self-control,
and in your self-control, perseverance, and in your
perseverance, godliness; 7 and in your godliness, brotherly
kindness, and in your brotherly kindness, love. 8 For if
these qualities are yours and are increasing, they render
you neither useless nor unfruitful in the true knowledge
of our Lord Jesus Christ. 9 For he who lacks these qualities
is blind or short-sighted, having forgotten his purification from
his former sins. 10 Therefore, brethren, be all the more diligent
to make certain about His calling and choosing you; for
as long as you practice these things, you will never stumble;

11 //(이유: γάρ, for)[4]
이같이 하면
들어감을(이) ——— 주시리라(=주어지리라)
/나라에 /너희에게
/영원한 /넉넉히
/우리 주
곧(=그리고, καὶ)
구주 예수 그리스도의

12 이러므로
너희가 ——— 알고
섰으나(양보절, though)
/진리에
/이미 있는
내가 **생각하게 하려 하노라**
/항상
/너희로
/이것을(=이것에 대하여)

13 이 장막에 있을 동안에(상황절, as long as)
내가 **여기노니**
/옳은 줄로
/일깨워(=일깨우는 것을)
/너희를
/생각하게 함이(=생각 안에)

14 //이는(이유: 분사)
앎이라
/벗어날 것이 ——— 임박한 줄을
/이 장막을
/나도(=나의)
/그리스도께서 ——— 지시하신 것같이
/우리 주 예수 /내게

15 내가 **힘써...하노라**
/필요한 때는(=항상)

//(목적: 부정사)
너희로 하여금 ——— 생각나게 하려
/이런 것을
/나의 떠난 후에라도

16 //(이유: γάρ, for)

4) 병렬구조, NA27판

11 이같이 하면 우리 주 곧 구주 예수 그리스도의 영원한
나라에 들어감을 넉넉히 너희에게 주시리라 12 이러므로
너희가 이것을 알고 이미 있는 진리에 섰으나 내가 항상
너희로 생각하게 하려 하노라 13 내가 이 장막에 있을 동
안에 너희를 일깨워 생각하게 함이 옳은 줄로 여기노니 14
이는 우리 주 예수 그리스도께서 내게 지시하신 것같이 나
도 이 장막을 벗어날 것이 임박한 줄을 앎이라 15 내가 힘
써 너희로 하여금 나의 떠난 후에라도 필요할 때는 이런
것을 생각나게 하려 하노라

11 for in this way the entrance into the eternal kingdom
of our Lord and Savior Jesus Christ will be abundantly supplied
to you. 12 Therefore, I shall always be ready to remind
you of these things, even though you already know them,
and have been established in the truth which is present
with you. 13 And I consider it right, as long as I am in
this earthly dwelling, to stir you up by way of reminder,
14 knowing that the laying aside of my earthly dwelling
is imminent, as also our Lord Jesus Christ has made clear
to me. 15 And I will also be diligent that at any time
after my departure you may be able to call these things
to mind. 16 For we did not follow cleverly devised tales

16 //(이유: γάρ, for)
[우리가] ——— 알게 한 것이[5]
/능력과
/강림하심을
/우리 주 예수 그리스도의
/너희에게

/좇은 것이 아니요(원인, 분사)
/이야기를
/공교히 만든
/(우리는) 친히 본 자라(원인, 분사)
/크신 위엄을
/그의

17 //(이유: γάρ, for)
소리가 ——— 나기를 ...하실 때에(=when)[6]
/이러한 /그에게
/이는 내 사랑하는 아들이요
내 기뻐하는 자라

저가 ——— 받으셨느니라
/존귀와 영광을
/하나님 아버지께

18 우리가 **들은 것이라**
/이 소리는(=를)
/하늘로서 나옴을
/[우리가] ——— 있을 때에
/저와 함께
/거룩한 산에

19 또
우리에게(=가) **있어**
/예언이
/더 확실한
너희가 **하니라(=준수해야 한다)**[7]
/가(=잘)
/주의하는 것이(=을)
/이것을[8]
/어두운 데 비취는 등불과 같으니
/날이 ——— 새어
샛별이 ——— 떠오르기까지
/너희 마음에

20 /알 것은(=알면서, 분사)

벧전

5) 다른 번역본들 이 부분을 상황절로 보았다.

6) KJV, NASB, NIV, NJB

7) 너희는 잘 행해야 한다.

8) 예언을

16 우리 주 예수 그리스도의 능력과 강림하심을 너희에게
알게 한 것이 공교히 만든 이야기를 좇은 것이 아니요 우
리는 그의 크신 위엄을 친히 본 자라 17 지극히 큰 영광
중에서 이러한 소리가 그에게 나기를 이는 내 사랑하는 아
들이요 내 기뻐하는 자라 하실 때에 저가 하나님 아버지께
존귀와 영광을 받으셨느니라 18 이 소리는 우리가 저와
함께 거룩한 산에 있을 때에 하늘로서 나옴을 들은 것이라
19 또 우리에게 더 확실한 예언이 있어 어두운 데 비취는
등불과 같으니 날이 새어 샛별이 너희 마음에 떠오르기까
지 너희가 이것을 주의하는 것이 가하니라 20 먼저 알 것

when we made known to you the power and coming of
our Lord Jesus Christ, but we were eyewitnesses of His
majesty. 17 For when He received honor and glory from
God the Father, such an utterance as this was made to
Him by the Majestic Glory, "This is My beloved Son
with whom I am well-pleased" — 18 and we ourselves
heard this utterance made from heaven when we were
with Him on the holy mountain. 19 And so we have the
prophetic word made more sure, to which you do well to
pay attention as to a lamp shining in a dark place, until
the day dawns and the morning star arises in your hearts.
20 But know this first of all, that no prophecy of Scripture

벧후

20 /알 것은(=알면서, 분사)
/먼저
/[이것을]
/예언은 —— 사사로이 풀 것이 아니니
/모든
/경의

21 //(이유: γάρ, for)
예언은 ─ 낸 것이 아니요
/사람의 뜻으로
/언제든지
└ 오직 말한 것임이니라
/성령의 감동하심(을 입은 사람들)
/하나님께 받아

2

1 그러나 또한(δὲ καὶ)
거짓 선지자들이 **일어났었나니**
/민간에

이와 같이
거짓 선생들이 **있으리라**
/너희 중에도

저희는 **가만히 끌어들여**
/이단을
/멸망케 할
부인하고(=부인하는 자들이라)[9)]
/주를
/사신
/자기들을
취하는 자들이라[10)]
/멸망을
/임박한
/스스로

2 여럿이 **좇으리니**
/호색하는 것을
/저희[의]

이[들]로 인하여[11)]
도가 **훼방을 받을 것이요**
/진리의

9) 주격 분사, 서술적 기능을 한다.

10) 주격 분사, 서술적 기능을 한다.

11) 전치사의 목적격: 관계대명사 계속

은 경의 모든 예언은 사사로이 풀 것이 아니니 21 예언은
언제든지 사람의 뜻으로 낸 것이 아니요 오직 성령의 감동
하심을 입은 사람들이 하나님께 받아 말한 것임이니라

2:1 그러나 민간에 또한 거짓 선지자들이 일어났었나니
이와 같이 너희 중에도 거짓 선생들이 있으리라 저희
는 멸망케 할 이단을 가만히 끌어들여 자기들을 사신 주를
부인하고 임박한 멸망을 스스로 취하는 자들이라 2 여럿
이 저희 호색하는 것을 좇으리니 이로 인하여 진리의 도가
훼방을 받을 것이요

is a matter of one's own interpretation, 21 for no prophecy
was ever made by an act of human will, but men moved
by the Holy Spirit spoke from God.

2:1 But false prophets also arose among the people,
just as there will also be false teachers among you,
who will secretly introduce destructive heresies, even denying
the Master who bought them, bringing swift destruction
upon themselves. 2 And many will follow their sensuality,
and because of them the way of the truth will be maligned;
3 and in their greed they will exploit you with false words;
their judgment from long ago is not idle, and their

3 저희가 이를 삼으니
/너희로(=를)
/말을 가지고
/지은
/탐심을 인하여(=안에서)

심판은 지체하지 아니하며
/저희 /옛적부터

멸망은 자지 아니하느니라
/저희

4 //(이유: γάρ, for)
[만일]
하나님이 ——— 용서치 아니하시고
/범죄한 천사들을

지옥에 던져(=던진 후에)
[그가] ——— 두어
/구덩이에
/어두운
/지키게 (하셨으며)(분사, 상태)
/심판 때까지

5 //(이유 : 계속)
내리셨으며(상황절, when)
/홍수를
/세상에
/경건치 아니한 자들의

[그가] ——— 용서치 아니하시고
/옛 세상을
[그가] ——— 오직 보존하시고
/의를 전파하는
노아와 그 일곱 식구를

6 //(이유: 계속)
[그는] ——— 정하여
/소돔과 고모라 성을
/멸망하기로
/재가 되게 하사(방법, 분사)[12]

//(목적: 분사)
본을 삼으셨으며(=본을 삼으려고)[13]
/경건치 아니할 자들에게
/후세에

12) 성이 남성이기 때문에 바로 앞에 있는 멸망을 수식하지 않는다.

13) μελλόντων(현재, ..하려고 하다) + τεθεικώς(정하다) 분사도 목적을 나타내는 기능을 가진다. 이때 분사의 시재가 현재, 미래 이어야 한다.

3 저희가 탐심을 인하여 지은 말을 가지고 너희로 이를 삼
으니 저희 심판은 옛적부터 지체하지 아니하며 저희 멸망
은 자지 아니하느니라 4 하나님이 범죄한 천사들을 용서
치 아니하시고 지옥에 던져 어두운 구덩이에 두어 심판 때
까지 지키게 하셨으며 5 옛 세상을 용서치 아니하시고 오
직 의를 전파하는 노아와 그 일곱 식구를 보존하시고 경건
치 아니한 자들의 세상에 홍수를 내리셨으며 6 소돔과 고
모라 성을 멸망하기로 정하여 재가 되게 하사 후세에 경건

destruction is not asleep.
4 For if God did not spare angels
when they sinned, but cast them into hell and committed
them to pits of darkness, reserved for judgment;
5 and
did not spare the ancient world, but preserved Noah, a preacher
of righteousness, with seven others, when He brought a
flood upon the world of the ungodly;
6 and if He condemned
the cities of Sodom and Gomorrah to destruction by
reducing them to ashes, having made them an example to
those who would live ungodly thereafter;
7 and if He
rescued righteous Lot, oppressed by the sensual conduct

벧후

7 //(이유: 계속)
[그가] ——— 건지셨으니
/롯을
/의로운
/고통하는
/행실을 인하여
/무법한 자의
/음란한

8 //(이유: γάρ, for)
거하여(상황절, when)
/저희 중에
/보고(=봄으로)
/들음으로(=들음으로)
(이 의인이 —— 상하니라)
/그 의로운 심령을
/행실을(=로)
/저 불법한
/날마다

9-10
주께서 **아시느니라**
/건지시고(=건지실 것을)
/경건한 자는(=를)
/시험에서
/지키시며(=지키실 것을)
/불의한 자는(=를)
/심판 날까지
/형벌 아래 두어(=형벌받음으로, 방법)
10 /행하며(=행하는 자들을)
/육체를 따라
/더러운 정욕 가운데서
/멸시하는 자들에게(=자들을)
/주관하는 이를

/특별히 (형벌하실 줄을)

이들은 **떨지 않고**
/담대하고
/고집하여
/훼방하거니와(=훼방하는 것을)
/영광 있는 자를

11 천사들이라도 **하지 아니하느니라**
/가진
/더 큰 힘과
능력을
/송사를
/저희를 거스려 훼방하는
/주 앞에서

12 그러나
이 사람들은 **짐승 같아서**
/본래
/잡혀 죽기 위하여 난
/이성 없는

치 아니할 자들에게 본을 삼으셨으며 7 무법한 자의 음란
한 행실을 인하여 고통하는 의로운 롯을 건지셨으니 8 (이
의인이 저희 중에 거하여 날마다 저 불법한 행실을 보고
들음으로 그 의로운 심령을 상하니라) 9 주께서 경건한 자
는 시험에서 건지시고 불의한 자는 형벌 아래 두어 심판
날까지 지키시며 10 육체를 따라 더러운 정욕 가운데서
행하며 주관하는 이를 멸시하는 자들에게 특별히 형벌하실
줄을 아시느니라 이들은 담대하고 고집하여 떨지 않고 영
광 있는 자를 훼방하거니와 11 더 큰 힘과 능력을 가진 천
사들이라도 주 앞에서 저희를 거스려 훼방하는 송사를 하
지 아니하느니라 12 그러나 이 사람들은 본래 잡혀 죽기
위하여 난 이성 없는 짐승 같아서 그 알지 못한 것을 훼방

of unprincipled men 8 (for by what he saw and heard
that righteous man, while living among them, felt his righteous
soul tormented day after day with their lawless deeds), 9
then the Lord knows how to rescue the godly from temptation,
and to keep the unrighteous under punishment for the day
of judgment, 10 and especially those who indulge the
flesh in its corrupt desires and despise authority. Daring,
self-willed, they do not tremble when they revile angelic
majesties, 11 whereas angels who are greater in might
and power do not bring a reviling judgment against them

훼방하고
/그 알지 못한 것을
멸망을 당하며
/저희 멸망 가운데서
13 /불의를 당하며(분사)
/불의의 값으로
/여기는 자들이니(분사)
/연락을
/기쁘게
/낮에
점과 흠이라
/연락하며(분사)
/너희와 함께 연회할 때에
/저희 간사한 가운데

14 **가지고**[14)]
/눈을
/음심이 가득한
쉬지 아니하고
/범죄하기를
유혹하며
/굳세지 못한 영혼들을
가진 자들이니
/탐욕에 연단된 마음을
자식이라
/저주의

15 저희가 **미혹하여**
/떠나(=떠나 있으면서, 분사)
/바른 길을
/좇는도다(=좇음으로, 분사)
/발람의 길을
/브올의 아들

그는 **사랑하다가**
/불의의 삯을
16 **책망을 받되**
/자기의 불법을 인하여
나귀가 **금지하였느니라**
/말 못하는
/미친 것을
/이 선지자의
/사람의 소리로 말하여

17 이 사람들은 **샘이요**
/물 없는
안개니
/광풍에 밀려가는

벧전

14) 서술형 분사

하고 저희 멸망 가운데서 멸망을 당하며 13 불의의 값으
로 불의를 당하며 낮에 연락을 기쁘게 여기는 자들이니 점
과 흠이라 너희와 함께 연회할 때에 저희 간사한 가운데
연락하며 14 음심이 가득한 눈을 가지고 범죄하기를 쉬지
아니하고 굳세지 못한 영혼들을 유혹하며 탐욕에 연단된
마음을 가진 자들이니 저주의 자식이라 15 저희가 바른
길을 떠나 미혹하여 브올의 아들 발람의 길을 좇는도다 그
는 불의의 삯을 사랑하다가 16 자기의 불법을 인하여 책
망을 받되 말 못하는 나귀가 사람의 소리로 말하여 이 선
지자의 미친 것을 금지하였느니라 17 이 사람들은 물 없

before the Lord. 12 But these, like unreasoning animals,
born as creatures of instinct to be captured and killed,
reviling where they have no knowledge, will in the destruction
of those creatures also be destroyed, 13 suffering wrong
as the wages of doing wrong. They count it a pleasure to
revel in the daytime. They are stains and blemishes,
reveling in their deceptions, as they carouse with you, 14
having eyes full of adultery and that never cease from
sin, enticing unstable souls, having a heart trained in greed,
accursed children; 15 forsaking the right way they have
gone astray, having followed the way of Balaam, the son
of Beor, who loved the wages of unrighteousness, 16 but

벧후

저희를 위하여
어두움이 **예비되어 있나니**
/캄캄한

18 //(이유: γάρ, for)
저희가 —— 유혹하여
/겨우 피한 자들을
/미혹한 데 행하는 사람들에게서
/허탄한 자랑의 말을 토하여
/음란으로써
/육체의 정욕 중에서

19 저희에게 자유를 준다 하여도[15)]
자기는 **종들이니**
/멸망의

//(이유: γάρ, for)
진 자는 —— 종이 됨이니라
/누구든지 /이긴 자의

20 만일[16)]
저희가 —— 피한 후에
/세상의 더러움을
/앎으로
/우리 주 되신
구주 예수 그리스도를
—— 지면
/다시 얽매이고(얽매임으로, 분사)
/그 중에

형편이 **더 심하리니**
/그 나중 /처음보다

21 //(이유: γάρ, for)
[그것이] —— 도리어 나오니라
/저희에게
/저버리는 것보다
/명령을
/거룩한
/받은
/의의 도를 안 후에
알지 못하는 것이

15) RSV, NIV 입장

16) 강조적 γάρ

는 샘이요 광풍에 밀려 가는 안개니 저희를 위하여 캄캄한
어두움이 예비되어 있나니 18 저희가 허탄한 자랑의 말을
토하여 미혹한 데 행하는 사람들에게서 겨우 피한 자들을
음란으로써 육체의 정욕 중에서 유혹하여 19 저희에게 자
유를 준다 하여도 자기는 멸망의 종들이니 누구든지 진 자
는 이긴 자의 종이 됨이니라 20 만일 저희가 우리 주 되신
구주 예수 그리스도를 앎으로 세상의 더러움을 피한 후에
다시 그 중에 얽매이고 지면 그 나중 형편이 처음보다 더
심하리니 21 의의 도를 안 후에 받은 거룩한 명령을 저버
리는 것보다 알지 못하는 것이 도리어 저희에게 나오니라

he received a rebuke for his own transgression; for a dumb donkey, speaking with a voice of a man, restrained the madness of the prophet. 17 These are springs without water, and mists driven by a storm, for whom the black darkness has been reserved. 18 For speaking out arrogant words of vanity they entice by fleshly desires, by sensuality, those who barely escape from the ones who live in error,
19 promising them freedom while they themselves are slaves of corruption; for by what a man is overcome, by this he is enslaved. 20 For if after they have escaped the defilements of the world by the knowledge of the Lord and Savior Jesus Christ, they are again entangled in them and are overcome, the last state has become worse for them than the first. 21 For it would be better for them not to have known the way of righteousness, than having known it, to turn away from the holy commandment delivered

22 (하는) 말이 응하였도다
/참 속담에 (이르기를) /저희에게
/개가 ——돌아가고
/그 토하였던 것에
돼지가 —— 도로 누웠다
/씻었다가 /더러운 구덩이에

벧전

3

1 사랑하는 자들아!
내가 **쓰노니**
/이제
/편지를
/이 둘째
/너희에게
이 둘로[17]
[내가] **일깨워**
/너희 진실한 마음을
/생각하게 하여

2 //곧(목적: 부정사, that...may)
기억하게 하려 (하노라)
/말씀과
/예언한(=예언된)
/거룩한 선지자의
/명하신 것을
/주 되신 구주께서
/사도들로 말미암아
/너희의

3 [너희가] **알지니**[18]
/먼저
/이것을
/(동급/설명)
기롱하는 자들이-- 와서
/말세에
/기롱하여(=기롱으로)
/행하며(현재분사)
/자기의 정욕을 좇아

4 /가로되(현재분사)...하니
/약속이 ---어디 있느뇨?
/주의 강림(하신다는)

//(이유: γάρ, for)

17) 전치사의 목적격 관계대명사, 계속 용법

18) 분사가 예외적으로 주문장으로 사용되었다. 독립적 분사로서 주문장의 역할을 한다. 분사의 수와 성이 일치하는 주어를 앞 문장에서 찾을 수 없기 때문에 이런 구문이 가능하다.

22 참 속담에 이르기를 개가 그 토하였던 것에 돌아가고
돼지가 씻었다가 더러운 구덩이에 도로 누웠다 하는 말이
저희에게 응하였도다

3:1 사랑하는 자들아 내가 이제 이 둘째 편지를 너희에
게 쓰노니 이 둘로 너희 진실한 마음을 일깨워 생각하
게 하여 2 곧 거룩한 선지자의 예언한 말씀과 주 되신 구
주께서 너희의 사도들로 말미암아 명하신 것을 기억하게
하려 하노라 3 먼저 이것을 알지니 말세에 기롱하는 자들
이 와서 자기의 정욕을 좇아 행하며 기롱하여 4 가로되 주
의 강림하신다는 약속이 어디 있느뇨 조상들이 잔 후로부

to them. 22 It has happened to them according to the true
proverb, "A dog returns to its own vomit," and, "A sow,
after washing, returns to wallowing in the mire."

3:1 This is now, beloved, the second letter I am writing
to you in which I am stirring up your sincere mind
by way of reminder, 2 that you should remember the
words spoken beforehand by the holy prophets and the
commandment of the Lord and Savior spoken by your apostles.
3 Know this first of all, that in the last days mockers will
come with their mocking, following after their own lusts,
4 and saying, "Where is the promise of His coming? For

//(이유: γάρ, for)
후로부터(선행사는 '약속')
조상들이--잔
만물이----그냥 있다
/처음 창조할 때와 같이

5 //이는(이유: γάρ, for)
이것이 ———— 잊으려 함이로다(=잊혀지다)[19]
/(동급/설명) /저희가(=저희에게)
하늘이....있는 것과[20] /부러
/옛적부터
땅이.... 성립한 것도
/물에서 나와
/ 물로

/하나님의 말씀으로 (된 것을)

6 이로 말미암아[21]
세상은 **멸망하였으되**
/물의 넘침으로
/그 때

7 하늘과 땅은 **간수하신 바 되어**
/그 동일한 말씀으로
/불사르기 위하여(=불로부터)
/이제
/보존하여 두신 (것이니라, 분사/방법)
/심판과 멸망의 날까지
/경건치 아니한 사람들의

8 사랑하는 자들아!
이 한가지를(는) **잊지 말라**[22]
/(동격/설명) /[너희로]
하루가 --- 천 년 같고
/주께(는)
천 년이--- 하루 같은

9 주의(=주님은) **더딘 것이 아니라**
/약속은(=의) /어떤 이의 더디다고 생각하는 것같이
오직 **오래 참으사**
/너희를 대하여

/원하시느니라(현재분사)
/아무도 멸망치 않고
다 회개하기에 이르기를

19) 의미상 수동의 의미가 있다.

20) 'be 동사 + 분사'가 동사를 이룬다. 즉 ἦσαν ἔκπαλαι (were standing)이다.

21) 전치사의 목적격 관계대명사. 계속 용법 /선행사는 '물(들)'이다.

22) 수동형 능동동사

터 만물이 처음 창조할 때와 같이 그냥 있다 하니 5 이는
하늘이 옛적부터 있는 것과 땅이 물에서 나와 물로 성립한
것도 하나님의 말씀으로 된 것을 저희가 잊으려 함이로다
6 이로 말미암아 그때 세상은 물의 넘침으로 멸망하였으
되 7 이제 하늘과 땅은 그 동일한 말씀으로 불사르기 위하
여 간수하신 바 되어 경건치 아니한 사람들의 심판과 멸망
의 날까지 보존하여 두신 것이니라 8 사랑하는 자들아 주
께는 하루가 천 년 같고 천 년이 하루 같은 이 한 가지를
잊지 말라 9 주의 약속은 어떤 이의 더디다고 생각하는 것
같이 더딘 것이 아니라 오직 너희를 대하여 오래 참으사

ever since the fathers fell asleep, all continues just as it
was from the beginning of creation." 5 For when they maintain
this, it escapes their notice that by the word of God the heavens
existed long ago and the earth was formed out of water
and by water, 6 through which the world at that time was
destroyed, being flooded with water. 7 But the present heavens
and earth by His word are being reserved for fire, kept
for the day of judgment and destruction of ungodly men.
8 But do not let this one fact escape your notice, beloved,
that with the Lord one day is as a thousand years, and a
thousand years as one day. 9 The Lord is not slow about
His promise, as some count slowness, but is patient toward
you, not wishing for any to perish but for all to come to
repentance. 10 But the day of the Lord will come like a

10 그러나
주의 날이 **오리니**
/도적같이

그 날에는
하늘이 **떠나가고**
/큰 소리로
체질이 **풀어지고**
/뜨거운 불에
땅과 ——— **드러나리로다**
모든 일이 —
/그 중에 있는

11 [너희가] **되어야 마땅하다**
/어떠한 사람이
/거룩한 행실과
경건함으로

//(이유: since, 분사)
이 모든 것이 이렇게 풀어지리니

12 /바라보고(분사)[23]
간절히 사모하라(분사)

/임하기를(=임함을)
/하나님의 날이(=날의)
/(동격/동급)
그 날에
/하늘이 —— 풀어지고
/불에 타서
체질이 —— 녹아지려니와
/뜨거운 불에

13 우리는 **바라는도다**
/새 하늘과
새 땅을
/그의 약속대로

[그것들 안에][24]
의의(=의가) **거하는 바(=거하신다)**

14 그러므로
사랑하는 자들아!
너희가 **힘쓰라**
/바라보나니(분사)
/이것을

//(목적: 부정사)

▼

23) 11절의 수식부이다.

24) 선행사는 '하늘'(남성단수)이다. 현재 예수 그리스도는 하늘에 계신다는 뜻이다.

벧전

아무도 멸망치 않고 다 회개하기에 이르기를 원하시느니라
10 그러나 주의 날이 도적같이 오리니 그 날에는 하늘이
큰 소리로 떠나가고 체질이 뜨거운 불에 풀어지고 땅과 그
중에 있는 모든 일이 드러나리로다 11 이 모든 것이 이렇
게 풀어지리니 너희가 어떠한 사람이 되어야 마땅하뇨 거
룩한 행실과 경건함으로 12 하나님의 날이 임하기를 바라
보고 간절히 사모하라 그 날에 하늘이 불에 타서 풀어지고
체질이 뜨거운 불에 녹아지려니와 13 우리는 그의 약속대
로 의의 거하는 바 새 하늘과 새 땅을 바라보도다 14 그러
므로 사랑하는 자들아 너희가 이것을 바라보나니 주 앞에

thief, in which the heavens will pass away with a roar
and the elements will be destroyed with intense heat, and
the earth and its works will be burned up. 11 Since all
these things are to be destroyed in this way, what sort of
people ought you to be in holy conduct and godliness,
12 looking for and hastening the coming of the day of
God, on account of which the heavens will be destroyed
by burning, and the elements will melt with intense heat!
13 But according to His promise we are looking for new
heavens and a new earth, in which righteousness dwells.
14 Therefore, beloved, since you look for these things,
be diligent to be found by Him in peace, spotless and blameless,

//(목적: 부정사)
나타나기를[25)]
/평강 가운데
/점도 없고
흠도 없이
/주 앞에서

15 또
[너희는] **(될 줄로) 여기라**
/오래 참으심이(=참으심을)
/주의
/우리
/구원이(=구원으로)
/바울도 —— 이같이 썼고[26)]
/형제 /그 받은 지혜대로
/사랑하는 /너희에게
/우리
[너희는] **(될 줄로) 여기라**
16 /또 말하였으되(=말한것처럼, 분사)
/그 모든 편지에도
/이런 일에 관하여
/[그들 안에서]

그 중에
더러 **알기 어려운 것이 있으니**
무식한 자들과
굳세지 못한 자들이 —— **억지로 풀다가**
/그것도(=...을)
/다른 성경과 같이
/스스로 멸망에 (이르느니라)(=스스로 멸망을 위해)

17 그러므로
사랑하는 자들아!
너희가 **삼가라**

//(이유: 분사)
이것을 미리 알았은즉

//(목적: ἵνα, lest)
[너희가] —— 떨어질까
/이끌려
/미혹에
/무법한 자들의
/너희 굳센 데서

25) 힘쓰라는 동사의 직접 목적어 역할을 하는 부정사이다(헬라어 구문론 203면).

26) '여기라'의 수식부이다. 바울이 쓴 것처럼 여기라는 뜻이다.

서 점도 없고 흠도 없이 평강 가운데서 나타나기를 힘쓰라
15 또 우리 주의 오래 참으심이 구원이 될 줄로 여기라 우
리 사랑하는 형제 바울도 그 받은 지혜대로 너희에게 이같
이 썼고 16 또 그 모든 편지에도 이런 일에 관하여 말하였
으되 그 중에 알기 어려운 것이 더러 있으니 무식한 자들
과 굳세지 못한 자들이 다른 성경과 같이 그것도 억지로
풀다가 스스로 멸망에 이르느니라 17 그러므로 사랑하는
자들아 너희가 이것을 미리 알았은즉 무법한 자들의 미혹

15 and regard the patience of our Lord to be salvation;
just as also our beloved brother Paul, according to the
wisdom given him, wrote to you, 16 as also in all his
letters, speaking in them of these things, in which are
some things hard to understand, which the untaught and
unstable distort, as they do also the rest of the Scriptures,
to their own destruction. 17 You therefore, beloved,
knowing this beforehand, be on your guard lest, being
carried away by the error of unprincipled men, you fall
from your own steadfastness, 18 but grow in the grace

18 오직
[너희는] **자라가라**
/은혜(에서)와
(저를 아는) 지식에서
/우리 주
곧 구주 예수 그리스도의

영광이 **(있을지어다)[아멘]**
/이제와 영원한 날까지
/저에게

에 이끌려 너희 굳센 데서 떨어질까 삼가라 18 오직 우리
주 곧 구주 예수 그리스도의 은혜와 저를 아는 지식에서
자라 가라 영광이 이제와 영원한 날까지 저에게 있을지어
다

and knowledge of our Lord and Savior Jesus Christ. To Him be the glory, both now and to the day of eternity. Amen.

요한1서

요일

1

1 [그것이] **있는(=있다)**
/태초부터
우리가 **들은 바요**
/[그것을]
본 바요
/[그것을]
/눈으로
주목하고
/[그것을]
만진 바라
/[그것을]
/우리 손으로

/말씀에 관하여는
/생명의

2 이 생명이 **나타내신 바 된지라**

우리가 **보았고**
증거하여
전하노니
/너희에게

/이 생명을
/영원한

/이는[1] — 계시다가
/아버지와 함께
— 나타내신 바 된 자니라
/우리에게

3 우리가 **전함은**
/[우리가] — 보고
— 들은 바를
/너희에게도

//(목적: ἵνα, so that...may)
너희로 — 사귐이 있게 하려 함이니
/우리와

사귐은 **함이라**
/우리의 아버지와
예수 그리스도와 함께
/그 아들

4 우리가 **씀은**
/이것을

//(목적: ἵνα, so that...may)

1) 관계대명사, 선행사는 '생명'이다. 계속적 용법

1:1 태초부터 있는 생명의 말씀에 관하여는 우리가 들은
바요 눈으로 본 바요 주목하고 우리 손으로 만진 바라
2 이 생명이 나타내신 바 된지라 이 영원한 생명을 우리가
보았고 증거하여 너희에게 전하노니 이는 아버지와 함께
계시다가 우리에게 나타내신 바 된 자니라 3 우리가 보고
들은 바를 너희에게도 전함은 너희로 우리와 사귐이 있게
하려 함이니 우리의 사귐은 아버지와 그 아들 예수 그리스
도와 함께 함이라 4 우리가 이것을 씀은 우리의 기쁨이 충

1:1 What was from the beginning, what we have heard,
what we have seen with our eyes, what we beheld and
our hands handled, concerning the Word of Life — 2 and
the life was manifested, and we have seen and bear witness
and proclaim to you the eternal life, which was with the Father
and was manifested to us — 3 what we have seen and
heard we proclaim to you also, that you also may have
fellowship with us; and indeed our fellowship is with the
Father, and with His Son Jesus Christ. 4 And these things
we write, so that our joy may be made complete. 5 And

//(목적: ἵνα, so that...may)
기쁨이 ——— 충만케 하려 함이로라
/우리의

5 소식이 ——— **이것이니**
/우리가 ┬ 듣고
/저에게서
└ 전하는
/너희에게
/(곧)하나님은 ┬ 빛이시라
└ 조금도 없으시니라
/어두움이
/그에게는

6 만일(ἐὰν)
우리가 ——— [말]하고
/[우리가] ——— 있다
/사귐이
/하나님과
행하면(조건절, if)
/어두운 가운데
거짓말을 하고
행치 아니함이거니와
/진리를

7 [만약, ἐὰν]
우리도 행하면(조건절, if)
/빛 가운데
/저가 빛 가운데 계신 것같이
우리가 **사귐이 있고**
/서로
피가 **깨끗하게 하실 것이요**
/예수의 /우리를
/그[의] 아들 /모든 죄에서

8 만일(ἐὰν)
우리가 [말]하면(조건절, if)
/우리가 ——— 죄 없다
속이고
/스스로[를]
또
진리가 **있지 아니할 것이요**
/우리 속에

9 만일(ἐὰν)
우리가 자백하면(조건절, if)
/우리 죄를
저는 **사하시며**
/미쁘시고 /우리 죄를
의로우사(=신)

만케 하려 함이로라 5 우리가 저에게서 듣고 너희에게 전
하는 소식이 이것이니 곧 하나님은 빛이시라 그에게는 어
두움이 조금도 없으시니라 6 만일 우리가 하나님과 사귐
이 있다 하고 어두운 가운데 행하면 거짓말을 하고 진리를
행치 아니함이거니와 7 저가 빛 가운데 계신 것같이 우리
도 빛 가운데 행하면 우리가 서로 사귐이 있고 그 아들 예
수의 피가 우리를 모든 죄에서 깨끗하게 하실 것이요 8 만
일 우리가 죄 없다 하면 스스로 속이고 또 진리가 우리 속
에 있지 아니할 것이요 9 만일 우리가 우리 죄를 자백하면
저는 미쁘시고 의로우사 우리 죄를 사하시며 모든 불의에

this is the message we have heard from Him and announce
to you, that God is light, and in Him there is no darkness
at all. 6 If we say that we have fellowship with Him and
yet walk in the darkness, we lie and do not practice the
truth; 7 but if we walk in the light as He Himself is in
the light, we have fellowship with one another, and the
blood of Jesus His Son cleanses us from all sin. 8 If we
say that we have no sin, we are deceiving ourselves, and
the truth is not in us. 9 If we confess our sins, He is
faithful and righteous to forgive us our sins and to cleanse

깨끗게 하실 것이요
/우리를
/불의에서
/모든

10 만일(ἐὰν)
우리가 [말]하면(조건절, if)
/[우리가] ——범죄하지 아니하였다
만드는 것이니
/하나님을
/거짓말하는 자로

또한
말씀이 있지 아니하니라
/그의 /우리 속에

2

1 나의 자녀들아!
내가 씀은
/이것을
/너희에게
//(목적: ἵνα, so that...may)
너희로 —— 죄를 범치 않게 하려 함이라
만일(ἐὰν)
누가 죄를 범하면(조건절, if)
우리에게(=는) 있으니
/아버지 앞에서
/대언자가
/곧 예수 그리스도시라
/의로우신

2 저는 화목제물이니
/우리 죄를 위한
/우리만 위할 뿐 아니요
세상의 죄를 위하심이라(=세상을 위한)
/온

3 우리가 알 것이요
/이로써
/[만약, ἐὰν]
우리가 —— 지키면(조건절, if)
/그의 계명을
아는 줄로
/저를

서 우리를 깨끗게 하실 것이요 10 만일 우리가 범죄하지 아니하였다 하면 하나님을 거짓말하는 자로 만드는 것이니 또한 그의 말씀이 우리 속에 있지 아니하니라

2:1 나의 자녀들아 내가 이것을 너희에게 씀은 너희로 죄를 범치 않게 하려 함이라 만일 누가 죄를 범하면 아버지 앞에서 우리에게 대언자가 있으니 곧 의로우신 예수 그리스도시라 2 저는 우리 죄를 위한 화목 제물이니 우리만 위할 뿐 아니요 온 세상의 죄를 위하심이라 3 우리가 그의 계명을 지키면 이로써 우리가 저를 아는 줄로 알 것이요 4 저를 아노라 하고 그의 계명을 지키지 아니하는 자는 거짓말하는 자요 진리가 그 속에 있지 아니하되

us from all unrighteousness. 10 If we say that we have not sinned, we make Him a liar, and His word is not in us.

2:1 My little children, I am writing these things to you that you may not sin. And if anyone sins, we have an Advocate with the Father, Jesus Christ the righteous; 2 and He Himself is the propitiation for our sins; and not for ours only, but also for those of the whole world. 3 And by this we know that we have come to know Him, if we keep His commandments. 4 The one who says, "I have come to know Him," and does not keep His

4 [말]하고 — **거짓말하는 자요**
/[내가] — 아노라 — **진리가 있지 아니하되**
/저를 — /그 속에
지키지 아니하는 자는
/그의 계명을

5 지키는 자는 — **온전케 되었나니**
/그의 말씀을 — /사랑이
/누구든지 — /하나님의
/참으로
/그 속에서

우리가 — **아노라**
/이로써
/[우리가] — 제[의] 안에 있는 줄을

6 [말]하는 자는 — **행할지니라**
/거한다 — /그의 행하시는 대로
/제[의] 안에 — /자기도

7 사랑하는 자들아!
내가 — **쓰는 것이 아니라**
/계명을
/새
/너희에게
〈쓰는 것이다〉2)
/계명이니(=을)
/옛
/너희가 — 가진
/처음부터

이 계명은 — **말씀이거니와**
/옛 — /너희의 들은 바

8 내가 — **쓰노니**
/계명을
/새
/너희에게
/다시

[그것은]2) — **참된 것이라**
/저에게와
/너희에게도

//이는(이유: ὅτι, because)
어두움이 — 지나가고
빛이 — 비췸이니라
/참(=진리의) — /벌써

2) 관계대명사, 선행사는 없다. 앞서 기술한 '계명을 쓰는 것' 자체를 가리킨다.

요일

5 누구든지 그의 말씀을 지키는 자는 하나님의 사랑이 참
으로 그 속에서 온전케 되었나니 이로써 우리가 저 안에
있는 줄을 아노라 6 저 안에 거한다 하는 자는 그의 행하
시는 대로 자기도 행할지니라 7 사랑하는 자들아 내가 새
계명을 너희에게 쓰는 것이 아니라 너희가 처음부터 가진
옛 계명이니 이 옛 계명은 너희의 들은 바 말씀이거니와
8 다시 내가 너희에게 새 계명을 쓰노니 저에게와 너희에
게도 참된 것이라 이는 어두움이 지나가고 참 빛이 벌써

commandments, is a liar, and the truth is not in him; 5
but whoever keeps His word, in him the love of God has truly been perfected. By this we know that we are in Him:
6 the one who says he abides in Him ought himself to walk in the same manner as He walked. 7 Beloved, I am not writing a new commandment to you, but an old commandment which you have had from the beginning; the old commandment is the word which you have heard.
8 On the other hand, I am writing a new commandment to you, which is true in Him and in you, because the

9 [말]하며 — 있는 자요
/빛 가운데 있다 /어두운 가운데
미워하는 자는 /지금까지
/그[의] 형제를

10 사랑하는 자는 거하여
/그의 형제를 /빛 가운데
거리낌이 없으나
/자기 속에

11 미워하는 자는 있고
/그의 형제를 /어두운 가운데
또 **행하며**
/어두운 가운데
알지 못하나니
/갈 곳을

//이는(이유: ὅτι, because)
어두움이 — 멀게 하였음이니라
/그의 눈을

12 자녀들아!
내가 **쓰는 것은**
/너희에게

//(이유: ὅτι, because)
죄가 — 사함을 얻음이요
/너희 /그의 이름으로 말미암아

13 아비들아!
내가 **쓰는 것은**
/너희에게

//(이유: ὅτι, because)
너희가 — 앎이요
/태초부터 계신 이를

청년들아!
내가 **쓰는 것은**
/너희에게

//(이유: ὅτι, because)
너희가 — 이기었음이니라
/악한 자를

14 아이들아!
내가 **쓴 것은**
/너희에게

//(이유: ὅτι, because)

비췸이니라 9 빛 가운데 있다 하며 그 형제를 미워하는
자는 지금까지 어두운 가운데 있는 자요 10 그의 형제를
사랑하는 자는 빛 가운데 거하여 자기 속에 거리낌이 없으
나 11 그의 형제를 미워하는 자는 어두운 가운데 있고 또
어두운 가운데 행하며 갈 곳을 알지 못하나니 이는 어두움
이 그의 눈을 멀게 하였음이니라 12 자녀들아 내가 너희
에게 쓰는 것은 너희 죄가 그의 이름으로 말미암아 사함을
얻음이요 13 아비들아 내가 너희에게 쓰는 것은 너희가
태초부터 계신 이를 앎이요 청년들아 내가 너희에게 쓰는
것은 너희가 악한 자를 이기었음이니라 14 아이들아 내

darkness is passing away, and the true light is already
shining. 9 The one who says he is in the light and yet
hates his brother is in the darkness until now. 10 The
one who loves his brother abides in the light and there is
no cause for stumbling in him. 11 But the one who hates
his brother is in the darkness and walks in the darkness,
and does not know where he is going because the darkness
has blinded his eyes. 12 I am writing to you, little children,
because your sins are forgiven you for His name's sake.
13 I am writing to you, fathers, because you know Him
who has been from the beginning. I am writing to you,
young men, because you have overcome the evil one. I
have written to you, children, because you know the Father.
14 I have written to you, fathers, because you know Him

//(이유: ὅτι, because)
너희가 —— 알았음이요
/아버지를

아비들아!
내가 **쓴 것은**
/너희에게

//(이유: ὅτι, because)
너희가 —— 알았음이요
/태초부터 계신 이를

청년들아!
내가 **쓴 것은**
/너희에게

//(이유: ὅτι, because)
너희가 —— 강하고
말씀이 —— 거하시고
/하나님의 /너희 속에
너희가 —— 이기었음이라
/흉악한 자를

15 [너희는] **사랑치 말라**
/이 세상이나
세상에 있는 것들을

[만약, ἐὰν]
누구든지 사랑하면(조건절, if)
/세상을
사랑이 **있지 아니하니**
/아버지의 /그 속에

16 //이는(이유: ὅτι, for)
세상에 있는 것이 —— 정욕과
/모든 /육신의
정욕과
/안목의
자랑이니
/이생의

//다 —— 아버지께로 좇아온 것이 아니요
세상으로 좇아온 것이라

17 이 세상도 —— **지나가되**
정욕도
/그

가 너희에게 쓴 것은 너희가 아버지를 알았음이요 아비들
아 내가 너희에게 쓴 것은 너희가 태초부터 계신 이를 알
았음이요 청년들아 내가 너희에게 쓴 것은 너희가 강하고
하나님의 말씀이 너희 속에 거하시고 너희가 흉악한 자를
이기었음이라 15 이 세상이나 세상에 있는 것들을 사랑
치 말라 누구든지 세상을 사랑하면 아버지의 사랑이 그 속
에 있지 아니하니 16 이는 세상에 있는 모든 것이 육신의
정욕과 안목의 정욕과 이생의 자랑이니 다 아버지께로 좇
아 온 것이 아니요 세상으로 좇아 온 것이라 17 이 세상
도 그 정욕도 지나가되 오직 하나님의 뜻을 행하는 이는

who has been from the beginning. I have written to you, young
men, because you are strong, and the word of God abides
in you, and you have overcome the evil one. 15 Do not
love the world, nor the things in the world. If anyone
loves the world, the love of the Father is not in him. 16
For all that is in the world, the lust of the flesh and the
lust of the eyes and the boastful pride of life, is not from
the Father, but is from the world. 17 And the world is
passing away, and also its lusts; but the one who does
the will of God abides forever. 18 Children, it is the last

오직
행하는 이는 **영원히 거하느니라**
/뜻을
/하나님의

18 아이들아!
이것이 **마지막 때라**

적그리스도가 **일어났으니**
/많은 /지금도
/너희가 — 들은 것과 같이
/적그리스도가 — 이르겠다 함을

이러므로
우리가 **아노라**
/마지막 때인 줄

19 저희가 **나갔으나**
/우리에게서
속하지 아니하였나니
/우리에게

//(이유: γάρ, for)
만일(εἰ)
[그들이] — 속하였더면(조건절, if)
/우리에게
거하였으려니와
/우리와 함께

//나간 것은(목적: ἵνα, so that)
저희가 — 나타내려 함이니라
/다 — 우리에게 속하지 아니함을

20 너희는 **받고**
/기름 부음을
/거룩하신 자에게서
아느니라
/모든 것을

21 내가 **쓴 것은...아니라(=쓰지 않았다)**
/너희에게
/너희가 — 진리를 알지 못함을 인함이(=인하여)
〈썼다〉
/너희가 — 앎을 인함이요(=인하여)
/또 거짓은 — 나지 않음을 인함이니라
/진리에서
/모든

영원히 거하느니라 18 아이들아 이것이 마지막 때라 적그리스도가 이르겠다 함을 너희가 들은 것과 같이 지금도 많은 적그리스도가 일어났으니 이러므로 우리가 마지막 때인 줄 아노라 19 저희가 우리에게서 나갔으나 우리에게 속하지 아니하였나니 만일 우리에게 속하였더면 우리와 함께 거하였으려니와 저희가 나간 것은 다 우리에게 속하지 아니함을 나타내려 함이니라 20 너희는 거룩하신 자에게서 기름 부음을 받고 모든 것을 아느니라 21 내가 너희에게 쓴 것은 너희가 진리를 알지 못함을 인함이 아니라 너희가 앎을 인함이요 또 모든 거짓은 진리에서 나지 않음을

hour; and just as you heard that antichrist is coming, even now many antichrists have arisen; from this we know that it is the last hour. 19 They went out from us, but they were not really of us; for if they had been of us, they would have remained with us; but they went out, in order that it might be shown that they all are not of us. 20 But you have an anointing from the Holy One, and you all know. 21 I have not written to you because you do not know the truth, but because you do know it, and because no lie is of the truth. 22 Who is the liar but the one who

22 거짓말하는 자가 **누구뇨?**
부인하는 자가 **아니뇨?**
/예수께서—그리스도이심을

그가 **적그리스도니**
/부인하는
/아버지와
아들을

23 부인하는 자(에게)는 **아버지가 없으되**
/아들을
시인하는 자에게는 **아버지도 있느니라**
/아들을

24 너희는 **거하게 하라**
/들은 것을
/처음부터
/너희 안에

[만약, ἐὰν]
들은 것이 거하면(조건절, if)[3]
/처음부터 /너희 안에
너희가 **거하리라**
/아들의 안과
/아버지의 안에

25 이것이 **약속이니**
/그가 —— 약속하신
/우리에게
곧 **생명이니라**
/영원한

26 내가 **썼노라**
/이것을
/너희에게
/미혹케 하는 자들에 관하여
/너희를

27 기름 부음이 **거하나니**
/[너희가] — 받은 바 /너희 안에
/주께 /너희는(=너희에 대해서는)[4]

[너희는] **필요가 없고**
/아무도 ———가르칠
/너희를
/기름 부음이 —— 오직 가르치며(=가르침 같이)
/그의 /모든 것을
/너희에게

요일

3) NASB의 입장을 따랐다.

4) 영역본들의 견해를 따랐다.

인함이니라 22 거짓말하는 자가 누구뇨 예수께서 그리스
도이심을 부인하는 자가 아니뇨 아버지와 아들을 부인하는
그가 적그리스도니 23 아들을 부인하는 자에게는 또한
아버지가 없으되 아들을 시인하는 자에게는 아버지도 있느
니라 24 너희는 처음부터 들은 것을 너희 안에 거하게 하
라 처음부터 들은 것이 너희 안에 거하면 너희가 아들의
안과 아버지의 안에 거하리라 25 그가 우리에게 약속하
신 약속이 이것이니 곧 영원한 생명이니라 26 너희를 미
혹케 하는 자들에 관하여 내가 이것을 너희에게 썼노라
27 너희는 주께 받은 바 기름 부음이 너희 안에 거하나니

denies that Jesus is the Christ? This is the antichrist, the
one who denies the Father and the Son. 23 Whoever
denies the Son does not have the Father; the one who confesses
the Son has the Father also. 24 As for you, let that abide
in you which you heard from the beginning. If what you
heard from the beginning abides in you, you also will
abide in the Son and in the Father. 25 And this is the
promise which He Himself made to us: eternal life. 26
These things I have written to you concerning those who
are trying to deceive you. 27 And as for you, the anointing
which you received from Him abides in you, and you
have no need for anyone to teach you; but as His anointing

요일

또 **참되고**
거짓이 없으니

[너희는] **거하라**
/주 안에
/[그가] ——— 가르치신 그대로
/너희를

28 자녀들아!
[너희는] **거하라**
/그[의] 안에
/이제

//이는(목적: ἵνα, so that...may)
주께서(=그가) —— 나타내신 바 되면(상황절, when)[5)]
우리로 ——— 얻어
/담대함을
부끄럽지 않게 하려 함이라
/그[의] 앞에서
/그의 강림하실 때에

29 [만약, ἐὰν]
너희가 알면(조건절, if)
/그의(=가) ——— 의로우신 줄을
알리라
/행하는 자[가] ——— 난 줄을
/의를 /그에게서
/마다(=모든)

3

1 [너희는] **보라**
/어떠한 사랑을(=사랑인지)
/아버지께서 ——— 주사(=주신)[6)]
/우리에게

//(결과: ἵνα, that...would)
[우리가] — 일컬음을 얻게 하셨는고
/자녀라
/하나님의

우리가 **그러하도다**

5) 조건절이지만 역본들이 모두 상황절로 번역하였다. 역본들의 입장을 따랐다.

6) NASB와 NRSV등은 본문의 동사2개사이에관계대명사가생략된 형태로 해석하였다. 그 입장을 따랐다.

아무도 너희를 가르칠 필요가 없고 오직 그의 기름 부음이
모든 것을 너희에게 가르치며 또 참되고 거짓이 없으니 너
희를 가르치신 그대로 주 안에 거하라 28 자녀들아 이제
그 안에 거하라 이는 주께서 나타내신 바 되면 그의 강림
하실 때에 우리로 담대함을 얻어 그 앞에서 부끄럽지 않게
하려 함이라 29 너희가 그의 의로우신 줄을 알면 의를 행
하는 자마다 그에게서 난 줄을 알리라

3:1 보라 아버지께서 어떠한 사랑을 우리에게 주사 하느
님의 자녀라 일컬음을 얻게 하셨는고 우리가 그러하도

teaches you about all things, and is true and is not a lie,
and just as it has taught you, you abide in Him. 28 And
now, little children, abide in Him, so that when He appears,
we may have confidence and not shrink away from Him
in shame at His coming. 29 If you know that He is
righteous, you know that everyone also who practices
righteousness is born of Him.

3:1 See how great a love the Father has bestowed upon
us, that we should be called children of God; and such
we are. For this reason the world does not know us,
because it did not know Him. 2 Beloved, now we are

그러므로
세상이 **알지 못함은**
/우리를

//(이유: ὅτι, because)
[그것이] ── 알지 못함이니라
/그를

2 사랑하는 자들아!
우리가 **자녀라**
/하나님의
/지금은

장래에 어떻게 될 것은 **아직 나타나지 아니하였으나**
우리가 **아는 것은**
/[만약, ἐὰν]
그가 ── 나타내심이 되면(조건절, if)
[우리가] ── 그와 같을 줄을

//(이유: ὅτι, because)
[우리가] ── 볼 것을 인함이니
/그의 계신 그대로

3 가진 자[가] **깨끗하게 하느니라**
/소망을 /자기를
/이 /그의(=가) ── 깨끗하심과 같이
/마다(=모든)
/주를 향하여

4 짓는 자[가] **행하나니**
/죄를 /불법을
/마다(=모든)

죄는 **불법이라**

5 너희가 **아나니**
/그가 ── 나타내신 바 된 것을

//(목적: ἵνα, in order to)
[그가] ── 없이 하려고
/우리 죄를

죄가 **없느니라**
/그에게는

6 거하는 자[는] **범죄하지 아니하나니**
/그 안에
/마다(=모든)

요일

다 그러므로 세상이 우리를 알지 못함은 그를 알지 못함이
니라 2 사랑하는 자들아 우리가 지금은 하나님의 자녀라
장래에 어떻게 될 것은 아직 나타나지 아니하였으나 그가
나타내심이 되면 우리가 그와 같을 줄을 아는 것은 그의
계신 그대로 볼 것을 인함이니 3 주를 향하여 이 소망을
가진 자마다 그의 깨끗하심과 같이 자기를 깨끗하게 하느
니라 4 죄를 짓는 자마다 불법을 행하나니 죄는 불법이라
5 그가 우리 죄를 없이 하려고 나타내신 바 된 것을 너희
가 아나니 그에게는 죄가 없느니라 6 그 안에 거하는 자마
다 범죄하지 아니하나니 범죄하는 자마다 그를 보지도 못

children of God, and it has not appeared as yet what we
shall be. We know that, when He appears, we shall be
like Him, because we shall see Him just as He is. 3 And
everyone who has this hope fixed on Him purifies himself,
just as He is pure. 4 Everyone who practices sin also
practices lawlessness; and sin is lawlessness. 5 And you know
that He appeared in order to take away sins; and in Him
there is no sin. 6 No one who abides in Him sins; no
one who sins has seen Him or knows Him. 7 Little
children, let no one deceive you; the one who practices

범죄하는 재[는] 보지도 못하였고
/마다(=모든) /그를
알지도 못하였느니라
/그를

7 자녀들아!
아무도 **미혹하지 못하게 하라**
/너희를

행하는 자는 **의롭고**
/의를 /그의(=가) —— 의로우심과 같이

8 짓는 자는 **속하나니**
/죄를 /마귀에게

//(이유: ὅτι, for)
마귀는 ——— 범죄함이니라
/처음부터

아들이 **나타나신 것은(=타나나셨다)**
/하나님의 /[이를 위해]
/마귀의 일을 멸하려(하심이니라)[7]

9 난 자[가] **짓지 아니하나니**
/하나님께로서 /죄를
/마다(=모든)

//이는(이유: ὅτι, because)
씨가 ——— 거함이요
/하나님의 /그의 속에

저도 **범죄치 못하는 것은**

//(이유: ὅτι, because)
[그가] ——— 났음이라
/하나님께로서

10 자녀들과 **나타나나니**
/하나님의 /이러므로
자녀들이
/마귀의

행치 아니하는 자나 **하나님께 속하지 아니하니라**
/의를
/무릇
또는 사랑치 아니하는 자는
/그 형제를

11 //(이유: ὅτι, for)

7) 문법상 종속문장이지만, 더 쉬운 이해를 위해 영역본들의 입장을 따랐다.

하였고 그를 알지도 못하였느니라 7 자녀들아 아무도 너희를 미혹하지 못하게 하라 의를 행하는 자는 그의 의로우심과 같이 의롭고 8 죄를 짓는 자는 마귀에게 속하나니 마귀는 처음부터 범죄함이니라 하나님의 아들이 나타나신 것은 마귀의 일을 멸하려 하심이니라 9 하나님께로서 난 자마다 죄를 짓지 아니하나니 이는 하나님의 씨가 그의 속에 거함이요 저도 범죄치 못하는 것은 하나님께로서 났음이라 10 이러므로 하나님의 자녀들과 마귀의 자녀들이 나타나나니 무릇 의를 행치 아니하는 자나 또는 그 형제를 사랑치 아니하는 자는 하나님께 속하지 아니하니라 11 우리가

righteousness is righteous, just as He is righteous; 8 the one who practices sin is of the devil; for the devil has sinned from the beginning. The Son of God appeared for this purpose, that He might destroy the works of the devil. 9 No one who is born of God practices sin, because His seed abides in him; and he cannot sin, because he is born of God. 10 By this the children of God and the children of the devil are obvious: anyone who does not practice righteousness is not of God, nor the one who does not love his brother. 11 For this is the message which you

11 //(이유: ὅτι, for)
이는 ── 소식이라
/너희가 ── 들은
/처음부터
/우리가 ── 사랑할지니(=사랑하라는)[8]
/서로

12 [너는] **가인같이 하지 말라**[9]
/(저는)악한 자에게 속하여(=속한)[10]
/죽였으니(=죽인)
/그 아우를

[그가] **어찐 연고로 죽였느뇨?**
/[그를]

//(이유: ὅτι, because)
행위는 ── 악하고
/자기의

행위는 ── 의로움이니라
/그[의] 아우의

13 형제들아!
[만약, εἰ]
세상이 미워하거든(조건절, if)
/너희를
[너희는] **이상히 여기지 말라**

14 우리가 **알거니와**
/[우리가] ── 옮겨 들어간 줄을
/사망에서
생명으로

//(이유: ὅτι, because)
[우리가] ── 사랑함으로
/형제를

사랑치 아니하는 자는 **거하느니라**
/사망에

15 미워하는 자[는] **살인하는 자니**
/그[의] 형제를
/마다(=모든)

너희가 **아는 바라**
/살인하는 자[가] ── 거하지 아니하는 것을
/마다(=모든) /영생이
/그[의] 속에

8) NIV의 입장을 참고했다.

9) be동사 생략형태의 문장이다

10) NASB의 입장을 따라 관계대명사 생략형으로 보았다.

서로 사랑할지니 이는 너희가 처음부터 들은 소식이라 12
가인같이 하지 말라 저는 악한 자에게 속하여 그 아우를
죽였으니 어찐 연고로 죽였느뇨 자기의 행위는 악하고 그
아우의 행위는 의로움이니라 13 형제들아 세상이 너희를
미워하거든 이상히 여기지 말라 14 우리가 형제를 사랑함
으로 사망에서 옮겨 생명으로 들어간 줄을 알거니와 사랑
치 아니하는 자는 사망에 거하느니라 15 그 형제를 미워
하는 자마다 살인하는 자니 살인하는 자마다 영생이 그 속

have heard from the beginning, that we should love one
another; 12 not as Cain, who was of the evil one, and
slew his brother. And for what reason did he slay him? Because
his deeds were evil, and his brother's were righteous. 13
Do not marvel, brethren, if the world hates you. 14 We
know that we have passed out of death into life, because
we love the brethren. He who does not love abides in
death. 15 Everyone who hates his brother is a murderer;
and you know that no murderer has eternal life abiding
in him. 16 We know love by this, that He laid down His

요일

16 우리가 **알고**
/사랑을
/이로써 *동격
/그가 — 버리셨으니(=버리신 것을)
/[그의] 목숨을
/우리를 위하여

우리도 **버리는 것이 마땅하니라**
/목숨을
/형제들을 위하여

17 누가(=사람이) **어찌 거할까 보냐?**
/가지고
/재물을
/이 세상
보고도
/궁핍함을
/형제의
막으면(=막는)
/도와 줄 마음을
/[그를]
/[그의]
/사랑이
/하나님의
/그 속에

18 자녀들아!
우리가 **사랑하지 말고**
/말과
혀로만
오직 **하자**
/행함과
진실함으로

19 우리가 **알고**
/진리에 속한 줄을
/이로써

또 **굳세게 하리로다**
/우리 마음을
/주(=그의) 앞에서

20 //(이유: ὅτι, for)
마음이 — 혹 책망할 일이 있거든(=책망할지라도, 양보절, whatever)
/우리 /우리를
하나님[은] — 크시고
/(하물며)우리 마음보다
— 아시는...일까 보냐(=아시기 때문이다)
/모든 것을

에 거하지 아니하는 것을 너희가 아는 바라 16 그가 우리
를 위하여 목숨을 버리셨으니 우리가 이로써 사랑을 알고
우리도 형제들을 위하여 목숨을 버리는 것이 마땅하니라
17 누가 이 세상 재물을 가지고 형제의 궁핍함을 보고도
도와 줄 마음을 막으면 하나님의 사랑이 어찌 그 속에 거
할까 보냐 18 자녀들아 우리가 말과 혀로만 사랑하지 말
고 오직 행함과 진실함으로 하자 19 이로써 우리가 진리
에 속한 줄을 알고 또 우리 마음을 주 앞에서 굳세게 하리
로다 20 우리 마음이 혹 우리를 책망할 일이 있거든 하물
며 우리 마음보다 크시고 모든 것을 아시는 하나님일까 보냐

life for us; and we ought to lay down our lives for the brethren.
17 But whoever has the world's goods, and beholds his brother
in need and closes his heart against him, how does the
love of God abide in him? 18 Little children, let us not
love with word or with tongue, but in deed and truth. 19
We shall know by this that we are of the truth, and shall assure
our heart before Him, 20 in whatever our heart condemns
us; for God is greater than our heart, and knows all things.
21 Beloved, if our heart does not condemn us, we have
confidence before God; 22 and whatever we ask we receive

21 사랑하는 자들아!
만일(ἐὰν)
마음이 책망할 것이 없으면(조건절, if)
/우리 /우리를
[우리가] **얻고**
/담대함을
/하나님 앞에서
22 **받나니**
/(무엇이든지)구하는 바를
/그에게

//이는(이유: ὅτι, because)
우리가 ── 지키고
/그의 계명들을
행함이라
/기뻐하시는 것을
/그 앞에서

23 계명은 **이것이니**
/그의 /곧 [우리가] ── 믿고
/이름을
/그 아들
/예수 그리스도의
사랑할 것(이니라)
/서로
/계명대로
/그가 ── 주신
/우리에게

24 지키는 자는 **거하고**
/그의 계명들을 /주 안에
주는 **(거하시나니)**
/저 안에

우리가 **아느니라**
/[이로써]
/그가 ── 거하시는 줄을
/우리 안에
/성령으로 말미암아
/[그가] ── 주신
/우리에게

21 사랑하는 자들아 만일 우리 마음이 우리를 책망할 것
이 없으면 하나님 앞에서 담대함을 얻고 22 무엇이든지
구하는 바를 그에게 받나니 이는 우리가 그의 계명들을 지
키고 그 앞에서 기뻐하시는 것을 행함이라 23 그의 계명
은 이것이니 곧 그 아들 예수 그리스도의 이름을 믿고 그
가 우리에게 주신 계명대로 서로 사랑할 것이니라 24 그
의 계명들을 지키는 자는 주 안에 거하고 주는 저 안에 거
하시나니 우리에게 주신 성령으로 말미암아 그가 우리 안
에 거하시는 줄을 우리가 아느니라

from Him, because we keep His commandments and do
the things that are pleasing in His sight. 23 And this is
His commandment, that we believe in the name of His
Son Jesus Christ, and love one another, just as He commanded
us. 24 And the one who keeps His commandments abides
in Him, and He in him. And we know by this that He
abides in us, by the Spirit whom He has given us.

요일

4

1 사랑하는 자들아!
[너희는] **믿지 말고**
/영을
/다(=모든)
오직 **시험하라**
/영들이(=을)
/[그것이] —— 하나님께 속하였나

//(이유: ὅτι, because)
거짓 선지자가 —— 나왔음이니라
/많은 /세상에

2 [너희가] **알지니**
/영은(=을)
/하나님의
/이것으로
/곧 영[이] —— 하나님께 속한 것이요
/시인하는
/예수 그리스도께서 —— 오신 것을
/육체로
/마다(=모든)
3 /영[이] —— 하나님께 속한 것이 아니니
/시인하지 아니하는
/예수를
/마다(=모든)

이것이 곧 **영이니라**[11)]
/적그리스도의
/너희가 —— 들었거니와[12)]
/[그가] —오리라 한 말을(=는 것을)

[그것이] **있느니라**
/이제
/세상에
/벌써

4 자녀들아!
너희는 **하나님께 속하였고**
또 **이기었나니**
/저희를

//이는(이유: ὅτι, because)
너희 안에 계신 이가 —— 크심이라
/세상에 있는 이보다

11) 명사가 반복생략되었다

12) 관계대명사로 연결된 문장이다. 선행사는 '영'이다. 계속적 용법

4:1 사랑하는 자들아 영을 다 믿지 말고 오직 영들이 하
나님께 속하였나 시험하라 많은 거짓 선지자가 세상에
나왔음이니라 2 하나님의 영은 이것으로 알지니 곧 예수
그리스도께서 육체로 오신 것을 시인하는 영마다 하나님께
속한 것이요 3 예수를 시인하지 아니하는 영마다 하나님
께 속한 것이 아니니 이것이 곧 적그리스도의 영이니라 오
리라 한 말을 너희가 들었거니와 이제 벌써 세상에 있느니
라 4 자녀들아 너희는 하나님께 속하였고 또 저희를 이기
었나니 이는 너희 안에 계신 이가 세상에 있는 이보다 크
심이라 5 저희는 세상에 속한 고로 세상에 속한 말을 하매

4:1 Beloved, do not believe every spirit, but test the
spirits to see whether they are from God; because many
false prophets have gone out into the world. 2 By this
you know the Spirit of God: every spirit that confesses
that Jesus Christ has come in the flesh is from God; 3
and every spirit that does not confess Jesus is not from
God; and this is the spirit of the antichrist, of which you
have heard that it is coming, and now it is already in the world.
4 You are from God, little children, and have overcome
them; because greater is He who is in you than he who
is in the world. 5 They are from the world; therefore they
speak as from the world, and the world listens to them.

5 저희는 / 말을 하매
/세상에 속한(고로) /세상에 속한
세상이 / 듣느니라
/저희 말을(=저희를)

6 우리는 / 하나님께 속하였으니
아는 자는 / 듣고
/하나님을 / /우리의 말을(=우리를)
[있지]아니한 자는 / 듣지 아니하나니
/하나님께 속하지(=하여) / /우리의 말을(=우리를)

[우리가] / 아느니라
/영과
/진리의
영을
/미혹의
/이로써

7 사랑하는 자들아!
우리가 / 사랑하자
/서로

//(이유: ὅτι, for)
사랑은 —— 하나님께 속한 것이니
사랑하는 자 —— 나서
/마다(=모든) /하나님께로
알고
/하나님을

8 사랑하지 아니하는 자는 / 알지 못하나니
/하나님을

//이는(이유: ὅτι, for)
하나님은 —— 사랑이심이라

9 사랑이 / 나타난 바 되었으니
/하나님의 / /우리에게
/이렇게
/하나님이 —— 보내심은(=보내심으로)
/자를(=아들을)
/자기의
/독생(=유일한)
/세상에

//(목적: ἵνα, so that...might)
우리를(=가) — 살리려 하심이니라(=사는 것을 위해)
/저로 말미암아

요일

세상이 저희 말을 듣느니라 6 우리는 하나님께 속하였으
니 하나님을 아는 자는 우리의 말을 듣고 하나님께 속하지
아니한 자는 우리의 말을 듣지 아니하나니 진리의 영과 미
혹의 영을 이로써 아느니라 7 사랑하는 자들아 우리가 서
로 사랑하자 사랑은 하나님께 속한 것이니 사랑하는 자마
다 하나님께로 나서 하나님을 알고 8 사랑하지 아니하는
자는 하나님을 알지 못하나니 이는 하나님은 사랑이심이라
9 하나님의 사랑이 우리에게 이렇게 나타난 바 되었으니
하나님이 자기의 독생자를 세상에 보내심은 저로 말미암아
우리를 살리려 하심이니라 10 사랑은 여기 있으니 우리가

6 We are from God; he who knows God listens to us;
he who is not from God does not listen to us. By this
we know the spirit of truth and the spirit of error. 7
Beloved, let us love one another, for love is from God;
and everyone who loves is born of God and knows God.
8 The one who does not love does not know God, for
God is love. 9 By this the love of God was manifested
in us, that God has sent His only begotten Son into the
world so that we might live through Him. 10 In this is
love, not that we loved God, but that He loved us and

요일

10 사랑은 있으니
/여기
/우리가 ——사랑한 것이 아니요
/하나님을
/하나님이 ——오직 사랑하사
/우리를
——보내셨음이니라(=보내신 것에)
/그[의] 아들을
/화목제로
/우리 죄를 위하여

11 사랑하는 자들아!]
[만약, ei]
하나님이 사랑하셨은즉(=사랑하셨다면, 조건절, if)
/우리를
/이같이
우리도 **사랑하는 것이 마땅하도다**
/서로

12 [아무도] **본 사람이 없으되**
/하나님을
/어느 때나

만일(ἐὰν)
우리가 사랑하면(조건절, if)
/서로
하나님이 **거하시고**
/우리 안에
사랑이 **온전히 이루느니라**
/그의 /우리 안에

13 [우리가] **아느니라**
/우리가 —— 거하고
/그[의] 안에
그가 ——(거하시는 줄을)
/우리 안에

//(이유: ὅτι, because)
[그가] —— 주시므로
/그의 성령을
/우리에게

14 우리가 **보았고**
또 **증거하노니**
/아버지가 ——보내신 것을
/아들을
/구주로
/세상의

하나님을 사랑한 것이 아니요 오직 하나님이 우리를 사랑
하사 우리 죄를 위하여 화목제로 그 아들을 보내셨음이니
라 11 사랑하는 자들아 하나님이 이같이 우리를 사랑하셨
은즉 우리도 서로 사랑하는 것이 마땅하도다 12 어느 때
나 하나님을 본 사람이 없으되 만일 우리가 서로 사랑하면
하나님이 우리 안에 거하시고 그의 사랑이 우리 안에 온전
히 이루느니라 13 그의 성령을 우리에게 주시므로 우리가
그 안에 거하고 그가 우리 안에 거하시는 줄을 아느니라
14 아버지가 아들을 세상의 구주로 보내신 것을 우리가
보았고 또 증거하노니 15 누구든지 예수를 하나님의 아들

sent His Son to be the propitiation for our sins. 11 Beloved,
if God so loved us, we also ought to love one another.
12 No one has beheld God at any time; if we love one another,
God abides in us, and His love is perfected in us. 13 By
this we know that we abide in Him and He in us, because
He has given us of His Spirit. 14 And we have beheld
and bear witness that the Father has sent the Son to be
the Savior of the world. 15 Whoever confesses that Jesus

15 누구든지 시인하면(조건절, whoever)
/예수를(=는) —— 아들이라
/하나님의

하나님이 **거하시고**
/저 안에
저도 **(거하느니라)**
/하나님 안에

16 우리가 **알고**
믿었노니
/사랑을
/하나님이 —— 사랑하시는
/우리를

하나님은 **사랑이시라**

거하는 자는 **거하고**
/사랑 안에 /하나님 안에
하나님도 **거하시느니라**
/그[의] 안에

17 사랑이 **온전히 이룬 것은**
/이로써
/우리에게

//(목적: ἵνα, so that...may)
우리로 —— 가지게 하려 함이니
/담대함을
/심판 날에

//(이유: ὅτι, because)
우리도 —— 그러하니라(=있기 때문이다)
/세상에서
/주의(=그가) —— 어떠하심과 같이(=계신 것 같이)

18 두려움이 **없고**
/사랑 안에
사랑이 **내어쫓나니**
/온전한 /두려움을

//(이유: ὅτι, because)
두려움에는(=은) —— 형벌이 있음이라

두려워하는 자는 **온전히 이루지 못하였느니라**
/사랑 안에서

19 우리가 **사랑함은**

//(이유: ὅτι, because)

이라 시인하면 하나님이 저 안에 거하시고 저도 하나님 안
에 거하느니라
16 하나님이 우리를 사랑하시는 사랑을 우
리가 알고 믿었노니 하나님은 사랑이시라 사랑 안에 거하
는 자는 하나님 안에 거하고 하나님도 그 안에 거하시느니
라
17 이로써 사랑이 우리에게 온전히 이룬 것은 우리로
심판 날에 담대함을 가지게 하려 함이니 주의 어떠하심과
같이 우리도 세상에서 그러하니라
18 사랑 안에 두려움이
없고 온전한 사랑이 두려움을 내어 쫓나니 두려움에는 형
벌이 있음이라 두려워하는 자는 사랑 안에서 온전히 이루
지 못하였느니라
19 우리가 사랑함은 그가 먼저 우리를

is the Son of God, God abides in him, and he in God.
16 And we have come to know and have believed the
love which God has for us. God is love, and the one who
abides in love abides in God, and God abides in him.
17 By this, love is perfected with us, that we may have confidence
in the day of judgment; because as He is, so also are we
in this world.
18 There is no fear in love; but perfect
love casts out fear, because fear involves punishment, and
the one who fears is not perfected in love.
19 We love, because
He first loved us.
20 If someone says, "I love God,"

//(이유: ὅτι, because)
그가 사랑하셨음이라
/우리를
/먼저

20 [만약, ἐὰν]
누구든지 [말]하고
/[내가] 사랑하노라
/하나님을
미워하면(조건절, if)
/그[의] 형제를
이는 거짓말하는 자니

//(이유: γάρ, for)
사랑치 아니하는 자가 사랑할 수가 없느니라
/형제를 /하나님을
/보는 바 /보지 못하는 바
/그[의]

21 우리가 받았나니
/이 계명을 * 동격
/사랑하는 자는 또한 사랑할지니라
/하나님을 /그[의] 형제를
/주께(=그에게)

5

1 믿는 자[가] 난 자니
/마다 /하나님께로서
/예수께서 그리스도이심을

또한
사랑하는 자마다 사랑하느니라
/내신 이를 /난 자를
/그에게

2 우리가 사랑하고
/하나님을
지킬 때에(상황절, when)
/그의 계명들을
아느니라
/우리가 사랑하는 줄을
/하나님의 자녀
/이로써

3 //(이유: γάρ, for)

사랑하셨음이라 20 누구든지 하나님을 사랑하노라 하고
그 형제를 미워하면 이는 거짓말하는 자니 보는 바 그 형
제를 사랑치 아니하는 자가 보지 못하는 바 하나님을 사랑
할 수 없느니라 21 우리가 이 계명을 주께 받았나니 하나
님을 사랑하는 자는 또한 그 형제를 사랑할지니라

5:1 예수께서 그리스도이심을 믿는 자마다 하나님께로서
난 자니 또한 내신 이를 사랑하는 자마다 그에게 난 자
를 사랑하느니라 2 우리가 하나님을 사랑하고 그의 계명
들을 지킬 때에 이로써 우리가 하나님의 자녀 사랑하는 줄
을 아느니라 3 하나님을 사랑하는 것은 이것이니 우리가

and hates his brother, he is a liar; for the one who does
not love his brother whom he has seen, cannot love God whom
he has not seen. 21 And this commandment we have from
Him, that the one who loves God should love his brother
also.

5:1 Whoever believes that Jesus is the Christ is born of God;
and whoever loves the Father loves the child born of
Him. 2 By this we know that we love the children of
God, when we love God and observe His commandments.
3 For this is the love of God, that we keep His commandments;
and His commandments are not burdensome. 4 For whatever

3 //(이유: γάρ, for)
사랑하는 것은 ── 이것이니
/하나님을 /우리가 ── 지키는 것(이라)
/그의 계명들을

계명들은 **무거운 것이 아니로다**
/그의

4 //대저(이유: ὅτι, for)
난 자[가] ── 이기느니라
/하나님께로서 /세상을
/마다(=모든)

이김은 **이것이니**
/이긴 /우리의 믿음(이니라)
/세상을

5 이기는 자가 **누구뇨?**
/세상을 /믿는 자가 아니면
/예수께서 ── 아들이심을
/하나님의

6 이는 **임하신 자니**
/물과
피로
곧 **예수 그리스도시라**
(임하셨고)
/물로만 아니요
/물과
피로

7 증거하는 이는 **성령이시니**

//(이유: ὅτι, because)
성령은 ── 진리니라

8 //(이유: ὅτι, for)
증거하는 이가 ── 셋이니
── 성령과
── 물과
── 피라

또한
이 셋이 **합하여 하나이니라**

9 만일(εἰ)
우리가 받을진대(조건절, if)
/증거를
/사람들의

그의 계명들을 지키는 것이라 그의 계명들은 무거운 것이
아니로다 4 대저 하나님께로서 난 자마다 세상을 이기느
니라 세상을 이긴 이김은 이것이니 우리의 믿음이니라 5
예수께서 하나님의 아들이심을 믿는 자가 아니면 세상을
이기는 자가 누구뇨 6 이는 물과 피로 임하신 자니 곧 예
수 그리스도시라 물로만 아니요 물과 피로 임하셨고 7 증
거하는 이는 성령이시니 성령은 진리니라 8 증거하는 이
가 셋이니 성령과 물과 피라 또한 이 셋이 합하여 하나이
니라 9 만일 우리가 사람들의 증거를 받을진대 하나님의
증거는 더욱 크도다 하나님의 증거는 이것이니 그 아들에

is born of God overcomes the world; and this is the victory
that has overcome the world — our faith. 5 And who is
the one who overcomes the world, but he who believes
that Jesus is the Son of God? 6 This is the one who came
by water and blood, Jesus Christ; not with the water only,
but with the water and with the blood. 7 And it is the
Spirit who bears witness, because the Spirit is the truth.
8 For there are three that bear witness, the Spirit and the
water and the blood; and the three are in agreement. 9 If
we receive the witness of men, the witness of God is

증거는 **더욱 크도다**
/하나님의

증거는 **이것이니**
/하나님의
/[그가] — 증거하신 것이니라
/그[의] 아들에 관하여

10 믿는 자는 **있고**
/아들을 /증거가
/하나님의 /자기 안에
믿지 아니하는 자는 **만드나니**
/하나님을 /하나님을
거짓말하는 자로

//이는(이유: ὅτι, because)
[그가] — 믿지 아니하였음이라
/증거를
/하나님께서 — 증거하신
/그[의] 아들에 관하여

11 또
증거는 **이것이니**
/하나님이 — 주신 것과
/영생을
/우리에게
이 생명이 — 있는(그것이니라)
/그의 아들 안에

12 있는 자에게는 **있고**
/아들이 /생명이
없는 자에게는 **없느니라**
/아들이 /생명이
/하나님의
13 내가 **쓴 것은**
/이것을
/너희에게
/믿는
/이름을
/아들의
/하나님의

//(목적: ὅτι, so that)
너희로 하여금 — 알게 하려 함이라
/너희에게(=가) — 있음을(=가졌음을)
/영생이(=을)

관하여 증거하신 것이니라 10 하나님의 아들을 믿는 자는
자기 안에 증거가 있고 하나님을 믿지 아니하는 자는 하나
님을 거짓말하는 자로 만드나니 이는 하나님께서 그 아들
에 관하여 증거하신 증거를 믿지 아니하였음이라 11 또
증거는 이것이니 하나님이 우리에게 영생을 주신 것과 이
생명이 그의 아들 안에 있는 그것이니라 12 아들이 있는
자에게는 생명이 있고 하나님의 아들이 없는 자에게는 생
명이 없느니라 13 내가 하나님의 아들의 이름을 믿는 너
희에게 이것을 쓴 것은 너희로 하여금 너희에게 영생이 있
음을 알게 하려 함이라 14 그를 향하여 우리의 가진 바 담

greater; for the witness of God is this, that He has borne
witness concerning His Son. 10 The one who believes in
the Son of God has the witness in himself; the one who
does not believe God has made Him a liar, because he
has not believed in the witness that God has borne
concerning His Son. 11 And the witness is this, that God
has given us eternal life, and this life is in His Son. 12
He who has the Son has the life; he who does not have
the Son of God does not have the life. 13 These things I
have written to you who believe in the name of the Son

14 담대한 것이 　 **이것이니**
/우리의 가진바[13)]
/그를 향하여
/[만약, ἐὰν]
[우리가] —— 무엇을 구하면
/그의 뜻대로
[그가] —— 들으심이라

15 [만약, ἐὰν]
우리가 —— 안즉(조건절, if)
/[그가] —— 들으시는 줄을
/[우리를]
/무엇이든지 [우리가] 구하는 바를
또한 **아느니라**
/우리가 —— 얻은 줄을
/그것을(=그 응답을)
/[우리가] — 구한
/그에게

16 [만약, ἐὰν]
누구든지 —— 보거든(조건절, if)
/형제가(=를)
/범하는(것을)
/죄[를]
/사망에 이르지 아니한
구하라
//그러면(결과: 명령법 + 직설법)
[그가] —— 주시리라
/생명을
/저에게
/범죄자들을 위하여(=범죄한)[14)]
/사망에 이르지 아니하는

죄가 　 **있으니**
/사망에 이르는
나는 　 **[말]하지 않노라**
/이에 대하여
/구하라

7 불의가 　 **죄로되**
/모든
죄도 　 **있도다**
/사망에 이르지 아니하는

18 우리가 　 **아노라**
/난 자[가] —— 범죄치 아니하는 줄을
/하나님께로서
/마다(=모든)
/나신 자가 —— 지키시매
/하나님께로서 　 /저를
/악한 자가 —— 만지지도 못하느니라(=것을)
/저를

13) 원문의 원래구조는 다음과 같다.
담대한 것이 —— **이것이다**
/우리가 가진
/그를 향하여

14) NASB의 입장을 따랐다.

대한 것이 이것이니 그의 뜻대로 무엇을 구하면 들으심이
라 15 우리가 무엇이든지 구하는 바를 들으시는 줄을 안
즉 우리가 그에게 구한 그것을 얻은 줄을 또한 아느니라
16 누구든지 형제가 사망에 이르지 아니한 죄 범하는 것
을 보거든 구하라 그러면 사망에 이르지 아니하는 범죄자
들을 위하여 저에게 생명을 주시리라 사망에 이르는 죄가
있으니 이에 대하여 나는 구하라 하지 않노라 17 모든 불
의가 죄로되 사망에 이르지 아니하는 죄도 있도다 18 하
나님께로서 난 자마다 범죄치 아니하는 줄을 우리가 아노
라 하나님께로서 나신 자가 저를 지키시매 악한 자가 저를

of God, in order that you may know that you have eternal
life. 14 And this is the confidence which we have before
Him, that, if we ask anything according to His will, He
hears us. 15 And if we know that He hears us in whatever
we ask, we know that we have the requests which we
have asked from Him. 16 If anyone sees his brother committing
a sin not leading to death, he shall ask and God will for
him give life to those who commit sin not leading to
death. There is a sin leading to death; I do not say that
he should make request for this. 17 All unrighteousness
is sin, and there is a sin not leading to death. 18 We
know that no one who is born of God sins; but He who

요일

19 또
[우리가] 아는 것은
/우리는 — 하나님께 속하고
세상은 — 처한 것이며
/온 /악한 자 안에

20 또
[우리가] 아는 것은
/아들이 — 이르러
/하나님의
— 주사
/지각을
/우리에게

//(목적: ἵνα, so that..may)
우리로 — 알게 하신 것과
/참된 자를

/또한
우리가 — 있는 것이니(=것을)
/참된 자[안에]
곧 예수 그리스도 안에
/그의 아들

그는 하나님이시요
/참
영생이시라

21 자녀들아!
너희 지켜 멀리하라
/자신을
/우상에서

만지지도 못하느니라 19 또 아는 것은 우리는 하나님께
속하고 온 세상은 악한 자 안에 처한 것이며 20 또 아는
것은 하나님의 아들이 이르러 우리에게 지각을 주사 우리
로 참된 자를 알게 하신 것과 또한 우리가 참된 자 곧 그
의 아들 예수 그리스도 안에 있는 것이니 그는 참 하나님
이시요 영생이시라 21 자녀들아 너희 자신을 지켜 우상에
서 멀리 하라

was born of God keeps him and the evil one does not
touch him. 19 We know that we are of God, and the
whole world lies in the power of the evil one. 20 And
we know that the Son of God has come, and has given
us understanding, in order that we might know Him who
is true, and we are in Him who is true, in His Son Jesus
Christ. This is the true God and eternal life. 21 Little
children, guard yourselves from idols.

1

1 장로는 — **(편지하노니)**
/부녀와(=부녀에게)
/택하심을 입은
/자녀에게
/그의
/내가 — 사랑하는(자요)
/참으로
/나뿐(=나만) — [사랑하는 것이 아니다][1)]
모든자도 — 그리하는 것은(=사랑하는 것은)
/진리를 아는

2 //(이유: διὰ + 목적격, for)
진리를 인함이로다(=진리 때문에)
/거하여(=거하는, 현재)
/우리 안에
/할(=있을, 미래)
/우리와 함께
/영원히

3 은혜와 / 긍휼과 / 평강이 — **있으리라**
/하나님 아버지[께로부터]와
/예수 그리스도께로부터
/아들
/아버지의
/진리와 사랑 가운데서
/우리와 함께

4 내가 — **기쁘도다(기뻐했다)**
/심히
/[내가] — 보니(=내가...본것을)
/행하는 자를
/진리에
/우리가 아버지께 받은 계명대로
/너의 자녀 중에

5 부녀여!
내가 — **구하노니**
/네게
/이제
/[우리가] — 사랑하자
/서로
/이는(...같이)[2)]
[내가] — 쓰는 것이 아니요
/계명같이(=계명을)
/네게
/새[로]
/오직[3)]
우리가 — 가진 것이라
/처음부터

1) 원문은 동사가 없다. 직전 동사의 반복 생략 형태이다. 다음 동사도 마찬가지 이다.

2) 종속 접속사 ὡς를 번역한 것이다.

3) not A but B의 주조이다. 강조점은 B에 있다.

1:1 장로는 택하심을 입은 부녀와 그의 자녀에게 편지하
노니 내가 참으로 사랑하는 자요 나뿐 아니라 진리를
아는 모든 자도 그리하는 것은 2 우리 안에 거하여 영원히
우리와 함께할 진리를 인함이로다 3 은혜와 긍휼과 평강
이 하나님 아버지와 아버지의 아들 예수 그리스도께로부터
진리와 사랑 가운데서 우리와 함께 있으리라 4 너의 자녀
중에 우리가 아버지께 받은 계명대로 진리에 행하는 자를
내가 보니 심히 기쁘도다 5 부녀여 내가 이제 네게 구하노
니 서로 사랑하자 이는 새 계명같이 네게 쓰는 것이 아니
요 오직 처음부터 우리가 가진 것이라 6 또 사랑은 이것이

1:1 The elder unto the elect lady and her children, whom
I love in the truth; and not I only, but also all they
that have known the truth; 2 For the truth's sake, which dwelleth
in us, and shall be with us for ever. 3 Grace be with you,
mercy, and peace, from God the Father, and from the
Lord Jesus Christ, the Son of the Father, in truth and
love. 4 I rejoiced greatly that I found of thy children
walking in truth, as we have received a commandment
from the Father. 5 And now I beseech thee, lady, not as though
I wrote a new commandment unto thee, but that which

6 또
사랑은 **이것이니**[4)]
/우리가 —— 행하는 것(이요)
/계명을 좇아
/그[의]

계명은[5)] **이것이니**
/너희가 —— 행하라 하심이라
/그 가운데서
/[너희가] —— 들은 바와 같이
/처음부터

7 //(이유: ὅτι, for)
미혹하는 자가 —— 나왔나니
/많이(=많은) /세상에
/(이는)[6)]
부인하는 자라
/예수 그리스도께서 육체로 임하심을
/(=동격)이것이 ┬ 미혹하는 자요
└ 적그리스도니

8 너희는 **삼가[라]**
/너희를

//(결과: ἵνα, that...may)
[너희는] —— 잃지 말고[7)]
/우리의 일한 것을

//오직
[너희는] —— 얻으라
/상을
/온전한

9 자마다 **모시지 못하되**
/지내쳐(=지나치는) /하나님을
/거하지 아니하는

/그리스도 교훈 안에

이 사람이 **모시느니라**
/거하는 /아버지와 아들을
/교훈 안에

10 누구든지 너희에게 나아가거든(=나아가고도, 상황)
이 교훈을 가지지 않고(=않았거든, 조건절, if)

[너는] **들이지도 말고**
/그를
/집에
[말하지]말라
/인사도
/[그에게]

11 //(이유: γάρ, for)

4) αὕτη가 사용되어 주어인 '사랑'을 강조하고 있다. 정확히 번역하자면 '바로 그 사랑이다(be 동사)' 다음 문장의 '계명'도 동일한 구조로 되어 있다.

5) 단순접속사인 ἵνα(that)가 이끌고 있다. 다음 문장의 목적어도 동일한 구조를 갖는다.

6) 관계대명사 용도로 사용된 oi°를 번역한 것이다.

7) 한글개역은 명령법의 뉘앙스이나 원문은 가정법 동사를 사용하여 주문장의 명령을 순종했을 때의 결과를 표현한다.

니 우리가 그 계명을 좇아 행하는 것이요 계명은 이것이니
너희가 처음부터 들은 바와 같이 그 가운데서 행하라 하심
이라 7 미혹하는 자가 많이 세상에 나왔나니 이는 예수 그
리스도께서 육체로 임하심을 부인하는 자라 이것이 미혹하
는 자요 적그리스도니 8 너희는 너희를 삼가 우리의 일한
것을 잃지 말고 오직 온전한 상을 얻으라 9 지내쳐 그리스
도 교훈 안에 거하지 아니하는 자마다 하나님을 모시지 못
하되 교훈 안에 거하는 이 사람이 아버지와 아들을 모시느
니라 10 누구든지 이 교훈을 가지지 않고 너희에게 나아
가거든 그를 집에 들이지도 말고 인사도 말라 11 그에게

we had from the beginning, that we love one another. 6
And this is love, that we walk after his commandments.
This is the commandment, That, as ye have heard from
the beginning, ye should walk in it. 7 For many deceivers
are entered into the world, who confess not that Jesus
Christ is come in the flesh. This is a deceiver and an antichrist.
8 Look to yourselves, that we lose not those things which
we have wrought, but that we receive a full reward. 9
Whosoever transgresseth, and abideth not in the doctrine
of Christ, hath not God. He that abideth in the doctrine
of Christ, he hath both the Father and the Son. 10 If there
come any unto you, and bring not this doctrine, receive

11 //(이유: γάρ, for)
[말]하는 자는 —— 참예하는 자임이니라
/그에게 /그 악한 일에
/인사[함으로]

12 내가 **(쓰기를) 원치 아니하고(=의도하지 않는다)**
/쓸 것이(=쓸 것을,부정사)
/너희에게
/[가지고 있는]
/많으나(=많은)
/종이와 먹으로

오히려
[내가] **[원한다]**
/가서(=가기를,부정사)
/너희에게
/말하려 하니(=말하기를,부정사)
/면대하여

//이는(목적: ἵνα, that...may)
너희 기쁨을 충만케 하려 함이라

13 [그] 자녀가(=들이) **문안하느니라**
/네 자매의 /네게
/택하심을 입은

인사하는 자는 그 악한 일에 참예하는 자임이니라 12 내
가 너희에게 쓸 것이 많으나 종이와 먹으로 쓰기를 원치
아니하고 오히려 너희에게 가서 면대하여 말하려 하니 이
는 너희 기쁨을 충만케 하려 함이라 13 택하심을 입은 네
자매의 자녀가 네게 문안하느니라

him not into your house, neither bid him God speed: 11
For he that biddeth him God speed is partaker of his evil
deeds. 12 Having many things to write unto you, I would
not write with paper and ink: but I trust to come unto
you, and speak face to face, that our joy may be full. 13
The children of thy elect sister greet thee. Amen.

요한3서

1

1 장로는
(편지하노라)
/가이오에게
/사랑하는
/(곧)나의 —— 사랑하는(자)
/참으로(=진리 안에서)

2 사랑하는 자여
내가
간구하노라
/네가 —— 잘 되고
강건하기를
/범사에
/네 영혼이 잘 됨같이

3 //(이유: γάρ, for)
내가 —— 기뻐하노라
/심히
/형제들이 —— 와서
증거하되(분사, 상황절로 해석)
/진리를
/네게 있는
/네가 — 행한다 하니
/진리 안에서

4 내가
없도다
/더[큰] 즐거움이
/듣는 것보다
/자녀들이 — 행한다 함을
/내 /진리 안에서

5 사랑하는 자여
[네가]
[실행했다]
/신실한 일이니(=신실한 일을)
/네가 —— 행하는(것이)
/무엇이든지
/형제
곧 나그네 된 자들에게

6 /(저희가)[1]
증거하였느니라(=증거한)
/너의 사랑을
/교회 앞에서
/(저희를)[2]
네가 —— 전송하면(=전송한)
/합당하게
/하나님께
/가하리로다(=좋게)

7 //이는(이유: γάρ, for)

1) 관계대명사 용도로 사용된 주격 관사 οἳ를 한글개역이 번역한 것이다.

2) 관계대명사 용도로 사용된 목적격 관사 οὓς를 한글개역이 번역한 것이다.

1:1 장로는 사랑하는 가이오 곧 나의 참으로 사랑하는
자에게 편지하노라 2 사랑하는 자여 네 영혼이 잘됨같
이 네가 범사에 잘 되고 강건하기를 내가 간구하노라 3
형제들이 와서 네게 있는 진리를 증거하되 네가 진리 안
에서 행한다 하니 내가 심히 기뻐하노라 4 내가 내 자녀
들이 진리 안에서 행한다 함을 듣는 것보다 더 즐거움이
없도다 5 사랑하는 자여 네가 무엇이든지 형제 곧 나그네
된 자들에게 행하는 것이 신실한 일이니 6 저희가 회 앞
에서 너의 사랑을 증거하였느니라 네가 하나님께 합당하
게 저희를 전송하면 가하리로다 7 이는 저희가 주의 이름

1:1 The elder unto the wellbeloved Gaius, whom I love in the truth. 2 Beloved, I wish above all things that thou
mayest prosper and be in health, even as thy soul prospereth. 3 For I rejoiced greatly, when the brethren came and
testified of the truth that is in thee, even as thou walkest in the truth. 4 I have no greater joy than to hear that my
children walk in truth. 5 Beloved, thou doest faithfully whatsoever thou doest to the brethren, and to strangers; 6
Which have borne witness of thy charity before the church: whom if thou bring forward on their journey after a godly

7 //이는(이유: γάρ, for)
저희가 ——나가서
/주의 이름을 위하여
/아무것도 받지 아니함이라
/이방인에게

8 이러므로
우리가 **마땅하니**
/영접하는 것이
/이같은 자들을

//이는(목적: ἵνα, so that...may)
우리로 ——되게 하려 함이니라
/함께 수고하는 자가
/진리를 위하여

9 내가 **썼으나**
/두어 자를
/교회에게

[그러나]
디오드레베가 **접대하지 아니하니**
/으뜸되기를 좋아하는 /우리를
/저희 중에

10 내가 —— 가면(조건절: if)
잊지 아니하리라
/[그의] 일을
/그 행한

/저기 망령되이 펌론하고도
/우리를
/악한 말로
부족하여(=만족하지 않다)
/유위(=그것들을 가지고는)
접대치도 아니하고
/형제들을
금하여
/접대하고자 하는 자를
내어쫓는도다
/교회에서

//(이유: διὰ + 목적격)
이러므로(이것들 때문에)

11 사랑하는 자여
[너는] **본받지 말고**
/악한 것을
본받으라
/선한 것을

요삼

을 위하여 나가서 이방인에게 아무 것도 받지 아니함이라
8 이러므로 우리가 이같은 자들을 영접하는 것이 마땅하
니 이는 우리로 진리를 위하여 함께 수고하는 자가 되게
하려 함이니라 9 내가 두어 자를 교회에게 썼으나 저희 중
에 으뜸되기를 좋아하는 디오드레베가 우리를 접대하지 아
니하니 10 이러므로 내가 가면 그 행한 일을 잊지 아니하
리라 저가 악한 말로 우리를 망령되이 펌론하고도 유위부
족하여 형제들을 접대치도 아니하고 접대하고자 하는 자를
금하여 교회에서 내어 쫓는도다 11 사랑하는 자여 악한
것을 본받지 말고 선한 것을 본받으라 선을 행하는 자는

sort, thou shalt do well: 7 Because that for his name's
sake they went forth, taking nothing of the Gentiles. 8
We therefore ought to receive such, that we might be
fellowhelpers to the truth. 9 I wrote unto the church: but
Diotrephes, who loveth to have the preeminence among them,
receiveth us not. 10 Wherefore, if I come, I will remember
his deeds which he doeth, prating against us with malicious
words: and not content therewith, neither doth he himself
receive the brethren, and forbiddeth them that would, and
casteth them out of the church. 11 Beloved, follow not

자는(=사람은) /선을 행하는	**[있다]** /하나님께 속하고(=속한 자로)
자는(=사람은) /악을 행하는	**뵈옵지 못하였느니라** /하나님을
12 데메드리오는	**증거를 받았으매** /뭇 사람에게도 /진리 [그 자체]에게도
우리도 너는	**증거하노니** **아느니라** /우리의 증거가 참된 줄을
13 내가	**[가지고 있다]** /쓸 것이(=쓸 것을) /네게 /많으나 **원치 아니하고** /쓰기를 /[네게] /먹과 붓으로
14 [내가] 또한 우리가	**바라노니** /보기를 /[너를] /속히 **말하리라** /면대하여
15 평강이 여러 친구가 너는	**(있을지어다)** /네게 **문안하느니라** /네게 **문안하라** /각 친구(=친구에게) /명하에(=이름으로)

하느님께 속하고 악을 행하는 자는 하나님을 뵈옵지 못하였느니라 12 데메드리오는 뭇사람에게도, 진리에게도 증거를 받았으매 우리도 증거하노니 너는 우리의 증거가 참된 줄을 아느니라 13 내가 네게 쓸 것이 많으나 먹과 붓으로 쓰기를 원치 아니하고 14 속히 보기를 바라노니 또한 우리가 면대하여 말하리라 15 평강이 네게 있을지어다 여러 친구가 네게 문안하느니라 너는 각 친구 명하에 문안하라

that which is evil, but that which is good. He that doeth
good is of God: but he that doeth evil hath not seen God.
12 Demetrius hath good report of all men, and of the
truth itself: yea, and we also bear record; and ye know
that our record is true. 13 I had many things to write,
but I will not with ink and pen write unto thee: 14 But I
trust I shall shortly see thee, and we shall speak face to
face. Peace be to thee. Our friends salute thee. Greet the friends
by name.

유다서

1

1 유다는
/종이요
/예수 그리스도의
/형제인
/야고보의

(편지하노라)
/부르심을 입은 자들에게
/곧 사랑을 얻고(=얻은)
/하나님 아버지 안에서
/지키심을 입은(자)
/예수 그리스도를 위하여

2 긍휼과
평강과
사랑이
— **더욱 많을지어다**
/너희에게

3 사랑하는 자들아!
내가
간절하던 차에(=생겼을 때에, 상황절, while)
/뜻이
/[모든]
/편지하려는
/너희에게
/구원을 들어(=대해)
/우리의
/일반으로 얻은
느꼈노니
/필요를
/편지로(=편지쓰는 것의)
/너희를(=너희에게)
/권하여야 할
/힘써 싸우라는(=힘써 싸우도록)
/믿음의 도를 위하여
/주신
/단번에
/성도에게

4 //이는(이유: γάρ for)
사람이 — 가만히 들어온...있음이라(=가만히 들어왔음이라)
/몇
/(저희는)미리 기록된(자니)
/옛적부터
/이 판결을 받기로
/경건치 아니하여(=아니한)
/바꾸고(=바꾼)
/은혜를
/우리 하나님의
/(도리어)색욕거리로
/부인하는(자니라)
/주재[를]
/홀로 하나이신
/곧 우리 주 예수 그리스도를

1:1 예수 그리스도의 종이요 야고보의 형제인 유다는
부르심을 입은 자 곧 하나님 아버지 안에서 사랑을 얻
고 예수 그리스도를 위하여 지키심을 입은 자들에게 편지
하노라 2 긍휼과 평강과 사랑이 너희에게 더욱 많을지어
다 3 사랑하는 자들아 내가 우리의 일반으로 얻은 구원을
들어 너희에게 편지하려는 뜻이 간절하던 차에 성도에게
단번에 주신 믿음의 도를 위하여 힘써 싸우라는 편지로
너희를 권하여야 할 필요를 느꼈노니 4 이는 가만히 들어
온 사람 몇이 있음이라 저희는 옛적부터 이 판결을 받기
로 미리 기록된 자니 경건치 아니하여 우리 하나님의 은

1:1 Jude, the servant of Jesus Christ, and brother of
James, to them that are sanctified by God the Father,
and preserved in Jesus Christ, and called: 2 Mercy unto
you, and peace, and love, be multiplied. 3 Beloved, when
I gave all diligence to write unto you of the common salvation,
it was needful for me to write unto you, and exhort you
that ye should earnestly contend for the faith which was
once delivered unto the saints. 4 For there are certain
men crept in unawares, who were before of old ordained
to this condemnation, ungodly men, turning the grace of
our God into lasciviousness, and denying the only Lord
God, and our Lord Jesus Christ 5 I will therefore put you

5 너희가 본래 알았으나(양보절, though)
/범사를
내가 하고자 하노라
/너희로 — 다시 생각나게
/주께서 — 구원하여 내시고(=내신 후에, 상황절, after)
/백성을
/애굽에서
멸하셨으며(=멸하신 것을)
/믿지 아니하는 자들을
/후에
6 또 가두셨으며(=가두신 것을)
/천사들을
/지키지 아니하고(=아니한)
/자기 지위를
/떠난
/자기 처소를
/심판까지
/큰 날의
/결박으로
/영원한
/흑암에

7 /소돔과 — 되었느니라(=된 것 같이)
고모라와 — /거울이
도시들도 — /받음으로
/그 이웃 /형벌을
/영원한
/불의

//(이유: 과거분사, since)
간음을 행하며
/저희와 같은 모양으로
가다가
/색을 따라
/다른

8 그러한데
이 사람들도 **더럽히며**
/꿈꾸는 /그와 같이
/육체를
업신여기며
/권위를
훼방하는도다
/영광을

9 미가엘이 변론할 때에(상황절, when)
/천사장 /마귀와
/다투어(현재분사)
/모세의 시체에 대하여

혜를 도리어 색욕 거리로 바꾸고 홀로 하나이신 주재 곧
우리 주 예수 그리스도를 부인하는 자니라 5 너희가 본래
범사를 알았으나 내가 너희로 다시 생각나게 하고자 하노
라 주께서 백성을 애굽에서 구원하여 내시고 후에 믿지 아
니하는 자들을 멸하셨으며 6 또 자기 지위를 지키지 아니
하고 자기 처소를 떠난 천사들을 큰 날의 심판까지 영원한
결박으로 흑암에 가두셨으며 7 소돔과 고모라와 그 이웃
도시들도 저희와 같은 모양으로 간음을 행하며 다른 색을
따라 가다가 영원한 불의 형벌을 받음으로 거울이 되었느
니라 8 그러한데 꿈꾸는 이 사람들도 그와 같이 육체를 더

in remembrance, though ye once knew this, how that the Lord,
having saved the people out of the land of Egypt, afterward
destroyed them that believed not. 6 And the angels which
kept not their first estate, but left their own habitation, he
hath reserved in everlasting chains under darkness unto
the judgment of the great day. 7 Even as Sodom and Gomorrha,
and the cities about them in like manner, giving themselves
over to fornication, and going after strange flesh, are set
forth for an example, suffering the vengeance of eternal
fire. 8 Likewise also these filthy dreamers defile the flesh,

감히 못하고
/쓰지(=쓰는 것을)
/판결을
/훼방하는
다만 말하되(...하였거늘)
/주께서 —— 꾸짖으시기를 원하노라
/너를

10 이 사람들은 훼방하는도다
/무엇이든지
/그[들이] ——알지 못하는 것을
저희는 또 멸망하느니라
/그것으로(=그것 안에)
/아는[것이 무엇인건]
/본능으로
/짐승같이
/이성 없는

11 화 있을진저[1)]
/이 사람들이여

//(이유: ὅτι, for)
[그들은] —— 행하였으며
/길에
/가인의
—— 몰려갔으며
/어그러진 길로
/발람의
/삯을 위하여
—— 멸망을 받았도다
/패역을 좇아
/고라의

12 저희는 (너희와)함께 먹으니(상황절, when)
/기탄 없이
암초요
/너희 애찬의
기르는(목)자요
/자기 몸만
구름이요
/물 없는
/불려가는
/바람에
나무요
/가을
/열매 없는
/죽고(=죽은)
/또 죽어(=두번)
/뿌리까지 뽑힌

1) 이것은 원래 동사가 아니라 감탄의 의미인 불면사이다. 그러나 저자가 동사적인 의미로 사용되었다.

유

럽히며 권위를 업신여기며 영광을 훼방하는도다 9 천사장
미가엘이 모세의 시체에 대하여 마귀와 다투어 변론할 때
에 감히 훼방하는 판결을 쓰지 못하고 다만 말하되 주께서
너를 꾸짖으시기를 원하노라 하였거늘 10 이 사람들은 무
엇이든지 그 알지 못하는 것을 훼방하는도다 또 저희는 이
성 없는 짐승같이 본능으로 아는 그것으로 멸망하느니라
11 화 있을진저 이 사람들이여, 가인의 길에 행하였으며
삯을 위하여 발람의 어그러진 길로 몰려 갔으며 고라의 패
역을 좇아 멸망을 받았도다 12 저희는 기탄없이 너희와
함께 먹으니 너희 애찬의 암초요 자기 몸만 기르는 목자요

despise dominion, and speak evil of dignities. 9 Yet
Michael the archangel, when contending with the devil he
disputed about the body of Moses, durst not bring against
him a railing accusation, but said, The Lord rebuke thee.
10 But these speak evil of those things which they know
not: but what they know naturally, as brute beasts, in
those things they corrupt themselves. 11 Woe unto them!
for they have gone in the way of Cain, and ran greedily
after the error of Balaam for reward, and perished in the
gainsaying of Core. 12 These are spots in your feasts of charity,
when they feast with you, feeding themselves without
fear: clouds they are without water, carried about of winds;

13 **물결이요**
/거친
/바다의
/거품을 뿜는
/수치의
/자기의
별들이라
/유리하는
/흑암에(돌아갈)
/캄캄한
/예비된
/영원히

14 에녹이
/아담의 칠 세 손
예언하여 이르되(...하였느니라)
/사람들에게 대하여도
/보라!
주께서 —— 임하셨나니
/수만의 자와 함께
/거룩한
/그
15 /(이는)심판하사(=심판하러)
/뭇 사람을
/정죄하려(하심이라)
/[영혼을]
/모든
/일과(=일에 대해)
/모든
/경건치 않은
/저희를(=의)
/경건치 않게 행한
/(경건치 않은 자의)
/(또)강퍅한 말을 인하여(=대해)
/모든
/죄인의(=이) —— [말]한
/경건치 않은
/주께 거스려

16 이 사람들은
원망하는 자며
/불만을 토하는(자며)
/행하는 자라(=행하면서, 현재분사)
/그[의] 정욕대로
입으로
/그[들의]
내며
/자랑하는 말을
/아첨하느니라(=아첨하며, 현재분사)
/이를 위하여(=이익을 위해)

바람에 불려가는 물 없는 구름이요 죽고 또 죽어 뿌리까지
뽑힌 열매 없는 가을 나무요 13 자기의 수치의 거품을 뿜
는 바다의 거친 물결이요 영원히 예비된 캄캄한 흑암에 돌
아갈 유리하는 별들이라 14 아담의 칠세 손 에녹이 사람
들에게 대하여도 예언하여 이르되 보라 주께서 그 수만의
거룩한 자와 함께 임하셨나니 15 이는 뭇사람을 심판하사
모든 경건치 않은 자의 경건치 않게 행한 모든 경건치 않
은 일과 또 경건치 않은 죄인의 주께 거스려 한 모든 강퍅
한 말을 인하여 저희를 정죄하려 하심이라 하였느니라 16
이 사람들은 원망하는 자며 불만을 토하는 자며 그 정욕대

trees whose fruit withereth, without fruit, twice dead,
plucked up by the roots; 13 Raging waves of the sea, foaming
out their own shame; wandering stars, to whom is reserved
the blackness of darkness for ever. 14 And Enoch also,
the seventh from Adam, prophesied of these, saying,
Behold, the Lord cometh with ten thousands of his saints,
15 To execute judgment upon all, and to convince all
that are ungodly among them of all their ungodly deeds
which they have ungodly committed, and of all their hard
speeches which ungodly sinners have spoken against him.
16 These are murmurers, complainers, walking after their
own lusts; and their mouth speaketh great swelling words,

17 사랑하는 자들아!
너희는 **기억하라**
/말을
/미리 한
/사도들의
/우리 주 예수 그리스도의

18 //(이유: ὅτι, for-NRSV)
그들이——말하기를(...하였나니)
/너희에게
/기롱하는 자들이—있으리라
/마지막 때에
/행하며(현재분사)
/정욕대로
/자기의
/경건치 않은

19 이 사람들은 **당을 짓는 자며**
육에 속한 자며
없는 자니라
/성령은

20-21
사랑하는 자들아!
너희는 **지키며(=지키라)**
/자기를
/사랑 안에서
/하나님의
/건축하며(현재분사)
/자기를
/믿음 위에
/너희의
/지극히 거룩한
/기도하며(현재분사)
/성령으로
/기다리라(=기다리며, 현재분사)
/긍휼을
/우리 주 예수 그리스도의
/영생에 이르도록

22 **긍휼히 여기라**
/(어떤)의심하는 자들을

23 또 **구원하라**
/어떤 자를
/끌어내어(현재분사)
/불에서

유

로 행하는 자라 그 입으로 자랑하는 말을 내며 이를 위하
여 아첨하느니라 17 사랑하는 자들아 너희는 우리 주 예
수 그리스도의 사도들의 미리 한 말을 기억하라 18 그들
이 너희에게 말하기를 마지막 때에 자기의 경건치 않은 정
욕대로 행하며 기롱하는 자들이 있으리라 하였나니 19 이
사람들은 당을 짓는 자며 육에 속한 자며 성령은 없는 자
니라 20 사랑하는 자들아 너희는 너희의 지극히 거룩한
믿음 위에 자기를 건축하며 성령으로 기도하며 21 하나님
의 사랑 안에서 자기를 지키며 영생에 이르도록 우리 주
예수 그리스도의 긍휼을 기다리라 22 어떤 의심하는 자들

having men's persons in admiration because of advantage.
17 But, beloved, remember ye the words which were
spoken before of the apostles of our Lord Jesus Christ;
18 How that they told you there should be mockers in
the last time, who should walk after their own ungodly
lusts. 19 These be they who separate themselves, sensual,
having not the Spirit. 20 But ye, beloved, building up
yourselves on your most holy faith, praying in the Holy Ghost,
21 Keep yourselves in the love of God, looking for the
mercy of our Lord Jesus Christ unto eternal life. 22 And
of some have compassion, making a difference: 23 And
others save with fear, pulling them out of the fire; hating

또 **긍휼히 여기라**
/어떤 자를
/두려움으로
/싫어하여(현재분사)
/옷이라도
/더럽힌
/그 육체로

24-25
영광과
위엄과
권력과
권세가 — **(있을지어다)** 아멘
/우리 구주 하나님께
/홀로 하나이신
/능히(=능하신)
/보호하사(=보호하는 것이)
/너희를
/거침이 없게(하시고)
/서게 하실 자(=서는 것에)
/(너희로)
/그 영광 앞에
/흠이 없이
/즐거움으로
/우리 주 예수 그리스도로 말미암아
/곧 만고 전부터
/이제와(=이제부터)
/세세에

유

을 긍휼히 여기라 23 또 어떤 자를 불에서 끌어내어 구원
하라 또 어떤 자를 그 육체로 더럽힌 옷이라도 싫어하여
두려움으로 긍휼히 여기라 24 능히 너희를 보호하사 거침
이 없게 하시고 너희로 그 영광 앞에 흠이 없이 즐거움으
로 서게 하실 자 25 곧 우리 구주 홀로 하나이신 하나님께
우리 주 예수 그리스도로 말미암아 영광과 위엄과 권력과
권세가 만고 전부터 이제와 세세에 있을지어다 아멘

even the garment spotted by the flesh. 24 Now unto him
that is able to keep you from falling, and to present you faultless
before the presence of his glory with exceeding joy, 25
To the only wise God our Saviour, be glory and majesty,
dominion and power, both now and ever. Amen.

요한계시록

1

1 **계시라**
/예수 그리스도의
/이는[1]
하나님이 — 주사
/그에게
/보이시려고
/속히 될 일을
/종들에게
/반드시
— 지시하신 것이라
/그 종 요한에게
/보내어
/그 천사를

2 요한은 **증거하였느니라**
/하나님의 말씀과
예수 그리스도의 증거
곧 자기의 본 것을
/다

3 읽는 자와 — **복이 있나니**
듣는 자들과
/말씀을
/이 예언의
지키는 자들이
/기록한 것을
/그 가운네

//(이유 : γάρ, for)
때가 가까움이라

4a 요한은 **〈편지하노나〉**
/교회에
/일곱
/아시아에 있는

4b-5
은혜와 평강이 **〈있기를 원하노라〉**
/너희에게
/<그>로 말미암아[2]
/이제도 계시고
/전에도 계시고
/장차 오실 이와
/일곱 영과[3]

1) 관계대명사 목적격
2) 영역본들이 모두 "from Him" 으로 번역하고 있다.

1:1 예수 그리스도의 계시라 이는 하나님이 그에게 주사
반드시 속히 될 일을 그 종들에게 보이시려고 그 천사
를 그 종 요한에게 보내어 지시하신 것이라 2 요한은 하나
님의 말씀과 예수 그리스도의 증거 곧 자기의 본 것을 다
증거하였느니라 3 이 예언의 말씀을 읽는 자와 듣는 자들
과 그 가운데 기록한 것을 지키는 자들이 복이 있나니 때
가 가까움이라 4 요한은 아시아에 있는 일곱 교회에 편지
하노니 이제도 계시고 전에도 계시고 장차 오실 이와 그
보좌 앞에 일곱 영과 5 또 충성된 증인으로 죽은 자들 가
운데서 먼저 나시고 땅의 임금들의 머리가 되신 예수 그리

1:1 The Revelation of Jesus Christ, which God gave
unto him, to shew unto his servants things which must
shortly come to pass; and he sent and signified it by his
angel unto his servant John: 2 Who bare record of the
word of God, and of the testimony of Jesus Christ, and
of all things that he saw. 3 Blessed is he that readeth,
and they that hear the words of this prophecy, and keep
those things which are written therein: for the time is at
hand. 4 John to the seven churches which are in Asia:
Grace be unto you, and peace, from him which is, and
which was, and which is to come; and from the seven
Spirits which are before his throne; 5 And from Jesus

/일곱 영과[3)]
/그 보좌 앞에
/예수 그리스도로 말미암아
/또 증인으로
/충성된
/먼저 나시고
/죽은 자들 가운데서
/머리가 되신
/땅의 임금들의

5b-6
영광과
능력이 〈있기를 원하노라〉 아멘
/세세토록
/우리를 사랑하시[4)] (=사랑하신 분에게)
우리를 해방하시고(=해방하신 분에게)
/그의 피로
/우리 죄에서
/그에게

[그가] **삼으신**
/우리를
/나라와
제사장으로
/하나님을 위하여
/그[의] 아버지

계

7 볼지어다!
[그가] **오시리라**
/구름을 타고

눈이 **보겠고**
/각인의
/그를

찌른 자들도 **〈볼 터이요〉**
/그를

족속이 **애곡하리니**
/모든
/그를 인하여
/땅에 있는

그러하리라 아멘

8 하나님이 **가라사대...** 하시더라
/주
/나는 ── 알파(이고)와
오메가라
이제도 있고
전에도 있었고
장차 올 자요
전능한 자라

3) 일곱 영으로 말미암아

4) 우리를 사랑하시고 우리를 해방시키신 분에게

스도로 말미암아 은혜와 평강이 너희에게 있기를 원하노라
우리를 사랑하사 그의 피로 우리 죄에서 우리를 해방하시
고 6 그 아버지 하나님을 위하여 우리를 나라와 제사장으
로 삼으신 그에게 영광과 능력이 세세토록 있기를 원하노
라 아멘 7 볼지어다 구름을 타고 오시리라 각인의 눈이 그
를 보겠고 그를 찌른 자들도 볼 터이요 땅에 있는 모든 족
속이 그를 인하여 애곡하리니 그러하리라 아멘 8 주 하나
님이 가라사대 나는 알파와 오메가라 이제도 있고 전에도

Christ, who is the faithful witness, and the first begotten
of the dead, and the prince of the kings of the earth. Unto
him that loved us, and washed us from our sins in his
own blood, 6 And hath made us kings and priests unto
God and his Father; to him be glory and dominion for
ever and ever. Amen. 7 Behold, he cometh with clouds;
and every eye shall see him, and they also which pierced
him: and all kindreds of the earth shall wail because of
him. Even so, Amen. 8 I am Alpha and Omega, the
beginning and the ending, saith the Lord, which is, and
which was, and which is to come, the Almighty. 9 I John,
who also am your brother, and companion in tribulation,

9 요한은
/나
형제요
/너희(의)

동참하는 자라
/환난과
나라와
참음에

/예수의

있었더니
/밧모라 하는 섬에
/하나님의 말씀(을 인하여)과
예수의 증거를 인하여

10 내가
감동하여
/성령에
/주의 날에

들으니
/큰 음성을
/내 뒤에서 나는
/나팔 소리 같은
11 /가로되...하시기로[5]
/[너는] ─ 써서
/너 보는 것을
/책에
└ 보내라
/일곱 교회에
/에베소, 서머나, 버가모, 두아디라,
사데, 빌라델비아, 라오디게아

12 [내가]
몸을 돌이켜

//(목적: 부정사)
알아보려고 하여
/나더러 말한 음성을

돌이킬 때에(=상황절)
[내가]
보았는데
/일곱 금촛대를
13 /인자 같은 이가(=를)
/옷을 입고(=입고 있는)
/발에 끌리는
/촛대 사이에
/금띠를 띠고
/가슴에

5) 말씀하시는(분사)

있었고 장차 올 자요 전능한 자라 하시더라 9 나 요한은
너희 형제요 예수의 환난과 나라와 참음에 동참하는 자라
하나님의 말씀과 예수의 증거를 인하여 밧모라 하는 섬에
있었더니 10 주의 날에 내가 성령에 감동하여 내 뒤에서
나는 나팔 소리 같은 큰 음성을 들으니 11 가로되 너 보
는 것을 책에 써서 에베소, 서머나, 버가모, 두아디라, 사
데, 빌라델비아, 라오디게아 일곱 교회에 보내라 하시기로
12 몸을 돌이켜 나더러 말한 음성을 알아 보려고 하여 돌
이킬 때에 일곱 금 촛대를 보았는데 13 촛대 사이에 인자
같은 이가 발에 끌리는 옷을 입고 가슴에 금띠를 띠고 14

and in the kingdom and patience of Jesus Christ, was in
the isle that is called Patmos, for the word of God, and
for the testimony of Jesus Christ. 10 I was in the Spirit
on the Lord's day, and heard behind me a great voice, as
of a trumpet, 11 Saying, I am Alpha and Omega, the first
and the last: and, What thou seest, write in a book, and
send it unto the seven churches which are in Asia; unto
Ephesus, and unto Smyrna, and unto Pergamos, and unto
Thyatira, and unto Sardis, and unto Philadelphia, and unto
Laodicea. 12 And I turned to see the voice that spake
with me. And being turned, I saw seven golden candlesticks;
13 And in the midst of the seven candlesticks one like

계

14 머리와
/그(의)
희기가 — 흰 양털 같고
/털의
눈 같으며

그의 눈은 — 불꽃 같고

15 그의 발은 — 빛난 주석 같고
/풀무에 단련한(된)

그의 음성은 — 물 소리와 같으며
/많은

16 [그가] — 있고(=가지고 있고)
/일곱 별이(을)
/그(의) 오른손에

검이 — 나오고
/좌우에 날선
/그(의) 입에서

그(의) 얼굴은 — 같더라
/해가 힘있게 비취는 것

17 내가 볼 때에(상황절, when)
[내가] — 엎드러져
/그(의) 발 앞에
죽은 자같이 되매

그가 — 얹고
/오른손을
/내게

가라사대
/[너는] — 두려워 말라
/나는 — 처음이요
— 나중이니
— 18 곧 산 자라
/내가 — 전에 죽었었노라

/볼지어다!
[내가] — 이제 살아 있어
/세세토록
— 가졌노니
/열쇠를
/사망과
음부의

19 /그러므로

그 머리와 털의 희기가 흰 양털 같고 눈 같으며 그의 눈은 불꽃 같고 15 그의 발은 풀무에 단련한 빛난 주석 같고 그의 음성은 많은 물소리와 같으며 16 그 오른손에 일곱 별이 있고 그 입에서 좌우에 날선 검이 나오고 그 얼굴은 해가 힘있게 비취는 것 같더라 17 내가 볼 때에 그 발 앞에 엎드러져 죽은 자같이 되매 그가 오른손을 내게 얹고 가라사대 두려워 말라 나는 처음이요 나중이니 18 곧 산 자라 내가 전에 죽었었노라 볼지어다 이제 세세토록 살아 있어

unto the Son of man, clothed with a garment down to the foot, and girt about the paps with a golden girdle. 14 His head and his hairs were white like wool, as white as snow; and his eyes were as a flame of fire; 15 And his feet like unto fine brass, as if they burned in a furnace; and his voice as the sound of many waters. 16 And he had in his right hand seven stars: and out of his mouth went a sharp twoedged sword: and his countenance was as the sun shineth in his strength. 17 And when I saw him, I fell at his feet as dead. And he laid his right hand upon me, saying unto me, Fear not; I am the first and the last: 18 I am he that liveth, and was dead; and, behold, I am

19 /그러므로
[너는] 기록하라
/네(가) 본 것과
이제 있는 일과
장차 될 일을

20 /네 본 것은 일곱 별의 비밀과
/내 오른손에
일곱 금촛대라

/일곱 별은 사자요
/일곱 교회의
/일곱 촛대는 일곱 교회니라

2

1 [너는] **편지하기를**[7)]
/사자에게
/에베소 교회의

붙잡고
/일곱 별을
/오른손에
다니시는 이가 **가라사대**[8)]
/금촛대 사이에
/일곱
/[이것들을]

2 내가 **알고**
/네 행위와
수고와
네 인내를

또

〈아노라〉
/[네가] 용납지 아니한 것과
/악한 자들을
/네가 시험하여
/자칭 사도라 하되 아닌 자들을
드러낸 것과
/그(들의) 거짓된 것을

3 /또
네가 참고
견디고
/내 이름을 위하여
게으르지 아니한 것을

7) 명령형 "편지하라"

8) 원래 이 부분은 '편지하라'의 수식부이다. 그런데 독립적으로 사용했다. 왜냐하면 이 부분의 수식부들이 독립적인 단락을 형성할 수 있기 때문이다.

사망과 음부의 열쇠를 가졌노니 19 그러므로 네 본 것과
이제 있는 일과 장차 될 일을 기록하라 20 네 본 것은 내
오른손에 일곱 별의 비밀과 일곱 금 촛대라 일곱 별은 일
곱 교회의 사자요 일곱 촛대는 일곱 교회니라

2:1 에베소 교회의 사자에게 편지하기를 오른 손에 일곱
별을 붙잡고 일곱 금 촛대 사이에 다니시는 이가 가라
사대 2 내가 네 행위와 수고와 네 인내를 알고 또 악한 자
들을 용납지 아니한 것과 자칭 사도라 하되 아닌 자들을
시험하여 그 거짓된 것을 네가 드러낸 것과 3 또 네가 참

alive for evermore, Amen; and have the keys of hell and
of death. 19 Write the things which thou hast seen, and
the things which are, and the things which shall be hereafter;
20 The mystery of the seven stars which thou sawest in
my right hand, and the seven golden candlesticks. The
seven stars are the angels of the seven churches: and the
seven candlesticks which thou sawest are the seven churches.

2:1 Unto the angel of the church of Ephesus write;
These things saith he that holdeth the seven stars in
his right hand, who walketh in the midst of the seven
golden candlesticks; 2 I know thy works, and thy labour,

4 그러나
[내가] **있나니**
/너를 책망할 것이
/너의 처음 사랑을 버렸느니라

5 그러므로
[너는] **생각하고**
/어디서 떨어진 것을
회개하여
가지라
/처음 행위를

만일
[네가] 그리하지 아니하고
회개치 아니하면(if)

내가 **임하여**
/네게
옮기리라
/네 촛대를
/그 자리에서

6 오직(ἀλλὰ)
네게 **있으니**
/이것이(=을)
/네가 ——— 미워하는도다
/행위를
/니골라당의
/이것을(관계대명사/한정적)
나도 미워하노라

7 귀 있는 자는 **들을지어다**
/성령이 ——— [말씀]하시는 말씀을(=것을)[9)]
/교회들에게

내가 **주어**
/이기는 그에게는
//(목적: 부정사)
먹게(하리라)
/생명나무의 과실을
/하나님의 낙원에 있는

8 [너는] **편지하기를**
/사자에게
/서머나 교회의

처음이요
나중이요
죽었다가
살아나신 이가 ——— **가라사대**
/[이것들을]

9) 성령이 말씀하시는 것을

계

고 내 이름을 위하여 견디고 게으르지 아니한 것을 아노라
4 그러나 너를 책망할 것이 있나니 너의 처음 사랑을 버렸
느니라 5 그러므로 어디서 떨어진 것을 생각하고 회개하
여 처음 행위를 가지라 만일 그리하지 아니하고 회개치 아
니하면 내가 네게 임하여 네 촛대를 그 자리에서 옮기리라
6 오직 네게 이것이 있으니 네가 니골라 당의 행위를 미워
하는도다 나도 이것을 미워하노라 7 귀 있는 자는 성령이
교회들에게 하시는 말씀을 들을지어다 이기는 그에게는 내
가 하나님의 낙원에 있는 생명나무의 과실을 주어 먹게 하
리라 8 서머나 교회의 사자에게 편지하기를 처음이요 나

and thy patience, and how thou canst not bear them which
are evil: and thou hast tried them which say they are
apostles, and are not, and hast found them liars: 3 And
hast borne, and hast patience, and for my name's sake
hast laboured, and hast not fainted. 4 Nevertheless I have
somewhat against thee, because thou hast left thy first
love. 5 Remember therefore from whence thou art fallen,
and repent, and do the first works; or else I will come
unto thee quickly, and will remove thy candlestick out of
his place, except thou repent. 6 But this thou hast, that
thou hatest the deeds of the Nicolaitans, which I also hate.
7 He that hath an ear, let him hear what the Spirit saith

9 내가 아노니
/환난과
궁핍을

/네

네가 (실상은) 부요한 자니라

[내가] 아노니
/훼방도(을)
/자칭 유대인이라 하는 자들의

[그들은] (실상은) 유대인이 아니요
[공]회라
/사단의

10 네가 두려워 말라
/고난을
/장차 받을

볼지어다!
마귀가 장차 던져
/몇 사람을
/너희 가운데서
/옥에

//(목적 : ἵνα that...may)
[너희가] ——— 받게 하리니
/시험을

너희가 받으리라
/환난을
/십 일 동안

네가 충성하라
/죽도록

//그리하면(결과)
내가 ——— 주리라
/생명의 면류관을
/네게

11 귀 있는 자는 들을지어다
/성령이 ——— [말씀]하시는 말씀을(=것을)
/교회들에게

이기는 자는 받지 아니하리라
/해를
/둘째 사망의

중이요 죽었다가 살아나신 이가 가라사대 9 내가 네 환난
과 궁핍을 아노니 실상은 네가 부요한 자니라 자칭 유대인
이라 하는 자들의 훼방도 아노니 실상은 유대인이 아니요
사단의 회라 10 네가 장차 받을 고난을 두려워 말라 볼지
어다 마귀가 장차 너희 가운데서 몇 사람을 옥에 던져 시
험을 받게 하리니 너희가 십 일 동안 환난을 받으리라 네
가 죽도록 충성하라 그리하면 내가 생명의 면류관을 네게
주리라 11 귀 있는 자는 성령이 교회들에게 하시는 말씀
을 들을지어다 이기는 자는 둘째 사망의 해를 받지 아니하
리라 12 버가모 교회의 사자에게 편지하기를 좌우에 날선

unto the churches; To him that overcometh will I give to eat of the tree of life, which is in the midst of the paradise
of God. 8 And unto the angel of the church in Smyrna write; These things saith the first and the last, which was dead,
and is alive; 9 I know thy works, and tribulation, and poverty, (but thou art rich) and I know the blasphemy of them which say they are Jews, and are not, but are
the synagogue of Satan. 10 Fear none of those things which thou shalt suffer: behold, the devil shall cast some of you into prison, that ye may be tried; and ye shall have tribulation ten days: be thou faithful unto death, and I will give thee a crown of life. 11 He that hath an ear, let him hear what the Spirit saith unto the churches; He that overcometh shall not be hurt of the second death. 12

12 [너는]	**편지하기를** /사자에게 /버가모 교회의
검을 가진 이가 /좌우에 날선	**가라사대** /[이것을]
13 내가	**아노니** /네가 어디 사는 것을 거기는 사단의 위가 있는 데라
네가	**굳게 잡아서** /내 이름을
	저버리지 아니하였도다 /(믿는) 믿음을 /나를 /안디바가 —— 죽임을 당할 때에도 /증인 /너희 가운데 /내 곧 사단의 거하는 곳에서 /충성된
14 그러나 [내가]	**있나니** /네게 /두어 가지 (책망할 것이)
네게(가)	**(가지고)있도다** /거기 /지키는 자들이(을) /발람의 교훈을
발람이	**가르쳐** /발락을 /올무를 놓아 /이스라엘 앞에 /[죄를 범하도록](하였고...하였느니라) /우상의 제물을 먹게(=먹음으로) /또 행음하게
15 이와 같이(οὕτως) 네게도	**있도다** /지키는 자들이 /니골라당의 교훈을
16 그러므로 [너는]	**회개하라**

//그리하지 아니하면(결과)

검을 가진 이가 가라사대 13 네가 어디 사는 것을 내가 아
노니 거기는 사단의 위가 있는 데라 네가 내 이름을 굳게
잡아서 내 충성된 증인 안디바가 너희 가운데 곧 사단의
거하는 곳에서 죽임을 당할 때에도 나를 믿는 믿음을 저버
리지 아니하였도다 14 그러나 네게 두어 가지 책망할 것
이 있나니 거기 네게 발람의 교훈을 지키는 자들이 있도다
발람이 발락을 가르쳐 이스라엘 앞에 올무를 놓아 우상의
제물을 먹게 하였고 또 행음하게 하였느니라 15 이와 같
이 네게도 니골라 당의 교훈을 지키는 자들이 있도다 16
그러므로 회개하라 그리하지 아니하면 내가 네게 속히 임

And to the angel of the church in Pergamos write; These
things saith he which hath the sharp sword with two edges;
13 I know thy works, and where thou dwellest, even
where Satan's seat is: and thou holdest fast my name, and
hast not denied my faith, even in those days wherein
Antipas was my faithful martyr, who was slain among
you, where Satan dwelleth. 14 But I have a few things
against thee, because thou hast there them that hold the doctrine
of Balaam, who taught Balac to cast a stumblingblock
before the children of Israel, to eat things sacrificed unto idols,
and to commit fornication. 15 So hast thou also them that
hold the doctrine of the Nicolaitans, which thing I hate.

//그리하지 아니하면(결과)
내가 — 임하여
/네게
/속히
— 싸우리라
/검으로
/내 입의
/그들과

17 귀 있는 자는 **들을지어다**
/성령이 — [말씀]하시는 말씀을(=것을)
/교회들에게

내가 **주고**
/만나를
/감추었던
/이기는 그에게는

또 **줄 터인데**
/흰 돌을
/새 이름을
/기록한(것이 있나니)
/그 돌 위에
/그 이름을 알 사람이 없느니라(=없는)
/받는 자밖에는

18 [너는] **편지하기를**
/사자에게
/두아디라 교회의

아들이 **가라사대**
/하나님의 /[이것들을]
/그 눈이 불꽃 같고[10)]
/그 발이 빛난 주석과 같은[11)]

19 내가 **아노니**
/네 사업과
사랑과
믿음과
섬김과
인내를

행위가 **많도다**
/네 /처음 것보다
/나중

계

10) 불꽃같은눈을가지고있는자

11) 빛난주석같은발을가지고있는 자

하여 내 입의 검으로 그들과 싸우리라 17 귀 있는 자는 성
령이 교회들에게 하시는 말씀을 들을지어다 이기는 그에게
는 내가 감추었던 만나를 주고 또 흰 돌을 줄 터인데 그
돌 위에 새 이름을 기록한 것이 있나니 받는 자 밖에는 그
이름을 알 사람이 없느니라 18 두아디라 교회의 사자에게
편지하기를 그 눈이 불꽃 같고 그 발이 빛난 주석과 같은
하나님의 아들이 가라사대 19 내가 네게 사업과 사랑과
믿음과 섬김과 인내를 아노니 네 나중 행위가 처음 것보다
많도다 20 그러나 네게 책망할 일이 있노라 자칭 선지자
라 하는 여자 이세벨을 네가 용납함이니 그가 내 종들을

16 Repent; or else I will come unto thee quickly, and
will fight against them with the sword of my mouth. 17
He that hath an ear, let him hear what the Spirit saith
unto the churches; To him that overcometh will I give to
eat of the hidden manna, and will give him a white stone,
and in the stone a new name written, which no man
knoweth saving he that receiveth it. 18 And unto the
angel of the church in Thyatira write; These things saith
the Son of God, who hath his eyes like unto a flame of
fire, and his feet are like fine brass; 19 I know thy works,
and charity, and service, and faith, and thy patience, and
thy works; and the last to be more than the first. 20

20 그러나
[내가] 있노라
/네게 책망할 일이
/네가 —— 용납함이니
/여자 이세벨을
/자칭 선지자라 하는
그가 가르쳐
/내 종들을
꾀어
/행음하게 (하고)
/먹게 (하는도다)
/우상의 제물을
21 또
내가 주었으되
/기회를
/회개할
/그에게
회개하고자 아니하는도다
/그 음행을
22 볼지어다!
내가 던질 터이요
/그를
/침상에
또
만일
[그들이] 회개치 아니하면
/그의 행위를
간음하는 자들도 던지고
/그로 더불어 /큰 환난 가운데
23 또
내가 죽이리니
/그의 자녀를
/사망으로
교회가 알지라
/모든 /나는 —— 살피는 자인 줄
/사람의 뜻과
마음을
내가 갚아 주리라
/너희 각 사람의 행위대로
24 [내가] 말하노니
/너희에게
/두아디라에 남아 있어
/이 교훈을 받지 아니하고
/소위 사단의 깊은 것을 알지 못하는

계

가르쳐 꾀어 행음하게 하고 우상의 제물을 먹게 하는도다
21 또 내가 그에게 회개할 기회를 주었으되 그 음행을 회
개하고자 아니하는도다 22 볼지어다 내가 그를 침상에 던
질 터이요 또 그로 더불어 간음하는 자들도 만일 그의 행
위를 회개치 아니하면 큰 환난 가운데 던지고 23 또 내가
사망으로 그의 자녀를 죽이리니 모든 교회가 나는 사람의
뜻과 마음을 살피는 자인 줄 알지라 내가 너희 각 사람의
행위대로 갚아주리라 24 두아디라에 남아 있어 이 교훈을
받지 아니하고 소위 사단의 깊은 것을 알지 못하는 너희에
게 말하노니 다른 짐으로 너희에게 지울 것이 없노라 25

Notwithstanding I have a few things against thee, because
thou sufferest that woman Jezebel, which calleth herself a
prophetess, to teach and to seduce my servants to commit
fornication, and to eat things sacrificed unto idols. 21
And I gave her space to repent of her fornication; and
she repented not. 22 Behold, I will cast her into a bed,
and them that commit adultery with her into great tribulation,
except they repent of their deeds. 23 And I will kill her children
with death; and all the churches shall know that I am he
which searcheth the reins and hearts: and I will give unto
every one of you according to your works. 24 But unto
you I say, and unto the rest in Thyatira, as many as have

[나는] **지울 것이 없노라**
/다른 짐으로
/너희에게

25 다만
[너희는] **굳게 잡으라**
/너희에게 있는 것을[12)]
/내가 올 때까지

26 [내가] **주리니**
/권세를
/만국을 다스리는
/그에게
/이기는 자와
내 일을 지키는
/끝까지

27 그가 **다스려**
/저희를
/철장을 가지고
/질그릇 깨뜨리는 것과 같이 (하리라)
/나도 내 아버지께 받은 것이(=것같이) (그러하니라)

28 또
내가 **주리라**
/새벽 별을
/그에게

29 귀 있는 자는 **들을지어다**
/말씀을
/성령이 —— [말씀]하시는
/교회들에게

계

3

1 [너는] **편지하기를**
/사자에게
/사데 교회의

가진 이가 **가라사대**
/일곱 영과 /[이것들을]
/하나님의
일곱 별을

내가 **아노니**
/네 행위를

12) 직역 : 네가 가지고 있는 것을

다만 너희에게 있는 것을 내가 올 때까지 굳게 잡으라 26
이기는 자와 끝까지 내 일을 지키는 그에게 만국을 다스리
는 권세를 주리니 27 그가 철장(鐵杖)을 가지고 저희를 다
스려 질그릇 깨뜨리는 것과 같이 하리라 나도 내 아버지께
받은 것이 그러하니라 28 내가 또 그에게 새벽 별을 주리
라 29 귀있는 자는 성령이 교회들에게 하시는 말씀을 들
을지어다

3:1 사데 교회의 사자에게 편지하기를 하나님의 일곱 영
과 일곱 별을 가진 이가 가라사대 내가 네 행위를 아노

not this doctrine, and which have not known the depths
of Satan, as they speak; I will put upon you none other burden.
25 But that which ye have already hold fast till I come.
26 And he that overcometh, and keepeth my works unto
the end, to him will I give power over the nations: 27
And he shall rule them with a rod of iron; as the vessels
of a potter shall they be broken to shivers: even as I
received of my Father. 28 And I will give him the morning
star. 29 He that hath an ear, let him hear what the Spirit
saith unto the churches.

3:1 And unto the angel of the church in Sardis write;
These things saith he that hath the seven Spirits of
God, and the seven stars; I know thy works, that thou

네가 **가졌으나**
/살았다 하는 이름은(을)

죽은 자로다

2 너는 **일깨워**
굳게 하라
/그 남은 바
/죽게 된 것을(=동격/동급)

//(이유: γάρ, for)
[내가] ——— 찾지 못하였노니
/온전한 것을
/네 행위의
/내 하나님 앞에

3 그러므로
네가 **생각하고**
/어떻게 받았으며
어떻게 들었는지

지키어
회개하라

만일
[네가] 일깨지 아니하면
내가 **이르리니**
/도적같이
네가 [결코] **알지 못하리라**
/어느 시에 네게 임할는지

4 그러나
네게(가) **있어**
/몇 명이
/그 옷을 더럽히지 아니한 자
/사데에

[그들이] **다니리니**
/나와 함께
/흰 옷을 입고

//(이유 : ὅτι, for)
그들은 ——— 합당한 자인 연고라

5 이기는 자는 **입을 것이요**
/이와 같이
/흰 옷을

니 네가 살았다 하는 이름은 가졌으나 죽은 자로다 2 너는
일깨워 그 남은 바 죽게 된 것을 굳게 하라 내 하나님 앞
에 네 행위의 온전한 것을 찾지 못하였노니 3 그러므로 네
가 어떻게 받았으며 어떻게 들었는지 생각하고 지키어 회
개하라 만일 일깨지 아니하면 내가 도적같이 이르리니 어
느 시에 네게 임할는지 네가 알지 못하리라 4 그러나 사데
에 그 옷을 더럽히지 아니한 자 몇 명이 네게 있어 흰 옷
을 입고 나와 함께 다니리니 그들은 합당한 자인 연고라 5
이기는 자는 이와 같이 흰 옷을 입을 것이요 내가 그 이름
을 생명책에서 반드시 흐리지 아니하고 그 이름을 내 아버

hast a name that thou livest, and art dead. 2 Be watchful,
and strengthen the things which remain, that are ready to
die: for I have not found thy works perfect before God.
3 Remember therefore how thou hast received and heard,
and hold fast, and repent. If therefore thou shalt not watch,
I will come on thee as a thief, and thou shalt not know
what hour I will come upon thee. 4 Thou hast a few
names even in Sardis which have not defiled their garments;
and they shall walk with me in white: for they are worthy.
5 He that overcometh, the same shall be clothed in white

내가 반드시 흐리지 아니하고
/그 이름을
/생명책에서

시인하리라
/그 이름을
/내 아버지 앞과
/그 천사들 앞에서

6 귀 있는 자는 **들을지어다**
/성령이 — [말씀]하시는 (말씀을)[13)]
/교회들에게

7 [너는] **편지하기를**
/사자에게
/빌라델비아 교회의

그이가 **가라사대**
/거룩하고 /[이것들을]
진실하사
다윗의 열쇠를 가지신 이
곧 열면 닫을 사람이 없고
닫으면 열 사람이 없는

8 내가 **아노니**[14)]
/네 행위를

볼지어다!
내가 **두었으되**
/네 앞에
/열린 문을
/[그것을][15)]
능히 닫을 사람이 없으리라

//(이유: ὅτι, for)
네가 — 가지고도
/적은 능력을
— 지키며
/내 말을
— 배반치 아니하였도다
/내 이름을

9 보라!
[내가] **주어**
/(몇을)
/사단의 회
곧 자칭 유대인이라 하나 그렇지 않고
거짓말 하는 자들 중에서
/네게

13) 직역 : 상령이 교회들에게 말씀하시는 것을 들을지어다.

14) 원문에는 도치되어 있기 때문에 원문의 순서대로 배열했다.

15) 관계대명사, 계속적 용법

지 앞과 그 천사들 앞에서 시인하리라 6 귀 있는 자는 성
령이 교회들에게 하시는 말씀을 들을지어다 7 빌라델비아
교회의 사자에게 편지하기를 거룩하고 진실하사 다윗의 열
쇠를 가지신 이 곧 열면 닫을 사람이 없고 닫으면 열 사람
이 없는 그이가 가라사대 8 볼지어다 내가 네 앞에 열린
문을 두었으되 능히 닫을 사람이 없으리라 내가 네 행위를
아노니 네가 적은 능력을 가지고도 내 말을 지키며 내 이
름을 배반치 아니하였도다 9 보라 사단의 회 곧 자칭 유대
인이라 하나 그렇지 않고 거짓말하는 자들 중에서 몇을 네
게 주어 저희로 와서 네 발 앞에 절하게 하고 내가 너를

raiment; and I will not blot out his name out of the book
of life, but I will confess his name before my Father, and
before his angels. 6 He that hath an ear, let him hear
what the Spirit saith unto the churches. 7 And to the angel
of the church in Philadelphia write; These things saith he
that is holy, he that is true, he that hath the key of David,
he that openeth, and no man shutteth; and shutteth, and
no man openeth; 8 I know thy works: behold, I have set before
thee an open door, and no man can shut it: for thou hast
a little strength, and hast kept my word, and hast not
denied my name. 9 Behold, I will make them of the synagogue
of Satan, which say they are Jews, and are not, but do

[보라]
[내가] **하고**[16)]
/저희로 ── 와서
└ 절하게
/네 발 앞에

내가 **하리라**
/알게
/[내가] 너를 사랑하는 줄을

10 또한[17)]
내가 **지키어**
/너를
/시험의 때를 면하게 (하리니)[18)]
/이는 ...때라
임하여(=임할)[19)]
/장차
/온 세상에

//(목적: 부정사)[20)]
시험할(=시험하기 위해)
/땅에 거하는 자들을

//(이유: ὅτι, because)
네가 ── 지켰은즉
/말씀을
/인내의
/나의

11 내가 **임하리니**
/속히
[너는] **굳게 잡아**
/네가 가진 것을

//(목적: ἵνα, so that...may)
아무나 ── **빼앗지 못하게 하라**
/네 면류관을

12 이기는 자는 **기둥이 되게 하리니**
/[그를]
/성전에
/하나님
/내

그가 **나가지 아니하리라**
/결코
/다시(=더 이상)

16) 직역 : 만들 것이다.
'I will make...'

17) 10절은 원전에서 도치되어 있는 문장이다. 이유를 나타내는 종속 문장이 강조되어 앞으로 나와 있다.

18) 시험의 때로부터 너를 지키어

19) 장차 온 세상에 임할

20) 임할 목적

사랑하는 줄을 알게 하리라 10 네가 나의 인내의 말씀을
지켰은즉 내가 또한 너를 지키어 시험의 때를 면하게 하리
니 이는 장차 온 세상에 임하여 땅에 거하는 자들을 시험
할 때라 11 내가 속히 임하리니 네가 가진 것을 굳게 잡아
아무나 네 면류관을 빼앗지 못하게 하라 12 이기는 자는
내 하나님 성전에 기둥이 되게 하리니 그가 결코 다시 나
가지 아니하리라 내가 하나님의 이름과 하나님의 성 곧 하
늘에서 내 하나님께로부터 내려 오는 새 예루살렘의 이름

lie; behold, I will make them to come and worship before
thy feet, and to know that I have loved thee. 10 Because
thou hast kept the word of my patience, I also will keep
thee from the hour of temptation, which shall come upon
all the world, to try them that dwell upon the earth. 11 Behold,
I come quickly: hold that fast which thou hast, that no
man take thy crown. 12 Him that overcometh will I make
a pillar in the temple of my God, and he shall go no more
out: and I will write upon him the name of my God, and
the name of the city of my God, which is new Jerusalem,

내가 **기록하리라**
/[내] 하나님의 이름과
[내] 하나님의 성의 이름과
/곧 새 예루살렘(의)
/내려오는
/하늘에서
/내 하나님께로부터
나의 새 이름을
/그이 위에

13 귀 있는 자는 **들을지어다**
/성령이 교회들에게 [말씀]하시는 말씀을(=것을)

14 [너는] **편지하기를**
/사자에게
/라오디게아 교회의

아멘이시요
충성되고
참된 증인이시요
근본이신 이가 **가라사대**
/하나님의 창조의
/[이것들을]

15 내가 **아노니**
/네 행위를
/네가 차지도 아니하고
더웁지도 아니하도다

[내가] **원하노라**
/네가 차든지 더웁든지 하기를

16 이같이(οὕτως, so)
[내가] **내치리라**
/너를
/내 입에서 토하여

//(이유 : ὅτι, because)
네가 미지근하여
더웁지도 아니하고
차지도 아니하니

17 //(이유: ὅτι, for)
네가 말하기를...하나
/나는 부자라
부요하여
부족한 것이 없다

//(이유 : 계속)

과 나의 새 이름을 그이 위에 기록하리라 13 귀 있는 자는
성령이 교회들에게 하시는 말씀을 들을지어다 14 라오디
게아 교회의 사자에게 편지하기를 아멘이시요 충성되고 참
된 증인이시요 하나님의 창조의 근본이신 이가 가라사대
15 내가 네 행위를 아노니 네가 차지도 아니하고 더웁지
도 아니하도다 네가 차든지 더웁든지 하기를 원하노라 16
네가 이같이 미지근하여 더웁지도 아니하고 차지도 아니하
니 내 입에서 너를 토하여 내치리라 17 네가 말하기를 나
는 부자라 부요하여 부족한 것이 없다 하나 네 곤고한 것
과 가련한 것과 가난한 것과 눈먼 것과 벌거벗은 것을 알

which cometh down out of heaven from my God: and I
will write upon him my new name. 13 He that hath an
ear, let him hear what the Spirit saith unto the churches.
14 And unto the angel of the church of the Laodiceans
write; These things saith the Amen, the faithful and true
witness, the beginning of the creation of God; 15 I know
thy works, that thou art neither cold nor hot: I would thou
wert cold or hot. 16 So then because thou art lukewarm,
and neither cold nor hot, I will spue thee out of my mouth.
17 Because thou sayest, I am rich, and increased with

//(이유 : 계속)
[네가] — 알지 못하도다
/네[가] — 곤고한 것과
가련한 것과
가난한 것과
눈먼 것과
벌거벗은 것을

18 내가 **권하노니**
/너를
/사서(=사기를)
/불로 연단한 금을
/내게서
//(목적: ἵνα, that...may)
부요하게 하고

/사서(=사기를)
/흰 옷을
//(목적: ἵνα, that...may)
입어
보이지 않게 하고
/벌거벗은 수치를

/사서 발라(=바르기를)
/안약을
/눈에
//(목적: ἵνα, that...may)
보게 (하라)

19 내가 **책망하여**
징계하노니
/무릇 사랑하는 자를

그러므로
네가 **열심을 내라**
회개하라

20 볼지어다!
내가 **서서**
/문 밖에

두드리노니

[만일]
누구든지 — 듣고
/내 음성을
열면
/문을

지 못하도다 18 내가 너를 권하노니 내게서 불로 연단한
금을 사서 부요하게 하고 흰 옷을 사서 입어 벌거벗은 수
치를 보이지 않게 하고 안약을 사서 눈에 발라 보게 하라
19 무릇 내가 사랑하는 자를 책망하여 징계하노니 그러므
로 네가 열심을 내라 회개하라 20 볼지어다 내가 문 밖에
서서 두드리노니 누구든지 내 음성을 듣고 문을 열면 내가
그에게로 들어가 그로 더불어 먹고 그는 나로 더불어 먹으
리라 21 이기는 그에게는 내가 내 보좌에 함께 앉게 하여

goods, and have need of nothing; and knowest not that thou art wretched, and miserable, and poor, and blind, and naked:
18 I counsel thee to buy of me gold tried in the fire, that thou mayest be rich; and white raiment, that thou mayest be clothed, and that the shame of thy nakedness do not appear; and anoint thine eyes with eyesalve, that thou mayest see.
19 As many as I love, I rebuke and chasten: be zealous therefore, and repent.
20 Behold, I stand at the door, and knock: if any man hear my voice, and open the door, I will come in to him, and will sup

내가 들어가
/그에게로

먹고
/그로 더불어

그는 먹으리라
/나로 더불어

21 내가 앉게 하여 주기를(=줄 것이다)
/이기는 그에게는
/내 보좌에
/[나와] 함께
/내가 — 이기고(=이긴 것같이)
— 함께 앉은 것과 같이(하리라)
/아버지 보좌에

22 귀 있는 자는 들을지어다
/성령이 — [말씀]하시는 말씀을(=것을)
/교회들에게

4

1 이 일 후에
내가 보니

[보라]
열린 문이 있는데
/하늘에

그 음성이 가로되[21]...하시더라
/내게 말하던
/처음에
/내가 들은 바
/나팔 소리 같은
/[너는] — 올라오라
/이리로

//(결과)
내가 — 보이리라
/이후에 마땅히 될 일을
/네게

2 곧
내가 감동하였더니[22]
/성령에

보라!
[그가] 베풀었고
/보좌를
/하늘에

21) 분사이지만 대부분의 번역본들이 동사로 처리하고 있다.

22) 직역 : 성령 가운데 있었다.

주기를 내가 이기고 아버지 보좌에 함께 앉은 것과 같이 하리라 22 귀 있는 자는 성령이 교회들에게 하시는 말씀을 들을지어다

4:1 이 일 후에 내가 보니 하늘에 열린 문이 있는데 내가 들은 바 처음에 내게 말하던 나팔소리 같은 그 음성이 가로되 이리로 올라 오라 이 후에 마땅히 될 일을 내가 네게 보이리라 하시더라
2 내가 곧 성령에 감동하였더니 보라 하늘에 보좌를 베풀었고 그 보좌 위에 앉으신 이가

with him, and he with me. 21 To him that overcometh will I grant to sit with me in my throne, even as I also overcame, and am set down with my Father in his throne. 22 He that hath an ear, let him hear what the Spirit saith unto the churches.

4:1 After this I looked, and, behold, a door was opened in heaven: and the first voice which I heard was as it were of a trumpet talking with me; which said, Come up hither, and I will shew thee things which must be hereafter.
2 And immediately I was in the spirit: and, behold, a

앉으신 이가 **〈있는데〉**
/그 보좌 위에

3 모양이 **벽옥과**
/앉으신 이의
홍보석 같고

또
무지개가 **〈있어〉**
/둘렸는데
/보좌에
/녹보석 같더라(=같은)
/그 모양이

4 또
이십사 보좌들이 **〈있고〉**
/보좌에 둘려

이십사 장로들이 **앉았더라**
/그 보좌들 위에
/흰 옷을 입고
/금면류관을 쓰고
/머리에

5 번개와
음성과
뇌성이 **나고**
/보좌로부터

등불 켠 것이 **〈있으니〉**
/일곱
/이는 하나님의 일곱 영이라
/보좌 앞에

6 바다가 **〈있고〉**
/유리
/수정과 같은
/보좌 앞에

네 생물이 **있는데**
/가득하더라
/눈이
/앞뒤에[23)]
/보좌 가운데와
보좌 주위에

7 생물은 **사자 같고**
/그 첫째

생물은 **송아지 같고**
/그 둘째

23) 직역 : 앞뒤에 눈이 가득한 네 생물

있는데 3 앉으신 이의 모양이 벽옥과 홍보석 같고 또 무지개가 있어 보좌에 둘렸는데 그 모양이 녹보석 같더라 4 또 보좌에 둘려 이십사 보좌들이 있고 그 보좌들 위에 이십사 장로들이 흰 옷을 입고 머리에 금 면류관을 쓰고 앉았더라 5 보좌로부터 번개와 음성과 뇌성이 나고 보좌 앞에 일곱 등불 켠 것이 있으니 이는 하나님의 일곱 영이라 6 보좌 앞에 수정과 같은 유리 바다가 있고 보좌 가운데와 보좌 주위에 네 생물이 있는데 앞 뒤에 눈이 가득하더라 7 그 첫째 생물은 사자 같고 그 둘째 생물은 송아지 같고 그 세째 생물은 얼굴이 사람 같고 그 네째 생물은 날아

throne was set in heaven, and one sat on the throne. 3 And he that sat was to look upon like a jasper and a sardine stone: and there was a rainbow round about the throne, in sight like unto an emerald. 4 And round about the throne were four and twenty seats: and upon the seats I saw four and twenty elders sitting, clothed in white raiment; and they had on their heads crowns of gold. 5 And out of the throne proceeded lightnings and thunderings and voices: and there were seven lamps of fire burning before the throne, which are the seven Spirits of God. 6 And before the throne there was a sea of glass like unto crystal: and in the midst of the throne, and round about the throne, were four beasts full of eyes before and behind. 7 And the first beast was like a lion, and the second beast like

생물은
/그 셋째
[가지고 있었다]
/얼굴이(을)
/사람같고(=사람같은)

생물은
/그 넷째
독수리 같은데
/날아가는

8 네 생물이
있고
/여섯 날개가
/각각

눈이
가득하더라
/그 안과
주위에

그들이
이르기를...하고
/밤낮 쉬지 않고
/거룩하다! 거룩하다! 거룩하다!
/주 하나님
곧 전능하신 이여
전에도 계셨고
이제도 계시고
장차 오실 자라

9 그 생물들이
돌릴 때에
/영광과 존귀와 감사를
/보좌에 앉으사(=앉으신 이에게)
세세토록 사시는 이에게

10 이십사 장로들이
엎드려
/보좌에 앉으신 이 앞에

경배하고
/세세토록 사시는 이에게

던지며
/자기의 면류관을
/보좌 앞에

이십사 장로들이
가로되[24]....하더라
11 /주!
하나님이여!
/우리 주
[당신은] ——— 합당하오니
/받으시는 것이[25]
/영광과
존귀와
능력을

//(이유 : ὅτι, for)

24) 분사이지만, 연속된 동작으로 보자. 즉 면류관을 던진 후 말하는 것이다.

25) 직역 : 받으시기에

계

가는 독수리 같은데 8 네 생물이 각각 여섯 날개가 있고 그 안과 주위에 눈이 가득하더라 그들이 밤낮 쉬지 않고 이르기를 거룩하다 거룩하다 거룩하다 주 하나님 곧 전능하신 이여 전에도 계셨고 이제도 계시고 장차 오실 자라 하고 9 그 생물들이 영광과 존귀와 감사를 보좌에 앉으사 세세토록 사시는 이에게 돌릴 때에 10 이십사 장로들이 보좌에 앉으신 이 앞에 엎드려 세세토록 사시는 이에게 경배하고 자기의 면류관을 보좌 앞에 던지며 가로되 11 우리 주 하나님이여 영광과 존귀와 능력을 받으시는 것이 합당하오니 주께서 만물을 지으신지라 만물이 주의 뜻대로

a calf, and the third beast had a face as a man, and the fourth beast was like a flying eagle. 8 And the four beasts had each of them six wings about him; and they were full of eyes within: and they rest not day and night, saying, Holy, holy, holy, Lord God Almighty, which was, and is, and is to come. 9 And when those beasts give glory and honour and thanks to him that sat on the throne, who liveth for ever and ever, 10 The four and twenty elders fall down before him that sat on the throne, and worship him that liveth for ever and ever, and cast their crowns before the throne, saying, 11 Thou art worthy, O Lord, to receive glory and honour and power: for thou hast created all

//(이유 : ὅτι, for)
주께서 — 지으신지라
/만물을
//만물이 — 있었고
/주의 뜻대로
//또
지으심을 받았나이다

5

1 내가 **보매**
/책이(을) (있으니)
/오른손에
/보좌에 앉으신 이의
/안팎으로 썼고
/일곱 인으로 봉하였더라(=봉한)

2 또
[내가] **보매**
/천사가(=를)
/힘있는
/외치기를 . . . 하니(=외치는)
/큰 음성으로
/누가 — 합당하냐?
/책을 펴며
그 인을 떼기에

3 펴거나
보거나 할 이가 — **능히 없더라**[26)]
/[그] 책을
/하늘 위에나
땅 위에나
땅 아래에

4 내가 **울었더니**
/크게

//(이유 : ὅτι, for)
합당한 자가 — 보이지 않기로
/펴거나
보거나 하기에
/이 책을

5 하나가 **말하되** ...하더라
/장로 중에
/내게
/[너는] — 울지 말라

[보라]

계

26) 직역 : 하늘 위에나 땅 아래 있는 아무도 능히 그 책을 펴거나 그 것을 볼 수 없다.

있었고 또 지으심을 받았나이다 하더라

5:1 내가 보매 보좌에 앉으신 이의 오른손에 책이 있으
니 안팎으로 썼고 일곱 인으로 봉하였더라 2 또 보매
힘있는 천사가 큰 음성으로 외치기를 누가 책을 펴며 그
인을 떼기에 합당하냐 하니 3 하늘 위에나 땅 위에나 땅
아래에 능히 책을 펴거나 보거나 할 이가 없더라 4 이 책
을 펴거나 보거나 하기에 합당한 자가 보이지 않기로 내가
크게 울었더니 5 장로 중에 하나가 내게 말하되 울지 말라
유대 지파의 사자 다윗의 뿌리가 이기었으니 이 책과 그

things, and for thy pleasure they are and were created.

5:1 And I saw in the right hand of him that sat on the
throne a book written within and on the backside,
sealed with seven seals. 2 And I saw a strong angel proclaiming
with a loud voice, Who is worthy to open the book, and
to loose the seals thereof? 3 And no man in heaven, nor
in earth, neither under the earth, was able to open the
book, neither to look thereon. 4 And I wept much, because
no man was found worthy to open and to read the book, neither
to look thereon. 5 And one of the elders saith unto me,
Weep not: behold, the Lion of the tribe of Juda, the Root

/[보라]
사자 ─── 이기었으니
/유대 지파의
뿌리가
/다윗의

//(목적: 부정사)
떼시리라(=떼시려고)
/이 책과
그 일곱 인을

6 또
내가 **보니**
/어린 양이 ─ 섰는데[27)]
/보좌와 네 생물과 장로들 사이에
/일찍 죽임을 당한 것 같더라(=같이)
/있으니
/일곱 뿔과
일곱 눈이
/이 눈은 ─ 일곱 영이더라
/하나님의
/보내심을 입은
/온 땅에

7 어린 양이 **나아와서**
취하시니라
/<책을>
/보좌에 앉으신 이의 오른손에서

8 [그가] **취하시매**
/그 책을

네 생물과
이십사 장로들이 ─── **엎드려**
/어린 양 앞에
각각 **가졌으니**
/거문고와
금대접을
/향이 가득한
/이 향은 성도의 기도들이라

9 [그들이] **노래하여**
/새 노래를
/가로되[28)]
/[당신은] ── 합당하시도다
/[그] 책을 가지시고
그 인봉을 떼기에

//(이유: ὅτι, for)

계

27) 어린양이 서 있는 것을 내가 보았다.

28) 분사 : 말하면서

일곱 인을 떼시리라 하더라 6 내가 또 보니 보좌와 네 생물과 장로들 사이에 어린 양이 섰는데 일찍 죽임을 당한 것 같더라 일곱 뿔과 일곱 눈이 있으니 이 눈은 온 땅에 보내심을 입은 하나님의 일곱 영이더라 7 어린 양이 나아와서 보좌에 앉으신 이의 오른손에서 책을 취하시니라 8 책을 취하시매 네 생물과 이십사 장로들이 어린 양 앞에 엎드려 각각 거문고와 향이 가득한 금 대접을 가졌으니 이 향은 성도의 기도들이라 9 새 노래를 노래하여 가로되 책을 가지시고 그 인봉을 떼기에 합당하시도다 일찍 죽임을 당하사 각 족속과 방언과 백성과 나라 가운데서 사람들을

of David, hath prevailed to open the book, and to loose the seven seals thereof. 6 And I beheld, and, lo, in the midst of the throne and of the four beasts, and in the midst of the elders, stood a Lamb as it had been slain, having seven horns and seven eyes, which are the seven Spirits of God sent forth into all the earth. 7 And he came and took the book out of the right hand of him that sat upon the throne. 8 And when he had taken the book, the four beasts and four and twenty elders fell down before the Lamb, having every one of them harps, and golden vials full of odours, which are the prayers of saints. 9 And they sung a new song, saying, Thou art worthy to take

//(이유: ὅτι, for)
[당신은] ─ 일찍 죽임을 당하사
─ 드리시고
/하나님께
/피로 (사서)
/사람들을
/각 족속과
방언과
백성과
나라 가운데서

10 삼으셨으니
/저희로
/우리 하나님 앞에서
/나라와 제사장을

//(결과 : 의미상)
저희가 땅에서 왕 노릇 하리로다 하더라

11 또
내가

보고
들으매
/음성이(=을) (있으니)
/천사의
/많은
/둘러선
/보좌와 생물들과 장로들을
/수가 ─ 만만이요
/그[들]의
─ 천천이라

12 /가로되 ...하더라[29)]
/큰 음성으로
/어린 양이 ─ 합당하도다
/죽임을 당하신
/받으시기에
/능력과 부와
지혜와 힘과
존귀와 영광과
찬송을

13 또
내가

들으니
/모든 만물이 ─ 가로되...하니[30)]
/하늘 위에와
땅 위에와
땅 아래와
바다 위에와
또 그[들] 가운데
/찬송과
존귀와
영광과
능력을 ─ 〈돌릴지어다〉[31)]
/세세토록
/보좌에 앉으신 이와
어린 양에게

계

29) 말하는 천사의 음성

30) 모든 만물은 가로되... / 모든 만물은 목적격으로서 분사의 의미상의 주어의 역할을 한다. 그래서 주어로 해석한 것이다.

31) 직역: 찬송과 존귀와 영광이 세세토록...

피로 사서 하나님께 드리시고 10 저희로 우리 하나님 앞에서 나라와 제사장을 삼으셨으니 저희가 땅에서 왕 노릇 하리로다 하더라 11 내가 또 보고 들으매 보좌와 생물들과 장로들을 둘러 선 많은 천사의 음성이 있으니 그 수가 만만이요 천천이라 12 큰 음성으로 가로되 죽임을 당하신 어린 양이 능력과 부와 지혜와 힘과 존귀와 영광과 찬송을 받으시기에 합당하도다 하더라 13 내가 또 들으니 하늘 위에와 땅 위에와 땅 아래와 바다 위에와 또 그 가운데 모든 만물이 가로되 보좌에 앉으신 이와 어린 양에게 찬송과 존귀와 영광과 능력을 세세토록 돌릴지어다 하니

the book, and to open the seals thereof: for thou wast slain, and hast redeemed us to God by thy blood out of every kindred, and tongue, and people, and nation; 10 And hast made us unto our God kings and priests: and we shall reign on the earth. 11 And I beheld, and I heard the voice of many angels round about the throne and the beasts and the elders: and the number of them was ten thousand times ten thousand, and thousands of thousands; 12 Saying with a loud voice, Worthy is the Lamb that was slain to receive power, and riches, and wisdom, and strength, and honour, and glory, and blessing. 13 And every creature which is in heaven, and on the earth, and under the earth, and such

14 네 생물이 가로되 ...하고
/아멘
장로들은 엎드려
경배하더라

6

1 내가 **보매**
어린 양이 떼시는 그 때에
/일곱 인 중에 하나를
내가 **들으니**
/하나가 ——— 말하되 ...하기로
/네 생물 중에 /우뢰 소리같이
/오라

2 이에(kai«)
내가 **보니**
/[보라]
흰 말이 ——— 〈있는데〉
/탄 자가 ——— 가졌고
/그 [위에] /활을
받고
/면류관을
나가서
/이기고(=이기면서)
//또(목적 : ἵνα)
이기려고 (하더라)

3 [그가] 떼실 때에
/둘째 인을
내가 **들으니**
/생물이 —— 말하되...하더니
/둘째 /오라

4 이에
말이 **나오더라**
/붉은
/다른
탄 자가 **허락을 받아**
/그 [위에] /[그에게]
/제하여 버리며(=제하여버리도록)
/화평을
/땅에서
//(결과 · ἵνα, so that...would)

14 네 생물이 가로되 아멘 하고 장로들은 엎드려 경배하
더라

6:1 내가 보매 어린 양이 일곱 인 중에 하나를 떼시는
그 때에 내가 들으니 네 생물 중에 하나가 우뢰 소리
같이 말하되 오라 하기로 2 내가 이에 보니 흰 말이 있는
데 그 탄 자가 활을 가졌고 면류관을 받고 나가서 이기고
또 이기려고 하더라 3 둘째 인을 떼실 때에 내가 들으니
둘째 생물이 말하되 오라 하더니 4 이에 붉은 다른 말이
나오더라 그 탄 자가 허락을 받아 땅에서 화평을 제하여

as are in the sea, and all that are in them, heard I saying, Blessing, and honour, and glory, and power, be unto him that sitteth upon the throne, and unto the Lamb for ever and ever.
14 And the four beasts said, Amen. And the four and twenty elders fell down and worshipped him that liveth for ever and ever.

6:1 And I saw when the Lamb opened one of the seals, and I heard, as it were the noise of thunder, one of the four beasts saying, Come and see.
2 And I saw, and behold a white horse: and he that sat on him had a bow; and a crown was given unto him: and he went forth conquering, and to conquer. Rev. 6:3

계

//(결과 · ἵνα, so that...would)
서로 죽이게 하고

또
[그가] **받았더라**
/큰 칼을
/[그에게]

5 [그가] 떼실 때에
/셋째 인을
내가 **들으니**
/생물이 ― 말하되...하기로
/셋째 /오라

내가 **보니**
/[보라!]
검은 말이 ― 〈나오는데〉
/탄 자가 ― 가졌더라
/그 [위에] /저울을
/손에

계

6 내가 **들으니** ...하더라
/음성을
/네 생물 사이로서 나는 듯하는
/가로되(=말하는)
/한 데나리온에 밀 한 되요
한 데나리온에 보리 석 되로다
또
감람유와
포도주는 ― 해치 말라

7 [그가] 떼실 때에
/넷째 인을

내가 **들으니** ...하기로
/음성을
/넷째 생물의
/가로되(=말하는)
/오라

8 내가 **보매**
/[보라!]
말이 ― 나오는데
/청황색
/이름은 ― 사망이니
/그 탄 자의
/음부가 ― 따르더라

버리며 서로 죽이게 하고 또 큰 칼을 받았더라 5 셋째 인
을 떼실 때에 내가 들으니 세째 생물이 말하되 오라 하기
로 내가 보니 검은 말이 나오는데 그 탄 자가 손에 저울을
가졌더라 6 내가 네 생물 사이로서 나는 듯하는 음성을 들
으니 가로되 한 데나리온에 밀 한 되요 한 데나리온에 보
리 석 되로다 또 감람유와 포도주는 해치 말라 하더라 7
넷째 인을 떼실 때에 내가 네째 생물의 음성을 들으니 가
로되 오라 하기로 8 내가 보매 청황색 말이 나오는데 그
탄 자의 이름은 사망이니 음부가 그 뒤를 따르더라 저희가
땅 사분 일의 권세를 얻어 검과 흉년과 사망과 땅의 짐승

And when he had opened the second seal, I heard the
second beast say, Come and see. 4And there went out
another horse that was red: and power was given to him
that sat thereon to take peace from the earth, and that
they should kill one another: and there was given unto
him a great sword. 5And when he had opened the third
seal, I heard the third beast say, Come and see. And I
beheld, and lo a black horse; and he that sat on him had
a pair of balances in his hand. 6 And I heard a voice in
the midst of the four beasts say, A measure of wheat for
a penny, and three measures of barley for a penny; and
see thou hurt not the oil and the wine. 7 And when he
had opened the fourth seal, I heard the voice of the fourth
beast say, Come and see. 8 And I looked, and behold a

/음부가 — 따르더라
/그 뒤를
/권세를(가) — 얻어(=주어져)
/땅 사분 일의 /저희가(에게)
/죽이더라(=죽일)
/검과 흉년과
사망과 땅의 짐승으로써

9 [그가] 떼실 때에
/다섯째 인을
내가 **보니**
/영혼들이(을)
/죽임을 당한
//(원인: δία +목적격 because)
하나님의 말씀과
저희의 가진 증거를 인하여
/제단 아래 있어

10 [그들이] **불러**
/큰 소리로
/가로되 ...하니
/대주재여!
/거룩하고
참되신
어느 때까지
[당신은] — 심판하여(=심판하여주지 아니하시고)
/땅에 거하는 자들을
— 신원하여 주시 아니하시기를... 하시려나이까?

11 흰 두루마기를(가) **주시며(=주어지며)**
/각각 저희에게

[그것이] **가라사대** ...하시더라
/[그들은] — 쉬되
/아직
/잠시 동안
동무 종들과 — 〈하라〉32)
/저희 /그 수가 차기까지
형제들도
/[그들의]
죽임을 받아
(죽임을 받은 자들이)
/자기처럼

32) 직역 : 동무 종들과 형제들과 자기처럼 죽임을 받은 자들이 그 수가 차기까지 하라.

으로써 죽이더라 9 다섯째 인을 떼실 때에 내가 보니 하
나님의 말씀과 저희의 가진 증거를 인하여 죽임을 당한 영
혼들이 제단 아래 있어 10 큰 소리로 불러 가로되 거룩하
고 참되신 대주재여 땅에 거하는 자들을 심판하여 우리 피
를 신원하여 주지 아니하시기를 어느 때까지 하시려나이
까 하니 11 각각 저희에게 흰 두루마기를 주시며 가라사
대 아직 잠시 동안 쉬되 저희 동무 종들과 형제들도 자기
처럼 죽임을 받아 그 수가 차기까지 하라 하시더라 12 내

pale horse: and his name that sat on him was Death, and Hell followed with him. And power was given unto them over the fourth part of the earth, to kill with sword, and with hunger, and with death, and with the beasts of the earth.
9 And
when he had opened the fifth seal, I saw under the altar the souls of them that were slain for the word of God, and for the testimony which they held:
10 And they cried
with a loud voice, saying, How long, O Lord, holy and true, dost thou not judge and avenge our blood on them that dwell on the earth?
11 And white robes were given
unto every one of them; and it was said unto them, that they should rest yet for a little season, until their fellowservants also and their brethren, that should be killed as they were, should be fulfilled.
12 And I beheld when he had opened

12 내가 보니
/[그가] — 떼실 때에
/여섯째 인을
/큰 지진이 — 나며
해가 — 검어지고
/총담같이
/달이 — 피같이 되며
/온
13 /별들이 — 떨어지며
/하늘의 /땅에
/무화과나무가 — 떨어지는 것같이[33]
/선과실이(들을)
/흔들려
/대풍에
14 /하늘은 — 떠나가고
/종이 축이 말리는 것같이
/산과
섬이 — 옮기우매[34]
/각 /제 자리에서

계

내가 보니
15 /임금들과
/땅의
왕족들과
장군들과 — 숨어
부자들과 /굴과 산 바위 틈에
강한 자들과
각 종과
자주자가
16 /[그들이] — 이르되
/산과 바위에게
/[너희는] — 떨어져
/우리 위에
— 가리우라
/우리를
/낯에서와
/보좌에 앉으신 이의
진노에서
/어린 양의
17 //(이유: ὅτι, for)
날이 — 이르렀으니
/진노의
/그들의
/큰
/누가 능히 서리요 (하더라)

33) 무화과나무가 떨어뜨리는 것같이

34) 모든 산과 섬이...

가 보니 여섯째 인을 택하실 때에 큰 지진이 나며 해가 총담같이 검어지고 온 달이 피같이 되며 13 하늘의 별들이 무화가 나무가 대풍에 흔들려 선 과실이 떨어지는 것같이 땅에 떨어지며 14 하늘은 종이축이 말리는 것같이 떠나가고 각 산과 섬이 제 자리에서 옮기우매 15 땅의 임금들과 왕족들과 장군들과 부자들과 강한 자들과 각 종과 자주자가 굴과 산 바위 틈에 숨어 16 산과 바위에게 이르되 우리 위에 떨어져 보좌에 앉으신 이의 낯에서와 어린 양의 진노에서 우리를 가리우라 17 그들의 진노의 큰 날이 이르렀으니 누가 능히 서리요 하더라

the sixth seal, and, lo, there was a great earthquake; and the sun became black as sackcloth of hair, and the moon became as blood; 13 And the stars of heaven fell unto the earth, even as a fig tree casteth her untimely figs, when she is shaken of a mighty wind. 14 And the heaven departed as a scroll when it is rolled together; and every mountain and island were moved out of their places. 15 And the kings of the earth, and the great men, and the rich men, and the chief captains, and the mighty men, and every bondman, and every free man, hid themselves in the dens and in the rocks of the mountains; 16 And said to the mountains and rocks, Fall on us, and hide us from the face of him that sitteth on the throne, and from the wrath of the Lamb: 17 For the great day of his wrath

7

1 이 일 후에
내가
보니
/네 천사가(를)
/선 것을(=서 있는)
/땅 네 모퉁이에
/땅의 사방의 바람을 붙잡아(=붙잡으면서)

//(목적: ἵνα, so that)
바람으로 하여금 —— 불지 못하게 하더라
/땅에나 바다에나 각
종 나무에

2 또
[내가]
보매
/다른 천사가(를)
/올라와서(=올라오는)
/해 돋는데로부터
/가지고(=가지고 있는)
/인을
/하나님의
/살아 계신
[그가]
외쳐
/큰 소리로
/네 천사를 향하여
/권세를 얻은
/땅과 바다를 해롭게 할

3 /가로되(...하더라)
/우리가 —— 인치기까지
/우리 하나님의 종들의 이마에
[너희는] —— 해하지 말라
/땅이나 바다나 나무나[35)]

4 내가
들으니
/인 맞은 자의 수를
/인 맞은 자들이 —— 십사만 사천이니
/각 지파 중에서
/이스라엘 자손의

5 /인 맞은 자가 —— 일만 이천이요
/유다 지파 중에

르우벤 지파 중에 —— 일만 이천이요
갓 지파 중에 —— 일만 이천이요

35) 땅들을, 바다들을, 나무들을

계

7:1 이 일 후에 내가 네 천사가 땅 네 모퉁이에 선 것을
보니 땅의 사방의 바람을 붙잡아 바람으로 하여금 땅
에나 바다에나 각종 나무에 불지 못하게 하더라 2 또 보매
다른 천사가 살아 계신 하나님의 인을 가지고 해 돋는 데
로부터 올라와서 땅과 바다를 해롭게 할 권세를 얻은 네
천사를 향하여 큰 소리로 외쳐 3 가로되 우리가 우리 하나
님의 종들의 이마에 인치기까지 땅이나 바다나 나무나 해
하지 말라 하더라 4 내가 인 맞은 자의 수를 들으니 이스
라엘 자손의 각 지파 중에서 인 맞은 자들이 십사만 사천
이니 5 유다 지파 중에 인 맞은 자가 일만 이천이요 르우

is come; and who shall be able to stand?

7:1 And after these things I saw four angels standing
on the four corners of the earth, holding the four winds
of the earth, that the wind should not blow on the earth,
nor on the sea, nor on any tree. 2 And I saw another
angel ascending from the east, having the seal of the living
God: and he cried with a loud voice to the four angels,
to whom it was given to hurt the earth and the sea, 3
Saying, Hurt not the earth, neither the sea, nor the trees,
till we have sealed the servants of our God in their
foreheads. 4 And I heard the number of them which were
sealed: and there were sealed an hundred and forty and
four thousand of all the tribes of the children of Israel. 5

6 /아셀 지파 중에 ——— 일만 이천이요
/납달리 지파 중에 ——— 일만 이천이요
/므낫세 지파 중에 ——— 일만 이천이요

7 /시므온 지파 중에 ——— 일만 이천이요
/레위 지파 중에 ——— 일만 이천이요
/잇사갈 지파 중에 ——— 일만 이천이요

8 /스불론 지파 중에 ——— 일만 이천이요
/요셉 지파 중에 ——— 일만 이천이요
/인 맞은 자가 ——— 일만 이천이라
/베냐민 지파 중에

9 이 일 후에
내가
[보라!]
큰 무리가
/아무라도 능히 셀 수 없는
/각 나라와
족속과
백성과
방언에서
/서서
/보좌 앞과
어린 양 앞에
/입고(=입은)
/흰 옷을
/종려가지를(가) — <있는>
/[그들의] 손에

보니

10 **외쳐 가로되**(...하니)
/큰 소리로
/구원하심이 ——— 있도다
/우리 하나님과
/보좌에 앉으신
어린 양에게

11 모든 천사가

섰다가
/보좌와
장로들과
네 생물의 주위에

엎드려
/보좌 앞에
/얼굴을 대고

경배하여
/하나님께
12 /가로되(=말하면서)...하더라
/아멘!
찬송과
영광과
지혜와 ——— (있을지로다) 아멘
감사와 /우리 하나님께
존귀와 /세세토록
능력과
힘이

벤 지파 중에 일만 이천이요 갓 지파 중에 일만 이천이요
6 아셀 지파 중에 일만 이천이요 납달리 지파 중에 일만
이천이요 므낫세 지파 중에 일만 이천이요 7 시므온 지파
중에 일만 이천이요 레위 지파 중에 일만 이천이요 잇사갈
지파 중에 일만 이천이요 8 스불론 지파 중에 일만 이천이
요 요셉 지파 중에 일만 이천이요 베냐민 지파 중에 인 맞
은 자가 일만 이천이라 9 이 일 후에 내가 보니 각 나라와
족속과 백성과 방언에서 아무라도 능히 셀 수 없는 큰 무
리가 흰 옷을 입고 손에 종려 가지를 들고 보좌 앞과 어린
양 앞에 서서 10 큰 소리로 외쳐 가로되 구원하심이 보좌
에 앉으신 우리 하나님과 어린 양에게 있도다 하니 11 모
든 천사가 보좌와 장로들과 네 생물의 주위에 섰다가 보좌

Of the tribe of Juda were sealed twelve thousand. Of the
tribe of Reuben were sealed twelve thousand. Of the tribe
of Gad were sealed twelve thousand. 6 Of the tribe of
Aser were sealed twelve thousand. Of the tribe of Nephthalim
were sealed twelve thousand. Of the tribe of Manasses
were sealed twelve thousand. 7 Of the tribe of Simeon
were sealed twelve thousand. Of the tribe of Levi were
sealed twelve thousand. Of the tribe of Issachar were
sealed twelve thousand. 8 Of the tribe of Zabulon were
sealed twelve thousand. Of the tribe of Joseph were sealed
twelve thousand. Of the tribe of Benjamin were sealed
twelve thousand. 9 After this I beheld, and, lo, a great

13 하나가 응답하여 이르되
/장로 중에
/내게
/이 흰 옷 입은 자들이 누구며?
또 어디서 왔느뇨?

14 내가 가로되..하니
/내 주여!
당신이 알리이다

그가 이르되
/나더러
이는 ── 나오는 자들인데
/큰 환난에서
[그들이] ── 씻어
/그[들의] 옷을
/어린 양의 피에
── 희게 하였느니라

15 그러므로
그들이 있고
/하나님의 보좌 앞에
또 섬기매
/하나님을
/그의 성전에서
/밤낮

앉으신 이가 장막을 치시리니
/보좌에
/그들 위에

16 저희가 주리지도 아니하며
/다시
목마르지도 아니하고
상하지 아니할지니
/[결코]
/해나
아무 뜨거운 기운에

17 //이는(이유: ὅτι, for)
어린 양이 ── 목자가 되사
/보좌 가운데 계신
/저희의
── 인도하시고
/생명수 샘으로

계

앞에 엎드려 얼굴을 대고 하나님께 경배하여 12 가로되
아멘 찬송과 영광과 지혜와 감사와 존귀와 능력과 힘이 우
리 하나님께 세세토록 있을지로다 아멘 하더라 13 장로
중에 하나가 응답하여 내게 이르되 이 흰 옷 입은 자들이
누구며 또 어디서 왔느뇨 14 내가 가로되 내 주여 당신이
알리이다 하니 그가 나더러 이르되 이는 큰 환난에서 나오
는 자들인데 어린 양의 피에 그 옷을 씻어 희게 하였느니
라 15 그러므로 그들이 하나님의 보좌 앞에 있고 또 그의
성전에서 밤낮 하나님을 섬기매 보좌에 앉으신 이가 그들
위에 장막을 치시리니 16 저희가 다시 주리지도 아니하며
목마르지도 아니하고 해나 아무 뜨거운 기운에 상하지 아
니할지니 17 이는 보좌 가운데 계신 어린 양이 저희의 목
자가 되사 생명수 샘으로 인도하시고 하나님께서 저희 눈
에서 모든 눈물을 씻어 주실 것임이러라

multitude, which no man could number, of all nations,
and kindreds, and people, and tongues, stood before the throne,
and before the Lamb, clothed with white robes, and palms
in their hands;
10 And cried with a loud voice, saying,
Salvation to our God which sitteth upon the throne, and
unto the Lamb.
11 And all the angels stood round about
the throne, and about the elders and the four beasts, and
fell before the throne on their faces, and worshipped God,
12 Saying, Amen: Blessing, and glory, and wisdom, and
thanksgiving, and honour, and power, and might, be unto
our God for ever and ever. Amen.
13 And one of the
elders answered, saying unto me, What are these which
are arrayed in white robes? and whence came they?
14 And I said unto him, Sir, thou knowest. And he said to
me, These are they which came out of great tribulation,
and have washed their robes, and made them white in the
blood of the Lamb.
15 Therefore are they before the
throne of God, and serve him day and night in his temple:

하나님께서 씻어 주실 것임이러라
/눈물을
/모든
/저희 눈에서

8

1 [그가] 떼실 때에
/일곱째 인을
고요(가) 하더니
/하늘이(에)
/반시 동안쯤

2 내가 보매
/천사가(를) (있어)
/일곱
/하나님 앞에 시위한(=서 있는)
[그들이] 받았더라
/일곱 나팔을

3 또
다른 천사가 와서
서서
/제단 곁에
/가지고
/금향로를

[그들이] 받았으니
/많은 향을

//이는(목적: ἵνα, so that...may)
[그가] ——— 드리고자 함이라
/기도들과 합하여(=기도들을)
/모든 성도의
/보좌 앞 금단에

4 향연이 올라가는지라
/성도의 기도와 함께
/천사의 손으로부터
/하나님 앞으로

5 천사가 가지고
/향로를
담아다가
/불을
/단 위의

계

8:1 일곱째 인을 떼실 때에 하늘이 반 시 동안쯤 고요하
더니 2 내가 보매 하나님 앞에 시위한 일곱 천사가 있
어 일곱 나팔을 받았더라 3 또 다른 천사가 와서 제단 곁
에 서서 금 향로를 가지고 많은 향을 받았으니 이는 모든
성도의 기도들과 합하여 보좌 앞 금단에 드리고자 함이라
4 향연이 성도의 기도와 함께 천사의 손으로부터 하나님
앞으로 올라가는지라 5 천사가 향로를 가지고 단 위의 불
을 담아다가 땅에 쏟으매 뇌성과 음성과 번개와 지진이 나

and he that sitteth on the throne shall dwell among them.
16 They shall hunger no more, neither thirst any more; neither
shall the sun light on them, nor any heat. 17 For the
Lamb which is in the midst of the throne shall feed them,
and shall lead them unto living fountains of waters: and
God shall wipe away all tears from their eyes.
8:1 And when he had opened the seventh seal, there
was silence in heaven about the space of half an hour.
2 And I saw the seven angels which stood before God;
and to them were given seven trumpets. 3 And another
angel came and stood at the altar, having a golden censer;
and there was given unto him much incense, that he should
offer it with the prayers of all saints upon the golden altar
which was before the throne. 4 And the smoke of the
incense, which came with the prayers of the saints, ascended
up before God out of the angel's hand. 5 And the angel

쏟으매
/땅에

뇌성과
음성과
번개와
지진이 — 나더라

6 일곱 천사가 — 예비하더라
/일곱 나팔 가진

//(목적: ἵνα, to)
나팔 불기를

7 첫째 천사가 — 나팔을 부니

우박과
/피 섞인
불이 — 나서

쏟아지매
/땅에

삼분의 일이 — 타서 사위고
/땅의

삼분의 일도 — 타서 사위고
/수목의

푸른 풀도 — 타시 사위더라
/각종

8 둘째 천사가 — 나팔을 부니

큰 산과 같은 것이 — 던지우매
/불붙는 — /바다에

삼분의 일이 — 피가 되고
/바다의

9 삼분의 일이 — 죽고
/피조물들의
/바다 가운데
/생명 가진

삼분의 일이 — 깨어지더라
/배들의

10 셋째 천사가 — 나팔을 부니

계

더라 6 일곱 나팔 가진 일곱 천사가 나팔 불기를 예비하더
라 7 첫째 천사가 나팔을 부니 피 섞인 우박과 불이 나서
땅에 쏟아지매 땅의 삼분의 일이 타서 사위고 수목의 삼분
의 일도 타서 사위고 각종 푸른 풀도 타서 사위더라 8 둘
째 천사가 나팔을 부니 불붙는 큰 산과 같은 것이 바다에
던지우매 바다의 삼분의 일이 피가 되고 9 바다 가운데 생
명 가진 피조물들의 삼분의 일이 죽고 배들의 삼분의 일이
깨어지더라 10 세째 천사가 나팔을 부니 횃불같이 타는

took the censer, and filled it with fire of the altar, and cast it into the earth: and there were voices, and thunderings, and lightnings, and an earthquake.
6 And the seven angels which had the seven trumpets prepared themselves to sound.
7 The first angel sounded, and there followed hail and fire mingled with blood, and they were cast upon the earth: and the third part of trees was burnt up, and all green grass was burnt up.
8 And the second angel sounded, and as it were a great mountain burning with fire was cast into the sea: and the third part of the sea became blood;
9 And the third part of the creatures which were in the sea, and had life, died; and the third part of the

큰 별이 **떨어져**
/횃불같이 타는 /하늘에서

〈떨어지니〉
/삼분의 일과
/강들의
/여러 물샘에36)

11 이 별 이름은 **쑥이라**
삼분의 일이 **쑥이 되매**
/물들의

많은 사람이 **죽더라**

//(이유: ὅτι, because)
그 물들이 쓰게 됨을 인하여

12 넷째 천사가 **나팔을 부니**

삼분의 일과
/해
삼분의 일과
/달
삼분의 일이 — **침을 받아**
/별들의

그 삼분의 일이 **어두워지니**

낮 삼분의 일은 **비췸이 없고**
밤도 **그러하더라**

13 또
내가 **보고**
들으니
/독수리가 — 이르되(=말하는 것을)
/날아가는 /큰 소리로
/공중에 /화, 화, 화가 있으리로다
/땅에 거하는 자들에게

//이 외에도(이유: εκ, because of)
나팔 소리를 인함이로다(하더라)
/세 천사의 불

계

큰 별이 하늘에서 떨어져 강들의 삼분의 일과 여러 물샘에
떨어지니 11 이 별 이름은 쑥이라 물들의 삼분의 일이 쑥
이 되매 그 물들이 쓰게 됨을 인하여 많은 사람이 죽더라
12 네째 천사가 나팔을 부니 해 삼분의 일과 달 삼분의 일
과 별들의 삼분의 일이 침을 받아 그 삼분의 일이 어두워
지니 낮 삼분의 일은 비췸이 없고 밤도 그러하더라 13 내
가 또 보고 들으니 공중에 날아가는 독수리가 큰 소리로
이르되 땅에 거하는 자들에게 화(禍), 화, 화가 있으리로다
이 외에도 세 천사의 불 나팔 소리를 인함이로다 하더라

ships were destroyed. 10 And the third angel sounded,
and there fell a great star from heaven, burning as it were
a lamp, and it fell upon the third part of the rivers, and
upon the fountains of waters; 11 And the name of the
star is called Wormwood: and the third part of the waters
became wormwood; and many men died of the waters, because
they were made bitter. 12 And the fourth angel sounded,
and the third part of the sun was smitten, and the third
part of the moon, and the third part of the stars; so as
the third part of them was darkened, and the day shone
not for a third part of it, and the night likewise. 13 And
I beheld, and heard an angel flying through the midst of heaven,
saying with a loud voice, Woe, woe, woe, to the inhabiters
of the earth by reason of the other voices of the trumpet
of the three angels, which are yet to sound!

9

1 다섯째 천사가 **나팔을 불매**

내가 **보니**
/별 하나(가 있는데=별 하나를)
/떨어진
/하늘에서
/땅에

열쇠를(가) **받았더라(=주어졌다)**
/무저갱의
/저가(=저에게)

2 저가 **여니**
/무저갱을

연기가 **올라오매**
/연기 같은
/큰 풀무의
/그 구멍에서

해와 공기가 **어두워지며**
/그 구멍의 연기로 (인하여)

3 또
황충이 **나오매**
/땅 위에
/연기 가운데로부터

저희가 **받았더라**
/권세를
/땅에 있는 전갈의 권세와 같은

4 [그것이] —— **이르시되**...하시더라[37)]
/저희에게
/땅의 풀이나
푸른 것이나
각종 수목은 —— 해하지 말고
오직
사람들만 —— 해하라
/맞지 아니한
/하나님의 인
/이마에

5 그러나
[그것이] **[주어졌다]**[38)]
/죽이지는 못하게 하시고
/그들을
괴롭게만 하게 하시는데
/다섯 달 동안

계

37) 수동태 - 그것이 말되었다.

38) 가주어와 진주어의 문장이다.

9:1 다섯째 천사가 나팔을 불매 내가 보니 하늘에서 땅
에 떨어진 별 하나가 있는데 저가 무저갱의 열쇠를 받
았더라 2 저가 무저갱을 여니 그 구멍에서 큰 풀무의 연기
같은 연기가 올라오매 해와 공기가 그 구멍의 연기로 인하
여 어두워지며 3 또 황충이 연기 가운데로부터 땅 위에 나
오매 저희가 땅에 있는 전갈의 권세와 같은 권세를 받았더
라 4 저희에게 이르시되 땅의 풀이나 푸른 것이나 각종 수
목은 해하지 말고 오직 이마에 하나님의 인 맞지 아니한
사람들만 해하라 하시더라 5 그러나 그들을 죽이지는 못
하게 하시고 다섯 달 동안 괴롭게만 하게 하시는데 그 괴

9:1 And the fifth angel sounded, and I saw a star fall
from heaven unto the earth: and to him was given the
key of the bottomless pit. 2 And he opened the bottomless
pit; and there arose a smoke out of the pit, as the smoke
of a great furnace; and the sun and the air were darkened
by reason of the smoke of the pit. 3 And there came out
of the smoke locusts upon the earth: and unto them was
given power, as the scorpions of the earth have power. 4
And it was commanded them that they should not hurt
the grass of the earth, neither any green thing, neither
any tree; but only those men which have not the seal of
God in their foreheads. 5 And to them it was given that

괴롭게 함은 /그 [들의]	**괴롭게 함과 같더라** /[전갈의] /전갈이 사람을 쏠 때에
6 그 날에는 사람들이	**구하여도** /죽기를 **얻지 못하고** /[그것을] **죽고 싶으나**
죽음이	**피하리로다** /저희를
7 모양은 /황충들의	**말들 같고** /예비한 /전쟁을 위하여
	〈썼으며〉 /그 머리에 /금 같은 면류관 비슷한 것을
얼굴은 /그[들의]	**얼굴 같고** /사람의
8 또 [그들이]	**있고(=가지고 있고)** /머리털이(을) /여자의 머리털 같은
이는 /그[들의]	**사자의 이 같으며**
9 또 [그들이]	**있고(=가지고 있고)** /흉갑이(을) /철흉갑 같은
소리는 /그 날개들의	**소리 같으며** /병거와 많은 말들이(의) /전장으로 달려들어가는
10 또 [그들이]	**있어(=가지고 있어)** /꼬리와 /전갈과 같은 쏘는 살이

롭게 함은 전갈이 사람을 쏠 때에 괴롭게 함과 같더라 6
그 날에는 사람들이 죽기를 구하여도 얻지 못하고 죽고 싶
으나 죽음이 저희를 피하리로다 7 황충들의 모양은 전쟁
을 위하여 예비한 말들 같고 그 머리에 금 같은 면류관 비
슷한 것을 썼으며 그 얼굴은 사람의 얼굴 같고 8 또 여자
의 머리털 같은 머리털이 있고 그 이는 사자의 이 같으며
9 또 철흉갑 같은 흉갑이 있고 그 날개들의 소리는 병거와
많은 말들이 전장으로 달려들어가는 소리 같으며 10 또
전갈과 같은 꼬리와 쏘는 살이 있어 그 꼬리에는 다섯 달
동안 사람들을 해하는 권세가 있더라 11 저희에게 임금이

they should not kill them, but that they should be tormented
five months: and their torment was as the torment of a scorpion,
when he striketh a man. 6 And in those days shall men
seek death, and shall not find it; and shall desire to die,
and death shall flee from them. 7 And the shapes of the locusts
were like unto horses prepared unto battle; and on their
heads were as it were crowns like gold, and their faces
were as the faces of men. 8 And they had hair as the
hair of women, and their teeth were as the teeth of lions.
9 And they had breastplates, as it were breastplates of
iron; and the sound of their wings was as the sound of
chariots of many horses running to battle. 10 And they
had tails like unto scorpions, and there were stings in
their tails: and their power was to hurt men five months.

권세가
/해하는
/사람들을
/다섯 달 동안

있더라
/꼬리에는
/그[들의]

11 [그들이] **있으니(=가지고 있으니)**
/저희에게
/임금이(을)
/무저갱의 사자라
/이름은 —— 아바돈이요
/[그] /히브리 음으로
/이름은 —— 아볼루온이더라
/헬라 음으로

12 첫째 화는 **지나갔으나**

보라!
화 둘이 **이르리로다**
/아직도
/이 후에

13 천사가 **나팔을 불매**
/여섯째

내가 **들으니**
/한 음성이(을)
/네 뿔에서 나서
/금단
/하나님 앞

14 /말하기를 ...하매
/여섯째 천사에게
/나팔 가진
/[너는] —— 놓아 주라
/네 천사를
/결박한
/큰 강 유브라데에

15 네 천사가 **놓였으니**

그들은 **예비한 자들이더라**
/그 년, 월, 일, 시에 이르러

//(목적: ἵνα, so that...would)
[그들이] — 사람 삼분의 일을 죽이기로

계

있으니 무저갱의 사자라 히브리 음으로 이름은 아바돈이요
헬라 음으로 이름은 아볼루온이더라 **12** 첫째 화는 지나갔
으나 보라 아직도 이 후에 화 둘이 이르리로다 **13** 여섯째
천사가 나팔을 불매 내가 들으니 하나님 앞 금단 네 뿔에
서 한 음성이 나서 **14** 나팔 가진 여섯째 천사에게 말하기
를 큰 강 유브라데에 결박한 네 천사를 놓아 주라 하매 **15**
네 천사가 놓였으니 그들은 그 년, 월, 일, 시에 이르러 사
람 삼분의 일을 죽이기로 예비한 자들이더라 **16** 마병대의

11 And they had a king over them, which is the angel
of the bottomless pit, whose name in the Hebrew tongue
is Abaddon, but in the Greek tongue hath his name
Apollyon. 12 One woe is past; and, behold, there come
two woes more hereafter. 13 And the sixth angel sounded,
and I heard a voice from the four horns of the golden
altar which is before God, 14 Saying to the sixth angel
which had the trumpet, Loose the four angels which are bound
in the great river Euphrates. 15 And the four angels were
loosed, which were prepared for an hour, and a day, and
a month, and a year, for to slay the third part of men.
16 And the number of the army of the horsemen were

16 수는 **이만만이니**
/마병대의

내가 **들었노라**
/그들의 수를

17 [내가] **보니**
/그 말들과
그 탄 자들을
/이상한 가운데[39)]
/이같이

/있고(=가지고 있고)
/불빛과 자주빛과 유황빛 흉갑이
/또
머리는 —— 사자 머리 같고
/말들의
/불과
연기와
유황이 —— 나오더라
/그 입에서는

18 삼분의 일이 **죽임을 당하니라**
/사람
/이 세 재앙
곧 불과 연기와 유황을 인하여
/저희 입에서 나오는

19 힘은 **있으니**
/이 말들의
/그 입과
그 꼬리에

//(이유 : γάρ, for)
그 꼬리는 —— 뱀 같고

//또
(꼬리에) 머리가 있어
[그들이] —— 해하더라
/이것으로

20 남은 사람들은 **회개치 아니하고**
/죽지 않고
/이 재앙에
/그 손으로 행하는 일을

//(결과 : ἵνα, so as to)
[그들이] — 오히려 절하고
/여러 귀신과
또는 우상에게
/금, 은, 동과 목석의
/보거나 듣거나 다니거나 하지 못하는

39) in the vision

계

수는 이만만이니 내가 그들의 수를 들었노라 17 이같이
이상한 가운데 그 말들과 그 탄 자들을 보니 불빛과 자주
빛과 유황빛 흉갑이 있고 또 말들의 머리는 사자 머리 같
고 그 입에서는 불과 연기와 유황이 나오더라 18 이 세
재앙 곧 저희 입에서 나오는 불과 연기와 유황을 인하여
사람 삼분의 일이 죽임을 당하니라 19 이 말들의 힘은 그
입과 그 꼬리에 있으니 그 꼬리는 뱀 같고 또 꼬리에 머리
가 있어 이것으로 해하더라 20 이 재앙에 죽지 않고 남은
사람들은 그 손으로 행하는 일을 회개치 아니하고 오히려
여러 귀신과 또는 보거나 듣거나 다니거나 하지 못하는 금,

two hundred thousand thousand: and I heard the number
of them. 17 And thus I saw the horses in the vision, and
them that sat on them, having breastplates of fire, and of
jacinth, and brimstone: and the heads of the horses were
as the heads of lions; and out of their mouths issued fire
and smoke and brimstone. 18 By these three was the third
part of men killed, by the fire, and by the smoke, and by
the brimstone, which issued out of their mouths. 19 For
their power is in their mouth, and in their tails: for their
tails were like unto serpents, and had heads, and with
them they do hurt. 20 And the rest of the men which
were not killed by these plagues yet repented not of the

21 또
[그들이] **회개치 아니하더라**
/그[들의] 살인과 복술과
음행과 도적질을

10

1 또
내가 **보니**
/천사가(를)
/다른
/힘센
/내려오는데
/하늘에서
/구름을 입고
/무지개가 — 있고
/그[의] 머리 위에
그 얼굴은 — 해 같고
그 발은 — 불기둥 같으며
2 /들고(분사, 들고 있는)
/펴놓인 작은 책을
/그 손에
/그 오른발은 — 밟고
/바다를
왼발은 — 밟고
/땅을

3 [그가] **외치니**
/큰 소리로
/사자의 부르짖는 것같이

[그가] 외칠 때에
일곱 우뢰가 **발하더라**
/그[들의] 소리를

4 일곱 우뢰가 발할 때에
내가 **기록하려고 하다가**
곧 **들으니** ...하더라
/소리나서(=소리를)
/하늘에서
/말하기를(=말하는)
/[너는] — 인봉하고
/일곱 우뢰가 발한 것을
기록하지 말라
/[그것들을]

계

은, 동과 목석의 우상에게 절하고 21 또 그 살인과 복술과
음행과 도적질을 회개치 아니하더라

10:1 내가 또 보니 힘센 다른 천사가 구름을 입고 하
늘에서 내려 오는데 그 머리 위에 무지개가 있고
그 얼굴은 해 같고 그 발은 불기둥 같으며 2 그 손에 펴
놓인 작은 책을 들고 그 오른발은 바다를 밟고 왼발은 땅
을 밟고 3 사자의 부르짖는 것같이 큰 소리로 외치니 외칠
때에 일곱 우뢰가 그 소리를 발하더라 4 일곱 우뢰가 발할
때에 내가 기록하려고 하다가 곧 들으니 하늘에서 소리 나

works of their hands, that they should not worship devils,
and idols of gold, and silver, and brass, and stone, and of
wood: which neither can see, nor hear, nor walk: 21
Neither repented they of their murders, nor of their sorceries,
nor of their fornication, nor of their thefts.
10:1 And I saw another mighty angel come down from
heaven, clothed with a cloud: and a rainbow was
upon his head, and his face was as it were the sun, and
his feet as pillars of fire: 2 And he had in his hand a
little book open: and he set his right foot upon the sea,
and his left foot on the earth, 3 And cried with a loud
voice, as when a lion roareth: and when he had cried,
seven thunders uttered their voices. 4 And when the seven
thunders had uttered their voices, I was about to write:

5 천사가 | 들고
/내가 본 바 | /오른손을
밟고 섰는 | /하늘을 향하여
/바다와 땅을

6 [그가] | **맹세하여** ...가로되
/세세토록 살아 계신 자
곧 창조하신 이를 가리켜
/하늘과 그 가운데 있는 물건이며
땅과 그 가운데 있는 물건이며
바다와 그 가운데 있는 물건을
/지체하지 아니하리니

7 일곱째 천사가 소리내는 날
그 나팔을 불게 될 때에

비밀이 | **이루리라**
/하나님의 | /복음과 같이
/그 종 선지자들에게 전하신

8 또
음성이 | **말하여 가로되** ...하기로
/내게 들리던 | /내게
/하늘에서 나서 | /네가 ── 가서
── 가지라
/펴놓인 책을
/천사의 손에
/밟고 섰는
/바다와 땅을

계

9 내가 | **나아가**
/천사에게
/[말]한즉(=말하면서)
/작은 책을 달라

천사가 | **가로되...** 하거늘
/[너는] ── 갖다
── 먹어 버리라
/[그것을]

[그것이] ── 쓰나
/네 배에는
── 달리라
/네 입에는
/꿀같이

서 말하기를 일곱 우뢰가 발한 것을 인봉하고 기록하지 말
라 하더라 5 내가 본 바 바다와 땅을 밟고 섰는 천사가 하
늘을 향하여 오른손을 들고 6 세세토록 살아계신 자 곧 하
늘과 그 가운데 있는 물건이며 땅과 그 가운데 있는 물건
이며 바다와 그 가운데 있는 물건을 창조하신 이를 가리켜
맹세하여 가로되 지체하지 아니하리니 7 일곱째 천사가
소리 내는 날 그 나팔을 불게 될 때에 하나님의 비밀이 그
종 선지자들에게 전하신 복음과 같이 이루리라 8 하늘에
서 나서 내게 들리던 음성이 또 내게 말하여 가로되 네가
가서 바다와 땅을 밟고 섰는 천사의 손에 펴 놓인 책을 가
지라 하기로 9 내가 천사에게 나아가 작은 책을 달라 한즉
천사가 가로되 갖다 먹어 버리라 네 배에는 쓰나 네 입에

and I heard a voice from heaven saying unto me, Seal
up those things which the seven thunders uttered, and
write them not. 5 And the angel which I saw stand upon
the sea and upon the earth lifted up his hand to heaven,
6 And sware by him that liveth for ever and ever, who
created heaven, and the things that therein are, and the
earth, and the things that therein are, and the sea, and the
things which are therein, that there should be time no
longer: 7 But in the days of the voice of the seventh
angel, when he shall begin to sound, the mystery of God
should be finished, as he hath declared to his servants the
prophets. 8 And the voice which I heard from heaven
spake unto me again, and said, Go and take the little book
which is open in the hand of the angel which standeth
upon the sea and upon the earth. 9 And I went unto the
angel, and said unto him, Give me the little book. And

10 내가 **갖다**
/작은 책을
/천사의 손에서

먹어 버리니
/[그것을]

[그것이] **다나**
/내 입에는
/꿀같이

먹은 후에
[그것이] **쓰게 되더라**
/내 배에서는

11 저가 **말하기를**... 하더라
/내게
/네가 —— 예언하여야 하리라
/다시
/많은 백성과
나라와
방언과
임금에게

11

1 또
갈대를(가) 주며(=주어지며)
/지팡이 같은
/내게
/말하기를
/[너는] ┬ 일어나서
└ 척량하되
/하나님의 성전과
제단과
경배하는 자들을
/그 안에서

2 /[너는] ┬ 척량하지 말고
/성전 밖 마당은(을)
└ 그냥 두라

//(이유: ὅτι, for)
이것을 이방인에게 주었은즉
저희가 —— 짓밟으리라
/거룩한 성을
/마흔두 달 동안

는 꿀같이 달리라 하거늘 10 내가 천사의 손에서 작은 책
을 갖다 먹어 버리니 내 입에는 꿀같이 다나 먹은 후에 내
배에서는 쓰게 되더라 11 저가 내게 말하기를 네가 많은
백성과 나라와 방언과 임금에게 다시 예언하여야 하리라
하더라

11:1 또 내게 지팡이 같은 갈대를 주며 말하기를 일어
나서 하나님의 성전과 제단과 그 안에서 경배하는
자들을 척량하되 2 성전 밖 마당은 척량하지 말고 그냥 두
라 이것을 이방인에게 주었은즉 저희가 거룩한 성을 마흔
두 달 동안 짓밟으리라

he said unto me, Take it, and eat it up; and it shall make
thy belly bitter, but it shall be in thy mouth sweet as
honey. 10 And I took the little book out of the angel's
hand, and ate it up; and it was in my mouth sweet as
honey: and as soon as I had eaten it, my belly was bitter.
11 And he said unto me, Thou must prophesy again before
many peoples, and nations, and tongues, and kings. Rev.

11:1 And there was given me a reed like unto a rod:
and the angel stood, saying, Rise, and measure the temple
of God, and the altar, and them that worship therein. 2
But the court which is without the temple leave out, and
measure it not; for it is given unto the Gentiles: and the
holy city shall they tread under foot forty and two months.

3 /내가 —— 주리니
/권세를
/나의 두 증인에게
/저희가 — 예언하리라
/일천이백육십 일을
/입고
/굵은 베옷을

4 이는 **감람나무와**
/두
촛대니
/두
/주 앞에 섰는
/이 땅의

5 만일
누구든지 해하고자 한즉
/저희를

불이 **나서**
/저희 입에서

소멸할지니
/그[들의] 원수를

[만일]
누구든지 해하려 하면
[그는] **반드시 죽임을 당하리라**
/이와 같이

6 저희가 **가지고**
/권세를
/하늘을 닫아

//(목적: ἵνα)
[그가] ——— 비 오지 못하게 하고
/그[들의] 예언을 하는 날 동안

또
[그들이] **가지고**
/권세를
/물을 변하여 피 되게 하고
/치리로다
/땅을
/아무 때든지 원하는 대로
/여러 가지 재앙으로

3 내가 나의 두 증인에게 권세를 주리니 저희가 굵은 베옷
을 입고 일천이백육십 일을 예언하리라 4 이는 이 땅의 주
앞에 섰는 두 감람나무와 두 촛대니 5 만일 누구든지 저희
를 해하고자 한즉 저희 입에서 불이 나서 그 원수를 소멸
할지니 누구든지 해하려 하면 반드시 이와 같이 죽임을 당
하리라 6 저희가 권세를 가지고 하늘을 닫아 그 예언을 하
는 날 동안 비 오지 못하게 하고 또 권세를 가지고 물을
변하여 피 되게 하고 아무 때든지 원하는 대로 여러 가지

3 And I will give power unto my two witnesses, and they
shall prophesy a thousand two hundred and threescore
days, clothed in sackcloth. 4 These are the two olive trees,
and the two candlesticks standing before the God of the
earth. 5 And if any man will hurt them, fire proceedeth
out of their mouth, and devoureth their enemies: and if
any man will hurt them, he must in this manner be killed.
6 These have power to shut heaven, that it rain not in
the days of their prophecy: and have power over waters
to turn them to blood, and to smite the earth with all

7 저희가 그 증거를 마칠 때에
짐승이 **일으켜**
/올라오는 /전쟁을
/무저갱으로부터 /저희로 더불어

이기고
/저희를
죽일 터인즉
/저희를

8 저희 시체가 **〈있으리니〉**
/큰 성 길에

그 성은 **하고**
/영적으로 하면
/소돔이라고도
하니
/애굽이라고도

곧
저희 주께서 **못 박히신 곳이니라**[40)]
/십자가에

9 사람들이 **목도하며**
/백성들과 족속과
방언과 나라 중에서
/그[들의] 시체를
/사흘 반 동안을

장사하지 못하게 하리로다
/무덤에

10 거하는 자들이 **즐거워하고**
/땅에 /저희의 죽음을
기뻐하여
보내리라(하더라)
/서로 예물을

//(이유: ὅτι, because)
이 두 선지자가 ——— 괴롭게 한 고로
/땅에 거하는 자들을

11 삼 일 반 후에
생기가 **들어가매**
/저희 속에
/하나님께로부터

40) 그곳에서 저희 주께서 십자가에 못박히셨다.

재앙으로 땅을 치리로다 7 저희가 그 증거를 마칠 때에
무저갱으로부터 올라오는 짐승이 저희로 더불어 전쟁을
일으켜 저희를 이기고 저희를 죽일 터인즉 8 저희 시체가
큰 성 길에 있으리니 그 성은 영적으로 하면 소돔이라고도
하고 애굽이라고도 하니 곧 저희 주께서 십자가에 못박히
신 곳이니라 9 백성들과 족속과 방언과 나라 중에서 사람
들이 그 시체를 사흘 반 동안을 목도하며 무덤에 장사하지
못하게 하리로다 10 이 두 선지자가 땅에 거하는 자들을
괴롭게 한고로 땅에 거하는 자들이 저희의 죽음을 즐거워
하고 기뻐하여 서로 예물을 보내리라 하더라 11 삼일 반
후에 하나님께로부터 생기가 저희 속에 들어가매 저희 발
로 일어서니 구경하는 자들이 크게 두려워하더라 12 하늘

plagues, as often as they will. 7 And when they shall
have finished their testimony, the beast that ascendeth out
of the bottomless pit shall make war against them, and
shall overcome them, and kill them. 8 And their dead
bodies shall lie in the street of the great city, which
spiritually is called Sodom and Egypt, where also our
Lord was crucified. 9 And they of the people and kindreds
and tongues and nations shall see their dead bodies three
days and an half, and shall not suffer their dead bodies
to be put in graves. 10 And they that dwell upon the
earth shall rejoice over them, and make merry, and shall
send gifts one to another; because these two prophets tormented
them that dwelt on the earth. 11 And after three days and
an half the Spirit of life from God entered into them, and

저희가 **일어서니**
/발로
구경하는 자들이 **두려워하더라**41)
/크게

12 저희가 **듣고**
/큰 음성이(을) (있어)
/하늘로부터
/함을(=말함을)
/[그들에게]
/이리로 올라오라
타고
/구름을
올라가니
/하늘로

저희 원수들도 **구경하더라**
/[그들을]

13 그 시에
큰 지진이 **나서**
성 십분의 일이 **무너지고**
죽은 사람이 **칠천이라**42)
/지진에

그 남은 자들이 **두려워하여**
돌리더라
/영광을
/하늘의 하나님께

14 둘째 화는 **지나갔으나**
보라!
셋째 화가 **이르는도다**
/속히

15 천사가 **나팔을 불매**
/일곱째

큰 음성들이 **나서 가로되**(...하니)
/하늘에
/세상 나라가 ― 나라가 되어
/우리 주와
그[의] 그리스도의
/그가 ― 왕 노릇 하시리로다
/세세토록

16 이십사 장로들이 **엎드려**
/앉은 /얼굴을 대고
/자기 보좌에
/하나님 앞에

41) 직역 : 큰 두려움이 구경하는 자들 위에 있더라.

42) 직역 : 칠 천 명의 사람들이 지진으로 죽었다.

계

로부터 큰 음성이 있어 이리로 올라오라 함을 저희가 듣고 구름을 타고 하늘로 올라가니 저희 원수들도 구경하더라 13 그 시에 큰 지진이 나서 성 십분의 일이 무너지고 지진에 죽은 사람이 칠천이라 그 남은 자들이 두려워하여 영광을 하늘의 하나님께 돌리더라 14 둘째 화는 지나갔으나 보라 세째 화가 속히 이르는도다 15 일곱째 천사가 나팔을 불매 하늘에 큰 음성들이 나서 가로되 세상 나라가 우리 주와 그 그리스도의 나라가 되어 그가 세세토록 왕 노릇 하시리로다 하니 16 하나님 앞에 자기 보좌에 앉은 이십사 장로들이 엎드려 얼굴을 대고 하나님께 경배하여 17

they stood upon their feet; and great fear fell upon them which saw them. 12 And they heard a great voice from heaven saying unto them, Come up hither. And they ascended up to heaven in a cloud; and their enemies beheld them. 13 And the same hour was there a great earthquake, and the tenth part of the city fell, and in the earthquake were slain of men seven thousand: and the remnant were affrighted, and gave glory to the God of heaven. 14 The second woe is past; and, behold, the third woe cometh quickly. 15 And the seventh angel sounded; and there were great voices in heaven, saying, The kingdoms of this world are become the kingdoms of our Lord, and of his Christ; and he shall reign for ever and ever. 16 And the four and twenty elders, which sat before God on their seats, fell

경배하여
/하나님께

17 **가로되**
/주 하나님[이시여!]
곧 전능하신 이여!
/옛적에도 계셨고
시방도 계신
/[우리가] —— 감사하옵나니

/[당신은] —— 친히 잡으시고
/큰 권능을
왕 노릇 하시도다

18 /이방들이 —— 분노하매
/주의 진노가 —— 임하여
때로소이다 하더라
/심판하시며
/죽은 자를
/상주시며
/종 선지자들과
/성도들과
/또 주의 이름을 경외하는
자들에게
/무론 대소하고
/또 멸망시키실
/땅을 망하게 하는 자들을

19 이에
성전이 **열리니**
/하나님의
/하늘에 있는

언약궤가 **보이며**
/하나님의
/성전 안에
또
번개와
음성들과 —— **있더라**
뇌성과
지진과
큰 우박이

계

가로되 감사하옵나니 옛적에도 계셨고 시방도 계신 주 하나님 곧 전능하신 이여 친히 큰 권능을 잡으시고 왕 노릇 하시도다 18 이방들이 분노하매 주의 진노가 임하여 죽은 자를 심판하시며 종 선지자들과 성도들과 또 무론대소하고 주의 이름을 경외하는 자 들에게 상 주시며 또 땅을 망하게 하는 자들을 멸망시키실 때로소이다 하더라 19 이에 하늘에 있는 하나님의 성전이 열리니 성전 안에 하나님의 언약궤가 보이며 또 번개와 음성들과 뇌성과 지진과 큰 우박이 있더라

upon their faces, and worshipped God, 17 Saying, We give thee thanks, O Lord God Almighty, which art, and wast, and art to come; because thou hast taken to thee thy great power, and hast reigned. 18 And the nations were angry, and thy wrath is come, and the time of the dead, that they should be judged, and that thou shouldest give reward unto thy servants the prophets, and to the saints, and them that fear thy name, small and great; and shouldest destroy them which destroy the earth. 19 And the temple of God was opened in heaven, and there was seen in his temple the ark of his testament: and there were lightnings, and voices, and thunderings, and an earthquake, and great hail.

계

12

1 큰 이적이 **보이니**
/하늘에

한 여자가 **있는데**
/해를 입은

달이 **있고**
/그[녀의] 발 아래는

면류관을(이) **썼더라**
/열 두 별의 /그 머리에는

2 이 여자가 **배어**
/아이를
부르짖더라
/아파서
애써
/해산하게 되매(=위해)

3 또
다른 이적이 **보이니**
/하늘에

보라!
한 붉은 용이 **있어**
/큰
/머리가 일곱이요
뿔이 열이라
일곱 면류관이 있는데
/그 여러 머리에

4 그 꼬리가 **끌어다가**
/하늘 별 삼분의 일을
던지더라
/땅에

용이 **[서있어]**
/여자 앞에서
/해산하려는

//(목적: ἵνα, so that...may)
그가 해산하면
그 아이를 — 삼키고자 하더니

5 여자가 **낳으니**
/아들을
/남자라
/(이는)43)

12:1 하늘에 큰 이적이 보이니 해를 입은 한 여자가
있는데 그 발 아래는 달이 있고 그 머리에는 열두
별의 면류관을 썼더라 2 이 여자가 아이를 배어 해산하게
되매 아파서 애써 부르짖더라 3 하늘에 또 다른 이적이 보
이니 보라 한 큰 붉은 용이 있어 머리가 일곱이요 뿔이 열
이라 그 여러 머리에 일곱 면류관이 있는데 4 그 꼬리가
하늘 별 삼분의 일을 끌어다가 땅에 던지더라 용이 해산
하려는 여자 앞에서 그가 해산하면 그 아이를 삼키고자 하
더니 5 여자가 아들을 낳으니 이는 장차 철장으로 만국을
다스릴 남자라 그 아이를 하나님 앞과 그 보좌 앞으로 올

12:1 And there appeared a great wonder in heaven; a
woman clothed with the sun, and the moon under
her feet, and upon her head a crown of twelve stars: 2
And she being with child cried, travailing in birth, and
pained to be delivered. 3 And there appeared another
wonder in heaven; and behold a great red dragon, having
seven heads and ten horns, and seven crowns upon his
heads. 4 And his tail drew the third part of the stars of
heaven, and did cast them to the earth: and the dragon
stood before the woman which was ready to be delivered,
for to devour her child as soon as it was born. 5 And
she brought forth a man child, who was to rule all nations

/(이는)[43]
장차 다스릴
/만국을
/철장으로

아이를(가) **올려가더라**
/그[녀의] /하나님 앞과
그 보좌 앞으로

6 그 여자가 **도망하매**
/광야로
/(거기서)[44]
하나님의 예비하신 곳이 있더라

//(목적: ἵνα, so that)
저를 양육하기 위하여
/일천이백육십 일 동안

7 전쟁이 **있으니**
/하늘에

미가엘과
그의 사자들이 **싸울새**
/용으로 더불어

용과
그의 사자들도 **싸우나**

8 [그가] **이기지 못하여**
얻지 못한지라
/저희의 있을 곳을
/나시
/하늘에서

9 큰 용이 **내어쫓기니**

옛 뱀 **내어쫓기니**
/곧 /땅으로
마귀라고도 하고
사단이라고도 하는
꾀는 자라
/온 천하를

그의 사자들도 **내어쫓기니라**
/저와 함께

계

43) 관계대명사

44) 관계부사

려가더라 6 그 여자가 광야로 도망하매 거기서 일천이백
육십 일 동안 저를 양육하기 위하여 하나님의 예비하신 곳
이 있더라 7 하늘에 전쟁이 있으니 미가엘과 그의 사자들
이 용으로 더불어 싸울새 용과 그의 사자들도 싸우나 8 이
기지 못하여 다시 하늘에서 저희의 있을 곳을 얻지 못한지
라 9 큰 용이 내어쫓기니 옛 뱀 곧 마귀라고도 하고 사단
이라고도 하는 온 천하를 꾀는 자라 땅으로 내어쫓기니 그
의 사자들도 저와 함께 내어 쫓기니라 10 내가 또 들으니

with a rod of iron: and her child was caught up unto God,
and to his throne. 6 And the woman fled into the wilderness,
where she hath a place prepared of God, that they should
feed her there a thousand two hundred and threescore
days. 7 And there was war in heaven: Michael and his
angels fought against the dragon; and the dragon fought
and his angels, 8 And prevailed not; neither was their
place found any more in heaven. 9 And the great dragon
was cast out, that old serpent, called the Devil, and Satan,
which deceiveth the whole world: he was cast out into

10 또
내가 **들으니**
/큰 음성이(을) (있어)
/하늘에
/가로되(=말씀하시는)
/이제
구원과
/우리 하나님의
능력과
나라와
또 권세가 — 이루었으니
/그의 그리스도의

//(이유: ὅτι, for)
참소하던 자
/우리 형제들을
곧
참소하던 자가 — 쫓겨났고
/우리 하나님 앞에서
/밤낮

계

내가 **들으니**
11 /또
여러 형제가 — 이기었으니
/저를

//(원인: διά+목적격, because of)
어린 양의 피와
자기의 증거하는 말을 인하여

/그들은 — 아끼지 아니하였도다
/자기 생명을
/죽기까지

12 그러므로
거하는 자들은 **즐거워하라**
/하늘과 그 가운데

그러나
땅과
바다는 **화 있을진저**[45)]

//이는(이유: ὅτι, because)
마귀가 — 내려갔음이라(하더라)
/너희에게
/크게 분내어

//(이유: 분사, because)

45) 직역: 하늘과 땅에게 화있을 진저!

하늘에 큰 음성이 있어 가로되 이제 우리 하나님의 구원과
능력과 나라와 또 그의 그리스도의 권세가 이루었으니 우
리 형제들을 참소하던 자 곧 우리 하나님 앞에서 밤낮 참
소하던 자가 쫓겨났고 11 또 여러 형제가 어린 양의 피와
자기의 증거하는 말을 인하여 저를 이기었으니 그들은 죽
기까지 자기 생명을 아끼지 아니하였도다 12 그러므로 하
늘과 그 가운데 거하는 자들은 즐거워하라 그러나 땅과 바
다는 화 있을진저 이는 마귀가 자기의 때가 얼마 못된 줄

the earth, and his angels were cast out with him. 10 And
I heard a loud voice saying in heaven, Now is come
salvation, and strength, and the kingdom of our God, and
the power of his Christ: for the accuser of our brethren is
cast down, which accused them before our God day and night.
11 And they overcame him by the blood of the Lamb,
and by the word of their testimony; and they loved not
their lives unto the death. 12 Therefore rejoice, ye heavens,
and ye that dwell in them. Woe to the inhabiters of the
earth and of the sea! for the devil is come down unto
you, having great wrath, because he knoweth that he hath
but a short time. 13 And when the dragon saw that he

//(이유: 분사, because)
알므로
/자기의 때가 얼마 못된 줄을[46]

13 용이 보고(when, 상황절)
/자기가 땅으로 내어쫓긴 것을

[그가] **핍박하는지라**
/남자를 낳은 여자를

14 그 여자가 **받아**[47]
/두 날개를
/큰 독수리의

//(목적: ἵνα, so that ...may)
광야 자기 곳으로 — 날아가

거기서(관계부사)
[그녀가] ———— 양육받으매
/그 뱀의 낯을 피하여
/한 때와 두 때와 반 때를

15 뱀이 **토하여**
/물을
/그 입으로
/강같이
/여자의 뒤에서

//(목적: ἵνα, so that...may)
[그가] —— 떠내려가게 하려 하되
/여자를
/물에

16 땅이 **도와**
/여자를
벌려
/그 입을
삼키니
/강물을
/용의 입에서 토한

17 용이 **분노하여**
/여자에게
돌아가서

//(목적: 부정사)

46) 직역 : 그가 짧은 때를 가지고 있음을 알므로

47) 원래는 수동형인데 능동형으로 번역함 - 원래 주어는 두 날개임

계

을 알므로 크게 분내어 너희에게 내려갔음이라 하더라 13
용이 자기가 땅으로 내어쫓긴 것을 보고 남자를 낳은 여자
를 핍박하는지라 14 그 여자가 큰 독수리의 두 날개를 받
아 광야 자기 곳으로 날아가 거기서 그 뱀의 낯을 피하여
한 때와 두 때와 반 때를 양육 받으매 15 여자의 뒤에서
뱀이 그 입으로 물을 강같이 토하여 여자를 물에 떠내려가
게 하려 하되 16 땅이 여자를 도와 그 입을 벌려 용의 입
에서 토한 강물을 삼키니 17 용이 여자에게 분노하여 돌
아가서 그 여자의 남은 자손 곧 하나님의 계명을 지키며
예수의 증거를 가진 자들로 더불어 싸우려고 바다 모래 위

was cast unto the earth, he persecuted the woman which
brought forth the man child. 14 And to the woman were
given two wings of a great eagle, that she might fly into
the wilderness, into her place, where she is nourished for
a time, and times, and half a time, from the face of the
serpent. 15 And the serpent cast out of his mouth water
as a flood after the woman, that he might cause her to
be carried away of the flood. 16 And the earth helped
the woman, and the earth opened her mouth, and swallowed
up the flood which the dragon cast out of his mouth. 17
And the dragon was wroth with the woman, and went to
make war with the remnant of her seed, which keep the

//(목적: 부정사)
싸우려고
/그 여자의 남은 자손(과 더불어)
곧
지키며
/하나님의 계명을
가진 자들로 더불어
/예수의 증거를

18 [그가] **섰더라**[48)]
/바다 모래 위에

13

1 내가 **보니**
/한 짐승이(을)
/나오는데(=나오는)
/바다에서
/뿔이 열이요
/머리가 일곱이라
/열 면류관이 있고
/그 뿔에는
/참람된 이름들이 있더라
/그 머리들에는

2 짐승은 **비슷하고**
/내가 본
/표범과
그 발은 **곰의 발 같고**
그 입은 **입 같은데**
/사자의
용이 **주었더라**
/능력과
/자기의
보좌와
/[자기의]
권세를
/큰
/그에게

3 하나가 **상하여(=상한것같더니)**
/그의 머리
/죽게 된 것 (같더니)
상처가 **나으매**
/그 죽게 되었던
온 땅이 **이상히 여겨**
〈따르고〉
/짐승을

48) 한글개역 성경은 17절 속에 포함시키고 있다. 그러나 번역본들과 원전은 독립적으로 구분하고 있다.

에 섰더라

13:1 내가 보니 바다에서 한 짐승이 나오는데 뿔이
열이요 머리가 일곱이라 그 뿔에는 열 면류관이 있
고 그 머리들에는 참람한 이름들이 있더라 2 내가 본 짐승
은 표범과 비슷하고 그 발은 곰의 발 같고 그 입은 사자의
입 같은데 용이 자기의 능력과 보좌와 큰 권세를 그에게
주었더라 3 그의 머리 하나가 상하여 죽게 된 것 같더니
그 죽게 되었던 상처가 나으매 온 땅이 이상히 여겨 짐승
을 따르고 4 용이 짐승에게 권세를 주므로 용에게 경배하

commandments of God, and have the testimony of Jesus Christ.

13:1 And I stood upon the sand of the sea, and saw
a beast rise up out of the sea, having seven heads
and ten horns, and upon his horns ten crowns, and upon
his heads the name of blasphemy. 2 And the beast which
I saw was like unto a leopard, and his feet were as the
feet of a bear, and his mouth as the mouth of a lion: and
the dragon gave him his power, and his seat, and great
authority. 3 And I saw one of his heads as it were wounded
to death; and his deadly wound was healed: and all the
world wondered after the beast. 4 And they worshipped

4 [그들이] 경배하며
/용에게

//(이유: ὅτι, because)
용이 ——— 주므로
/권세를
/짐승에게

[그들이] 경배하여 가로되 ... 하더라
/짐승에게
/누가 ——— 같으뇨?
/이 짐승과
누가 ——— 능히 싸우리요?
/이로 더불어

5 또
[그가] 받고
/[말]하는 입을
/큰 말과
참람된 말
/짐승이(에게)

또
받으니라
/권세를
/마흔두 달 일할

6 짐승이 벌려
/입을
/[자기의]
/하나님을 향하여

//(목적: 부정사)
훼방하되
/그의 이름과
그의 장막
곧
하늘에 거하는 자들을 (훼방하더라)

7 또
[그가] 〈권세를〉 받아[49]
/성도들과 싸워(=싸움을 행할)
이기게 되고(=이길)
/[그들을]

〈받으니〉
/권세를
/다스리는
/각 족속과 백성과 방언과 나라를

49) 능동형으로 변환된 문맥

계

며 짐승에게 경배하여 가로되 누가 이 짐승과 같으뇨 누가
능히 이로 더불어 싸우리요 하더라 5 또 짐승이 큰 말과
참람된 말하는 입을 받고 또 마흔 두달 일할 권세를 받으
니라 6 짐승이 입을 벌려 하나님을 향하여 훼방하되 그의
이름과 그의 장막 곧 하늘에 거하는 자들을 훼방하더라 7
또 권세를 받아 성도들과 싸워 이기게 되고 각 족속과 백
성과 방언과 나라를 다스리는 권세를 받으니

the dragon which gave power unto the beast: and they worshipped the beast, saying, Who is like unto the beast? who is able to make war with him?
5 And there was given unto him a mouth speaking great things and blasphemies; and power was given unto him to continue forty and two months.
6 And he opened his mouth in blasphemy against God, to blaspheme his name, and his tabernacle, and them that dwell in heaven.
7 And it was given unto him to make war with the saints, and to overcome them: and power was given him over all kindreds, and tongues, and

8 다(모든) 자들은 경배하리라
/이 땅에 사는 /짐승에게
/녹명되지 못하고[50)]
/생명책에
/어린 양의
/죽임을 당한
/창세 이후로

9 [만일]
누구든지 귀가 있거든
[그는] 들을지어다

10 [만일]
[누가] 사로잡는 자는(=사로잡는다면)(if)
[그는] 사로잡힐 것이요

[만일]
[누가] 칼에 죽이는 자는(if)
자기도 마땅히 죽으리니
/칼에

인내와 믿음이 있느니라
/성도들의 /여기

11 또
내가 보매
/다른 짐승이
/올라오니
/땅에서

/[그가] 두 뿔이 있고
/새끼 양같이
말하더라
/용처럼

12 저가 행하고
/권세를
/먼저 나온 짐승의
/모든
/그 앞에서

경배하게 하니
/땅과 땅에 거하는 자들로
/처음 짐승에게
곧
상처가 나은 자니라
/죽게 되었던

50) 직역 : [자기의] 이름이 기록되지 못하고

계

8 죽임을 당한 어린 양의 생명책에 창세 이후로 녹명되지
못하고 이 땅에 사는 자들은 다 짐승에게 경배하리라 9 누
구든지 귀가 있거든 들을지어다 10 사로잡는 자는 사로잡
힐 것이요 칼에 죽이는 자는 자기도 마땅히 칼에 죽으리니
성도들의 인내와 믿음이 여기 있느니라 11 내가 보매 또
다른 짐승이 땅에서 올라오니 새끼 양같이 두 뿔이 있고
용처럼 말하더라 12 저가 먼저 나온 짐승의 모든 권세를
그 앞에서 행하고 땅과 땅에 거하는 자들로 처음 짐승에게
경배하게 하니 곧 죽게 되었던 상처가 나은 자니라 13 큰
이적을 행하되 심지어 사람들 앞에서 불이 하늘로부터 땅

nations. 8 And all that dwell upon the earth shall worship
him, whose names are not written in the book of life of
the Lamb slain from the foundation of the world. 9 If
any man have an ear, let him hear. 10 He that leadeth
into captivity shall go into captivity: he that killeth with
the sword must be killed with the sword. Here is the
patience and the faith of the saints. 11 And I beheld
another beast coming up out of the earth; and he had two
horns like a lamb, and he spake as a dragon. 12 And he
exerciseth all the power of the first beast before him, and

13 [그가] **행하되**
/큰 이적을

//심지어(결과: ἵνα, so that)
불이 ——— 내려오게 하고
/하늘로부터
/땅에
/사람들 앞에서

14 [그가] **미혹하며**
/땅에 거하는 자들을
/이적을(=이적으로)
/받은 바
/짐승 앞에서 행함으로(=행하기 위해)

이르기를...하더라
/땅에 거하는 자들에게
/우상을 만들라
/짐승을 위하여
/칼에 상하였다가 살아난

15 저가 **권세를 받아**[51)]

//(목적: 부정사)
생기를 ——— 주어
/우상에게
/그 짐승의

//우상으로 ——— 말하게 하고
/그 짐승의

//또
[만일]
경배하지 아니하는 자는(=경배하지 않는다면)
/짐승의 우상에게
몇이든지 —— 다 죽이게 하더라

16 저가 **하고(=행하게하고)**
/모든 자(들을)
/곧
작은 자나
큰 자나
부자나
빈궁한 자나
자유한 자나
종들로

//(목적: ἵνα, to부정사)

계

에 내려오게 하고 14 짐승 앞에서 받은 바 이적을 행함으로 땅에 거하는 자들을 미혹하며 땅에 거하는 자들에게 이르기를 칼에 상하였다가 살아난 짐승을 위하여 우상을 만들라 하더라 15 저가 권세를 받아 그 짐승의 우상에게 생기를 주어 그 짐승의 우상으로 말하게 하고 또 짐승의 우상에게 경배하지 아니하는 자는 몇이든지 다 죽이게 하더라 16 저가 모든 자 곧 작은 자나 큰 자나 부자나 빈궁한 자나 자유한 자나 종들로 그 오른손에나 이마에 표를 받게

causeth the earth and them which dwell therein to worship the first beast, whose deadly wound was healed. 13 And he doeth great wonders, so that he maketh fire come down from heaven on the earth in the sight of men, 14 And deceiveth them that dwell on the earth by the means of those miracles which he had power to do in the sight of the beast; saying to them that dwell on the earth, that they should make an image to the beast, which had the wound by a sword, and did live. 15 And he had power to give life unto the image of the beast, that the image of the beast should both speak, and cause that as many as would not worship the image of the beast should be killed. 16 And he causeth all, both

//(목적: ἵνα, to부정사)
표를 받게
/그 오른손에나
이마에
/[자기의]

저가 **하고(=행하게하고)**

17 //(목적: ἵνα)
누구든지 ——— 매매를 못하게 하니
/이 표를 가진 자 외에는

/(이 표는)
곧 짐승의 이름이나
그 이름의 수라

18 지혜가 **여기 있으니**
총명 있는 자는 **세어 보라**
/그 짐승의 수를
그 수는 **사람의 수니**
육백육십육이니라

계

14

1 또
내가 **보니**

보라!
어린 양이 **섰고**
/시온 산에
십사만 사천이 **섰는데**
/그와 함께

있도다(=가지고 있었다)
/이름과
/어린 양의
/이름을
/그 아버지의

/쓴 (것이)
/그[들의] 이마에

2 내가 **들으니**
/소리를
/하늘에서 나는
/많은 물 소리도 같고
/큰 뇌성도 같은데

하고 17 누구든지 이 표를 가진 자 외에는 매매를 못하게
하니 이 표는 곧 짐승의 이름이나 그 이름의 수라 18 지혜
가 여기 있으니 총명 있는 자는 그 짐승의 수를 세어 보라
그 수는 사람의 수니 육백 육십육이니라

14:1 또 내가 보니 어린 양이 시온 산에 섰고 그와 함
께 십사만사천이 섰는데 그 이마에 어린 양의 이름
과 그 아버지의 이름을 쓴 것이 있도다 2 내가 하늘에서
나는 소리를 들으니 많은 물소리도 같고 큰 뇌성도 같은데
내게 들리는 소리는 거문고 타는 자들의 그 거문고 타는

small and great, rich and poor, free and bond, to receive
a mark in their right hand, or in their foreheads: 17 And
that no man might buy or sell, save he that had the mark,
or the name of the beast, or the number of his name. 18
Here is wisdom. Let him that hath understanding count
the number of the beast: for it is the number of a man;
and his number is Six hundred threescore and six.

14:1 And I looked, and, lo, a Lamb stood on the
mount Sion, and with him an hundred forty and
four thousand, having his Father's name written in their
foreheads. 2 And I heard a voice from heaven, as the

소리는
/내게 들리는
같더라
/그[들의] 거문고 타는 것
/거문고 타는 자들의

3 저희가
부르니
/새 노래를
/보좌[앞에서]와
네 생물[앞에서]과
장로들 앞에서

능히 배울 자가
/이 노래를
없더라
/십사만 사천 인밖에는
/구속함을 얻은
/땅에서

4 이 사람들은
더럽히지 아니하고
/여자로 더불어

//(이유: γάρ, for)
정절이 있는 자라

[이 사람들은]
따라가는 자며
/어린 양이 어디로 인도하든지

구속을 받아 ...속한 자들이니
/사람 가운데서
/하나님과 어린 양에게
/처음 익은 열매로

5 **거짓말이 없고**
/그[들의] 입에

흠이 없는 자들이더라

6 또
[내가]
보니
/다른 천사가(를)
/날아가는데
/공중에
/가졌더라(=가지고 있는)
/복음을
/영원한
/전할
/땅에 거하는 자들[에게]
곧 여러 나라와 족속과 방언과 백성에게

계

것 같더라 3 저희가 보좌와 네 생물과 장로들 앞에서 새
노래를 부르니 땅에서 구속함을 얻은 십사만사천 인밖에는
능히 이 노래를 배울 자가 없더라 4 이 사람들은 여자로
더불어 더럽히지 아니하고 정절이 있는 자라 어린 양이 어
디로 인도하든지 따라가는 자며 사람 가운데서 구속을 받
아 처음 익은 열매로 하나님과 어린 양에게 속한 자들이니
5 그 입에 거짓말이 없고 흠이 없는 자들이더라 6 또 보니
다른 천사가 공중에 날아가는데 땅에 거하는 자들 곧 여러
나라와 족속과 방언과 백성에게 전할 영원한 복음을 가졌
더라 7 그가 큰 음성으로 가로되 하나님을 두려워하며 그

voice of many waters, and as the voice of a great thunder:
and I heard the voice of harpers harping with their harps:
3 And they sung as it were a new song before the throne,
and before the four beasts, and the elders: and no man
could learn that song but the hundred and forty and four
thousand, which were redeemed from the earth. 4 These
are they which were not defiled with women; for they
are virgins. These are they which follow the Lamb
whithersoever he goeth. These were redeemed from among
men, being the firstfruits unto God and to the Lamb. 5
And in their mouth was found no guile: for they are
without fault before the throne of God. 6 And I saw
another angel fly in the midst of heaven, having the everlasting
gospel to preach unto them that dwell on the earth, and

7 그가

가로되(...하더라)
/큰 음성으로
/[너희는] — 두려워하며
/하나님을
— 돌리라
/영광을
/그에게

//이는(이유: ὅτι, for)
시간이 — 이르렀음이니
/심판하실
/그의

/[너희는] — 경배하라
/만드신 이를
/하늘과 땅과 바다와
물들의 근원을

8 또
다른 천사
/곧 둘째가

그 뒤를 따라(=뒤를 따랐다)
/말하되(=말하면서)
/바벨론이(여) — 무너졌도다
/큰 성 — 무너졌도다
/먹이던 자로다 (하더라)
/모든 나라를
/그 음행으로 인하여
/진노의 포도주로

9 또
다른 천사
곧 셋째가

그 뒤를 따라(=뒤를 따랐다)
/가로되
/큰 음성으로
/만일
누구든지 — 경배하고
/짐승과
그의 우상에게
— 받으면
/표를
/이마에나
손에

10 /그도 — 마시리니
/포도주를
/하나님의 진노의
/부은 포도주라
/그 진노의 잔에
/섞인 것이 없이

— 고난을 받으리니

계

에게 영광을 돌리라 이는 그의 심판하실 시간이 이르렀음
이니 하늘과 땅과 바다와 물들의 근원을 만드신 이를 경배
하라 하더라 8 또 다른 천사 곧 둘째가 그 뒤를 따라 말하
되 무너졌도다 무너졌도다 큰 성 바벨론이여 모든 나라를
그 음행으로 인하여 진노의 포도주로 먹이던 자로다 하더
라 9 또 다른 천사 곧 세째가 그 뒤를 따라 큰 음성으로
가로되 만일 누구든지 짐승과 그의 우상에게 경배하고 이
마에나 손에 표를 받으면 10 그도 하나님의 진노의 포도
주를 마시리니 그 진노의 잔에 섞인 것이 없이 부은 포도
주라 거룩한 천사들 앞과 어린 양 앞에서 불과 유황으로

to every nation, and kindred, and tongue, and people, 7 Saying
with a loud voice, Fear God, and give glory to him; for
the hour of his judgment is come: and worship him that
made heaven, and earth, and the sea, and the fountains of
waters. 8 And there followed another angel, saying, Babylon
is fallen, is fallen, that great city, because she made all
nations drink of the wine of the wrath of her fornication.
9 And the third angel followed them, saying with a loud voice,
If any man worship the beast and his image, and receive
his mark in his forehead, or in his hand, 10 The same
shall drink of the wine of the wrath of God, which is
poured out without mixture into the cup of his indignation;
and he shall be tormented with fire and brimstone in the
presence of the holy angels, and in the presence of the

고난을 받으리니
/거룩한 천사들 앞과
어린 양 앞에서
/불과 유황으로

11 /연기가 —— 올라가리로다
/고난의 /세세토록
/그[들의]

/경배하고 —— 얻지 못하리라(하더라)
/짐승과 /쉼을
우상에게 /밤낮
/그의
받는 자는
/표를
/이름
/그의
누구든지

12 인내가 **여기 있나니**
/성도들의

저희는 **지키는 자니라**
/하나님의 계명과
예수 믿음을

13 또
내가 **들으니**
/음성이
/하늘에서
/나서 가로되(=말씀하시는)
/[너는] —— 기록하라
죽는 자들은 —— 복이 있도다(하시매)
/주 안에서

/성령이 —— 가라사대
/그러하다
/[그들이] —— 그치고
/저희 수고를
쉬리니

//이는(이유: γάρ, for)
일이 —— 따름이라(하시더라)
/저희의 행한

고난을 받으리니 11 그 고난의 연기가 세세토록 올라가리
로다 짐승과 그의 우상에게 경배하고 그 이름의 표를 받는
자는 누구든지 밤낮 쉼을 얻지 못하리라 하더라 12 성도
들의 인내가 여기 있나니 저희는 하나님의 계명과 예수 믿
음을 지키는 자니라 13 또 내가 들으니 하늘에서 음성이
나서 가로되 기록하라 자금 이후로 주 안에서 죽는 자들은
복이 있도다 하시매 성령이 가라사대 그러하다 저희 수고
를 그치고 쉬리니 이는 저희의 행한 일이 따름이라 하시더
라 14 또 내가 보니 흰 구름이 있고 구름 위에 사람의 아
들과 같은 이가 앉았는데 그 머리에는 금 면류관이 있고

Lamb: 11 And the smoke of their torment ascendeth up
for ever and ever: and they have no rest day nor night,
who worship the beast and his image, and whosoever receiveth
the mark of his name. 12 Here is the patience of the
saints: here are they that keep the commandments of God,
and the faith of Jesus. 13 And I heard a voice from heaven
saying unto me, Write, Blessed are the dead which die in
the Lord from henceforth: Yea, saith the Spirit, that they
may rest from their labours; and their works do follow
them. 14 And I looked, and behold a white cloud, and
upon the cloud one sat like unto the Son of man, having
on his head a golden crown, and in his hand a sharp
sickle. 15 And another angel came out of the temple,
crying with a loud voice to him that sat on the cloud,

14 또
내가 **보니**

[보라!]
흰 구름이 **있고**
/구름 위에
앉았는데
/사람의 아들과 같은 (이가)
있고(=가지고)
/금면류관이(을)
/그 머리에는
가졌더라
/이한 낫을
/그 손에는

15 또
다른 천사가 **나와**
/성전으로부터
/외쳐 가로되(=외치면서)...하니
/구름 위에 앉은 이를 향하여
/큰 음성으로
/[너는] —— 휘둘러
/네 낫을
—— 거두라

//(이유: ὅτι, for)
때가 —— 이르러
/거둘

곡식이 —— 다 익었음이로다
/땅에

16 앉으신 이가 **휘두르매**
/구름 위에
/낫을
/[그의]
/땅에

곡식이 **거두어지니라**

17 또
다른 천사가 **나오는데**
/성전에서
/하늘에 있는
/또한 가졌더라(=가지면서)
/이한 낫을

18 또
다른 천사가 **나와**
/불을 다스리는
/제단으로부터

그 손에는 이한 낫을 가졌더라 15 또 다른 천사가 성전으로부터 나와 구름 위에 앉은 이를 향하여 큰 음성으로 외쳐 가로되 네 낫을 휘둘러 거두라 거둘 때가 이르러 땅에 곡식이 다 익었음이로다 하니 16 구름 위에 앉으신 이가 낫을 땅에 휘두르매 곡식이 거두어지니라 17 또 다른 천사가 하늘에 있는 성전에서 나오는데 또한 이한 낫을 가졌더라 18 또 불을 다스리는 다른 천사가 제단으로부터 나와 이한 낫 가진 자를 향하여 큰 음성으로 불러 가로되 네 이한 낫을 휘둘러 땅의 포도송이를 거두라 그 포도가 익었느니라 하더라

Thrust in thy sickle, and reap: for the time is come for thee to reap; for the harvest of the earth is ripe. 16 And he that sat on the cloud thrust in his sickle on the earth; and the earth was reaped. 17 And another angel came out of the temple which is in heaven, he also having a sharp sickle. 18 And another angel came out from the altar, which had power over fire; and cried with a loud cry to him that had the sharp sickle, saying, Thrust in thy sharp sickle, and gather the clusters of the vine of the earth; for her grapes are fully ripe. 19 And the angel

불러
/가로되
/이한 낫 가진 자를 향하여
/큰 음성으로
/[너는] ── 휘둘러
/네 이한 낫을
└ 거두라
/땅의 포도송이를
//(이유: ὅτι, for)
그 포도가 익었느니라 (하더라)

19 천사가 **휘둘러**
/낫을
/[그의]
/땅에
거두어
/땅의 포도를
던지매
/큰 포도주 틀에
/하나님의 진노의

20 그 틀이 **밟히니**
/성 밖에서
피가 **나서**
/틀에서
닿았고
/말굴레까지
퍼졌더라
/일천육백 스다디온에

15

1 또
[내가] **보매**
/다른 이적을
/크고
/이상한
/하늘에
일곱 천사가 **가졌으니**
/일곱 재앙을
/곧
마지막 재앙이라

계

19 천사가 낫을 땅에 휘둘러 땅의 포도를 거두어 하나님
의 진노의 큰 포도주 틀에 던지매 20 성 밖에서 그 틀이
밟히니 틀에서 피가 나서 말굴레까지 닿았고 일천육백 스
다디온에 퍼졌더라

15:1 또 하늘에 크고 이상한 다른 이적을 보매 일곱
천사가 일곱 재앙을 가졌으니 곧 마지막 재앙이라
하나님의 진노가 이것으로 마치리로다 2 또 내가 보니 불
이 섞인 유리 바다 같은 것이 있고 짐승과 그의 우상과 그
의 이름의 수를 이기고 벗어난 자들이 유리 바닷가에 서서

thrust in his sickle into the earth, and gathered the vine
of the earth, and cast it into the great winepress of the
wrath of God. 20 And the winepress was trodden without
the city, and blood came out of the winepress, even unto
the horse bridles, by the space of a thousand and six
hundred furlongs.

15:1 And I saw another sign in heaven, great and
marvellous, seven angels having the seven last
plagues; for in them is filled up the wrath of God. 2 And
I saw as it were a sea of glass mingled with fire: and
them that had gotten the victory over the beast, and over
his image, and over his mark, and over the number of

진노가 마치리로다
/하나님의 /이것으로

2 또
내가 **보니**
/유리 바다 같은 것(이 있고=있는 것을)
/불이 섞인
/이기고 벗어난 자들이(을)
/짐승과
그의 우상과
그의 이름의 수를
/서서(=서 있는)
/유리 바다 가에
/가지고
/하나님의 거문고를

3 [그들이] **불러**
/모세의 노래,
/하나님의 종
어린 양의 노래를
/가로되(=말하면서)
/주[여]!
하나님[이시여]!
/곧 전능하신 이시여!
하시는 일이 ── 크고
/[당신의] ── 기이하시도다
/왕이시여!
/만국의
주의 길이 ── 의롭고
── 참되시도다
4 /주여!
누가 ── 두려워하지 아니하며
── 영화롭게 하지 아니하오리이까?
/주의 이름을
//(이유: ὅτι, for)
주만 ── 거룩하시니이다
/오직
//(이유: ὅτι, for)
만국이 ── 와서
── 경배하리이다(하더라)
/주께
//(이유: ὅτι, for)
주의 의로우신 일이 나타났으매

5 또
내가 **보니**
/이 일 후에

하나님의 거문고를 가지고 3 하나님의 종 모세의 노래, 어린 양의 노래를 불러 가로되 주 하나님 곧 전능하신 이시여 하시는 일이 크고 기이하시도다 만국의 왕이시여 주의 길이 의롭고 참되시도다 4 주여 누가 주의 이름을 두려워하지 아니하며 영화롭게 하지 아니하오리이까 오직 주만 거룩하시니이다 주의 의로우신 일이 나타났으매 만국이 와서 주께 경배하리이다 하더라 5 또 이 일 후에 내가 보니 하늘에 증거 장막의 성전이 열리며 6 일곱 재앙을 가진 일

his name, stand on the sea of glass, having the harps of God. 3 And they sing the song of Moses the servant of God, and the song of the Lamb, saying, Great and marvellous are thy works, Lord God Almighty; just and true are thy ways, thou King of saints. 4 Who shall not fear thee, O Lord, and glorify thy name? for thou only art holy: for all nations shall come and worship before thee; for thy judgments are made manifest. 5 And after that I looked,

성전이 **열리며**
/증거 장막의 /하늘에

6 천사가 **나와**
/일곱 /성전으로부터
/일곱 재앙을 가진 /옷을 입고[52]
/세마포
/맑고
/빛난
/띠고[53]
/금띠를
/가슴에

7 하나가 **주니**
/네 생물 중에 /금대접 일곱을
/가득히 담은
/진노를
/하나님의
/세세에 계신
/그 일곱 천사에게

8 성전에(이) **차게 되매**
/연기가(로)
/하나님의 영광과 능력을 인하여[54]

재앙이 마치기까지는
/일곱
/일곱 천사의
능히 들어갈 사가 **있더라**[55]
/성전에

16

1 또
내가 **들으니**
/큰 음성이 (나서)
/성전에서
/말하되(=말하는)(...하더라)
/일곱 천사에게
/너희는 ─ 가서
└ 쏟으라
/대접을
/하나님의 진노의
/일곱
/땅에

계

52) 분사

53) 분사

54) 출처 : from

55) 직역: 아무도 성전에 들어갈 수 없었다.

곱 천사가 성전으로부터 나와 맑고 빛난 세마포 옷을 입고 가슴에 금띠를 띠고 7 네 생물 중에 하나가 세세에 계신 하나님의 진노를 가득히 담은 금대접 일곱을 그 일곱 천사에게 주니 8 하나님의 영광과 능력을 인하여 성전에 연기가 차게 되매 일곱 천사의 일곱 재앙이 마치기까지는 성전에 능히 들어갈 자가 없더라

16:1 또 내가 들으니 성전에서 큰 음성이 나서 일곱 천사에게 말하되 너희는 가서 하나님의 진노의 일곱 대접을 땅에 쏟으라 하더라

and, behold, the temple of the tabernacle of the testimony in heaven was opened: 6 And the seven angels came out of the temple, having the seven plagues, clothed in pure and white linen, and having their breasts girded with golden girdles. 7 And one of the four beasts gave unto the seven angels seven golden vials full of the wrath of God, who liveth for ever and ever. 8 And the temple was filled with smoke from the glory of God, and from his power; and no man was able to enter into the temple, till the seven plagues of the seven angels were fulfilled.

16:1 And I heard a great voice out of the temple saying to the seven angels, Go your ways, and pour out the vials of the wrath of God upon the earth.

계

2 첫째가 가서
쏟으며
/그 대접을
/땅에

헌데가 나더라
/악하고 /받은 사람들과
독한 /짐승의 표를
경배하는 자들에게
/그 우상에게

3 둘째가 쏟으매
/그 대접을
/바다에

바다가 피같이 되니
/(곧) 죽은 자의

생물이 죽더라
/모든
/바다 가운데

4 셋째가 쏟으매
/그 대접을
/강과
물[의] 근원에

[그것이] 피가 되더라

5 내가 들으니
/가로되(=말하는 것을)[56)]
/물을 차지한 천사가(의)
/거룩하신 이여!
/전에도 계셨고
시방도 계신
/[당신은] —— 의로우시도다

//(이유: ὅτι, for)
[당신이] —— 심판하시니
/이렇게

6 //(이유: ὅτι, for)
저희가 —— 흘렸으므로
/피를
/성도들과
선지자들의

/[당신이] —— 하신 것이(=주셨습니다)

56) 분사

2 첫째가 가서 그 대접을 땅에 쏟으매 악하고 독한 헌데가
짐승의 표를 받은 사람들과 그 우상에게 경배하는 자들에
게 나더라 3 둘째가 그 대접을 바다에 쏟으매 바다가 곧
죽은 자의 피같이 되니 바다 가운데 모든 생물이 죽더라 4
세째가 그 대접을 강과 물 근원에 쏟으매 피가 되더라 5
내가 들으니 물을 차지한 천사가 가로되 전에도 계셨고 시
방도 계신 거룩하신 이여 이렇게 심판하시니 의로우시도다
6 저희가 성도들과 선지자들의 피를 흘렸으므로 저희로
피를 마시게 하신 것이 합당하니이다 하더라

Rev. 16:2 And the first went, and poured out his vial
upon the earth; and there fell a noisome and grievous sore
upon the men which had the mark of the beast, and upon
them which worshipped his image. 3 And the second
angel poured out his vial upon the sea; and it became as
the blood of a dead man: and every living soul died in
the sea. 4 And the third angel poured out his vial upon
the rivers and fountains of waters; and they became blood.
5 And I heard the angel of the waters say, Thou art
righteous, O Lord, which art, and wast, and shalt be,
because thou hast judged thus. 6 For they have shed the
blood of saints and prophets, and thou hast given them

/[당신이] —— 하신 것이(=주셨습니다)
/마시게
/피를
/저희로(=저희에게)

/[그들은] —— 합당하니이다 하더라

7 또
내가 **들으니**
/말하기를(=말씀하는 것을)
/제단이(의)
/그러하다
주 하나님[이시여]!
/곧 전능하신 이시여!
심판하시는 것이 ── **참되시고**
/[당신의] └ **의로우시도다** 하더라

8 넷째가 **쏟으매**
/그[의] 대접을
/해에

권세를 받아
/태우니(=태울)
/사람들을
/불로
/해에게

9 사람들이 **태워진지라**
/크게 태움에

훼방하며
/하나님의 이름을
/권세를 가지신
/이 재앙들을 행하는

또
회개하여(지) 아니하더라
/돌리지(=돌리려)
/영광을
/주께

10 또
다섯째가 **쏟으니**
/그 대접을
/짐승의 보좌에

나라가 **(곧) 어두워지며**
/그[의]

계

7 또 내가 들으니 제단이 말하기를 그러하다 주 하나님
곧 전능하신이시여 심판하시는 것이 참되시고 의로우시도
다 하더라 8 네째가 그 대접을 해에 쏟으매 해가 권세를
받아 불로 사람들을 태우니 9 사람들이 크게 태움에 태워
진지라 이 재앙들을 행하는 권세를 가지신 하나님의 이름
을 훼방하며 또 회개하여 영광을 주께 돌리지 아니하더라
10 또 다섯째가 그 대접을 짐승의 보좌에 쏟으니 그 나라
가 곧 어두워지며 사람들이 아파서 자기 혀를 깨물고 11

blood to drink; for they are worthy. 7 And I heard another
out of the altar say, Even so, Lord God Almighty, true
and righteous are thy judgments. 8 And the fourth angel poured
out his vial upon the sun; and power was given unto him
to scorch men with fire. 9 And men were scorched with
great heat, and blasphemed the name of God, which hath
power over these plagues: and they repented not to give
him glory. 10 And the fifth angel poured out his vial
upon the seat of the beast; and his kingdom was full of
darkness; and they gnawed their tongues for pain, 11 And

사람들이 **깨물고**
/자기 혀를
/아파서(=아픔으로 인해)

11 **훼방하고**
/하늘의 하나님을

//(원인: ἐκ, because of)
아픈 것과
종기로 인하여

회개치 아니하더라
/저희 행위를

12 또
여섯째가 **쏟으매**
/그[의] 대접을
/큰 강 유브라데에

강물이 **말라서**

//(목적: ἵνα, so that)
길이 ——— 예비되더라
/왕들의
/동방에서 오는

13 또
내가 **보매**
/영이 ——— 〈나오니(=나오는 것을)〉
/세 /용의 입과
/더러운 /짐승의 입과
/개구리 같은 /거짓 선지자의 입에서

14 저희는 **영이라**[57)]
/귀신의
/행하여(=행하는)
/이적을

/[그것이] —— 가서[58)]
/임금들에게
/온 천하
/모으더라(=모으려고)
/그들을
/전쟁을 위하여
/큰 날에(=날의)
/하나님[의]
곧 전능하신 이의

57) 강조적인 γάρ

58) 관계대명사가 주체인 문장 이다. 선행사는 "영"이다.

아픈 것과 종기로 인하여 하늘의 하나님을 훼방하고 저희
행위를 회개치 아니하더라 12 또 여섯째가 그 대접을 큰
강 유브라데에 쏟으매 강물이 말라서 동방에서 오는 왕들
의 길이 예비되더라 13 또 내가 보매 개구리 같은 세 더러
운 영이 용의 입과 짐승의 입과 거짓 선지자의 입에서 나
오니 14 저희는 귀신의 영이라 이적을 행하여 온 천하 임
금들에게 가서 하나님 곧 전능하신 이의 큰 날에 전쟁을
위하여 그들을 모으더라 15 보라 내가 도적같이 오리니
누구든지 깨어 자기 옷을 지켜 벌거벗고 다니지 아니하며
자기의 부끄러움을 보이지 아니하는 자가 복이 있도다 16

blasphemed the God of heaven because of their pains and
their sores, and repented not of their deeds. 12 And the
sixth angel poured out his vial upon the great river
Euphrates; and the water thereof was dried up, that the
way of the kings of the east might be prepared. 13 And
I saw three unclean spirits like frogs come out of the
mouth of the dragon, and out of the mouth of the beast,
and out of the mouth of the false prophet. 14 For they
are the spirits of devils, working miracles, which go forth unto
the kings of the earth and of the whole world, to gather
them to the battle of that great day of God Almighty. 15
Behold, I come as a thief. Blessed is he that watcheth,
and keepeth his garments, lest he walk naked, and they
see his shame. 16 And he gathered them together into a

15 보라!
내가 오리니
/도적같이

자가 복이 있도다
/(누구든지)
/깨어[있는 자]
/지켜(=지키는 자)
/자기 옷을

//(목적: ἵνα, so that)
[그가] 벌거벗고 다니지 아니하며
보이지 아니하는(=아니하려고)
/자기의 부끄러움을

16 세 영이 모으더라
/왕들을
/아마겟돈이라 하는 곳으로
/히브리 음으로

17 일곱째가 쏟으매
/그[의] 대접을
/공기 가운데

큰 음성이 나서
/가로되(...하니) /성전에서
/되었다 /보좌로부터

18 번개와
음성들과
뇌성이 있고

또
큰 지진이 있어

사람이 땅에 있어 옴으로(=온 이래로)
큰 지진이 없었더라
/이같이

어찌 큰지!

19 성이 갈라지고
/큰 /세 갈래로
성들도 무너지니
/만국의
바벨론이 기억하신 바 되어
/큰 성 /하나님 앞에

//(목적: 부정사)

계

세 영이 히브리 음으로 아마겟돈이라 하는 곳으로 왕들을
모으더라 17 일곱째가 그 대접을 공기 가운데 쏟으매 큰
음성이 성전에서 보좌로부터 나서 가로되 되었다 하니 18
번개와 음성들과 뇌성이 있고 또 큰 지진이 있어 어찌 큰
지 사람이 땅에 있어 옴으로 이같이 큰 지진이 없었더라
19 큰 성이 세 갈래로 갈라지고 만국의 성들도 무너지니
큰 성 바벨론이 하나님 앞에 기억하신 바 되어 그의 맹렬
한 진노의 포도주 잔을 받으매 20 각 섬도 없어지고 산악

place called in the Hebrew tongue Armageddon. 17 And
the seventh angel poured out his vial into the air; and
there came a great voice out of the temple of heaven,
from the throne, saying, It is done. 18 And there were
voices, and thunders, and lightnings; and there was a great
earthquake, such as was not since men were upon the
earth, so mighty an earthquake, and so great. 19 And the
great city was divided into three parts, and the cities of
the nations fell: and great Babylon came in remembrance
before God, to give unto her the cup of the wine of the

//(목적: 부정사)
받으매(=받기 위해)
/포도주 잔을
/진노의
/맹렬한
/그의

20 각 섬도 **없어지고**
산악도 **간데없더라**

21 또
우박이 **내리매**
/큰 /하늘로부터
/중수가 한 달란트나 되는 /사람들에게

사람들이 **훼방하니**
/하나님을

//(원인: ἐκ, because of)
그 박재로 인하여

//(이유: ὅτι, for)
그 재앙이 —— 큼이러라
/심히

17

1 또
하나가 **와서**
/일곱 천사 중
/일곱 대접을 가진

말하여 가로되
/내게

/[너는] —— 이리 오라

//(결과)
[내가] —— 보이리라
/심판을
/큰 음녀의 받을
/많은 물 위에 앉은
/네게

2 /임금들도 —— 음행하였고
/땅의 /그로 더불어
/거하는 자들도 —— 취하였다 (하고)
/땅에 /그 음행의 포도주에

도 간데 없더라 21 또 중수가 한 달란트나 되는 큰 우박이
하늘로부터 사람들에게 내리매 사람들이 그 박재로 인하여
하나님을 훼방하니 그 재앙이 심히 큼이러라

17:1 또 일곱 대접을 가진 일곱 천사 중 하나가 와서
내게 말하여 가로되 이리 오라 많은 물 위에 앉은
큰 음녀의 받을 심판을 네게 보이리라 2 땅의 임금들도 그
로 더불어 음행하였고 땅에 거하는 자들도 그 음행의 포도

fierceness of his wrath. 20 And every island fled away,
and the mountains were not found. 21 And there fell upon
men a great hail out of heaven, every stone about the
weight of a talent: and men blasphemed God because of
the plague of the hail; for the plague thereof was exceeding
great.

17:1 And there came one of the seven angels which
had the seven vials, and talked with me, saying unto
me, Come hither; I will shew unto thee the judgment of
the great whore that sitteth upon many waters: 2 With
whom the kings of the earth have committed fornication,
and the inhabitants of the earth have been made drunk

3 곧
[그가] 데리고 ...가니라
/나를
/성령으로
/광야로

내가 보니
/여자가(를)
/탔는데(=타고 있는)
/짐승을
/붉은 빛
/가득하고
/이름들이(을)
/참람된
/그 짐승의 몸에
/있으며(=가지고 있으며)
/일곱 머리와
열 뿔이(=을)

4 그 여자는 옷을 입고
/자주 빛과
붉은 빛

꾸미고
/금과 보석과 진주로

가졌는데
/금잔을
/손에

가득하더라
/가증한 물건과
그의 음행의 더러운 것들이(=것들로)

5 이름이 기록되었으니
/그[녀의] 이마에

〈하였더라〉
/비밀이라,
/큰 바벨론이라,
/어미라
/땅의 음녀들과
가증한 것들의

6 또
내가 보매
/이 여자가(를)
/취한지라(=취한 것을)
/성도들의 피와
예수의 증인들의 피에

계

주에 취하였다 하고 3 곧 성령으로 나를 데리고 광야로 가
니라 내가 보니 여자가 붉은 빛 짐승을 탔는데 그 짐승의
몸에 참람된 이름들이 가득하고 일곱 머리와 열 뿔이 있으
며 4 그 여자는 자주빛과 붉은빛 옷을 입고 금과 보석과
진주로 꾸미고 손에 금잔을 가졌는데 가증한 물건과 그의
음행의 더러운 것들이 가득하더라 5 그 이마에 이름이 기
록되었으니 비밀이라, 큰 바벨론이라, 땅의 음녀들과 가증
한 것들의 어미라 하였더라 6 또 내가 보매 이 여자가 성
도들의 피와 예수의 증인들의 피에 취한지라 내가 그 여자
를 보고 기이히 여기고 크게 기이히 여기니 7 천사가 가로

with the wine of her fornication. 3 So he carried me away
in the spirit into the wilderness: and I saw a woman sit
upon a scarlet coloured beast, full of names of blasphemy,
having seven heads and ten horns. 4 And the woman was
arrayed in purple and scarlet colour, and decked with gold
and precious stones and pearls, having a golden cup in
her hand full of abominations and filthiness of her fornication:
5 And upon her forehead was a name written, MYSTERY,
BABYLON THE GREAT, THE MOTHER OF HARLOTS AND
ABOMINATIONS OF THE EARTH. 6 And I saw the woman
drunken with the blood of the saints, and with the blood
of the martyrs of Jesus: and when I saw her, I wondered

내가	보고(=when) /그 여자를
[내가]	**기이히 여기고** **크게 기이히 〈여기니〉**
7 천사가	**가로되** /[나에게] /왜 기이히 여기느냐? 내가 — 이르리라 /비밀을 /여자와 /일곱 머리와 /그의 탄 바 /짐승의 /열 뿔 가진 /네게
8 짐승은 /네가 본	**전에 있었다가**
	시방 없으나 **장차 올라와** /무저갱으로부터 **들어갈 자니** /멸망으로
자들로서(=자들이) /땅에 거하는 /녹명되지 못한 /창세 이후로 /생명책에	**기이히 여기리라** /보고 /짐승을 /이전에 있었다가 시방은 없으나 장차 나올
9 뜻이 /지혜 있는	**여기 있으니**
머리는 /그 일곱	**일곱 산이요** /여자가 앉은
10 또	
	일곱 왕이라
다섯은 하나는 다른 이는	**망하였고** **있고** **아직 이르지 아니하였으나**
이르면(=when) [그가]	**반드시 계속하리라** /잠깐 동안

계

되 왜 기이히 여기느냐 내가 여자와 그의 탄 바 일곱 머리
와 열 뿔 가진 짐승의 비밀을 네게 이르리라 8 네가 본 짐
승은 전에 있었다가 시방 없으나 장차 무저갱으로부터 올
라와 멸망으로 들어갈 자니 땅에 거하는 자들로서 창세 이
후로 생명책에 녹명되지 못한 자들이 이전에 있었다가 시
방 없으나 장차 나올 짐승을 보고 기이히 여기리라 9 지혜
있는 뜻이 여기 있으니 그 일곱 머리는 여자가 앉은 일곱
산이요 10 또 일곱 왕이라 다섯은 망하였고 하나는 있고
다른 이는 아직 이르지 아니하였으나 이르면 반드시 잠간
동안 계속하리라 11 전에 있었다가 시방 없어진 짐승은

with great admiration. 7 And the angel said unto me, Wherefore
didst thou marvel? I will tell thee the mystery of the
woman, and of the beast that carrieth her, which hath the
seven heads and ten horns. 8 The beast that thou sawest
was, and is not; and shall ascend out of the bottomless
pit, and go into perdition: and they that dwell on the earth
shall wonder, whose names were not written in the book
of life from the foundation of the world, when they behold
the beast that was, and is not, and yet is. 9 And here is
the mind which hath wisdom. The seven heads are seven
mountains, on which the woman sitteth. 10 And there are
seven kings: five are fallen, and one is, and the other is

11 짐승은 **여덟째 왕이니**
/전에 있었다가
시방 없어진

일곱 중에 속한 자라

저가 **들어가리라**
/멸망으로

12 열 뿔은 **열 왕이니**
/네가 보던
/아직 얻지 못하였으나[59)]
/나라를
/다만 받으리라
/권세를
/임금처럼
/짐승으로 더불어
/일시 동안

13 저희가 **가지고**
/한 뜻을

주더라
/자기의 능력과
권세를
/짐승에게

14 저희가 **싸우려니와**
/어린 양으로 더불어

어린 양은 **이기실 터이요**
/저희를

//(이유: ὅτι, for)
[그는] ── 주시요
/만주의
── 왕이시므로
/만왕의

또
함께 있는 자들 **이기리로다**
/그와
/곧
부르심을 입고
빼내심을 얻고
진실한 자들은

계

59) 왕을 선행사로 하는 관계대명사가 이끄는 문장이다.

여덟째 왕이니 일곱 중에 속한 자라 저가 멸망으로 들어가리라 12 네가 보던 열 뿔은 열 왕이니 아직 나라를 얻지 못하였으나 다만 짐승으로 더불어 임금처럼 권세를 일시 동안 받으리라 13 저희가 한 뜻을 가지고 자기의 능력과 권세를 짐승에게 주더라 14 저희가 어린 양으로 더불어 싸우려니와 어린 양은 만주의 주시요 만왕의 왕이시므로 저희를 이기실 터이요 또 그와 함께 있는 자들 곧 부르심을 입고 빼내심을 얻고 진실한 자들은 이기리로다 15 또

not yet come; and when he cometh, he must continue a short space. 11 And the beast that was, and is not, even he is the eighth, and is of the seven, and goeth into perdition. 12 And the ten horns which thou sawest are ten kings, which have received no kingdom as yet; but receive power as kings one hour with the beast. 13 These have one mind, and shall give their power and strength unto the beast. 14 These shall make war with the Lamb, and the Lamb shall overcome them: for he is Lord of lords, and King of kings: and they that are with him are called,

15 또
천사가
말하되
/내게
/[그] 물은 — 백성과
/음녀의 앉은 — 무리와
/네가 본 바 — 열국과
— 방언들이니라

16 /이 열 뿔과
/네가 본 바
/짐승이 — 미워하여
/음녀를
— 망하게 하고
/[그녀를]
— 벌거벗게 하고
— 먹고
/그[녀의] 살을
— 아주 사르리라
/불로

17 //(이유 : γάρ, for)
하나님이 — 주사
/마음을(=마음에게)
/저희에게(=저희의)
/자기 뜻대로 할(=행하도록)
/이루게(하시고)
/한 뜻을
/주게 하시되
/저희 나라를
/그 짐승에게
/하나님 말씀이 응하기까지 (하심이니라)

18 /또
여자는 — 큰 성이라(하더라)
/내가 본 바 /다스리는
/땅의 임금들을

18

1 이 일 후에
[내가]
보니
/다른 천사가(를)
/내려오는 것을(=내려오는)
/하늘에서
/가졌는데(=가지고 있는)
/큰 권세를

천사가 내게 말하되 네가 본 바 음녀의 앉은 물은 백성과
무리와 열국과 방언들이니라 16 네가 본 바 이 열 뿔과 짐
승이 음녀를 미워하여 망하게 하고 벌거벗게 하고 그 살을
먹고 불로 아주 사르리라 17 하나님이 자기 뜻대로 할 마
음을 저희에게 주사 한 뜻을 이루게 하시고 저희 나라를
그 짐승에게 주게 하시되 하나님 말씀이 응하기까지 하심
이니라 18 또 내가 본 바 여자는 땅의 임금들을 다스리는
큰 성이라 하더라

18:1 이 일 후에 다른 천사가 하늘에서 내려오는 것을
보니 큰 권세를 가졌는데 그의 영광으로 땅이 환하

and chosen, and faithful. 15 And he saith unto me, The
waters which thou sawest, where the whore sitteth, are peoples,
and multitudes, and nations, and tongues. 16 And the ten
horns which thou sawest upon the beast, these shall hate
the whore, and shall make her desolate and naked, and
shall eat her flesh, and burn her with fire. 17 For God
hath put in their hearts to fulfil his will, and to agree,
and give their kingdom unto the beast, until the words of
God shall be fulfilled. 18 And the woman which thou
sawest is that great city, which reigneth over the kings of
the earth.

18:1 And after these things I saw another angel come
down from heaven, having great power; and the

땅이 환하여지더라
/그의 영광으로

2 [그가] 외쳐 가로되
/힘센 음성으로

/무너졌도다
무너졌도다
바벨론이여!
/큰 성
/처소[가 되었고]와
/귀신의
영의 모이는 곳[이 되었고]과
/각종
/더러운
새의 모이는 곳이 되었도다
/각종
/더럽고
/가증한

[그가] 외쳐 가로되
3 /만국이 —— 무너졌으며

//이유: ὅτι, for)
포도주를 인하여
/진노의
/그 음행의

/또
왕들이 —— 음행하였으며
/땅의 /그로 더불어

/상고들도 —— 치부하였도다(하더라)
/땅의

//(원인: ἐκ, because of)
그[녀의] 사치의 세력을 인하여

4 또
내가 들으니
/다른 음성이(을)
/하늘로서
/(나서) 가로되(=말하는)
/내 백성아!
[너희는] —— 나와
/거기서

//(목적: ἵνα, so that)

여지더라 2 힘센 음성으로 외쳐 가로되 무너졌도자 무너
졌도다 큰 성 바벨론이여 귀신의 처소와 각종 더러운 영의
모이는 곳과 각종 더럽고 가증한 새의 모이는 곳이 되었도
다 3 그 음행의 진노의 포도주를 인하여 만국이 무너졌으
며 또 땅의 왕들이 그로 더불어 음행하였으며 땅의 상고들
도 그 사치의 세력을 인하여 치부하였도다 하더라 4 또 내
가 들으니 하늘로서 다른 음성이 나서 가로되 내 백성아
거기서 나와 그의 죄에 참여하지 말고 그의 받을 재앙들을

earth was lightened with his glory.
2 And he cried mightily
with a strong voice, saying, Babylon the great is fallen,
is fallen, and is become the habitation of devils, and the
hold of every foul spirit, and a cage of every unclean and
hateful bird.
3 For all nations have drunk of the wine of
the wrath of her fornication, and the kings of the earth
have committed fornication with her, and the merchants
of the earth are waxed rich through the abundance of her
delicacies.
4 And I heard another voice from heaven,
saying, Come out of her, my people, that ye be not

//(목적: ἵνα, so that)
[너희는] —— 참여하지 말고
/그의 죄에

//(목적: ἵνα, so that)
[너희가] —— 받지 말라
/재앙들을
/그의 받을

5 //(이유: ὅτι, for)
죄는 —— 사무쳤으며
/그[녀의] /하늘에

//하나님은 —— 기억하신지라
/그의 불의한 일을

6 /[너희는] —— 주고
/그에게
/그가 준 그대로
—— 갚아 주고
/갑절을
/그의 행위대로
—— 섞어 주라
/그의 섞은 잔에도
/갑절이나
/그에게

7 /어떻게
그가 —— 영화롭게 하였으며
/자기를
—— 사치하였든지

/[너희는] —— 갚아 주라
/그만큼
/고난과 애통으로

//(이유: ὅτι, for)
그가 —— 말하기를 ...하니
/마음에
/나는 —— 여황으로 앉은 자요
—— 과부가 아니라
—— 결단코 애통을 당하지 아니하리라

8 그러므로
그 재앙들이 **이르리니**
/곧 /하루 동안에
사망과
애통과
흉년이라

계

받지 말라 5 그 죄는 하늘에 사무쳤으며 하나님은 그의 불
의한 일을 기억하신지라 6 그가 준 그대로 그에게 주고 그
의 행위대로 갑절을 갚아주고 그의 섞은 잔에도 갑절이나
섞어 그에게 주라 7 그가 어떻게 자기를 영화롭게 하였으
며 사치하였든지 그만큼 고난과 애통으로 갚아 주라 그가
마음에 말하기를 나는 여황으로 앉은 자요 과부가 아니라
결단코 애통을 당하지 아니하리라 하니 8 그러므로 하루
동안에 그 재앙들이 이르리니 곧 사망과 애통과 흉년이라

partakers of her sins, and that ye receive not of her plagues.
5 For her sins have reached unto heaven, and God hath
remembered her iniquities. 6 Reward her even as she rewarded
you, and double unto her double according to her works:
in the cup which she hath filled fill to her double. 7 How
much she hath glorified herself, and lived deliciously, so much
torment and sorrow give her: for she saith in her heart, I
sit a queen, and am no widow, and shall see no sorrow.
8 Therefore shall her plagues come in one day, death,
and mourning, and famine; and she shall be utterly burned

또한
그가 살라지리니
/불에

//이유: ὅτι, for)
하나님은 ── 강하신 자이심이니라
/주
/그를 심판하신

9 왕들이 ── 보고(=when)
/땅의 /그 불붙는 연기를
/음행하고
사치하던
/그와 함께
── 울고
── 가슴을 치며
/[그녀를] 위하여
10 /가로되(=말하면서)
/멀리 서서
/그 고난을 무서워하여
/화 있도다
화 있도다
바벨론이여!
/큰 성,
견고한 성

//(이유 : ὅτι, for)
네 심판이 ── 이르렀다(하리로다)
/일시간에

11 상고들이 ── 울고
/땅의 /그를 위하여
── 애통하는 것은

//(이유 : ὅτι, for)
사는 자가 없음이라
/그[들의] 상품을
/다시(=더이상)

12 그 상품은 금과
은과
보석과
진주와
세마포와
자주 옷감과
비단과
붉은 옷감이요
향목과
/각종

계

그가 또한 불에 살라지리니 그를 심판하신 주 하나님은 강
하신 자이심이니라 9 그와 함께 음행하고 사치하던 땅의
왕들이 그 불붙는 연기를 보고 위하여 울고 가슴을 치며
10 그 고난을 무서워하여 멀리 서서 가로되 화 있도다 화
있도다 큰 성, 견고한 성 바벨론이여 일시간에 네 심판이
이르렀다 하리로다 11 땅의 상고들이 그를 위하여 울고
애통하는 것은 다시 그 상품을 사는 자가 없음이라 12 그
상품은 금과 은과 보석과 진주와 세마포와 자주 옷감과 비

with fire: for strong is the Lord God who judgeth her. 9
And the kings of the earth, who have committed fornication
and lived deliciously with her, shall bewail her, and lament
for her, when they shall see the smoke of her burning,
10 Standing afar off for the fear of her torment, saying,
Alas, alas, that great city Babylon, that mighty city! for
in one hour is thy judgment come. 11 And the merchants
of the earth shall weep and mourn over her; for no man buyeth
their merchandise any more: 12 The merchandise of gold,
and silver, and precious stones, and of pearls, and fine
linen, and purple, and silk, and scarlet, and all thyine
wood, and all manner vessels of ivory, and all manner

상아 기명이요
/각종
값진 나무와
진유와
철과
기명이요
/각종
/옥석으로 만든

13 계피와
향료와
향과
향유와
유향과
포도주와
감람유와
고운 밀가루와
밀과
소와
양과
말과
수레와
종들과
사람의 영혼들이라

14 바벨론아!
과실이 — 떠났으며
/탐하던 — /네게서
/네 영혼의

맛있는 것들과
빛난 것들이 — 없어졌으니
/다

사람들이 — 결코 보지 못하리로다
/이것들을
/다시

15 상고들이 — 서서
/이 상품의 — /멀리
/치부한[자들이] — /무서워하여(=두려움으로)
/바벨론을 인하여 — /그 고난을(=고난에 대한)
/울고(=울면서)
애통하여(=애통하면서)

16 /가로되

단과 붉은 옷감이요 각종 향목과 각종 상아 기명이요 값진
나무와 진유와 철과 옥석으로 만든 각종 기명이요 13 계
피와 향료와 향과 향유와 유향과 포도주와 감람유와 고운
밀가루와 밀과 소와 양과 말과 수레와 종들과 사람의 영혼
들이라 14 바벨론아 네 영혼의 탐하던 과실이 네게서 떠
났으며 맛있는 것들과 빛난 것들이 다 없어졌으니 사람들
이 결코 이것들을 다시 보지 못하리로다 15 바벨론을 인
하여 치부한 이 상품의 상고들이 그 고난을 무서워하여 멀
리 서서 울고 애통하여 16 가로되 화 있도다 화 있도다 큰
성이여 세마포와 자주와 붉은 옷을 입고 금과 보석과 진주

vessels of most precious wood, and of brass, and iron,
and marble, 13 And cinnamon, and odours, and ointments,
and frankincense, and wine, and oil, and fine flour, and wheat,
and beasts, and sheep, and horses, and chariots, and slaves,
and souls of men. 14 And the fruits that thy soul lusted
after are departed from thee, and all things which were
dainty and goodly are departed from thee, and thou shalt
find them no more at all. 15 The merchants of these
things, which were made rich by her, shall stand afar off
for the fear of her torment, weeping and wailing, 16 And

16 /가로되
/화 있도다
화 있도다
큰 성이여!
/입고(=입고 있는자)
/세마포와
자주와
붉은 옷을
/꾸민 것인데(=꾸민 자)
/금과
보석과
진주로

17 //(이유 : ὅτι, for)
부가 ——— 망하였도다
/그러한 /일시간에

각 선장과
선객들과
/각처를 다니는
선인들과
일하는 자들이 ——— **서서**
/바다에서 /멀리

18 **외쳐 가로되**...하며
/보고(=보면서)
/그 불붙는 연기를
/이 큰 성과
같은 성이 ——— 어디 있느뇨?

19 **뿌리고**
/티끌을
/자기 머리에

울고
/애통하여(=애통하면서)
/외쳐(=외치면서) 가로되
/화 있도다
화 있도다
/이 큰 성이여!
모든 자들이 ——— 치부하였더니
/배 부리는 /[그 성 안에서]
/바다에서 /상품을 인하여
/너의
/보배로운

/[그 성이] ——— 망하였도다[60]
/일시간에

20 /하늘[아!]과

60) ὅτι는 강조적 용법(NIV, NJB)

계

로 꾸민 것인데 17 그러한 부가 일시간에 망하였도다 각
선장과 각처를 다니는 선객들과 선인들과 바다에서 일하는
자들이 멀리 서서 18 그 불붙는 연기를 보고 외쳐 가로되
이 큰 성과 같은 성이 어디 있느뇨 하며 19 티끌을 자기
머리에 뿌리고 울고 애통하여 외쳐 가로되 화 있도다 화
있도다 이 큰 성이여 바다에서 배 부리는 모든 자들이 너
의 보배로운 상품을 인하여 치부하였더니 일시간에 망하였
도다 20 하늘과 성도들과 사도들과 선지자들아 그를 인하

saying, Alas, alas, that great city, that was clothed in fine
linen, and purple, and scarlet, and decked with gold, and
precious stones, and pearls! 17 For in one hour so great
riches is come to nought. And every shipmaster, and all
the company in ships, and sailors, and as many as trade
by sea, stood afar off, 18 And cried when they saw the
smoke of her burning, saying, What city is like unto this
great city! 19 And they cast dust on their heads, and
cried, weeping and wailing, saying, Alas, alas, that great
city, wherein were made rich all that had ships in the sea
by reason of her costliness! for in one hour is she made
desolate. 20 Rejoice over her, thou heaven, and ye holy apostles

20 /하늘[아!]과
성도들[아!]과
사도들[아!]과
선지자들아!
[너는] ——— 즐거워하라
/그를 인하여

//(이유 :ὅτι, for)
하나님이 — 하셨음이라(하더라)
/심판을
/너희를 신원하시는
/그에게

21 이에
한 천사가
/힘센

들어
/돌을
/큰 맷돌 같은

던져
/바다에
/가로되(=말하면서)
/바벨론이 ——— 떨어져
/큰 성
/이같이
/몹시
결코 보이지 아니하리로다
/다시

22 /또
소리가 ——— 결코 다시 들리지 아니하고
/거문고 타는 자와
풍류하는 자와
통소 부는 자와
나팔 부는 자들의
/네 가운데서

/(물론)
세공업자든지 ——— 결코 보이지 아니하고
/어떠한
/다시
/네 가운데서

/또
맷돌 소리가 ——— 결코 들리지 아니하고
/다시
/네 가운데서

23 /등불 빛이 ——— 결코 비취지 아니하고
/다시
/네 가운데서

계

여 즐거워하라 하나님이 너희를 신원하시는 심판을 그에게
하셨음이라 하더라 21 이에 한 힘센 천사가 큰 맷돌 같은
돌을 들어 바다에 던져 가로되 큰 성 바벨론이 이같이 몹
시 떨어져 결코 다시 보이지 아니하리로다 22 또 거문고
타는 자와 풍류하는 자와 퉁소 부는 자와 나팔 부는 자들
의 소리가 결코 다시 네 가운데서 들리지 아니하고 물론
어떠한 세공업자든지 결코 다시 네 가운데서 보이지 아니
하고 또 맷돌 소리가 다시 네 가운데서 들리지 아니하고
23 등불 빛이 결코 다시 네 가운데서 비취지 아니하고 신
랑과 신부의 음성이 결코 다시 네 가운데서 들리지 아니하

and prophets; for God hath avenged you on her. 21 And
a mighty angel took up a stone like a great millstone, and
cast it into the sea, saying, Thus with violence shall that
great city Babylon be thrown down, and shall be found
no more at all. 22 And the voice of harpers, and musicians,
and of pipers, and trumpeters, shall be heard no more at
all in thee; and no craftsman, of whatsoever craft he be,
shall be found any more in thee; and the sound of a
millstone shall be heard no more at all in thee; 23 And
the light of a candle shall shine no more at all in thee;
and the voice of the bridegroom and of the bride shall be
heard no more at all in thee: for thy merchants were the

/음성이 — 결코 들리지 아니하리로다
/신랑과 /다시
신부의 /네 가운데서

/상고들은 — 왕족들이라[61]
/너의 /땅의

/만국이 — 미혹되었도다[62]
/네 복술을 인하여

24 /피가 — 보였느니라(하더라)
/선지자들[의]과 /이 성중에서
/성도들[의]과
/및 모든 자의
/죽임을 당한
/땅 위에서

19

1 이 일 후에
내가

들으니
/음성 같은 것이 (있어)
/큰
/무리의
/허다한
/하늘에
/가로되(=말씀하시는 것을)
/할렐루야!
/구원과
영광과
능력이 — 있도다
/우리 하나님께

2 /그의 심판은 — 참되고[63]
의로운지라

//(이유: ὅτι, for)
[그가] — 심판하사
/큰 음녀를
/땅을 더럽게 한
/음행으로
갚으셨도다(하고)
/피를
/자기 종들의
/그의 손에

61) ὅτι는 강조적 용법(NIV, NJB

62) 강조적 용법 : 인용구에서 함께 온 ὅτι이기 때문이다.

63) 강조적 용법 : 인용구에서 함께 온 ὅτι이기 때문이다.

리로다 너의 상고들은 땅의 왕족들이라 네 복술을 인하여
만국이 미혹되었도다 24 선지자들과 성도들과 및 땅 위에
서 죽임을 당한 모든 자의 피가 이 성중에서 보였느니라
하더라

19:1 이 일 후에 내가 들으니 하늘에 허다한 무리의
큰 음성 같은 것이 있어 가로되 할렐루야 구원과
영광과 능력이 우리 하나님께 있도다 2 그의 심판은 참되
고 의로운지라 음행으로 땅을 더럽게 한 큰 음녀를 심판하
사 자기 종들의 피를 그의 손에 갚으셨도다 하고 3 두 번

great men of the earth; for by thy sorceries were all nations
deceived. 24 And in her was found the blood of prophets,
and of saints, and of all that were slain upon the earth.

19:1 And after these things I heard a great voice of
much people in heaven, saying, Alleluia; Salvation, and
glory, and honour, and power, unto the Lord our God: 2
For true and righteous are his judgments: for he hath
judged the great whore, which did corrupt the earth with
her fornication, and hath avenged the blood of his servants
at her hand. 3 And again they said, Alleluia. And her

계

3 [그가] **가로되**
/두 번째
/할렐루야! (하더니)
연기가 **올라가더라**
/[그녀의] /세세토록

4 또
장로와
/이십사
생물이 — **엎드려**
/네

경배하여
/하나님께
/보좌에 앉으신
/가로되(=말하면서)
/아멘 할렐루야! (하니)

5 음성이 **나서**
/보좌에서
/가로되
/하나님의 [모든] 종들[아!]
곧 너희들아!
/그를 경외하는
[너희는] — (다)찬송하라(하더라)
/우리의 하나님께
/무론 대소하고

6 또
내가 **들으니**
/무리의 음성도 같고
/허다한
/물 소리도 같고
/많은
/뇌성도 같아서
/큰
/가로되(=말씀하시는 것을)
/할렐루야!
/하나님
/주 우리
/곧
전능하신 이가 — 통치하시도다

7 /우리가 — 즐거워하고
— 크게 기뻐하여
— 돌리세
/영광을
/그에게

//(이유: ὅτι, for)

째 가로되 할렐루야 하더니 그 연기가 세세토록 올라가더
라 4 또 이십사 장로와 네 생물이 엎드려 보좌에 앉으신
하나님께 경배하여 가로되 아멘 할렐루야 하니 5 보좌에
서 음성이 나서 가로되 하나님의 종들 곧 그를 경외하는
너희들아 무론대소하고 다 우리 하나님께 찬송하라 6 또
내가 들으니 허다한 무리의 음성도 같고 많은 물소리도 같
고 큰 뇌성도 같아서 가로되 할렐루야 주 우리 하나님 곧
전능하신 이가 통치하시도다 7 우리가 즐거워하고 크게
기뻐하여 그에게 영광을 돌리세 어린 양의 혼인 기약이 이
르렀고 그 아내가 예비하였으니 8 그에게 허락하사 빛나

smoke rose up for ever and ever. 4 And the four and
twenty elders and the four beasts fell down and worshipped
God that sat on the throne, saying, Amen; Alleluia. 5 And
a voice came out of the throne, saying, Praise our God,
all ye his servants, and ye that fear him, both small and
great. 6 And I heard as it were the voice of a great
multitude, and as the voice of many waters, and as the
voice of mighty thunderings, saying, Alleluia: for the Lord
God omnipotent reigneth. 7 Let us be glad and rejoice,
and give honour to him: for the marriage of the Lamb is come,

//(이유: ὅτι, for)
혼인 기약이 —— 이르렀고
/어린 양의

//아내가 —— 예비하였으니
/그[의] /[스스로]

8 /[그것이] —— 허락하사(=허락되었다)
/(진주어) /그에게
입게 하셨은즉[64]
/세마포를
/빛나고
깨끗한

//(이유: γάρ, for)
이 세마포는 —옳은 행실이로다(하더라)
/성도들의

9 천사가 **말하기를**
/내게
/[너는] —— 기록하라
/청함을 입은 자들이 —— 복이 있도다(하고)
/어린 양의 혼인 잔치에

또 **말하되**
/내게
/이것은 —— 말씀이라(하기로)
/하나님의
/참되신

10 내가 **엎드려**
/그 발 앞에

//(목적: 부정사)
경배하려(하니)

그가 **말하기를**
/나더러
/[너는] —— 삼가 그리하지 말고
/나는 —— 종이니
/너[의]와
및 네 형제들과 같이 된
/예수의 증거를 받은

/[너는] —— 경배하라
/오직 하나님께

//(이유: γάρ, for)
예수의 증거는 대언의 영이라 (하더라)

64) ἵνα는 단순 접속사로 사용되는 것이다.

계

고 깨끗한 세마포를 입게 하셨은즉 이 세마포는 성도들의 옳은 행실이로다 하더라 9 천사가 내게 말하기를 기록하라 어린 양의 혼인 잔치에 청함을 입은 자들이 복이 있도다 하고 또 내게 말하되 이것은 하나님의 참되신 말씀이라 하기로 10 내가 그 발 앞에 엎드려 경배하려 하니 그가 나더러 말하기를 나는 너와 및 예수의 증거를 받은 네 형제들과 같이 된 종이니 삼가 그리하지 말고 오직 하님께 경배하라 예수의 증거는 대언의 영이라 하더라 11 또 내가

and his wife hath made herself ready. 8 And to her was granted that she should be arrayed in fine linen, clean and white: for the fine linen is the righteousness of saints. 9 And he saith unto me, Write, Blessed are they which are called unto the marriage supper of the Lamb. And he saith unto me, These are the true sayings of God. 10 And I fell at his feet to worship him. And he said unto me, See thou do it not: I am thy fellowservant, and of thy brethren that have the testimony of Jesus: worship God: for the testimony of Jesus is the spirit of prophecy. 11 And I saw heaven opened,

계

11 또	
내가	**보니**
	/하늘이(=하늘을)
	/열린 (것을)
보라!	
백마와	
탄 자가	**있으니**
/[그 위에]	
그 이름은	**충신과**
	진실이라
그가	**심판하며**
	/공의로
	싸우더라
12 눈이	**불꽃 같고**
/그[의]	
면류관이	**있고**
/많은	/그 머리에
또	
[그가]	**있으니**
	/이름 하나가(를)
	/쓴 (것이)
아는 자가	**없고**
	/자기밖에
13 또	
그가	**입었는데**
	/옷을
	/피 뿌린
이름은	**칭하더라**
/그[의]	/하나님의 말씀이라
14 군대들이	**따르더라**
/하늘에 있는	/그를
	/입고
	/세마포를
	/희고
	/깨끗한
	/타고
	/백마를
15 검이	**나오니**
/이한	/그의 입에서

//(목적/결과 · ἵνα, so that...may)

하늘이 열린 것을 보니 보라 백마와 탄 자가 있으니 그 이
름은 충신과 진실이라 그가 공의로 심판하며 싸우더라 12
그 눈이 불꽃 같고 그 머리에 많은 면류관이 있고 또 이름
쓴 것이 하나가 있으니 자기 밖에 아는 자가 없고 13 또
그가 피 뿌린 옷을 입었는데 그 이름은 하나님의 말씀이라
칭하더라 14 하늘에 있는 군대들이 희고 깨끗한 세마포를
입고 백마를 타고 그를 따르더라 15 그의 입에서 이한 검
이 나오니 그것으로 만국을 치겠고 친히 저희를 철장으로

and behold a white horse; and he that sat upon him was
called Faithful and True, and in righteousness he doth
judge and make war. 12 His eyes were as a flame of fire,
and on his head were many crowns; and he had a name written,
that no man knew, but he himself. 13 And he was clothed
with a vesture dipped in blood: and his name is called
The Word of God. 14 And the armies which were in
heaven followed him upon white horses, clothed in fine
linen, white and clean. 15 And out of his mouth goeth a
sharp sword, that with it he should smite the nations: and

//(목적/결과 · ἵνα, so that...may)
[그가] 치겠고
/만국을
/그것으로
다스리며
/친히
/저희를
/철장으로
//또
[그가] 밟겠고
/친히
/포도주 틀을
/진노의
/하나님
곧 전능하신 이의
/맹렬한

16 [그가] **있으니(=가지고 있으니)**
/그 옷과
그 다리에
/이름[을]
/쓴 (것이=기록된)
/만왕의 왕이요
/만주의 주라 (하였더라)

17 또
내가 **보니**
/한 천사가(를)
/서서(=서 있는)
/해에
[그가] **외쳐...가로되**
/큰 음성으로
/새를 향하여
/공중에 나는
/모든
/[너희는] 와서
모여
/하나님의 큰 잔치에
18 먹으라(하더라)
/왕들의 고기[를]와
/장군들의 고기[를]와
/장사들의 고기[를]와
/고기[를]와
/말들[의]과
그[위에] 탄 자들의
/고기를
/자유한 자들이나
종들이나
/모든 자의
/무론 대소하고

계

다스리며 또 친히 하나님 곧 전능하신 이의 맹렬한 진노의
포도주 틀을 밟겠고 16 그 옷과 그 다리에 이름 쓴 것이
있으니 만왕의 왕이요 만주의 주라 하였더라 17 또 내가
보니 한 천사가 해에 서서 공중에 나는 모든 새를 향하여
큰 음성으로 외쳐 가로되 와서 하나님의 큰 잔치에 모여
18 왕들의 고기와 장군들의 고기와 장사들의 고기와 말들
과 그 탄 자들의 고기와 자유한 자들이나 종들이나 무론대
소하고 모든 자의 고기를 먹으라 하더라 19 또 내가 보매

he shall rule them with a rod of iron: and he treadeth the
winepress of the fierceness and wrath of Almighty God.
16 And he hath on his vesture and on his thigh a name written,
KING OF KINGS, AND LORD OF LORDS. 17 And I saw
an angel standing in the sun; and he cried with a loud
voice, saying to all the fowls that fly in the midst of
heaven, Come and gather yourselves together unto the
supper of the great God; 18 That ye may eat the flesh of
kings, and the flesh of captains, and the flesh of mighty
men, and the flesh of horses, and of them that sit on them,
and the flesh of all men, both free and bond, both small
and great. 19 And I saw the beast, and the kings of the

19 또
내가 **보매**
/그 짐승[을]과
/땅의 임금들[을]과
/그[들의] 군대들이(을)
/모여(=모인)
/전쟁을 일으키다가(=일으키기 위하여)
/그 말 탄 자와
그의 군대로 더불어

20 짐승이 **잡히고**
거짓 선지자도 **함께 잡혔으니**
/이적을 행하던
/그 앞에서

이는 **미혹하던(자라)**
/짐승의 표를 받고(=받은 자들을)
/경배하던 자들을
/그의 우상에게
/이적으로

계

이 둘이 **던지우고**
/불 붙는 못에
/유황[으로]
/산 채로

21 그 나머지는 **죽으매**
/검에
/입으로 나오는
/말 탄 자의

모든 새가 **배불리우더라**
/그[들의] 고기로

20

1 또
내가 **보매**
/천사가(를)
/내려와서(=내려오는)
/하늘로서
/그 손에 가지고
/무저갱 열쇠와
큰 쇠사슬을

그 짐승과 땅의 임금들과 그 군대들이 모여 그 말탄 자와
그의 군대로 더불어 전쟁을 일으키다가 20 짐승이 잡히고
그 앞에서 이적을 행하던 거짓 선지자도 함께 잡혔으니 이
는 짐승의 표를 받고 그의 우상에게 경배하던 자들을 이적
으로 미혹하던 자라 이 둘이 산 채로 유황불 붙는 못에 던
지우고 21 그 나머지는 말 탄 자의 입으로 나오는 검에 죽
으매 모든 새가 그 고기로 배불리우더라

20:1 또 내가 보매 천사가 무저갱 열쇠와 큰 쇠사슬을
을 그 손에 가지고 하늘로서 내려와서 2 용을 잡

earth, and their armies, gathered together to make war
against him that sat on the horse, and against his army.
20 And the beast was taken, and with him the false prophet
that wrought miracles before him, with which he deceived
them that had received the mark of the beast, and them
that worshipped his image. These both were cast alive
into a lake of fire burning with brimstone. 21 And the remnant
were slain with the sword of him that sat upon the horse,
which sword proceeded out of his mouth: and all the
fowls were filled with their flesh.

20:1 And I saw an angel come down from heaven,
having the key of the bottomless pit and a great
chain in his hand. 2 And he laid hold on the dragon, that

2 [그가] **잡으니**
/용을
/곧
옛 뱀이요
/ 마귀요
/사단이라

[그가] **(잡아) 결박하여**
/[그를]
/일천 년 동안

3 **던져**
/[그를]
/무저갱에

잠그고

인봉하여
/그[의] 위에

//(목적: ἵνα, so that...may)
[그가] ——— 미혹하지 못하게 하였다가
/만국을
/다시는
/천 년이 차도록

그 후에는
[그가] **반드시 놓이리라**
/잠깐

4 또
내가 **보니**
/보좌들을

[그들이] **앉은 자들이 있어**[65)]
/거기(=그들 위에)

받았더라[66)]
/심판하는 권세를

또
내가 **보니**
/영혼들[을]과
/목 베임을 받은 자의
/예수의 증거와
하나님의 말씀을 인하여
/또

계

65) 앉아 있어

66) 직역 : 심판하는 권세가 그들에게 주어졌더라.

으니 곧 옛 뱀이요 마귀요 사단이라 잡아 일천 년 동안 결박하여 3 무저갱에 던져 잠그고 그 위에 인봉하여 천 년이 차도록 다시는 만국을 미혹하지 못하게 하였다가 그 후에는 반드시 잠간 놓이리라 4 또 내가 보좌들을 보니 거기 앉은 자들이 있어 심판하는 권세를 받았더라 또 내가 보니 예수의 증거와 하나님의 말씀을 인하여 목 베임을 받은 자의 영혼들과 또 짐승과 그의 우상에게 경배하지도 아니하고 이마와 손에 그의 표를 받지도 아니한 자들이 살아서

old serpent, which is the Devil, and Satan, and bound him a thousand years, 3 And cast him into the bottomless pit, and shut him up, and set a seal upon him, that he should deceive the nations no more, till the thousand years should be fulfilled: and after that he must be loosed a little season. 4 And I saw thrones, and they sat upon them, and judgment was given unto them: and I saw the souls of them that were beheaded for the witness of Jesus, and for the word of God, and which had not worshipped the beast, neither his image, neither had received his mark upon their foreheads, or in their hands; and they lived and reigned with Christ a thousand years. 5 But the rest

/또
경배하지도 아니하고(=아니한 자들의)
/짐승과
그의 우상에게
/받지도 아니한 자들이(=자들의)
/그의 표를
/이마와
손에

[그들이] **살아서**
왕 노릇 하니
/그리스도로 더불어
/천 년 동안

5 (그 나머지[는] **살지 못하더라)**
/죽은 자들은(의) /그 천 년이 차기까지

이는 **부활이라**
/첫째

6 참여하는 자들은 **복이 있고**
/이 첫째 부활에

거룩하도다

사망이 **권세가 없고**
/둘째 /그들을 다스리는

도리어 (ἀλλα)
그들이 **제사장이 되어**
/하나님과
그리스도의

왕 노릇 하리라
/천 년 동안
/그리스도로 더불어

7 천 년이 차매(when)
사단이 **놓여**
/그[의] 옥에서

8 **나와서**

//(목적: 부정사)
미혹하고(=미혹하기 위해)
/땅의 사방 백성
곧 곡과 마곡을

//(목적: 부정사)
모아(=모으기 위해)
/싸움을 붙이리니(=싸움을 위해)[67]

67) for battle

그리스도로 더불어 천 년 동안 왕 노릇 하니 5 (그 나머지
죽은 자들은 그 천 년이 차기까지 살지 못하더라) 이는 첫
째 부활이라 6 이 첫째 부활에 참여하는 자들은 복이 있고
거룩하도다 둘째 사망이 그들을 다스리는 권세가 없고 도
리어 그들이 하나님과 그리스도의 제사장이 되어 천 년 동
안 그리스도로 더불어 왕 노릇 하리라 7 천 년이 차매 사
단이 그 옥에서 놓여 8 나와서 땅의 사방 백성 곧 곡과 마
곡을 미혹하고 모아 싸움을 붙이리니 그 수가 바다 모래

of the dead lived not again until the thousand years were
finished. This is the first resurrection. 6 Blessed and holy
is he that hath part in the first resurrection: on such the
second death hath no power, but they shall be priests of
God and of Christ, and shall reign with him a thousand
years. 7 And when the thousand years are expired, Satan
shall be loosed out of his prison, 8 And shall go out to
deceive the nations which are in the four quarters of the
earth, Gog and Magog, to gather them together to battle:
the number of whom is as the sand of the sea. 9 And

그 수가 | 모래 같으리라
/바다

9 저희가 | 널리 퍼져
/지면에
두르매
/성도들의 진[을]과
사랑하시는 성을

불이 | 내려와
/하늘에서

소멸하고
/저희를

10 또
마귀가
/미혹하는
/저희를 | 던지우니
/못에
/불[의]과
유황[의]

그 짐승과
거짓 선지자도 | 있어
/거기는

[그들이] | 괴로움을 받으리라
/세세토록
/밤낮

11 또
내가 | 보니
/보좌[를]와
/크고
/흰
앉으신 자를
/그 위에

땅과
하늘이 | 피하여
/그[들] 앞에서

간데없더라
/[그들에게]

12 또
내가 | 보니
/죽은 자들이(을)
/무론 대소하고
/섰는데(=서 있는)
/그 보좌 앞에

같으리라 9 저희가 지면에 널리 퍼져 성도들의 진과 사랑
하시는 성을 두르매 하늘에서 불이 내려와 저희를 소멸하
고 10 또 저희를 미혹하는 마귀가 불과 유황 못에 던지우
니 거기는 그 짐승과 거짓 선지자들도 있어 세세토록 밤낮
괴로움을 받으리라 11 또 내가 크고 흰 보좌와 그 위에 앉
으신 자를 보니 땅과 하늘이 그 앞에서 피하여 간 데 없더
라 12 또 내가 보니 죽은 자들이 무론대소하고 그 보좌 앞
에 섰는데 책들이 펴 있고 또 다른 책이 펴졌으니 곧 생명

they went up on the breadth of the earth, and compassed
the camp of the saints about, and the beloved city: and
fire came down from God out of heaven, and devoured
them. 10 And the devil that deceived them was cast into
the lake of fire and brimstone, where the beast and the
false prophet are, and shall be tormented day and night
for ever and ever. 11 And I saw a great white throne,
and him that sat on it, from whose face the earth and the
heaven fled away; and there was found no place for them.
12 And I saw the dead, small and great, stand before
God; and the books were opened: and another book was
opened, which is the book of life: and the dead were

책들이 **펴 있고**
또
다른 책이 **펴졌으니**
곧 생명책이라

죽은 자들이 **심판을 받으니**
/자기 행위를 따라
/책들에 기록된 대로

13 바다가 **내어 주고**
/죽은 자들을
/그 가운데서

또
사망과
음부도 **내어 주매**
/죽은 자들을
/그 가운데서

각 사람이 **심판을 받고**
/자기의 행위대로

계

14 사망과
음부도 **던지우니**
/불못에

이것은 **둘째 사망**
곧 불못이라

15 [만일]
누구든지 기록되지 못한 자는
/생명책에

[그는] **던지우더라**
/불못에

21

1 또
내가 **보니**
/새 하늘과
새 땅을

//(이유: γάρ, for)

책이라 죽은 자들이 자기 행위를 따라 책들에 기록된 대로
심판을 받으니 13 바다가 그 가운데서 죽은 자들을 내어
주고 또 사망과 음부도 그 가운데서 죽은 자들을 내어주매
각 사람이 자기의 행위대로 심판을 받고 14 사망과 음부
도 불못에 던지우니 이것은 둘째 사망 곧 불못이라 15 누
구든지 생명책에 기록되지 못한 자는 불못에 던지우더라

21:1 또 내가 새 하늘과 새 땅을 보니 처음 하늘과 처
음 땅이 없어졌고 바다도 다시 있지 않더라 2 또 내
가 보매 거룩한 성 새 예루살렘이 하나님께로부터 하늘에

judged out of those things which were written in the
books, according to their works. 13 And the sea gave up
the dead which were in it; and death and hell delivered
up the dead which were in them: and they were judged
every man according to their works. 14 And death and
hell were cast into the lake of fire. This is the second
death. 15 And whosoever was not found written in the
book of life was cast into the lake of fire.

21:1 And I saw a new heaven and a new earth: for
the first heaven and the first earth were passed away;
and there was no more sea. 2 And I John saw the holy
city, new Jerusalem, coming down from God out of heaven,
prepared as a bride adorned for her husband. 3 And I

//(이유: γάρ, for)
하늘과
/처음
땅이 — 없어졌고
/처음

//바다도 — 있지 않더라
/다시

2 또
내가 **보매**
/거룩한 성(을)
/새 예루살렘이(을)
/내려오니(=내려오는)
/하나님께로부터
/하늘에서
/그 예비한 것이(=예비한)
/신부가... 같더라(=신부처럼)
/남편을 위하여 단장한 (것)

3 내가 **들으니**
/큰 음성이(을)
/보좌에서
/나서 가로되(=말씀하시는 것을)
/보라!
장막이 — 〈있으매〉
/하나님의 /사람들과 함께
/하나님이 — 거하시리니
/저희와 함께
/저희는 — 백성이 되고
/하나님의
/하나님은 — 계셔서
/친히
/저희와 함께

4 /[그가] — 씻기시매
/모든 눈물을
/그[들의] 눈에서
/사망이 — 없고
/다시

/애통하는 것이나
곡하는 것이나
아픈 것이 — 있지 아니하리니
/다시

//(이유 : ὅτι, for)
처음 것들이 다 지나갔음이러라

계

서 내려오니 그 예비한 것이 신부가 남편을 위하여 단장한
것 같더라 3 내가 들으니 보좌에서 큰 음성이 나서 가로되
보라 하나님의 장막이 사람들과 함께 있으매 하나님이 저
희와 함께 거하시리니 저희는 하나님의 백성이 되고 하나
님은 친히 저희와 함께 계셔서 4 모든 눈물을 그 눈에서
씻기시매 다시 사망이 없고 애통하는 것이나 곡하는 것이
나 아픈 것이 다시 있지 아니하리니 처음 것들이 다 지나
갔음이러라 5 보좌에 앉으신 이가 가라사대 보라 내가 만

heard a great voice out of heaven saying, Behold, the tabernacle of God is with men, and he will dwell with them, and they shall be his people, and God himself shall be with them, and be their God.
4 And God shall wipe away all tears from their eyes; and there shall be no more death, neither sorrow, nor crying, neither shall there be any more pain: for the former things are passed away.
5 And he that sat upon the throne said, Behold, I make all things

5 앉으신 이가
/보좌에
가라사대(...하시고)
/보라!
내가 ——— 새롭게 하노라
/만물을

또
가라사대...하시고
/[너는] ——— 기록하라

//(이유: ὅτι, for)
이 말은 ┬ 신실하고
└ 참되니

6 또
말씀하시되
/내게
/이루었도다
나는 ——— 알파와
오메가요
처음과
나중이라

/내가 ——— 주리니
/생명수 샘물로
/목마른 자에게
/값없이

7 /이기는 자는 — 얻으리라
/이것들을
/유업으로
/나는 ——— 되고
/저의 하나님이
/그는 ——— 되리라
/내 아들이
8 /그러나
참여(하리니=는) — 못에(=못이라)[68]
/[그들의] /타는
/불[로]과
유황으로
/두려워하는 자들[에게]과
/믿지 아니하는 자들[에게]과
/흉악한 자들[에게]과
/살인자들[에게]과
/행음자들[에게]과
/술객들[에게]과
/우상 숭배자들[에게]과
/모든 거짓말하는 자들[에게]

/이것이 ——— 둘째 사망이라

계

68) 직역 : 그들의 참여하는 곳은 못이라.

물을 새롭게 하노라 하시고 또 가라사대 이 말은 신실하고
참되니 기록하라 하시고 6 또 내게 말씀하시되 이루었도
다 나는 알파와 오메가요 처음과 나중이라 내가 생명수 샘
물로 목마른 자에게 값없이 주리니 7 이기는 자는 이것들
을 유업으로 얻으리라 나는 저의 하나님이 되고 그는 내
아들이 되리라 8 그러나 두려워하는 자들과 믿지 아니하
는 자들과 흉악한 자들과 살인자들과 행음자들과 술객들과
우상 숭배자들과 모든 거짓말하는 자들은 불과 유황으로

new. And he said unto me, Write: for these words are
true and faithful. 6 And he said unto me, It is done. I
am Alpha and Omega, the beginning and the end. I will
give unto him that is athirst of the fountain of the water
of life freely. 7 He that overcometh shall inherit all things;
and I will be his God, and he shall be my son. 8 But the
fearful, and unbelieving, and the abominable, and murderers,
and whoremongers, and sorcerers, and idolaters, and all
liars, shall have their part in the lake which burneth with
fire and brimstone: which is the second death. 9 And

9 하나가 **나아와서**
/일곱 천사 중
/가지고(=가지고 있는)
/일곱 대접을
/담은
/일곱 재앙을
/마지막

말하여 가로되...하고
/내게
/[너는] —— (이리)오라

//(결과)
내가 — 보이리라
/신부[를]
곧 어린 양의 아내를
/네게

10 [그가] **데리고 올라가**
/나를
/성령으로
/크고 높은 산으로

보이니
/거룩한 성
예루살렘을
/내려오는
/하나님께로부터
/하늘에서

11 /있으매 (=있는)
/하나님의 영광이(을)

/빛이 —— 보석 같고
/그 성의 /지극히 귀한

〈맑더라〉
/벽옥과 수정같이

12 /있고(=가지고 있고)
/성곽이(을)
/크고
/높은

있는데(=가지고 있고)
/열두 문이(을)

계

타는 못에 참예하리니 이것이 둘째 사망이라 9 일곱 대접
을 가지고 마지막 일곱 재앙을 담은 일곱 천사 중 하나가
나아와서 내게 말하여 가로되 이리 오라 내가 신부 곧 어
린 양의 아내를 네게 보이리라 하고 10 성령으로 나를 데
리고 크고 높은 산으로 올라가 하나님께로부터 하늘에서
내려오는 거룩한 성 예루살렘을 보이니 11 하나님의 영광
이 있으매 그 성의 빛이 지극히 귀한 보석 같고 벽옥과 수
정같이 맑더라 12 크고 높은 성곽이 있고 열두 문이 있는
데 문에 열두 천사가 있고 그 문들 위에 이름을 썼으니 이
스라엘 자손 열두 지파의 이름들이라 13 동편에 세 문, 북

there came unto me one of the seven angels which had
the seven vials full of the seven last plagues, and talked
with me, saying, Come hither, I will shew thee the bride,
the Lamb's wife. 10 And he carried me away in the spirit
to a great and high mountain, and shewed me that great
city, the holy Jerusalem, descending out of heaven from
God, 11 Having the glory of God: and her light was like
unto a stone most precious, even like a jasper stone, clear
as crystal; 12 And had a wall great and high, and had
twelve gates, and at the gates twelve angels, and names written
thereon, which are the names of the twelve tribes of the children
of Israel: 13 On the east three gates; on the north three

(있고)
/열두 천사가(를)
/문에
/(그 문들 위에) 썼으니(=기록한)
/이름을
/이스라엘 자손 열두 지파의 이름들이라

13 /동편에 세 문,
/북편에 세 문,
/남편에 세 문,
/서편에 세 문이니

14 /성곽은 — 열두 기초석이 있고
/그 성에 /열두
열두 이름이 있더라
/십이 사도의
/어린 양의
/그 위에

15 말하는 자가 **가졌더라**
/내게 /금갈대를

//(목적: ἵνα, to)
[그가] — 척량하려고
/그 성과
그 문들과
성곽을

16 그 성은 **반듯하여**
/네모가

장광이 **같은지라**

[그가] **척량하니**
/그 성을
/그 갈대로

//(결과)
일만 이천 스다디온이요

장과
광과
고가 — **같더라**

17 [그가] **척량하매**
/그 성곽을

//(결과)
일백사십사 규빗이니

편에 세 문, 남편에 세 문, 서편에 세 문이니 14 그 성에
성곽은 열두 기초석이 있고 그 위에 어린 양의 십이 사도
의 열두 이름이 있더라 15 내게 말하는 자가 그 성과 그
문들과 성곽을 척량하려고 금 갈대를 가졌더라 16 그 성
은 네모가 반듯하여 장광이 같은지라 그 갈대로 그 성을
척량하니 일만이천 스다디온이요 장과 광과 고가 같더라
17 그 성곽을 척량하매 일백사십사 규빗이니 사람의 척량
곧 천사의 척량이라 18 그 성곽은 벽옥으로 쌓였고 그 성

gates; on the south three gates; and on the west three
gates. 14 And the wall of the city had twelve foundations,
and in them the names of the twelve apostles of the Lamb.
15 And he that talked with me had a golden reed to
measure the city, and the gates thereof, and the wall
thereof. 16 And the city lieth foursquare, and the length
is as large as the breadth: and he measured the city with
the reed, twelve thousand furlongs. The length and the breadth
and the height of it are equal. 17 And he measured the
wall thereof, an hundred and forty and four cubits, according

[그것은]	**사람의 척량** 곧 **천사의 척량이라**
18 그 성곽은	**쌓였고** /벽옥으로
그 성은	**정금인데** **유리 같더라** /맑은
19 기초석은 /성곽의 /그 성의	**꾸몄는데** /각색 보석으로
기초석은 /첫째	**벽옥이요**
둘째는	**남보석이요**
셋째는	**옥수요**
넷째는	**녹보석이요**
20 다섯째는	**홍마노요**
여섯째는	**홍보석이요**
일곱째는	**황옥이요**
여덟째는	**녹옥이요**
아홉째는	**담황옥이요**
열째는	**비취옥이요**
열한째는	**청옥이요**
열두째는	**자정이라**
21 문은 /그 열두	**진주니** /열두
문마다	**한 진주요**
길은 /성의	**정금이더라** /맑은 유리 같은
22 내가	**보지 못하였으니** /성전을 /성 안에

//이는(이유: γάρ, for)
주 하나님
곧 전능하신이와 및
어린 양이 — 그 성전이심이라

계

은 정금인데 맑은 유리 같더라 19 그 성의 성곽의 기초석
은 각색 보석으로 꾸몄는데 첫째 기초석은 벽옥이요 둘째
는 남보석이요 세째는 옥수요 네째는 녹보석이요 20 다섯
째는 홍마노요 여섯째는 홍보석이요 일곱째는 황옥이요 여
덟째는 녹옥이요 아홉째는 담황옥이요 열째는 비취옥이요
열한째는 청옥이요 열두째는 자정이라 21 그 열두 문은
열두 진주니 문마다 한 진주요 성의 길은 맑은 유리 같은
정금이더라 22 성 안에 성전을 내가 보지 못하였으니 이
는 주 하나님 곧 전능하신 이와 및 어린 양이 그 성전이심
이라 23 그 성은 해나 달의 비췸이 쓸데없으니 이는 하나

to the measure of a man, that is, of the angel. 18 And
the building of the wall of it was of jasper: and the city
was pure gold, like unto clear glass. 19 And the foundations
of the wall of the city were garnished with all manner of
precious stones. The first foundation was jasper; the second,
sapphire; the third, a chalcedony; the fourth, an emerald;
20 The fifth, sardonyx; the sixth, sardius; the seventh,
chrysolite; the eighth, beryl; the ninth, a topaz; the tenth,
a chrysoprasus; the eleventh, a jacinth; the twelfth, an amethyst.
21 And the twelve gates were twelve pearls; every several
gate was of one pearl: and the street of the city was pure
gold, as it were transparent glass. 22 And I saw no temple

23 그 성은 **쓸데없으니**[69)]
/해나 달의 비췸이

//이는(이유 : γάρ, for)
영광이 ——— 비취고
/하나님의 /[그것 위에]

//어린 양이 ——— 되심이라
/그[것의] 등이

24 만국이 **다니고**
/그 빛 가운데로
땅의 왕들이 **가지고 들어오리라**
/자기 영광을
/그리로

25 성문들을(이) **도무지 닫지 아니하리니**
/낮에

//(이유: γάρ, for)
거기는 밤이 없음이라

26 사람들이 **가지고 들어오겠고**
/영광과
존귀를
/만국의
/그리로

27 속된 것이나
/무엇이든지
가증한 일
또는
거짓말하는 자는 ——— **결코 들어오지 못하되**
/그리로

기록된 자들뿐이라
/오직
/생명책에
/어린 양의

69) 직역 : 그 성은 해와 달이 비칠 필요가 없으니

계

님의 영광이 비취고 어린 양이 그 등이 되심이라 24 만국
이 그 빛 가운데로 다니고 땅의 왕들이 자기 영광을 가지
고 그리로 들어오리라 25 성문들을 낮에 도무지 닫지 아
니하리니 거기는 밤이 없음이라 26 사람들이 만국의 영광
과 존귀를 가지고 그리로 들어오겠고 27 무엇이든지 속된
것이나 가증한 일 또는 거짓말하는 자는 결코 그리로 들어
오지 못하되 오직 어린 양의 생명책에 기록된 자들 뿐이라

therein: for the Lord God Almighty and the Lamb are the
temple of it. 23 And the city had no need of the sun,
neither of the moon, to shine in it: for the glory of God
did lighten it, and the Lamb is the light thereof. 24 And
the nations of them which are saved shall walk in the
light of it: and the kings of the earth do bring their glory
and honour into it. 25 And the gates of it shall not be
shut at all by day: for there shall be no night there. 26
And they shall bring the glory and honour of the nations
into it. 27 And there shall in no wise enter into it any
thing that defileth, neither whatsoever worketh abomination,
or maketh a lie: but they which are written in the Lamb's
book of life.

22

1 또
저가 보이니
/내게
/생명수의 강을
/수정같이 맑은
/나서...흐르더라(=나서 흐르는)
/보좌로부터
/하나님과 및
어린 양의

2 /길 가운데로

생명나무가 **강 좌우에 있어**
/맺히되(=맺는)
/실과를
/열두 가지
/맺히고
/그 실과를
/달마다
/잎사귀들은 — 있더라
/그 나무

//(목적: εἰς, for)
만국을 소성하기 위하여

3 저주가 **없으며**
/모든 /다시

보좌가 **있으리니**
/하나님과 /그 가운데
그 어린 양의

종들이 **섬기며**
/그의 /그를

4 [그들이] **볼 터이요**
/그의 얼굴을
이름도 **있으리라**
/그의 /저희 이마에

5 밤이 **없겠고**
/다시

등불과
햇빛이 **쓸데없으니**

//이는(이유: ὅτι, for)
하나님이 —— 비취심이라
/주 /저희에게

계

22:1 또 저가 수정같이 맑은 생명수의 강을 내게 보이니 하나님과 및 어린 양의 보좌로부터 나서 2 길 가운데로 흐르더라 강 좌우에 생명나무가 있어 열두 가지 실과를 맺히되 달마다 그 실과를 맺히고 그 나무 잎사귀들은 만국을 소성하기 위하여 있더라 3 다시 저주가 없으며 하나님과 그 어린 양의 보좌가 그 가운데 있으리니 그의 종들이 그를 섬기며 4 그의 얼굴을 볼 터이요 그의 이름도 저희 이마에 있으리라 5 다시 밤이 없겠고 등불과 햇빛이 쓸데 없으니 이는 주 하나님이 저희에게 비취심이라 저희가 세세토록 왕 노릇 하리로다 6 또 그가 내게 말하기를

22:1 And he shewed me a pure river of water of life, clear as crystal, proceeding out of the throne of God and of the Lamb. 2 In the midst of the street of it, and on either side of the river, was there the tree of life, which bare twelve manner of fruits, and yielded her fruit every month: and the leaves of the tree were for the healing of the nations. 3 And there shall be no more curse: but the throne of God and of the Lamb shall be in it; and his servants shall serve him: 4 And they shall see his face; and his name shall be in their foreheads. 5 And there shall be no night there; and they need no candle, neither light of the sun; for the Lord God giveth them light: and they shall

저희가 왕 노릇 하리로다
/세세토록

6 또
그가 **말하기를**
/내게
/이 말은 — 신실하고
참된지라

/주 — 보내셨도다
/곧 하나님이 /그의 천사를
/선지자들의 영의

//(목적: 부정사, to)
보이시려고
/결코 속히 될 일을
/그의 종들에게

7 /보라
내가 — 오리니
/속히

/지키는 자가 — 복이 있으리라(하더라)
/예언의 말씀을
/이 책의

8 보고(=본자)
들은 자는 **나, 요한이니**
/이것들을

내가 듣고
볼 때에
[내가] **엎드렸더니**

//(목적: 부정사, to)
경배하려고
/천사의 발 앞에
/내게 보이던
/이 일을

9 저가 **말하기를**
/내게
/[너는] — 그리하지 말고
/나는 — 함께 된 종이니
/너와
네 형제 선지자들과
또 이 책의 말을 지키는 자들과
/<너는> — 경배하라(하더라)
/오직 하나님께

계

이 말은 신실하고 참된지라 주 곧 선지자들의 영의 하나님
이 그의 종들에게 결코 속히 될 일을 보이시려고 그의 천
사를 보내셨도다 7 보라 내가 속히 오리니 이 책의 예언의
말씀을 지키는 자가 복이 있으리라 하더라 8 이것들을 보
고 들은 자는 나 요한이니 내가 듣고 볼 때에 이 일을 내
게 보이던 천사의 발 앞에 경배하려고 엎드렸더니 9 저가
내게 말하기를 나는 너와 네 형제 선지자들과 또 이 책의
말을 지키는 자들과 함께 된 종이니 그리하지 말고 오직

reign for ever and ever. 6 And he said unto me, These
sayings are faithful and true: and the Lord God of the
holy prophets sent his angel to shew unto his servants
the things which must shortly be done. 7 Behold, I come
quickly: blessed is he that keepeth the sayings of the
prophecy of this book. 8 And I John saw these things,
and heard them. And when I had heard and seen, I fell
down to worship before the feet of the angel which shewed
me these things. 9 Then saith he unto me, See thou do it
not: for I am thy fellowservant, and of thy brethren the prophets,

10 또

말하되
/내게
/[너는] —— 인봉하지 말라
/예언의 말씀을
/이 책의

//(이유 : γάρ, for)
때가 —— 가까우니라

11 /불의를 하는 자는 —— 불의를 하고
/그대로
/더러운 자는 —— 더럽고
/그대로
/의로운 자는 —— 의를 행하고
/그대로
/거룩한 자는 —— 거룩되게 하라
/그대로

12 /보라!
내가 —— 오리니
/속히

/줄 상이 —— 있어
/내가(=나의) /내게

//(목적: 부정사, to)
갚아 주리라
/각 사람에게
/그의 일한 대로

13 /나는 —— 알파와
—— 오메가요

—— 처음과
—— 나중이요

—— 시작과
—— 끝이라

14 /빠는 자들은 —— 복이 있으니
/그 두루마기를

//이는(목적: ἵνα, so that...may)

계

하나님께 경배하라 하더라 10 또 내게 말하되 이 책의 예
언의 말씀을 인봉하지 말라 때가 가까우니라 11 불의를
하는 자는 그대로 불의를 하고 더러운 자는 그대로 더럽고
의로운 자는 그대로 의를 행하고 거룩한 자는 그대로 거룩
되게 하라 12 보라 내가 속히 오리니 내가 줄 상이 내게
있어 각 사람에게 그의 일한 대로 갚아 주리라 13 나는 알
파와 오메가요 처음과 나중이요 시작과 끝이라 14 그 두
루마기를 빠는 자들은 복이 있으니 이는 저희가 생명나무
에 나아가며 문들을 통하여 성에 들어갈 권세를 얻으려 함
이로다 15 개들과 술객들과 행음자들과 살인자들과 우상

and of them which keep the sayings of this book: worship
God. 10 And he saith unto me, Seal not the sayings of
the prophecy of this book: for the time is at hand. 11 He
that is unjust, let him be unjust still: and he which is
filthy, let him be filthy still: and he that is righteous, let
him be righteous still: and he that is holy, let him be holy
still. 12 And, behold, I come quickly; and my reward is
with me, to give every man according as his work shall
be. 13 I am Alpha and Omega, the beginning and the
end, the first and the last. 14 Blessed are they that do
his commandments, that they may have right to the tree
of life, and may enter in through the gates into the city.

//이는(목적: ἵνα, so that...may)
저희가 —— 얻으려 함이로다
/권세를
/[자기의]
/나아가며
/생명나무에
—— 들어갈(=들어가려 함이로다)
/문들을 통하여
/성에

15 /개들과
술객들과
행음자들과
살인자들과
우상 숭배자들과
좋아하며
지어내는 자마다 —— 성 밖에 있으리라
/거짓말을

16 /나 예수는 —— 보내어
/내 사자를
/교회들을 위하여
—— 증거하게 하였노라
/이것들을
/너희에게

/나는 —— 뿌리요
—— 자손이니
/다윗의

//곧(동격)
광명한 새벽 별이라 (하시더라)

17 성령과
신부가

말씀하시기를
/오라 (하시는도다)

할 것이요
/듣는 자도 —— 오라
/목마른 자도 —— 올 것이요
또
원하는 자는 —— 받으라(하시더라)
/생명수를
/값없이

18 내가

증거하노니
/예언의 말씀을
/이 책의
/듣는 각인에게

계

숭배자들과 및 거짓말을 좋아하며 지어내는 자마다 성 밖
에 있으리라 16 나 예수는 교회들을 위하여 내 사자를 보
내어 이것들을 너희에게 증거하게 하였노라 나는 다윗의
뿌리요 자손이니 곧 광명한 새벽별이라 하시더라 17 성령
과 신부가 말씀하시기를 오라 하시는도다 듣는 자도 오라
할 것이요 목마른 자도 올 것이요 또 원하는 자는 값없이
생명수를 받으라 하시더라 18 내가 이 책의 예언의 말씀
을 듣는 각인에게 증거하노니 만일 누구든지 이것들 외에
더하면 하나님이 이 책에 기록된 재앙들을 그에게 더하실
터이요 19 만일 누구든지 이 책의 예언의 말씀에서 제하

15 For without are dogs, and sorcerers, and whoremongers,
and murderers, and idolaters, and whosoever loveth and maketh
a lie. 16 I Jesus have sent mine angel to testify unto you
these things in the churches. I am the root and the offspring
of David, and the bright and morning star. 17 And the
Spirit and the bride say, Come. And let him that heareth
say, Come. And let him that is athirst come. And whosoever
will, let him take the water of life freely. 18 For I testify
unto every man that heareth the words of the prophecy
of this book, If any man shall add unto these things, God
shall add unto him the plagues that are written in this
book: 19 And if any man shall take away from the words
of the book of this prophecy, God shall take away his

만일 누구든지	더하면(if) /이것들 외에
하나님이	**더하실 터이요** /재앙들을 /이 책에 기록된 /그에게
19 만일 누구든지	제하여 버리면 /예언의 말씀에서 /이 책의
하나님이	**제하여 버리시리라** /참여함을 /생명나무와 및 /이 책에 기록된 /거룩한 성에
20 증거하신 이가 /이것들을	**가라사대** /진실로 /내가 —— 오리라(하시거늘) /속히
아멘 주 예수여! [당신은]	**오시옵소서**
21 은혜가 /주 예수의	**〈있을지어다〉 아멘.** /모든 자들에게

여 버리면 하나님이 이 책에 기록된 생명나무와 및 거룩한
성에 참여함을 제하여 버리시리라 20 이것들을 증거하신
이가 가라사대 내가 진실로 속히 오리라 하시거늘 아멘 주
예수여 오시옵소서 21 주 예수의 은혜가 모든 자들에게
있을지어다 아멘

part out of the book of life, and out of the holy city, and
from the things which are written in this book. 20 He
which testifieth these things saith, Surely I come quickly.
Amen. Even so, come, Lord Jesus. 21 The grace of our
Lord Jesus Christ be with you all. Amen.

연구시트 샘플

[야고보서 본문연구]

1 야고보는 　　　　　　　　　**문안하노라**
　/종 　　　　　　　　　　　/열 두 지파에게
　　/하나님과 　　　　　　　　/흩어져 있는
　　주 예수 그리스도의

<*> 본절의 기능 : 인사를 말하는 주문장이다.

1.* 하나님과 주 예수 그리스도의 종 야고보는[1)] 흩어져 있는 열 두 지파에게 문안하노라 [2)]

1) 하나님과 주 예수 그리스도의 종 야고보는

야고보는? 발신자를 말한다. 그는 야고보이다. 야고보는 원래 어떤 사람이었는가?(과거) [관찰-자료]야고보는 예수님의 친동생 야고보이다. 또한 [관찰-자료]그는 지금 예루살렘 교회의 지도자이다. [이해]야고보는 본서를 지도자의 자격으로 쓰고 있음을 알 수 있다.

[관찰질문]그런데 그는 자신을 뭐라고 고백하고 있는가? [관찰-본문]종이라고 하고 있다. [관찰-자료]종이란 노예를 말한다. 노예는 자신의 권리나 의지가 오직 주인에게 달려 있는 자를 말한다. 목숨까지도 주인에게 달려 있는 자이다. [관찰질문]누구의 노예인가? [관찰-본문]하나님의 노예이다. [이해1]하나님께 속한 노예인 것을 말한다. [이해2]소속이 하나님께 있음을 말한다. 하나님께 전적으로 매인 노예임을 고백하는 말이다. [관찰-본문] 주 예수 그리스도의 노예이다. [이해1]자신의 친형인 예수님의 노예라고 고백하고 있다. [이해2]자신과 예수님의 관계를 말하는 고백이다. 비록 예수님이 자신의 형이지만 예수님을 형이기에 앞서 주인으로 섬기고 있음을 고백하는 말이다.

[관찰질문]야고보는 예수님을 뭐라고 알고 있는가? [관찰-본문]주이다. 그리스도이다. [이해1]주라는 고백은 예수님을 주인으로 알고 있는 말이고, 그리스도라는 말은 하나님과 자신 사이를 중보하는 제사장으로 인정하는 호칭이다. 이 고백은 예수님께 대한 야고보의 신앙이다. 또한 야고보서의 신학이다. [적용질문]나는 예수님을 뭐라고 고백하는가?

[문법적인 관찰]우리는 여기서 한 가지 더 고려해야 할 점이 있다. 정체성보다는 소속이 강조되어 나타난다는 점이다. 원문의 순서가 바울 서신들과는 다른 형식을 가지고 있기 때문이다. 야고보는 의도적으로 "하나님과 주 예수 그리스도"의 종임을 강조하고 있다. 즉 소속을 강조하고 있다. 그러면 왜 그렇게 강조한 것일까? 하나는 개인적인 신앙고백일 수 있다. 그는 예수님의 형제이고, 예수님 당시에는 예수님을 믿지 못했던 사람이었다. 그는 오순절 사건 이후로 예수님을 믿게 되었다. 이런 자신의 과거에 대한 분명한 인식이 그런 강조점을 낳게 된것이라 생각한다. 야고보는 자신을 공식적으로 부를 때 항상 소속을 강조하는 습관을 가지게 되었을 것이다. 다른 하나는 자신의 자격에 대한 강조일 수 있다. 지도자로서의 자격이 하나님과 예수님으로부터 주어진 것임을 강조하고 있음을 엿볼 수 있다.

*) [정리]야고보는 자신을 하나님께 속한 노예, 비록 형님이지만 주님이고 중보자되신

예수님의 노예로 자신을 소개한다.

2) 흩어져 있는 열 두 지파에게 문안하노라

"문안한다"는 문안하기 위하여 편지한다는 말을 담고 있다. 원래 편지의 구조는 "발신자가...수신자에게"이다. 그런데 야고보서는 여기에 문안하기 위하여라는 말을 덧붙여 놓았다. 이런 형식을 번역하는 과정에서 이중적으로 사용하여 "문안하노니"라고 하였다.

[관찰질문]누구에게 편지하는가? [관찰-본문]열 두 지파에게 편지한다. 그런데 그들은 흩어져 있는 사람들이다. [관찰-사전]열 두 지파는 원래 정통 유대인들에 대한 호칭이다. 출애굽 이후, 40년 동안의 광야 생활을 통해 가나안에 들어간 이스라엘 족속들을 말한다. 가나안 땅을 정복한 이후 땅을 분배받은 지파들이다. [이해]그런데 야고보는 바로 이런 말을 편지를 받을 대상을 호칭하는 말로 쓰고 있다. 그들은 지금 흩어져 있다. 소아시아 전역에 흩어져 있는 상태(diaspora) 이다. 그렇다면 이 말은 유대인들만을 대상으로 하는 말인가? 유대인을 포함한 교회의 모든 구성원을 대상으로 한 것이다. 그렇기 때문에 12지파는 하나님의 교회에 대한 별칭으로 사용되고 있음을 알 수 있다. 교회를 12지파로 부른 유다의 의도는 무엇일까? 교회에 대한 정체성을 하나님의 기업을 이을 하나님의 백성으로 이해는 데 있을 것이다. 또한 직접적으로 유대 출신 기독교인들을 제한하는 역할도 할 것이다. 양쪽 모두에게 긍정적인 반응을 얻을 수 있는 호칭이다.

*) [정리]야고보는 예루살렘 교회의 지도자로서 여러 지역에 흩어져 있는 하늘의 기업을 유업으로받을 하나님의 교회에게 문안하는 편지를 하고 있다.

*> [절요약]야고보는 자신이 비록 예수님의 친동생이지만 하나님과 동등한 주인으로 섬기는 종의 자격으로 여러 지역에 흩어져 있는 하나님의 교회에 문안하는 편지를 한다.

IBS 연구(고전 1:4–9)

▣ 관찰본문

4. 그리스도 예수 안에서 너희에게 주신 하나님의 은혜를 인하여 내가 너희를 위하여 항상
하나님께 감사하노니 5. 이는 너희가 그의 안에서 모든 일 곧 모든 구변과 모든 지식에
풍족하므로 6. 그리스도의 증거가 너희 중에 견고케 되어 7. 너희가 모든 은사에 부족함
이 없이 우리 주 예수 그리스도의 나타나심을 기다림이라 8. 주께서 너희를 우리 주 예
수 그리스도의 날에 책망할 것이 없는 자로 끝까지 견고케 하시리라 9. 너희를 불러 그
의 아들 예수 그리스도 우리 주로 더불어 교제케 하시는 하나님은 미쁘시도다

▣ 구문분석

4 내가 **감사하노니**
/하나님께
/너희를 위하여
/항상

↓

//(이유: ἐπὶ +소유격, because of)
하나님의 은혜를 인하여
/그리스도 예수 안에서 너희에게 주신

5 //이는(이유: ὅτι, for)
너희가 ——— 풍족하므로
/그의 안에서
/모든 일
곧 모든 구변과 모든 지식에

6 //(이유: because)
증거가 ——— 견고케 되어
/그리스도의 /너희 중에

7 //(결과: therefore)
너희가 ——부족함이 없이(고)
/모든 은사에
기다림이라
/우리 주 예수 그리스도의 나타나심을

8 주께서 **견고케 하시리라**
/너희를
/끝까지
/책망할 것이 없는 자로
/우리 주 예수 그리스도의 날에

9 하나님은 **미쁘시도다**
/너희를 불러
/교제케 하시는(하시려고; 부정사)
/그의 아들 예수 그리스도 우리 주로 더불어

〈*〉 구문의 흐름

내가 하나님께 감사한다.
이유 ① : 하나님의 은혜 때문이다
이유 ② : 너희가 모든 일에 풍족하기(했기) 때문이다.
이유 ③ : 그리스도의 증거가 너희 속에서 견고케 되었기 때문이다.
결과 ① : 모든 은사에 부족함이 없고
결과 ② : 너희가 주님의 재림을 기다리고 있다.

주께서 너희를 견고케 하신다.
하나님은 미쁘시다.

〈*〉 설교의 흐름

감사 : 감사의 대상(하나님, 미쁘신 하나님) – 감사의 내용 – 감사의 이유 ① (풍족함), ② (견고케됨) – 그리스도가 견고케 하심 – 견고케하심의 결과(너희-부족함없다, 재림을 기다림)

▣ 절별분석

□ 4절

내가 **감사하노니**<4.1>
/하나님께
/너희를 위하여
/항상
//(이유)<4.2>
하나님의 은혜를 인하여

4.1 "내가 너희를 위하여[2] 항상 하나님께[1] 감사하노니"

주문장은 "내가 감사한다"이다. 따라서 본절은 바울의 감사를 주제로 하고 있음을 알 수 있다. '감사한다'는 "지금도 계속해서 감사하고 있다"는 말씀이다(문법적인 해석; 현재, 능동태, 직설법). 어떠한 상황에서든지 감사하는 생활을 하고 있는 바울의 모습을 다시 한 번 엿볼 수 있다.

- 1) 바울은 항상 하나님께 감사한다. 감사의 시기와 대상이 제시된다. 날마다 감사한다. 언제든지, 어떠한 상황에서든지 감사하는 모습을 담고 있다. 또한 감사의 대상은 하나님이다. 하나님이 감사의 대상이다. 이것은 우리 생활의 모든 것을 하나님이 주신 것으로 인정하는 고백이다. 좋은 일도, 어려운 일도 하나님으로부터 온 것이니 감사함으로 받아야 한다. 하나님으로부터 온 것임을 잊을 때 불평과 낙심이 온다. 또한 그 분이 바로 하나님이심을 잊을 때도 그렇다.

- 2) 너희를 위하여, 즉 고린도 교회 성도들을 위하여 감사하고 있다. 중보적인 감사이다. 다른 사람을 위해 그 사람을 대신해 감사하는 것도 가능할 수 있음을 깨닫는다. 바울은 온전한 감사를 잃은 심령을 대신해 감사한다. 물론 그들도 감사하고 있을 것이다. 그러나 그들이 미쳐 깨닫지 못한 부분까지도 감사하기에 바울의 중보적인 감사는 의미있다.

4.2 "그리스도 예수 안에서 너희에게 주신[2] 하나님의 은혜를 인하여[1]"

바울이 감사하는 이유이다. 하나님의 은혜 때문에 감사한다.

- 1) "하나님의 은혜를 인하여" 감사하고 있다. '인하여'는 헬라어 ἐπι를 번역한 것으로 '이유'의 의미를 가지고 있다. 그러므로 이 부분을 다음과 같이 번역할 수 있다. "하나님의 은혜 때문에"이다. 즉 감사의 이유이다. 바울은 고린도에 있는 하나님의 교회가 받은 은혜 때문에 감사하고 있다. 은혜는 두 가지 측면을 말한다. 먼저, 십자가 구속 사건이다. 십자가의 구속으로 값없이 주신 구원의 은혜를 말한다. 또한, 하나님께서 성도의 삶에 값없이 주신 선물들을 말한다. 삶의 유익들이 은혜이다. 바울은 고린도에 있는 하나님의 교회에 허락하신 구속의 은혜와 삶의 유익들을 감사하고 있다.

- 2) "그리스도 예수 안에서 너희에게 주신" 은혜를 말하고 싶어한다. 하나님의 은혜의 통로를 말한다. 이 부분은 두 요소로 구성되어 있다. 하나는 너희에게 주신 은혜라는 말씀이고, 다른 하나는 그리스도 예수 안에서 주신 은혜라는 말씀이다. 전자는 은혜는 하나님께서 하나님의 교회에게 주신 것이라는 점을 강조하고, 후자는 바로 그 은혜를 그리스도 예수 안에서 받는 것임을 강조하고 있다. 은혜는 하나님이 주신 것이다. 하나님의 교회에게 주신 것

이다. 그러므로 교회에는 하나님의 구속의 은혜가 있다. 그런데 이 은혜는 그리스도 예수 안에서 받는 것이다. 그리스도 예수를 믿음으로 받는 것이다. 예수만이 길이다. 그 예수는 기름부음받은 대제사장으로서 우리와 하나님 사이를 중보하는 분이다.

＊〉 바울은 고린도에 있는 하나님의 교회가 하나님으로부터 받은 은혜의 내용에 대해 하나님께 항상 감사하고 있다.

□ 5절

//이는(이유: ὅτι, for)
너희가 ——— 풍족하므로
/모든 일 곧 모든 구변과 모든 지식에
/그의 안에서

5. ＊〉 "이는 너희가 그의 안에서 모든 일 곧 모든 구변과 모든 지식에 풍족하므로"

바울이 감사하고 있는 이유 두번째이다. 바울은 고린도 교회 성도들이 주 안에서 모든 일에 풍족했기 때문에 감사한다. 그들은 풍족하게 되었다(수동태). 자신이 스스로 소유한 것이 아니라, 주님께서 그렇게 되게 하셨다는 말씀이다. "풍족하다"는 말은 부유하고, 넉넉함을 말한다. 그들은 부유하고, 넉넉하게 되었다. 모든 일 즉 구변과 모든 지식에서 넉넉한 자들이 되었다. "모든 구변"의 넉넉함은 모든 분야에 대한 말의 넉넉함을 말한다. 사람들을 공격하고 자고하는 궁색한 태도가 아니라, 사람들을 이해하고 평화를 주는 언어생활을 말한다. "모든 지식"의 넉넉함은 외적인 표현이 정확하고, 내적인 신념이 확고한 지식을 두루 소유하게 되었음을 말한다. 그런데 그들은 이런 넉넉함을 "주 안에서" 소유하게 되었다. 예수 안에 있는 자가 넉넉하게 되었다. 예수 안에 있다는 것은 예수를 믿는 것을 말한다. 예수를 믿는 자는 모든 부분에서 말함과 확고한 신념으로 풍성하게 된다.

＊〉 바울이 하나님께 감사하는 두번째 이유는 고린도 교회 성도들이 이미 말과 믿음에 성숙했기 때문이다.

□ 6절

//(이유: because)
증거가 ——— 견고케 되어
/그리스도의 /너희 중에

6.＊ "그리스도의 증거가 너희 중에 견고케 되어"

바울이 하나님께 감사하는 이유 세번째이다. 바울은 그리스도의 증거가 교회 속에서 견고케 되었기 때문에 감사한다. "그리스도의 증거(μαρτύριον, testimony, witness)"는 그리스도에 관한 확고한 내용들을 의미한다. 한 마디로 복음이다. 견고케 되었다는 것은 복음이 확고하게 자리잡고, 확고하게 전파되었음을 말한다. 그러므로 바울이 감사하는 세번째 이유는 복음이 고린도 교회 안에 이미 확고하게 자리잡고 있기 때문임을 알 수 있다(부정과거).

***〉 바울이 감사하는 세번째 이유는 고린도 교회 안에 이미 복음이 확고하게 증거되었기 때문이다.**

□ 7절

//(결과: ὥστε, therefore)
너희가 ── 부족함이 없이(고)<7.1>
　　　　　　/모든 은사에
　　　　└ 기다림이라<7.2>
　　　　　　/우리 주 예수 그리스도의 나타나심을

7.1 "너희가 모든 은사에 부족함이 없이…"

그리스도의 복음이 고린도 교회 안에 확고히 증거된 결과 성도들이 자연스럽게 취하게 된 모습 두 가지 중 첫 번째이다. 복음의 신앙이 확고한 교회는 모든 은사에 부족함이 없다. "은사"라 함은 하나님으로부터 은혜로 받은 선물 즉 구원의 은혜를 말하고, 부활하신 주님으로부터 교회에게 주어진 능력을 말한다. 그런데 본절에서는 후자를 주로 말하고 있다. 즉 복음이 확고한 교회는 주님께서 은혜로 값없이 주시는 열매들이 가득하다. "부족함이 없다"는 말은 "단절되지 않는 것"과 "모자라지 않는 것"을 뜻한다. 한 마디로 충분하다는 말씀이다. 교회에 주님께서 모든 부분에 있어서 능력으로 충분히 역사하신다는 뜻이다. 모든 부분에 있어서 주님이 부어주신 능력들이 충만하게 된다. 복음이 확고하게 선포되는 교회는 주님의 능력이 부족함없이 충분히 나타난다.

7.2 "우리 주 예수 그리스도의 나타나심을 기다림이라."

복음이 확고한 교회의 성도들은 예수님을 기다리고 산다. "기다린다"는 말은 "어떤 일을 갈망하면서도 인내심을 가지고 기다리는 것"을 말한다. 따라서 복음이 확고한 교회의 성도들의 두번째 모습은 성도들이 재림하실 주님을 고난 가운데서도 인내심을 가지고 갈망하며 기다리고 사는 모습을 가진다. 예수님을 나의 주, 우리 주(Lord)로 고백하고, 그리스도로 고백하면서 주님을 붙잡고 있다.

***〉 복음이 확고하게 증거된 교회는 주님으로부터 오는 모든 능력들이 가득하게 된다. 또한 교회 공동체가 예수님을 주와 그리스도로 붙잡고 산다.**

□ 8절

주께서　　　　　　**견고케 하시리라**
　　　　　　　　　　/너희를
　　　　　　　　　　/끝까지
　　　　　　　　　　/책망할 것이 없는 자로
　　　　　　　　　　　/우리 주 예수 그리스도의 날에

8.* "주께서 너희를 우리 주 예수 그리스도의 날에 책망할 것이 없는 자로[2] 끝까지 견고케 하시리라[1]"

7절의 "주"를 받아서 확장된 본문이다. 주님에 대해 설명하고 있다.

- 1) 주님은 하나님의 교회를 앞으로도 견고케 하실 분이다. 성도를 계속해서 견고케 하실 분이다. "견고케한다"는 "확고하게 하다"를 뜻한다. 즉 교회를 요동치 않고 굳게 서게하시는 분이 바로 예수님이다. 주님은 성도를 끝까지 견고케 하신다. 전에도 그랬듯이 지금부터 주님 재림하실 그날까지 변함없이 하나님의 교회를 붙잡아주신다.

- 2) 주님은 어떤 모습으로 하나님의 교회를 붙잡아주시는가? 마지막 심판 날에 책망할 것이 없는 자로 붙잡아주신다. "책망할 것이 없는 자"란 고소(고발)를 당하지 않고, 비난받을 일이 없는 것을 말한다. 즉 삶의 내용에 있어서 온전함을 말한다. "우리 주 예수 그리스도의 날"은 마지막 주님 재림하실 날을 말한다. 마지막 심판의 날이다. 그런데 그 날은 우리 주님의 날이다. 나와는 무관한 날이 아니다. 낯설은 날이 아니다. 주님의 날이기 때문이다. 그런데 그 날은 책망도 있는 모양이다. 누가 책망을 받는가? 끝까지 견고하게 서지 못한 자들이 책망을 받는다. 왜냐하면 견고함이 책망받지 않을 조건이기 때문이다. 책망이 아니면 무엇인가? 칭찬이다. 견고함에 대해 조금 더 묵상해 보자. 견고함은 끝까지 지속되어야 할 성도의 모습이다. 중간에 변하는 것도 책망받을 사람이다. 거의 다 가서 변할수도 있는 것이 사람이지 않는가? 무엇이 흔들리지 말아야 하는가? 그리스도의 증거 곧 복음에 합당한 삶이다(6-7절). 부족한 나로서는 참으로 어려운 일이 아닌가? 그래서 그 일은 주께서 하신다고 한다. 주께서 견고함을 도우시고 인도하신다는 말씀이다. 주님께 붙들리자.

＊〉 복음 안에서 주님을 기다리며 사는 성도를 주님께서 확고한 믿음을 갖게 하신다.

□ 9절

하나님은 **미쁘시도다**
　/너희를 불러(낸)
　　/교제케 하시는(하시려고)
　　　/그의 아들 예수 그리스도 우리 주로 더불어

9.* "너희를 불러 그의 아들 예수 그리스도 우리 주로 더불어 교제케 하시는[2] 하나님은 미쁘시도다[1]"

마지막으로 바울은 감사의 대상이며, 하나님의 교회의 온전케 됨을 주관하시는 하나님에 대해 말한다.

- 1) 하나님은 신실하시다.
  하나님은 변함이 없으신 분이다. 따라서 하나님께서 그리스도 예수안에서 우리에게 주신 은혜는 변함이 없다. 뿐만 아니라 감사의 대상으로서 변함 없으신 분이다. 부르심에 신실하신 분이다. 부르심에 있어서 신실성은 두 가지를 말한다. 하나는 정확하심이고, 다른 하나는 지금도 변함없이 부르시는 분임을 뜻한다.

- 2) 하나님은 성도를 부르신 분이다. 교회는 하나님이 불러낸 사람들이다. 부르신 목적은 무엇인가? 성도를 부르신 하나님의 뜻은 무엇인가? 우리가 하나님의 아들 예수 그리스도 우리 주님과 더불어 교제하게 하려고 부르셨다. 하나님은 우리가 주님과 더불어 교제하기를 원하신다. 예수님은 먼저 하나님의 아들이시다. 또한 성도인 우리는 그리스도와 주로 받고 교제해야 할 대상이다. 여기에 주님과의 교제의 근본이 있다. 주님과 교제 한다는 것은 먼저 우리가 주님을 하나님의 아들로 믿고 인정하는 것이다. 둘째, 주님이 우리와 하나님 사이의 중보자 되심을 믿고 나오는 것이다. 마지막으로 우리가 예수님을 주로 고백하여 종의 신분과 위치를 지

키는 것이 온전한 교제 가운데 있는 것이다. 하나님께서 우리를 교회로 부르신 목적은 바로 이것이다. 이런 부르심의 뜻은 지금도 변함없이 신실하다.

＊〉우리를 예수님과 교제케 하려고 교회로 부르신 하나님의 뜻은 지금도 변함이 없다.

. 단락요약

바울은 고린도에 있는 교회를 부르셔서 예수님과 교제케하시려고 은혜를 주신 하나님께 감사한다. 왜냐하면 모든 일에 풍족했고, 그리스도의 증거가 교회 안에 굳게 섰기 때문이다. 복음이 견고한 교회는 모든 은사에 부족함이 없고, 예수님을 인내심을 가지고 갈망한다. 주님은 교회를 끝까지 책망할 것이 없는 자로 견고케 하신다.

. 신학적인 내용

1) 하나님: 항상 감사해야 할 대상(4절), 그리스도 예수 안에서 우리에게 은혜를 주신 분(4절), 우리를 부르신 분(9절), 부르심에 신실하신 분(9절)
2) 예수님: 은혜의 통로(4절), 말과 지식을 풍족하게 하신 분(5절), 증거의 주인(6절), 우리 주와 그리스도(4, 6, 7, 8, 9절), 끝까지 우리를 견고케 하실 분(8절), 하나님의 아들(9절), 우리와 교제하시는 분(9절)

▣ 설교개요

제목: 감사와 복음

감사의 내용, 은혜(4절)
1) 그리스도 안에서 주신 은혜
2) 다른 지체가 생각지 못하는 은혜도 감사.

감사하는 이유들(5-6절)
1) 교회가 주 안에서 모든 일에 풍족했기 때문에
2) 교회가 확실한 그리스도의 증거를 확실하게 소유했기 때문에

복음이 확고한 교회(7절)
1) 모든 은사에 부족함이 없다.
2) 확고하게 주님을 바라본다.

확고한 복음 안에 있는 성도가 기억해야 할 것(8-9절)
1) 성도를 견고케 하시는 주님
2) 신실하신 하나님

편찬책임 / 배동한 목사
• 총신대학교 졸업 • 총신대학 신학대학원 졸업
• 서울성경연구원 대표

서울성경연구원(SBI)
원 장 : 김의원 박사
부 원 장 : 김상훈 박사
운영위원 : 김의원, 손석태, 김상훈, 배동한
대 표 : 배동한
총 무 : 박종원

서울특별시 서초구 방배4동 876-41호 203호
(02) 3477-6969(Fax겸) / 박종원 목사(010-4224-0691)
홈: www.sbi66.org E-mail : dhbae386@naver.com

SBI문맥성경(로마서－계시록)

등록번호 / 제 7-258호(1998. 4. 23)

2001년 10월 20일 1판 1쇄 발행
2002년 5월 30일 1판 2쇄 발행
2008년 4월 30일 신약합본 1쇄 발행
2017년 9월 30일 (롬-계시록) 수정판 1쇄 발행

저 자 : 서울성경연구원
발행인 : 조 경 혜
발행처 : 도서출판 그리심

도서출판 그리심

07030 서울시 동작구 사당로2길 72 인정 B동(B01호)
Tel 02-523-7589(출판), Fax 02-523-7590(출판)
• Home : grisim.biz • E-mail: grisimcho@hanmail.net

ISBN 978-89-5799-399-6 94230
ISBN 978-89-5799-397-2 94230 (세트)